Un hombre

Oriana Fallaci

Un hombre

Traducido del italiano
por Vicente Villacampa

Alianza editorial

Título original: *Un uomo*

Publicado originalmente por Rizzoli, Milán, Italia.

Primera edición: septiembre de 2024

Diseño de colección y cubierta: Manigua
Fotografía de portada: Alexandros Panagoulis, sin fecha, archivo IMS (International Magazine Services).
Fotografía de solapa: Oriana Fallaci, fotografía en la contracubierta de la edición original de *Un uomo* (1979). The History Collection / Alamy / Cordon Press.

PAPEL DE FIBRA CERTIFICADA

Calle Valentín Beato, 21
28037 Madrid
www.alianzaeditorial.es

ISBN: 978-84-1148-758-0
Depósito legal: M. 11.588-2024
Printed in Spain

Índice

Για σένα
Para ti

«Ha llegado la hora de partir. Cada uno
de nosotros sigue su propio camino:
yo a morir, vosotros a vivir.
Qué sea mejor, solo el dios lo sabe».

Platón, *Apología de Sócrates*

Prólogo

Un rugido de dolor y de rabia se alzaba sobre la ciudad, y atronaba incesante, obsesivo, arrollando cualquier otro sonido, escandiendo la gran mentira. *Zi, zi, zi!* ¡Vive, vive, vive! Un rugido que no tenía nada de humano. En efecto, no se alzaba de seres humanos, criaturas con dos brazos y dos piernas y un pensamiento propio, sino que se elevaba de una bestia monstruosa y carente de pensamiento: la multitud, el pulpo que a mediodía, incrustado de puños cerrados, de rostros distorsionados, de bocas contraídas, había invadido la plaza de la catedral ortodoxa y luego había alargado los tentáculos a las calles adyacentes atestándolas, sumergiéndolas implacable como la lava que, en su desbordamiento, devora todos los obstáculos, ensordeciéndolos con su *zi, zi, zi.* Sustraerse a ello era ilusorio. Algunos lo intentaban, y se encerraban en las casas, en las tiendas, en las oficinas, en cualquier lugar donde parecía hallarse una protección, al menos para no oír el rugido; pero este, filtrándose por las puertas, las ventanas y las paredes, alcanzaba igualmente sus oídos, de tal manera que al poco terminaban por rendirse a su sortilegio. Con el pretexto de mirar, salían e iban al encuentro de un tentáculo y caían dentro de él, convirtiéndose también ellos en un puño cerrado, en un rostro distorsionado, en una boca contraída. *Zi, zi, zi!* Y el pulpo crecía, se expandía en sobresaltos, y a cada sobresalto se añadían otros mil, diez mil o cien mil. A las dos de la tarde había quinientos mil, a las tres un millón, a las cuatro un millón y medio y a las cinco ni se contaban. No solo llegaban de la ciudad, de Atenas, sino que también venían de lejos, de los campos del Ática y del Epiro, de las islas del Egeo, de las aldeas del Peloponeso, de Macedonia y de Tesalia: en trenes, barcos y autobuses, criaturas con dos brazos y dos piernas y un pensamiento propio antes de que el pulpo los engullera, campesinos y pescadores endomingados, obreros con mono, mujeres con niños, estudiantes. El pueblo, en suma. Aquel pueblo que hasta ayer te esquivó, te dejó solo como a un perro incómodo, ignorándote cuando decías que no se dejase aborregar por los dogmas, los uniformes y las doctrinas, que no se dejase engatusar por el que manda, el que promete, el que asusta, el que quiere sustituir a un amo por otro amo; no seáis borregos, por Dios, no os protejáis bajo el paraguas de las culpas ajenas, luchad, razonad con vuestro cerebro, recordad que cada cual es cada cual, un individuo de valía, responsable, artífice de sí mismo; defended vuestro yo, germen de toda libertad; la libertad es un deber; antes que un derecho es un deber. Ahora te escuchan, ahora que estás muerto. Dirigiéndose hacia el pulpo, portaban tu retrato, carteles con amenazas y desafíos, banderas, guirnaldas de laurel, coronas en forma de A, de P, de Z: A por Alekos, P por Panagulis, Z por *zi, zi, zi.* Quintales de gardenias, claveles y rosas. Hacía un calor atroz aquel miércoles 5 de mayo de 1976, y el hedor de los pétalos cocidos apestaba, me cortaba la respiración lo mismo que la certeza de que todo aquello no duraría más que un día, y que luego el rugido iba a apagarse, el dolor se disolvería en la indiferencia, la rabia en la obediencia, y las aguas se aplacarían, suaves, blandas y olvidadizas sobre el remolino de tu nave hundida: una vez más, el Poder vencería. El eterno Poder que nunca muere, que cae siempre para resurgir de sus cenizas, aunque se crea haberlo abatido con una revolución o una matanza que llaman revolución; en cambio, aquí está de nuevo intacto, aunque con distinto color: aquí negro, allá rojo, amarillo, verde o violeta, mientras el pueblo acepta, sufre o se adapta. ¿Por eso sonreías con aquella sonrisa imperceptible, amarga y burlona?

Petrificada ante el féretro con tapa de cristal que exhibía la estatua de mármol, tu cuerpo, con los ojos fijos en la sonrisa amarga y burlona que te fruncía los labios, esperaba el momento en que el pulpo irrumpiera en la catedral para derramar sobre ti su amor tardío, y el terror, junto con la pena, me dejaban vacía. Los portales habían sido atrancados con barras de hierro, pero unos golpes airados los sacudían salvajemente, y ya se estaban insinuando los tentáculos por invisibles brechas. Se aferraban a las columnas de las arquerías, goteaban de las balaustradas del gineceo, se agarraban a las gradas del iconostasio. En torno al catafalco se había formado un cráter que minuto a minuto se tornaba más angosto, de tal manera que para contener el empuje que me presionaba los costados y la espalda debía apoyarme en la tapa de cristal. Esto resultaba muy angustioso porque temía romperla, caer encima de ti y sentir de nuevo el frío que me había mordido las manos cuando, en el depósito, intercambiamos los anillos: en tu dedo el que pusiste en mi dedo, y en mi dedo el que yo puse en el tuyo, sin leyes ni contratos, un día de felicidad, hace ahora tres años. Pero allí dentro no había lugar para otro pretexto: incluso el cordón que al principio protegía el catafalco había sido succionado por las oleadas de los mitómanos, de los curiosos, de los buitres que se afanan por colocarse en primera fila, por exhibirse, por recitar un papel en la comedia. Ante todo, los siervos del Poder, los representantes de la-gente-como-es-debido de la cultura y del Parlamento, llegados fácilmente al cráter porque el pulpo se aparta siempre cuando ellos se apean de las limusinas, por-favor-excelencia-siéntese-usted. Míralos mientras permanecen compungidos con sus trajes grises cruzados, sus camisas inmaculadas, sus uñas cuidadas, su vomitiva respetabilidad. Luego, los embusteros que dicen oponerse al Poder, los demagogos, los aprovechados de la política sucia, esto es, los dirigentes de los partidos, titulares de silloncito, que se han abierto paso a codazos, no porque el pulpo se niegue a dejarles avanzar, sino porque deseaba abrazarlos. Míralos mientras exhiben su expresión afligida, comprueban de reojo que los fotógrafos estén listos para disparar, se inclinan para depositar en el féretro sus besos de Judas, empañando el cristal con babas de limaco. Luego los que llamabas «revolucionarios del carajo», futuros secuaces de los fanáticos, de los asesinos que disparan tiros de revólver en nombre del proletariado y de la clase obrera, añadiendo abusos a los abusos, infamias a las infamias, poder ellos mismos. Y míralos mientras alzan el puño, los hipócritas, con sus barbitas de falsos subversivos, su pinta burguesa de futuros burócratas, de futuros amos. Por último, los sacerdotes, síntesis de todo poder presente, pasado y futuro, de toda prepotencia, de toda dictadura. Y míralos mientras se pavonean con sus casullas oscuras, con sus símbolos insensatos, con sus incensarios que obnubilan los ojos y la mente. En medio de ellos el sumo sacerdote, el patriarca de la Iglesia Ortodoxa, que, con su casulla de seda violeta, derrochando oros y collares, cruces preciosas, zafiros, rubíes y esmeraldas, salmodiaba *Eonìa imì tu esù:* «Quede eterna memoria de ti». Pero nadie le oía porque los golpes airados en los portales se mezclaban ahora con el ruido de las vidrieras al romperse, con el chirrido de las cerraduras que no resistían el empuje, con el alboroto de quienes protestaban, con el denso fragor de la plaza donde el rugido se había vuelto atronador, y pegado a las paredes de la catedral el pulpo reclamaba impaciente que te sacaran.

De pronto, estalló un golpe espantoso, el portal central cayó y el pulpo se desbordó en el interior espumeando, haciendo rodar sus chorros de lava. Se elevaron gritos de terror, llamadas de socorro, y el cráter se estrechó en un remolino que me lanzó violentamente sobre el ataúd para sepultarme con un peso absurdo y perderme en una oscuridad en la que apenas se distinguía la silueta de tu carita pálida, de tus brazos cruzados sobre el pecho, y el brillo del anillo. Debajo de mí, el catafalco oscilaba y la tapa de cristal rechinaba: un poco más y se rompería, como estaba yo temiendo. «Atrás, animales; ¿queréis coméroslo? —gritó alguien, y luego—: ¡Al furgón, rápido, al furgón!». El peso absurdo se aligeró, por una grieta se filtró un rayo de luz, y seis voluntarios se sumergieron en el remolino y levantaron el féretro para ponerlo a salvo, sacarlo por una salida lateral y alcanzar el furgón atrapado ante la escalinata. Pero la bestia era ya incontrolable, y enloqueció al divisar aquel cadáver expuesto, tan visible al otro lado de la frágil pantalla transparente. Como si rugir no le bastara ya y ahora quisiera comerte, se arqueó toda ella y cayó sobre los portadores, quienes, estrujados por su mordedura, no conseguían avanzar ni retroceder y se bamboleaban, resbalaban y pedían: «¡Paso, por favor, paso!». Sobre sus hombros el ataúd subía, bajaba y cabeceaba como una almadía sacudida por el mar tempestuoso, agitándote con violencia, derribándote por momentos, mientras que yo buscaba en vano espacio con los puños y con los pies, trastornada por la idea de que aquellos seis hombres perdieran el equilibrio y te abandonaran a la muchedumbre famélica, y gritaba con desesperación: «¡Cuidado, Alekos, cuidado!». Se había formado también una corriente que nos arrastraba en sentido contrario al furgón, de tal manera que, en vez de aproximarse, se alejaba y se alejaba. Transcurrieron siglos antes de que el féretro llegara al vehículo, fuera arrojado de través para no perder tiempo y se pudiera cerrar la portezuela, oponer una barrera a las garras que pretendían volver a abrirla, entregándose a una lucha furiosa con los pies que pisoteaban, con las uñas que arañaban. Pasó una eternidad antes de que, deslizándome por el lateral del furgón, centímetro a centímetro, lograra sentarme junto al conductor paralizado por el pánico, por la sospecha de que aquello fuera solo el principio. Porque ahora había que llegar al cementerio.

Fue un viaje interminable, con el ataúd colocado de través y tu cuerpo exhibido como un objeto de escaparate, bárbaramente, como una invitación provocativa y putera: mirar-y-no-tocar. ¡Qué pesadilla sin fin en el furgón, que, aprisionado por la lava, no avanzaba, y si conquistaba un metro, lo perdía enseguida! Emplearíamos tres horas en recorrer un trayecto que, en condiciones normales, requería diez minutos: calle Mitropoleos, calle Othonos, calle Amalia, calle Diakou, calle Anarafseos. Los policías que deberían haber escoltado el cortejo previsto se habían dispersado pronto en la muchedumbre, muchos de ellos heridos o maltratados. Los jóvenes encargados del servicio de orden pronto fueron barridos, y de varias decenas de ellos no quedaban más que cinco o seis náufragos cubiertos de morados y atentos a formar escudo junto a las ventanillas hechas añicos. Se advierte incluso en las fotografías tomadas desde arriba, y en las cuales el furgón es una manchita que apenas se distingue y que aparece sofocada en el vértice de una masa compacta, el ojo del ciclón, la cabeza del pulpo. De ningún modo podía despegarse de él: se adhería hasta tal punto que no era ya posible determinar en qué calle estábamos, a qué distancia del cementerio. Y por si esto no bastara, caía una lluvia de flores que, deslizándose por el parabrisas, tendía una cortina de tinieblas, una oscuridad semejante a la que me había sepultado en la catedral, cuando fui arrojada violentamente sobre el catafalco. A veces la cortina perdía espesor y me regalaba un poco de luz; entonces veía cosas que me hacían explotar en preguntas para las que no tenía respuesta: ¿era posible que hubieran despertado de golpe, espontáneamente, que ya no se comportaran nunca más como un rebaño que va donde quiere el que manda, promete y asusta? ¿Y si de nuevo hubieran sido mandados, aborregados, para que sacase ventaja cualquier chacal que quisiera aprovecharse de tu muerte? Sin embargo, veía también cosas que disipaban mi duda y me confortaban el corazón. Racimos de personas que se columpiaban de las farolas y de los árboles, que se desbordaban por las ventanas y los alféizares, que se alineaban sobre los tejados, en los bordes de los aleros, como aves incubando. Una mujer lloraba, y llorando me suplicaba: «¡No llore!». Otra se desesperaba, y desesperándose me gritaba: «¡Ánimo!». Un joven con la camisa andrajosa, avanzando en medio del hormiguero, me tendía un cuaderno tuyo de cuando cursabas el bachillerato, sin duda una reliquia preciosa para él, y decía: «¡Te lo doy!». Una anciana agitaba el pañuelo, y agitándolo sollozaba: «¡Adiós, niño mío, adiós!». Dos campesinos de barba blanca y sombrero negro, arrodillados en el asfalto, frente al furgón, levantaban un icono de plata e invocaban: «¡Ruega por nosotros, ruega por nosotros!». El furgón estaba a punto de embestirlos, la gente los insultaba, largo-imbéciles-largo, y ellos permanecían así, sobre el asfalto, levantando el icono de plata.

Duró hasta que una voz susurró ya-estamos, y en torno a nosotros se abrió un pequeño canal de espacio libre, el conductor paró y alguien tomó el ataúd, que, izado sobre los hombros de los portadores, empezó a avanzar solemne y muy lentamente a lo largo de un inesperado corredor, en medio de un silencio helado. De improviso el pulpo dejó de rugir, de sobresaltarse y de empujar. Y, sin embargo, estaba allí. Con una maniobra de tenaza, algunos de sus tentáculos habían precedido al furgón, y por decenas de millares hormigueaban en el cementerio y sus alrededores, pero callados. Dentro, cubrían todas las lápidas y las estelas, colmaban todos los arriates y los senderos, se apiñaban en todos los cipreses y monumentos, pero callados. Y caminábamos en aquel silencio de hielo, a lo largo de aquel corredor que se abría mudo para dejarnos pasar, y mudo se cerraba detrás de nosotros: directos hacia la fosa que no se veía y que, de pronto, se vio. Estrecha, honda, un pozo que se abría bajo mis zapatos. Me tambaleé. Alguien me agarró, me levantó y me colocó sobre el murete de la tumba contigua, y se inició el enterramiento. Pero sobre los bordes del pozo, el pulpo había erigido un baluarte de cuerpos, y para bajarte como era debido, con la cabeza donde estaba la cruz y los pies hacia el sendero, era preciso darle la vuelta al ataúd. Sin embargo, el baluarte era inconmovible, duro como el cemento, y en vano los portadores pedían atrás-échense-para-atrás, y así te bajaron tal como estabas: la cabeza hacia el sendero y los pies donde colocarían la cruz. El único muerto, que yo sepa, con la cruz a los pies. Luego, cuando estuviste en el fondo del pozo, de cualquiera sabe qué grieta asomó el sumo sacerdote con su casulla de seda violeta y sus oros, sus collares de zafiros, esmeraldas y rubíes. Pomposo, hierático, levantó el báculo para impartirte la divina bendición, y de pronto rodó de cabeza al pozo, rompiendo la tapa de cristal y cayendo sobre tu pecho. Permaneció allí unos segundos, violáceo de vergüenza, grotesco, recuperando sus galas, braceando en busca de un agarradero para subir, hasta que lo pescaron y, ofendido, desapareció, olvidándose de impartirte la divina bendición. Sobre ti empezó a caer la tierra. Caía con golpes sordos, sofocados, y sin embargo el pulpo los oyó, y se estremeció en un escalofrío seco, como una descarga eléctrica. Se rompió el silencio y se desgarró en un tumulto apocalíptico. Unos gritaban no-está-muerto, Alekos-no-está-muerto, y otros gritaban unas palabras que no comprendía, pero que acabé entendiendo; una era mi nombre, y la otra, la orden escribe-cuéntalo-escribe, y mientras la tierra caía ya a paladas martilleando en el alma, cubriendo poco a poco la estatua de mármol, la sonrisa amarga y burlona, mientras las banderas ondeaban en un oleaje de inútil rojo, se reanudó el rugido: incesante, ensordecedor, obsesivo, barriendo cualquier otro sonido, escandiendo la gran mentira, *zi, zi, zi:* vive, vive, vive.

Lo soporté hasta que el pozo estuvo colmado y se convirtió en una pirámide de guirnaldas marchitas, de pétalos doblemente asfixiantes; luego, escapé. Basta de mentiras, de kermeses organizadas o espontáneas, amores temporales y tardíos, dolores y rabias gritados solo por un día. Pero cuanto más escapaba, cuanto más lo rechazaba, tanto más el maldito rugido iba tras de mí con el eco del recuerdo, de la duda y, por tanto, de la esperanza, consolándome y persiguiéndome como el tictac de un reloj sin agujas. Vive, vive. Vive, vive. Vive, vive. Aun después de que el pulpo te olvidara, volviendo a ser el rebaño que va donde quiere el que manda y promete y asusta, aun después de que tu derrota cristalizara en el triunfo perpetuo del que manda, promete y asusta, aquello continuaba como un fantasma pegado a las paredes de mi cerebro, anidado en los pliegues de mi conciencia, irresistible aunque le opusiera la lógica, el buen sentido o el cinismo. Hasta que, en determinado momento, comencé a decirme que acaso era verdad. Y si no era verdad, era preciso hacer algo para que pareciera o llegara a ser verdad.

Así fue como, transitando senderos ora límpidos, ora oscurecidos por la niebla o abiertos al paso u obstruidos por zarzas y bejucos, las dos caras de la vida sin las cuales esta no existiría, recorriendo de nuevo pistas que yo conocía porque las habíamos trazado juntos, o casi ignoradas porque sabía de ellas exclusivamente a través de los episodios que me narraste, fui en busca de tu leyenda. La eterna leyenda del héroe que se bate solo, pateado, vilipendiado, incomprendido. La eterna historia del hombre que rechaza plegarse a las iglesias, a los temores, a las modas, a los esquemas ideológicos, a los principios absolutos vengan de donde vengan, se revistan del color que sea, del hombre que predica la libertad. La eterna tragedia del individuo que no se adapta, que no se resigna, que piensa por su cuenta, y que por eso lo matan entre todos. Aquí está, y tú eres mi único interlocutor posible, allí, bajo tierra, mientras el reloj sin agujas señala el camino de la memoria.

Parte primera

1

Por la noche tuviste aquel sueño. Una gaviota volaba al alba, y era una gaviota hermosísima, con las plumas de plata. Volaba sola y decidida sobre la ciudad que dormía, y diríase que el cielo le pertenecía como la idea de la vida. De pronto, cambió de dirección y empezó a descender, para zambullirse en picado en el mar; lo perforó levantando una fuente de luz, y la ciudad despertó llena de gozo porque desde hacía mucho tiempo no se veía un resplandor así. En el mismo momento, las colinas se iluminaron con hogueras, desde las ventanas abiertas de par en par la gente gritó la buena noticia, y por millares bajaron a las plazas a festejar el acontecimiento, a ensalzar la libertad reencontrada: «¡La gaviota! ¡Ha venido la gaviota!». Pero tú sabías que todos se equivocaban, que la gaviota había perdido. Después de sumergirse, miríadas de peces la atacaron para morderle los ojos, despedazarle las alas; había estallado una lucha tremenda que excluía todo camino de salvación. En vano se defendía con habilidad y coraje, picoteando alocadamente, arrojándose en saltos que desplegaban inmensos abanicos de espuma y lanzaban oleadas hasta los escollos: los peces eran muchos, y ella estaba demasiado sola. Con las alas heridas, el cuerpo lleno de cortes y la cabeza atormentada, perdía cada vez más sangre, luchaba cada vez más débilmente, y al fin, con un grito de dolor, se hundió junto con la luz. En las colinas las hogueras se apagaron y la ciudad volvió a dormir en la oscuridad, como si nada hubiera sucedido.

Sudabas al pensar en ello: soñar con peces siempre fue para ti un presagio de mal augurio; también la noche del golpe soñaste con peces. Con tiburones. Sudabas y comprendías que la derrota de la gaviota era una advertencia; tal vez deberías haberlo aplazado una semana, un día, y comprobar de nuevo las minas bajo el puentecito, cerciorarte de que no habías cometido errores. Pero la noche anterior había comenzado la cuenta atrás, y a las ocho de la mañana estallarían también las dos bombas en el parque y en el estadio, en los bosques las colinas arderían como en el sueño, y a los compañeros encargados de la misión ya no se les podía localizar. En caso contrario, ¿qué les habrías dicho? ¿Que soñaste con una gaviota devorada por los peces y que estos eran para ti un presagio de mal augurio? Se habrían reído o habrían creído que estabas preso del pánico. No quedaba, pues, más que vestirse. Te pusiste el traje de baño, la camisa y los pantalones. Era agosto, y en cuanto llegaras allí te quitarías la camisa y los pantalones para quedarte en bañador: quien te viera creería que eras un tipo extravagante al que gustaba nadar al amanecer. ¿Quién va a dar muerte a un tirano vistiendo tan solo un bañador? Te pusiste calzado con suela de cáñamo. Lo conservarías porque las rocas eran cortantes. ¿O acaso no? No, ni siquiera el calzado iba a resultar indispensable en el tramo de arrecife comprendido entre la carretera y la orilla, porque, inmediatamente después, te arrojarías al agua para alcanzar la motora. Tomaste la cartera con el dinero y los documentos falsos, la metiste en el bolsillo y luego cambiaste de idea y la sacaste. Nada de documentos, ni verdaderos ni falsos. Si los peces agarraban a la gaviota, no deberían atribuirle ninguna identidad. ¿Y si la mataban? Si la mataban, los periódicos hablarían simplemente de un cadáver aparecido frente al litoral de Sunion. Edad, unos treinta años. Estatura, un metro setenta y cuatro. Peso, setenta kilos escasos. Constitución robusta. Cabello negro. Piel muy blanca. Señas particulares, ninguna excepto el bigote. Pero muchos hombres en Grecia llevan bigote.

Miraste el reloj: casi las seis. Dentro de poco Nicos te llamaría tocando una vez el claxon, y, mientras esperabas esa llamada, el recuerdo de los últimos meses te agredió atormentándote como un prurito. El día en que desertaste para no servir al tirano fuiste de casa en casa buscando a alguien que te albergara, pero nadie te daba refugio, nadie te ayudaba, de hora en hora el cerco de policías que te daban caza se estrechaba hasta dejarte sentir su respiración en el cuello, y con la voluntad vacilante te preguntabas: ¿sufrir, luchar? ¿Por quién y por qué? El día en que comprendiste que el miedo ajeno, la obediencia y la sumisión ajenas te habían perdido y que, por lo tanto, era preciso abandonar el país, huir en busca de nuevas casas donde tener abrigo, embarcaste con un pasaporte falso en el aeropuerto de Atenas y llegaste a Chipre, donde también te persiguieron los policías, donde sentiste del mismo modo su respiración en el cuello; también allí vacilaste y te preguntaste: ¿sufrir, luchar? ¿Por quién y por qué? El día en que comprendiste que tampoco allí lograrías obtener nada, el ministro del Interior, Giorkatzis, andaba tras tu pista para entregarte a la Junta, así que tuviste que escapar una vez más. Tenías hambre y frío; de noche dormías en una cabaña abandonada, y por el día te alimentabas robando fruta en los campos, mientras te repetías: ¿sufrir, luchar? ¿Por quién y por qué? El día en que el destino te condujo al único que podía salvarte, el presidente Makarios, y este te entregó un salvoconducto para llegar a Italia, mientras te decía vaya-de-mi-parte-al-ministro-Giorkatzis-que-él-se-lo-firmará, fuiste con el corazón desbocado, y entraste en su despacho con la duda de que te hubieran tendido una trampa, dispuesto a gritarle muy bien, pues deténgame; para qué sirve sufrir y luchar si los hombres no saben qué hacer con la libertad. Y él, alzando un rostro sombrío, enmarcado por una barba negra como ala de cuervo, semejante a una caperuza que lo ocultaba todo a excepción de los ojos penetrantes, sonrió: «Hum, tú. Precisamente tú, a quien trato de echar el guante desde hace meses. ¿Te das cuenta de los riesgos que correría si te ayudara?». «Pues entonces no me ayude, ¡entrégueme a los esbirros! Total, ¿para qué sirve...?». «¿Sufrir, luchar? Para vivir, muchacho. Quien se resigna no vive, sobrevive». Y más adelante: «¿Qué tienes en la cabeza, muchacho?». «Una cosa y nada más: un poco de libertad». «¿Sabes disparar, apuntar?». «No». «¿Sabes fabricar una bomba?». «No». «¿Estás dispuesto a morir?». «Sí». «¡Hum! Morir es más fácil que vivir, pero te ayudaré». Te ayudó de verdad. Te enseñó todo cuanto sabías. Sin él nunca habrías fabricado las dos minas que ahora estaban bajo el puentecito, después de la curva. Cinco kilos de trilita, un kilo y medio de plástico y dos kilos de azúcar. «¿Azúcar?». «Sí, provoca una combustión más rápida». Te divertiste como en un juego siguiendo sus instrucciones: «¿Estará bastante dulce? Echemos otra cucharadita». Pero ahora vuelves a sentir escalofríos al pensar que no se trataba de un juego, sino de matar a un hombre. Nunca habrías creído ser capaz de matar a un hombre; no sabías matar ni a un animal. Esta hormiga, por ejemplo. Una hormiga estaba trepando por tu brazo. La cogiste sin apretar los dedos y la colocaste sobre la mesita. Sonó el claxon.

Comprobaste la hora, las seis, y con paso decidido bajaste las escaleras, te reuniste con Nicos, que aguardaba al volante del taxi, y te acomodaste en el asiento posterior para aparentar que eras un pasajero normal. Nicos era tu primo y trabajaba de taxista. Lo elegiste porque era tu primo y, por lo tanto, podías fiarte de él, y porque trabajaba de taxista. Un taxi pasa más inadvertido: ¿qué policía imagina que dos hombres van a realizar un atentado en taxi? Además, comprar o alquilar un automóvil cuesta muy caro, y tú no tenías dinero para eso; para tenerlo habrías debido militar en un partido, plegarte a sus ideologías, a sus leyes, a sus oportunismos: si no perteneces a ningún partido, si no ofreces la garantía de un distintivo, ¿quién te mira, quién te financia? En Roma, donde te refugiaste al dejar Chipre, los aprovechados de la política te dieron charlas y nada más. Limosnas y nada más. Compañero por aquí, compañero por allá, viva el internacionalismo y la libertad, si acaso una habitación para dormir y una tasca para quitarte el hambre de vez en cuando, pero nada más. En un momento dado, te recibió un funcionario socialista, uno de esos a los que se les lee en la cara el arte de hacer carrera, de joder al prójimo, uno de esos que era capaz de cortarte las orejas si antes o después no llegaba a ser líder. Mirándote tras sus gafas de miope, gordo como un tocino, te prometió el oro y el moro: compañero por aquí, compañero por allá, viva el internacionalismo y la libertad. Pero de Italia te marchaste con los bolsillos vacíos, y después tampoco te llegó ni una dracma. En cuanto a los compatriotas de los que habría cabido esperar ayuda, por ejemplo, el que se consideraba el gran jefe de la izquierda en el exilio, los conocías bien.

¿Comprometerse con un loco que junto con un puñado de locos quiere matar al tirano? ¡Jamás! Naturalmente, si el atentado hubiera tenido éxito, habrían caído encima de ti como saltamontes sobre un trigal, habrían recitado el papel de cómplices y protectores; ahora, en cambio, solo te ofrecían un poco de coñac: bebe, muchacho, y buena suerte. «¿Cenaste anoche?», preguntó Nicos. «Sí, anoche, sí». «¿Dónde?». «En un restaurante». «¡¿Te dejaste ver en un restaurante?!». Te encogiste de hombros y, en silencio, calculaste si quedaba tiempo para pasar por Glyfada y volver a ver la casa con el jardín de naranjos y limoneros. Allí transcurrió tu adolescencia y tu juventud, allí vivían tus padres: al regresar a Atenas, hiciste un esfuerzo terrible para no acercarte. Guárdate de caer en semejantes sentimentalismos, decía Giorkatzis. ¿Sentimentalismos? Tal vez, pero un hombre es un hombre precisamente porque cede a los sentimentalismos. «Pasa por Glyfada», ordenaste a Nicos. «¿Por Glyfada? ¡Pero es tarde!». «Haz lo que te he dicho». Nicos pasó por delante a gran velocidad, apenas tuviste tiempo de divisar la ventana de la habitación donde dormía tu padre y el jardín donde una anciana vestida de negro regaba las rosas. El hecho de que tu madre no hubiera perdido la costumbre de despertarse al alba para regar las rosas te enterneció, y el pensamiento de tu padre durmiendo te encogió el corazón. De un brinco te volviste para seguir mirando, pero Nicos embocaba ya la calle adyacente y pronto el taxi estuvo en la carretera de la costa. Era la carretera que utilizaba todas las mañanas el tirano en su Lincoln blindado para dirigirse desde su residencia de Lagonissi hasta Atenas. En las últimas semanas la recorriste decenas de veces en busca del punto más apropiado para colocar las bombas, y la primera elección recayó en un arco de roca: te habría gustado bombardearlo desde arriba, como un rayo de Zeus, como un castigo divino. Lo cierto es que no habría funcionado, pues el explosivo actúa de abajo arriba, por lo que te viste obligado a optar por el puentecito que se hallaba tras una curva. Más que un puentecito, era una madriguera de cemento cuadrada, profunda, sobre la cual el asfalto de la carretera no tenía más que cincuenta centímetros de espesor. La distancia desde la base de la madriguera hasta el asfalto era de ochenta centímetros: ni construida a propósito. Emplazadas allí las bombas, abrirían embudos de tres o cuatro metros de anchura, y la fuerza disruptiva sería inmensa. Único problema: huir a la luz del día. No era casualidad que Giorkatzis dijese que los atentados se cometen de noche, pues nada como la oscuridad para proteger la fuga. ¿Y si te vieran escapar? Paciencia. Por lo demás, a ti no te gustaba la oscuridad. En la oscuridad se mueven los murciélagos, los topos, los espías, no los hombres que luchan por la libertad.

Llegaste al puentecito a las siete y cuarto. Nicos abrió ágilmente el maletero para darte el cable que debía conectarse a los explosivos, y de pronto se te escapó una blasfemia. La bobina estaba toda enredada, hecha un lío de nudos. «¡¿Qué has hecho, inconsciente, qué has hecho?!». «Yo nada, yo...». Pero ya no había tiempo para discutir, y menos para poner remedio, así que te desnudaste, entregaste a Nicos la camisa, los pantalones y los zapatos, y descalzo, solo con el bañador, corriste hacia la madriguera apretando contra el pecho aquella maraña de nudos.

El puentecito ya no existe. Lo han rellenado de tierra porque han ensanchado la carretera y corregido la curva: al regresar allí, no reconociste ni siquiera el punto donde se encontraba. Pero yo lo recuerdo bien, lo vi cuando me llevaste antes de que desapareciera, y recuerdo igualmente bien lo que me contaste acerca de aquella mañana: principio de tu leyenda, de tu tragedia, de todo. Aquella mañana el mar estaba embravecido, las fuertes olas rompían a lo largo de la costa y hacía frío. ¿O acaso tú tenías frío a causa del cable enmarañado? No podías tranquilizarte, no comprendías cómo pudo suceder. Tal vez Nicos lo había arrojado al maletero con un gesto demasiado brusco, tal vez había olvidado atarlo y las sacudidas del taxi consumaron el desastre. Comoquiera que hubiera sucedido, los doscientos metros de cable liso quedaban reducidos a un ovillo: apenas deshacías un nudo, se formaba otro; apenas deshacías el otro, se formaba un tercero... Exasperado, lo rompiste. Recuperaste la parte intacta, luego la mediste y se te escapó una segunda blasfemia: solo cuarenta metros, ¡una quinta parte de la longitud necesaria! La roca que elegiste para detonar la bomba y huir estaba a doscientos metros: ¿cómo cambiar ahora el plan? ¿Cómo? Te decidiste por aquella roca tras infinitas pruebas y porque desde allí tenías una panorámica perfecta. Había un momento, cuando el Lincoln negro recorría el tramo entre la curva y el puentecito, en que el capó quedaba semioculto por un cartel y, según tus cálculos, precisamente en aquel instante debías activar la detonación. Sin contar con que se trataba de una roca junto al agua, y que desde allí habrías podido zambullirte enseguida. Actuar desde cuarenta metros significaba, en cambio, que faltaban ciento sesenta para alcanzar el agua. Significaba también volver a efectuar los cálculos: ¿cuál sería la visual desde cuarenta metros? Conectaste un extremo del cable a los explosivos y luego, manteniendo en la mano el extremo opuesto, fuiste a comprobar hasta dónde llegaba. ¡Maldición! Llegaba a un punto desde el cual no se distinguía la carretera a causa del escarpe que la resguardaba, y, por si esto no bastase, en aquel lugar quedabas completamente expuesto. Volviste sobre tus pasos: con un cable tan corto no había más remedio que colocarte bajo la carretera, a unos diez metros del puentecito, con el riesgo de saltar por los aires. Un suicidio. Sin embargo, no había otra solución, y esta ofrecía la ventaja de que te permitía ver a tiempo el Lincoln negro. ¿Ventaja? ¿Qué ventaja? Para verlo bien debías asomarte al borde del asfalto y, por si no bastara, allí los cálculos que hiciste ya no valían. Era preciso contar de nuevo, con criterios nuevos, escoger un instante distinto para la detonación, y cuidado con equivocarse en un segundo, una fracción de segundo: por una fracción de segundo se falla el objetivo. Así pues, manos a la obra. Y rápido, muy rápido. Por regla general, el Lincoln negro pasaba por el puentecito a las ocho, y eran casi las siete cuarenta y cinco.

Tu cerebro se puso a funcionar con la rapidez de un ordenador. Veamos: él iba siempre a cien kilómetros por hora, cien kilómetros son cien mil metros, una hora son tres mil seiscientos segundos, cien mil dividido por tres mil seiscientos da alrededor de veintisiete, o sea, que cada segundo el Lincoln avanzaba veintisiete metros. Cada décima de segundo, dos metros setenta. Pero ¿cómo calcular aquella décima de segundo? En voz alta, decía Giorkatzis: *khilía éna, khilía dío, khilía tría:* mil uno, mil dos, mil tres. Bien, así lo harías. Probaste un par de veces para determinar las pausas entre el mil uno y el mil dos, el mil dos y el mil tres, echaste una última ojeada a las bombas, conectaste el cable y ya estabas listo. Las siete cincuenta y cinco. Cinco minutos para relajarse, para cuestionarse... Se llamaba Geórgios Papadópoulos el hombre al que cinco minutos más tarde ibas a matar, y con el cual, a lo mejor, saltarías por los aires. Quién sabe qué impresión daba en persona, en carne y hueso. Nunca lo viste de cerca: solo en fotografías. En las fotografías parecía una arañita y resultaba cómico, con aquel bigotillo insolente y aquellos ojillos de poseso. Pero los dictadores son siempre cómicos y tienen siempre ojillos de poseso. Los abren de par en par como si quisieran dar miedo a los niños: ¡si-desobedeces-te-castigo! Una vez, observando su fotografía, te dijiste: me gustaría mirarlo a la cara. Pero primero preparaste el atentado, y luego ya no te lo dijiste más. En las dos últimas semanas, por ejemplo, cuando te apostabas en aquella carretera para comprobar los tiempos y el trayecto, para controlar la hora en que salía de su villa de Lagonissi, la velocidad a que avanzaba su automóvil y el número de coches que componían el cortejo, habrías podido satisfacer aquel deseo de mirarlo a la cara. En cambio, apenas el Lincoln negro se aproximaba, le volvías la espalda. En parte porque no te reconocieran, es verdad, pero más que nada porque te turbaba la idea de mirarlo a la cara. Si miras a un enemigo frente a frente y te das cuenta de que, pese a todo, es un hombre como tú, olvidas quién es y qué representa, y matarlo se vuelve difícil. Más vale hacerse a la idea de que matas un automóvil. Incluso cuando fabricabas las bombas, cuando estudiabas los tiempos y las distancias, cuando dividías cien mil por tres mil seiscientos, pensabas en un coche y no en un hombre dentro de un coche. O, mejor, en dos hombres, porque al volante iba el conductor. ¡Por Dios, el conductor! Y ese ¿qué tipo de persona sería? ¿Una carroña o una criatura inocente, un desgraciado que debe ganarse el sueldo? Seguro que era una carroña: las personas como Dios manda no trabajan como chóferes de un tirano. ¿O tal vez sí? No debías pensar en eso: en la guerra no se plantean ciertas preguntas. En la guerra se dispara, y a quien le toca le toca. En la guerra, el enemigo no es un hombre, sino un objetivo hacia el que apuntar y basta; si junto a él hay un desgraciado o un niño, mala suerte. ¿Mala suerte? De eso nada: ¿es justo combatir las injusticias con las injusticias, la sangre con la sangre? No, no lo es. Y pensándolo mejor, no era justo ni siquiera recurrir al ejemplo de la guerra: nada es más estúpido, más reaccionario que el concepto de guerra; y a ti ¿cuándo te había gustado la guerra? Ni siquiera querías hacer el servicio militar, y de prórroga en prórroga vestiste el uniforme de soldado a los veintiocho años, pues hasta agarrar un fusil te producía náuseas. De todos modos, si pensabas en el conductor, sentías un malestar, una vergüenza; tenías que hacer un esfuerzo para repetirte a ti mismo las cosas que les decías a los compañeros: la violencia llama a la violencia, la ira del oprimido contra el opresor es legítima, pero si uno la emprende a bofetadas contigo, no le presentes la otra mejilla; devuélvele la bofetada. Este hombre ha asesinado la libertad, y en la antigua Grecia al tiranicida se le honraba con monumentos y coronas de laurel. Y asimismo la frase que te habías aprendido de memoria: yo no soy capaz de matar a un hombre, pero un tirano no es un hombre; es un tirano. De pronto te sonaba falsa, como una mentira. ¿Por eso tenías tanto frío? Tonterías: tenías frío porque estabas desnudo y porque hacía frío.

Te ocultaste entre las piedras, abrazándote las piernas para entrar en calor. La lancha motora estaba llegando, puntual, y se dirigía hacia la ensenada convenida. Pero ¡qué lejos quedaba! ¿Conseguirías alcanzarla? Aquella mañana el agua debía de estar helada: resultaría duro zambullirse en el agua helada, nadar en el agua helada. Claro que si saltabas por los aires con el automóvil o si no tenías tiempo de alcanzar la orilla, ese problema no existiría. La vida. Qué absurda la vida. Pulsas un interruptor, estableces un contacto entre el polo negativo y el polo positivo y... El rumor del cortejo que se acercaba llegó a tus oídos. Te pusiste en pie de un salto y murmuraste con tristeza: «Ánimo, adelante».

Era un auténtico cortejo. Primero los escoltas en moto, tres policías a la derecha y tres a la izquierda, a los que seguía la escolta en automóvil, dos todoterrenos en fila, luego la ambulancia de primeros auxilios, a continuación el coche equipado con radio, otros cuatro motoristas y, por último, él: el Lincoln negro. Y detrás otro todoterreno y otra patrulla de motoristas. Acababa de embocar el último tramo de la recta y avanzaba a la velocidad de siempre. Pronto desaparecería tras la curva, la superaría y reaparecería. El ruido creció, y estiraste el cuello para ver mejor. Los dos primeros motoristas estaban saliendo e iban a tu encuentro, tan nítidos que podías distinguir sus rasgos. A la altura del cartel, sin embargo, se tornaron una sombra confusa y te diste cuenta de que, después de aquello, no distinguirías nada, de modo que te verías obligado a actuar solo por intuición, solo según el cálculo de los tiempos, recordando que entre el cartel y la primera bomba mediaban ochenta metros, y que para cubrir ochenta metros a cien kilómetros por hora se necesitan más o menos tres segundos. ¡Más o menos! Tu cerebro reanudó su trabajo con rapidez alocada y tu cuerpo se quedó rígido en un espasmo: lo malo estaba precisamente en aquel «más o menos». Si veintisiete metros se recorren en un segundo, tres segundos son ochenta y un metros, y no ochenta: así pues, la primera bomba estallaría demasiado tarde. Y también la segunda, en vista de que se hallaba un metro más atrás, o sea, a ochenta y un metros y no a ochenta y dos. Conclusión: tenías que retrasar la detonación. ¿Cuánto? Muy sencillo: si una décima de segundo correspondía a dos metros setenta, debía retrasarse alrededor de un tercio de décima de segundo. ¡Más o menos! ¡De nuevo «más o menos»! ¡Y todo eso suponiendo que el Lincoln negro mantuviera una velocidad constante! ¡Dios mío! ¿Cuánto dura un tercio de décima de segundo? ¿Un pestañeo? No, menos. Un tercio de décima de segundo no es mensurable en términos humanos. Un tercio de décima de segundo es el destino. Es preciso confiarse al destino y perder tiempo. No mirar el cronómetro. Contar más despacio. *Khilía éna, khilía dío, khilía tría:* mil uno, mil dos, mil tres. ¡¿Más despacio?! Pero ¿qué significa, en este caso, «más despacio»? Han pasado los dos todoterrenos. Ha pasado la ambulancia. Ha pasado el coche provisto de radio. Han pasado los motoristas. Ahora viene él. Aquí está: negro. Se acerca. Se acerca cada vez más, negro. Se hace cada vez mayor, cada vez más negro. Dentro de un instante estará a la altura del cartel y se convertirá en una sombra confusa. Esperemos que mi mano no tiemble. No tiembla. Esperemos que el Lincoln no acelere y no frene. No acelera, no frena. Está a punto de llegar. Llega. Ha llegado. Mil uno, mil dos, mil tres, ¡contacto!

Durante un instante eterno, de un millón de años de duración, no sucede nada. Luego tus tímpanos fueron lacerados por un estallido seco, desagradable, y un tumulto de piedras saltó por los aires y se elevó una nube de polvo gris. Una sola nube, un solo estallido. Solo había hecho explotar una bomba. ¿Era posible? Y ni siquiera una roca te había golpeado. ¿Era posible? Te palpaste, incrédulo. Pero no hubo tiempo para alegrarse de haber salido indemne porque, con fulminante rapidez, comprendiste que no te había pasado nada porque habías fallado. Un automóvil blindado que salta por los aires produce un ruido mucho más fuerte, levanta una nube mucho más intensa, y no son solo piedras las que salen disparadas. Así pues, ¿qué es lo que no funcionó? ¿La carga, el tiempo, el modo de contar *khilía éna, khilía dío, khilía tría?* ¿El destino? La tercera parte de una décima de segundo: el destino. Pero ¿por qué no estalló la segunda bomba? ¿Conectaste mal el cable? ¿No cebaste bien el detonador? ¿O fue el azúcar, el juego del azúcar, estará-bastante-dulce-echémosle-otra-cucharadita? Te planteabas estas preguntas mientras corrías. Casi inconscientemente, después de haberte palpado con incredulidad, te lanzaste por el escarpe y ahora corrías, corrías empujado por un único impulso: alcanzar el mar, zambullirte, desaparecer en el agua, vivir. ¡Vivir! De pronto, el mar estuvo bajo tus pies, en torno a tu cuerpo, que se hundía en el agua helada mientras tu pensamiento repetía verdaderamente-está-helada, y en un momento dado estuvo tan helada que tuviste que remontar a la superficie. Esto sirvió para echar una ojeada a la carretera, donde los policías corrían pistola en mano, y la escena te preocupó: de pronto, te llenaste los pulmones de aire y volviste a bucear, a nadar de nuevo bajo el agua. Nadabas con seguridad y vigor; siempre fuiste un campeón, pero el mar estaba más embravecido de lo que pensabas, y una corriente fortísima te arrastraba a la orilla y no hacia la barca. Volviste a la superficie por segunda vez, para respirar. Miraste a los policías también por segunda vez, a fin de comprobar si iban a por ti. No; todos se precipitaban en dirección a la madriguera bajo el puentecito. No te habían visto; podías continuar tranquilo. Lástima de aquella corriente; si no hubiera sido por la corriente... Y por el asma. Tenías un ataque de asma. Cada poco necesitabas detenerte y recuperar el resuello, perdiendo un tiempo precioso. ¡Qué olas! Escucha qué olas. Una ola violenta te arrojó contra los escollos y te agarraste a un saledizo, aturdido.

¿Cuánto tiempo transcurrió mientras permanecías allí, agarrado, aturdido e ignorante de las consecuencias? Solo comprendiste claramente cuáles fueron las consecuencias de aquella pausa imprevista en el instante en que tus ojos inquietos buscaron la motora. Le dijiste que aguardara cinco minutos exactos, ni uno más. Se lo dijiste incluso con brusquedad, para que entendieran bien: «¡Es una orden!». Pasados los cinco minutos, seguro que se irían. Había que poner remedio a eso enseguida. Poner remedio saliendo del agua y dirigiéndote a pie hacia la ensenada donde la barca estaba fondeada. Seguro que te verían y te esperarían. Trabajosamente, saliste del agua y comenzaste a correr como antes, doblado sobre ti mismo, sobre las rocas cortantes: cada paso una herida, un dolor agudo. En compensación, te acercabas a la ensenada a notable velocidad. Cincuenta metros más, treinta, y podrías llamarlos: «¡Estoy aquí! ¡Que llego, esperadme, que llego!». Luego, una zambullida, unas cuantas brazadas y acudirían a tu encuentro. Treinta metros. Veinte. Diez: «¡Estoy aquí! ¡Que llego, esperadme, que llego, esperadme!». La motora se puso en movimiento, enfiló hacia alta mar y se fue.

Se fue, y el resto de tu vida te acompañó el recuerdo obsesionante de aquella barca que se hacía a la mar sin esperarte, que-llego-esperadme-que-llego, de la sensación de vacío que te invadió en aquel momento. El deseo de llorar, de gritar bellacos, repugnantes bellacos. La desesperación. La pregunta qué-hacer-ahora, qué-hacer. Levantaste la mirada hacia la carretera donde la escolta había improvisado un control, y hombres de uniforme se agitaban chillando: «¡Ojo a la orilla! ¡Atentos a todo lo que se mueva!». ¿Qué hacer? Esconderse, obviamente. Esconderse enseguida. Pero ¿dónde? Tus ojos miraban hacia todos lados, extraviados, en busca de un hueco, de un lugar donde refugiarte. ¡Allí! Aquella minúscula gruta, aquella especie de nicho que se abría entre las rocas del arrecife. Demasiado angosto, sí, pero no había elección. Llegaste a él a gatas. Te enroscaste dentro como un molusco en su concha o, más bien, como un feto en la placenta: la frente sobre las rodillas y los brazos en torno a las piernas. Tal vez si te quedabas allí hasta hacerse de noche podrías librarte. Porque en un momento dado suspenderían las investigaciones y, con un poco de suerte, te alejarías y llegarías a la carretera. Naturalmente, no iban a faltar los problemas, y en primer lugar el problema de andar por ahí desnudo y descalzo de noche, pero organizaste a los compañeros en varios lugares del litoral para que te recogieran y... ¿Qué les dirías al encontrarte con ellos? ¿Qué responderías a sus preguntas, a sus mudos reproches? ¿Qué había salido mal por causa del cable corto, del cable enredado, por culpa de los cálculos rehechos afanosamente, de una tercera parte de décima de segundo, por culpa del destino? Te retrasaste demasiado, ahora lo comprendías. Contaste demasiado despacio *khilía éna, khilía dío, khilía tría:* la primera mina estalló cuando el Lincoln había superado el puentecito en casi tres metros. ¿Y la segunda bomba? ¿Cómo ibas a justificar el hecho de que la segunda bomba no estallase? ¡Oh, *Theós! Theós! Theós mou!* ¡Dios mío, Dios mío! Tanto trabajo, tanto dolor, tantos sacrificios, tantos meses para nada. ¡Nada! No debías pensar en eso. Te volverías loco si lo pensabas. Era mejor conducir la mente hacia un pensamiento distinto: las bombas de demostración, el incendio sobre las colinas. Mientras tú realizabas el atentado, una bomba debía estallar en el estadio y otra en el parque, y luego los árboles de las colinas debían incendiarse. ¡Una guirnalda de fuego que despertase a toda la ciudad! ¡La gaviota, la gaviota! Tus disposiciones fueron precisas. Pero ¿las cumplieron o no? Catorce apóstoles son pocos para un Cristo que pretende por sí solo derrocar una tiranía, admitámoslo. Y si tú fallaste, también ellos tenían derecho a fallar. Tal vez ni en el estadio ni en el parque había estallado nada, y en las colinas no había fuego. La nada después de la nada. ¿Qué diría Giorkatzis? ¿Y los aprovechados de la política, que no mantuvieron sus cháchara s ni sus promesas? Seguro que alabarían su previsión: aquel loco solitario, aquel rebelde presuntuoso que cree poder sustituir a los partidos, la disciplina de los partidos, la lógica de las ideologías. Nosotros intuimos que no había que tomarlo en serio. Basta. Ahora solo quedaba por hacer una cosa: largarse. Pero ¡qué tormento permanecer agazapado así y no ceder a la tentación de alargar un brazo o una pierna! Soportar este hormigueo en las articulaciones. ¿Y qué era esta torpeza henchida de sueño? Resistir, permanecer despierto. Sin embargo, ¡qué fatiga, qué fatiga! Sobre todo este helicóptero. También había llegado el helicóptero. Volaba bajo, pasando una y otra vez por encima de ti, y el rumor martillador de sus aspas te producía sopor, como una nana. Sobre tus ojos descendió una cortina de plomo.

¿Cuánto dormiste? El reloj no lo decía: lleno de agua, ya no funcionaba. Pero no menos de una o dos horas: el sol estaba alto; lo veías por una fisura de la concha que se abría sobre tu cabeza, mostrando una lengua de cielo, y ya no hacía frío; más bien estabas sudando. Tal vez a causa de las voces que te habían despertado, voces muy próximas, tan próximas que distinguías con claridad lo que decían. Decían: «¡Registrad roca por roca!». También volvió el helicóptero, con su fragor siniestro, como disparos de una ametralladora pesada. Parecía que todo el ejército griego estuviera allí de maniobras. «¡Una escuadra ahí abajo!». «¡Que el sargento se presente a dar la novedad!». «¡No vayan en fila india! ¡En orden disperso!». Por último, un grito arrogante, enojado, que te atronó las sienes: «¡Busquen palmo a palmo, repito!». «Sí, mi capitán». Y la lengua de cielo sobre tu cabeza, la fisura en el techo de la gruta desapareció bajo un par de zapatos. Contuviste la respiración. Te apretaste con desesperación dentro de la concha, y durante algunos minutos te pareció que volvías a ser un niño, cuando tu madre te buscaba para castigarte, cuando para evitar sus golpes te escondías bajo la cama, agazapado contra la pared, y allí te quedabas contemplando sus pies, escuchando sus chillidos: dónde-se-ha-metido, dónde-se-ha-escondido, y con los labios apretados rogabas oh, Dios, haz que no me vea, haz que se vaya. A veces se iba de verdad, sin haberte encontrado, pero tú no te fiabas y continuabas bajo la cama conteniendo el hambre, la sed y las ganas de hacer pis. Otras veces, en cambio, se inclinaba y te veía, alargaba una mano amenazadora, triunfante, y te arrastraba fuera: «¡Te he cogido, desgraciado, te he cogido!». Pero ¿por qué esta vez debía inclinarse y verte? Ya eras un hombre, y afortunado: te habías salvado decenas de veces en aquellos dieciséis meses. ¿Por qué asustarse por un par de zapatos, por aquel oficial que se mantenía sobre tu cabeza, implacable? Se elevó una voz: «Hemos buscado bien, mi capitán. No hay nada, no hay nadie». «Echad ahora una ojeada hacia arriba, y luego vamos al otro lado». Un hondo respiro te llenó los pulmones y apretaste los puños pensando: menos mal, se la he jugado. Pero en el mismo momento en que pensabas menos-mal-se-la he-jugado, el capitán se movió, tropezó y cayó de la roca. Cayó justo delante de ti. Y te vio.

«¡No dispares! ¡No dispares!». Así gritaba mientras apuntaba su pistola con mano temblorosa, y tú no sabías responderle: disparar ¿con qué? Luego gritaba: «¡Sal! ¡Sal!». Pero fue inútil. El estupor, más que el miedo y la rabia, te había paralizado: no lograbas mover las articulaciones, arrancarte de aquella concha. Lo hicieron ellos. Con la ferocidad de los peces que agredían a la gaviota del sueño se te echaron encima, empujándose uno a otro, pisoteándote. Te arrastraron fuera por los pies, te pusieron derecho, sin percatarse de que no podías mantenerte recto porque tenías las piernas anquilosadas, e intentar defenderse como la gaviota habría sido una locura. Eran demasiados, una mancha de uniformes que se hacía cada vez más grande y pensaba solo en pegarte y registrarte. Uno te golpeó dos veces en las sienes y en los ojos. Otro te abrió la boca de par en par con las dos manos para meterte dentro los dedos y buscar quién sabe qué, al tiempo que gritaba: «¡Escúpela, escúpela!». Otro más te desgarró el bañador para ver si escondías allí armas. Luego te pusieron los brazos sobre la cabeza y te empujaron hacia arriba. Pero no lograbas caminar porque bajo los pies descalzos, llagados ya por la carrera sobre las rocas, cada guijarro se convertía en un cuchillo, y si te parabas para dar tregua al dolor, te golpeaban impacientes con la culata de las pistolas o con los cañones de las metralletas. Llegar a la carretera fue un alivio que pronto se trocó en amargura: donde debía haberse abierto un embudo había un agujero de apenas dos metros, lo que te demostró que no solo te habías equivocado en los cálculos sobre la décima de segundo, sino que también habías calculado mal la carga. Te empujaron al interior de un coche muy espacioso, con asientos abatibles, y allí te interrogaron. «¿Quién eres? ¿Quién te ha pagado? ¿Quiénes son los otros? ¿Quién estaba en la motora?». Y venga bofetadas, puñetazos y patadas en las espinillas. El más feroz era un tipo grueso, vestido de paisano, de rasgos de simio y la piel desfigurada por un avispero de cráteres, cavernillas y cicatrices dejadas por la viruela o por quién sabe qué infección. Pegaba con manos pesadísimas, manos de púgil, y cuanto más callabas, más se embrutecía:

«¡Habla, asesino, habla! ¡Habla o te hago pedazos!». «Responde, criminal, responde ¡o te mato a patadas!». «No finjas sorpresa, asesino, que de esta no te libras; si no respondes, te mato. ¿Sabes quién soy yo, lo sabes?». Ni lo sabías ni te importaba. Lo único que te importaba era permanecer callado, no darle la mínima indicación, la mínima pista para identificarte: si descubría tu nombre, los compañeros no habrían tenido tiempo de ponerse a salvo. De pronto se acercó un policía, un viejo policía de aspecto apacible, que se puso a tirarle de la manga de la chaqueta: «Mi comandante, escúcheme, mi comandante, yo sé quién es. Lo conozco porque prestó servicio en Glyfada; es de Glyfada. Se llama Panagulis y...». Pero el hombre picado de viruelas no le dejó terminar, y mientras su boca se abría de par en par escupiéndote encima una lluvia de saliva, exclamó: «¡Ah! ¡Eres tú, gusano asqueroso! ¡Así que no habías desaparecido, no te habías ido al extranjero, teniente Giorgos Panagulis! Estabas aquí, sucia carroña, desertor, vendido; estabas en Atenas, cabrón, ¿y creías que te ibas a salir con la tuya?». Después, una quemadura insoportable, una especie de puñalada en el cuello. Te había apagado el cigarrillo en el cuello. Te derrumbaste con un gemido, y tu pensamiento se nubló.

En los últimos años de tu vida, cuando me contabas la detención, no recordabas bien qué sucedió después de que te apagasen el cigarrillo en el cuello. La memoria solo te restituía imágenes deslavazadas, jirones confusos: el viejo policía que trata de atraer la atención del hombre picado de viruelas para explicarle que no eres Giorgos sino su hermano Alexandros; el hombre picado de viruelas que lo rechaza y que, seguro ahora de conocer tu identidad, se niega a escucharlo y lo echa, vete-idiota-no-me-molestes, no-ves-que-estoy-trabajando; de nuevo el viejo policía que se aleja con un gesto de resignación. Nada más. Sobre las dos horas que pasaste dentro de aquel coche y sobre la tortura no sabías decir nada. Pero había una cosa que recordabas con exactitud: la llegada de Ladas, por entonces ministro del Interior y brazo derecho de Papadópoulos. El muro de uniformes se aparta para dejarlo pasar. Su cara redonda, reluciente, se inclina sobre ti mientras sus manos gruesas te propinan golpecitos casi afectuosos en un hombro. Su voz viscosa revolotea por encima de ti: «Escúchame, teniente, que yo conozco a tu hermano Alexandros. Lo conozco desde los tiempos en que estudiaba en el Politécnico con mi hijo. Un tipo difícil, admitámoslo, un anarcoide. Criticaba a Karamanlís, odiaba a la casa real, la tenía tomada con Evangelos Averoff, no le gustaba el comunismo, no le gustaba el fascismo, no le gustaba nada. Pero un tipo inteligente, y si sabías cogerlo por el lado bueno, razonaba. ¿Y sabes por qué te digo esto, teniente? Porque si Alexandros estuviera aquí, te diría: explícaselo todo a Ladas, confía en Ladas. Confiésale a Ladas quién está detrás de este atentado. Te ahorrarías un montón de problemas». Te acordabas de esto con exactitud porque mientras Ladas hablaba te entraron muchas ganas de llorar. No deberías haber sentido deseos de llorar: el hecho de que te tomaran por Giorgos te ofrecía una gran ventaja, ganar algunos días o, al menos, algunas horas, a fin de dar tiempo a tus compañeros para ponerse a salvo. Pero cuanto más te repetías que el equívoco era una ventaja, una gran suerte, más te raspaba la garganta el deseo de llorar y te bañaba los ojos. «También tú debes desertar, Giorgos». «Pero yo soy un oficial de carrera, Alekos, ¡no puedo!». «Sí que puedes. Debes; por lo tanto, puedes». «No me atrevo, Alekos, ¡no me atrevo!». «Lo conseguirás». Lo convenciste. Y desertó. Vadeando el río Evros pasó a Turquía, de allí al Líbano, y de allí a Israel: sin encontrar un país que lo aceptase, que lo ayudase. Un calvario. Luego, en el puerto de Haifa, un instante antes de embarcarse para Italia, los israelíes lo detuvieron y lo entregaron al capitán de un barco griego para que lo devolviera a Atenas y lo pusiera en manos de la Junta. El capitán lo encerró con llave en una cabina y... El hombre picado de viruelas decía que desapareció, pues cuando el barco llegó al Pireo, la policía halló la cabina vacía y el ojo de buey abierto. Pero tú sabías que Giorgos no había desaparecido, sino que había muerto. Lo sabías por un sueño. Precisamente la noche en que el barco viajaba de Haifa al Pireo, tuviste aquel sueño. Caminabas con Giorgos por un sendero de montaña, un sendero sobre un precipicio que acababa en el mar. En un momento dado, la montaña fue sacudida por un bramido, y un alud se abatió sobre Giorgos. «¡Giorgos! —gritaste, aferrándolo—. ¡Giorgos!». Pero no lograste sostenerlo. Y Giorgos cayó al mar, entre los peces.

Se te llevaron a mediodía. A tu derecha, el hombre picado de viruelas; a tu izquierda, un coronel que discutía con el hombre picado de viruelas; en los asientos abatibles, dos guardias con metralletas, y otros dos junto al conductor: ocho en un automóvil. La presión de los cuerpos te cortaba la respiración y te irritaba los moratones producidos por los golpes. Una pistola apoyada en tus costillas duplicaba el tormento. Era el revólver del hombre picado de viruelas, que repetía monótonamente: «¡Te acordarás, teniente, te acordarás!». O bien: «¡Ya dejarás de hacerte el sordomudo, teniente, ya dejarás!». Y después de cada amenaza, te largaba una patada a las piernas. Tú continuabas callado y mirabas fijamente la carretera con la esperanza absurda de que sucediera algo imprevisible. Un accidente, tal vez, que te permitiera huir. Pero nada sucedía. El coche viajaba seguro, precedido y seguido por los motoristas; nadie le prestaba atención. Cuando pasaba junto a otros coches y tratabas de cruzar la mirada con quien iba dentro, te respondían miradas vacías; cuando algún transeúnte se volvía, era para oponer la indiferencia de quien se pregunta: «¿A quién han detenido, a un ladrón?». O: «Han atrapado a un delincuente. ¡Bien!». En un momento dado, una muchacha que caminaba por la acera con un joven pareció intuir la verdad: con rostro angustiado aferró la muñeca del joven y te señaló con el índice. Eso te produjo un maravilloso consuelo, como si la muchacha representara a toda la ciudad, y esta se dispusiera a abrir de par en par las ventanas y a gritar: «¡Lo han detenido, lo han detenido! ¡Corramos a defenderlo!». El joven, sin embargo, se encogió de hombros con una expresión que daba a entender: «Déjalo correr, no te metas». El consuelo se trocó en desilusión y se apoderó de ti un gran cansancio: inclinaste la cabeza, y ascendieron a la superficie los restos de la derrota. Te sentías ridículo porque estabas desnudo entre gente vestida, te sentías humillado por haber fracasado, te sentías solo porque estabas solo y porque tenías miedo de lo que fueran a hacerte. Una duda perforó tu conciencia: ¿lograrías resistir? El hombre del rostro picado de viruelas se dio cuenta. Apartó la pistola de tu costado y te la apoyó en la mandíbula: «Dentro de poco habremos llegado, teniente. Y te juro que hablarás. Oh, sí, teniente, hablarás. Porque yo te pondré a punto. ¿No sabes lo que se dice de mí? Que hago hablar hasta a las estatuas. ¿No has comprendido quién soy? Soy el comandante Theofiloiannacos».

Conocías aquel nombre, y lo que él afirmaba era verdad: circulaba, en efecto, una siniestra historieta sobre él. Un arqueólogo encuentra una estatua y no comprende de qué época es. «¡Dímelo!», conmina a la estatua. Y el ayudante del arqueólogo: «Doctor, llévesela a Theofiloiannacos. Con él hablará». Pero descubrir que ese hombre era él fue una ayuda. Fue como si un viento barriera el miedo y la duda y la derrota, e incluso el sentido del ridículo por tu desnudez, y en el lugar de todo eso se elevase el orgullo de estar solo y humillado, la certeza de no poder ser vencido. Volviste los ojos al avispero de cráteres, cavernillas y cicatrices dejadas por la viruela o por quién sabe qué infección y estallaste en una carcajada. «Ríe, ríe», comentó Theofiloiannacos. El coche pasaba ante el estadio olímpico, y ahora por el hotel Hilton, y ahora frente a la embajada de Estados Unidos. Después de la embajada torció a la derecha y tu corazón se encogió. Al otro lado de las acacias de la acera, habías reconocido de pronto la Sección de Investigación especial de la policía militar, la ESA. La central de torturas.

Tampoco ese edificio existe ya. Fue derribado para construir un rascacielos que, sin embargo, no se levantó porque eran demasiados los que afirmaban que habitar en aquel lugar les acarrearía la desgracia: al otro lado de las acacias de la acera no se divisan más que pilastras fragmentadas, algún cable que se bambolea y un solar accidentado por las inmundicias. Cuando el viento de levante sopla del mar, y las basuras forman inquietos remolinos y los cables golpean sordamente contra las pilastras, parece que de las ruinas se eleven voces quejumbrosas. Y sin embargo la zona es hermosa, residencial, con avenidas verdes y luminosas, pequeñas villas blancas *fin de siècle* donde los ricos disponen de cocinero, mayordomo, planchadora y chófer; elegantes palacetes Liberty donde las sedes diplomáticas mantienen jardines bien cuidados y latones bien relucientes. Resulta difícil creer que aquí, precisamente aquí, estuviera situado el infierno de cuyas ventanas escapaban los gritos y los lamentos de las víctimas. ¿No los oían los ricos que disponen de cocinero, mayordomo, planchadora y chófer? ¿No los oían los funcionarios de los consulados y embajadas de jardines bien cuidados y latones bien relucientes, en especial de la embajada de Estados Unidos, que precisamente estaba en la otra acera? ¿O tal vez los oían y los comentaban con una mueca de hastío? «*My God*, ya empiezan. Esperemos que no nos estropeen el *party* de esta noche». También resulta difícil imaginar qué tipo de edificio era aquella central de la ESA. Tal vez un caserón como la Lubianka de Moscú, como el de la policía secreta de Madrid, o un cuartel semejante a tantos otros cuarteles de los países mediterráneos: paredes viejas, salas de espera escuálidas, butaquitas de imitación de cuero despellejado, ceniceros sucios, despachos desnudos con el retrato del tirano en la pared y el funcionario sudoroso tras el escritorio. Uñas negras, bigotillos presuntuosos, rostros obtusos y aceitosos, tacitas de café traídas por soldaditos atenazados por el miedo, sí, mi comandante, sí, mi teniente, y luego los sótanos para los arrestados, las habitaciones especiales para los interrogados. Una estaba en el último piso, junto a la terraza, y disponía de un motor que entraba en funcionamiento para cubrir los lamentos y los gritos. Consta en las páginas que escribiste un mes antes de morir y que rompiste el día en que llegaste a la terrible página veintitrés, prohibiéndome recogerlas, pero yo las recogí y descubrí, decepcionada, que eran tan solo una descripción minuciosa de las primeras veinticuatro horas que pasaste allí dentro. Hoy, en cambio, esa descripción me impresiona: la abundancia exasperada de detalles, el hecho de que muchos años después no hubieras olvidado nada, ni un nombre, ni una frase, ni un gesto, como si cada detalle mínimo se hubiera grabado en tu memoria con la fuerza de una marca de fuego.

El recinto, cuentas en aquellos folios, se hallaba en estado de alarma cuando el coche pasó el umbral y Theofiloiannacos te dijo: «Bienvenido, teniente». Centinelas con la metralleta apuntando, soldados que se apartaban con ímpetus nerviosos, órdenes secas mezcladas con susurros, preguntas: ¿quién era aquel hombre semidesnudo y descalzo, qué delito había cometido? Te empujaron escaleras arriba, te metieron en un despacho y te tomaron la fotografía que iba a distribuirse a los periódicos. Aquella en la que pareces un hermoso nadador cansado, en la que mantienes los brazos abandonados a lo largo del cuerpo y la cabeza inclinada sobre el hombro izquierdo. Tu mirada está impregnada de una tristeza que parte el corazón. Luego llamaron a un médico para determinar si tu mutismo era provocado por un *shock*. Acudió el médico, que era un tipo extraño. Tenía un rostro simpático y fino, con dos ojillos relucientes de complicidad e ironía, y parecía haber caído allí por casualidad. Con falsa sorpresa examinó las quemaduras de cigarrillo: «¿Quién ha sido? ¿Te han tomado por un cenicero?». Con delicadeza casi excesiva estudió los cardenales y los arañazos: «¿Te duele aquí? ¿Y aquí? ¿Y aquí?». Luego te preguntó si te dolía la sien enrojecida y fingió irritarse porque no respondías a sus preguntas. Estaba claro que le caías bien, que quería ayudarte de alguna manera. También a ti te caía bien, a pesar de que vestía uniforme, pero no podías hacer nada para demostrárselo; solo podías esperar que se quedase mucho tiempo. Y se quedaba. Pero muy pronto Theofiloiannacos se impacientó: «Bueno, doctor, ¿está en *shock* o no?». «Sí, creo que está traumatizado por un susto, pero tendría que reconocerlo con calma en mi gabinete, a fin de asegurarme; debería someterlo a algún examen». «¡Qué examen ni qué niño muerto, doctor, esta es una dependencia de la policía, no una casa de socorro!». «¡Y yo soy psiquiatra, no veterinario!». «Si es usted psiquiatra, ¿no ve que se hace el sordomudo, que también a usted le está tomando el pelo?». «¡No, y quisiera ponerlo en tratamiento!». «También nosotros pensamos ponerlo en tratamiento, doctor. Puede marcharse». Le señalaron la puerta, y verlo dirigirse a ella, derrotado, fue como volver a ver la barca que se hacía a la mar sin esperarte: ¡esperadme, que llego, esperadme! Habrías querido correr detrás de él, agarrarte a su manga, retenerlo: ¡sácame, encuentra un pretexto para sacarme! Y él pareció notarlo. Se detuvo, se volvió y te dirigió una mirada que decía: ya sé que finges, pero ellos no están seguros, así que prueba a insistir. El hecho es que fingir servía cada vez menos; se aproximaba el momento en que deberías enfrentarte con ellos de manera distinta, demostrando que no eras ni sordo ni mudo, y el momento había llegado. Te trasladaron a otra estancia, que tenía una mesa y dos sillas, sí, pero también un camastro de hierro, sin colchón. Junto al camastro había un grupo de tres sargentos con la porra en el cinto, una porra tan gruesa que parecía un garrote. También ellos eran muy grandes, robustos. Los miraste, miraste el camastro, y por espacio de unos segundos no comprendiste para qué servía un camastro de hierro sin colchón, pero no tardaste en entenderlo porque dos de aquellos tipos te agarraron, serios, impasibles, y te tendieron, serios, impasibles, sin preocuparse del gemido que se te había escapado al contacto con el somier, roto y punzante como alambre espinoso. Te mordiste los labios para dominar la angustia: ¿iban a empezar enseguida o no? No, enseguida, no: un capitán de aspecto tímido entraba entre golpecitos de tos y rubores: «Con permiso, buenos días, con permiso». Con el aire de quien no se percata de que ante sí se está desarrollando el espectáculo absurdo de un hombre semidesnudo y cubierto de sangre, tendido en un camastro sin colchón, se instaló tras el escritorio. Colocó una carpeta, alineó algunos lápices y comenzó a plantear preguntas que, claramente, se referían a Giorgos: cuál era tu nombre, en qué año naciste, a qué regimiento pertenecías, y, puesto que callabas, respondía por ti: «Oh, sí, aquí está escrito, perdone. Promoción de 1939. Conozco a muchos del 39, todos ellos chicos estupendos. Yo tenía un amigo del 39; estuvimos juntos en el campamento 534». Lo mirabas preguntándote cuál era su papel: ¿se encontraba allí para llenar un hueco o bien porque formaba parte del ceremonial? Tal vez lo había enviado algún departamento de psicología: vas allí, haces como que no pasa nada, lo tratas con amabilidad, te ganas su confianza, y ¿quién sabe si sale algo? Una cosa era cierta: no contaba para nada y lo habían asustado de muerte: cuando la puerta se abrió, se puso en pie de un brinco como si le hubieran pinchado. O como si entrara un general. Pero no era un general, sino dos tipos de paisano que lo apartaron. Con un movimiento lento de la cabeza, le hicieron seña de que se fuera y luego se plantaron delante del camastro, agitaron un haz de folios y, marcando bien las sílabas, dijeron: «Soy el subcomisario Malios, de los Servicios de Anticomunismo de la comisaría central». «Soy el subcomisario Babalis, del mismo departamento».

Una vez, de pequeño, viste una película que te aterrorizó. Era una película de ciencia ficción, y sus protagonistas eran robots fabricados según una fórmula muy particular, un procedimiento en virtud del cual no nacían niños: nacían adultos y vestidos con sombrero en la cabeza y zapatos, y todos tenían la misma cara, la misma corpulencia, la misma manera de moverse o de permanecer quietos. Aquellos dos te recordaban precisamente a esa película. En efecto, a primera vista parecían unos tipos corrientes e inocuos: rasgos impersonales, traje gris, camisa y corbata. Pero si se les examinaba con más atención, inspiraban miedo. El motivo de ello radicaba en que si bien uno era alto y otro bajo, uno delgado y otro macizo, uno con bigote y otro sin bigote, parecían monstruosamente iguales, como la sombra desdoblada de la misma persona. Su manera de permanecer con las piernas alargadas y la tripa hacia afuera, por ejemplo, era idéntica. Su forma de mirarte como si hubieras estado en tu habitación o en el hospital: era idéntica. Y también era idéntico el tono de voz que usaban, alternando las intervenciones con sincronía perfecta. Apenas uno finalizaba una frase, el otro decía la frase siguiente, completando el discurso, pero la frase siguiente no expresaba un concepto separado: expresaba la continuación lógica o sintáctica de la frase anterior, de tal manera que mirándolos y escuchándolos parecía que estabas en un partido de tenis entre dos jugadores que no fallaran nunca la pelota. ¡Toc, toc! ¡Toc, toc! ¡Toc, toc! «Teniente, tenemos informaciones que le conciernen». «También tenemos el expediente de su hermano Alexandros». ¡Toc, toc! «Lo sabemos todo de usted, y creemos que usted lo sabe todo de nosotros». «En efecto, las radios extranjeras nos dedican mucha atención». ¡Toc, toc! «Más bien nos calumnian. Dicen que torturamos». «Mentiras. Nuestro sistema no tiene necesidad de torturas». ¡Toc, toc! «Nosotros abrumamos con hechos al interrogado, con pruebas reunidas gracias a nuestra paciencia». «De modo que termina siempre desarmado por nuestra bondad». ¡Toc, toc! «Algunos dicen: lo canto todo, pero quiero proteger a cierta persona». «Y nosotros lo comprendemos y lo complacemos». ¡Toc, toc! «Uno dice: estaba escondido en casa de Fulano, pero, por caridad, no le hagan nada, es padre de familia». «Y nosotros no le hacemos nada: simplemente, vamos a verlo y le damos algunos consejos». ¡Toc, toc! «La amistad es hermosa, le decimos, pero por causa de la amistad podrías acabar tu vida en prisión». «Se postró de rodillas y juró que no lo haría nunca más». ¡Toc, toc! «Por eso nos odian los comunistas». «Por nuestra competencia profesional, por nuestra preparación ideológica». «Pero no queremos cansarlo con estos discursos, teniente». «Tan solo queremos formularle algunas preguntas». «Por ejemplo, preguntarle la dirección de la casa donde estaba escondido». «Así podrá usted recuperar su ropa y vestirse. Desde luego que no puede continuar desnudo». «¿Dónde vivía usted, teniente?». ¡Toc, toc! ¡Toc, toc!

Los seguías, desplazando tus pupilas del uno al otro, con el movimiento oscilatorio de un péndulo, exactamente como se hace en los partidos de tenis, y como no recordabas quién era Malios y quién Babalis, cada vez se convertían más en la imagen desdoblada de la misma persona, con la misma voz repetida por el eco. «¿Dónde vivía usted, teniente?». «Sí, ¿dónde vivía usted, teniente?». Tenías que detenerlos, cansarlos, dividirlos. Tenías que responderles, o enloquecerías. «No recuerdo». «¿No recuerda?». «No, no recuerdo». «¡Teniente! ¿Sabe lo que significa la palabra "interrogatorio"? En el interrogatorio todo el mundo recuerda, se lo aseguramos». «He dicho que no recuerdo y no hay esperanza de que recuerde». «Tal vez está usted demasiado tenso, teniente. Necesita un coñac, un café». «Yo no necesito nada». «Tal vez está incómodo, ¿quiere sentarse en esta silla?». «Estoy bien así». «Vamos, teniente, se comporta usted como un niño». No, no servía. No se cansaban en absoluto, no perdían la pelota ni siquiera cuando respondías. Había que probar otra cosa. Acaso el insulto. Probaste: «¡Cierra el pico, Malios! ¡Cierra el pico, Babalis!». Funcionó. Se desdoblaron. Arrojaron por los aires los expedientes y se pusieron a gritar con voces distintas y diferenciadas: «¡¿Nos dices cierra-el-pico a nosotros, asesino?! ¡¿Por qué no dices sí-he-sido-yo-y-estoy-orgulloso-de-ello, asumo-las-responsabilidades?! ¡¿Por qué no te comportas como un hombre?!». «Qué hombre ni qué hombre; ¡¿no ves que no es un hombre?! ¡Es un bellaco, tiembla, tiene miedo!». «Gilipollas, Malios. Gilipollas, Babalis. Eres tú quien tiene miedo, eunuco. Todos saben que estás castrado como un eunuco, Babalis». «¡Cabrón!». Babalis se echó encima de ti, y Malios apenas tuvo tiempo de detenerlo, agarrándolo por el brazo: «No, Babalis. Perder la calma no sirve de nada. El teniente será razonable». «¿Razonable? Nosotros le hablamos con toda amabilidad y él, un asesino frustrado, ¡nos insulta!».

«Te repito que te calmes. Pronto ya no nos insultará. Ni para eso le quedará resuello». «De acuerdo». Pero se abrió la puerta y Theofiloiannacos irrumpió gritando colérico: «No habéis sacado nada en limpio con buenos modos, ¿eh? Dejádmelo a mí. Ingenuos, ¿no habéis comprendido que con él se requiere un sistema especial?».

Tú decías que en todo régimen opresor, en toda dictadura, sea de derechas o de izquierdas, de Occidente o de Oriente, de ayer, de hoy o de mañana, un buen interrogatorio es como un libreto teatral, con personajes que entran y salen siguiendo una escenografía precisa y con un director que los mueve entre bastidores: el inquisidor a quien ha sido encomendada la investigación. Decías que cada uno de aquellos personajes tiene un papel distinto, pero una única finalidad: inducir a la víctima a confesar. Con el objetivo de lograrlo, el inquisidor les da carta blanca y espera. Cuenta con un arma formidable a su disposición: el tiempo; sabe que, con el tiempo, la víctima cede. Así pues, para no perder, la víctima debe neutralizar esa arma, reaccionar con una contraofensiva que impida el normal desenvolvimiento de la comedia. Huelga de hambre, negarse a beber, agresividad, o sea, violencia opuesta a la violencia para inducirles a pegar más fuerte y hacerte desmayar: esos son algunos elementos de la contraofensiva. Cuando la víctima se desmaya, destrozada por los golpes y las torturas, o entra en estado de coma a causa del ayuno, el interrogatorio, obviamente, queda en suspenso. Esto le permite reposar y afrontar en frío la reanudación de los tormentos, pero con la ventaja de conocer los diálogos, las escenas, el estilo de dirección. Decías además que estas cosas no las sabías antes, pero que las intuiste apenas Malios y Babalis iniciaron aquel monólogo a dos. Precisamente escuchándolos y observándolos, concebiste la sospecha de que estaban recitando sus intervenciones del libreto dirigido entre bastidores por un director habilísimo, interpretando los personajes de una comedia cuya finalidad consistía en erosionar tu mente ya turbada por el capitán tímido y desgarbado. Entonces, y siempre con el instinto más que con la razón, comprendiste que debías defenderte logrando que te pegaran enseguida, porque si te hubieras desvanecido inmediatamente después de las patadas, no solo el cuerpo sino también la mente se habrían tomado un reposo, y luego no habrías cometido errores. Lo esencial era elegir la ocasión adecuada. Y fue Theofiloiannacos quien te la ofreció en el instante en que irrumpió gritando, colérico, no-habéis-sacado-nada-en-limpio-con-buenos-modos-dejádmelo-a-mí, ingenuos-¿no-habéis-comprendido-que-con-él-se-requiere-un-sistema-especial? Y luego, vuelto hacia ti: «¡Vaya si sabemos quién eres, delincuente! ¡Lo hemos descubierto sin dificultades! ¡Eres el desertor escapado a Israel, el traidor huido del barco! ¡Maldito maricón!».

¡Vamos, ha llegado el momento! Con un brinco de leopardo saltaste del camastro, con zancadas de leopardo le aferraste una mano, le golpeaste el rostro y rugiste: «¡Theofiloiannacos! ¡Los maricones visten uniforme de comandante!». Y de inmediato sucedió lo que tenía que suceder, lo que tú deseabas que sucediera: como disparados por un muelle que hasta aquel momento los hubiera mantenido quietos, Malios y Babalis perdieron el control, los tres sargentos de la porra, su inmovilidad, y todos a la vez saltaron encima de ti, liberando a Theofiloiannacos, y tu ataque se convirtió en un duelo contra seis personas más robustas y descansadas que tú. Dos delante, dos detrás, dos a los lados, bajo una granizada de puños, de porrazos, de patadas, mientras tú volabas, caías, volvías a levantarte, volabas de nuevo, te levantabas otra vez y distribuías patadas y cabezazos con la ferocidad del leopardo cogido en la red pero decidido a desgarrarla. Se volcó la mesita, y una silla voló por los aires rozando el cuerpo de Babalis, quien, asustado, corrió a la puerta pidiendo refuerzos, en vano disuadido por Theofiloiannacos, que no quería otros testigos de su humillación y protestaba pero-qué-refuerzos; pero ya llegaba un suboficial con metralleta, y esto era más de lo que tú habrías esperado. Rompiste la red, caíste sobre la metralleta para apoderarte de ella, la agarraste, y aunque el suboficial la sujetaba con dedos de hierro, tirabas con tanta desesperación que ni siquiera sentías los porrazos en la cabeza, en los hombros, en los brazos. Solo oías sus gritos, y junto con los gritos, el rumor sordo de los golpes propinados al azar, tanto que ahora la porra se abatía sobre la frente de Malios, y Malios se volvía indignado, lanzaba al responsable una patada que, en cambio, alcanzaba a Babalis; Babalis, rabioso, reaccionaba con un manotazo en la boca de Malios, y esto hizo estallar la disputa entre ellos: me-has-dado-imbécil-cretino. Luego, la disputa se extendió a los otros, insensata, grotesca, tanto que, golpeándose, pedían que parasen: «¡Para, que te da, para! ¡Detente, basta! ¿No os dais cuenta de que os estáis prestando a su juego? ¡Ocupaos de él, más bien!». Mientras tanto, solo con el suboficial, continuabas tirando, tirando, sentías sus dedos aflojarse, ceder poco a poco, y estabas ya a punto de arrebatarle la metralleta, se la quitabas, ¡la tenías en la mano! Apuntaste con ella. Y, de pronto, el cielo se derrumbó sobre tus ojos. Negro, repleto de estrellas. Mil garras te aferraron. Mil lazos.

No, por desgracia no te desmayaste. El porrazo solo te aturdió. Levantaste los párpados y miraste en derredor para comprender dónde estabas y qué te inmovilizaba. De nuevo te hallabas en el camastro. Te habían atado a él esta vez por los tobillos y las muñecas, y un sargento estaba sentado sobre tu pecho y otro sobre tus piernas. Inclinado sobre ti, Theofiloiannacos resoplaba: «Te haremos papilla, cabrón. ¡Papilla!». Lo miraste a los ojos. Poder escupirle a la cara. Tener un poco de saliva para escupirle a la cara. Y tu lengua recogió las pocas gotas de humedad que te quedaban, las llevó a los labios y él comprendió y se puso furioso: «¡El garrote!». Babalis avanzó con el garrote. «¡Ahora verás, mercenario!». El garrote se abatió sobre las plantas de tus pies. Una vez, dos veces, decenas de veces. La falanga. La tortura llamada «falanga». Qué daño. Qué dolor intolerable. No solo un dolor, sino una corriente eléctrica que desde los pies sube al cerebro, del cerebro vuelve a descender a los oídos, y luego al estómago, el vientre y las rodillas, donde se concentra el espasmo. Mientras una voz repite, metódica: «Toma. Toma. Toma. Toma. Toma». Mientras el pensamiento invoca: «Desmayarme, Dios mío, desmayarme. No gritar, desmayarme». Pero ¿qué hay que hacer para no gritar? Te pusiste a gritar. Y entonces sucedió algo peor; Theofiloiannacos te tapó la boca para que no gritaras: la boca y la nariz. El pulgar y el índice apretando la nariz, y la palma sobre la boca. No, ahogarme no. No lo soporto. Dadme todos los bastonazos del mundo, pero no me quitéis el aire. Un poco de aire, solo un poco de aire, por caridad. Dios, si pudiera morderle. Si pudiera separar los dientes y morderle un dedo. Si por un instante retirara la mano, por un instante podría respirar. Usaste todas las energías que te quedaban y las concentraste en las mandíbulas. Lentamente, muy lentamente, despegaste las mandíbulas y le hincaste el diente en el meñique derecho, con fuerza, hasta que crujió. Un chillido salvaje. Y era Theofiloiannacos quien chillaba, levantando la mano sangrante, con el meñique partido en dos. Entonces sobrevino el linchamiento. «¡Vendido, vendido, vendido! ¡Cabrón! ¡Hijo de puta! ¡Vendido!». Gritaban todos a coro, un coro de uniformes, que te abofeteaba, te golpeaba la cabeza contra el camastro, te golpeaba todo el cuerpo, de tal manera que ya no quedaba ninguna parte de tu cuerpo que respondiera a tus impulsos, el somier se hundía en tus carnes, y el sufrimiento se alternaba con un sopor que te paralizaba. Desmayarme, Dios mío. Haz que me desmaye, haz que descanse, haz que muera un poco, solo un poco. Y finalmente la oscuridad. Una oscuridad larga en la que te precipitas como a un abismo liberador. Y el silencio. Un silencio que zumba en los oídos como un bordoneo de avispas, mientras la boca se llena de sangre y las sienes estallan, y la conciencia se desvanece en el alivio anhelado de perder el sentido, de morir un poco.

Cuando volviste a abrir los ojos, no solo estabas atado por las muñecas y los tobillos. Un cinturón te inmovilizaba a la altura del estómago y ya no sentías ni las piernas, ni los brazos, ni el tronco. Sentías el rostro y nada más, como si te hubieran decapitado y la cabeza continuara viviendo separada. Te pasaste la lengua por los labios. Te parecieron inmensos y pensaste que debían de estar espantosamente hinchados. Trataste de levantar los párpados. Permanecieron pegados y pensaste que debían de estar espantosamente hinchados también. Más allá del telón de las pestañas pegajosas, unas figuras borrosas respiraban pesadamente. Una reía: «¡Qué manera de sudar!». Se ensanchó una sombra que respiraba de forma normal, y Theofiloiannacos le dijo: «Aquí está. ¿Es él?». La sombra se te acercó, se dobló encima de ti, cubriéndote como una nube, y una voz te preguntó en tono de duda: «¿Me reconoces?». Exhalaste un debilísimo no. «¡Mentira! Estabais juntos en el curso para oficiales ¿y no lo reconoces?», intervino Theofiloiannacos. La sombra se inclinó más aún. Tal vez comprendió que no era Giorgos, pero no se atrevía a afirmarlo con seguridad. «¿Entonces?», urgió Theofiloiannacos. La sombra callaba, vertiendo sobre ti una lluvia de gotitas de sudor. «Dime, ¿es él o no es él?», insistió Theofiloiannacos. «No sabría decirlo. Debe de ser él, pero me parece cambiado. Tal vez porque lo han dejado así». «Bueno, vuelve mañana». Al día siguiente volvió. Y al otro y al otro. Pero cada día contestaba lo mismo porque cada día te volvías más irreconocible, pues cada vez te castigaban más. Oficiales, sargentos, soldados, o sea, hijos del pueblo, de ese pueblo por el que se llora, se sufre, se lucha, absolviéndolo siempre, justificándolo de todo delito porque-no-es-culpa-suya. Cinco años después, cuando te llevé a que te hicieran radiografías para aclarar las molestias que te impedían respirar bien, el radiólogo levantó lívido la placa y exclamó: «Pero ¿qué le han hecho a este hombre? ¡No tiene ni una sola costilla intacta!».

No la tenías. Te las habían roto todas a golpes de vara. El pie izquierdo, en cambio, te lo machacaron a garrotazos, por eso caminabas como si tuvieras una pierna más corta. En cuanto a las muñecas, te las descoyuntaron a fuerza de mantenerte colgado durante horas del techo, atado a una cuerda hasta que los hombros y los brazos se atrofiaron, el carpo y el metacarpo se separaron: el derecho quedó deforme por una especie de edema calloso que se irritaba monstruosamente al contacto con el reloj. «¡Ni siquiera puedo llevar reloj!». En el pecho tenías muchos agujeritos porque allí fuiste quemado repetidas veces con cigarrillos, y la espalda y los costados mostraban aún las señales de los golpes inferidos con la fusta de acero. También había cicatrices en las piernas, en las nalgas y en torno a los genitales. Pero la más impresionante era la del costado, consecuencia de un tajo inferido por Theofiloiannacos con su abrecartas astillado, mientras Constantinos Papadópoulos, el hermano de Papadópoulos, te apuntaba con la pistola la sien. «¡Te lo clavo en el corazón, te lo clavo en el corazón!». La carne se regeneró mal, en excrecencias que parecían un bajorrelieve de lágrimas blancas y que, al tacto, presentaban la consistencia de granos de arroz. El día de las radiografías, el médico pasaba por encima un dedo, incrédulo, y balbucía: «¡Increíble! ¡Oh, Dios!». Sin contar las torturas que no dejan señal, como por ejemplo la de despertarte apenas caías exhausto a causa del sueño, o bien la del ahogamiento. Comprendieron que la aguantabas menos que cualquier otra, y siempre recurrían a ella. Pero tras la mordedura en el meñique de Theofiloiannacos, utilizaban una colcha: te apretaban la nariz y te oprimían la boca con la colcha. Por último, las torturas sexuales. Cuáles fueron en concreto, no me lo dijiste nunca: si te formulaba preguntas precisas, palidecías y te encerrabas en el silencio. Pero sobre una no te callabas: la aguja en la uretra. Te desnudaban, te ataban al camastro, te manoseaban el pene hasta que se ponía en erección, y cuando estaba duro, te introducían una aguja de hierro: casi tan grande como una aguja de hacer ganchillo. Luego la calentaban con el encendedor y el efecto era idéntico al de una descarga eléctrica. Para que no murieras, estaba presente un médico provisto de estetoscopio.

Continuaron durante quince días, mientras descargaban sobre ti una lluvia de preguntas que ni queriendo habrías podido responder, pues iban dirigidas a Giorgos. «¡Responde, teniente! ¿Quién te ha ayudado? ¿De qué cuartel cogiste el explosivo? ¿Quién iba a beneficiarse de esta conspiración? ¿Cómo se llaman tus cómplices, dónde están? ¿Dónde se encuentra tu hermano Alexandros? ¿Cuándo lo viste por última vez? ¿En casa de quién has estado escondido después de haber huido del barco? ¿Quién te abrió el ojo de buey?». Y tú callado. Solo abrías la boca para quejarte o para gritar. Luego, el día decimoquinto, llegó un hombre vestido de azul, con camisa blanca y corbata también azul. Tenía las manos muy cuidadas, con uñas relucientes que parecían cubiertas por una capa de esmalte, y eso fue lo primero que observaste en él porque entre aquellas manos estaba un expediente en el que aparecía escrito el nombre de Giorgos y la advertencia «Secreto absoluto». La cara se la miraste después, ya que no lograbas apartar los ojos de aquel expediente; se trataba de una cara que era el reflejo de las manos: bien afeitada y bien masajeada. Los rasgos eran límpidos y severos: frente alta, nariz larga, boca fina. Los ojos permanecían quietos y agudos tras las gruesas gafas. Te examinó un instante, con extremado distanciamiento, como si fueras un objeto y no una persona. Se puso a hojear los papeles en silencio y por fin movió los labios, y con voz helada dijo: «Soy el coronel Nicolaos Hazizikis, comandante de la ESA.

Hablemos un poco, Alexandros. ¿Te sientes mejor, Alexandros? ¿O debo llamarte Alekos?».

«El verdadero inquisidor no pega. Habla, intimida, sorprende. El verdadero inquisidor sabe que un buen interrogatorio no consiste en las torturas físicas, sino en las psicológicas que siguen a las torturas físicas. Sabe que, con el cuerpo reducido a un amasijo de llagas, el interrogado se sentirá feliz de refugiarse en alguien que solo le atormenta con palabras. Sabe que después de tantos sufrimientos, nada como el anuncio en tono tranquilo de otros sufrimientos doblegará su resistencia física y moral. El verdadero inquisidor nunca se muestra en compañía de los personajes de la comedia llamada *Interrogatorio:* para revelarse espera a que haya caído el telón tras el primer acto. Solo entonces interviene él, como un director que coordina el trabajo de su compañía: graduando las preguntas con paciencia, estudiando las respuestas con inteligencia, aceptando los silencios civilizadamente, pues a él no le importan las revelaciones extraordinarias o inmediatas; le interesan más bien pequeñas noticias con las que componer el mosaico que le permitirá localizar los puntos vulnerables de su víctima, provocar en ella un sentimiento de incertidumbre y de miedo y, por fin, el abandono total. Por ello, cuando el inquisidor se presenta, no basta con negarle las respuestas; es necesario negarle incluso el diálogo, cualquier forma de diálogo, y mantener el cerebro alerta. Naturalmente, resulta difícil: las torturas físicas disminuyen el funcionamiento cerebral, pero es menester esforzarse si se quiere comprender adónde ha llegado la investigación, lo que han descubierto o dejado de descubrir. Así pues, oídos abiertos. Y memoria e imaginación, porque el inquisidor no tiene imaginación: es un tipo que ve el poder como un fenómeno externo, como un cúmulo de medios para conservar el *statu quo,* sin esforzarse por estudiar su problemática. No es que se trate de un cretino o de un vanidoso sediento de gloria: a menudo carece incluso de ambiciones personales; se contenta con ser un desconocido casi sin autoridad, pese a hallarse en la antecámara del Poder. No es tampoco necesariamente malvado o corrupto: con frecuencia le mueven un odio sincero por el desorden y un amor no menos sincero por el orden. Pero el poder totalitario, opresor, es su dios: el modelo que tiene del orden es la simetría de las cruces de un cementerio. En esa simetría se encasilla él mismo sin discutir: no puede imaginar nada nuevo o distinto. Lo nuevo y lo distinto lo espantan. Devoto como un sacerdote de sistemas ya sancionados, diviniza los reglamentos y los obedece como obedece los triviales cánones de la elegancia: traje azul, camisa blanca, corbata también azul. El verdadero inquisidor es un hombre lúgubre. Filosóficamente, es el verdadero fascista, o sea, el fascista sin color que sirve a todos los fascismos, a todos los totalitarismos, a todos los regímenes con tal de que sirvan para poner a los hombres en fila como cruces en un cementerio. Se lo encuentra donde haya una ideología, un principio absoluto, una doctrina que prohíba al individuo ser él mismo. Tiene oficinas en cualquier región de la Tierra, capítulos en todos los volúmenes de Historia; ayer servía en los tribunales de la Inquisición católica y del Tercer Reich, y hoy sirve en la caza de brujas de las tiranías orientales y occidentales, de derechas y de izquierdas. Es eterno, omnipresente, inmortal. Y nunca humano. Tal vez se enamora, llegado el caso llora y sufre como nosotros; acaso tenga un alma. Pero si la tiene, yace dentro de una tumba tan profunda que para desenterrarla se necesitaría un buldócer. Si no se comprende esto, no se le puede mantener a raya, y resistírsele se convierte simplemente en un acto de orgullo personal. Entendámonos, el orgullo personal es legítimo e incluso constituye un deber, pero encerrado en sí mismo es un error político: resistirse al interrogatorio no solo significa demostrar un heroísmo digno de san Sebastián o de los mártires del Coliseo; significa también humillar al inquisidor en el plano profesional y mental, inducirlo a dudar de sí mismo y del sistema que él representa, vengar a todos los que fueron abrumados por su cortés ferocidad».

Se trata de un breve ensayo que escribiste para el libro muchos años después, cuando tu leyenda estaba a punto de concluir, y es la racionalización de tu odio hacia Hazizikis: el único esbirro al que nunca perdonaste. Un odio oscuro, doloroso, tozudo. Un odio que estalló en el instante mismo en que pronunció tu nombre, demostrando así saber quién eras. «¿Te sientes mejor, Alexandros? ¿O debo llamarte Alekos?». Y tú permaneciste mirándolo, incapaz de responder sí o no. Habrías dado mucho por responder sí o no. Pero las palabras no salían de tu boca aunque te hubieran cortado la lengua. No era solo el hecho de haber sido reconocido lo que te enmudecía, ni el saber lo que esto significaría: la detención de Nicos y de los demás, la implicación de Giorkatzis, el escándalo que iba a producirse, porque si habían sido capaces de descubrir en pocos días tu identidad, no les llevaría demasiado saber quién te entregó los explosivos y cómo llegaron a Atenas. Era su seguridad ofensiva, su condescendencia despectiva, el distanciamiento con que te trataba. Theofiloiannacos y sus ayudantes eran humanos en su bestialidad: tan humanos que te tenían miedo y se dejaban llevar por la cólera. Él, en cambio, no estaba colérico y no te tenía miedo: permanecía sentado tras el escritorio, con sus hermosas manos y su atuendo impecable, se quitaba con calma las gafas, las limpiaba mirando más a los lentes que a ti y se las calaba de nuevo, demorándose a causa de un leve golpe de tos; se comportaba, en suma, como si no corriera ningún riesgo. Por lo demás, no admitió a nadie para que te vigilara. Ordenó que te quitaran las esposas, te ofreció una silla y ahora volvía a hablar en el tono de quien conversa en un bar, no de quien interroga en la central de la ESA. «¿Callas? Bueno, quien calla otorga. Así que te encuentras bien. Esto me agrada porque todo el mundo debe encontrarse bien en familia. Tu padre ha sufrido un infarto cuando se ha enterado, y tu madre ha estado a punto de volverse loca. ¡La de cosas que nos dijo cuando fuimos a registrarle la casa! No quería que le destripáramos algunas butacas, se indignaba porque requisábamos las fotografías de su álbum y porque deseábamos saber de dónde procedía cierto fajo de billetes. Chillidos, estrépito, insultos. Nos vimos obligados a detenerla. También a tu padre, ¿comprendes? Te confesaré que siempre resulta desagradable detener a dos ancianos, pero no tenía elección. Los tenemos en la comandancia. Tendremos que retenerlos algún tiempo. Unos meses, digamos. Sí, sí, estás ocasionando un montón de problemas a un montón de gente. Si no existieran fronteras e inmunidades diplomáticas, llenaríamos todas nuestras celdas. Pero esto no te interesa, ¿verdad?». Un sonido ronco: «No». «Bueno, estás en tu derecho. Si no me equivoco, el buen revolucionario carece de sentimientos o no le son permitidos. Está dispuesto a sacrificar a su padre, a su madre, a sus amigos, a todo el mundo. No le cuesta ningún esfuerzo porque no le importa. No tiene corazón. ¿Tú tienes corazón?». «No». «Ya me lo temía. Pero tienes los labios secos, veo que pronuncias las palabras con dificultad. ¿Quieres un vaso de agua?». «Sí». «Muy bien». Pulsó un timbre y entró Babalis, muy deferente y desdoblado de su mitad: «A sus órdenes, mi comandante». «A nuestro amigo le apetecería un vaso de agua. Tiene los labios secos». Luego se volvió de nuevo a ti: «¿Por dónde íbamos? Ah, sí: en el corazón. Tú no estás casado, ¿verdad? Ni siquiera tienes novia. Alguna aventura de vez en cuando, cuando se tercia, cuando es tiempo, pero nada de vínculos. Nada de amores. Tu único amor es la política. Apuesto a que nunca has estado enamorado. Pero también lo comprendo: el buen revolucionario no debe dejarse distraer por semejantes tonterías. ¿O bien mis informes son inexactos? ¿Me equivoco y tienes una mujer?». Otro sonido ronco: «¿Y tú, Hazizikis?». «No, yo tampoco. Como tú, no estoy casado, y como tú, no estoy enamorado. Tenemos algo en común, y acabaremos por entendernos. Ah, aquí está el agua».

Babalis había vuelto a entrar con el vaso lleno de agua, y todo sucedió antes de que se dieran cuenta, porque ni el uno ni el otro tuvieron tiempo de percatarse de que no te lo llevabas a los labios. Oyeron el ruido de cristal roto, sintieron sobre sí la rociada, y ya estabas tú saltando sobre el escritorio de Hazizikis para degollarlo. Hazizikis apenas tuvo tiempo de esquivarte echándose a un lado. Babalis no. Entre tú y Babalis no había obstáculos, y alcanzarle fue fácil, aunque de refilón y como recurso, porque tu objetivo seguía siendo Hazizikis; por él aceptaste el agua y hacia él te dirigías de nuevo con el vaso roto, temblando de ira por la imperturbable calma con que te esquivó. Pero no pestañeó. Ni siquiera cambió de expresión. Se limitó a pulsar su timbre para pedir refuerzos y a gozar de la escena que siguió inmediatamente. Entre los refuerzos se contaban los tres sargentos que el primer día estaban junto al camastro. Se abalanzaron sobre ti de inmediato, a fin de inmovilizarte el brazo que blandía el vaso, y con ellos libraste la batalla mientras Babalis gritaba: «¡Agarradlo fuerte, aguantadlo!». Una larga batalla porque, aun inmovilizado, no aflojabas el vaso, lo atenazabas como los jugadores de rugby aprietan contra el pecho la pelota, sin preocuparte por el cristal que te laceraba los dedos, y cuando consiguieron hacerte aflojar la mano, tu meñique derecho estaba casi desprendido, pues el tendón se había seccionado. «Bueno, veo que hoy no podemos conversar», dijo Hazizikis con su voz de costumbre, y luego te dejó en manos de Babalis, quien te ató los brazos a la espalda y, prohibiendo al médico la anestesia, mandó que te cosieran el dedo. Pero una semana más tarde reapareció, con su traje azul, su corbata también azul, su camisa blanca, sus uñas cuidadas, y... «¿Cómo va el dedo? Me han dicho que eres valiente, que has rechazado la anestesia. Felicidades. A propósito, ¿no eres tú quien de un mordisco le cortaste en dos el meñique al comandante Theofiloiannacos? Ahora los dos andáis vendados y, si no me equivoco, en el mismo meñique. Como dicen los musulmanes, ojo por ojo y meñique por meñique. Bueno, ahora hablemos».

Siempre decía: «Bueno, ahora hablemos». Lo estuvo diciendo durante dos meses y medio. En efecto, durante dos meses y medio, ininterrumpidamente, continuaron atormentándote el cuerpo y el alma. El cuerpo para Theofiloiannacos, el alma para Hazizikis. Pero nunca hablaste. Abrías la boca solo para ofenderlos o exasperarlos o para decir: «Sí, he sido yo. He fracasado y lo lamento. Si no muero, lo volveré a hacer». Los demás hablaron. Uno a uno los detuvieron a todos, y no pasaba día sin que condujeran ante ti a este o aquel para inducirte a ceder, para hacerte comprender que la resistencia era inútil, y con el rostro tumefacto y la mirada desprovista ya de voluntad, te decían: «Basta, Alekos, ya no sirve. No hemos podido evitarlo, lo hemos dicho todo». Y tú, aun atado al catre, aun suspendido del techo, respondías: «¿Quién es este? ¿Qué quiere? No lo conozco». A finales de septiembre, sirviéndose de lo que declararon los otros, Hazizikis y Theofiloiannacos prepararon una confesión y te pidieron que la firmaras. Una firma, solo una firma y nadie te atormentaría más. Se la negaste. Te sometieron a la falanga y durante la falanga volvieron a pedirte la firma. Se la negaste de nuevo. Te azotaron con la cuerda de metal, y después lo intentaron de nuevo. Volviste a negársela. Habrías muerto bajo las torturas si una noche no hubiera aparecido él: el general de brigada Ioannidis, jefe supremo de la ESA.

Era una noche fría; aquel mes de octubre hacía frío en Atenas, y tú yacías desnudo en el camastro al que te habían atado, como siempre, por los tobillos y por las muñecas. Un hilo de sangre te manaba de la boca porque te habían roto otro diente a puñetazos, y tu rostro era una máscara blanca porque desde hacía semanas no dormías y llevabas días sin comer. Respirabas con dificultad, con un estertor en el fondo de la garganta, y pese a ello Theofiloiannacos gritaba: «¡Tanto si hablas como si no, diremos que has hablado!». Se abrió la puerta de par en par y entró Ioannidis con su paso marcial. Pecho erguido, brazos cruzados sobre los riñones, se detuvo junto al camastro. Lo reconociste enseguida, sabías quién era: no solo el jefe supremo de la ESA sino el hombre más fuerte de Grecia, tan fuerte que lo temía el mismo Papadópoulos. Taciturno, adusto, brusco con quienquiera que se le aproximase, inspiraba terror a todos, y no hacía nada por resaltar, muy al contrario, gustaba de mantenerse en la sombra. Todos conocían su dureza, su incorruptibilidad, su obstinación. Se decía que si lo hubiera juzgado necesario, habría fusilado a su madre y destruido su jardín de rosas, o sea, el único amor que se permitía. También se decía que despreciaba abiertamente al tirano, y que solo a regañadientes y por principios le ayudó a consumar el golpe, imposible, por lo demás, sin su participación. Ocho años después, cuando la ironía de la Historia y la comedia de la vida lo pusieron en tu lugar, o sea, detrás de los barrotes, me di cuenta, aturdida, de que lo respetabas como se respeta a un adversario más que a un enemigo, y que por eso no conseguías odiarlo. ¿Nació aquella noche tu incapacidad para odiarlo? ¿Nació de las palabras que pronunció ante Theofiloiannacos? Con el rostro firme y sus helados ojos azules fijos en los tuyos, hizo apartarse a Theofiloiannacos y le dijo: «Basta. No lo toquéis más. Es inútil insistir; no hablará. Sucede una vez entre cien mil que uno no hable. Y este es su caso». Después alargó una mano hacia ti y, de una pieza en su imponente estatura, sin alterar un músculo de su feo rostro, te agarró por el bigote y tiró de él lentamente: «Yo te fusilaré, Panagulis». Diecinueve días después, cuando noviembre ya había llegado con los vientos del norte, comenzaba el Proceso.

2

La sala era pequeña y hedía porque en el pasillo adyacente se alineaban los retretes con las tuberías atascadas. En la pared central había un icono que representaba a la Virgen y el Niño bendiciendo a las víctimas de aquel mal olor. Bajo el icono se hallaba el largo banco ocupado por el Consejo de Guerra, cuyos miembros fueron elegidos entre los oficiales adeptos al régimen, todos embutidos en el uniforme verde botella, con los botones dorados y los distintivos de las solapas rojos. A la izquierda del tribunal estaba un magistrado calvo, de rostro grueso y grasiento, que habría podido impugnar el consejo porque no era militar: el representante del ministerio público, Liappis. A la derecha estaba el banquillo de los acusados: catorce además de ti. Perpendicularmente al banquillo y frente al tribunal se hallaba la mesa de los defensores nombrados en el último momento y que desconocían las conclusiones del sumario. Muertos de frío y de miedo, agazapados bajo sus togas negras, parecían pajarillos en equilibrio sobre un cable eléctrico. Uno piaba: «¡Sería necesario un aplazamiento, sería necesario un aplazamiento!». Detrás de él estaba la mesa de los periodistas, admitidos con parsimonia y con mil limitaciones: nada de grabadoras para los representantes de la radio, nada de cámaras para los de la televisión, nada de cámaras fotográficas a menos que el presidente concediera una autorización especial. Por último, estaba el recinto del público, al que solo podía accederse tras someterse a una especie de examen: los familiares y los amigos de los acusados no podían asistir a la vista. Entraste cuando todos estaban sentados en sus lugares, callados como muertos. Caminabas con la cabeza alta, esposado y estrujado entre dos policías que te agarraban por los codos. Con ellos llegaste hasta la primera fila, precisamente junto a la valla que rodeaba el banquillo, y solo en aquel punto te quitaron las esposas. Pero sin aflojar la presa sobre los codos. Vestías uniforme de soldado, demasiado ancho para ti y elegido a propósito para que parecieras grotesco. Dos horas antes la emprendieron a bofetadas contigo porque no querías vestirlo y reclamabas el traje de paisano como los otros catorce. Te lo pusieron riéndose de ti y diciendo que te quedaba muy bien, sobre todo de cuello y de hombros. El cuello te bailaba dentro y los hombros te apretaban. Habías adelgazado mucho en tres meses, habías perdido veinte kilos, y se te notaba en el rostro consumido y los pómulos a flor de piel. Una pariente que logró colarse te buscaba en vano en el banquillo y murmuraba: «No lo veo, no está, ¿cuándo va a venir?». Pero tus ojos eran dos balsas de vida, y sonreías con tanto orgullo y con tan feliz insolencia que a la gente le costaba esfuerzo dedicarte un poco de piedad. Por lo demás, la gente no te conocía, y las voces de tu calvario nunca sobrepasaron los confines de la ESA. Todo lo que la gente sabía de ti no iba más allá del retrato de un mercenario atemorizado y oscuro, de un delincuente común que ha actuado para embolsarse un dinero. Las informaciones suministradas por la prensa del régimen, por los viles plumíferos que en un régimen democrático se presentan como maestros de valentía y libertad pero, apenas se instaura una dictadura, se meten en la cama como putas, y para servir al régimen calumnian a los mismos a los que antes exaltaban, exaltan a los que antes calumniaban, así que venga a describir con complacencia las concentraciones oceánicas de plaza Venecia, las virtudes deportivas del dictador que a los setenta y cuatro años aún nada en el río Yang Tze, y cuando el miedo ha pasado y la democracia retorna vuelven a empezar desde el principio, impunes, sin que nunca les suceda nada, en vista de que hay tanta necesidad de ellos como de los zapateros y de los enterradores. ¿Qué harían sin ellos los nuevos amos? ¿Cómo se las arreglarían sin ellos los santones del poder que manda, promete y asusta? Ocho años después, muerto ya, te habrían exaltado.

Y habrían escrito en sus periódicos *athánatos*, inmortal, *athánatos*. Ahora, en cambio, te insultaban. Tanto más cuanto que no había un partido, una ideología organizada o una religión reconocida que te protegiera.

Leyeron el acta de acusación: intento de subversión del Estado, intento de asesinato del jefe del Estado, tenencia de explosivos y armas, deserción. Escuchaste sin pestañear, sin renunciar a la sonrisa. Todo era verdad y no podías negarlo. Pero luego dijeron que te habías reconocido culpable en un documento firmado en el que denunciabas a tus cómplices, y hasta los más ciegos vieron quién eras. Porque te vieron liberarte de la tenaza de los dos policías, ponerte en pie de un brinco, levantar el índice hacia los jueces y clamar: «¡Embusteros! ¡Mi firma no figura en el sumario y vosotros lo sabéis! Cualquier documento que lleve mi firma es una falsificación de Hazizikis y de Theofiloiannacos, y vosotros lo sabéis, siervos de la tiranía». «¡Guarde silencio el acusado!». «Silencio ¿quién? Acusado ¿por quién? ¿Por vosotros? ¿Vosotros os atrevéis a acusarme? ¡Soy yo quien os acuso, soy yo quien os denuncio, yo quien os condeno por vuestras mentiras y por vuestras torturas!». Y trataste de abrirte la camisa para mostrar al menos las cicatrices del pecho, las puñaladas de Theofiloiannacos en el costado. «¡Acusado, no está permitido desnudarse en la sala!». «¡Está permitido desnudarse, si es necesario, para aportar pruebas!». «¡¿Qué pruebas!?». «¡Las pruebas de las torturas que he sufrido durante el interrogatorio! ¡Puñaladas, porrazos y garrotazos, golpes con la fusta de acero!». «¡Silencio!». «¡Quemaduras de cigarrillos en los genitales! ¡Falanga en las plantas de los pies!». «¡Silencio!». «¡Agujas en la uretra, torturas sexuales!». «¡Silencio! ¡Acusado, silencio!». «¡Ahogamiento, patadas, bofetadas! ¡Todavía antes de entrar en esta sala me han pegado! ¡Y desde hace noventa días, noventa, no me quitan las esposas! ¡Ni siquiera para dormir, ni siquiera para orinar! ¡Yo solicito, exijo, que un médico examine en esta sala mi cuerpo y confirme la veracidad de mis afirmaciones! Solicito que se instruya expediente por falsificación a los comandantes Hazizikis y Theofiloiannacos. Solicito que sean juzgados por torturas los subcomisarios Babalis y Malios, el hermano de vuestro presidente, Costas Papadópoulos, y los oficiales de la ESA cuyos nombres me reservo. Solicito...». «¡Acusado, esas cosas no conciernen a este consejo!». «Si no conciernen al consejo, señores del tribunal, tengo razón por partida doble cuando os llamo "siervos del régimen"». Te condenaron sumarísimamente a dos años de prisión por ofensas al tribunal y a las autoridades.

La vista duró quince días, y desde una perspectiva legal fue una auténtica farsa. Los testigos eran los mismos que habían llevado a cabo las investigaciones o que te habían torturado: se sucedían a toda prisa, confirmando el sumario, y los abogados no se atrevían ni siquiera a impugnarlos. En tu defensa solo citaron a dos o tres personas que antes de declarar fueron amenazadas, de tal manera que en el estrado dijeron todo lo que quería Liappis. Por temor a desagradar al tirano, Liappis exageraba su papel; cada una de sus intervenciones tendía a desacreditarte, a sostener que eras un mercenario al servicio de los extranjeros, en particular de Policarpos Giorkatzis, y además un bandido, un aventurero, un pendenciero detestado por todos. Para probarlo, recurría a la confesión cuya autenticidad negaste, lo que en vano rogaba tu defensor constara en acta. Tu defensor no podía comunicarse contigo, y solo le permitían acercarse a ti durante algunos minutos en el transcurso de la vista, mientras los dos policías que llevabas a los lados escuchaban, comentaban, estorbaban. A esos dos pronto se les añadió un tercero que se situaba a tu espalda y no te dejaba hablar. Sin embargo, nunca renunciaste a la actitud que te habías impuesto, y siempre había un momento en que lograbas ponerte de pie para protestar, desenmascarar y desmentir, suscitando un estupor admirativo en el tribunal: ¿se había visto nunca un hombre que arriesga la pena de muerte transformarse de acusado en acusador con tanta firmeza, con tanta lucidez? Pero ¿estaba loco o era un suicida? ¿No comprendía que estaba reclamando su propia condena? Lo comprendías, obviamente, sabías que con aquel comportamiento te jugabas la vida, la arrojabas sobre la mesa del tribunal como una ficha en la mesa de la ruleta: *rouge ou noir, et rien ne va plus.* Pero no jugabas a ciegas, jugabas científicamente, calculando con sutileza y distanciamiento las consecuencias de cada gesto, de cada frase, dosificando cada amenaza con igual dosis de raciocinio y valor, empuje y astucia: de gran jugador que no se acerca a la mesa de la ruleta para ganar sumas miserables. Años después me lo explicaste. Me explicaste que, de acuerdo, solo tenías una remotísima probabilidad de sobrevivir. Digamos el uno por ciento. En un noventa y nueve por ciento te iban a fusilar. Pero precisamente por eso debías jugar fuerte, siguiendo un sistema que aturdiera y turbase, que sembrara en tus acusadores la duda: está-tan-seguro-de-sí-mismo-que-a-lo-mejor-tiene-razón. Así, cada día te volvías más decidido, más agresivo, te erguías más orgulloso sobre los demás acusados, que, en cambio, se humillaban negando, justificando, tal vez acusándose entre sí o arrojando las culpas sobre ti. Y la esperanza de ganar aquel uno por ciento crecía, crecía.

Pero llegó el día fijado para tu defensa y para la acusación de Liappis, y sucedió algo que no habías previsto: te enamoraste de la idea de morir. ¿Para qué continuar el juego? ¿Para que te infligieran lo que podías exigir orgullosamente, para mantener el papel de víctima? El papel de víctima hay que rechazarlo siempre; nunca se obtiene nada con el papel de víctima, y ahí llegó la gran ocasión anhelada: demostrar al mundo quién eras y en qué creías. La prensa del régimen no iba a tomarlo en cuenta, desde luego, pero los periodistas extranjeros sí. Ellos no arriesgaban nada desobedeciendo, de manera que contarían la verdad sobre este hombre que vivía y moría como un hombre, sin doblegarse, sin asustarse, sin resignarse, predicando el único bien posible, el único bien que cuenta: la libertad. Y tal vez lo contaría algún otro en tu país. Algún juez, algún abogado, algún policía arrepentido. Y muchos sabrían. Una vez muerto, te amarían, tal vez te imitarían, y ya no volverías a estar solo. «¡Levántese el acusado!», te instó el presidente. Según la costumbre, el acusado debía hablar antes que el ministerio público. Los tres policías aflojaron la tenaza. Te levantaste. Miraste a la cara a los miembros del tribunal, uno a uno. Y tu voz se elevó firme, sonora. Bellísima.

«Señores miembros del Consejo de Guerra, seré breve. No les aburriré. Ni siquiera insistiré acerca del interrogatorio infame que he sufrido: lo que ya he dicho sobre él me basta. Antes de examinar las acusaciones que se me formulan, prefiero insistir sobre otro aspecto del vergonzoso sumario que me afecta: vuestra tentativa de sostener la acusación con falsas pruebas, elementos no veraces, testimonios amañados o impuestos a los testigos de ambas partes. En efecto, mi defensa no pretende ser una justificación y no lo será. Quiere ser, más bien, una requisitoria y lo será: partiendo precisamente del falso documento que se me atribuye y que ha sido el hilo conductor de la totalidad del proceso. Documento importante, en mi opinión, porque es típico de todos los procesos que se desarrollan en los países donde la ley se suprime a la vez que la libertad. No sois los únicos que caéis en esta ignominia, no. Seguramente, mientras os hablo, patriotas de otros países sin ley y sin libertad son juzgados por un consejo de guerra sometido a un régimen tiránico, y condenados basándose en pruebas falsas, en elementos no veraces, en testimonios amañados o impuestos a los testigos, en confesiones semejantes a la confesión que yo nunca hice y nunca firmé, como lo demuestra el hecho de que no lleva mi firma sino la de dos esbirros que se llaman Hazizikis y Theofiloiannacos. Esbirros desprovistos de respeto a la gramática, por añadidura. Esta noche he podido leer por fin esos folios, y resultaría difícil precisar si me he estremecido más por las mentiras o por los groseros errores gramaticales que contienen. Si los hubiera visto antes, os lo aseguro, aun en estado de coma habría sugerido algunas correcciones. ¡Ay, de qué analfabetos dispone este régimen! Se diría que la ignorancia corre parejas con la crueldad. Y bien, señores del Consejo de Guerra, vosotros sabéis muy bien que servirse de un documento falso es inaceptable tanto desde un punto de vista moral como legal. Y puesto que este proceso se ha construido sobre dicho documento, yo tendría derecho a impugnarlo. No lo he impugnado porque no quería induciros a creer que tenía miedo de enfrentarme con la acusación. Está claro que acepto la acusación. Yo nunca la rechacé. Ni durante el interrogatorio ni ante vosotros. Y ahora repito con orgullo: sí, yo instalé los explosivos, yo hice estallar las dos bombas. Lo hice con la finalidad de matar al que llamáis "presidente". Solo lamento no haber conseguido darle muerte. Desde hace tres meses es mi pena más grande, desde hace tres meses me pregunto con dolor en qué fallé, y daría el alma por volver atrás y triunfar. Así, pues, no es la acusación en sí lo que provoca mi indignación; es el hecho de que a través de aquellos folios se intente deshonrarme declarando que fui yo quien implicó a los demás acusados, quien dio los nombres que han sido pronunciados en esta sala. Por ejemplo, el nombre del ministro chipriota Policarpos Giorkatzis. Aquí radica la infamia, y también lo que en ella hay de típico. Para reforzarla, mis acusadores han llegado a decir que mis antecedentes penales eran turbios, que fui un *teddy boy* de muchacho y un indeseable de adulto, un ladrón y un mercenario. Mis antecedentes penales están ante vosotros, señores del Consejo de Guerra, y en ellos podréis comprobar que nunca fui un *teddy boy,* ni un indeseable, ni un ladrón ni un mercenario. Fui siempre y sigo siendo un combatiente que lucha por una Grecia mejor, un mañana mejor; en suma, por una sociedad que crea en el hombre. Si yo me encuentro aquí es porque creo en el hombre, y creer en el hombre significa creer en su libertad. Libertad de pensamiento, de palabra, de crítica, de oposición: todo lo que el golpe fascista de Papadópoulos eliminó hace un año. Y henos aquí en la primera acusación que se me formula.

»La primera acusación, incluso en orden de importancia, es tentativa de subversión del Estado: artículo 509 del Código Penal. ¿Y no es paradójico que me la formulen precisamente quienes el 21 de abril de 1967 infringieron el artículo 509? ¿Quién tendría, pues, que sentarse en este banquillo? ¿Yo o ellos? Cualquier ciudadano con un poco de cerebro y un poco de cojones os respondería: ellos. Y añadiría lo que ahora añado yo: al convertirme en un fuera de la ley, al negarme a reconocer la autoridad del tirano, yo he respetado y no infringido el artículo 509. Pero no me hago ilusiones de que me comprendáis en este punto porque, si el golpe hubiera fallado, también vosotros os sentaríais en este banquillo, señores del Consejo, y no solo los jefes de la Junta. Por eso no me extiendo sobre este particular y paso a la segunda acusación: deserción. Es verdad: he desertado. Unos días después del golpe abandoné mi unidad y me fui al extranjero provisto de un pasaporte falso. Debí hacerlo el mismo día del golpe, no después. Pero en este sentido debo ser absuelto: el día del golpe la situación era muy tensa con Turquía, y si hubiera estallado la guerra, mi deber habría sido combatir, no desertar. Precisamente porque la guerra no estalló me apresuré a cumplir con el otro deber: desertar. Señores del Consejo, servir en el ejército de una dictadura sí habría sido una traición. Elegí, pues, ser un desertor y me siento orgulloso de mi elección, y dicho esto, he aquí la acusación que a vosotros os urge más: intento de homicidio del jefe del Estado. Comenzaré afirmando que, contrariamente a los chismes contados por sus esbirros, a mí no me gusta la violencia. La odio. Ni siquiera me gusta el asesinato político. Cuando eso sucede en un país donde existe un parlamento libre y a los ciudadanos se les reconoce la libertad de expresarse, de oponerse, de pensar de forma distinta, yo lo condeno con disgusto y con ira. Pero cuando un gobierno se impone con la violencia, y con la violencia impide a los ciudadanos expresarse, oponerse e incluso pensar, entonces recurrir a la violencia es una necesidad. Más aún, un imperativo. Jesucristo y Gandhi lo explicaron mejor que yo. No hay otro camino, y que yo no haya triunfado no importa. Otros seguirán y triunfarán. Preparaos y temblad. No, señor presidente, no me interrumpa, se lo ruego. Estoy llegando a la tercera acusación y pronto podrá gritar a los cuatro vientos que su uniforme no tiembla. Tercera acusación: tenencia de explosivos. ¿Qué más puedo añadir a lo que ya he dicho? He explicado que solo dos de mis compañeros acusados sabían que me disponía a realizar un atentado, pero no sabían qué atentado. También me he atribuido la responsabilidad de las dos bombas que estallaron la misma mañana en el parque y en el estadio. He aclarado que esas tenían solo una finalidad demostrativa, de advertencia, y que por eso fueron detonadas de forma que no provocaran víctimas entre la población. Si mis compañeros acusados han dicho cosas distintas en los documentos que han firmado, eso no cuenta. Se trata de documentos arrancados con torturas; si yo torturase a Hazizikis y a Theofiloiannacos, acabaría por obligarles a decir que su mamá es una prostituta y su padre un maricón. Y supongo que a sistemas semejantes se debe la calumnia que afecta a Policarpos Giorkatzis. Ya sé que Papadópoulos daría lo que fuera por que la calumnia resultara verdad. Y Ioannidis lo mismo. Así tendrían pretexto para invadir Chipre y truncar su independencia como aquí han truncado la democracia. Pero ambos deben resignarse: ningún político extranjero está implicado en la lucha que represento. Esta se desarrolla aquí, en la patria, señores, no en el exterior: por algo mi grupo se llama Resistencia Griega. Y si Policarpos Giorkatzis trabajara para Resistencia Griega, para mí, sería la primera vez que un simple soldado convoca a las armas a un ministro de la Defensa. Pero entonces, objetaréis, ¿de dónde procedía este explosivo? Señores del Consejo de Guerra, no os lo diré. No lo he confesado bajo las torturas más atroces, ¿y esperáis acaso que lo confiese en una defensa? Este secreto morirá conmigo. Y con esto he terminado. Solo me queda añadir una cosa personal. Si queréis, un pequeño acto de orgullo personal. Vuestros testigos han dicho que yo soy un hombre egoísta. Pues bien; si lo hubiese sido, me habría quedado tranquilamente en el extranjero. En cambio, he vuelto del extranjero a arriesgarme y a luchar. Conocía los peligros que me aguardaban, lo mismo que ahora conozco la pena que me infligiréis. Sé, en efecto, que me condenaréis a muerte, pero no me echo atrás, señores del Consejo de Guerra, y aun acepto desde ahora esta condena. Porque el canto del cisne de un verdadero combatiente es el estertor que emite tiroteado por el pelotón de ejecución de una tiranía».

Sobre la sala cayó un silencio de mármol. Petrificados, los miembros del tribunal te miraban sin reaccionar, y se requirieron algunos minutos para que el presidente recuperase la voz e invitase a Liappis a pronunciar su acusación. Liappis habló largamente y sin tener en cuenta lo que dijiste, solicitando la condena a muerte para ti y para otro acusado, Eleftherios Verivakis, trabajos forzados a perpetuidad para Nicos y penas pesadísimas para casi todos; luego, la vista quedó suspendida durante una semana con el pretexto de que un miembro del tribunal tenía fiebre. Ya no sabían qué hacer. Se decía que, tras tu defensa, los miembros del Consejo de Guerra se mostraban en desacuerdo entre sí, que el mismo Papadópoulos dudaba si fusilarte porque comprendía la impopularidad que provocaría, y que a raíz de ello se desarrollaron reuniones angustiosas para convencer a Ioannidis, notoriamente decidido a no perdonarte la vida. Así llegó el domingo 17 de noviembre de 1968, la vista final. Estabas muy tranquilo; durante aquellos siete días y siete noches no te replanteaste nada, y si acaso te reprochaste por no haber dicho más. Escribiste una poesía que celebraba la muerte: «Han partido las blancas palomas, / el cielo se ha llenado de cuervos, / aves negras. / Salvajes batidos de alas de terror / han escondido el azul / en los últimos instantes. / Arrojad tierra a la fosa / a fin de que las blancas palomas retornen. / Tierra, pronto, tierra. / Mas no solo tierra quieren las fosas, / quieren cenizas y sangre, / quieren los muertos; / arrojadles muertos. / Llenad la tierra de sangre. / Para que las blancas palomas retornen / se precisa mucha sangre». Así, entraste en la sala con la sonrisa de siempre, con la seguridad de siempre, y tu voz no se quebró ni siquiera un poco después de que el presidente te preguntara si tenías algo que añadir, y te levantaste para pronunciar las palabras que habrían liquidado cualquier probabilidad de salvación. «Señores del Consejo de Guerra, en su acusación el fiscal Liappis ha citado a la diosa Temis: la diosa de la justicia. Pero si vamos a recurrir a la mitología, deberíamos hacerlo sin los errores en que él cae en cuanto abre la boca. Su fiscal general es un patán ignorante, señores; ni siquiera sabe que existen dos Temis: la que, teniendo en la mano derecha la balanza y en la izquierda la espada, mira la balanza con ojos serenos; y la que, sosteniendo en la mano izquierda la balanza y en la derecha la espada, se vuelve hacia esta última con los ojos vendados. Esto es un proceso político: todos los delitos que se me han imputado, de la subversión a la deserción, de la tenencia de explosivos al atentado, forman parte de la misma acusación, que es política. Además, señores del Consejo de Guerra, no podéis permitiros debilidades. Cada uno de vosotros se ha jugado la cabeza el 21 de abril de 1967: no condenarme significaría condenaros a vosotros mismos, reconocer vuestras culpas. Lo comprendo tan bien que no insinúo ni un atenuante capaz de induciros a un veredicto más leve; antes bien, repito: soy yo quien invoco la pena de muerte solicitada por el fiscal general. Que se me fusile: ello servirá para exclarecer aunque sea moralmente mi lucha, la lucha de quienquiera que se oponga al inmundo régimen que hoy aplasta a Grecia».

El veredicto fue pena de muerte por intento de subversión del Estado, pena de muerte por deserción, quince años de prisión por intento de homicidio en la persona del jefe del Estado, tres años de prisión por tenencia de explosivos y armas, además de los dos años ya impuestos por ofensas al tribunal y a las autoridades. Total, dos penas de muerte y veinte años de prisión. Verivakis, en cambio, fue condenado a trabajos forzados a perpetuidad. Para los demás, condenas entre los veinticuatro y los cuatro años de cárcel. El general Fedón Ghizikis, comandante de la plaza de Atenas, firmó enseguida los documentos necesarios para que se procediera a ejecutar la sentencia.

No se movió ni un músculo de tu cara. Ni siquiera cambiaste de color. Y después, frunciendo los labios en una mueca irónica, preguntaste a tu abogado: «¿Cómo pueden fusilarle a uno dos veces?». Luego, sin esperar respuesta, alargaste los brazos hacia los policías para que te colocaran de nuevo las esposas. Te sentías extrañamente animado, me dijiste años después, casi contento, y no porque estuvieras cansado de vivir, sino porque estabas cansado de sufrir. Por lo general, se es amable con quien va a morir: se le da un colchón decente, se le ofrece buena comida y tal vez un coñac, se le manda al cura para charlar un poco y se le permite escribir a los familiares y a los amigos. Y, sobre todo, no se le pega más. Se acabaron las torturas y los tormentos. Pero que no iba a ser así lo comprendiste en cuanto te devolvieron a la ESA y te arrojaron a aquella celda desprovista de ventanas y de catre, porque te estaban esperando dentro tres oficiales con la fusta, y enseguida llegó Theofiloiannacos con Malios y Babalis. «Conque no tenemos respeto por la gramática, ¿eh? Escribimos con faltas, somos analfabetos y cretinos, ¿no? Ahora verás si somos analfabetos y cretinos, ¡porque te interrogaremos como nunca te hemos interrogado! Y nadie sabrá si has muerto aquí dentro o ante el pelotón de ejecución». Luego, la fusta se abatió sobre tu espalda, tus costados y tus piernas: querían saber si un tal Anghelis había participado en la conjura para matar a Papadópoulos. Casi enseguida te desmayaste, y cuando volviste en ti, te pareció que estabas soñando: ante ti estaba Hazizikis con su traje azul, su corbata bien anudada y su rostro bien afeitado. «Buenos días, Sócrates. ¿O debo llamarte Demóstenes? No, la comparación con Sócrates me parece más justa. También él era un hombre sabio, que pronunció una defensa impresionante. Felicidades; tu arte oratorio casi me ha conmovido. ¿Quién iba a decir que fueras capaz? Bueno, en el fondo es útil que los grandes como vosotros seáis sometidos a juicio y condenados a beber la cicuta: de otro modo la historia no se enteraría de que existís. ¿Pasaré yo también a la posteridad cual nuevo Meleto?». Sentiste ganas de llorar. «Vete, Hazizikis». «"Y para empezar, ciudadanos atenienses, discutiré las acusaciones mentirosas que me han sido imputadas, las calumnias con que Meleto me ha hecho comparecer ante este tribunal...". Como ves, soy un iletrado pero tengo memoria. Incluso podría citarte el discurso sobre la inmortalidad del alma». Las ganas de llorar se acrecentaron. «Vete, Hazizikis». «"Si la muerte fuera el final de todo, oh, Simias, para los malvados morir, liberarse del cuerpo, sería una suerte inesperada, ya que junto con aquel se liberaría el alma que cometió las maldades"». «Vete, Hazizikis». «No sin antes haberte formulado algunas preguntitas, oh, Sócrates. A estas alturas deberías conocerme: no creerás que me he molestado en venir a hablarte de filosofía para divertirme. Pero ¿qué haces? ¿Lloras? ¡Quién lo habría dicho! ¡Sabes llorar! Si lloras, no puedes responderme. Y debes responderme, querido, porque quiero saber...». Entonces te volviste para mostrarle un rostro bañado en lágrimas. «¡Hazizikis! ¡Yo no moriré, Hazizikis! ¡Y un día te haré llorar, Hazizikis! ¡Porque un día acabarás en la cárcel, Hazizikis! ¡Y mientras estés en la cárcel me tiraré a tu mujer, Hazizikis! ¡Me la tiraré una y otra vez hasta hacerle orinar sangre, hasta que se le salgan los intestinos, Hazizikis! Y tú no podrás hacer nada más que llorar, te lo juro». «Imposible, querido. No estoy casado, ya lo sabes. Dime más bien si...». «¡Hazizikis! ¡Yo te mato, Hazizikis!». «Bueno, pues me iré. Delegaré mi pregunta en quien no se ande con sutilezas. Total, vas a morir». Y te dejó en manos de los tres oficiales, que esta vez te golpearon con la fusta hasta hacerte sangre, a fin de descubrir si en la conjura participaba un tal Constantópoulos.

Durante las veinticuatro horas siguientes, en cambio, no sucedió nada. A la mañana siguiente, 20 de noviembre, te embarcaron en una motora y te llevaron a Egina, donde esperaste tres días y tres noches para ser fusilado.

En Egina habían tomado muchas precauciones. Eligieron un calabozo desocupado en el ala vieja de la cárcel, sin que nadie se enterara. Te hicieron entrar por una puerta secundaria en el más absoluto silencio, y en el minúsculo patio dispusieron veinte centinelas con metralleta, junto a la entrada del calabozo, otros cinco, en el corredor, nueve más, y en tu celda, otros tres. Treinta y siete hombres armados para un hombre solo y esposado. Sonreíste y llamaste a un sargento para que te las quitara, al menos por un momento. Repuso que era imposible: la orden más categórica se refería precisamente a las esposas. «En cuanto tiene las muñecas libres, salta como una fiera. Es un criminal muy, muy peligroso». La única concesión se reducía a la puerta de la celda: podía permanecer abierta. Pero, en realidad, no se trataba de una concesión; antes bien, de una medida de seguridad: si agredías a uno de los tres centinelas, la puerta abierta permitiría a los del corredor llegar a toda prisa. Pero ¿cómo agredir, con qué? La celda estaba más vacía que una cáscara hueca; ni siquiera te dieron un catre o un colchón; para reposar debías hacerte un ovillo en el suelo. Entró un oficial con una hoja de papel en la mano. Dijo que no había tiempo que perder, pues en cumplimiento de la ley marcial, y a menos que interviniera el jefe del Estado, la sentencia debía ser ejecutada dentro de las setenta y dos horas a partir del momento en que fuera dictada. Habían transcurrido ya cuarenta y ocho horas, y allí estaba la solicitud de gracia: no tenías más que firmarla. Tomaste la hoja, la leíste y se la devolviste con calma: «No». El oficial abrió de par en par los ojos: «¿No... no firmas la solicitud de gracia? ¿He comprendido bien?». «Has comprendido muy bien, *papadopoulaki,* pequeño Papadópoulos. No la firmo». El oficial insistió: «Escúchame, Panagulis. Tal vez creas que es inútil, pero te equivocas. Estoy autorizado a comunicarte que el presidente está dispuesto a conmutar la pena capital por trabajos forzados a perpetuidad». «Lo creo. Le gustaría contar al mundo que precisamente a él le he pedido la vida como regalo. Le resultaría cómodo no fusilarme». «Más cómodo te resultaría a ti, Panagulis. Firma». «No». «Si no firmas, no hay esperanzas». «Lo sé». El oficial volvió a guardarse la hoja de papel en el bolsillo. Parecía sinceramente dolido. Incluso parecía dudar en marcharse, como si buscara las palabras para convencerte y no las hallara. «¿Quieres... quieres pensarlo unos minutos?». «No». «Entonces será mañana a las cinco y media de la mañana», dijo encolerizado. Y se fue sacudiendo la cabeza. En un rincón, uno de los tres centinelas gemía: «¡Oh, no! ¡Oh, no!».

Era un muchacho de rostro casi imberbe, con el uniforme recién salido del almacén. Siguió la escena con la boca abierta y ahora te miraba como si estuviera a punto de llorar. Te acercaste a él: «*Papadopoulaki,* ¿qué te pasa?». «Yo...». «¿También tú querías que firmara?». «¡Sí! ¡Yo sí!». «¿No has oído lo que le he contestado al oficial?». «Sí, pero...». «Nada de peros, *papadopoulaki.* Cuando es necesario morir, se muere». «Sí, pero eso no me alivia». «Ni a mí», dijo el segundo centinela. «Ni a mí», confesó el tercero. Esto te produjo una gran turbación: hacía siglos que el ser humano solo mostraba su peor cara contigo. Durante esos siglos la única excepción fue la anciana del hospital militar adonde te trasladaban cuando entrabas en coma a causa de las torturas y los ayunos; ella limpiaba los retretes, y un día, viéndote atado de manos y pies, se te acercó con el cubo y te acarició con dulzura la frente: «¡Pobre Alekos! ¡Pobre criaturita! ¡Mira cómo te han puesto! Y estás siempre solo, nunca hablas con nadie. Esta noche vendré, me sentaré a tu lado y me contarás cosas, ¿vale?». Pero un policía la agarró y se la llevó de allí con su cubo, y no la volviste a ver. Carraspeaste para disimular la emoción: «Venid aquí todos, *papadopoulaki.* Discutamos un poco este asunto». Y cuando estuvieron en torno a ti, comenzaste a explicarles por qué no debían estar tristes ni quedarse inactivos, por qué debían pelear a fin de que tu muerte sirviera para algo. Incluso les recitaste algunas poesías sobre la libertad, y ellos escuchaban respetuosos y compungidos: si una poesía les gustaba, escribían los versos en el paquete de cigarrillos. «Así no te olvidaremos». Los tres eran muy jóvenes, soldaditos de reemplazo procedentes de aldeas lejanas que solo sabían de ti que intentaste matar al tirano, y su ignorancia era tan inocente que tenías dificultades para expresarte, para hallar las palabras justas que les permitieran comprenderte. «En el fondo no importa que me haya salido mal, ¿me explico, *papadopoulaki?* Importa que uno lo haya intentado y que, luego, otro vuelva a intentarlo y lo consiga. Porque cuando caminas por la calle y no te metes con nadie y pasa un fulano y la emprende a bofetadas contigo, ¿qué haces?». «¡Le devuelvo las bofetadas!». «Bravo. Y si se lía a patadas contigo, también sin razón, ¿qué haces?». «También yo me lío a patadas». «Bravo. ¿Y si te prohíbe que expreses lo que piensas, y te mete en la cárcel porque piensas de otro modo, y la ley no te defiende porque ya no es ley, pues suprimir la libertad significa suprimir también la ley, qué haces?». «Yo, bueno, yo...». «Tú te lo cargas. No hay elección. Es una cosa terrible matar, ya lo sé, pero en las tiranías se convierte en un derecho». Por fin, en el corredor, un suboficial se cansó y te mandó callar: «¡Cállate, Panagulis! ¿Buscas discípulos cuando estás a punto de morir?». Pero otro tomó partido por ti, cállate-tú-bruto-cerdo-o-te-hincho-los-morros, y fue a ofrecerte un cigarrillo. La turbación volvió a invadirte. ¿Era posible que, de improviso, se mostraran tan amables contigo? Los seres humanos son muy extraños: cuando esperas algo de ellos, no te dan nada, y cuando ya no esperas nada, te lo dan todo. ¿Todo? Bueno, a veces todo se reduce a una injuria y a un cigarrillo.

Hacia las cinco de la tarde se produjo el relevo de los tres soldaditos, y cuando se fueron sentiste un gran vacío: a saber qué capullos te iban a vigilar ahora. Pero los tres nuevos eran iguales: la misma juventud, idéntica inocencia, igual tristeza. La turbación del principio se convirtió en una emoción que desembocó en desafío: «Adelante, *papadopoulaki*, ¡ganaos el pan! ¿Quién sabe cantar?». Te señalaron a un muchachote gordo, desgarbado, con manos de campesino. «¡Él, él! ¡Él forma parte del coro de la iglesia de su pueblo!». «¿En serio? Entonces cántame el réquiem del oficio de difuntos». «¡No! ¡Eso no!». «¡Te he dicho que lo cantes!». Te obedeció, y habrías preferido que no lo hiciera, porque escucharlo producía un calambre en el estómago. «¡Que descansen en paz, oh Señor! ¡Que su sepultura sea digna, oh Señor! ¡Tierra que vuelve a la tierra! ¡Acoge a tu siervo, oh Señor!». Lo interrumpiste: «No me gusta tu réquiem, *papadopoulaki.* No me gustan las palabras "siervo-del-Señor". Debes prometerme que cuando lo cantes por mí no me llamarás "siervo-del-Señor". Nadie es siervo de nadie. Ni siquiera del Señor, ¿entiendes?». El muchacho asintió, confuso. Pero el calambre no se alivió. «¡Ánimo, *papadopoulaki,* cantemos algo mejor! ¿Quién conoce "El muchacho que sonríe"?». «¡Yo!». «¡Yo!». «¡Yo!». «Bueno, entonces, ¡todos a la vez! "¿Qué podrá curar / mi corazón destrozado? / He perdido a mi muchacho de la dulce sonrisa, / no lo veré nunca más. / Maldita la hora, maldito el momento / en que nuestros enemigos mataron / a mi muchacho de la dulce sonrisa...”». Cantaste con ellos. Pero tampoco esta vez desapareció el calambre. Cantaste toda la noche, bromeaste y hablaste tratando de no pensar en aquel réquiem, de no pensar en aquel calambre, pero el calambre no desaparecía. Incluso había momentos en que aumentaba. Y en otros te formulabas las preguntas más absurdas o te refugiabas en las esperanzas más insensatas: dónde iba a ser, cómo iba a ser. Te había parecido oír que sería en el otro lado de la isla, en el polígono de tiro de la Marina, pero ignorabas si este polígono se hallaba en un patio o en campo abierto, y esperabas que estuviese en campo abierto y que no lloviera, porque una vez viste una película donde fusilaban a un guerrillero bajo la lluvia. Te causó impresión porque el guerrillero caía en el fango. También esperabas que no te disparasen a la cara, y te preguntabas cómo decirles a los soldados que dispararan al corazón y no a la cara. Por último, te preguntabas si sentirías dolor. Eso era estúpido, lo comprendías; no hay comparación entre el dolor que se siente al ser torturado y el que puede experimentarse al ser fusilado. Se precisan al menos cincuenta segundos para notar la quemadura de una bala dentro de la carne, y una vez transcurridos, estás muerto: lo leíste en alguna parte o tal vez te lo contó alguien que estuvo en la guerra. Pero la curiosidad seguía, y debiste hacer un esfuerzo para superarla, para meditar sobre cosas más serias: por ejemplo, lo que ibas a decir antes de que el pelotón abriera fuego. No bastaba decir viva-la-libertad; era preciso añadir algo, o bien pronunciar una frase que lo contuviera todo, libertad incluida. Algo así como el grito del oficial italiano al que en el 44 los alemanes fusilaron en Cefalonia: «¡Soy un hombre!». Desaparecía el calambre en el estómago ante la idea de gritarles «¡Soy un hombre!», pero inmediatamente después volvía, porque la causa de aquel calambre no era la frase que ibas a gritar o no, el dolor que ibas a sentir o no, la lluvia que iba a bañarte o no: era el hecho de tener que morir tal día a tal hora. Una cosa es morir bajo las torturas, en la guerra o por efecto de una mina que estalla, es decir, con un margen imprevisto, y otra cosa es morir sabiendo que se va a morir tal día a tal hora, de una manera programada, como la salida de un tren. Una noche más y dejarías de existir. Bueno, pues pese a tu fuerza, tu fe y tu orgullo, no sabías resignarte a la idea de dejar de existir. Ni siquiera lograste imaginar qué significaba; formularse semejante interrogación era peor que tratar de determinar si el universo era finito o infinito, si el tiempo era tiempo, y el espacio, espacio, si Dios existía o no, y si Dios y el tiempo y el espacio tuvieron principio o no, si antes del principio hubo algo más o nada, y qué era la nada. ¿Qué es la nada? Tal vez es lo que se es o ya no se es cuando dejamos de existir, fusilados tal día a tal hora, tras un día y una noche pasados representando el papel del valiente aun teniendo un calambre en el estómago.

Al oscurecer comenzaste a estar cansado. El esfuerzo de dividirte en dos, por un lado la pena de aquellas reflexiones secretas y por otro la comedia de la indiferencia orgullosa, te había agotado. Te pesaban las piernas, las esposas y los párpados. Tenías mucho sueño. Y cuanto más tenías, menos querías dormir. Los centinelas decían: «Descansa, Alekos. ¿Por qué no descansas?». Pero cada vez que lo decían respondías con rudeza. ¿No era increíble que a un hombre a punto de reposar para siempre se le dijera descansa-por-qué-no-descansas? ¿No era una locura dormirse cuando se disponía de tan poco para vivir? A fin de no ceder al sueño, caminabas arriba y abajo, arriba y abajo, evitando permanecer sentado. Luego, hacia las tres de la madrugada, el cansancio te venció junto con la necesidad de cerrar los ojos. Te tendiste en el suelo y encargaste a los centinelas que te despertaran al cabo de diez minutos, no más de diez minutos, y te dormiste de golpe. Tuviste aquel sueño. Te parecía que eras una semilla, y poco a poco la semilla se duplicaba, triplicaba y decuplicaba, tornándose tan henchida y gruesa que su cáscara no resistía más y, con un fragor de aguas desbordadas, estallaba e inundaba la tierra con mil semillas, y cada una de estas se transformaba rápidamente en una flor, después en un fruto y luego, otra vez, en una semilla que asimismo se duplicaba, triplicaba, decuplicaba, para terminar estallando e inundando la tierra con una miríada de semillas. Y en aquel punto sucedía algo extrañísimo. Sucedía que de una flor surgía una mujer, y de otra flor otra, y de una tercera otra más, y tú querías poseerlas a todas pero pensabas oh, Dios, cómo me las arreglo, no tengo tiempo, dentro de poco llegará el pelotón de ejecución y se me llevará; tengo que darme prisa, así que agarrabas a la más próxima, sin mirarla a la cara, sin preguntarte si te gustaba, sin preguntarle si te aceptaba, y la penetrabas famélicamente, con prisa y mal, y luego la apartabas y tomabas una segunda de la misma manera, la penetrabas de igual modo y la apartabas lo mismo, para echar mano de una tercera, una cuarta, una quinta y una sexta, hasta perder la cuenta. Cada movimiento de cintura una mujer, y el ansia de tener que interrumpirte porque alguien te despertaba, te sacudía los hombros y te despertaba. ¿Quién? Miraste entre las pestañas. Era el soldadito desgarbado que cantaba en el coro de la iglesia: «Son las cinco, Alekos. Has dormido dos horas».

Te pusiste en pie de un brinco. Miraste a los centinelas uno a uno, con cólera sorda. ¡Dos horas! Les rogaste que te despertaran al cabo de diez minutos y te habían dejado dormir ¡dos horas! Una parte de ti habría querido pegarles, sollozar y pegarles gritando desgraciados, inconscientes, ladrones; otra parte, en cambio, comprendía que te habían desobedecido por afecto y bondad, déjalo-dormir-pobrecillo, pero-ha-dicho-diez-minutos, déjalo-dormir-igual, y con esfuerzo te dominaste y con tristeza murmuraste: «Idiotas. Me habéis robado dos horas de vida». Luego dijiste que deseabas lavarte la cara y hacer tus necesidades, por lo que te acompañaron al corredor, donde había un grifo y un rudimentario retrete. Delante de todos, estorbado por las esposas, hiciste tus necesidades y te lavaste y dieron las cinco y veinte. Luego volviste a la celda, pediste un café, lo tomaste y dieron las cinco y veinticinco. Así pues, otros cinco minutos de vida. ¿En qué piensa, en los últimos cinco minutos, un hombre que va a ser fusilado? Muchos años después, cuando te formulé esta pregunta, respondiste que expresarlo era dificilísimo; de hecho, te esforzaste mucho por verter aquellas sensaciones en una poesía, pero había tres escritores que te devolvieron la idea con conceptos en los que te reconociste: Dostoievski en *El idiota,* Camus en *El extranjero* y Kazantzakis en *La vida de Cristo.* De los dos últimos me hiciste un resumen; del primero no, porque nos habíamos extraviado en una discusión. Yo sostenía que en *El idiota* no hay nada sobre el tema, y tú replicabas que me equivocaba, que de joven Dostoievski fue condenado a muerte por un delito político e indultado veinte minutos antes de ser atado al poste, y que quien contaba la historia en el libro era el príncipe Mishkin, pero en realidad no recordabas el capítulo que incluía el episodio. Para demostrármelo te pusiste a buscarlo; estuviste hojeando los dos volúmenes de *El idiota* durante horas, pero en vano, y al final dijiste: «Tal vez me equivoco». No te equivocabas: lo supe después de tu muerte. Después de tu muerte, en efecto, encontré el fragmento inútilmente buscado aquel día. Sabe Dios cuándo pusiste entre las páginas un pedacito de papel, de tal modo que el libro se abrió por aquellas páginas apenas lo cogí en la mano, y ahí estaban las palabras que habías subrayado, los últimos cinco minutos, en los que te reconociste: «Le quedaban, pues, cinco minutos de vida, no más. Decía que aquellos cinco minutos le parecieron interminables, una inmensa riqueza. Le parecía que en aquellos cinco minutos habría podido vivir muchas vidas, pero por ahora no debía pensar en el último instante, de modo que tomó varias resoluciones. Calculó el tiempo necesario para despedirse de los compañeros, y para esto fijó un par de minutos, otros dos minutos para volver a pensar en sí mismo, y el resto para mirar en derredor por última vez...». Y más adelante: «Decía que para él nada fue tan penoso como el pensamiento incesante: ¡si pudiera no morir! ¡Si pudiera retroceder en la vida! Todo sería mío, transformaría cada minuto en un siglo entero, no perdería nada, tendría en cuenta cada instante y no desperdiciaría ninguno más. Decía que este pensamiento había terminado por convertirse en una rabia tal que acabó por desear que lo fusilaran lo antes posible». También señalaste la pregunta de Alexandra Yepanchina: «¿Qué hizo luego con aquella riqueza? ¿Vivió teniendo en cuenta cada minuto?». Y la respuesta del príncipe Mishkin: «Oh, no. Él mismo me lo decía si le preguntaba al respecto. No vivió en absoluto de aquella manera, y perdió muchos minutos». Sin embargo, junto a las palabras del príncipe Mishkin, pusiste un gran signo de interrogación.

Tus últimos cinco minutos duraron tres horas, y luego treinta horas más. A las cinco y media estabas dispuesto, pero el pelotón no acudió. Preguntaste por qué a un sargento, y este respondió que sin falta se presentaría a las seis. Te regalaste aquella media hora y a las seis estabas de nuevo dispuesto. Pero tampoco el pelotón acudió a las seis. Otra vez preguntaste al sargento el porqué, y repuso: vendrá a las seis y media.

Te regalaste otra media hora, y a las seis y media estabas de nuevo dispuesto. Pero una vez más el pelotón no acudió. Y lo mismo a las siete, a las siete y media, a las ocho. Cada media hora te preparabas para morir, pero no morías. Una, dos, tres, cuatro, seis veces, cada vez un alivio y un tormento, una esperanza y una desilusión, mientras el ansia crecía y se transformaba en frenesí, en impaciencia, en prisa suicida. A las ocho y media gritaste: «¿A qué estamos esperando?». Y cuando en el patio se oyó el eco de unos pasos inhabituales y en el umbral apareció el capitán, exhalaste un suspiro de satisfacción: «Aquí me tiene». Necesitaste tiempo para comprender lo que balbucía entre sorprendido e irritado: hoy era la fiesta de María Virgen y Madre, y en Grecia no se fusila a nadie en la fiesta de María Virgen y Madre; la ejecución se aplazaba hasta el día siguiente, 22 de noviembre, ¿no te lo habían dicho? «No». Maldita sea, ¿qué odioso equívoco, qué cruel error, qué maligno sujeto, acaso, se había burlado de ti? Le volviste la espalda en silencio, y en silencio te quedaste toda la mañana. Nunca lograste explicarme qué experimenta un hombre que descubre que tiene por delante otras veinticuatro horas de vida. No media hora, sino veinticuatro horas, mil cuatrocientos cuarenta minutos, un día y una noche para pensar, respirar, existir. Si te lo preguntaba, permanecías perplejo persiguiendo un recuerdo que tal vez huía de ti y que acaso no existía, como si la segunda agonía lo hubiera barrido con desdén, y siempre terminabas repitiendo la frase que pronunciaste la noche de nuestro encuentro: «Se reanudó la espera del amanecer y todo fue como el día anterior, como la noche anterior». Volvió la monotonía torturante: las cinco, las cinco y media; las seis, las seis y media; las siete, las siete y media; las ocho, las ocho y media; las nueve. A las nueve volvió el oficial que te había llevado el folio con la solicitud de indulto y que te anunció la ejecución para la mañana siguiente. Con idénticos gestos agitaba el mismo folio, y con la misma voz animaba: «Firma, firma». Le arrancaste la hoja de la mano, hiciste con ella una pelotita, se la arrojaste a la cara y te lanzaste sobre él agarrándolo por las solapas del uniforme: «Cabrón, malvado, ¡sabías que ayer no iban a fusilarme! ¡Te mato, cabrón!». Te separaron de él a la fuerza, y él escapó gritando ingrato, lo hice para que firmaras, ingrato. «No te mereces nada, ingrato, no me verás más». Inmediatamente después resonó una orden seca, un centinela palideció, y tú pensaste ya estamos, esta vez va en serio. Pero no sucedió nada una vez más, y de nuevo te pusiste a esperar. Las nueve y media, las diez; las diez y media, las once. A las once estabas muy inquieto, y el deseo de que no tardaran más se había convertido en una necesidad, en una fiebre. Maldecías entre dientes, pedías un reloj, buscabas explicaciones. ¿Faltaba Liappis? Correspondía a Liappis asistir a la ejecución en nombre de la ley. ¿Estaba agitado el mar? Con el mar agitado, los barcos no viajan, y acaso ni siquiera las motoras de la Marina. Preguntaste a un centinela: «¿Cómo está el mar?». El centinela se asomó al corredor y repitió la pregunta al sargento: «¿Cómo está el mar?». «Bueno; esta mañana está en calma. ¿Por qué?». «Por nada». ¿Y si Liappis acudía en helicóptero y no podía aterrizar a causa del viento? Volviste a preguntar al centinela: «¿Cómo está el viento?». «¿Qué viento? No hace viento. ¿Por qué?». «Por nada». Te mordiste los labios: «No entiendo. No entiendo nada». La sospecha de que Papadópoulos hubiera decidido dejarte con vida no te rozó ni por un momento. Nunca imaginaste que, mientras te consumías en aquella espera inhumana, en todo el mundo estuvieran peleando por ti: desfiles por las calles, mítines, manifestaciones ante las sedes de las embajadas, enfrentamientos con la policía, llamadas telefónicas convulsas de jefes de Estado, millones de telegramas, diplomáticos que hacían de lanzadera entre Roma y Atenas, París y Atenas, Londres y Atenas, Bonn y Atenas, Estocolmo y Atenas, Belgrado y Atenas, Washington y Atenas; e incluso mensajes del papa, de Lyndon Johnson, de U Thant, con el ruego de que se te perdonara la vida. Pero ¿cómo habrías podido imaginarlo? Ni siquiera te permitieron saludar a tu padre ni a tu madre, ni intercambiar una palabra con tu abogado. Después de la sentencia, las únicas personas que se te acercaron fueron Theofiloiannacos, Hazizikis, Malios, Babalis y aquellos soldaditos que no sabían nada de ti: para ti el mundo empezaba y terminaba dentro de aquella celda donde te creías ignorado como la última alga del mar.

El pelotón llegó por la tarde. «Muévete, Panagulis». Abrazaste a los centinelas uno a uno, les pediste perdón por haberte puesto nervioso y les diste las gracias por haberte hecho compañía. Los centinelas lloraban. También estaban el muchacho del rostro imberbe y el soldadito gordo que cantaba en el coro de la iglesia; ambos sollozaban sin contenerse, y al primero le diste un golpecito en la nariz, y al segundo lo agarraste por la barbilla: «Ánimo, *papadopoulaki*». Se sorbió la nariz: «¿Puedo preguntarte una cosa, Alekos?». «Desde luego, *papadopoulaki*». «¿Por qué nos llamabas siempre *papadopoulaki*? ¿Qué significa?». Una sonrisa: «A veces quiere decir papadopoulakito y a veces siervo de Papadópoulos. Depende de cómo lo diga». «¡Pero yo no soy un papadopoulakito, un siervo de Papadópoulos!». «¡Bravo! Entonces grita conmigo: ¡Abajo Papadópoulos! ¡Abajo el fascismo! ¡Viva la libertad!». «¡Abajo Papadópoulos! ¡Abajo el fascismo! ¡Viva la libertad!». «Todos juntos, gritad todos juntos: ¡Viva la libertad!». «¡Viva la libertad!». «¡Estupendos chicos! Ahora, ¿quién quiere hacerme un favor?». «Yo...». «Yo...». «Yo...». «Bien. En la ESA hay un tal comandante Hazizikis. Telefoneadle para decirle que no olvide sacrificar un gallo por mí a Esculapio». «¿Cómo?». «Él ya lo entenderá». Y seguiste al pelotón. Fuera había dos automóviles, un camión y un todoterreno. Montaste en este último después de haber dirigido una larguísima mirada al cielo: era un día azul, con el cielo terso como vidrio pulido. La caravana partió. Pero de pronto te diste cuenta de que no se dirigía al polígono de tiro, pues conocías Egina y sabías que la carretera hacia el polígono de tiro iba en dirección opuesta, ascendiendo por la montaña, y el cortejo embocaba la breve avenida que desciende al puerto. «¿Adónde me lleváis?». «A Atenas. Te fusilaremos en Atenas». Te embarcaron en la misma lancha en que fuiste. Te encerraron en una cabina, y fijaron las cadenas de las esposas a una anilla. En el Pireo se apresuraron a introducirte en un coche. «¿Adónde me lleváis?». «A Gudi. Te fusilaremos en el campamento militar de Gudi». Pero no te llevaron a Gudi, sino a la ESA. Allí había un comandante a quien no conocías. Usaba gafas negras y le olía mal el aliento. Lanzándotelo al rostro, te dijo: «Los periódicos escriben que ya has sido fusilado, Panagulis. Ahora sí que podemos divertirnos cuanto queramos». Pasaste toda la noche convencido de que ibas a verlos llegar para atarte al camastro de las torturas. Pero no llegaron, y al amanecer, cuando te empujaron hacia el coche del día anterior, estabas tan exhausto que no te mantenías en pie. Caminabas con los ojos semicerrados, y ya no te interesaba nada; solo esperabas que se dieran prisa y te fusilaran en un lugar próximo, no en Gudi. Te invadió un gran contento cuando te diste cuenta de que la avenida arbolada no era la de Gudi: menos mal, escogieron un cuartel en la ciudad. Pero ¿cuál? «¿Adónde me lleváis?», preguntaste de nuevo. «Te llevamos al lugar de la ejecución, idiota. ¿Adónde quieres que te llevemos? Las bromas han terminado». Pero te llevaron a Boiati.

3

La leyenda del héroe no se agota con el gran gesto que lo revela al mundo. Tanto en las leyendas como en la vida, el gran gesto no constituye más que el inicio de la aventura, el comienzo de la misión. A este le sigue el periodo de las grandes pruebas, luego el regreso a la aldea o a la normalidad y después el desafío final tras el que se esconde la insidia de la muerte siempre evitada. El periodo de las grandes pruebas es el más largo, tal vez el más difícil. Y lo es porque, durante su transcurso, el héroe se halla completamente abandonado a sí mismo, irresistiblemente expuesto a la tentación de rendirse, y todo se conjura contra él: el olvido de los demás, la soledad exasperada, la renovación monótona de los sufrimientos. Pero ay de él si no supera ese segundo examen, ay de él si no resiste, si cede: el gran gesto que lo reveló se torna inútil y la misión fracasa. Pues bien; tu periodo de las grandes pruebas se llama «Boiati». Fue aquel infierno donde desperdiciaste los mejores años de la existencia, el lugar en que tu heroísmo se confirmó y tu leyenda se consolidó. Tú lo sabías. Por esto, como un enfermo que cuenta siempre su enfermedad o un veterano de guerra que cuenta siempre su guerra, y se remiten a una u otra en cualquier conversación, nunca te cansabas de volver con la memoria a Boiati. Incluso al final, cuando el recuerdo de la bomba, del proceso y de Egina se había empañado, enriquecida tu leyenda con empresas mucho más audaces, y desde luego más importantes, el capítulo de Boiati permanecía en ti con la angustia de una enfermedad incurable, con el orgullo de una victoria imposible, como si el tiempo pasado allí te hubiera pesado más que las torturas y las horas transcurridas esperando el fusilamiento. De Boiati hablabas obsesivamente con todos, y con tal de hacerlo no te preocupabas siquiera de repetir las mismas cosas a quien ya las había oído o a quien no podía apreciarlas: a todo el mundo le regalabas la historia de tu viaje al infierno. ¡Y cuánto te gustaba sorprender, horrorizar, divertir donde tu sentido del humor encontraba la comicidad en la tragedia! Lo único que no contabas era la resignación que te empujó antes de llegar, aquella esperanza de que te fusilaran pronto, de que te fusilaran inmediatamente: un hombre no puede repetir lo que hiciste cuando pediste al centinela que telefoneara a Hazizikis para que ofreciera un gallo a Esculapio.

Boiati dista de Atenas una treintena de kilómetros, y la carretera se distingue porque está señalizada con muchos carteles. Pero tú no veías los carteles; contemplabas indiferente el asfalto. De pronto, la avenida se abrió a un paisaje de colinas grises, y en la de enfrente se elevaba un edificio semejante a la cárcel de Egina, amurallado, con torretas y ametralladoras, y esta inscripción en la cancela: Prisión Militar de Boiati. El coche entró, y llegó a una plazoleta en la que se alineaban seis puertecillas pintadas de verde. Te hicieron descender y te empujaron hacia la última puertecilla a la izquierda, murmurando algo a lo que no diste importancia. Luego te arrojaron dentro con tal violencia que te deslizaste sobre el pavimento golpeándote en la nuca. El impacto te aturdió, y pasaron algunos minutos antes de que pudieras mirar en torno y poner en orden las ideas. ¿Dónde estabas? En una celda, obviamente. En general, tan vacía como una cáscara hueca: ni catre, ni colchón, ni siquiera una manta. Único objeto en aquel vacío, el orinal. Sin embargo, no era demasiado pequeña: digamos nueve pasos por siete. ¿Y los centinelas? No los había. Extraño, pues el reglamento establece que un condenado a muerte no puede permanecer solo. Pero ¿qué había dicho mientras caías el tipo de las gafas negras y mal aliento? «Ya estás en casa», dijo. ¿Y después? «Si te encuentras bien, te quedas aquí hasta que revientes». ¿Qué pretendía insinuar? ¿Que tampoco esta vez iban a ajusticiarte? Imposible, a menos que la ejecución hubiera sido aplazada. ¿Aplazada por un día, una semana, un mes? Era una hipótesis que no aportaba ninguna alegría; ¡es tan difícil volver a hacerse a la idea de vivir cuando ya se ha resignado uno a morir! Te arrastraste hasta el muro para apoyar en él la espalda. Te acomodaste así, con la espalda contra la pared y las piernas extendidas sobre el suelo, y volviste a esperar. Cerca de la puerta había un escarabajo que avanzaba lentamente hacia ti. Continuó avanzando hasta llegar a medio metro de tus zapatos, y entonces se detuvo: gordo y negro, desagradable. Agitaste los pies: «¡Lárgate!». Luego volviste a llamarlo, arrepentido: «¡Ven, ven!». El escarabajo pareció oír. Dio media vuelta y volvió a avanzar, para detenerse junto a tu tacón derecho. «¡Ánimo, adelante!», lo incitaste. El escarabajo se movió un centímetro o dos, evitó el tacón, prosiguió su marcha junto a los pantalones, y a la altura de las rodillas se detuvo de nuevo, desorientado. Te inclinaste a observarlo. Tenía largas patas peludas y dos antenas tiesas como dos bigotes, pero lo más sorprendente eran las alas. El caparazón brillante y duro escondía unas alas hermosísimas. ¡Así que incluso un escarabajo podía volar! Le tendiste los brazos: «¡Vuela!». No, no volaba. «¡Salta, al menos! ¡Salta!». Con muchas dudas, se encaramó a la cadena de las esposas, y luego a estas últimas y al dorso de la mano, llegó a la base de tus dedos, donde pareció vacilar: ¿qué sendero tomar, qué dedo? Por último, se decidió por el pulgar, donde, inesperadamente, perdió el equilibrio y se precipitó de cabeza al suelo. Se te escapó una carcajada. Escucharla te procuró una especie de felicidad: ¿quién habría dicho que aún fueras capaz de reír? ¡Y tan solo por un escarabajo caído del pulgar! Le acariciaste la espalda con delicadeza. Te preguntaste cuánto vive un escarabajo, cuánto duraría su compañía si no te fusilaban pronto. También te preguntaste si un escarabajo se puede amaestrar. De niño intentaste amaestrar a un escarabajo pelotero y casi lo conseguiste. Aumentó la felicidad. ¡Qué suerte tener al lado a alguien con quien jugar y hablar sin ser juzgado ni ser objeto de reproches, qué providencial! A un escarabajo se le puede decir cualquier cosa que se le ocurra a uno, incluso que el coraje está hecho de miedo, que en estos meses a menudo tuviste miedo, y que sobre todo lo tuviste cuando llegó el pelotón de ejecución. Ellos no se dieron cuenta, pero obligarte a aquella calma y a aquella excesiva seguridad en ti mismo había supuesto un esfuerzo terrible: a bordo de la motora ya no podías más. Incluso una hora antes ya no podías más. Y media hora antes y un minuto antes. Como si vivir ya no te gustara. En cambio, de pronto, gracias a una pequeña y horrenda criatura por la cual en otros momentos solo habrías experimentado repugnancia, te percataste de que te agradaría vivir, de que en el fondo también se puede vivir en una celda de nueve pasos por siete. Basta con tener un camastro, una mesita, una silla, un retrete con cisterna y un escarabajo. Y tal vez unos pocos libros, un poco de papel y algún lápiz. ¡Si no te fusilaran! Podrías estudiar, leer, escribir poesías: no eras la única persona en el mundo obligada a permanecer en prisión, y en ciertos casos permanecer en prisión es una forma de lucha. Las tiranías se miden por el número de presos políticos, ¿no estás de acuerdo, Dalí? Lo llamaste Salvador Dalí por las antenas, que parecían bigotes, y empleando este nombre te dirigiste a él hasta que la llave giró en la cerradura y seis centinelas entraron con la comida. Dalí estaba muy quieto, con las antenas bajas. A lo mejor se había aburrido con tus discursos y dormía. «¡Cuidado con Dalí, *papadopoulaki!*». «¿Cuidado con quién?», preguntó el soldado que sostenía la bandeja. «Con Dalí, mi amigo». «¿Qué amigo?». «Él». Y señalaste el escarabajo. «¡Ah!», exclamó el soldado frunciendo la boca con una mueca de repugnancia. Y con un golpe seco de su bota lo aplastó. En el suelo quedó un amasijo blancuzco.

Decías que más que el amasijo blancuzco, te trastornó el crujido del caparazón bajo la bota. Y junto al crujido, el sonido rechinante que te pareció oír: como si al morir, el escarabajo hubiera lanzado un grito de dolor. Decías que te sentiste como si hubieran hecho papilla a una criatura con dos brazos y dos piernas, y no a un escarabajo, y que la idea de haberlo perdido te hizo subir la sangre a la cabeza porque, de golpe, te devolvió la conciencia de tu soledad, la imagen de la celda vacía, sin más mobiliario que el orinal. Decías que todas estas cosas juntas te provocaron una ira bestial y te devolvieron la energía. «¡Asesino!». Y con aquel grito absurdo, te arrojaste sobre el soldado golpeándole el rostro con las esposas. La bandeja con la comida se estrelló contra la pared y el soldado cayó tras ella. Entonces te lanzaste contra los otros cinco, propinándole a uno patadas en el vientre, a otro codazos en el estómago, a otro más puñetazos en la nariz. Fue peor que arrojar una cerilla encendida en un bosque en verano: en un lapso de pocos segundos los tenías a todos encima, y te viste reducido a una máscara roja de sangre. Acudió incluso el director de la cárcel, y el enojo no le permitía articular las palabras. Pero ¿a quién le habían mandado esta vez, a quién? Cosa de locos, repetía incansable, un loco; él, en tantos años de profesión, había visto de todo, pero jamás a un energúmeno que la emprendiera con un pobre centinela enviado a llevarle la comida. ¿Y qué había hecho el centinela? Aplastar un escarabajo, vamos, que le hizo un favor. Así, pues, tenían razón los de la ESA cuando decían que eras una fiera, que debías ser tratado con extrema dureza, con el sistema que utilizan los domadores con los animales feroces en el zoo. Él era contrario a semejantes procedimientos, pero comprendía que no tenía elección, así que iba a infligirte todo tipo de castigos. Para empezar, no te daría el camastro que, pese a las disposiciones, se proponía asignarte, ni te entregaría el correo, ni te permitiría tener periódicos, libros, papel ni pluma, exactamente como le habían dicho: rigor absoluto; nada de paseo diario al aire libre, ni de visitas de familiares. Y esposas las veinticuatro horas del día, pues si conseguías herir a la gente con las manos atadas, ¿qué no harías con las manos libres? Lo escuchaste fingiendo indiferencia, pero, en realidad, midiendo cada frase con extremada atención: maldita sea, que anunciara medidas disciplinarias significaba que no iban a fusilarte. Y esto era lo único que por el momento contaba; mañana algún santo te ayudaría. Mañana será otro día.

Mañana no será otro día cuando la existencia no tiene nada de humano. Hacía un mes que estabas allí dentro, y había momentos en que no veías la diferencia entre estar vivo o muerto; sabías que estabas vivo solo porque respirabas. En primer lugar, aquella celda. Era húmeda y fría, porque no te concedían ni siquiera una estufa, y hedía insoportablemente porque el orinal solo se vaciaba una vez cada dos días. Al entrar, los centinelas contenían la respiración, o bien se apretaban el pañuelo contra la nariz y la boca, enrojeciendo, y dando media vuelta corrían fuera a vomitar. Tú estabas habituado a aquel hedor, pero apenas la puerta se abría y dejaba entrar un soplo de aire puro, advertías el contraste y a veces se apoderaba de ti la náusea y no podías tragar ni un bocado. La ausencia de catre aumentaba el tormento. Si bien en la ESA y en Egina sucedió lo mismo, no te resignabas a la idea de dormir en el suelo como un perro sarnoso; además, el pavimento estaba helado, con las baldosas cubiertas de moho, lo que, ciertamente, no te ayudaba a curar tu eterno resfriado ni la tos. Tampoco tenías almohada. Dadme al menos una almohada, chillaste. Pero Patsourakos, el director, se hacía el sordo, temiendo que sus superiores le acusaran de debilidad. Como almohada usabas la chaqueta enrollada, y sin chaqueta te helabas. Para no helarte, interrumpías el sueño, te levantabas y te dedicabas a caminar arriba y abajo, con el resultado de que, poco después, las piernas se te ponían rígidas y debías tenderte de nuevo en el suelo o sentarte con la espalda contra la pared, castañeteándote los dientes y esperando el sol. No es que tú vieras el sol, pues en la ventana, quién sabe por qué, pusieron un cartón. Sin embargo, sentías la tibieza, y la espera de esa tibieza te causaba más impaciencia que la espera de la comida. En realidad la comida no te importaba mucho, porque aquella bandeja sobre el suelo te daba asco, y porque con las esposas no lograbas comer. ¡Las esposas! El mayor tormento eran las esposas: aún las llevabas. El primer día creíste que renunciarían a ellas. Dios mío, no van a tenerme en la cárcel con las esposas; a ningún detenido se le dejan puestas; se tratará de un olvido, sí, se han olvidado de quitarme las esposas, y cuando volvió el centinela para vaciar el orinal, alargaste los brazos. «*Papadopoulaki,* las esposas. Os habéis olvidado de las esposas». Pero el centinela no respondió y, transcurrida una semana, Patsourakos te explicó que la orden más tajante se refería precisamente a las esposas. «¡Las llevo puestas desde el 13 de agosto!». «Yo no me meto, Panagulis. Me han dicho que lo haga así y debo hacerlo así». Te las quitaban solo veinte minutos cada veinticuatro horas para que hicieras tus necesidades, y los veinte minutos no correspondían nunca al estímulo. Después, bajarte los pantalones se convertía en una gimnasia complicadísima, pues la cadena que unía los dos anillos medía treinta centímetros. En cuanto a las anillas, eran tan estrechas que te llagaron las muñecas, y de las heridas manaba siempre sangre mezclada con pus.

Sin embargo, no eran estas cosas las que te exasperaban, sino la soledad, el aislamiento. No tenías la menor idea de lo que sucedía más allá del recinto amurallado, y en cuanto a la propia prisión, ni siquiera sabías cuántos detenidos albergaba y quiénes ocupaban las celdas adyacentes. Las únicas personas en las que posabas los ojos eran los centinelas que acudían con la comida o a vaciar el orinal, y tanto si los saludabas como si los insultabas, no abrían la boca para hablar contigo. Les había sido prohibido, y para oír el sonido de una voz que no fuera la tuya, debías perseguir el eco de un altercado o de una canción. Aquel silencio obstinado te destrozaba los nervios y, a veces, te hacía añorar el interrogatorio y Egina. La muerte se afronta, te decías, las torturas se sufren; el silencio no. De momento, parece no tratarse de un mal, que incluso sirva para pensar mejor y más, pero pronto te das cuenta de que con él piensas menos y peor porque el cerebro, trabajando exclusivamente con la memoria, se empobrece. Un hombre que no habla con nadie y a quien nadie habla es como un pozo al que no alimenta ningún manantial: poco a poco el agua que se estanca en él se pudre y se evapora. De vez en cuando hablabas a una mancha de la pared. Puede ser una gran compañía una mancha en la pared, porque se mueve, sus contornos no son nunca los mismos, de continuo se apartan y ora te regalan un objeto, ora un perfil, ora un rostro, ora un cuerpo, tal vez el rostro de un amigo o el cuerpo de una mujer deseada. Y hablas con esa mancha como con un escarabajo. Pero hay una gran diferencia, admitámoslo, entre una mancha en la pared y un escarabajo; cuando establecías la comparación, sufrías. ¡Echabas tanto de menos a Dalí, el escarabajo! Lo echabas de menos hasta el punto de inducirte a dudar de tu salud psíquica: un hombre puede llorar la muerte de un perro, de un gato, pero no la muerte de un escarabajo. ¡Y cuánto anhelaste ver aparecer otro! Durante días, incluso, lo buscaste, diciéndote que donde hay un escarabajo hay dos, que ningún animal vive solo, pero no encontraste nada aparte de algunos huevos que parecían excrementos de ratón. Inútil añadir que esto te excitó muchísimo, que te habría gustado muchísimo tener un ratón: lo habrías preferido a un escarabajo.

Los ratones son inteligentes, graciosos y fáciles de amaestrar. Pero también esta esperanza quedó pronto desvanecida: no se trataba de los excrementos de un ratón, sino de una araña. Sin la araña. No, no había nada vivo en aquella celda. Estaba el silencio y nada más. Naturalmente, si te hubieran dado un libro o un periódico, el hecho de leer te habría ayudado a ejercitar el cerebro, a dialogar al menos con las palabras escritas, pero la prohibición continuaba y nutría el silencio, la monotonía, el tedio. ¡El tedio! Cuando está uno encerrado entre cuatro paredes sin más compañía que un orinal hediondo, incluso no hacer nada es un suplicio; un minuto se convierte en cien años, y se pierde la noción del tiempo.

Ya no sabías calcular el tiempo. No tenías reloj, pues no te lo devolvieron tras la detención, y había momentos en que ni siquiera comprendías si era por la mañana o por la tarde. Siempre te preguntabas: ¿qué hora será? En la ESA no te lo preguntabas nunca; no te importaba nada oír que eran las nueve de la mañana o las cinco de la tarde, y tampoco durante el proceso te lo preguntaste nunca. Ni en Egina, a menos que fuera de noche... En Boiati, en cambio, la curiosidad de conocer la hora te consumía de modo casi espasmódico, y aquellos cerdos no te la decían. «¿Qué hora es?». Silencio. «¡Contestadme! ¿¡Qué hora es!?». Silencio. Ni que les hubieran cortado la lengua. De todos modos, lo peor era otra cosa: haber perdido también la cuenta de los días, de las semanas, de los meses. La primera semana, al ceder la oscuridad, grabaste una señal en la puerta, pero a la octava señal te pusiste enfermo y ya no grabaste nada más, y: «¿Qué día es? ¿En qué mes estamos?». Silencio. En vano te dejabas llevar por la rabia y gritabas. «Dímelo, por Dios, ¿¡qué te cuesta!?». Silencio. Cuando se te metió en la cabeza que habían transcurrido al menos tres meses, por pura casualidad descubriste que solo había pasado uno. Fue el día en que te hicieron salir por vez primera. «Sal, Panagulis. ¡Fuera!». «¿Qué? ¿Qué sucede?». «Una visita». «¿De quién?». «Ya lo verás». Medio cegado por la luz del sol, y dando traspiés a causa de la debilidad, llegaste al locutorio. ¿Y si fuera tu madre? No la veías desde hacía casi dos años, desde el día en que desertaste. Y en verdad era tu madre: allí estaba, con su abrigo de los domingos, su sombrerito en forma de turbante y su aspecto de campesina vestida para un día de fiesta. Pero ¿por qué no te saludaba? ¿Por qué miraba a otra parte? Te aproximaste a la reja para llamarla, pero la emoción te obstruía la garganta y los labios no se movían. Tosiste. Ella se volvió, te observó un instante con descuido y volvió a mirar al otro lado. Tras algunos segundos, se volvió a los centinelas, airada: «Pero, bueno, ¿viene o no viene?». «Ya ha venido, ¿no lo ve usted?». Sus pupilas te rozaron de nuevo y se apartaron de ti, en busca de alguien que debía estar allí y no estaba: aquel esqueleto blanco de ojeras lívidas y con esposas en las muñecas delgadísimas no se te parecía ni en los rasgos. «No, ¿dónde está?». Exhalaste un hilo de voz: «Estoy aquí». Y de pronto un grito sacudió la estancia: «¡Asesinos! ¡Qué habéis hecho, asesinos!». No habrías creído que tu madre fuera capaz de llorar: nunca descubriste una lágrima en sus pestañas. Pero ahora lloraba, y fue preciso un buen rato para que se calmara y hablara y te recordara lo bello que es escuchar la voz de otra persona. Sí, cierto, tenía muchas cosas que decirte: también ella había sido detenida, junto a tu padre, ¿lo sabías? Los dejaron en libertad el 24 de noviembre y él no estaba bien; aquellos ciento tres días de vejaciones lo habían como extraviado, pero no debías preocuparte, pues ahora estaba mejor. Por lo demás, ignoraba que estuvieras en prisión. Ignoraba incluso que hubieras sido procesado; ella se lo ocultó. En cuanto a la pena de muerte, había sido suspendida. Sí, continuaba siendo válida por tres años, pero era opinión generalizada que, a pesar de Ioannidis, Papadópoulos no te fusilaría: en Europa se hablaba demasiado de ti; te habías convertido en un símbolo, y tu nombre estaba en boca de todos. Precisamente por eso le habían permitido al fin ir a visitarte, y aquella mañana Patsourakos incluso le permitió llevarte comida. Claro que pasado mañana... La interrumpiste: «¿Qué día es?». «¡¿No sabes qué día es?! ¡El 23 de diciembre! ¡Pasado mañana es Navidad!». «¡¿Navidad?! ¿Quieres decir que solo hace un mes que estoy aquí?». «Desde luego, sí, sí».

Después de aquel descubrimiento, de aquel trauma, te rebelaste: no, no podías seguir así. Un hombre no puede vivir sin tan siquiera la noción del tiempo. Era necesario algo más que bolitas de ratón o de araña: escapar. Y, mientras tanto, exigir un trato humano. Querías un camastro, por Dios, y un reloj, y un retrete decente, y los periódicos cada mañana. Y también querías que te hablaran. ¿Qué sentencia establecía que debías permanecer siempre solo, sin un reloj para medir el tiempo, sin un calendario para saber qué día era, sin nadie que respondiera a tus preguntas o te dirigiera media palabra? ¿Con qué derecho Ioannidis se vengaba de ti porque no estabas muerto y enterrado? Harías una huelga de hambre y la proseguirías hasta llegar al estado de coma, y si Patsourakos no cedía, el asunto terminaría en Papadópoulos, quien, para no escandalizar a la opinión pública europea, accedería a tus peticiones. Desde luego que declarar una huelga de hambre teniendo delante toda aquella comida era casi una locura. Admiraste lo que tu madre te había llevado. Ah, el conejo debía de ser una verdadera delicia; ¿existía un plato que te gustara más que el conejo? Tal vez los higaditos. ¡Caramba, pero si también había higaditos! ¡Con hojas de laurel! ¿Qué más? ¡Estofado! Si hubieras tenido que escoger entre el conejo, los higaditos y el estofado, te habrías sentido más apurado que Paris cuando debía entregar la manzana a la diosa más atractiva: ¿cuántos milenios hacía que no comías así? Y había para varios días. ¿Bastarían tres para tragar una parte? Hoy los higaditos, que se estropean fácilmente, mañana el estofado, porque si no luego sabe a rancio, ¡y por Navidad el conejo! Sí, la manzana de Paris es para el conejo: doradito en su punto y perfumado con salvia. Después, ¡adelante con el ayuno! Durante dos días te atracaste de tal manera que por Navidad no pudiste tragar ni siquiera un café. Era duro no celebrar la Navidad comiendo el conejo, pero al día siguiente sería tuyo, y así se lo dijiste: «¡Paciencia, guapo, paciencia! Aplazaremos la huelga de hambre veinticuatro horas; ¡hoy no puedo más, perdona!». Luego, contento, ensayaste unos pasos de baile, moviéndote entre la puerta y la pared frontera, y entre la pared y la puerta. Pero a la cuarta vuelta te detuviste, frunciendo el ceño. Qué extraño. Había algo distinto en la puerta: contrariamente a lo habitual, no pasaba luz por el agujero de la mirilla. ¿Por qué? Te aproximaste, apoyaste la frente y, de pronto, diste un salto atrás: al otro lado de la mirilla, un ojo te miraba. ¡Maldición! ¡Así pues, te vio discutir con el conejo asado, bailar y comportarte como un tonto! ¡Qué apuro, qué vergüenza! ¿Quién era? ¡Qué importaba quién fuera! Fuese quien fuese, iba a ser castigado. Levantaste los brazos esposados, introdujiste el índice por el orificio y te respondió un grito de dolor y, luego, un coro de voces agitadas. «¡Pronto, a la enfermería! ¡Le ha hecho daño, casi lo ha dejado ciego! ¡Cómo casi; lo ha dejado ciego, sin más! ¡Qué bestia, qué fiera! ¡Demos una lección a esa fiera!». Y otra voz: «¡No, no, veo! ¡No me ha dejado ciego, veo, lo juro! ¡Ha sido un accidente! ¡No lo ha hecho a propósito, les digo, déjenlo, es Navidad!». Pero inútilmente. La puerta de la celda se abrió de par en par y, furibundos, decididos a vengar la afrenta, irrumpieron siete hombres. «¡Bestia, animal, fiera, ya te daremos nosotros Navidad!». Parecía que hubieran recuperado de pronto las cuerdas vocales, que el silencio de un mes se hubiera quebrado de improviso para ensordecerte. Y pronto dejaron de gritar: te pegaron. Todos a la vez, los siete. Estorbado por las esposas, ni siquiera podías intentar defenderte, y pronto fuiste un montoncito de arañazos y moratones tirado en el suelo, entre el conejo pisoteado y los excrementos del orinal volcado. Feliz Navidad, feliz Navidad.

Sin embargo, paradójicamente, aquella paliza navideña facilitó las cosas. Hizo casi tolerable tu primera huelga de hambre en Boiati. En efecto, en la huelga de hambre lo difícil es el comienzo, los tres primeros días. Transcurridos estos, se siente una gran debilidad y el deseo de alimento desaparece. De este modo, si empiezas el ayuno tras una buena paliza que te atonte, ni siquiera te das cuenta de que tienes el estómago vacío, deseas cualquier cosa antes que comer, y eso es lo que hiciste desde el momento en que los siete te dejaron solo: durante setenta y dos horas rechazaste incluso el agua. Pasado ese tiempo, aceptaste una tacita de café, y luego volviste a empezar hasta que caíste en una languidez tan profunda que llegaste a perder el conocimiento. En semejante estado te encontró el médico de la ESA, el mismo que el día de la detención intentó ayudarte. Estabas medio muerto, pues hacía casi dos semanas que no probabas alimento. De pronto sentiste que una aguja te perforaba el brazo, y una oleada de calor encendió tu sangre al tiempo que te invadía una sensación de bienestar. Levantaste los párpados, y por encima de ti estaba él, con su rostro agudo y sus ojillos brillantes de complicidad e ironía: «*Iassu,* Alekos. Adiós». «¿Quién eres?». «Ya me conoces. Un doctor. Me llamo Danarukas». «¿Qué quieres?». «Ayudarte». «¿Como tu colega que asiste a las torturas?». «Yo no asisto a las torturas». «Embustero». Te repuso introduciéndote en la boca una tableta de chocolate: «Dime por qué no comes». «Porque quiero un calendario. Un reloj y un calendario. ¡Y porque quiero que me hablen!». «No me basta. ¿Y qué más?». «Quiero que me quiten las esposas». «Sigue siendo poco. ¿Qué más?». «Quiero que me den un catre». «También es poca cosa. ¿Qué más?». «Un retrete decente». «¿Qué más?». «Los periódicos. Y algunos libros. Y pluma. Y papel». «Eso está mejor. Si pides una sola cosa no te la darán nunca. Si pides muchas te darán una. O dos. Ya lo comunicaré. Mientras tanto, esconde este chocolate. Te servirá la próxima vez». Se marchó con la lista de las peticiones, y a la mañana siguiente llegó un soldado de rostro bondadoso y simpático: «Buenos días, Alekos».

El día de Navidad le destinaron a montar guardia en el exterior de tu celda sin decirle quién eras. Solo le explicaron que eras un criminal muy, muy peligroso y que ni siquiera debía dirigirte la palabra. Esto despertó en él una inmensa curiosidad: se puso a observarte por el agujero de la puerta para ver cómo es un criminal muy muy peligroso, y de repente le metieron un dedo en el ojo. Lo examinaste con hostilidad. «¿Quién eres?». «Aquel a quien metiste el dedo en el ojo». «Así aprenderás a no espiar». «Yo no soy un espía». «Todos los espías dicen yo-no-soy-un-espía». El soldado sonrió y, sin responder, se dirigió al orinal para librarte de él. ¿Y si era sincero? Para cerciorarse, había que provocarlo. Así pues, a provocarlo: «Veo que te gusta recoger la mierda, *papadopoulaki*». «No, pero la tuya la recojo gustoso, Alekos, porque te admiro». ¡Vaya! Parecía sincero. Esperaste a que volviera con el orinal limpio, y de nuevo empezaste a atormentarlo. «Desabróchame los pantalones, *papadopoulaki*. Quiero orinar». Sonrió de nuevo con dulzura. Colocó el orinal limpio y luego, con toda seriedad, te desabrochó los pantalones. «Ahora, ayúdame a orinar». «No, Alekos, eso no. No está bien. Te quitaré las esposas y lo harás solo». «¡Ah! ¿Te han dado permiso para quitarme las esposas, *papadopoulaki?*». «No, no me lo han dado, pero hace tiempo que quería hacerlo». «No te creo». «Pues no me creas». Adoptaste un tono un poco más suave «¿Por qué no me hablaste antes?». «Porque no te conocía». «O porque no te atrevías, porque te dijeron que estaba prohibido hablarme». «Ya sabía que estaba prohibido; sin embargo, en los últimos días, cuando delirabas, te hablaba siempre. Entonces, ¿quieres que te quite las esposas o no?». «Si me las quitas, me escapo». «Si te escapas, te volverán a coger, y en mi lugar pondrán a uno que no sea amigo tuyo». Le tendiste las muñecas y te retiró las esposas. «¿Y si ahora te robase las llaves y la pistola?». «No lo harás». «¿Por qué?». «Porque sería una estupidez. ¿Quieres orinar, sí o no?». Desconcertado, orinaste, y, mientras, lo estudiabas con el rabillo del ojo: no, no mentía. Notabas con todo tu instinto que no mentía, y tras una leve vacilación, le tendiste de nuevo las muñecas para que volviera a colocarte las esposas. En la muñeca derecha, la más infectada, la herida había consumido la carne hasta el hueso. «¿Qué es esto? Debes medicarte, Alekos, ¡vendarte!». «Ponme las esposas, *papadopoulaki,* y termina la comedia». «No seas injusto. No te colocaré las esposas teniendo esa herida abierta. Voy a buscar algo para curarte y una venda». «No». «Voy a ir de todas formas». Se fue y regresó al cabo de una hora, con una pomada y una venda. «Has tardado mucho, *papadopoulaki.* ¿Has estado haciendo un informe sobre tus progresos?». «No. Me he entretenido para dejarte las manos libres un poco más de tiempo». Luego te curó, te vendó y volvió a colocarte las esposas con una expresión que te convenció más que cualquier palabra. «Gracias, *papadopoulaki*». «No me llamo *papadopoulaki.* Me llamo Morakis. Cabo Morakis».

Tardaste casi un mes en convencerte de que no mentía, y durante ese mes fuiste a menudo cruel, como sabías serlo cada vez que querías cerciorarte de una verdad. Cuanto más te gustaba una persona, en efecto, más miedo tenías de verte engañado o de dejarte llevar, y la hacías sufrir. Finalmente, sin embargo, su bondad te convenció. Te era muy fiel. Había momentos en que te preguntabas cómo te las arreglarías sin él, pues él era quien, además de vaciarte el orinal tres veces al día, te llevaba los periódicos, los lápices y el papel de escribir que Patsourakos dudaba en darte. No es que Patsourakos se ensañara; incluso por algún tiempo te permitió ver a tu madre en la capilla y no en el locutorio, a través de la reja. Sin embargo, un día, los centinelas te sorprendieron pasándole un billetito, y para no ser considerado cómplice a los ojos de Ioannidis, te privó de los periódicos, los lápices, el papel y, en suma, todo cuanto conquistaras con la huelga de hambre interrumpida por Danarukas. Solo te dejó el camastro. Además, Morakis te quitaba las esposas, arriesgándose cada vez a ser sorprendido, y precisamente esto te convenció de que podías fiarte de él y confesarle que querías escapar. No pareció sorprendido: «Lo sé, pero es muy difícil». «No, basta con un uniforme. ¿Lo tienes?». «Tengo el de paseo». Te mediste y lo mediste a él: era más bajo que tú, y también más estrecho de hombros, pero, sumado todo, teníais la misma corpulencia. «De acuerdo. Me darás tu uniforme de paseo y te quedarás con el que llevas puesto». «¿¡Yo!?». «Vendrás conmigo, naturalmente...». «Pero yo...». «No pongas esa cara. Tienes por delante mucho tiempo para hacerte a la idea. En primer lugar, debo recuperar fuerzas. Aún estoy tan débil que no podría llegar ni a la cancela». «¿Y cuándo piensas...?». «No lo sé. No hay prisa. Ahora tráeme una cena abundante». Te la llevó y comiste con apetito. Comiste así todos los días: te volviste tan pacífico que Patsourakos te concedió la mesa, la silla y el paseo al aire libre. Lo único que no hizo fue librarte de las esposas: en la ESA le negaron la autorización: «¿Se pone usted en plan de buen samaritano, señor director?». En cualquier caso, con esposas o sin ellas, mejorabas con rapidez: en la primavera las heridas de las muñecas estaban casi cicatrizadas, habías recuperado parte de tu peso, y hasta ocasionalmente te oía cantar en tono festivo la lúgubre poesía que escribiste la semana en que se aplazó la vista de la causa: «¡Han partido las blancas palomas! ¡El cielo se ha llenado de cuervos! ¡Aves negras!». Te gustaba cantarla porque, desentonando, sabías irritar por partida doble a los centinelas. «¡Cierra el pico, Panagulis!». Cuando llegó mayo con su calidez, tuvo lugar aquel drama.

Una mañana te quitaron las esposas, te llevaron un caldero de agua caliente, te bañaron, te cortaron el pelo, te afeitaron, te ofrecieron una camisa limpia y un par de pantalones planchados y te dijeron que podías salir al patio a estirar las piernas cuando quisieras. Aquello te sorprendió pero no sospechaste: evidentemente habían decidido rendirse, ¿y por qué rechazar un suspiro de alivio? Saliste de la celda. En el patio no había nadie. Te apoyaste en el muro, ofreciste el rostro al sol, y un balón rebotó entre tus pies. Aguzaste la vista para ver quién lo había lanzado, pero el sol te cegaba, y de nuevo no distinguiste a nadie. ¿Fue Morakis? Devolviste perezosamente el balón, y este regresó. Sí, debía de ser Morakis, escondido quién sabe dónde, con ganas de bromear. Diste otro puntapié con mayor entusiasmo. El balón fue a rebotar en el muro fronterizo, que lo rechazó, y por tercera vez te lo encontraste entre los pies. ¡Ah, Morakis! Quería desafiarte, ¿eh? Bueno, pues le complacerías. Hacía siglos que no jugabas a la pelota, pero le demostrarías que, aun sin resuello, podías enfrentarte a él. «¡Hop! ¡Hop! ¡Hop!». Volviste a chutar, una, dos, tres, hasta que te atacó el asma, y te detuviste, resoplando: «¡Estoy cansado, Morakis!». Pero no te respondió nadie. «¡Morakis!». De nuevo el silencio. ¿Era posible que no fuese Morakis? Y mientras te formulabas esta pregunta, tuviste la sensación desagradable de ser observado. Sin embargo, el patio estaba vacío. ¿Vacío? No; ahora que te ibas acostumbrando al sol, distinguiste a un sargento allá, al fondo. Gesticulaba: «¡Chuta, Alekos, chuta!». No lo conocías. ¿Quién era? «¡Chuta, Alekos, chuta, juega!». Enrojecido, le volviste la espalda y entraste de nuevo en la celda. Luego, te pusiste a esperar a Morakis, y cuando llegó, al día siguiente, te bastó mirar cómo te alargaba los periódicos para comprender. Todos publicaban tu fotografía tomada mientras jugabas a la pelota; todos decían cuán infames eran las calumnias de las radios extranjeras, según las cuales te mantenían esposado desde hacía nueve meses, y dormías en el suelo como un perro y no veías nunca el sol, de tal manera que estabas como enterrado en vida; cronistas griegos y corresponsales de todos los países habían podido comprobar que, por el contrario, gozabas de buena salud, estabas bien aseado, ibas bien vestido, no llevabas esposas, salías de la celda cuando querías, y sentías tan poca ansia de luz que volviste a penetrar antes de que te lo mandaran. Morakis destilaba tristeza: «Era mi mañana de paseo... Si hubiera estado yo, no habría sucedido... Te habría advertido... No lo supe hasta ayer noche y...». «Dime dónde estaban». «En el locutorio. Los escondieron en el locutorio. Te miraban por las ventanas». Permaneciste callado algunos minutos, luego rompiste a llorar y dijiste a Morakis que se preparase: querías huir a la semana siguiente.

Era la noche del viernes 5 de junio de 1969 y la prisión dormía. Morakis llegó con el uniforme dentro de una bolsa, y te lo pusiste deprisa. Luego metiste ahí tu ropa, dispusiste las mantas para simular una silueta humana a fin de engañar a quien observara por la mirilla y ordenaste: «¡Vámonos!». Parecía que te ibas de paseo. En cambio, Morakis parecía nervioso: la conciencia de transformarse en un desertor y en el responsable de la fuga más temida por el régimen le hacía temblar. «Ciérrala tú, yo no lo consigo», dijo, indicando la puerta de tu celda y entregándote el manojo de llaves. La cerraste con dedos firmes y te sumergiste en la oscuridad sin saber cómo ibas a resolver la primera dificultad: atravesar la cancela de la prisión. ¿Y si el centinela te reconocía? ¿Y si te pedía la documentación? El centinela estaba medio dormido. «Habla tú», dijo Morakis. Avanzaste y: «¡Despierta, recluta!». Luego le arrojaste el manojo de llaves: «¡Abre la cancela, recluta!». «La verdad, mi cabo...». «¡Ponte firme cuando hables con un superior!». «A sus órdenes, mi cabo». «¿Qué significa esta guerrera desabrochada? ¿Una manera nueva de llevar el uniforme?». «No, mi cabo. Perdone, mi cabo». «Déjame comprobar que todo está en orden aquí». «A sus órdenes, mi cabo. Compruebe usted, mi cabo». Detrás de ti, Morakis se lamentaba en voz baja: «¡Oh, no! ¿Qué necesidad hay? ¡No!». Pero tú ni siquiera le escuchabas y, absorto en la comedia, continuabas manteniéndola descaradamente. «Pero ¡mira esto! ¿Es esta la forma de custodiar las llaves? ¡Avergüénzate! Con semejante dejadez, cualquiera podría escapar, ¡maldita sea! ¡Cualquiera! Bueno, por hoy te perdono, pero mañana te presentas ante mí, ¿entendido?». «A sus órdenes, mi cabo». «Abre la cancela». «Enseguida, mi cabo». «Y si volvemos, no grites quién va u otras tonterías, ¿entendido?». «A sus órdenes, mi cabo». Abrió la cancela y os encontrasteis en el campamento militar del que la prisión formaba parte, y ahora era preciso afrontar la segunda dificultad: salir del campamento. Pero ¿cómo? Presentarse al otro centinela y repetir la misma comedia era impensable, y encaramarse al recinto amurallado y saltarlo revestía el mayor riesgo, pues los focos de las torretas lo iluminaban cada cincuenta segundos. Sin embargo, no había elección. Os agazapasteis en el punto más alejado de los barracones en espera del momento adecuado y, apenas se presentó: «¡Vamos!». Morakis saltó rápidamente sobre tus hombros, se agarró al muro, llegó a lo alto, te tendió los brazos y tiró de ti: «¡Cuidado con el alambre de espino!». ¿Con el alambre de espino o con el haz de luz que avanzaba inexorablemente y que al cabo de un instante os iluminaría? «¡Tirémonos!». Se oyó que algo se rasgaba, por partida doble: los pantalones y la guerrera de ambos se habían desgarrado. Pero el salto salió bien, sin torceduras ni magulladuras, así que podíais lanzaros colina abajo y llegar a la carretera. El único obstáculo era un pastor con su rebaño y su perro, precisamente a mitad de trayecto. «¿Nos verá el perro?». «Esperemos que no». «¡Ánimo!». Morakis fue el primero. Doblado en dos, corría como una liebre; tú, en cambio, tenías que pararte cada poco trecho para recuperar el resuello, y el perro te vio. Ladraba, ladraba. Continuó ladrando hasta que, sucio de tierra y resoplando, llegaste a la carretera. Y ahora había que llegar a Atenas.

Por regla general, quien se escapa de la cárcel lo hace con la complicidad de alguien del exterior; por ejemplo, de una persona que lo espera en coche y le permite proseguir la fuga. Pero tu desconfianza, unida a la afición por el juego imposible, descartaron esta solución y prohibiste a Morakis buscar ayuda. Nadie debía saber que ibas a escapar con él; todo debía confiarse a la suerte y a tu iniciativa, pese a que por la carretera no pasaba un alma. «¿Y ahora?», preguntó Morakis. «Ahora cogeremos el autobús». «¿¡¿El autobús?!?». «Sí, el autobús, como corresponde a dos cabos que salen de paseo».

El autobús llegaba, y te montaste junto con Morakis, pero no hizo falta mucho tiempo para comprender que fue un error: con el uniforme desgarrado y estropeado, parecíais cualquier cosa menos dos cabos que salían de paseo. El cobrador os miraba perplejo: «¿Una pelea?». «Huy, sí. Un gamberro se permitió insultar al ejército». «¿Van a la ciudad?». «No, nos apeamos en la próxima parada». Os apeasteis. Morakis estaba cada vez más inquieto. «¿Y ahora?». «Ahora tomamos un taxi». También pasó el taxi. Os llevó algunos kilómetros, pues solamente conducía por la zona de Boiati. Luego, otra vez a pie, protegidos tan solo por la oscuridad. «¿Y ahora?». «Ahora me quito el uniforme». Te escondiste tras un árbol, tomaste la ropa que metiste en la bolsa de Morakis y te cambiaste con un suspiro de alivio: así se perdería el rastro de dos cabos de uniforme. «¿Y ahora?». «Ahora buscamos un segundo taxi, y después un tercero, hasta Atenas». El tercer taxi os llevó a la ciudad a medianoche, y en este punto salió a flote la fragilidad desconcertante de un plan confiado a la suerte: ¿dónde esconderse? Durante los preparativos, Morakis te preguntó muchas veces: «¿Después, dónde irás? Yo puedo refugiarme en casa de una chica, una pariente, pero ¿y tú? Tu familia está vigilada, y tus compañeros, en prisión. ¿Cómo te las arreglarás?». Y tú le respondiste: «No te preocupes, un millar de casas está dispuesto a albergarme». Casas ¿de quién? ¿De quienes se despiertan siempre cuando el riesgo ha pasado y la libertad se ha recuperado; en definitiva, de los parlanchines, de los tipos viles que apenas puestos a prueba se derriten como velas al fuego? Algunos ni te abrieron la puerta. «¿Quién es?». «Soy yo, Alekos; me he escapado, déjame entrar». «¡Vete! ¿Estás de broma? ¡Largo!». Otros retiraron la cadena y con solo percibirte fueron presas del pánico: «¡No puedo, es demasiado peligroso, no puedo!». Incluso una muchacha que decía amarte te echó como a un mendigo cubierto de lepra: «¡Vete, rápido! ¿Acaso pretendes que termine en la ESA por ti?». A las tres de la madrugada aún ibas vagando de un barrio a otro, y Morakis se desesperaba: «¿Qué hacemos? ¿Dónde te dejo?». Estabas exhausto; de tanto caminar, tenías las piernas deshechas, y te arrastrabas murmurando: «Ya no estoy acostumbrado; debo descansar, debo descansar». Finalmente, divisaste un edificio casi derruido: «¿Y si descansáramos aquí?». «De acuerdo», repuso Morakis. Enseguida os dormisteis, tendidos el uno junto al otro, como niños, y al amanecer fuisteis despertados por un grito: «¡Maricones! No se viene a las obras a hacer porquerías, ¿entendido, sucios maricones? ¡Policía, policía!». Apenas hubo tiempo de levantarse y echar a correr, perseguidos por un grupo de obreros amenazantes. Al volver la esquina, te detuviste: «Separémonos, ¡rápido!». «No puedo dejarte solo, Alekos, ¡no puedo!». «¡Sí que puedes! ¡Te he dicho que te vayas, vete!». «Pero ¿dónde irás tú? ¿Dónde?». «No lo sé, no pienses en eso, ¡escapa!». Los obreros se estaban aproximando: «¡Policía, deténgalos, policía!». Morakis torció la esquina. No hubo tiempo ni de saludarlo ni de darle las gracias o decirle adiós.

Estás solo en la ciudad que se despierta. Expuesto a la luz del sol, con aquel rostro que seis meses antes fue fotografiado por todos los periódicos, con aquel bigote que te hace reconocible incluso en un país de hombres bigotudos: ¡si al menos se te hubiera ocurrido la idea de afeitártelo! «Viste pantalones oscuros, jersey celeste y lleva bigote», dirían los mensajes radiados. Sin duda, a esta hora, las siete de la mañana, habían descubierto ya la fuga, y los mensajes radiados habían sido transmitidos, así que de tomar un taxi ni hablar. Coger el autobús, peor. Continuar por las calles, frecuentadas o desiertas, lo mismo. El asunto debía resolverse enseguida, en aquel barrio. ¿Qué barrio era? Ah, sí: Kipseli. ¿Quién vivía en Kipseli? ¡Patitsas! ¡Dimitrios Patitsas! ¿Era posible que no se te hubiera ocurrido ayer por la noche? Dimitrios era un pariente lejano, un primo segundo, y había mantenido relaciones con la Resistencia: Theofiloiannacos te pidió confirmación de ello durante el interrogatorio, a golpe de falanga. «¿Quién es el tal Dimitrios, el que suministraba los pasaportes falsos, quién es?». Tampoco en este caso salió una palabra de tu boca. Aunque solo fuera por gratitud, Dimitrios te hospedaría por una noche, pero ¿cuál era su dirección? Ah, sí: calle de Patmos 51. Así pues, veamos: ¿por dónde ir para llegar a la calle de Patmos? Por aquí: se tuerce a la derecha, luego a la izquierda y, luego, otra vez a la derecha... ¡Calle de Patmos! Pero qué larga es, no acaba nunca: ese es el número ciento cuarenta y nueve, y hay que llegar al cincuenta y uno. Ciento cuarenta y nueve, ciento cuarenta y siete, ciento cuarenta y cinco... Noventa y nueve, noventa y siete, noventa y cinco... Siempre con la cabeza gacha, con el miedo de que uno se vuelva y diga: «Pero ¿ese no es Panagulis?». Cincuenta y siete, cincuenta y cinco, cincuenta y tres... ¡Cincuenta y uno! Finalmente llegaste al cincuenta y uno y llamaste al telefonillo. El penúltimo arriba, a la izquierda. Por el portero electrónico repuso una voz soñolienta: «¿Quién es?». «Soy yo». «¿Yo? ¿Quién?». «¡Abre, Dimitrios! ¡No pierdas el tiempo, por caridad!». Un ruido seco y el portal se abrió. No estaba el portero. Una duda breve: el ascensor o la escalera, y luego escaleras arriba, resoplando. ¡Dios mío, cuántas escaleras para un hombre que no sube un peldaño desde hace once meses y que tiene las piernas destrozadas! Ocho tramos antes de llegar al cuarto piso, donde un tipo aterrorizado te contempla, incapaz de echarte. Pero esta vez no perdiste tiempo en pedir ayuda. De un salto te introdujiste en la casa y cerraste la puerta a tus espaldas: «Me he escapado, Dimitrios. Deja que me quede, al menos una noche». «¡¿Escapado?! Explícate...». «Después. Ahora dame una navaja; tengo que afeitarme el bigote».

Sin bigote eras casi irreconocible. Te observaste complacido en el espejo, y luego te dedicaste a inspeccionar la casa. Una ojeada bastaba para comprender que el azar te había conducido a un refugio excelente: la calle de Patmos se encontraba en una especie de alcazaba, y el apartamento de Patitsas, en un edificio idéntico a los demás. Además, disponía de una doble terraza desde la cual, en caso de necesidad, se podía saltar al tejado de al lado y desaparecer. Pero no sería necesario: ¿quién podría descubrir que estabas allí escondido? Nadie te vio entrar, nadie te vio subir, y desde las ventanas de enfrente no se podía ver lo que sucedía allí dentro porque eran mucho más bajas. Contaste las habitaciones: salón, baño, cocina y un cuarto con la puerta cerrada. «¿Quién está ahí?». «Un amigo». «¡¿No vives solo?!». «No, pero no te preocupes. Es un amigo de verdad, un compañero». «¿Cómo se llama, a qué se dedica?». «Se llama Perdicaris y es estudiante». «Quiero hablar con él». Patitsas abrió la puerta. Un joven dormía bajo los retratos de los hermanos Kennedy y un gran cartel que reproducía la Plaza Roja, con las agujas de las catedrales y el Kremlin. Contuviste una sonrisa y entraste. Lo despertaste y te enfrentaste con él, decidido. «Soy Panagulis y me he escapado de Boiati. Nada de pasos en falso, ¿entendido?». Superado un instante de estupor, saltó de la cama y te respondió con besos, abrazos y juramentos de fidelidad. Alekos-tú-no-sabes-cuánto-te-admiro. Alekos, daría-la-vida-por-ti. Y Patitsas, señalando las fotografías de los hermanos Kennedy y de la Plaza Roja, con las agujas de las catedrales y el Kremlin: «¿No te lo decía yo? ¡Tranquilo! Estás entre compañeros, maldita sea, no podía ocurrirte nada mejor. ¿Por qué no viniste directamente aquí? Ahora descansa, come y ¡cuéntanos cómo lo has hecho, joder!». Así continuó, entre seguridades y lisonjas, hasta el momento en que la radio transmitió la noticia. La fuga había sido descubierta a las ocho de la mañana, según la radio, cuando los centinelas tuvieron que forzar la puerta de la celda porque no se encontraban las llaves confiadas al cabo Morakis. Este último había desaparecido junto con Panagulis, y ahora se le buscaba como cómplice y desertor. De inmediato se suscitó una discusión: era obvio que debías abandonar el país, pero ¿cómo? ¿Sería mejor partir por tierra o por mar? Patitsas decía que por mar, en un mercante extranjero o en un yate; Perdicaris manifestaba que por tierra, a través de la frontera con Albania o Yugoslavia; tú te mostrabas partidario del avión, pues sin bigote y con gafas nadie te reconocería. Solo necesitabas un pasaporte. Pero en eso ya había pensado Dimitrios. «¿De verdad, Dimitrios?». «Desde luego. Mañana». Pero al día siguiente el asunto se aplazó. Es domingo, ¿sabes?, y el domingo todos se van a la playa; en domingo no se puede hacer nada. Además, ellos tenían una cita con dos muchachas, y si no acudían levantarían sospechas. Adiós, nos veremos a la hora de la cena.

A la hora de la cena no volvieron. Ni tampoco a medianoche, ni de madrugada, ni el lunes por la mañana, ni el lunes por la tarde: ¿por qué? Presa de la angustia, contabas los minutos y cada minuto era una negra hipótesis. ¿Los habrían detenido? Desde luego que no, la policía ya se habría presentado allí a buscarte. ¿Habrían tenido un accidente de coche? No; en tal caso alguien habría dado señales de vida. ¿Y si estaban en...? Por Dios que en eso ni querías pensar: estaba claro que se habían quedado a dormir con las dos chicas y que... ¡Un cuerno estaba claro! ¿Acaso no sabían que estabas solo, preocupado, nervioso y con prisa por abandonar el país? No tenías comida. En el frigorífico dejaron dos huevos, un tomate y el queso empezado el sábado por la noche. Los huevos y el queso te los comiste inmediatamente, y el tomate después, de manera que no te quedaba más que una corteza de pan. ¿Y no tenían en cuenta ni eso? A menos que... No, Dimitrios era una persona de fiar, y Perdicaris un buen chico; seguro que estaban buscando un pasaporte y por eso no daban señales de vida. Eso es lo que te decías. Pero quedaba la duda que te intoxicaba como un veneno, y presa de ella te agitabas, te arrojabas sobre la cama, te levantabas, conectabas la radio, la apagabas, sofocado de rabia, de impotencia y de incertidumbre. ¿Había que irse o no? De acuerdo, irse habría sido un gesto en los límites de la locura, pero tampoco era cuestión de permanecer allí. Supongamos que, pese a la acogida, hubieran sido invadidos por el miedo. Por miedo se cometen todas las infamias, y te parecía verlos con sus canicas granujientas, sus cabellos grasientos y sus vulgares vaqueros; te parecía escucharlos: «Precisamente a nosotros tenía que sucedernos. ¡Yo no voy a ir a la cárcel por él!». «¡Ni yo!». «¿Y si fuéramos a la policía?». «Es más sencillo no volver a casa, rendirlo por hambre: antes o después se largará». Sí, fue un error refugiarse en la calle de Patmos; ahora te dabas cuenta. Un error y una pérdida de tiempo precioso. Cuando oscureciera, te irías. Esperaste la oscuridad y, en el preciso instante en que te disponías a marcharte, se abrió la puerta: «¡Aquí estamos! ¡Ah, las mujeres! ¡Qué putas, las mujeres! Por más vueltas que le des, siempre tienen la culpa las mujeres. Nos secuestraron. Decíamos: ¡si al menos pudiéramos telefonearle! Pero nos hemos ocupado de ti todo el tiempo. Hemos estado en el puerto y te hemos encontrado barco. Se trata de un mercante que zarpa del Pireo el miércoles, directo a Italia».

En los años que vivimos juntos y que te revelaron a mis ojos, advertí que este era un tema del que hablabas poco y a disgusto: los días que pasaste en casa de Patitsas y Perdicaris. En cuanto yo trataba de hacer más averiguaciones, palidecías y replicabas: «Déjalo estar». Una vez, sin embargo, renunciaste a tus reticencias y, al narrarme lo que llevo contado, me dijiste que, al oír sus voces, aquí-estamos-qué-putas-son-las-mujeres, se te revolvió el estómago. Al mirarlos a la cara, te invadió una inquietud extraña. Algo en ellos no te convencía: estaban demasiado alegres, demasiado cordiales, charlaban en exceso y se contradecían. Por ejemplo, ¿estuvieron con las chicas o anduvieron ocupándose de ti? Ambas cosas no casaban bien. Y el mercante, ¿qué mercante era? ¿Cómo lo encontraron, con quién trataron, qué pretextos emplearon? Te pusiste firme: «A ver, menos chismorreos. Explicaos». «De verdad, Alekos, en serio. Pero ¿por qué te pones nervioso? Ten paciencia, calma; tenemos toda la noche por delante y debemos comer, al menos debemos comer. ¿No tienes hambre? Mira qué cosas tan buenas hemos traído: berenjenas, cabrito, rollos de carne». «Primero las noticias y luego la carne». «¡Ah, entonces no te fías de nosotros! Te hemos dejado solo demasiado tiempo, ¿eh? Te has puesto nervioso, y quién sabe qué se te ha metido en la cabeza. Es verdad; debimos regresar ayer por la noche, pero aquellas dos putas… Esta mañana quise venir a verte enseguida, pero era tan tarde que habría llegado con retraso a la oficina». Te volviste hacia Perdicaris: «¿También tú habrías llegado con retraso a la oficina? ¿También tú vas a la oficina?». «No, tenía clase en la universidad». «¿También a mediodía tenías clase en la universidad? ¿Y por la tarde?». «Vamos, Alekos, eres injusto. Por la tarde he ido al puerto y he buscado al comandante…». «¿Cómo se llama ese comandante?». «La verdad es que no me acuerdo, Alekos. Tiene un nombre extranjero, difícil. ¿Era japonés o sueco, Dimitrios?». «Me parece que sueco». «¿Y el barco?». «Sueco, ¿no?». Lo agarraste por el cuello: «No me busques las cosquillas, muchacho». Si no hubiera corrido Patitsas, lo habrías destrozado: «Calma —intervenía Patitsas—, calma, tienes los nervios deshechos, lo comprendo. Pero ¡mira que tomarla con él, pobrecillo! ¿Por qué no la tomas conmigo? He sido yo quien lo ha mandado al puerto. ¿No te fías de mí? Soy tu pariente, tu amigo. De niños jugábamos juntos, ¿lo has olvidado?». Lo empujaste a un lado: «Yo me voy». «¿Estás loco? ¿Quieres que te maten?». Y el otro: «No, Alekos, no. ¡Nos has interpretado mal!». Mientras tanto, te buscaban las manos, te acariciaban, lloriqueaban. Al fin capitulaste: «Bueno, comamos esos rollos de carne y esas berenjenas». Comisteis y bebisteis. Había vino en abundancia, blanco, como te gustaba, resinado; hacía casi un año que no probabas el vino. La rabia del principio se trocó pronto en alegría, y la alegría, en aturdimiento. «Ahora, chicos, hablemos de ese barco que zarpa el miércoles». «Después, Alekos, después. Hemos bebido demasiado; echemos un sueñecito». «¡Sí, sí, otro vaso y luego un sueñecito, Alekos!». Bostezando, acabaste en la habitación de Perdicaris y, bajo el retrato de los hermanos Kennedy y el gran cartel de la Plaza Roja, con las agujas de las catedrales y el Kremlin, compañeros-somos-compañeros, te dormiste y tuviste un sueño angustioso. Los peces. Estabas con Morakis en la carretera de la costa donde se produjo el atentado, pero él se hallaba en la mitad de la escarpadura, y tú, en una roca junto al agua. Morakis gritaba: «Cuatro ojos ven más que dos; ¿por qué nos hemos separado?». Luego, una ola arrojaba sobre la roca dos peces. Querías agarrarlos pero estaban vivos y eran tan escurridizos que solo rozándolos se escapaban velocísimos: si agarrabas uno, huía el otro, y si cogías a este perdías al primero. Sufrías, pues sabías que no bastaba con coger uno solo; tenías que agarrar los dos. ¡Morakis —llamabas—, Morakis, ven a ayudarme! Pero Morakis no te oía. Caíste de la roca, y en el momento de ahogarte, te diste cuenta de que Morakis había caído antes que tú. Patitsas te sacudió: «¿Qué te ocurre? ¿No te encuentras bien?». «¿Por qué?». «Te agitabas, te lamentabas». «He tenido un mal sueño. Va a pasar algo». «No pasará nada, Alekos. Duerme tranquilo».

A la mañana siguiente era martes y Patitsas salió muy deprisa, cuando aún estabas soñoliento. «¡Ah, anoche no hablamos del barco! ¡Todo aquel vino! Hablaremos a mediodía. Estaré de vuelta a mediodía. Adiós; perdona, me voy pitando». Ni siquiera tuviste tiempo de responderle no-hablemos-ahora-mismo-por-Dios. Aquello renovó el malestar que el vino había disipado, pero te propusiste superarlo, y un par de horas después, te levantaste y casi te sentías confiado. Silbando, hiciste café, lo bebiste, encendiste la radio y, de pronto, el malestar volvió. El locutor estaba diciendo que no se habían encontrado pistas de ti ni de Morakis, y que el gobierno ofrecía medio millón de dracmas a quien suministrara indicios útiles para la captura. Maldita sea, medio millón de dracmas era una buena cifra, más que suficiente para que a alguien se le hiciera la boca agua. Debías permanecer atento, evitar ruidos cuando Patitsas y Perdicaris no estuviesen en casa, mantener la luz apagada y la radio baja, o los vecinos podrían sospechar. Medio millón de dracmas. Hum, medio millón de dracmas. ¿Sabían aquellos dos que valías medio millón de dracmas? Despertaste a Perdicaris, que en la estancia contigua dormía la mona: «Eh, ¿sabes que valgo medio millón de dracmas?». «De eso se habla por lo menos desde ayer», masculló Perdicaris, que acto seguido se volvió del otro lado y reanudó sus ronquidos. ¡¿Desde ayer?! ¿Cómo que desde ayer? ¿Y por qué no me lo dijeron? Y a ellos ¿quién se lo dijo? La radio no, desde luego. No te habías perdido un solo boletín de noticias, y esta era la primera vez que se aludía a una recompensa. ¿Acaso los periódicos? No, los periódicos no salen el lunes. Si de verdad lo hubieran publicado los periódicos, la noticia se remontaría al domingo y... Volviste junto a Perdicaris: «¡Eh, tú!

¿Quién habló de la recompensa?». «Oh, no lo sé, no lo recuerdo, he bebido demasiado, déjame dormir; ¿qué más da?». Parecía sincero y le creíste. Oh, Dios, basta de desconfianza, de sospechas: ¿habías perdido tu optimismo? ¿Ya no sabías lo que era tener paciencia? Te acostaste en la cama y esperaste a Dimitrios. Estaré-de-vuelta-a-mediodía, dijo. A las doce en punto la llave giró en la cerradura. Te incorporaste sobre un codo: «¿Dimitrios?». Te respondió una agitación, el ruido de una silla volcada, y la casa fue invadida por una veintena de policías de paisano que apuntaban con sus revólveres: «¡Manos arriba o disparamos!».

Aquí están las fotografías que te tomaron mientras te exhibían ante los periodistas, por la tarde, antes de conducirte al campamento militar de Gudi. Tus ojos miran al suelo, tu boca está sellada en una mueca de amargura que solo suscita compasión, y tus manos penden inertes a causa de los hierros que te aprietan las muñecas: pareces el símbolo mismo de la derrota y la humillación. Una humillación que no nacía tanto del hecho de haber sido capturado de nuevo como de lo que el ministro de Orden Público declarara a la prensa. «Lo han traicionado miembros de su propia organización para cobrar la recompensa. Son dos y se llaman Patitsas y Perdicaris». Sin embargo, a ti el comisario te dijo mucho más. «¿Creías tener esclavos obedientes y devotos, eh? ¡Desde el domingo sabíamos que estabas en la calle de Patmos 51! No entramos porque esperábamos a que salieras: habíamos prometido a tu primo que no te detendríamos en su casa. Vino aquí y dijo: "Está tan nervioso que saldrá. ¡No le he dejado ni siquiera un poco de comida!". Hemos esperado dos días, vigilando todos tus movimientos. Luego nos cansamos y les largamos a tu primito y a su amigo: ¿a qué estamos jugando? ¡Ese es capaz de quedarse ahí meses, acostumbrado como está al presidio! Y él: "Ya me las arreglaré para que salga; lo conduciré al puerto". Perdimos la paciencia. Le exigimos las llaves de la casa. Pero medio millón de dracmas no le bastan, y ha pedido también un empleo en Olympic Airways. Se lo hemos dado. Nosotros somos unos caballeros, personas que mantienen su palabra, y no unos liantes como tus amigos». Más tarde te dijo que también Morakis había sido capturado. Lo estaban interrogando ya con mucha, mucha energía. Y confesaba, confesaba.

4

¿Cómo es posible que un hombre condenado a muerte y capturado tras una evasión milagrosa sea capaz de superar el desánimo y enseguida planee otra fuga? Eso es algo que solo se comprendería conociéndote. En cualquier caso, eso es lo que sucedió cuando, un mes y medio después, te devolvieron a Boiati desde Gudi. Patsourakos ya no era director por entonces, pues aquel fracaso le había costado el puesto, y quien te esperaba ante la puerta de tu celda era un hombretón de unos cincuenta años, con una cabezota calva y una gran nariz aguileña. «Buenos días, Alekos, bienvenido de nuevo». ¡Bienvenido de nuevo! Lo miraste con fiereza. Ojos porcinos, obtusos y, al mismo tiempo, malignos. Boca gruesa, débil y a la vez desagradable. Manos pesadas y trémulas, manos que podían implorar o pegar con idéntica facilidad. «¿Quién eres?». «Soy Nicolaos Zakarakis, Alekos, el nuevo director». «¿Qué quieres?». «Hablarte, Alekos, explicarte cómo pienso». «¿Y cómo piensas, Zakarakis? Dímelo». «Pues pienso, pienso que tú eres un valiente, que tienes cojones. Y porque pienso que eres un valiente y que tienes cojones, enseguida me he entendido con el señor general de brigada Ioannidis. Le he dicho: mi general, lo pasado pasado está; echemos tierra al asunto y no hablemos más: olvidemos los errores cometidos por ese muchacho, demostrémosle que somos humanos, no le demos pretextos para comportarse como un golfo; de este modo al final se arrepentirá, se enmendará. Y el señor general de brigada:

¿qué sugiere usted, señor Zakarakis? Sugiero que nos mostremos indulgentes, le he respondido, que conversemos con él, que le retiremos las esposas. Sí, retirémosle esas esposas; las lleva desde hace casi un año. ¡Permitámonos un gesto de buena voluntad! Naturalmente, al señor general de brigada no le entusiasmaba la idea, pero ha capitulado. Señor Zakarakis, ha dicho, el director es usted, quien cuenta es usted. Tiene usted carta blanca, elija el sistema que quiera». ¡Dios mío! Cretino y sin embargo astuto, amenazador pero conciliador: conocías a ese tipo de personas. El que se inclina ante cualquier poder, cualquier autoridad, cualquier prepotencia. Viva Papadópoulos, viva Stalin, viva Hitler, viva Mao Tse-tung, viva Nixon, viva el papa, viva quien sea con tal de no tener complicaciones. El tipo, además, que la toma con quien es más desgraciado que él porque así puede elevarse de su mediocridad y vengarse de los abusos que a su vez ha sufrido. Nacen de él las dictaduras, y se refuerzan con él los totalitarismos. No por casualidad suele ser un óptimo ejemplar de carcelero. Era preciso poner cuanto antes las cartas sobre la mesa, recordarle quién eras, rechazarlo y provocarlo para preparar la nueva batalla: «¿Has terminado, Zakarakis?». «No. Alekos, iba a añadir que...». «No es necesario, Zakarakis. Ya sé qué has venido a hacer. Has venido a decirme que soy guapo y te gusto y que quieres que te dé por el culo. Una vieja historia. Todos saben que los siervos de la Junta son unos maricones. Pero a mí no me apetece darte por el culo, Zakarakis. Ni hoy ni nunca. Ese favor no puedo hacértelo; eres demasiado feo, estás demasiado gordo. Eres repugnante». «¿Eh? ¿Qué? ¡¿Cómo?!». «He dicho que no te doy por el culo, Zakarakis, porque eres feo, gordo y repugnante. ¡Ni siquiera podría bajarte los pantalones para echarle una ojeada a tu culazo!». «¡Delincuente! ¡Vendido a los comunistas! ¡Mercenario!». Y se fue, gesticulando.

Unas horas más tarde reapareció, obstinado. «¡Eh! Lamento la escena. Ha sido culpa mía, Alekos, no he comprendido que bromeabas. Y eso que me habían dicho que te gusta bromear, que eres un tipo divertido. No debería haberlo olvidado. Mira, para hacerme perdonar, te he traído esto. Toma». Tus ojos se iluminaron: te estaba tendiendo un *koboloi*. Al menos hacía un año que soñabas con un *koboloi;* jugar con aquella especie de rosario era una manía tuya, y el ocio en el aislamiento se convertía en una necesidad, pero ¡ay de ti si lo aceptabas! Habría equivalido a absolverlo, a decirle te-comprendo-Zakarakis-también-tú-tienes-familia, también-tú-eres-un-hijo-del-pueblo-hagamos-las-paces. Y te habría enredado sin esperanzas en su juego. Era preciso mantenerse firme, demostrarle que no podías ser doblegado ni por las buenas ni por las malas, que erais enemigos y que como tales debíais seguir. Sofocaste, pues, el impulso de alargar los dedos hacia aquel preciosísimo don y, fingiendo desinterés: «No lo quiero». «Anda, tómalo, te lo doy de buena gana». «He dicho que no lo quiero. De ti solo quiero una cosa, Zakarakis: un retrete con cisterna». «¡¿Un retrete con cisterna?! ¿Para qué?». «No estoy a gusto con el orinal. Apesta. Es antihigiénico». «¡Pero aquí todas las celdas tienen orinal! ¡Ninguna tiene retrete con cisterna!». «La mía lo tendrá». «Vamos, sé razonable y acepta mi regalo». «Yo no acepto regalos de los fascistas. De los fascistas yo solo acepto el retrete con cisterna porque me corresponde». Zakarakis vibró. Sabía que antes o después pronunciarías la palabra «fascismo» y había preparado una respuesta. «¡Bah! Tú eres joven, amigo Alekos. No comprendes las cosas. ¡También yo a tu edad hablaba de fascismo!». «No me digas que hablabas mal de él, Zakarakis». «Pues sí. No tenía cerebro. Además, Mussolini nos había agredido, y no me inspiraba sentimientos cordiales. Recuerdo una noche en Rímini. ¿Sabes? En el cuarenta yo era prisionero de guerra en Rímini, y a veces discutía con los italianos. Aquella noche decía que Mussolini era un delincuente, un desecho de la humanidad...». «¡Bravo, Zakarakis! ¡Bravo!». «Y ellos me respondían que Mussolini había creado una nación e impuesto orden y calma en todo el país...». «Y tú lo creías, ¿verdad?». «Pues no. Ya te he dicho que era un ingenuo, como hoy lo eres tú. No lo creía en absoluto, y protestaba. Gritaba: ¿es que no veis cuántas desdichas estáis soportando por su culpa? Y ellos: no, de nuestras desdichas tienen la culpa los ingleses, los judíos y los comunistas. Pero fíjate en lo que les contestaba yo, porque sé valerme, no veas qué gran diplomático habría sido; habría podido ser embajador. Les contestaba: tampoco a mí me gustan los judíos, pero ¿qué se os ha perdido en Grecia? ¿Habéis ido a buscar judíos?». «Corta, Zakarakis, corta». «¡No, ten la amabilidad de esperar! Porque ellos, ¿sabes qué me respondían?

Me respondían: hemos ido a ayudar a Albania, porque si no vosotros, los griegos, os la habríais anexionado y le habríais dado el nombre de Epiro septentrional». «Eso era verdad, Zakarakis». «Ah, pero entonces no quise ni escucharles. Porque en este punto les dije: sí, Albania es nuestra, pero el fascismo es criminal. ¿Y sabes a qué conclusión llegaron? Llegaron a la conclusión de que lo criminal era combatir el fascismo, porque combatiéndolo ¡se echa una mano al comunismo! Tenían razón, muchacho. Más razón que un santo, ahora lo sé. Y añado: de buena fe, tú cometes el mismo crimen». «¿En serio lo crees, Zakarakis?». «¿Que si lo creo? Estoy seguro, matemáticamente seguro, muchacho. Todo antifascista trabaja en pro del comunismo y de la Unión Soviética». «¡Hum!». Te fingiste perplejo y luego le dedicaste una de aquellas sonrisas que nadie sabía resistir: «Interesante. Vive Dios que es interesante. ¿Puedo hacerte una pregunta, Zakarakis?». «Aquí me tienes, muchacho. A tu disposición». «¿Tú hablas italiano, Zakarakis?». «Yo no. Griego y nada más. Figúrate que nunca he querido aprender inglés, ni francés, ni alemán. Yo soy un nacionalista». «Comprendo. Y en Rímini, ¿los italianos hablan griego?». «Ni una sola palabra». «Entonces, ¿cómo te las arreglabas para charlar tanto, idiota, tú que no sabes ni siquiera griego y te expresas peor que un analfabeto?». Olvidó las promesas que se hiciera a sí mismo y a Ioannidis. Te dio de bastonazos hasta que caíste desvanecido. Pero tú no te irritaste: era eso lo que querías. Porque así tenías un pretexto legítimo para imponerle una de tus huelgas de hambre y obtener el retrete con cisterna, instrumento indispensable para la próxima fuga.

No habiendo visto nunca una huelga de hambre, Zakarakis ignoraba el asunto de los tres primeros días, el detalle de que solo durante su transcurso se siente una necesidad desesperada de alimento y que, una vez pasados, llega un dulce sopor en el que está excluido cualquier estímulo de hambre. Cometió, pues, el error de ir a verte cuando hacía ya no menos de tres semanas que ayunabas. Para sobrevivir no aceptabas más que un poco de agua. Ya no tenías mejillas, tus piernas se habían quedado reducidas al espesor de una muñeca, y de la boca te salía un hedor tan insoportable que era preciso esforzarse para permanecer a tu lado. Solo con verte se asustó y decidió informar al Ministerio de

Justicia: «¡Se muere, se muere!». «Si se muere, usted acabará detenido; no podemos permitirnos un escándalo internacional», respondieron del ministerio. ¿Detenido? ¡Por todos los diablos, era preciso inducirte a que te llevaras algo a la boca! Zakarakis fue a la cocina, examinó la cena que le habían preparado, descubrió con pena que se trataba de su plato favorito, lentejas, y te lo llevó. «*Kalimera,* qué tal, ¡mira qué te traigo!». Un hilo de voz: «¿Qué quieres, Zakarakis? ¿Qué es eso?». «Comida, ¡cocinada para mí! Te la doy. Lentejas». ¿Lentejas? «Vete, Zakarakis». «Anda, pruébalas, por lo menos pruébalas, son buenas, ¿sabes?, ¡hacen mucho bien!». «¡Te he dicho que te vayas!». «¿Acaso no te gustan? ¿Prefieres un filete? ¿Una sopita, un caldito?». Un caldo sí te habría gustado, ¡lo que habrías dado por un caldo! «No, Zakarakis. Nada de caldo, ni de sopa, ni de filete. Solo quiero un retrete con cisterna». «¡Pero ya te he explicado que nadie tiene retrete con cisterna aquí dentro!». «Tú sí lo tienes». «¡Yo soy el director!». «Y yo soy yo. Quiero el retrete con cisterna». «¡No puedo concedértelo!». «Sí que puedes. No tienes más que comprarlo y mandarlo instalar». «No. ¡No y no!». «Entonces me muero. Así terminarás tú mismo en esta celda por homicidio, y hasta puede que por asesinato, ya verás. Vendrán periodistas de todo el mundo, te acusarán de haberme matado manteniéndome sin comer y propinándome bastonazos, y todos los países declararán sanciones contra Grecia, que por tu culpa no podrá entrar en el mercado común». «¿Qué dices?». «Lo dicho. Y Papadópoulos no te perdonará, ni tampoco Ioannidis. Ahora déjame; quiero morir en paz. En el cielo encontraré un retrete con cisterna». Zakarakis se marchó casi llorando. Por la noche no durmió, y en los días siguientes no dejaba de acudir a tomarte el pulso o a tocarte la frente, emitiendo suspiros de angustia. Empeorabas a ojos vista y no hacías nada por ocultarlo. Apenas él se aproximaba, movías los labios y: «Me muero... me muero». Acabó capitulando: «Alekos, ¿me oyes?». «Sí...». «Si por casualidad yo te concediera el retrete con cisterna, ¿aceptarías un caldito?». «No comprendo... Repite...». «Si yo te concedo el retrete con cisterna, ¿te me bebes un caldito?». «No. Primero el retrete con cisterna, y luego el caldito». «¡Bueeeno! ¡Tendrás el retrete con cisteeerna!». «Enseguida». «¡Enseguiiida!». Media hora más tarde, la celda fue invadida por operarios provistos de palas y piquetas. Y tú aceptabas el caldo y volvías a comer.

La idea del retrete con cisterna o, mejor, la idea de la fuga basada en el retrete con cisterna se remontaba a muchos meses antes, pero tomó cuerpo en Gudi, cuando comprendiste que antes o después regresarías a tu celda de Boiati. En efecto, para escaparse era una celda con muchas ventajas. No solo se hallaba en un único piso y limitaba con un sendero poco frecuentado, sino que sus paredes estaban tan empapadas de humedad que parecían hechas para ser agujereadas. Bastaba disponer de un instrumento apto para la excavación, de un objeto para esconder el orificio mientras se ensanchaba, y de un sistema para liberarse poco a poco de los desechos. Pues bien; este último no podía ser más que un retrete con cisterna, y ahora que se disponían a instalarlo, te sentías como si la empresa estuviera ya a medio realizar. Hasta podías bromear con Zakarakis: «Eh, *papadopoulaki,* ¿dónde está aquel plato de lentejas?». «Hoy no tengo. Puedo ofrecerte un pedacito de pollo». «¡Bienvenido sea el pollo!». Mientras tanto, reflexionabas sobre el modo de resolver los otros dos problemas. En primer lugar, ¿con qué equipo llevarías a cabo la excavación? Ni siquiera tenías un tenedor; para comer te daban una cuchara y... ¡Cielos, la cuchara! ¿Qué otra cosa pretendías, un pico, una perforadora? Escondiste la cuchara bajo el camastro, y cuando el centinela la buscó, te encogiste de hombros: «¿A mí qué me cuentas de tu jodida cuchara? Se la habrán llevado». Luego arañaste la pared para hacer la prueba. Sí, funcionaba; el revoque blando se quitaba fácilmente, y los ladrillos se disgregaban más de lo que habrías imaginado. Lo recompusiste todo con una gruesa miga de pan, y afrontaste el problema de cubrir el agujero. Se precisaba una cortina. Pero ¿cómo justificar la petición de una cortina, a qué estratagema recurrir para obtenerla? Desde luego que no a otra huelga de hambre, pues era un arma que no podía desperdiciarse echando mano de ella con excesiva frecuencia. Tal vez a un chantaje. Eso mismo. Esperaste a que Zakarakis acudiera a que le dieses las gracias, y le harías objeto de chantaje. Acudió. «¿Estás contento? ¿Te gusta tu retrete con cisterna?». «Sí, pero falta la cortina». «¿Qué cortina?». «La cortina del pudor. Ahora que tengo el retrete con cisterna, no me da la gana de continuar haciendo mis necesidades delante de quien me observa por la mirilla». «¿Y quién te observa por la mirilla cuando haces tus necesidades?». «Todos. Incluso tú». «¿¡¿Yo?!?». «Sí, Zakarakis, no te hagas el listo, que te vi». «¡Desgraciado! ¡Cabrón!». «Si me insultas, lo cuento todo». «¡¿Qué es lo que vas a contar, chantajista?!». «Yo no soy un chantajista; soy pudoroso. ¿Acaso tengo la culpa de ser pudoroso, de ruborizarme por cualquier cosa? Además, una cortina daría alegría, ni siquiera tengo una mesa, una silla...». «Comprendo. Quieres arreglar un poco tu habitación. Y yo quiero demostrarte mi magnanimidad: te pondré una mesa y una silla». «Y una cortina». «¡Pero qué cortina ni qué cortina! ¡¿Dónde encuentro yo una cortina?!».

No, el chantaje no funcionaba. Tampoco funcionaban los ruegos. «Zakarakis, por favor: la cortina». «No tengo cortinas». «Basta cualquier trapo y dos clavos para sostenerlo». «No». «¿Por qué no?». «Porque quien decide soy yo, ¿entiendes? El director soy yo, ¿te enteras? ¡Si te hiciera siempre caso, acabarías dirigiendo tú esta prisión! ¡Ya tengo bastante con tus pretensiones! ¡Te he dado una mesa y te he dado una silla, pero la cortina no te la doy! ¡No te la doy!». «Si me la das, te devuelvo la mesa y la silla». «No; es una cuestión de principio. Además, estás loco». ¿Loco? Esa era la solución. Le harías creer que estabas loco, y al final te complacería. Por la noche esperaste a que se fuera a dormir, colocaste la mesa bajo la ventana, pusiste encima la silla, te encaramaste junto a la reja y: «¡Zakarakis! ¿Duermes, Zakarakis? ¡No deberías dormir, Zakarakis! ¡Deberías estar cosiendo mi cortina! ¡La quiero azul! ¡Con flecos!». O bien: «¡Zakarakis! ¿Has cosido mi cortina? ¿Le has puesto los flecos?». Y así tres, cuatro, cinco noches, mientras los demás presos protestaban: «¡Director, dele la cortina! ¡Aquí no hay quien duerma!». La sexta noche Zakarakis irrumpió con sus centinelas y te dio bastonazos. Pero, después de haberte golpeado, te puso la cortina. Azul, con flecos. Y pudiste empezar las excavaciones. Trabajabas día y noche, incansable, utilizando las manos donde la cuchara se doblaba: tus dedos estaban arañados, cortados. Ni siquiera sentías el dolor, pues mirar aquel agujero que se ensanchaba hasta alcanzar el diámetro de cuarenta y cinco centímetros procuraba una alegría que anestesiaba. Y cantabas, silbabas, reías. Sobre todo cuando arrojabas los desechos al retrete y hacías funcionar la cisterna, sin preocuparte de levantar sospechas. Por lo demás, ni siquiera te alarmaste cuando Zakarakis fue a verte con la frente fruncida: «Dime, ¿estás enfermo? ¿Tienes disentería?». «No, ¿por qué?». «Te pasas la vida tirando de la cadena». «Tiro porque me divierte. ¿Está prohibido?». «No, no está prohibido». Pero en sus ojillos porcinos brilló un destello de inteligencia.

Y llegó el día en que el espesor de la pared que quedaba fue de dos o tres centímetros: unos pocos golpes secos la abatirían. No había más que esperar a la noche, así que con un gran suspiro te tendiste en el camastro a fantasear: una vez en el sendero, ¿sería mejor dirigirse a derecha o a izquierda? Por la izquierda, la habitación de Zakarakis, y por la derecha, la cocina. Mejor a la derecha. Sí, pero ¿cómo te las arreglarías con los centinelas? Bueno, el problema de los centinelas era superable, ya lo viste en la fuga con Morakis. Y asimismo el obstáculo del recinto amurallado, que esta vez deberías saltarlo solo. Nunca te abandonaba la suerte; en el fondo, el propio Zakarakis había sido una suerte. Pobre Zakarakis. Te ofreció el *koboloi* y las lentejas, te concedió el retrete con cisterna y la cortina con flecos, y tú lo provocaste hasta sacarlo de quicio; te aprovechaste, en definitiva, de su estupidez. Pero ¿en verdad tenías razón al decir que los tipos como él son los que provocan y sostienen las tiranías? Pensándolo mejor, son los primeros en padecerlas: en el fondo, también él era un preso. Siempre encerrado en aquella cárcel, objeto de maldiciones y ofensas, siempre a merced de los Ioannidis y de los ministros de Justicia, siempre víctima del miedo, miedo de quien manda, miedo de quien mandará. Te habría gustado decirle que, en el fondo, no tenías nada contra él; que, en el fondo, lo considerabas un preso también a él. Te habría gustado incluso recuperarlo, explicarle que dándote bastonazos a ti y dándoselos a la gente como tú, se golpeaba a sí mismo, a lo que habría podido ser: un hombre libre, desobediente, en lugar de un siervo. Lástima que faltara tiempo para ello. Pensabas en estas cosas cuando Zakarakis entró en la celda. Parecía muy cansado y hablaba con cortesía. «Alekos, debo pedirte un favor». «Dime, Zakarakis...». «No me siento bien esta noche, necesito descanso. No cantes esta noche, no te diviertas tirando de la cadena». «De acuerdo, Zakarakis». «¿De veras? ¿Me lo juras?». «Te lo juro, Zakarakis». «Porque tú la tienes tomada conmigo, eso se comprende, soy tu carcelero y...». «Yo no la tengo tomada contigo, Zakarakis, sino con la gente a la que sirves. Tú también eres un preso, Zakarakis, como lo era Patsourakos, como lo son todos los carceleros de las prisiones con o sin dictadura. Cuando este país recupere la libertad, comprenderás lo que pretendo y por qué ahora me comporto así. Vosotros sois víctimas de la ignorancia y de la vileza; no sois culpables. La culpa es de quien manda, la crueldad está en quien manda. Tú no eres cruel, Zakarakis. Solo eres un bobo». Zakarakis sonrió de la misma forma extraña que por la mañana, cuando te preguntó si tenías disentería. Esta vez te diste cuenta y, con una punzada dolorosa, te alarmaste. Pero era demasiado tarde para las cautelas o los replanteamientos; la noche avanzaba y, desechando la inquietud, esperaste a que tocaran retreta y se hiciera el silencio.

Las once. Dos puñetazos enérgicos, un codazo y la delgada pared cayó. Te asomaste por el agujero: el sendero aparecía desierto. Aguzaste los oídos para captar algún eventual ruido: no escuchaste ninguno. ¡Vía libre! Y, conteniendo la respiración, introdujiste la cabeza en el boquete, y luego un brazo y un hombro. Te empujaste hacia adelante. En el momento de hacer pasar el otro hombro, te quedaste encajado. ¿Habías calculado mal la anchura? No, era a causa de la ropa: la chaqueta de piel, la camisa de lana, el jersey. Desnudo pasarías sin problemas. Te desvestiste completamente, hiciste un lío con la ropa y la arrojaste al otro lado. Aterrizó con un ligerísimo golpe sordo; había un salto de apenas medio metro. ¡Perfecto! Introdujiste de nuevo la cabeza, con el brazo y el hombro, sacaste también al exterior el otro brazo y el otro hombro y te deslizaste hasta la cintura. Ahora bastaba comprimir el abdomen: así. Sostenerse: así. Volver a arrastrarse: así. Y... Una carcajada te hirió los tímpanos, seguida de una voz burlona: «Hace frío, Alekos. ¿Qué haces ahí medio desnudo? ¿Has perdido tu pudor?». Era Zakarakis, con una veintena de soldados formados a lo largo del sendero. Zakarakis reía, reía. Los soldados reían. Reían tanto que los cañones de sus fusiles se agitaban como las ramas de un árbol sacudido por el viento.

«¿Y tú creías que yo era bobo, eh? Solo-eres-bobo-Zakarakis. Bobo, ciego y sordo, ¿eh? Creías que no comprendí qué era todo aquello de arañar, de tirar de la cadena, de esconderte tras la cortina, ¿eh? ¡Presuntuoso! ¡Iluso! ¿Sabes por qué te dejaba hacerlo? Para que no me fastidiaras más, ¡delincuente! ¡Porque quería pillarte con las manos en la masa, divertirme! ¡Sí, divertirme!». Y venga patadas: en el rostro, en el pecho, en los genitales. «Así que yo no cuento para nada, ¿eh? ¡Soy un pobre idiota, un preso como tú! ¡Imbécil, yo soy el director! ¡Soy el jefe! ¡El jefe! Y un jefe inteligente: ¡incluso calculé cuánto ibas a tardar, capullo! ¡Sabía muy bien que lo intentarías esta noche! ¡Lo sabían todos, todos! ¡Todos habían visto la grieta en la pared! No imaginabas que en el exterior se había formado una grieta, ¿eh?». Y más patadas: en el rostro, en el pecho, en los genitales. Pero lo que dolía no eran los golpes, sino la humillación, el sonido de aquellas palabras, el recuerdo de la carcajada que te hirió los tímpanos cuando, con la mitad del cuerpo fuera y la mitad dentro, levantaste los ojos hacia los soldados formados a lo largo del sendero, y en ellos se repetía burlonamente hace-frío-Alekos-qué-haces-ahí-medio-desnudo. Sentiste que se te inflamaban al rojo las mejillas de vergüenza; habrías querido morir. ¡Oh, *Theós! Theós mou!* ¡Oh, Dios, Dios mío! Que le peguen a uno sí, que le torturen y que lo despedacen, pero no verse reducido al ridículo. No es justo, no es humano. «Te hacías ilusiones de que me hubiera ido de veras a dormir, ¿eh? Que me quedara calentito en la cama, meditando sobre tus cháchara, ¿eh? ¡¿Sabes cuántas horas llevo aquí, esperándote con mi guardia?! ¡Tres horas, tres!». Los párpados hinchados se alzaron sobre una mirada de desprecio, y los labios tumefactos se movieron con dificultad: «Me la pagarás, Zakarakis. No sé cómo, pero te la haré pagar, Zakarakis. Te provocaré el agotamiento nervioso, te mandaré al manicomio». Zakarakis respondió con una última patada y luego, cansado de golpearte, sudado, te entregó a los de la ESA, que te envolvieron en una manta y te llevaron al campamento militar de Gudi. Y aquí reanudaron los interrogatorios de costumbre, las torturas de siempre. También se reanudó el peregrinar de los personajes de costumbre: Malios, Babalis, Theofiloiannacos, Ioannidis.

También esta vez el más enfurecido era Theofiloiannacos. «Dime con qué excavaste. ¿Con qué?». «Con una cuchara, Theofiloiannacos». «No es verdad, no es posible, no te creo. ¡Dime quién te ha ayudado! ¿¡¿Quiénes son tus cómplices, quiénes?!?». «Nadie, Theofiloiannacos». «¡Falso, embustero, hipócrita! ¡Pronto lo confesarás!». «¿Con una de tus declaraciones falsas, Theofiloiannacos? ¿Aún no has aprendido a conocerme, Theofiloiannacos? Límpiate el culo con tus confesiones, analfabeto. ¡Límpiatelo, que lo necesitas!». «¡Yo te mato!». El menos sorprendido era Ioannidis. Te miraba sin decir nada, con su rostro helado como distendido en una mueca de indulgencia, y solo al cabo de mucho rato dijo, sacudiendo la cabeza: «¡Panagulis, Panagulis! ¡Ya decía yo que había que fusilarte, Panagulis! ¡La culpa es de Papadópoulos, que no ha tenido cojones para mandarte bajo tierra!».

Y luego apareció Fedón Ghizikis, el gobernador militar de la plaza de Atenas, el hombre que firmó la orden de fusilarte. Severo, triste. En la manga izquierda de su chaqueta destacaba un brazalete de luto: su mujer había fallecido unos días antes. Se inclinó sobre ti, que yacías esposado en el suelo, junto a una bandeja de comida intacta, y: «¡Señor Panagulis! Se lo ruego, señor Panagulis, coma algo». El primero, en catorce meses, que te trataba de usted. Le devolviste el tratamiento: «¿Sin cubierto, mi general? Perdone, pero no soy un perro, mi general». «Lo sé, señor Panagulis, lo sé. Pero debe comprender que tengamos reticencias. ¡Si en cuanto le dan una cuchara la utiliza para excavar en la pared!». Un relámpago. Él era la persona adecuada, esta era la ocasión adecuada para vengarse de Zakarakis y de quienes te humillaron y se rieron de ti. Si lograbas convencer a aquel hombre cortés y autoritario, la trampa funcionaría sin dificultad. Le buscaste las pupilas, un poco ingenuas, contrajiste todos los músculos del rostro y dijiste, con exagerado estupor: «¡Mi general! ¡¿No irá a creerse la historia de la cuchara?! ¡Una pared no está hecha de flan!». «¡Qué dice, señor Panagulis! ¡¿Qué dice?!». «Digo que los centinelas me ayudaron, mi general: los mismos que después me arrestaron. Digo que ha sido Zakarakis, mi general. ¡La idea fue en todo momento de Zakarakis! Él me la sugirió. ¡Sabía que iba a lograr un traslado después de mi intento de fuga, que iba a irse, como Patsourakos! ¿Acaso podía yo imaginar que jugaba a dos bandas, mi general? ¡Le creí y, permítame decírselo, también usted habría hecho lo mismo! ¡Cuando el director de una cárcel entra en la celda de un detenido y le dice: pongámonos de acuerdo, a ti te interesa escapar y yo tengo interés en ser trasladado, ayudémonos mutuamente, etcétera! Cuando le pone a su disposición a su guardia y le permite entrever el espejismo de la libertad... Mi general, yo me pregunto, incluso, si jugar a dos bandas entraba en sus planes: ¡parecía tan sincero conmigo! Tal vez cambió de actitud al final, por temor de que uno de los centinelas hablase. ¡Le importaba demasiado ser trasladado de Boiati, como Patsourakos!». «Señor Panagulis, no doy crédito a mis oídos. ¡Es inaudito! ¡Absolutamente inaudito!». «Eso creo yo también, mi general. Y le confieso de buen grado este asunto porque es usted un caballero, una persona civilizada, correcta, un verdadero militar. Nunca me ha maltratado, nunca. Y sabe usted bien que con los demás no abriré la boca: yo bajo tortura no hablo». «Lo sé, señor Panagulis, lo sé. Y debo admitirlo: es usted un hombre de honor. Pero lo que me confía es tan escandaloso e increíble...». «Convengo en ello, mi general, pero es la verdad. Por desgracia, es la pura verdad. Figúrese que cuando el agujero no prosperaba, Zakarakis acudía junto a mí a repetirme: ¡inténtalo de nuevo, inténtalo! ¡Te daré una piqueta! Y porque un día estaba cansado y no trabajaba, se puso furioso. Dijo: ¡¿no pretenderás que sea yo quien te haga el agujero en la pared?! Sin embargo, más tarde, mandó a algunos centinelas para que me ayudaran. Así-me-largo-como-Patsourakos. ¡Y lo que decía de ustedes, los oficiales, y de usted en particular, mi general! ¡No me refiero a los militares a los que yo mismo desprecio, a los siervos de la Junta; hablo de los militares como usted, mi general!». «Gracias, señor Panagulis. Es usted un enemigo muy correcto, señor Panagulis. Pero sin duda se da usted cuenta de que no puedo retener para mí estas informaciones, que deberé dar cuenta de ellas». «Me doy cuenta, mi general. Yo pagaré, pero no importa. Informe, mi general, informe». «Entonces, hasta la vista, señor Panagulis». «Hasta la vista, mi general». «Mandaré que le traigan una cuchara, señor Panagulis». «Gracias, mi general». «Y coma algo, ¿eh? Se lo ruego». «Sí, mi general».

Te saludó llevándose la mano a la gorra, como si fueras un superior, y se alejó presa de un desprecio que le quemaba. Pocos minutos más tarde se lo contaba todo a Ioannidis, y este, con idéntico desprecio, convocaba a Theofiloiannacos. «¡Conque el agujero fue excavado con una cuchara!». «Sí, mi general. Ese gamberro lo ha admitido». «Una cuchara sopera normal». «Sí, mi general, estamos seguros». «Y nadie le ayudó, nadie le dio una piqueta, por ejemplo». «No, mi general. Ya se sabe que ese tipo es una bestia». «¡Y usted un idiota! ¡Un incapaz, un simple!». «¡Mi general!». «¡Un tonto! ¡Un inquisidor de pacotilla, una ameba!». «¡Mi general!». «¡Apártese de mi vista o lo corro a patadas!». Mientras tanto, los centinelas que se rieron de ti en el sendero fueron trasladados a Gudi, y desde las dependencias donde les estaban sacudiendo, sus gritos te llegaban más suaves que una música de arpa. «¡No, socorro, no! ¡Yo no tengo nada que ver! ¡Soy inocente, lo juro, inocente! ¡No, yo no le he ayudado, no! ¡Basta, por favor, basta!». Con algunos incluso fuiste careado, y los habían dejado en tan lamentable estado que, por un instante, tuviste la tentación de exculparlos. Pero el recuerdo de la vergüenza que te encendió las mejillas estaba demasiado fresco, de modo que confirmaste cuanto le dijiste a Ghizikis y aumentaste la dosis: «Sí, son ellos. Zakarakis les dio un pico y me ayudaban con él. Luego sacaban fuera los desechos para que el retrete no se atascara». «¡No es verdad, no es verdad!». «Por desgracia, es verdad. Y fíjense si eran gandules que ni siquiera Zakarakis lograba que sacaran con rapidez los desechos, y en un momento dado arrojé tantos en el retrete que se atascó verdaderamente. Y ellos no querían arreglarlo por despecho». A Zakarakis, en cambio, no lo viste. Ioannidis lo quería todo para sí. A decir verdad, Ioannidis tenía algunas dudas. Te había comprendido mejor que ningún otro y te sabía capaz de todo: incluso de renunciar al honor de aquella fuga mintiendo para causar problemas a Zakarakis. Pero la duda nutría un razonamiento y, desde cualquier punto de vista desde el que se examinara el asunto, ese razonamiento le parecía perfecto. Alejar a Zakarakis ¿por qué? Si tú mentiste, en lo sucesivo ningún carcelero sería más seguro e inflexible que Zakarakis. Si, por el contrario, dijiste la verdad, Zakarakis era castigado, pero no como esperaba. Inútil, pues, entregarse a investigaciones y reproches: bastaría un poco de desprecio. Lo convocó y: «Así pues, Zakarakis, quería usted que lo jubilaran». «No comprendo, mi general». «Sí que comprende, Zakarakis, sí que comprende. El hombre que no habla esta vez ha hablado. Lo sé todo; puede ahorrarse las comedias». «Mi general, insisto en que no comprendo. Estoy cansado, eso sí; usted no imagina lo que han sido estos cinco meses con ese desgraciado. Me gustaría que me trasladaran, claro, y no verlo más, no oírlo más, olvidarme de que existe. Pero ¡jubilarme! ¡No, no!». «¿Trasladarle, Zakarakis? ¿He oído bien? ¿Ha dicho usted trasladarle?». «Sí, mi general, si fuera posible. ¡No aguanto más, mi general! ¡Ese tipo es un demonio, se lo aseguro, un demonio!». La voz de Ioannidis se volvió más helada que nunca: «Lo conozco mejor que usted, Zakarakis. Es un demonio, sí, pero es honrado. Precisamente todo lo contrario que usted, que es un imbécil y no es honesto. Debería arrestarlo, Zakarakis, hacerle comparecer ante un consejo de guerra por traición. Pero sería muy poco para usted, sería un regalo y...». «¿Consejo de guerra, mi general? ¿¡Proceso por traición!? Mi general, soy yo quien ha vuelto a echar el guante a ese delincuente, soy yo quien...». «No me interrumpa, Zakarakis. He dejado bien claro que no acepto comedias. Y repito que el consejo de guerra sería muy poco para usted, un regalo. Ya conozco yo el castigo que merece. ¿Sabe cuál es? Continuará en su puesto, Zakarakis. ¡Continuará en Boiati! ¡Lo tendrá que aguantar para el resto, se lo juro!». «¡No, mi general, no! ¡Eso no!». «Ya lo creo que sí. Y a partir de este momento, le confío una nueva misión, Zakarakis: construirle una celda especial, una celda de la que no pueda escapar aunque usted le abra la puerta. Ahora, fuera de aquí. Y atención: si fracasa, Zakarakis, le prometo algo peor. ¡Le meto entre rejas con él!».

Durante dos semanas, Zakarakis permaneció en cama, como un espectro. El choque con Ioannidis le trastornó de tal manera que, en un momento de debilidad, te confesó que ni siquiera era capaz de cumplir con sus deberes conyugales, y que en vano su mujer lo mortificaba con frases sarcásticas: «¡Ni que le hubieran encargado el Partenón!». Solo se liberaba de la desesperada abulia que lo debilitaba, de la conciencia impotente de su incapacidad, cuando soñaba con volver a tenerte dentro de una celda de la que no te escaparas. Pero ¡¿qué tipo de celda?! Esta era la pregunta que le quitaba el sueño, el apetito y el vigor sexual. Finalmente, Ioannidis le impuso la responsabilidad de la elección: «Eso es asunto suyo, Zakarakis. Le doy tres meses de tiempo. Debe estar lista después de Navidad». ¡Después de Navidad! ¡Solo tres meses! Con la esperanza de resolver el problema, Zakarakis hojeaba catálogos y libros de arquitectura, aprendía expresiones difíciles: energía potencial, resistencia a la fricción, teorema de Maxwell, de Betti, de Clayperon. Pero en vano. De acuerdo, debía ser una celda de cemento armado y con cimientos tan sólidos y paredes tan macizas que ni siquiera pudieran ser perforadas con martillo neumático. De acuerdo, debía tener dobles puertas de acero, ventanas casi invisibles y el techo reforzado por un circuito eléctrico que fulminara solo con mirarlo. Pero ni siquiera esto sería suficiente, lo intuía: era preciso algo mejor, algo superior. O sea, algo que no solo aprisionara tu cuerpo, sino también tu fantasía: algo que impidiera al cerebro pensar. En su tosquedad mental, había intuido, en efecto, que esta era la cuestión: impedir a tu cerebro pensar, porque la próxima vez no recurrirías a un agujero en la pared, sino a una diablura completamente nueva. Y pobre de él si te salía bien: Ioannidis no tendría piedad. «¡Atención, Zakarakis! Si fracasa, le prometo algo peor que el consejo de guerra. ¡Le meto entre rejas con él!». Un buen día, a finales de noviembre, mientras paseaba por un cementerio, vio una sepultura en forma de capilla y se le ocurrió la idea: ¡una tumba! ¡Eso era lo que se requería para aquel demonio: una tumba! Una celda que tuviera la forma y las dimensiones de una tumba. Te construiría una tumba. Tal vez con su ciprés al lado. ¿No había ya un ciprés en el gran patio central? Y como un artista que teme perder el impulso creador si no obedece de inmediato al reclamo que lo inspira, Zakarakis regresó enseguida a Boiati, dibujó un paralelepípedo y calculó las medidas. Dos meses más tarde, la celda estaba dispuesta. La terrible celda donde permaneciste cuatro años a partir de una mañana de febrero.

Estabas en Gudi aquella tremenda mañana de febrero, y no imaginabas que de verdad Zakarakis hubiera construido su Partenón. Incluso te hacías ilusiones de haber escapado a su autoridad. No estabas demasiado mal en Gudi, pues el director no te colocaba nunca las esposas, los centinelas a menudo se entretenían a charlar contigo y, sobre todo, allí conociste a otro Morakis: un soldado dispuesto a ayudarte a huir. «Mírame, Alekos, ¿no te acuerdas de mí?». «No». «Sin embargo, me conoces, Alekos, me has visto». «¿Dónde? ¿Cuándo?». «En el cuartel general de la ESA, inmediatamente después de tu detención, durante una paliza». «¿Una paliza?». «Sí, me mandaron que te diera de bastonazos y yo obedecí. Pero luego experimenté una gran vergüenza». «No te creo». «Es la verdad, Alekos, la verdad. Experimenté una vergüenza tal que juré ayudarte a la primera ocasión que tuviera y...». «No te creo». «Juré ayudarte y me dije: si no lo matan, un día haré algo por él». «Piensa que a Morakis le han caído dieciséis años». «Lo sé». «Y que la próxima vez no van a perder el tiempo deteniéndome; dispararán contra mí y contra quien esté conmigo». «Lo sé». «¡Qué sabes tú, payaso!». Siguiendo tu sistema, lo escarneciste, amenazaste y humillaste, pero al fin te convenciste de que no mentía, y juntos trazasteis un plan. Esta vez nada de ligerezas ni de bravatas. Además del uniforme, te suministraría la documentación militar para salir de Gudi, un pasaporte falso, un par de gafas para alterar la fisonomía, un automóvil que te esperaría en la salida y un yate que te recogería en la bahía de Vouliagmeni, pronto a zarpar y navegar hasta aguas internacionales. Única dificultad, los dos candados que cerraban la puerta de tu celda: las llaves las tenía un capitán. «No puedo robárselas, Alekos». «No hace falta. Ve a un cerrajero y compra todas las llaves que te parezcan apropiadas». Fue y regresó con una cincuentena de llaves, y una abrió el primer candado. El segundo, no. «¿Cómo nos las arreglamos, Alekos?». «Muy sencillo, compra más llaves. Compra todas las que haya en el mercado. Probando una y otra vez encontraremos la adecuada». Fue de nuevo y regresó con un centenar de llaves. Desde las ocho de la mañana hasta las once, que era la duración de su guardia diurna, y luego desde las diez hasta medianoche, su guardia nocturna, estuvo trabajando en el segundo candado, temblando ante la idea de ser sorprendido. «Probemos esta». «No sirve». «Esta». «No sirve». «Esta». «No sirve». Y al llegar a la trigésimo octava llave: «¡Sirve!». Se había abierto. «Bien. ¿Quedamos para mañana?». «Sí, todo está dispuesto». «¿También el coche y el yate?». «Sí, hace ya días que esperan».

«Entonces, a medianoche. Hasta mañana». Medianoche era una hora perfecta. A medianoche el campamento dormía.

Aquella mañana cantabas como en los tiempos del retrete con cisterna. «¡Han partido las blancas palomas! ¡El cielo se ha llenado de cuervos!». Pero no cantaste mucho rato porque, hacia las nueve, un pelotón penetró en la celda: «Despeja, Panagulis. Nos vamos». «¿Nos vamos...? ¿Adónde...?». «A Boiati, Panagulis. Vuelves a Boiati». Una camioneta, un viaje que no acababa nunca, un deseo de llorar que te cortaba la respiración, y allí estaba la silueta gris de Boiati, con su recinto amurallado y sus torretas. Zakarakis te esperaba en la entrada, puesto en jarras, y su carota olivácea apenas disimulaba una expresión de triunfo. «¡Mira quién está aquí, mira quién se deja ver otra vez! Ven, querido, ven. No imaginas qué te he preparado mientras estabas de vacaciones en Gudi». Te tomó por un brazo, te empujó por el caminito que conducía al patio donde se hallaba la celda de la que te escapaste y pasó ante ella sin detenerse. Giró a la derecha, luego a la izquierda y después de nuevo a la derecha, y el corazón te palpitaba tumultuosamente: sentías que algo malo iba a suceder cuando Zakarakis dijo aquí-es-querido-hemos-llegado. Algo tremendo, algo que te afligió más que todas las aflicciones sufridas hasta entonces. «¡Aquí es, querido! ¡Hemos llegado! ¿Te gusta? Es para ti, toda para ti, ¡solo para ti!». Y en medio del patio se te apareció, como una bofetada en los ojos, la tumba con el ciprés. «El ciprés es pequeño, querido. Pero ya crecerá».

Decías que no era posible hacerse una idea de aquella celda si no se la veía. Por ello, una vez caída la Junta, solicitaste del ministro de Defensa, Evangelos Tossitsas Averoff, permiso para fotografiarla. Pero él no lo concedió. Se lo solicitaste de nuevo cuando eras diputado en el Parlamento, explicando que no te guiaba un capricho, sino la necesidad de mostrar al mundo cómo se trata a los presos bajo las tiranías, pero de nuevo te lo negó. Se lo estuviste solicitando durante tres años, testarudamente, subrayando cada vez la sospecha de que quisiera esconder al mundo la infamia, y que incluso se propusiera borrar su recuerdo destruyendo la celda, pero continuó negándote el permiso. Ni siquiera te dejó trasponer el umbral de Boiati para echar un vistazo, para decirte a ti mismo aquí fue, aquí dentro estuve emparedado y he sobrevivido, he vencido. Nunca volviste a ver la celda ni la fotografiaste jamás. Pero después de tu muerte, durante los días en que yo iba como una peregrina en busca de las huellas de un pasado sumergido —calles o edificios que a menudo ya no existían, pilastras fragmentadas, cables batidos por el viento—, fotografié la celda por ti. Los buldóceres de Evangelos Tossitsas Averoff la estaban demoliendo. Abatidas las torretas, buena parte del recinto amurallado y los barracones centrales, todo se disolvía en la nada, de modo que me costó reconocer el patio donde te hicieron jugar a la pelota aquel día humillante, la oficina de Zakarakis, la celda de la que te escapaste con ayuda de Morakis y a la que regresaste para librar la batalla por el retrete con cisterna. Esa la reconocí por el boquete en la pared: desde el sendero se distinguía aún el pegote. Pero luego llegué al gran patio que Zakarakis eligió para erigir su Partenón, y la reconocí en un destello, pues apenas la vi me dio un vuelco el corazón. Es cierto que era una tumba, no exagerabas. Tenía el color, las proporciones y el aspecto de una tumba: solo un ventanuco de treinta por treinta centímetros interrumpía la plana uniformidad del cemento, así como el vano de la minúscula puerta que conducía a la antecámara de la celda. Dentro era peor. Porque una vez dentro, te dabas cuenta de que todo era mucho más pequeño de lo que parecía desde el exterior: dos tercios del espacio los robaba la antecámara. La celda propiamente dicha se hallaba al fondo, al otro lado de una puertecilla que hasta la altura del mentón consistía en una plancha de acero, y a partir de ahí, en barrotes. La superficie de la celda no llegaba a los dos por tres metros: la anchura, digamos, de una cama de matrimonio. Poco más. Sin embargo, esta comparación es inexacta porque induce a creer que el espacio para moverse era el de una cama de matrimonio. No lo era. Para moverse había solo una franja de un metro ochenta de longitud por noventa centímetros de anchura; el resto estaba ocupado por un camastro y un cuchitril con un lavabo rudimentario y un retrete. El camastro, fijado a cincuenta centímetros del suelo, quedaba encajado entre un rincón y la pared del cuchitril. Permanecer tendido era, pues, como yacer dentro de un ataúd, sensación a la que contribuían el techo bajo y la oscuridad. Esta última era casi total. Aparte de una débil lámpara azul, solo llegaba un poco de luz de la antecámara, donde hacía las veces de techo una reja horizontal. Pero no se trataba exactamente de luz porque después de la reja había una rejilla, y después, otro enrejado de hierro, y por este el sol se filtraba como por una espumadera, destilando apenas una tenue claridad, debilísimos alfileres amarillos. En contrapartida, la lluvia pasaba con facilidad, así como el frío del invierno y el calor del verano: en suma, era una tumba expuesta a cualquier intemperie. Me encerré dentro. Traté de caminar por la franja de un metro ochenta por noventa centímetros, recordando la poesía: «Tres pasos adelante / y otros tres atrás, / mil veces el mismo recorrido; / el paseo de hoy me ha fatigado...». ¡¿Tres pasos?! Como mucho se daban dos, y enseguida la cabeza daba vueltas. Traté de tenderme en el camastro. La techumbre justo encima y las paredes que lo limitaban me impedían respirar. Me agarré a los barrotes para recuperar el resuello y me impuse vencer la tentación de abrir la puertecilla. Cuando me pareció que había pasado allí dentro horas y horas, miré el reloj: apenas habían transcurrido diez minutos. Entonces lo intenté de nuevo, con mi mejor voluntad, pero el tiempo goteaba con tanta lentitud que se perdía la noción de su transcurso, la mente se cristalizaba en un silencio de muerte, y en ese silencio una única idea se abría camino: ¡salir, salir, salir!

Sin embargo, ni por un instante demostraste a Zakarakis que te sentías perdido, y con una gran sonrisa le respondiste: «¡Bravo, Zakarakis! ¿La has hecho tú?». «Sí, yo mismo». «No lo creo, Zakarakis. No tienes inteligencia suficiente». «¡Ya lo creo que sí! ¡La he hecho yo, te lo juro, la he diseñado yo!». «Felicidades». Luego señalaste la antecámara. «¿También es para mí?». «No, es para los centinelas cuando vengan a traerte el rancho. Pero si te portas bien, te la cedo para que pasees treinta minutos diarios». «Bien, Zakarakis, bien». «¿No sabes decirme nada más?». «Sí, Zakarakis. Me escaparé». «No, de aquí no escaparás». «¿Apostamos algo?». «¿El qué?». «Un uniforme de coronel». «De acuerdo». Desatrancó la puertecilla y la puerta de entrada y te dejó solo para que pensaras. Era preciso hacer trabajar el cerebro, pensar sin dejarse trastornar por la rabia, sin abandonarse a lamentaciones por la mala suerte de no haber encontrado la llave del segundo candado veinticuatro horas antes, sin permitir que esa lágrima se deslice por la mejilla, esa lágrima que empapa las pestañas. De todos modos, debía haber una solución para salir de allí; unos cuantos días bastarían para descubrirla, y en tales reflexiones transcurrió el primer día, el segundo, el tercero, el cuarto, el quinto. Mientras tanto, reunías informaciones e impresiones y las elaborabas: en torno a la tumba había dieciséis centinelas, tres a cada lado y uno en cada ángulo, el rancho lo llevaban entre cuatro... Rostros nuevos, obtusos. Tal vez la solución estaba precisamente en aquellos rostros nuevos; tal vez no te resultaría difícil burlar la guardia, hallar el modo de salir de la celda. El obstáculo no era la propia celda, sino el recinto amurallado con el alambre de espino: ¿se trataba de un alambre de espino normal, como cuando la fuga con Morakis, o bien de un cable con corriente eléctrica? Ni siquiera podías preguntarlo, pues habrías levantado sospechas. Así, pues, esta vez no te quedaba más remedio que jugar a ciegas, *rouge ou noir et rien ne va plus:* si quedabas fulminado, era un cable con corriente; si permanecías indemne, era un cable normal. Valía la pena, pues el truco al que recurrirías para salir de la celda era precioso. El más precioso y divertido que tu fantasía habría nunca imaginado. Y al sexto día te decidiste. Anochecía y entraron los cuatro centinelas con el rancho: dos se detuvieron en la antecámara, uno abrió la puertecilla, otro traspuso el umbral con la bandeja, y de pronto esta última cayó al suelo. ¡Dios mío!, la celda estaba vacía y sobre el camastro había una nota: «Querido Zakarakis, volveré a por el uniforme de coronel. Si ves a Theofiloiannacos y a Hazizikis, diles que les haré orinar sangre. Si ves a Ioannidis, dile que te jubile. Tuyo afectísimo, Alekos».

Acudieron corriendo los dos centinelas de la antecámara: «¿¡¿Dónde está?!?». «¡No está!». «Imposible». «¡¿Imposible?! ¡Mira!». «¿Quién le ha traído la comida esta mañana?». «Tú, se la has traído tú». «¡Mentiroso!». «¿Mentiroso yo?». «Sí, tú». «Calma, muchachos. Razonemos. ¿Has cerrado bien al salir?». «¡Seguro!». «Y después, ¿a quién le has dado las llaves?». «¡A ti, te las he dado a ti!». «¡¿A mí?! ¡Embustero!». «¡Muchachos, no peleemos entre nosotros! ¡En lugar de eso, busquémoslo!». Y sus ojos recorrían el techo, las paredes, como si hubieras sido una mosca. Agazapado bajo el camastro, mientras tanto, contenías la respiración y las ganas de reír. Estaba sucediendo precisamente lo que habías previsto: no miraban en el único sitio donde habrías podido esconderte, o sea, bajo el camastro. ¿Serían lo bastante bobos como para cometer también el segundo error, irse sin cerrar la puertecilla y la puerta? He aquí que se sentaban en el camastro, se lamentaban pero-cómo-se-las-ha-arreglado-por-Dios-cómo-se-las-ha-arreglado, decían hay-que-dar-la-alarma, y salían sin volver a cerrar ni la puertecilla ni la puerta. «¡Alarma! ¡Alarma!». Ahora el campamento era un solo grito: «¡Alarma, alarma!». Esperaste algunos segundos y luego, hala, a gritar con los otros alarma-alarma. Llegaste hasta un árbol y de allí al barracón de la cocina. Una sombra te rozó, un soldado, que preguntó: «¿Lo has visto?». «¡Sí, allí!», respondiste, indicando a alguien que corría en la dirección opuesta. Él te dio las gracias y prosiguió gritando allí-allí. Nadie se ocupaba de ti, nadie se preocupaba de encender los focos, así que podías intentar llegar hasta el recinto amurallado. Lo alcanzaste, comenzaste a escalarlo, llegaste arriba, *rouge ou noir et rien ne va plus,* y tocaste el alambre de espino. No, no lo recorría la corriente eléctrica, pero destrozaba más las carnes que la noche en que huiste con Morakis. ¿Cuánto tiempo haría falta, esta vez, para soltarse? La oscuridad ayudaba, pero era necesario que cesara la alarma. Hiciste bocina con las manos: «¡Alarma terminada! ¡Alarma terminada!». Una voz repitió: «¡Alarma terminada! ¡Alarma anulada!». Todos se unieron: «¡Alarma terminada! ¡Alarma anulada!». Luego, el grito airado de un sargento: «¿Quién ha dicho alarma terminada?». «¡Ese!». «¿Quién es ese?». «¡Ese tipo de paisano!». «¡¿Ese tipo de paisano?! ¡Cretinos! ¡Buscadlo!». Te desprendiste el alambre de una pierna y te pillaste un brazo. La manga se llenó de sangre. ¿Te habías herido una vena? El dolor te paralizó un segundo de más. «¡Lo he visto!». «¿Dónde?». «¡En lo alto de la muralla! ¡Cogedlo!». Se encendió un foco, que te inundó de luz. Estabas a punto de saltar cuando sentiste que te agarraban: «¡Sargento, lo he cogido!».

A esto siguió un ayuno bastante breve. En el exterior continuaban ocupándose de ti, y Zakarakis cada vez tenía más miedo de que murieras. «¡Come!». «No». «¡Come, por favor!». «No». «Es comida traída por tu madre». «Que se la coma ella». «Vamos, dime qué quieres». «Ya te lo he dicho: quiero un uniforme de coronel. Me corresponde. Me he escapado de la celda y te he demostrado que eres un idiota». «¡Idiota lo serás tú!». «No, yo soy inteligente. Y quiero un uniforme de coronel». «¿¡¿Y qué ibas a hacer con un uniforme de coronel?!?». «Ponérmelo. Estamos en carnaval, y en carnaval uno se disfraza, y el disfraz más risible que existe es el uniforme de coronel porque lo vestía tu amo, Papadópoulos». «¡Desgraciado!». «¡Payaso!». Al día siguiente, el mismo diálogo. Y al final el grito exasperado de Zakarakis: «¡Traedle un uniforme de coronel!». «No hay ninguno, señor director; aquí no hay coroneles». «¡Encontradlo!». Lo encontraron, te lo pusiste y comiste. Zakarakis regresó. «Ahora devuélvemelo». «Ni en sueños». «Solo te lo he dado para que comieras. Has comido, así que devuélvelo». «No». «¡Quitadle el uniforme!». Se te echaron encima cinco a la vez. Obstaculizados por el minúsculo espacio, chocando entre sí, dándose codazos en las paredes, te lo quitaron. También te quitaron los zapatos por unos días, y hacía frío. Reanudaste el ayuno. «Come». «No». «¿Qué quieres?». «Mis zapatos». «Aquí están tus zapatos. ¿Comes ahora?». «No». «¡¿Qué otra cosa quieres?!». «Quiero bañarme porque huelo mal y tengo piojos. Como tú, Zakarakis». «¡Yo no huelo mal! ¡Yo no tengo piojos!». «Sí que los tienes. Tienes uno que pesa noventa kilos. Eres tú». «¡Yo te mato!». «Y acabarás ante un consejo de guerra por asesinato. Ya te lo ha dicho Ioannidis». «¡Está bien, bañadlo!». «Caliente, lo quiero caliente. Si no, cojo una pulmonía, me muero y tú acabas igualmente ante un consejo de guerra, por homicidio». «¡Caliente! ¡Dádselo caliente!». «También quiero que venga el peluquero». «¡Llamad al peluquero!». Llegó la tina de agua caliente y llegó el peluquero. Te lavaron, te afeitaron y te cortaron el pelo. Pero te dejaron el cabello de medio centímetro, por orden de Zakarakis, y de nuevo se desencadenó el combate. «Maldito cerdo, has hecho que me depilen». «No te he mandado depilar, sino rapar: ¿no has dicho que tenías piojos?». «Los piojos no solo están en la cabeza, sino en cualquier sitio donde hay pelo. Así que debes depilarme del todo, incluso bajo las axilas y alrededor de los cojones». «¡Estás loco! ¡Han puesto bajo mi custodia a un loco!». «No estoy loco, Zakarakis. Sabes muy bien que me comporto así para hacerte enloquecer a ti. Y lo conseguiré, tan seguro como que estoy en esta tumba». «¡Depiladlo!». «No, ellos no; tú. Porque ya sé que te gusta tocarme, que además de ser un cerdo y un piojo eres un maricón». Te mandó atar al camastro y te pegó él personalmente. Te pegó tanto que luego tuvo que llamar al médico, el cual, al verte, quedó horrorizado: el cuerpo era un morado de pies a cabeza. «¿Quién ha sido?». «Ha sido Zakarakis. Quería depilarme». «¿¡¿Depilarte?!?». «Sí, y luego violarme. Dice que en los burdeles de Estambul lo hacen así. Me he defendido y me ha pegado». «¿¡¿Violarte?!?». «Pues claro. Lo prueba con todos, todos lo saben. Es un maricón». Esta vez Zakarakis sufrió un ataque de hígado que lo retuvo en cama una semana.

Ahora cada uno de los dos era, al mismo tiempo, víctima y verdugo del otro: la relación se basaba en un continuo intercambio de papeles o en una simultánea interpretación de ellos, y habría resultado difícil determinar cuál de los dos era más cruel con el otro. Tal vez tú, porque comprendías bien a Zakarakis, mientras que él no te comprendía a ti. ¿Cómo habría podido? Lo que expresabas y representabas distaba de su pobre mundo más que Alfa Centauri dista de la Tierra. Se habría echado a reír si le hubiesen explicado que el verdadero héroe no se rinde nunca, y que de los demás no le distingue el gran gesto inicial o la fiereza con que afronta las torturas y la muerte, sino la constancia con que se repite, la paciencia con que sufre y reacciona, el orgullo con que esconde sus padecimientos y los escupe a la cara de quien se los impone. Su secreto es no resignarse, no considerarse víctima, no mostrar a los demás tristeza o desesperación. Y, si se da el caso, recurrir al arma de la ironía y del sarcasmo, claros aliados de un hombre encadenado. Así, cuando se desencadenó tu nueva ofensiva, otra vez fue cogido por sorpresa.

Volviste a la carga, con el fragor de un cañonazo, apenas se mitigaron los dolores de la última paliza. Una noche te agarraste a las rejas de la puertecilla y, dirigiendo la voz hacia el techo enrejado de la antecámara, gritaste a guardia y prisioneros. «¡Atención, atención! ¡Boletín de noticias de radio Boiati! ¡Edición especial! Nicolaos Zakarakis, director de esta letrina, está enfermo del hígado. Se había corrido el rumor de que tal enfermedad era consecuencia de la rabia que se apoderó de él por no haber conseguido violentar a un preso al que no le gustan los maricones, pero se trataba de un rumor sin fundamento. Nos hallamos en condiciones de revelar que los cólicos hepáticos de Zakarakis se deben a la desilusión por no haber sido satisfechas sus ansias anales por dicho preso. A quien desee ofrecerse voluntario para tan macabra operación, se le ruega se dirija a la oficina correspondiente, donde consignará sus datos personales. Zakarakis paga en lentejas». La noche siguiente: «¡Atención, atención! Boletín de noticias de radio Boiati. Edición especial. Zakarakis miente. No está enfermo del hígado, sino que padece hemorroides. Este preso lo sabe porque aquel cerdo se las ha enseñado. También le ha explicado que se las provocaron los turcos cuando trabajaba como bardaje en un burdel de Constantinopla. Zakarakis ha experimentado una recaída tras su entrevista con el ministro de Justicia, que la emprendió con él a patadas en el culo». Y todas las noches igual, con fría puntualidad. En los barracones al otro lado del recinto amurallado la juerga era tal que menguaron las peticiones para salir de paseo. «¿Qué haces esta noche? ¿Vas al cine?». «No. Me quedo a escuchar el boletín especial de Panagulis». O bien: «¿Fuiste anoche a la ciudad?». «No. Me quedé a escuchar el boletín especial de Panagulis». A menudo, con fingida indiferencia, al auditorio se unían también oficiales, ansiosos de saber qué ibas a inventar para la emisión siguiente. Gradualmente, en efecto, la transmisión se convirtió en una narración en capítulos sobre las experiencias eróticas de Zakarakis en el fantasmal burdel de Constantinopla, y tu habilidad consistía en interrumpirte siempre en una escena clave. «Mañana, queridos oyentes, sabrán el resto». No recuerdo bien la trama, pero, si no me equivoco, en un momento dado Zakarakis dejaba de oficiar de puto y era castrado para convertirse en eunuco del gran visir. De ahí nacía una serie de increíbles guarradas en las que intervenían otros personajes: el mismo gran visir, que se llamaba Papadópoulos, un califa que se llamaba Ioannidis, un verdugo que se llamaba Theofiloiannacos y un torvo consejero que se llamaba Hazizikis. El gran visir y el califa se odiaban a muerte, y el verdugo y el torvo consejero se hacían objeto de mutuos desprecios, pero todos se unían en férreas alianzas cuando se trataba de humillar al eunuco, quien, para defenderse, se sometía a pruebas de abyecta sumisión.

Finalmente, Zakarakis fue a verte. Se presentó, se apoyó con gesto cansado en la puertecilla y te miró con ojos apagados: «Alekos, tengo que hablarte». «Siéntate, Zakarakis; ¡hay tanto sitio aquí dentro! Es una sala vastísima. ¿Prefieres el diván o una de estas butacas? Pero no me metas mano, ¿eh? No me toques. Hoy me siento más casto que nunca». «Escúchame, Alekos. Ya sé que estás bromeando. Me consta que sabes que soy un hombre pulcro y normal. Tengo mujer y dos hijos». «Zakarakis, la mujer es una excusa. ¡Son tantos los maricas que tienen mujer! Y los hijos cualquiera sabe de quién son». «¡Cabrón!». «Ni me insultes ni me toques, Zakarakis; si no, digo en el boletín de noticias que también eres un cabrón. Mira, no había pensado en ello: esta noche te relevo del oficio de eunuco y te caso con la favorita del gran visir, así te ponen los cuernos enseguida, y a tu mujer se la tira el califa». «Escúchame, Alekos. Yo te comprendo. He leído un libro de psicología y entiendo ciertas cosas. Eres joven, tienes tus necesidades sexuales. Eso es lo que te agita. También yo, cuando estaba en Rímini, prisionero de los italianos, me sentía siempre inquieto porque me faltaba una mujer. Así pues, si quieres, te traigo una mujer. Una vez al mes. Más aún: una vez por semana. Te gustaría, ¿eh? ¿Te gustaría?». «He comprendido, Zakarakis. Es la historia de siempre: quieres que te dé por el culo. ¡Pobre Zakarakis, te has enamorado de mí! ¡Y vaya perra que has cogido, maldita sea! Has perdido la cabeza hasta tal punto que me conmueves, y si pudiera te complacería. Sí, un polvito te lo merecerías, pero te lo he dicho mil veces: ¡no puedo, no me gustas!». «¡Delincuente!». «No te pongas histérico, Zakarakis. No seas injusto. ¿Es culpa mía si delante de ti no me excito? ¡Hasta eres calvo! Escucha, Zakarakis: ¿por qué no me traes a tu mujer? Así todo quedará en familia». «¡Te mandaré ahorcar! ¡Ahorcar!». «Bueno. Me pliego a este sacrificio. Te doy por el culo». De un brinco fulminante cerraste la puertecilla, con la mano izquierda le inmovilizaste los brazos, con la derecha le bajaste los pantalones, y con las rodillas lo empujaste contra la pared: los centinelas apenas tuvieron tiempo de arrebatártelo, reclamados por sus chillidos de terror. Unos días más tarde, el 9 de abril, se prendía fuego en tu colchón lleno de paja.

Zakarakis siempre sostuvo, jurándolo por su mujer y sus hijos, que fuiste tú quien prendió el fuego. Y, conociendo tus dotes histriónicas, me sentiría inclinada a aceptar su tesis. En efecto, como estratagema no habría sido precisamente una tontería: los centinelas echan a correr dejando la puerta abierta, y en medio del humo y la confusión escapas y saltas el recinto amurallado. Pero está el hecho de que, precisamente dos días antes, retiraron el colchón de paja y lo devolvieron con extrañas cautelas. También es un hecho que un centinela amigo te susurró: «Alekos, ¿habías escondido algo en el colchón? He visto que el cabo Karakaxas manipulaba dentro». Es un hecho asimismo que tras la agresión, Zakarakis te castigó quitándote las cerillas y los cigarrillos. Es un hecho que cuando te restableciste, acudió a verte cierto comandante Kutras, de la ESA, y te dijo: «Si no le cuentas a nadie lo que ha sucedido, tienes mi palabra de honor de que te dejaremos libre para que huyas al extranjero». Es un hecho que, hasta el final, continuaste repitiéndome con apasionada sinceridad: «Te lo juro, no fui yo quien lo incendió. Fueron ellos. Acerca de otras cosas he mentido por conveniencia o necesidad, pero sobre esto no. Ni siquiera disponía de una cerilla; aun queriendo, no habría podido. ¿Por qué no me crees? Hacia las siete de la tarde oí un silbido, luego un pequeño estallido, y se prendió fuego en el colchón de paja. Estoy seguro de que pusieron algo dentro, plástico o azufre». Sea como fuere, Zakarakis hizo todo lo posible por dejarte morir. Agarrado a los barrotes suplicabas abrid, me quemo, me asfixio, me muero. Y nadie se movía. Junto con los gritos, el humo iba saliendo cada vez más denso por el enrejado de la antecámara, pero ninguno de los dieciséis centinelas dispuestos alrededor de la celda insinuaba el gesto de echar a correr en tu ayuda, como si Zakarakis les hubiera impuesto esa prohibición. El centinela que te advirtiera sobre Karakaxas estaba junto a él y repetía: «¡Hay que intervenir, señor director! ¡Se asará!». Y Zakarakis: «Calma, no te preocupes, calma. Es uno de sus acostumbrados trucos». Se necesitó un buen rato para que se decidiera, y para entonces la celda era un horno: del colchón de paja se elevaban llamas, y tú yacías en el suelo, desvanecido. Cuando llegó el médico, dijo alarmado que era preciso ingresarte en el hospital o de lo contrario morirías, pero Zakarakis ni siquiera permitió que te sacaran al aire libre: «Basta con tenerlo en la antecámara». Allí te tuvieron dos días, tendido sobre una manta. Al segundo día llovió, el agua te empapó como a un árbol y el médico logró tan solo que le dieran un paraguas para resguardarte la cara. Fue necesario telefonear al Ministerio de Defensa y luego solicitar la intervención de Papadópoulos para que Zakarakis capitulara. Pero para entonces te hallabas en condiciones lamentables, con el bigote, las pestañas y las cejas quemados, y la piel del rostro y de las manos cubierta de ampollas: ya no veías ni hablabas. En la enfermería de Gudi, donde te internaron, se comprobó que en tu sangre había un noventa y dos por ciento de anhídrido carbónico. Permaneciste en coma setenta y dos horas. De regreso en Boiati, hallaste a un Zakarakis que te recibía con estas palabras: «Eh, hay una buena noticia para ti. Tu amigo la ha diñado». Luego te tendió un periódico con un titular que decía: «Ayer murió en Chipre el exministro del Interior y de Defensa Policarpos Giorkatzis».

Lo encontraron dentro de su coche, muerto por disparos de metralleta, explicaba el periódico. Los asesinos se esfumaron y no había esperanzas de descubrir su identidad. En cuanto a las pistas, eran vagas. La noche anterior, Giorkatzis acudió a una cita con unos misteriosos individuos en una aldea apartada. Al salir abrazó a su mujer con especial efusión y le dijo: «Si tardo, haz que me busquen». Prorrumpiste en un llanto convulso, y no solo de dolor. Sí, durante el interrogatorio y el proceso negaste resueltamente cualquier participación suya, intentar-implicar-a-Policarpos-Giorkatzis-es-ridículo, no-conozco-a-este-señor, ¿creéis-que-un-soldado-puede-dar-órdenes-a-un-ministro-de-Defensa? Pero de todos modos Hazizikis descubrió el papel que Giorkatzis desempeñó en el atentado, y las pruebas que aportó fueron tan concluyentes que, a partir de ellas, las relaciones entre los gobiernos griego y chipriota se habían deteriorado definitivamente. Ioannidis redobló el número de sus agentes en la isla, y en el transcurso de unas pocas semanas Giorkatzis perdió el poder, la amistad de Makarios, la estima de los demás políticos, que ahora lo consideraban un aventurero capaz de cualquier ligereza, y finalmente se había ganado el odio de Papadópoulos, quien hasta en público juró que se las pagaría. ¿Quién había organizado la trampa de la cita en la aldea aislada, sus verdugos personales o sus compadres de la CIA? Tal vez unos y otros, en una operación coordinada. En cualquier caso, tu gran amigo ya no existía: el hombre que creyó en ti, que te ayudó, que te enseñó, y al que admirabas con el entusiasmo de un niño prendado de su maestro. También él estaba muerto, como Giorgos. Por tu causa, como Giorgos. En un momento dado, los sollozos se hicieron tan convulsos que te pusiste a vomitar y caíste enfermo. Estuviste enfermo un mes. Apenas te hallabas restablecido cuando Zakarakis te llevó la nueva noticia dolorosa: «Anda, prepárate. Rápido. El señor presidente te permite salir unas horas». «¿Por qué?». «Porque tu padre se está muriendo y el señor presidente te permite que vayas a despedirte de él. Qué gesto magnánimo, ¿eh? Si de mí dependiera, no te lo dejaba ver ni en fotografía».

Amabas tiernamente a tu padre. Años después me confesaste que nunca sentiste esa ternura por tu madre, tan dura, viril y autosuficiente; en cambio, experimentabas una ternura por tu padre que te hacía derretirte. Acaso porque él era mucho mayor que ella: se casó siendo viejo, tuvo a sus hijos de viejo y los crio de viejo, o sea, con la indulgencia de un viejo. Cuando eras niño y te escondías bajo la cama para escapar a las patadas maternas, y te quedabas allí días enteros, venciendo el hambre y el deseo de hacer pis, ella gritaba: «Sal, que aún tengo que atizarte». Él, en cambio, murmuraba: «Sal, que no te pasará nada. Estoy yo aquí». Cuando eras colegial y no soportabas las tardes de estudio en casa, ella te encerraba en tu habitación con dos vueltas de llave, y él te guiñaba el ojo: «¡Escápate! Luego ya pensaré yo qué hacemos». Sin embargo, tu padre nunca fue un rebelde. Militar de carrera, creció en la escuela de la obediencia, y el valor siempre lo gastó en las guerras, con los cañones y los fusiles. El ejército era su mundo, la bandera patria, su dios, ¡y qué desagrado experimentó cuando escogiste el estudio de las matemáticas en lugar del uniforme de oficial, como Giorgos! ¡Qué dolor cuando desertaste, qué extravío cuando acabaste en prisión, qué tormento cuando también a él lo tuvieron detenido ciento tres días! Luego supiste lo que le sucedió durante esos ciento tres días. Bofetadas, insultos y malos tratos de todas clases, pese a sus setenta y seis años, sus medallas y su grado de coronel. «¡Si no fueras culpable de otras cosas, lo serías de haber traído al mundo a un delincuente!». O bien: «¿Por qué quieres irte a casa? Tu mujer te ha abandonado, se ha dado a la vida alegre, ya estaba harta de una ruina como tú». Una bofetada más fuerte lo dejó casi ciego de un ojo, y una humillación más profunda le produjo una parálisis física y mental: desde hacía ocho meses flotaba en un limbo desprovisto de tristeza y de alegría, y no recordaba nada de lo sucedido. Ni siquiera imaginaba que tú fueras un presidiario sobre quien pendía aún una condena a muerte, y desde su butaca o desde la cama preguntaba siempre las mismas cosas: «¿Dónde está Alekos?». «En el extranjero». «¿Y qué hace allí?». «Estudia». «¿Por qué no viene a verme?». «Ya vendrá». «Quiero verlo, quiero abrazarlo antes de morir». También tú habrías querido abrazarlo. Había momentos en que lo deseabas de una manera tan punzante que tenías la impresión de haberte vuelto niño... Zakarakis se agitó, impaciente. «Entonces, ¿te preparas o no para ir a ver a tu padre antes de que muera?». «No». «¡¿No?! ¡¿Has dicho que no?!». «He dicho que no, Zakarakis. Tu Papadópoulos no se servirá de mí para representar la comedia de la magnanimidad. No llamará a la prensa y a la televisión para que recojan el viaje del hijo pródigo a la cabecera de su padre moribundo. Vete, Zakarakis». «¡Bestia sin corazón!». «Vete, Zakarakis». «¡Ya cambiarás de idea, ya cambiarás!». «Vete o te estrangulo, Zakarakis». Zakarakis se fue y volvió a la noche siguiente: «¡Ya se ha muerto, capullo! ¡Se ha muerto sin abrazarte!».

De momento no reaccionaste, como si fueras sordo o mudo o no te importara. Pero luego Zakarakis escupió al suelo, acaso indignado por lo que le parecía indiferencia, y tu cuerpo brincó y de tu boca brotó un rugido que no tenía nada de humano: «¡Zakarakis!». Lo agarraste por el cuello y se lo apretaste hasta que su rostro se volvió cianótico y su lengua se alargó de una manera horrenda. Cuando los centinelas consiguieron aflojarte los dedos, casi lo habías estrangulado.

5

Como el agua de una canilla que gotea monótona, siempre igual a sí misma, martilleando sus repiqueteos obsesivos en el silencio de la noche vacía, de tal manera que a fuerza de oírla te sientes enloquecer e invocas un ruido distinto, acaso un fragor de algo que se rompa, un disparo que mate; cualquier cosa menos aquella atroz uniformidad, aquella oscuridad. Así transcurrieron los años que siguieron a la noche en que Zakarakis te dijo que tu padre había muerto y la guardia te impidió estrangularlo. En aquellos años, en efecto, no saliste nunca de tu sepulcro, iluminado tan solo por la lámpara azul, ni franqueaste el umbral tras el que estaban el día y la noche, el sol y las estrellas, la lluvia y el viento. Ni siquiera para desentumecer las piernas, para aspirar una bocanada de aire. Ni para ser ingresado en la enfermería cuando entrabas en estado de coma, ni para ver a tu madre cuando le permitían visitarte. Al principio, las conversaciones con ella se desarrollaban en el locutorio de los demás presos, de modo que salías y andabas ciento veintiséis pasos a la ida y ciento veintiséis pasos a la vuelta, y caminando veías el cielo. En cambio, después de aquella noche, te entrevistaste siempre con ella en tu celda, con la puertecilla separándoos. Sin embargo, ocurrieron muchas cosas en aquellos años. En primer lugar ocurrió que empezaste a conocerme a través de los libros que había escrito y de los artículos que, de vez en cuando, me publicaban en los periódicos de Atenas. Ocurrió que a raíz de esto aprendiste mi lengua, que estudiaste al ritmo de veinte vocablos y dos verbos irregulares por día, a fin de que pudiéramos hablar cuando nos conociéramos. El esfuerzo memorístico te servía, además, para combatir la inercia mental que trae consigo el aislamiento, la terrible niebla que apaga la capacidad de concentrarse y hasta la de perseguir un recuerdo, de abandonarse a una ensoñación. Además, como veremos, sucedió que en aquellos años escribiste tus poesías más hermosas. Pero, sobre todo, sucedió que nunca te resignaste, que nunca abdicaste de tu papel de héroe que no cede. Diecisiete veces fuiste sorprendido limando los barrotes de la puertecilla con las minúsculas sierras que sirven para abrir las ampollas de los medicamentos, cincuenta y dos veces fuiste castigado con el secuestro de la pluma, el papel de escribir, la gramática italiana, el vocabulario de Rapaccini, los periódicos y los libros; veintinueve veces, con el secuestro de los zapatos y los cigarrillos. Dieciocho veces te pegaron hasta hacerte desvanecer y otras tantas te pusieron la camisa de fuerza gritando que estabas loco, y en cuanto a las huelgas de hambre, fueron tantas que pronto perdiste la cuenta. Hablando de ello conmigo y enumerando aquella lista minuciosa, solo recordabas las más largas: siete de quince días, cuatro de veinticinco, dos de treinta, una de treinta y siete, una de cuarenta, una de cuarenta y cuatro, una de cuarenta y siete. Durante estas últimas, te nutrías exclusivamente de agua, café azucarado y una tableta de chocolate escondida en el colchón. Te quedaste tan esquelético que el médico se vio obligado a alimentarte con una sonda nasal. El peor tormento. No podías soportar aquel tubo que, a través de la cavidad nasal, te descendía por la garganta hasta el estómago, pues te sofocaba como la mano de Theofiloiannacos en los tiempos del interrogatorio, y además te provocaba ganas de vomitar sin conseguirlo. En cuanto te lo introducían por la nariz, pensabas ¡basta de ayuno, basta! Luego lo reanudabas, y está claro que solo lo hacías por deporte: había ayunos en que todo esto te parecía como la monótona repetición de un rito, y habrías querido que Zakarakis inventara una nueva perfidia para ejercitarte un poco, para impedirte que bostezaras. La primera vez que te secuestró los zapatos casi te divertiste, pese a ser invierno, y lo mismo cuando te puso por vez primera la camisa de fuerza. Te pareció una curiosidad. Con el tiempo, en cambio, te acostumbraste, y ahora el único entretenimiento te lo procuraban las sierrecitas con que pretendías limar los barrotes de la puertecilla. Era una delicia encontrarlas en la comida que te llevaba tu madre, meterte en la boca un pedazo de conejo y sentir entre los dientes aquel pequeño roce de acero, porque al oír el ruido de hierro rascado, Zakarakis acudía corriendo: «¡¿Qué haces, capullo?!». «¿Yo? Yo, nada». «¡¿Dónde la has escondido?!». «Escondido ¿el qué?». «¡La lima, delincuente, la lima!». «¿Qué lima?». «¡Te he oído! ¡Estabas limando los barrotes!». Luego llamaba a la guardia, que te registraba por todas partes, en el forro de los pantalones, en el cuello de la camisa, en el dobladillo de los calzoncillos, en la suela de los zapatos, pero no encontraban nada porque la sierrecilla estaba donde nunca pensaban buscarla: entre los cabellos, entre los dientes, entre las páginas de un libro. «¡Y sin embargo, limabas, maldito!». «No limaba, Zakarakis, tocaba música». Y, riendo, tomabas un vaso, lo mojabas con saliva por el borde y hacías discurrir el índice para arrancarle el sonido del hierro rascado. «Escucha, bobo».

Te distraía también la burla, te ayudaba a combatir el tedio: nunca renunciaste a tomarles el pelo con tus trucos de Cagliostro. Por ejemplo, la historia del revólver de pan y jabón. Pacientemente, con miga de pan y residuos de jabón, fabricaste una imitación de revólver, luego, con cabezas de cerillas quemadas, teñiste la culata de negro, y forraste el cañón con papel de estaño. Una noche lo tuviste dispuesto para apuntar con él a la guardia que te llevaba la cena: «¡Manos arriba! ¡Entregadme las llaves!». Esta vez los centinelas solo eran dos e iban desarmados. En la penumbra, el juguete parecía un revólver de verdad, y el que llevaba la bandeja la dejó caer y el otro te alargó temblando las llaves. Se las devolviste con una carcajada, ya que no habrías podido servirte de ellas: afuera estaban los dieciséis centinelas. «¡Cretinos!». O la historia del alambre con el que querías que te abrieran la puertecilla. Había un pobre mentecato vigilándote desde la antecámara de la celda, un recluta recién llegado del campo. Zakarakis lo colocó allí para impedirte que limaras los barrotes, y le dijo que eras un preso muy importante; las palabras «muy importante» le impresionaron hasta tal punto de que, aun sin quitarte ojo, te obedecía con el celo de un siervo. Incluso te llamaba excelencia. «Recluta, enciéndeme el cigarrillo». «Sí, excelencia».

«Abre el candado; he de salir a hacer pis». «Sí, excelencia, voy enseguida a por las llaves». «¿Y para qué las llaves, imbécil? ¡El candado no se abre con llave! ¿No ves ese alambre? ¿Para qué crees que lo tienen ahí? Para abrir el candado, ¿no?». «Sí, excelencia. Perdóneme, excelencia, pero ¡en mi pueblo los candados se abren con llaves!». «¿Y a mí qué me importa tu jodido pueblo? ¡Abre, rápido! ¡No aguanto más!». «Sí, excelencia. Le obedezco, excelencia. Pero, mientras tanto, ¿no podría usted orinar en su retrete, excelencia?». «¡Imbécil! ¿No ves que está atascado? ¿No has oído al director cuando me rogaba que no hiciera pis ahí hasta que lo reparasen? ¡Rápido, recoge el alambre y abre! ¡Así!». Muy emocionado, el pobrecillo trabajaba y trabajaba, pero sin éxito. «Usted perdone, excelencia, no lo consigo; voy a llamar al sargento». «¡Si llamas al sargento te denuncio! ¡Anda, insiste!». No sucedió nada porque, atraídos por la disputa, los demás centinelas intervinieron para detenerlo: «¡¿Imbécil, qué estás haciendo?!». Pero, como en el caso del revólver de pan y jabón, aquello te ayudó a vencer un poco la melancolía, la sensación de vacío que el estudio o la lectura no colman y, si acaso, alimentan. De hecho, decías, precisamente estudiando y leyendo en prisión mides el debilitamiento del intelecto. De momento crees que has aprendido un verbo, y media hora después te das cuenta de que ya lo has olvidado. Entonces lo repasas, reanudas la recitación yo voy-tú vas-él va-nosotros vamos-vosotros vais-ellos van, pero los párpados se vuelven pesados, te tiendes en el camastro para echar una siestecita y duermes toda la tarde. Cuando despiertas, tu mente se halla tan torpe que, más que un hombre, tienes la impresión de ser un vegetal.

No es que hubieras renunciado a la idea de escapar. Hasta que intervino la costumbre, inevitable, inexorable, que te llevó a aceptar aquel sepulcro, y a canalizar tu resistencia en la vena poética exclusivamente, nunca cesaste de cultivar aquel espejismo. Pero cada vez con menor convicción y mayor ligereza, o siguiendo el hilo conductor de un humorismo afín a sí mismo. Lo demuestra la tentativa que concluyó con una renuncia enraizada, evidentemente, en los abismos de tu subconsciente; la tentativa en la que implicaste al centinela que reemplazó al mentecato del alambre: un joven que soñaba con ser actor.

Unos pocos tanteos te bastaron para deducir que también su inteligencia era escasa y que podías jugar con él a tu antojo, de modo que empezaste enseguida a engatusarlo. «¡Hum! Así que quieres ser actor. No es mala idea, con esa cara. Ponte un poco de perfil... Ah, sí, estupendo perfil. Te aguarda una gran carrera». «Es que no conozco a nadie, señor Panagulis, a nadie». «Por eso no debes preocuparte. Pero dime: ¿Estás seguro de querer ser actor? Porque se trata de una hermosa carrera, lo admito: mujeres a porrillo, villa con piscina y millones. Claro que al principio requiere muchos sacrificios. Hay quien se ha jugado la piel para ser actor: piensa en Laurence Olivier, en lo que hizo por Churchill». «¿Qué hizo?». «Es una larga historia; ya te la contaré algún día. Mientras tanto, dime: ¿has estudiado declamación?». «Sí, de niño». «Mejor. Declamar es como aprender idiomas. Si los aprendes de niño, ya no los olvidas. ¿Eres fotogénico?». «Oh, sí. Pero ¿por qué me lo pregunta?». «Porque puedo ayudarte». «¿Desde aquí? ¿Estando aquí?». «No exactamente. Mañana hablaremos. Lo importante es que no abras la boca con Zakarakis. Odia a los actores, el teatro, el cine. Es un envidioso». «Quede usted tranquilo, señor Panagulis». «Puedes tutearme». «Queda tranquilo, Alekos». «Bien. Mañana tráeme unas fotografías». Y al día siguiente: «Inmejorables. Sin la menor duda, eres fotogénico. ¡Hum! ¿Has estado alguna vez en Roma?». «Nunca». «Maravillosa ciudad. Mis amigos más queridos están todos en Roma. Sofía me decía siempre...». «¿Sofía? ¿Qué Sofía?». «No me interrumpas. Sofía Loren, ¿no? En Roma vivía yo en un ala de su castillo. Ah, sí. Allí fue donde preparé el atentado, pero no lo digas. Figúrate que hasta su marido me ayudó a fabricar las bombas. A cambio, solo me pidió que le escribiera un guion». «¿Un guion? ¿Has escrito un guion para Sofía?». «¡Para Sofía no, para Carlo! ¡Carlo, su marido, el productor!». «¡Oh!». «Con seudónimo, claro». «¡Oh!». «¿Qué tiene de extraño? ¿Acaso habría debido negar un favor a un amigo que se jugaba la cárcel por mí?». «¡No, no!». «Así pues, como decía, Roma es la ciudad adecuada para meterse en el cine. La única. Hasta Marlon Brando, ahora, si quiere hacer una película, tiene que ir a Roma. Y si de verdad pretendes convertirte en un divo, ¡nada de Hollywood! Debes ir a Roma. ¡Hum! Déjame volver a ver las fotografías». «Aquí están». «Inmejorable. La nariz es inmejorable. Y también el perfil derecho. El izquierdo, un poco menos. ¡Qué extraño! Exactamente igual que Laurence Olivier. Recuérdame que te cuente la historia de Churchill y Laurence Olivier. Bueno, sí: creo poder recomendarte a Sofía. O, más bien, a Carlo. Sofía no interviene en estas cosas. Todo lo más, cuando Carlo te haya firmado el contrato, puede reclamarte como pareja, a causa de tus rasgos angulosos y viriles». «¡¿Qué dices, Alekos?! ¿De veras?». «Calma, muchacho. ¿No irás a creer que tengo una varita mágica? Además, Carlo es prudente. Pasará un año antes de que te confíe un papel al lado de Sofía. Te tendrá a prueba, te lanzará a través de la televisión». «A mí la televisión también me va bien». «Sí, pero no quiero que te hagas ilusiones. La televisión no ofrece las ganancias del cine. Ya será mucho si consigo que te den cincuenta mil dracmas al mes». «¿¡¿Cincuenta mil?!?». «Te parece una fortuna, ¿eh? Pues es una miseria. Más adelante, sin embargo, puedes ganar hasta ciento cincuenta mil».

Así, día a día, mientras él se exaltaba cada vez más, tú esperabas el momento justo para asestarle el golpe final. El momento llegó cuando te pidió que escribieras una carta a Carlo y Sofía. «¿Te has vuelto loco? ¿Quieres que arruine a mis amigos, al hombre que me ha ayudado a preparar la bomba? ¿No sabes que trabaja con los estadounidenses? ¿No sabes que si la carta se extraviara, también él acabaría en presidio? Además, ¿te parece que una petición semejante puede hacerse por carta? Es preciso hablar de ella personalmente, ¿no? ¡Debo ir contigo a Roma! ¡Yo creía que eso se sobreentendía! Si no me echas una mano para que me escape, ¿cómo puedo ayudarte a que te conviertas en actor?». «¡Escapar! ¡Pero eso es difícil, Alekos; es peligroso!». «¡Cómo, difícil y peligroso! Hasta lo consiguió Laurence Olivier con Winston Churchill. ¡Cretino! ¡Ignorante! ¡Estudia Historia, estudia! ¡Ni siquiera sabes que Churchill escapó de aquella prisión nazi porque lo ayudó Laurence Olivier! ¡Y Laurence Olivier no hacía guardias; estaba de cocinero! Para él sí que era difícil y peligroso. Pero Churchill no olvidó nunca el favor. ¡Y cuando llegó a primer ministro, lo impuso! Dijo: de acuerdo, el perfil de un lado no sirve, pero Larry es amigo mío, ¡y con perfil o sin perfil quiero que se convierta en Laurence Olivier! La realidad es que Laurence Olivier tenía cojones y tú no los tienes. He perdido todo este tiempo ocupándome de ti, y mira qué resultado. ¡Largo! ¡Lárgate! ¡No quiero volver a verte!». «No, Alekos, escucha...». «¡Largo! ¡Fuera!». Durante dos semanas te hiciste el ofendido, e inútilmente él te rogaba que lo perdonases, te explicaba que su duda fue fruto de un instante de debilidad, y que no volvería a repetirse. «¡Me niego a escucharte!». Le hablaste de nuevo solamente cuando se puso de rodillas y te suplicó que le permitieras ayudarte a escapar: eras su única esperanza, pues no contaba con nadie más que le echara una mano para convertirse en actor, para realizar su vocación. Si iba a Roma sin ti, Carlo y Sofía no se dignarían dirigirle ni una mirada. Aceptaste el ofrecimiento con la expresión de hacerle un inmenso regalo. Pero que se metiera en la cabeza que solo capitulabas por culpa de un vicio maldito llamado generosidad. En efecto, no veías por qué debías dirigirte a él antes que a Laurence Olivier, que era tan valiente que había telefoneado a tu madre ofreciéndote sus servicios. «¡¿Laurence Olivier?! ¡¿En serio?!». Desde luego. No es que Larry hiciera algo por nada; sabías muy bien que te ofrecía sus servicios para llevarte a Londres y conseguir tu guion sobre *Edipo Rey,* pero Londres no te gustaba; demasiada niebla y demasiada monarquía. Así que: «Te complaceré. Organicémonos». Como de costumbre, uniforme y hora nocturna. Luego, ya encontrarías un medio de expatriarte. En cuanto al problema de los dieciséis centinelas en torno al sepulcro, no había por qué preocuparse: hasta en ese punto la operación Sofía estaba bien concebida. En aquel periodo, te llevaban la cena solo dos guardias, y no era raro que uno de los dos fuera el aspirante a actor. El otro era un tipo cuyo cerebro aún valía menos: bastaba dejarlo sin sentido, desnudarlo, atarlo al camastro, taparle la boca con un hermoso esparadrapo y ponerse su uniforme. «Tú no tienes que procurarme más que una cuerda y un esparadrapo, muchacho».

Al día siguiente, el aspirante a actor se presentó con la cuerda y el esparadrapo: «Esta noche estamos de servicio él y yo». «Bien». Escondiste la cuerda detrás del retrete, el esparadrapo bajo la axila, y esperaste. Pero te faltaba el entusiasmo, según me contaste, y al anochecer te invadió un profundo sueño: te dormiste y soñaste que poseías a una mujer. Sucedía muy raras veces que soñaras con poseer a una mujer; desde la noche de Egina te sucedió unas cuatro veces, y en cada ocasión duró muy poco, pues el temor de no llegar a tiempo, de ser conducido ante el pelotón antes del orgasmo final, quedó grabado en ti como un complejo. Esta vez, en cambio, el sueño fue muy largo. Te parecía tener ante ti la eternidad, y penetrabas a la mujer con calma, con los movimientos tranquilos y suaves de un mar en calma que lame la playa en caricias de espuma, y luego se retira despacio, se demora pacientemente antes de regresar, para lamer otra vez con renovada lentitud; era dulce diferir el estallido, el instante en el que el mar se engrosaría para romperse en una descarga de agua rugiente; era algo exquisito prolongar la espera de un final que no podía negarse, que ahora se aproximaba, cada vez más, un poco más aún, y la última oleada se quebraría haciendo lloviznar sus gloriosas salpicaduras. Subía, llegaba, estaba a punto de arrollarte y... «¡Despierta, Alekos, despierta! ¡Estoy aquí, estamos aquí!». El aspirante a actor te sacudía con ambas manos, y su mirada amenazaba, suplicaba, señalaba al compañero al que debías agredir. Lo miraste furibundo: «¡Desgraciado, no me has dejado terminar!». Luego, sin dejar de gritar no-me-has-dejado-terminar, no-me-has-dejado-terminar, lo echaste, arrojándole detrás la bandeja con la cena. Se marchó entre sollozos. Loco, repetía, estabas loco, tenían razón cuando te ponían la camisa de fuerza. Luego pidió a Zakarakis que se le relevara del servicio en tu celda y no lo viste nunca más. Tampoco te contrarió. No era tan incómodo tu camastro, ni tu celda era tan pequeña: ya te habías acostumbrado al sepulcro.

La costumbre es la más infame de las enfermedades porque te hace aceptar cualquier desgracia, cualquier dolor, cualquier muerte. Por costumbre se vive junto a personas odiosas, se aprende a llevar cadenas, a padecer injusticias y a sufrir, se resigna uno al dolor, a la soledad, a todo. La costumbre es el más despiadado de los venenos porque penetra en nosotros lenta y silenciosamente, y crece poco a poco nutriéndose de nuestra inconsciencia. Cuando descubrimos que la tenemos encima, cada una de nuestras fibras está adaptada, cada gesto se ha condicionado, y ya no existe medicina que pueda curarnos. La noche en que renunciaste a intentar de nuevo la fuga sucedió precisamente eso. Sucedió lo que nunca habrías creído posible: ya no echabas de menos los espacios abiertos, el verde, el azul y la gente. En verano, cuando el sol se filtraba por el techo de la antecámara y formaba en el pavimento un halo compacto de luz, el reflejo te molestaba tanto que, pestañeando, te refugiabas en el rinconcito más oscuro de tu celda, y allí te quedabas hasta el atardecer, como un topo que nunca sale de su madriguera. Si Zakarakis te hubiera construido una ventana para permitirte ver el cielo de día y las estrellas de noche, la habrías tapado con un periódico. Y, sin embargo, existía algo que el hábito de la oscuridad, de la falta de espacio y de la monotonía no había apagado: tu capacidad para soñar, fantasear y traducir en versos el dolor, la rabia y los pensamientos. Cuanto más se adaptaba tu cuerpo, atrofiándose en la pereza, más resistía tu mente y más se desencadenaba tu imaginación para dar a luz poesías. Siempre escribiste poesías, desde muchacho, pero en aquel periodo fue cuando tu vena creadora estalló incontenible. Decenas y decenas de poesías. Casi todos los días una poesía, aunque fuera breve. «No llores por mí. / Sabrás que muero. / No puedes ayudarme, / pero mira aquella flor, / te digo aquella que se marchita; / riégala». O esta otra: «Amé tanto la luz / que conseguí encender una vela, / pero desaproveché aquella opaca y exigua luminaria, / pues antes que disfrutarla / desesperé / por proyectar en otro lugar una oscuridad pesada, / porque la misma luz que mantenía / con la sombra de mi cuerpo / colmaba de negrura mis caminos». O bien: «No te comprendo, Dios. / Dime otra vez: / ¿Me pides que te dé las gracias / o que te perdone?». Las escribías aunque Zakarakis te quitase el papel y la pluma; en esos casos tomabas una cuchilla que guardabas para este fin, te cortabas la muñeca izquierda, sumergías en la herida una cerilla o un mondadientes y escribías con sangre en todo lo que había a mano: el envoltorio de una gasa, un trozo de tela, un paquete vacío de cigarrillos. Luego esperabas a que Zakarakis te devolviera el papel y la pluma, y copiabas con caligrafía pequeñísima, atento a no desperdiciar un milímetro de espacio, doblabas la hoja, obtenías tiras finísimas, y las mandabas a que contaran al mundo la leyenda de un hombre que no cede ni ante la costumbre. Las estratagemas eran varias: arrojar las tiritas de papel a la basura para que un centinela amigo las recogiera, introducirlas en las costuras de los pantalones que mandabas a casa para lavar, deslizárselas a tu madre cuando iba a verte. Antes, sin embargo, te aprendías los versos de memoria, a fin de prevenir su extravío o destrucción, ¡y qué de disputas cuando Zakarakis pretendía leerlos para censurarlos o aprobarlos! «¿Dónde los has metido? ¡Dámelos! ¿No sabes que en la cárcel el director debe censurar cualquier escrito?». «Lo sé, pero no puedo dártelos, Zakarakis. Los he guardado en mi almacén». «¡¿Qué almacén?! ¡Quiero ver ese almacén!». «Aquí está, Zakarakis». Y te señalabas la cabeza. «¡No te creo, jodido embustero, no te creo!». Pero debería haberte creído, pues en ese almacén encontramos, años después, todas las poesías perdidas o destruidas para publicarlas en un libro que muchos pensaban sería el inicio de una carrera literaria.

Ni que decir tiene que las disputas no se suscitaban solo por las poesías. A veces, en las hojas que Zakarakis pretendía censurar, junto a las palabras destacan números extraños y cálculos misteriosos: agarrado como un náufrago a la balsa de tu mente, reanudaste incluso el estudio de las matemáticas. «Dime qué es esto». «Un teorema, Zakarakis». «¿Qué teorema?». «Si te lo dijera, no entenderías nada». «Porque soy un cretino, ¿eh?». «Sí, lo eres. Así que cierra el pico y déjame en paz». Por lo general, derrotado por su ignorancia, se batía en retirada. Pero otras veces, insistía y se suscitaban riñas grotescas, tensiones que os devolvían a los tiempos de la guerra abierta. En efecto, de las matemáticas nació el choque que envenenó tus últimos meses en Boiati. Era la primavera de 1973, y aquel día Zakarakis volvió a buscar el almacén donde escondías las poesías. «¿Dónde está? Dime dónde está». «Te lo he dicho, Zakarakis: en mi cabeza». «No es verdad, no es posible, ¡no puedes recordarlas todas!». De pronto, su mirada recayó en un papelito en el que habías escrito: «$X^n + Y^n = Z^n$». Se apoderó de él de un salto: «Y esto ¿qué es? Aquí no veo números. ¡Ah, esto es un mensaje cifrado, cabrón!». «No, no es un mensaje cifrado, Zakarakis». «¿No lo es? ¿Quieres que llame al señor general de brigada? ¿Quieres que te obligue él a decir quiénes son X, Y y Z? ¿Y las enes? ¿Quiénes son las enes?». Le señalaste el camastro y le invitaste a sentarse.

«Ven aquí, Zakarakis». «No, que me bajarás los pantalones e intentarás violarme, como aquel día». «No te violaré, Zakarakis. Te lo prometo». «¿Y me dirás quiénes son X, Y y Z y quiénes son las enes?». «Te lo diré, Zakarakis. Las enes son números. X, Y y Z son incógnitas». «¡Capullo, mentiroso! Crees que vas a tomarme el pelo, ¿eh? ¡Ya descubriré yo quiénes son esas incógnitas!». «Pues entonces sí que serías un genio, Zakarakis, porque en trescientos años nadie lo ha conseguido». «¿Trescientos años? ¿Lo ves como me tomas el pelo, lo ves? ¡Centinelas, atadlo!». Te ataron al camastro y te mostraste extrañamente dócil. Zakarakis, en cambio, cada vez estaba más rabioso. «Ahora hablarás, ¿eh? Hablarás». «Hablaré, Zakarakis, y si no lo entiendes, en cuanto me desates, te bajo los pantalones». «¡Habla!». «Bien. Sígueme. Si ene es un entero positivo superior a dos, la ecuación no pueden conformarla valores enteros y distintos de cero de las incógnitas X, Y y Z. Así pues...». «¡Sinvergüenza! ¡Delincuente! ¡Eso es lo que eres, un sinvergüenza! ¡Un delincuente!». «Y tú un imbécil, Zakarakis. ¿Tengo yo la culpa de que la ecuación se enuncie así?». «¿Qué ecuación, desgraciado?». «La que tienes en la mano: X^n más Y^n igual a Z^n. Es una ecuación, Zakarakis, una ecuación matemática. Ya sabes que estudiaba matemáticas en el Politécnico. Y si partes del presupuesto del cálculo diferencial...». «¡Basta!». Salió casi llorando. En la mano sostenía el papelito que iba a permitirle descubrir la conjura. Porque solo de eso podía tratarse, vive Dios, de una conjura para volver a escapar. Y era preciso abortarla, demostrarte que el imbécil eras tú.

Durante noches Zakarakis estudió el papelito, decidido a ganarse el aplauso de Ioannidis. Naturalmente, habría podido dirigirse al servicio de espionaje, al KYP, pero ello habría significado regalar a los demás un mérito que deseaba todo para sí. Y sin preguntar a nadie, llegó a las siguientes conclusiones. Las tres enes eran tres soldados que formaban parte de la conjura para hacerte huir; y el señor X, el señor Y y el señor Z eran tres civiles que operaban desde el exterior. X por Xristos o Xarakalopoulos. A menos que, en lugar de indicar personas, X, Y y Z designaran nombres de países o ciudades. En tal caso, X podría referirse a Xania, capital de Creta, Y a Yemen y Z a Zúrich. ¿O bien significaba Xristoughenneia, o sea, Navidad? Seguro: Navidad; eso era lo que significaba: con la complicidad de tres soldados, el día de Navidad escaparías a Zúrich pasando por Yemen. Volvió a verte: «Me creías estúpido, ¿eh? Lo he descubierto todo, lo he resuelto todo». «¡¿Todo?! ¡Santo Dios, Zakarakis! No, no es posible. Te juro que no es posible». «Sí que lo es. Sé quien es X, quién es Y y quién es Z. Quieres escapar a Zúrich, ¿eh, desgraciado?». «¿Cómo has dicho, Zakarakis?». «Me consta que Z significa Zúrich». «¿Y si, en cambio, significara Zakarakis?». Siguió un silencio trágico, durante el cual Zakarakis te miró como un retrasado mental. ¡Cielos, en eso no había pensado! Si Z indicaba su nombre, eso solo significaba una cosa: que con la complicidad de los tres soldados y de un señor llamado Y querías matarlo por Navidad. «Quieres mandarme matar, ¿eh? ¡Debería haberlo imaginado!». «No, Zakarakis. Eres tan bobo que matarte constituiría un error. Me aburriría mortalmente sin ti. Te juro que no se trata de ti. Se trata de Fermat». «¿Quién es? ¡No lo conozco!». «No puedes, Zakarakis. Vivió hace trescientos años. Era un matemático que también se dedicaba a la política y a la literatura, y estaba particularmente versado en el cálculo diferencial y en el cálculo de probabilidades. Esta ecuación...». De nuevo escapó y no te dio tiempo de explicarle que la ecuación existía, que era el famoso teorema de Fermat. Él lo resolvió, pero el texto se perdió, y por esta razón desde hacía tres siglos se trataba de demostrar por qué X elevado a ene más Y elevado a ene es igual a Z elevado a ene, pero nadie lo conseguía, y la Academia Inglesa de Ciencias había convocado un premio que tú tratabas ahora de ganar, no tanto por el dinero cuanto por el placer de infligir una bofetada moral a quien te mantenía dentro de aquel sepulcro. Pero sucedió algo peor; sucedió que Zakarakis ordenó que te quitaran el papel y la pluma, y dispuso que buscaran bien para que no te quedara ni siquiera un trocito de lápiz, un cartoncito o una gasa. Buscaron bien. Incluso encontraron la cuchilla oxidada. Y ahora, sin el papel ni la pluma, e incluso sin la cuchilla para cortarte las muñecas y destilar sangre que usar como tinta, resolver el problema se convertía en una empresa imposible. Probaste. Era como atrapar una anguila con las manos. Apenas fijabas en la memoria un pasaje de la ecuación, se te escapaba; una cosa es imprimir en la mente versos, y otra, grabar en ella cálculos matemáticos. En cualquier caso, una tarde te pareció que habías hallado la solución, de modo que, muy excitado, te agarraste a los barrotes y: «¡Papel! ¡Pluma! ¡Rápido! ¡Por favor, os lo ruego!». Pero nadie respondió, y cuando Zakarakis te devolvió papel y lápiz, era demasiado tarde. Lo habías olvidado todo.

Años más tarde, hablabas aún de ello con amargura. O, mejor dicho, comenzabas a contar la historia riendo y, hacia el final, tu voz y tu rostro se empañaban de amargura. Afirmabas que aquel episodio te hirió más que muchas palizas, y que a raíz de él maduraste un extraño sentimiento hacia Zakarakis, como una indulgencia que erosionaba tu culto por la responsabilidad del ser singular, del individuo. Porque la conclusión del caso fue penosa para ambos. Incapaz de determinar si X, Y y Z significaban Xristos, Xristopoulos, Xarakalopoulos, Xania o Xristoughenneia, la Y era la inicial de Yemen, y la Z de Zúrich o de sí mismo, Zakarakis acabó dirigiéndose al KYP. Y el KYP, con despectiva hilaridad, le repuso que tú tenías razón, que no se trataba de una conjura sino del famoso problema de Fermat, matemático francés del siglo XVII: que el señor director evitara las observaciones ridículas. Lo viste llegar muy consternado, llevando en la mano un cuaderno y dos bolígrafos, uno rojo y otro azul, y: «Yo..., bueno..., yo he venido a decirte que lo siento, porque me he enterado de que es cierto que el tal Fermi está muerto». «Fermi no, Zakarakis, Fermat». «Fermi o Fermat, para mí da lo mismo. Aquí tienes dos bolígrafos y un cuaderno». «Ya no sirven, Zakarakis. Ya no recuerdo mi hallazgo». «A lo mejor vuelve a ocurrírsete». «No lo creo. ¡Vete, Zakarakis, vete!». Pero cuando ya estaba en el umbral, lo detuviste: «¡Eh, Zakarakis!». «Sí...». «Escucha, Zakarakis. En cuanto nos conocimos te lo dije y te lo repito ahora: eres un gilipollas increíble, pero no tienes la culpa. Y cuando te sientes en el banquillo de los acusados, yo prestaré declaración contra ti; diré precisamente eso: era un gilipollas increíble, pero no tenía la culpa. Y pediré que te condenen a permanecer tan solo una semana aquí dentro». «¡Yo, yo soy el jefe! ¡Soy el director!». «Tú no eres nada, pobre Zakarakis. Nada salvo un símbolo del rebaño que sufre y obedece siempre a quien manda. No cuentas para nada, no contarás nunca para nada, siempre te joderán todos, pobre Zakarakis, quieras o no. Esta es la cuestión: quieras o no». Luego te tendiste en el camastro, ocioso, y saboreaste la tristeza de una verdad insospechada: ya te costaba odiarlo.

Y llegó el domingo 19 de agosto de 1973. Por la noche el bochorno te impidió dormir. La celda abrasaba como un horno: te levantaste en busca de un hilo de aire, y de inmediato volviste a tumbarte en el camastro, exhausto. Sobre el suelo, una caravana de hormigas avanzaba en una formación extraordinariamente lineal. Procedían de la antecámara, pasaban por debajo de la puertecilla, atravesaban la celda en diagonal y acababan detrás del retrete, en una cinta compacta. Las descubriste una semana antes, y en un principio querías matarlas, pero recordaste el escarabajo muerto bajo la bota del centinela y te contuviste. Incluso decidiste prestar atención para no pisarlas, y cada vez que ibas al retrete o caminabas arriba y abajo, las evitabas con cuidado dando una zancada. Por lo demás, se lo merecían: se trataba de hormigas muy educadas, que jamás trepaban al camastro, y observarlas resultaba agradable. Las contaste: eran ciento treinta y seis, y la última transportaba una brizna de ciprés. ¡El ciprés! A saber si había crecido en aquellos años. No volviste a verlo desde el día en que regresaste de la enfermería de Gudi, tras el incendio, ¿y no es absurdo tener al lado un árbol que no se ve? Un árbol es mejor que una caravana de hormigas e incluso que un escarabajo. ¿Cuándo murió el escarabajo? El 23 de noviembre de 1968. ¡Dios mío, hacía casi cinco años! A saber si habías envejecido mucho en esos cinco años. No podías saberlo porque Zakarakis no te concedía un espejo; temía que lo usaras como arma, y afirmaba que ya era mucho permitirte el vaso con el que tocabas tu musiquilla. Para mirarte a la cara debías esperar a que el peluquero acudiera a cortarte el pelo o afeitarte. Pero el espejo lo llevaba raramente. Por Pascua lo llevó, te dirigiste una ojeada y quedaste impresionado. No te reconocías en aquella carne miserable, en aquellas arrugas que te surcaban las mejillas para hundirse en el bigote, en aquella piel verdosa: aparentabas cincuenta años. Y tenías treinta y cuatro recién cumplidos. «¿Estoy siempre así?», preguntaste. Y el peluquero: «No, no». Bostezaste. Tomaste la gramática italiana para dedicarte un poco al subjuntivo: *se io fossi amato, se tu fossi amato, se egli fosse amato, se noi fossimo amati, se voi foste amati, se essi fossero amati... Se io fossi capito, se tu fossi capito, se egli fosse capito, se noi fossimo capiti, se voi foste capiti, se essi fossero capiti...* Después del asunto Fermat, ya no sentías deseos de consumirte en las matemáticas. En cuanto a las poesías, comenzaban a hartarte. El año fecundo fue 1971, en que escribiste la que más orgullo te inspiraba, «Viaje», y aquellas otras dedicadas a Giorgos, Morakis y Giorkatzis, así como los sextetos más conseguidos. En 1972 compusiste *Cuartetos de otoño* y otras cosas buenas pero breves: fue un año pobre. Pero este año de 1973 no escribiste más que una treintena de versos. Muy poco. Lo cierto es que pasabas semanas de completo sopor, días en que el cuerpo no participaba de la actividad del cerebro y hasta una pluma en la mano te pesaba.

Dejaste de lado la gramática italiana y echaste mano de un viejo periódico. Te lo sabías de memoria, y sin embargo no te cansabas de releerlo. Recogía el fallido levantamiento de la Marina y la breve detención del exministro Evangelos Averoff. No te gustaba el tal Averoff. Antes del golpe no te gustaba porque era monárquico y reaccionario, y ahora no te gustaba porque había sido excarcelado con demasiada prontitud. Vamos, que uno admite haber participado en una conjura para derribar el régimen y luego vuelve a casa sin que le toquen ni un pelo. «Por favor, señor Averoff, siéntese, por allí está la salida, mis respetos, que usted lo pase bien». A menos que... ¿No fue él quien ideó la llamada política-del-puente? «Tender un puente entre la Junta y la oposición». ¡Oposición! ¿Qué oposición? ¡¿La suya?! Sí, su excarcelación escondía una trampa: incluso dentro de aquel sepulcro olfateabas olor a trampa. No te habría extrañado que, con la contribución directa o indirecta de Averoff, Papadópoulos hubiera puesto una zancadilla, por ejemplo recurriendo a una falsa democracia para legalizar la Junta, para constitucionalizarla. Te jugabas el cuello a que de todo aquello no existían pruebas. ¡Ah, poder disponer de pruebas, de documentos! Poder proclamar un día la verdad, demostrar que los verdaderos culpables son los que se esconden tras el biombo de la respetabilidad, los dignísimos señores que utilizan a cualquiera y siempre salen intactos, con independencia del régimen que venga y del régimen que caiga. Los Averoff. El Poder que no muere nunca, que se viste de todos los colores, con todas las mentiras. Te invadió una gran cólera. Volvió a ti la energía. Te pusiste de pie sobre el camastro, y con el bolígrafo rojo de Zakarakis escribiste en la pared: «*Tha martyrizó.* Demostraré». En el mismo momento, el silencio dominical fue quebrado por gritos de alegría: «*Zito, zito!* ¡Viva, viva!». Saltaste del camastro y te agarraste a los barrotes para oír mejor. ¿Quiénes gritaban así, los presos o los soldados? «*Zito, zito!* ¡Viva, viva!». Eran los presos los que gritaban. Y en un relámpago comprendiste. ¿Qué es lo único que induce a gritar «viva» en una cárcel? La amnistía. Así, pues, lo que temías acababa de suceder: la política del puente ya había dado sus frutos. El Poder se había percatado de que era preciso aflojar las cuerdas, y convenció a Papadópoulos para que concediera una amnistía, a fin de parlotear mejor sobre la normalización y la democratización. A menos que hubiera caído la dictadura y los vivas se refirieran al milagro. Esperaste a la guardia con el rancho. «¿Qué pasa? ¿Quiénes aplauden?». «Están contentos; mañana vuelven a casa». Inclinaste la cabeza, abrumado por la confirmación. ¿Y si te excarcelaran también a ti? ¡Maldita sea, eso habría sido un inconveniente! Después, ¿quién habría podido hablar de verdadera tiranía? Vamos, habrían dicho, no es tan malo ese Papadópoulos, y en cualquier caso es inteligente: no quiso fusilar a quien atentó contra él, pese a que se negó a solicitar gracia, y ahora, sin más, ¡lo pone en libertad! Y quedarían neutralizados tu lucha de cinco años, tu sacrificio y tu dolor. No, no querías que te excarcelaran. No querías convertirte en su instrumento, ¡en su cómplice! ¡Una cosa es ganarse la libertad con la fuga, y otra, obtenerla como regalo del propio enemigo! Y diciéndote esto, caminabas arriba y abajo y pisoteabas las hormigas, pues habías olvidado su existencia.

Pensaste en ello toda la noche, unas veces creyéndolo y otras no, y cuando no lo creías te sentías tranquilo, pero cuando lo creías tu conciencia se desdoblaba en dos. Un hombre es un hombre, y un hombre está hecho de generosidades y egoísmos, de coraje y de debilidades, de coherencias e incoherencias: si una mitad de ti esperaba que no sucediera, la otra mitad lo deseaba hasta el espasmo. ¡Eras joven, por Dios que estabas vivo, y no aguantabas más en aquella tumba! ¡No ver nunca el sol, no ver nunca el cielo, no tocar nunca a una mujer, no poderla acariciar, no poder decirle te amo, estar siempre solo, solo, solo, moverse en un cuchitril de un metro ochenta por noventa, estar sepultado sin haber muerto! Y fuera, la vida. El espacio, la vida. La luz, la vida. La gente, la vida. El amor, la vida. El mañana, la vida. Qué difícil resulta ser un héroe. Qué cruel, inhumano y, en el fondo, estúpido e inútil. ¿Acaso alguien iba a agradecerte que te comportaras como un héroe? ¿Iban a erigirte monumentos, a dedicarte calles y plazas? Y aunque así fuera, ¿qué te importaba? ¿Es que un monumento, una calle o una plaza devuelven la juventud perdida, la vida no vivida? Basta; estabas blasfemando. Uno no cumple con su deber para que alguien le dé las gracias; lo cumple por principio, por sí mismo, por su propia dignidad. ¿Sabes cuántas criaturas estaban en una cárcel en aquel momento, a derecha e izquierda, en Oriente y Occidente, en una celda de castigo, sepultadas en vida por su propia dignidad y sin esperar las gracias? Criaturas de las que ni siquiera se sabía el nombre, ni se sabría nunca. Héroes anónimos, desconocidos, también ellos sedientos de sol, de cielo, de amor, de compañía; también ellos oprimidos por la falta de espacio y de luz, también ellos martirizados por un Zakarakis, que para castigarlos les quitaba los zapatos, los cigarrillos, los libros, los periódicos, la pluma y el papel; les secuestraba las poesías y les colocaba la camisa de fuerza: «¡Está loco, está loco!». El mundo estaba lleno de esos locos. Los mejores, los locos, terminan casi siempre en la cárcel. Los que nunca terminan en ella son los que se adaptan, los que se avienen a compromisos, los que callan, los que obedecen, sufren, traicionan y aceptan ser esclavos. Vamos, ¿acaso estabas cediendo? ¿Bastaba el deseo de correr por un prado o a lo largo de una playa, de tener una mujer y yacer junto a ella en un lecho, para hacerte olvidar quién eras, quién querías ser? Aguantaste las torturas, el proceso, la espera del pelotón de ejecución y la soledad atroz de una oscuridad donde, por espacio de cinco años, solo conociste a un escarabajo y a ciento treinta y seis hormigas: pues vive Dios que también aguantarías la amnistía. Y si aquella puerta se abría, si Zakarakis entraba diciendo estás-libre-Alekos, le responderías... Oh, Dios, ¿qué le responderías? Cerraste los ojos, exhausto. Te adormeciste. Estaba bien entrado el día cuando la voz de Zakarakis te despertó. «Levántate, Alekos. Has conseguido el indulto».

Largo es el silencio que hiela el sonido de una frase muy temida o muy anhelada, para bien o para mal, mientras el cerebro calla y el cuerpo se paraliza: no se mueven los pies, los brazos, la cabeza y ni siquiera la lengua; solo palpita el corazón. Luego, desde los abismos de una voluntad recuperada, parte un impulso que nunca sabrás cuál fue, y se mueve un pie. Se mueven un brazo, una pierna, y la cabeza, y la lengua: el cerebro vuelve a pensar. Te levantaste. «¿Qué indulto? Yo no he pedido el indulto a nadie, Zakarakis». «Tú no lo has pedido, pero el presidente te lo ha otorgado». «Me cago en el presidente». «Desgraciado, te estoy diciendo que mañana te vas, idiota, ¡¿no lo entiendes?! ¡Te vas, te largas de aquí!». «¿Y si yo no quisiera, Zakarakis?». «¡Te echaremos a la fuerza! ¡A la fuerza!». Te apoyaste en la pared que separaba el retrete, te metiste las manos en los bolsillos del pantalón y cruzaste las piernas, provocador. «Entonces me tendréis que echar a la fuerza, porque yo de aquí no me muevo, Zakarakis». «Te moverás, Alekos, te moverás. Hablas por hablar, no sabes lo que dices. En cuanto estés fuera, cambiarás de idea. Te darás cuenta de que fuera la vida es dulce y...». «Y vosotros os daréis cuenta de que dejarme dentro es más fácil que sacarme fuera». Esta vez Zakarakis no respondió y, encogiéndose de hombros, se alejó, dejando la puertecilla abierta. ¿Por casualidad o a propósito? Lo llamaste: «La puertecilla, Zakarakis. Has olvidado cerrar la puertecilla». De nuevo Zakarakis se abstuvo de responder y continuó hacia la puerta. Pero una vez allí, tuvo un destello de genio porque, tras un instante de duda, salió dejando abierta de par en par también la puerta. Volviste a llamarlo: «La puerta, Zakarakis. Has olvidado cerrar la puerta». Y no te moviste. Ni siquiera hiciste el gesto de pasar a la antecámara, trasponer el umbral y asomarte al patio. Lo deseabas locamente, según me confiaste un día. Lo deseabas más que cualquier otra cosa en el mundo. Sin embargo, permaneciste inmóvil. Una hora más tarde, cuando Zakararakis volvió, seguías allí, con la espalda contra la pared, las manos en los bolsillos del pantalón y las piernas cruzadas. Por lo cual su destello de genio se desvaneció. Se puso a gritar ingrato, loco, malvado, cerró todas las mirillas y pasaste como siempre tu última noche en Boiati.

El procedimiento que acompaña la excarcelación por indulto o amnistía supone una auténtica ceremonia en la que están presentes el fiscal general, que lee el decreto, las autoridades penitenciarias, que se mantienen en posición de firmes, un soldado que enarbola la bandera y un pelotón que presenta armas. Tú lo sabías, y nada de lo que sucedió el martes 21 de agosto se debió al azar. Excluida la escena de la silla, cada uno de tus gestos y palabras fueron el resultado de un guion que estudiaste en sus mínimos detalles. Para empezar, estar en calzoncillos cuando Zakarakis acudió a buscarte. «Pero ¡¿cómo?! ¡¿Ni siquiera te has vestido?!». «No, ¿para qué?». «¡Para la ceremonia!». «¿Qué ceremonia?». «¡La ceremonia de la excarcelación!». «Yo no te he excarcelado, Zakarakis. Sigues siendo mi prisionero». «¡Mi excarcelación no, la tuya! ¿Quieres vestirte, sí o no?». «No, prefiero ir en calzoncillos». «Escúchame, Alekos. Ya te has vengado bastante. Ahora sé bueno: no me pongas en ridículo ante el fiscal general. No puedes ir en calzoncillos». «Vaya que sí». «Te lo ruego de rodillas, Alekos». «¿De verdad de rodillas?». «Sí, si te vistes me pongo de rodillas». «No digas gilipolleces, Zakarakis. No me gusta ver a la gente de rodillas, aunque se llame Zakarakis». Y muy lentamente te pusiste los pantalones, los zapatos y un jersey azul. Luego: «¡Oh! La barba. ¿Y la barba, Zakarakis?». «¡Afeitadlo! ¡Rápido!». «¿Por qué rápido? Yo no tengo prisa». «¡Pero yo sí! ¡El fiscal está esperando! ¡Y también el comandante! ¡Están las autoridades!». «¿Y a mí qué me importan las autoridades? Me agrada perder tiempo con el barbero». Acudió el barbero y te afeitó. No te bastó y quisiste que también te cortara el pelo. No te bastó y quisiste que también te recortara el bigote. Zakarakis bramaba: «¿Estás listo ahora?». «No, falta el agua de colonia». «¿A qué viene el agua de colonia?». «Pues viene a que yo no soy un tipo que apeste, como tú. Yo me perfumo». «¡Panagulis, no me provoques!». «Y si te provoco, ¿qué harás, Zakarakis? ¿Me pondrás la camisa de fuerza? ¿Me pegarás? ¿Me llevarás a tu ceremonia con la camisa de fuerza o en camilla, cubierto de sangre?». «¡Traedle el agua de colonia!». La llevaron. No te gustaba. «Esta no es francesa. Yo uso exclusivamente perfumes franceses». «¡Buscádsela francesa!». Nadie tenía agua de colonia francesa, pero un oficial del campamento tenía una loción inglesa. Tras pronunciar una larga perorata acerca de la diferencia entre la colonia francesa y la loción inglesa, te rociaste de loción inglesa. Finalmente, hacia mediodía, estuviste listo y saliste. Pero hacía tres años y cinco meses que no trasponías aquel umbral, y al segundo paso te dio vueltas la cabeza y te sentiste tan mal que se vieron obligados a devolverte a la celda y a tenderte unos minutos en el camastro. Después, para efectuar el trayecto hasta el cuartel del comandante, necesitaste veinte minutos. Y te sujetaba un cabo, porque, además, mantenías los ojos semicerrados. La luz del sol te quemaba las pupilas.

En el cuartel del comandante, una pequeña multitud de uniformes te esperaba con impaciencia. A tu entrada se pusieron firmes, tiesos, y fue entonces cuando descubriste la silla y te sentaste en ella, haciendo oídos sordos a las protestas de Zakarakis. «¡Esa es la silla del señor fiscal!». «¿Por qué, la ha comprado?». «¡Devuélvasela!». «No». Intervino el fiscal general: «Panagulis, ¡en pie!». «¿Por qué? No te pienso dar la silla». «Porque debo leer el decreto presidencial». «Será un decreto presidencial para ti, lacayo de la Junta. Para mí no es más que una hoja firmada por un bufón. Con la hoja de tu Papadópoulos me limpio yo el trasero». «¡Panagulis, te estás excediendo!». «Pues detenme. Mejor, devuélveme a mi celda». «No se puede, ¡has sido indultado!». «Eso lo dirás tú. Yo no acepto ningún indulto». «Anda, levántate». «No, así me maten». Siguió un silencio desorientado: ¿qué hacer? ¿Arriesgarse a un alboroto obligándote a permanecer en pie o fingir indiferencia, dejándote sentado? Mejor dejarte sentado; era más prudente. «Empecemos», dijo el comandante. El pelotón presentó armas, el soldado abanderado enarboló la enseña y el fiscal leyó las primeras líneas del decreto. Mientras tanto, sentado de cualquier manera en la silla, bostezabas, silbabas y no dejabas de rascarte. Sobre todo los tobillos. El fiscal interrumpió la lectura: «¿Qué estás haciendo?». «Me rasco». «Pero ¿qué te rascas?». «Me rasco los cojones. Los tengo tan largos que me llegan a los tobillos». El fiscal enrojeció, a Zakarakis le rechinaron los dientes, el comandante hizo un gesto de cólera y la lectura fue reanudada. Cuando todo hubo concluido, con inmenso alivio para todos excepto para ti, te invitaron de nuevo a levantarte. «¡Vamos, Panagulis!». «¿Adónde? Yo aquí estoy estupendamente. Me gusta. Además, estoy cansado». «Debes regresar a tu celda hasta que vaya el teniente coronel». «¡Llevadme!». «¿Cómo?». «Como hacen con el papa cuando lo llevan de paseo en su sillón para que bendiga a la gente». Ahora el comandante reía y Zakarakis lloraba. «¿Lo ve usted, mi comandante? ¿Lo ve? ¡Casi cuatro años así! ¡Un delincuente, le digo, un delincuente!». Y tú: «Llora, Zakarakis, llora. Yo de aquí no me muevo». Y agarrabas la silla con ambas manos y la atenazabas con las piernas. Tuvieron que sacarte en la silla, ellos cada vez más apurados, y tú, de pronto, serio y compungido, exactamente igual que un papa en la silla gestatoria. Pero en el momento de abandonar la celda volviste a empezar desde el principio. Esta vez, con un teniente coronel. «Coge tus cosas, Panagulis, estás libre». «Yo no cojo nada. Cógelas tú». «¿No quieres salir?». «No. Ya os he dicho de mil maneras que estoy bien aquí y que prefiero quedarme». «Fuera cambiarás de idea y...». «Y descubriré que la vida es dulce: lo dice hasta Zakarakis. Mientras tanto, tú lleva mi ropa». Entre divertido y resignado, el teniente coronel cogió tu equipaje: una bolsa de viaje llena de vocabularios y de limas. Estas últimas estaban escondidas en el asa; las pusiste allí para burlarte, y en todo caso se trataba ya de una reliquia. «Vamos, Panagulis». «Bueno, vamos». Dirigiste una última ojeada a la celda, una extrañísima ojeada hecha de tristeza y de añoranza, contemplaste con intensidad dolorosa la inscripción «Demostraré» y luego saliste y te hallaste en el patio, en el caminito a la izquierda, en el caminito a la derecha, y en el sendero donde, en la terrible noche de la segunda fuga, Zakarakis se burló de ti. Caminabas con la cabeza gacha y los ojos semicerrados, como cuando fuiste a la ceremonia, evitando obstinadamente mirar el cielo. Los centinelas te sostenían casi con esfuerzo, de tal manera te apoyabas en ellos. Te sentías muy cansado, pues toda aquella comedia de provocaciones e insolencias te había agotado, y a cada paso te preguntabas qué harías una vez estuvieras en la cancela, donde los guardias te abandonarían, y en tu rostro no se reflejaba la mínima alegría. Finalmente, llegaste a la cancela, te separaste de la guardia y franqueaste el umbral. Y balbuciste, extraviado: *«Oh, Theós! Theós mou!* ¡Oh, Dios! ¡Dios mío!».

Ante ti se abría un abismo: tan ancho, tan hondo y tan vacío que solo percibirlo te provocaba la náusea, las ganas de vomitar. Y ese abismo era el espacio, el espacio abierto. Dentro del sepulcro habías olvidado qué era aquello. Algo terrible, porque era una cosa que no era: ¡sin una pared que lo limitara, sin un techo que lo cubriera, sin una puerta que lo cerrara, sin una mirilla, sin barrotes! Se abría de par en par ante ti y en torno a ti como un océano misterioso, insidioso, y la única referencia era la tierra que se extendía hacia abajo por el valle y hacia arriba por las colinas, apenas interrumpidas por matas de hierba o por árboles: alucinante. Pero lo peor era el cielo. Dentro del sepulcro llegaste a olvidar qué era el cielo. Era un vacío sobre el vacío, un vértigo sobre el vértigo: tan azul; no, tan amarillo; no, tan blanco. Tan desagradable. Abrasaba las pupilas más que un ácido, más que un fuego. Cerraste los ojos para no cegarte y alargaste los brazos para no caer. Y, de pronto, el pensamiento de tu celda se apoderó de ti junto con una nostalgia irresistible, un deseo irrefrenable de volver, de refugiarte en su oscuridad, en su vientre angosto y seguro. Mi celda, devolvedme mi celda. El oficial que llevaba la bolsa con los vocabularios y las limas comprendió, se acercó a ti y te tocó un hombro: «Ánimo». Volviste a abrir los ojos, pestañeando, diste un paso, luego otro y después un tercero. Te detuviste de nuevo. No era cuestión de ánimo, sino de equilibrio. Caminar en medio de todo aquel espacio y de aquella luz, y solo, no era como andar por los caminitos de la prisión, pegado a dos centinelas que te aguantan por los codos: era como ir a tientas por el borde de un precipicio. Incluso caminar recto era dificilísimo, porque, a falta de paredes, de obstáculos, no captabas qué era lo recto y qué lo oblicuo, lo de delante y lo de atrás; comprendías solamente que había arriba y abajo, cielo y tierra y el sol deslumbrador. Pero, poco a poco, a medida que crecían las náuseas, la incertidumbre y el miedo, mientras todo se ensanchaba y giraba y se trastrocaba para inducirte a repetir mi-celda-devolvedme-mi-celda, te encontraste a ti mismo. Y advertiste algo. ¿Qué? Allá había sombras, manchas en movimiento. Iban hacia ti fluctuando, agitando extraños apéndices que, por momentos, parecían alas o brazos. ¿Aves o personas? Personas, porque producían sonidos indefinibles que debían ser voces: «¡Alekos! ¡Alekos!». ¡Qué esfuerzo atroz dirigirse hacia aquella parte! «¡Alekos! ¡Alekos!». De pronto, entre las manchas se destacó una: una figura negra y tosca. Y se convirtió en una mujer con vestido negro, medias negras, zapatos negros, sombrerito negro y gafas negras. Corrió a tu encuentro con las manos tendidas, con los dedos tendidos. Tu madre. Caíste encima de ella. Y entonces todos te cayeron a ti encima, amigos, parientes y periodistas, para tocarte, abrazarte y llamarte, a fin de que no lloraras más por tu celda. Y, en efecto, de golpe, no la añoraste más, y te sentías inexplicablemente feliz, aun sintiendo una gran necesidad de llorar. No habrías querido llorar; habrías querido decir algo importante, histórico. Pero cuanto más te preguntabas qué podía ser ese algo, más crecía la necesidad de llorar, se hinchaba, se convertía en un hormigueo en la garganta, en una cortina de agua en los ojos. Porque el extravío que experimentaste al ver aquel abismo se traducía ahora en una intuición concreta; antes bien, en la conciencia de que la libertad iba a ser para ti otro sufrimiento, otro dolor.

Este era el hombre al que, finalmente, conocí al día siguiente, para chocar contra él con violencia, como un tren que discurre en dirección contraria por la misma vía.

Parte segunda

1

El amargo descubrimiento de que Dios no existe ha matado la palabra «destino». Pero negar el destino es arrogancia; afirmar que somos los únicos artífices de nuestra existencia es locura: si niegas el destino, la vida se convierte en una serie de ocasiones perdidas, en una lamentación por lo que no fue y habría podido ser, en un remordimiento por lo que no se hizo y habríamos podido hacer, y se desaprovecha el presente, convirtiéndolo en otra ocasión perdida. Me preguntabas, lamentándote: «¿Por qué no nos conocimos antes? ¿Dónde estabas cuando conectaba las minas, cuando me torturaban, me procesaban, me condenaban a muerte y me encerraban en aquella tumba?». Con remordimientos, yo te respondía que en Saigón, Hanói, Nom Pen, Ciudad de México, São Paulo, Río de Janeiro, Hong Kong, La Paz, Cochabamba, Ammán, Daca, Calcuta, Colombo, Nueva York, otra vez São Paulo, otra vez Saigón, otra vez Nom Pen, otra vez La Paz, y nombrando estas ciudades remotas me parecía enumerar las etapas de una traición. Nunca te respondí que estaba donde el destino exigía que estuviera, porque el destino había determinado que nos conociéramos aquel día y a aquella hora, no antes. Hasta aquel día y aquella hora, nuestros caminos estuvieron tan separados y lejanos que ni siquiera la más férrea voluntad habría podido conseguir que se cruzaran. Solo un instante estuvimos muy próximos: el día en que fuiste a parar a Italia procedente de Chipre. En efecto, estudiando las fechas, descubrimos que al tiempo que tú llegabas, yo partía. Pero el destino tiene una lógica, en él nada ocurre por azar: si nos hubiéramos conocido en esa ocasión o antes, no nos habríamos reconocido. Nos reconocimos después porque ya nos habíamos visto cien veces en Saigón, Hanói, Nom Pen, Ciudad de México, São Paulo, Río de Janeiro, Hong Kong, La Paz, Cochabamba, Ammán, Daca, Calcuta, Colombo, otra vez São Paulo, otra vez Saigón, otras tantas vueltas de rueda para ir hacia ti, otras tantas etapas de un grande y fiel amor.

¡Tuviste tantos rostros y tantos nombres en aquellos años! En Vietnam te llamabas Huyn Thi An, y eras una muchacha vietcong con las mejillas, el mentón y la frente cubiertos de cicatrices. Te había estallado en casa la carga de dinamita con la que querías matar a un tirano llamado Van Thieu, y te cogieron. Te torturaron con agua hirviendo, te asfixiaron con toallas, y los oficiales de uniforme verde botella estaban a punto de condenarte a muerte cuando nos conocimos en una dependencia de la policía especial, y tú me mirabas con odio porque vestía uniforme militar. Yo te decía: «No soy un soldado, Huyn Thi An. Soy una periodista, vengo de un país que no está en guerra con el tuyo y quiero escribir bien de ti. Háblame, Huyn Thi An». Y tú me respondías: «No quiero que escribas acerca de mí. No me sirve. A mí solo me sirve salir de aquí y volver a combatir. ¿Puedes conseguir que salga de aquí?». «No, Huyn Thi An. No puedo». «Entonces no me interesas. Vete. Adiós». También te llamabas Nguyen Van Sam, y eras un hombre descalzo, vestido de negro, con unos hombritos frágiles y un par de manitas flacas. Habías hecho una cosa tremenda: que estallaran dos Clymore en el restaurante My Canh, aquel junto al río, y aniquilaran a decenas de criaturas para nada. En vísperas de otro atentado te tendieron una trampa y acabaste en el primer Arrondissement, el cuartel general de la ESA en Saigón, donde Malios, Babalis y Theofiloiannacos no consiguieron hacerte hablar. Hazizikis, aquella vez, sí. Se llamaba capitán Pham Quant Tan, tu Hazizikis de Saigón, y te chantajeó así: «Si hablas, te fusilaré con honor. Si no hablas, te aplastaré bajo un camión y morirás sin gloria». Tú no eras un héroe aquella vez, y no sabías resignarte a la idea de morir bajo un camión y no fusilado, y, moviendo con esfuerzo los labios tumefactos por los puñetazos, preguntaste a Pham Quant Tan: «¿De veras harás que me procesen y me fusilarán?». «Sí». «Entonces, lo diré todo». Nos conocimos en la misma dependencia en que encontré a Huyn Thi An, y eras muy gentil; te gustaba estar conmigo porque te dejaban fumar y te desataban las manos. Te entrevisté durante dos noches, y era hermoso escucharte porque también allí, en la cárcel de Saigón, te habías convertido en un poeta. Me hablabas de un dios de barba rubia a quien llaman Jesucristo; tiene alas y vuela por encima de las nubes y muere como un guerrillero vietcong, fusilado. Me hablabas de tu aldea, donde al atardecer el sol se vuelve rojo y se hunde en los arrozales, mientras un viento ligero hace inclinar la cabeza a las plantas de arroz. Me explicabas lo inútil e idiota que es matar; me decías que los hombres son inocentes porque son hombres y hacen cosas inútiles e idiotas como matar a su enemigo, y que por eso hay que tenerles mucha piedad. Nos separamos con pena; tú porque no tendrías ya ocasión de fumar tantos cigarrillos ni de permanecer con las manos desatadas, y yo porque empezaba a amarte. Al despedirme de ti, te deseé una buena muerte. Eso era lo que soñabas: una buena muerte.

En Bolivia te llamabas Chato Peredo, y eras el último de los hermanos Peredo, el primero muerto con Che Guevara, y el segundo, en un enfrentamiento con la policía. Para organizar la resistencia armada huiste a los bosques del Illimani, y estaba yo a punto de llegar junto a ti cuando el ejército del general Miranda te rodeó y te capturó. Tus compañeros de La Paz me informaron de ello para que hiciera algo, y yo corrí a ver al presidente Torres, que era un hombre estupendo, tanto que Miranda lo mató. Le dije: presidente, han apresado al Chato y quieren fusilarlo; sálvelo, por caridad. Torres te salvó y tú nunca supiste que fue él quien lo hizo y yo quien se lo supliqué. De hecho, nunca nos conocimos cuando te llamabas Chato, pero sí cuando te llamabas Julio y estabas encerrado en la prisión central de La Paz. Mediante un truco, un documento falso, entré en la prisión y llegué a tu celda para ver dónde estaba situada y contárselo a quien se disponía a liberarte. Llevabas una gran barba negra por aquel tiempo, y no escribías poesías sino libros: con la acostumbrada caligrafía menuda, ordenada y elegante. Permanecimos juntos unos pocos minutos y confiaste en mí;

me dijiste lo que debía saber y sirvió: el día en que supe que habían conseguido liberarte, lloré de alegría. Fui a buscarte a Brasil. Allí te llamabas Carlos Marighela y eras un viejo comunista y exdiputado a quien Fleury daba caza como a una liebre de reclamo. El infame Fleury era el jefe de la policía de São Paulo, cómplice y protector de los asesinos de uniforme que componían el llamado «escuadrón de la muerte». Por aquel tiempo vivías escondido, cambiando continuamente de dirección y de peluca, pero querías conocerme para contarme la verdad acerca de quién se batía contra la dictadura en Brasil, y por tres veces me fijaste una cita. En dos ocasiones no logré reunirme contigo porque Fleury me había hecho seguir por sus agentes, y dondequiera que fuese me los encontraba detrás, con sus impermeables color tabaco, y la única vez que perdieron mi rastro tú faltaste a la cita porque te seguían a ti. Luego Fleury te mató. En el cruce de las calles Lorena y Casabranca te tendió una trampa con dos frailes de la Resistencia a los que ya había detenido, y valiéndose de muchos policías de paisano, hombres y mujeres. Te acribillaron dos mujeres que, gracias a ello, fueron ascendidas y recibieron un aumento de sueldo. Era el 5 de noviembre de 1969, y creo que la conciencia de mi amor por ti estalló después de que Fleury te hubiera matado en el cruce de las calles Lorena y Casabranca por mano de dos mujeres, a las que, en agradecimiento, ascendieron y subieron el sueldo.

Luego te llamaste Tito de Alencar Lima, un fraile dominico del que no conocía el rostro ni la edad. Te convertiste en el padre Tito de Alencar Lima el 17 de febrero de 1970, cuando el capitán Mauricio fue a detenerte con su escuadra y te llevó a la central de la ESA, que en São Paulo llevaba el nombre de Operaciones Bandeirantes, y te dijo: «Ahora conocerás la sucursal del infierno». A continuación te desnudó hasta dejarte completamente en cueros y te colgó de una barra de hierro que pendía del techo. El *pau de arara.* En portugués significa «el palo del papagayo», pues, en efecto, parecía justamente un palo para los papagayos, si bien en las Operaciones Bandeirantes lo utilizaban para los hombres y las mujeres, no para los papagayos: los enrollaban de tal manera que el palo quedara bloqueado entre la parte posterior de los codos y las corvas, les ataban los tobillos a las muñecas y los dejaban en esa postura grotesca y dolorosísima hasta que la sangre no circulaba, el cuerpo se hinchaba y la respiración cesaba. Te colgó y te mantuvo toda la tarde y toda la noche, soltándote solo para hacerte el teléfono, una tortura que consiste en batir los oídos de la víctima con ambas manos, y después te arrojó a una celda semejante a la de Boiati, sin catre, ni colchón ni manta: «Mañana hablarás, fraile, hablarás». Pero al día siguiente no hablaste tampoco, y entonces se presentó el capitán Omero, especialista en falanga y en golpes en los genitales. Tampoco hablaste con el capitán Omero, y por eso acudió el capitán Albernaz, que contaba con la escuadra más enérgica de todas. «Fraile, cuando yo vengo a las Operaciones Bandeirantes, dejo el corazón en casa, y con tal de saber lo que quiero escupo en la Virgen. Cada vez que digas no o permanezcas callado, aumentaré la corriente», te advirtió. Y de inmediato te ató a la silla del dragón, que era una especie de silla eléctrica, te aplicó los cables en las sienes, en las manos, en los pies y en los genitales y descargó sobre ti una corriente de doscientos voltios. «¿Hablas o no hablas?». «No». «¿Hablas o no hablas?». «No». A cada no, doscientos voltios. A las diez de la noche se cansó y llegó a la conclusión de que tú requerías un trabajito especial; ya le habías tomado bastante el pelo, y mañana ya veríamos. El trabajito especial consistía en introducir el cable eléctrico por el ano, así es que al día siguiente te introdujo el cable eléctrico por el ano y te regaló una descarga tan intensa y prolongada que te pareció que estallabas en mil pedazos. El esfínter se relajó, salpicando el pavimento de una lluvia de heces. Albernaz sorteó las heces de una zancada y: «Por última vez, fraile, ¿hablas o no?». «No». «Entonces, prepárate a morir». A continuación: «Abre la boca, que te doy la hostia consagrada». Abriste la boca, contento de morir, y Albernaz te apoyó el cable eléctrico en la lengua y descargó una corriente de doscientos cincuenta voltios. Cuarenta y ocho horas más tarde intentaste el suicidio, que, para ti, católico y padre dominico, era pecado mortal por partida doble. Acudieron a afeitarte y lo hicieron solo por un lado, en señal de desprecio. Llamaste a un soldado y le pediste algo para afeitarte el otro lado. Él te dio una cuchilla, y apenas la tuviste en la mano te la hundiste en el brazo izquierdo, cerca del reverso del codo. El corte alcanzó la arteria y la sangre salpicó las paredes. Recuperaste el conocimiento en una habitación de la enfermería. Te vigilaban seis centinelas y el capitán Mauricio recomendaba, como Zakarakis: «Doctor, no debe morir, de lo contrario estamos perdidos». No moriste, y algún tiempo después supe de tu calvario. Lo supe a través de una carta que escribiste a tu arzobispo y que yo fui a buscar a São Paulo para publicarla, para explicar al mundo quién eras, para hacer algo por ti.

Hemos llegado al punto. En los años en que la rueda del destino giró con tenaz coherencia para conducirme junto a ti, ni una vez te llamé por tu nombre. Ni una vez vi tu rostro. Por el individuo que llevaba tu nombre y tenía tu rostro no firmé un solo documento de protesta, no participé en un solo mitin, no escribí una sola línea. Ni tan siquiera leí las treinta poesías sacadas de Boiati, y que fueron publicadas y traducidas en Italia. Tampoco traté de profundizar en una historia que conocía mal y superficialmente. Del atentado me enteré con mucho retraso, a través de un despacho de agencias mientras estaba en Vietnam: unas pocas líneas sobre cierto oficial griego que quería matar al tirano. Las leí diciendo: bien, algo se mueve allí, y luego las olvidé. En Vietnam un pueblo entero moría por liberarse de una opresión para caer en otra opresión, el hedor de los cadáveres apestaba el aire junto con el olor inútil del heroísmo: en medio de tanta tragedia no había lugar para ti. Del proceso y de la condena a muerte, en cambio, supe mientras me hallaba en el hospital, tras la matanza de Ciudad de México. Me hirieron también a mí en ella: una bala en la pierna izquierda y otra en la espalda. La herida de la espalda se había convertido en un tumor y me operaron. «El autor del atentado a Papadópoulos será fusilado», decía el periódico. Y añadía que tú mismo habías pedido ser fusilado. Esto me turbó, claro está, pero la turbación pronto se desvaneció en el recuerdo de los centenares de personas aniquiladas ante mis ojos en la gran plaza de Ciudad de México, aquellos cuerpos que rodaban por la escalinata o que saltaban hacia delante en una cabriola; aquel niño a quien una ráfaga de metralleta saltó la tapa de los sesos; aquel otro que se lanzó sobre él llorando Huberto-qué-te-han-hecho-Huberto, y la segunda ráfaga lo alcanzó a él partiéndolo en dos; aquella mujer encinta a la que abrieron el vientre a bayonetazos; aquella muchacha a la que solo le quedaba la mitad de la cara, y el médico repetía yo-la-dejo-morir, sí-la-dejo-morir. Y los muertos entre los que me arrojaron durante horas, los muertos que habían expirado en las cárceles e iban a ser incinerados o enterrados a escondidas, a fin de que nadie hablara nunca de ellos, de que nunca exclamara nadie con admiración: él-mismo-ha-pedido-ser-fusilado. Supe con retraso que tu condena no fue ejecutada, y experimenté una alegría breve y abstracta. Supe de pasada que en la cárcel sufrías de manera inhumana, y experimenté una ira igualmente breve y abstracta. En suma, si el destino no existiera, si yo no me hubiera convertido en instrumento de tu destino, habría que preguntarse por qué aquel día de agosto te telegrafié y luego me precipité a Atenas con el ansia de quien obedece a una llamada largamente esperada, y por qué apenas llegada a tu ciudad tuve el presentimiento de que iba a sucederme, a sucedernos, algo irreparable.

Hacía mucho calor en Atenas. El calor que a las dos de la tarde, en verano, abrasa las regiones del sur. El asfalto cedía blandamente bajo los zapatos, los vestidos se pegaban a la piel a causa del sudor y no corría un hilo de aire. Salí del aeropuerto, monté en un taxi, di tu dirección al conductor y, de pronto, me envolvió una inquietud extraña, la misma de cuando estaba en Vietnam y seguía a una patrulla por senderos probablemente minados. Atenta a cualquier roce, trataba de poner los pies donde los habían puesto los demás, pero sabiendo que no servía, que mis zapatos habrían podido oprimir el percutor evitado por los otros por pocos centímetros. Arrepentida de haber dicho yo-también-voy, me habría gustado echarme atrás, escapar gritando no-me-importa-nada-vuestra-guerra-maldita-sea. Me sentía así. Y pronto la inquietud se transformó en angustia, la misma de la mañana en que fui a buscar la carta del padre Tito de Alencar Lima a la periferia de São Paulo y los agentes de Fleury me seguían, con sus impermeables de color tabaco. La misma de la tarde en que fui al encuentro de la matanza de la plaza de Tlatelolco sabiendo que iba a producirse. Idéntica era la espera de no sabía bien qué desgracia, qué dolor, pero con seguridad una desgracia que te truncará, un dolor que te hará sufrir demasiado; idéntica la contradictoria impaciencia mientras el taxi corre en medio de aquel calor sofocante y el conductor no conoce el barrio, de modo que se interna por varias calles, todas equivocadas, para encontrar siempre el mismo punto, un garaje con la inscripción Texaco. Al pie del garaje, una rampa estrecha, una poterna negra que siempre atrae mi mirada y me pone nerviosa como si encerrara una amenaza. La poterna dentro de la que te arrojaron tres años más tarde. Texaco, Texaco, Texaco. El conductor se desespera, se justifica en una lengua misteriosa, remota, con sonidos que recuerdan vocablos de la *Ilíada* y la *Odisea,* aprendidos en la escuela. «*Den xero, den katalavéno.* No sé, no comprendo». Pero de pronto agita la hoja con la dirección y frena junto a una acera bordeada de olivos. Al otro lado de los olivos hay un estrecho jardín de naranjos y limoneros, rosales y plantas crasas, y en medio del jardín, un sendero conduce a un chalecito amarillo con persianas verdes y una terraza volada, repleta de personas excitadas. A la izquierda del sendero se alza una gran palmera con un manojo de ajos colgado de un saliente del tronco, cualquiera sabe para qué. «*Edó, edó!* ¡Aquí, aquí!». ¿Se santigua para agradecer a Dios haber llegado o para exorcizar a aquella extranjera pequeña y delgada, vestida de hombre, que se alisa el pelo y no se baja, como si tuviera miedo, y luego se apea con ímpetu, decidida, y acude a su cita con el destino?

No tenía yo la menor idea de cuál era tu aspecto; nunca vi ninguna fotografía tuya. Jamás me pregunté tampoco si eras joven o viejo, guapo o feo, alto o bajo, rubio o moreno. De pronto me pregunté qué clase de tipo serías, y buscando entre la aglomeración, me interné por el sendero, subí a la terraza y me encontré en un pequeño recibidor lleno de otras personas excitadas, y después en un saloncito destartalado donde los hombres se sentaban a un lado y las mujeres a otro, como en Arabia. Todos los varones parecían iguales, así que cualquiera de ellos habrías podido ser tú. Te busqué segura de no reconocerte. Sin embargo, te reconocí inmediatamente porque inmediatamente nuestras pupilas se encontraron proyectándose desde lejos, y porque aquel hombre grácil, feúcho, de ardientes ojillos negros y gran bigote que destacaba sobre la palidez enfermiza de su rostro no podía ser más que Huyn Thi An, y Nguyen Van Sam, y Chato, y Julio, y Marighela, y el padre Tito de Alencar Lima. Y era Huyn Thi An quien se ponía en pie de un salto, con los brazos tendidos, era Nguyen Van Sam quien venía a mi encuentro, eran Chato, y Julio, y Marighela quienes me estrechaban en un abrazo atenazante sin que yo tuviera tiempo de presentarme, de decir mi nombre, y era el padre Tito de Alencar Lima quien me acariciaba una mejilla con dedos suaves. Pero era tu voz la que decía: «Hola, has venido». Y era una voz con la que, solo oyéndola, se perdía la paz para siempre.

«Te esperaba. Ven». Me tomaste de la mano y me apartaste de la aglomeración. Me guiaste por el corredor hacia una habitación con el armario transformado en altarcillo. Iconos de Cristos, Vírgenes y santos, uno sobre otro, en un supersticioso refulgir de plata, y velitas encendidas, incensarios y misales. En el rincón opuesto, una cama cubierta de libros en griego. Encima de los libros, un gran ramo de rosas. Lo cogiste, contento, y me lo diste: «Para ti». «¡¿Para mí?!». «Sí, para ti». Luego, autoritario: «¡Andreas!». Entró el joven al que habías llamado Andreas, un tipo alto y elegante, con traje azul y camisa blanca, casi se colocó en posición de firmes, y así permaneció escuchando lo que decías en tu lengua, para luego traducirlo al inglés. Sabías italiano, tradujo; lo aprendiste en la cárcel, pero en aquellos años te limitaste a conversar con la gramática, así que preferías que él actuara de intérprete. Ante todo, deseabas excusarte por recibirme en un dormitorio; era la habitación de tu madre y el único lugar donde podríamos hablar sin ser molestados. Además, deseabas explicar que aquellos eran mis libros traducidos al griego, que para obtener uno hiciste una huelga de hambre, que en la soledad de tu celda te acompañaron a menudo, y que las rosas significaban eso. Me las mandaste al aeropuerto con dos amigos que no me encontraron, pues el telegrama no indicaba el vuelo que iba a tomar, así que ahora las tenías allí. Yo le escuchaba turbada, incapaz de responder con una frase cualquiera: ¿qué clase de hombre era aquel que, apenas salido de la cárcel, se preocupaba de recibirme con semejante atención, de decirme tales cosas, y por qué, en vez de halagarme, todo eso aumentaba la inquietud, la angustia, la inexplicable amenaza que advertí al escuchar su voz? Era preciso librarse cuanto antes de él, devolver al encuentro sus verdaderas proporciones, aclarar que estaba allí para realizar un trabajo, para hacer una entrevista. Y sin preguntarme si te hería —antes bien, evitando la extraña expresión con que reaccionabas, al tiempo mortificada e irónica—, te di las gracias en tono brusco: «Muy amable, *very nice*». A continuación, puse las rosas en un banquillo, el magnetófono en una mesita, me senté, te pedí por favor que hicieras otro tanto frente a mí, bien, así, enseguida empezamos, y me puse a interrogarte: profesional, fría. Pero, mientras tanto, te examinaba desesperada y frenéticamente, tratando de resolver el enigma, de descifrar la fascinación o, más bien, la magia que emanaba de ti. Había algo en ti, me decía, que al mismo tiempo atraía y repelía, conmovía y aterrorizaba. Como cuando se mira desde el último piso de un rascacielos y tenemos la impresión de volar, pero, a la vez, la de que nos precipitamos al vacío.

¿Qué? Tal vez el rostro. Pero no, el rostro era cualquier cosa menos excepcional. De hermoso no tenía más que la frente: tan alta, tan despejada, de una pureza sublime. Solo resultaban interesantes los ojos porque no eran iguales, ni en forma ni en tamaño: uno era ancho y otro estrecho, uno estaba abierto, y el otro, semicerrado. El ancho y abierto miraba con dureza casi maligna; el estrecho y semicerrado, con ternura casi infantil. Pero en conjunto iluminaban como un bosque en llamas durante la noche. El resto apenas impresionaba. Los párpados eran dos cucharillas informes de carne, la nariz era carnosa y un poco desviada, apenas imperiosa en los orificios, la barbilla era breve y caprichosa, y las mejillas, demasiado redondas. Marchitadas por los padecimientos, y sin embargo redondas. Eran precisos el bigote, híspido y poblado, y las cejas pesadas, como dos pinceladas de tinta, para devolver importancia a aquel rostro. En cuanto al cuerpo, estaba bien constituido, con sólidos hombros, costados y piernas, y una vez superada la delgadez, habría podido llegar a considerarse seductor, pero nunca dejaría de ser el cuerpo de un hombre del pueblo, de mediana estatura, un poco tosco. No, en el físico no veía yo absolutamente nada que pudiera causarme nerviosismo o que me encantara. ¿Entonces? Acaso la voz. Aquella voz que solo al farfullar hola-has-venido me penetró como una cuchillada: gutural, profunda, empapada de una indefinible sensualidad. ¿O tal vez la autoridad con que te movías y tratabas a la gente? «¡Andreas!». La calma de quien está muy seguro de sí y no admite réplicas a lo que dice porque no tiene dudas al respecto. Sacaste una pipa, la cargaste, flemático, la encendiste con no menos flema y te pusiste a fumarla a largas bocanadas, como un viejo, lo que subrayaba el distanciamiento con que respondías a mis preguntas. Pero no había distanciamiento en lo que me decías, ni lo hubo cuando diste aquel brinco para ir a mi encuentro y abrazarme. Así pues, mejor no pensar en eso. Mejor volver a buscar a Huyn Thi An, Nguyen Van Sam, Chato, Julio, Marighela y al padre Tito de Alencar Lima, devolverte su rostro, mirarte las muñecas deformadas por los cables con que pendías del techo, el pie roto por la falanga, el corte en el costado, la cicatriz que en el pómulo izquierdo daba lugar a una excrecencia violácea. «Me recuerdas a un fraile brasileño, Alekos». «Al padre Tito de Alencar Lima». «¡¿Cómo lo sabes?!». «Lo sé. Conozco su carta, la que publicaste. Esperaba que hicieras lo mismo por mí». «Nunca he hecho nada por ti». «No importa. Ahora estás aquí». Descansaste la pipa, me agarraste ambas manos y las estrechaste fuertemente, perforando mis ojos con tus ojos. «Estás aquí, nos hemos encontrado».

Y fue tremendo. Porque de pronto todo estuvo claro, y comprenderlo equivalió a racionalizar el presentimiento que me asaltó cuando llegué a Atenas; a admitir que en aquella habitación, ante el absurdo altarcillo de Cristos y Vírgenes, no solo se estaba desarrollando una rendición de cuentas con mis ideales escogidos y mis deberes morales, con lo que tú representabas o yo quería que representaras, sino también una partida a dos, el encuentro de un hombre y una mujer impulsados a amarse con el amor más peligroso que existe: el amor que mezcla los ideales escogidos y los deberes morales con la atracción y los sentimientos. Retiré las manos y las escondí bajo la mesita. Con la vileza de un caracol que con solo rozarlo se refugia dentro de su caparazón, me empeñé en oponerte una resistencia sorda, feroz, ora evitando tu mirada, ora parapetándome tras el baluarte de las preguntas, ora aferrándome a la presencia de Andreas, dirigiéndome más a él que a ti. Pero las cosas que decías y que contabas, las torturas, el proceso, la condena a muerte y el infierno en que viviste durante años sin perder la fe, sin renunciar a ti mismo, me devolvían a ti como un viento que barre hasta la voluntad. Y además de aquel viento estaban aquella voz, aquellos ojos, aquellos dedos que continuaban buscándome obstinados. Al final, me rendí. Dejé de evitar tu mirada, dejé que mis pupilas se anegaran dentro de ella, volví a poner las manos encima de la mesita para que las encontraras cada vez que desearas estrecharlas, y la entrevista prosiguió así, mientras la presencia de Andreas asumía un algo de inoportuna, de indiscreta, y las horas transcurrían sin que nos diéramos cuenta. El sol estaba alto cuando empezamos, y los iconos de plata brillaban a su luz. Luego la luz se hizo penumbra, la penumbra oscuridad, y entró una anciana vestida de negro que encendió las lámparas, pero ni siquiera esto nos distrajo. Era como si mi temor se hubiese desvanecido. Volvió de improviso. Volvió cuando te pregunté qué significaba para ti la política, no la política que se hace en la clandestinidad, sino la política que se hace en libertad, y primero me respondiste que hasta entonces no habías hecho política; que te habías limitado a tener un *flirt* con la política, a lo Garibaldi y no a lo Cavour. Luego te encerraste en un inesperado silencio, y en ese silencio, muy lentamente, acercaste tus dedos a los míos. Muy lentamente los entrelazaste. Muy lentamente dijiste en mi lengua: «El *flirt* me gusta, pero prefiero el amor. El amor con amor».

Me levanté como picada por una avispa. Dije que debía despedirme de ti e ir a buscar un hotel. Respondiste, categórico: «Tú no te vas a ningún sitio. Te quedas aquí». Luego, cojeando a causa del pie roto por los bastonazos de Theofiloiannacos, te dirigiste a la anciana vestida de negro, que arrastraba los pies por la cocina. Ya era de noche, y los visitantes, decepcionados por tu abandono, se habían marchado.

En la acera estaban de plantón cuatro policías, pero en la terraza hacía fresco, el aire estaba perfumado de jazmines y una brisa ligera movía el extraño manojo de ajos colgado de un saliente de la palmera. Se lo señalaste a Andreas: «¿Para qué sirve?». Sonrió: «Para alejar el mal de ojo, la policía y las complicaciones. ¿Entonces se queda?». «No. Explíqueselo usted». «Tendrá que hacerlo usted sola, y no será fácil. Cuando decide algo, desobedecerle es prácticamente imposible». «Yo no estoy aquí para obedecer». «¡Oh! Eso lo dicen todos, y luego le obedecen. Catorce personas acabaron en la cárcel por haberle obedecido. Pero podría marcharse enseguida; debe de haber un vuelo nocturno a

Roma. Si quiere, la acompaño al aeropuerto». «¿Por qué? ¿Está usted preocupado por mí? ¿Teme que esos policías me detengan?». Sonrió de nuevo: «No, los policías no». «No comprendo». «Quiero decir que eso no ha sido una entrevista, sino un coito del alma. Y él debería quedarse quieto, al menos un rato, a fin de descansar. El amor no es descanso, y cuando nace de los coitos del alma, puede convertirse en tragedia». «No exagere», dije secamente. Su intromisión me irritaba, así como el hecho de que hubiera visto más de lo que me temía. Pero si por una parte me habría gustado invitarlo a callarse, por otra no sabía evitar escucharlo, e incluso animarle a que hablase. «No exagere». «No exagero. ¿O tal vez sí? Nosotros, los griegos, estamos obsesionados por la tragedia. Como la inventamos, la vemos por todas partes». «Pero ¡¿de qué tragedia habla?!». «Hay solo un tipo de tragedia y se basa en tres elementos que no cambian nunca: el amor, el dolor y la muerte». Y precisamente mientras hablaba así, irrumpiste con tu leve cojera: «¡Todo arreglado! Dormirás en el saloncito. No es tan cómodo como una *suite* en el Grande Bretagne, pero es mejor que un camastro en Boiati. Y dentro de poco cenamos». «Escúchame, Alekos...». «¿Te gusta la *melitsanosalata?*». «Alekos...». «¿Y la *spanakópitta?*». «Alekos...». «Ah, ni siquiera sabes lo que es la *spanakópitta:* ¡empanada de espinacas! La *melitsanosalata,* en cambio, es una ensalada de berenjenas. Buena, ya verás. Mejor que las lentejas de Zakarakis. ¿Te he contado la historia de las lentejas de Zakarakis?». Hablabas, hablabas, interrumpiendo cada una de mis frases, impidiéndome replicar no-me-quedo-gracias, debo-irme-gracias, y cualquier tema servía para el mismo fin: hablar de las lentejas de Zakarakis, de la ensalada de berenjenas y de la empanada de espinacas. Por último, me tomaste posesivamente por los hombros, te apoyaste en la balaustrada de la terraza y olfateaste el aire con nariz ávida: «Esta es la primera vez en cinco años y diez días que huelo a jazmines. Anoche no olían». «Sí que olían», replicó Andreas. «Repito que no». «Pues no», concedió Andreas.

La cena fue irrelevante. También parecía pensarlo así Andreas, que había sido invitado. Estabas alegre, y describías Boiati como un lujosísimo hotel de vacaciones, con piscina de agua caliente y campos de golf, cine privado y restaurantes con caviar fresco iraní y servicio de primera calidad, y en ningún momento una mirada demasiado intensa, un gesto demasiado confidencial; algo, en suma, que renovara los proféticos temores sobre los que discutimos en la terraza. Hasta el punto de que, en un momento dado, llegué a la conclusión de que el juego de manos y miradas constituyó una simple manifestación de amistad, y el discurso sobre el amor, una respuesta política de gran agudeza: de quererlo, habría podido aceptar tu hospitalidad y partir al día siguiente por la tarde: poco a poco, la casa estaba volviendo a atestarse de conocidos, personas que querían saludarte, abrazarte, y despertaba mi curiosidad el espectáculo de tu persona, recibiéndolos con la desenvoltura de un jefe que regresa de un largo viaje. Además, me interesaba ver cómo conversabas con ellos, cómo les dabas instrucciones y los ponías en guardia. Sí, reencontrarse era hermoso, pero no había que embriagarse con ello; aquella amnistía era una estafa, una coartada para reforzar la dictadura con el consenso de la derecha, de los Evangelos Averoff. Sí, dormir en la cama propia reconfortaba, pero no se sale del presidio para dormir en la cama propia, sino para reanudar la lucha. Pronunciabas el nombre de Averoff con frecuencia casi obsesiva, y por lo que Andreas traducía estaba claro que lo odiabas casi tanto como al tirano. «¿Qué dice?». «Dice que Averoff es un colaboracionista». «¿Qué dice?». «Dice que un día lo demostrará». «¿Qué dice?». «Dice que los Papadópoulos pasan y los Averoff quedan». Sin embargo, con la misma franqueza y con juicios no menos severos pronunciabas el nombre de Andreas Papandreu, el representante oficial de la izquierda en el exilio. «¿Qué dice?». «Dice que es un opositor de opereta». «¿Qué dice?». «Dice que los tipos como él sustituyen las dictaduras por las dictaduras y, en el mejor de los casos, allanan el camino a un autoritarismo». Esto confirma tu perfil libertario, la independencia ideológica en la que yo me reconocí durante las dramáticas horas de la entrevista, y al confirmarlo, replanteaba el misterioso arrobamiento que me turbara, y lo reducía a una fraternidad ideal. Sí, podía quedarme, pensé, recobrada la serenidad. Me levanté para ayudar a la anciana vestida de negro, tu madre, que, murmurando oscuras palabras de descontento, arrastrando los pies y ajustándose el moño gris deshecho, recogía los restos de la cena. «La veo tranquila», observó Andreas. «Lo estoy», repuse. «Entonces, ¿se queda de veras?». «Creo que sí». «¡Ah! Buenas noches». «Buenas noches». Me despedí de él y de ti y, vencida por el cansancio, cerré la puerta del saloncito. Era una puerta de cristal opaco, y la luz encendida en el recibidor se filtraba insoportablemente. Pero una vez tendida en el diván, me dormí de todos modos, de golpe.

Dos horas más tarde me despertó un eco de pasos y, a la vez, la vaga impresión de que me amenazaba un peligro. Me incorporé sobre un codo para escuchar mejor, pero no oí nada. La casa estaba envuelta en un manto de silencio, e incluso del jardín no llegaba ni el rumor de las hojas. Sin embargo, me había despertado, y el eco de los pasos resonó con tal precisión a través del velo del sueño que recordaba hasta su cadencia: inexorable, lenta, la propia de una persona que se apoya en el talón para resguardar la planta rota del pie. Uno, dos. Uno, dos. Uno, dos. Observé mejor en dirección a la puerta de cristales: en el recibidor había una lámpara de débil intensidad, y no permitiría entrever a nadie. Extraño. Tal vez la preocupación de que vinieras junto a mí fue tan aguda como para penetrar la barrera de mi subconsciente. Volví a tenderme en el sofá cama esperando reanudar el sueño cuanto antes. Cerré los ojos y, casi en el mismo momento, los pasos que me habían despertado retumbaron por segunda vez, y tras la puerta de cristales apareció la silueta de tu cuerpo. Negra, inmóvil. Me puse en pie de un salto, conteniendo la respiración, y me quedé contemplando los contornos de la silueta durante un tiempo que me pareció eterno. Después fluctuó, se apartó, se alejó y luego se reanudaron los pasos: inexorables, lentos, en la dirección en que viniste. Uno, dos. Uno, dos. Uno, dos. Por último se detuvieron para retroceder de nuevo con la misma cadencia, y la silueta reapareció: más próxima y clara. Se alzó un brazo, se apoyó en la manija y se retiró con rapidez, como si la manija abrasara. Y empezó una vez más la marcha obsesiva. Uno, dos. Uno, dos. Uno, dos. Y a cada taconazo, la espera angustiosa de que la puerta se abriera para que nos encontrásemos cara a cara en la oscuridad, para decir y escuchar la palabra, la frase que no quería oír, que no quería escuchar. Y he aquí que los pasos de nuevo se detenían, el brazo se alzaba, los dedos se posaban en la manija y ahora se demoraban en ella. La manija se bajaba, muy despacio, chirriando. Pero de improviso, y con tal velocidad que todo quedó claro solo cuando hubo terminado, abandonaste la presa, te volviste y te alejaste para regresar a tu habitación dando un portazo. ¡Paf! La casa se estremeció a causa del golpe. Mis pulmones se ensancharon con loco alivio.

Yo conocía aquel loco alivio. Lo experimenté durante la guerra cada vez que un proyectil pasaba junto a mí, silbando, sin alcanzarme.

Lo cruel de la guerra es que, por lo general, le alcanzan a uno en el instante mismo en que se hace ilusiones de haberse librado. Mientras uno se mantiene alerta o se expone al riesgo avanzando a cara descubierta en medio del fuego, no sucede nada; pero apenas se distrae o se siente seguro, el proyectil llega. Acaso una pequeña esquirla que, de momento, parece enviada por el cielo para hacerle a uno el regalo de una buena herida, la herida ligera, que permite el regreso a casa o a la retaguardia, pero que luego resulta ser mortal porque ha seccionado una arteria o se ha alojado en el corazón. Aquel día también sucedió así. El primer proyectil, por lo demás, lo esperaba: el momento en que volviéramos a vernos por la mañana, y lo esquivé con facilidad cuando, al encontrarnos en el corredor, nos pusimos ambos tiesos como dos gatos a punto de pelear: «*Kalimera,* buenos días». En cuanto a los disparos que se efectuaron después —una presión de tu hombro sobre el mío, un roce de tu brazo sobre el mío, contactos furtivos y, sin embargo, alarmantes—, salí indemne en todos los casos. No radicaba en ellos el riesgo mortal, sino en la palabra, la frase que querías decirme y que yo no quería escuchar. Para impedir que la pronunciaras, me refugiaba en los demás, en la gente que iba llegando: un periodista, por ejemplo, o un fotógrafo. Y si, pese a ello, se daba el caso de que permaneciéramos solos unos minutos, me parapetaba en mi trinchera, distrayéndote con preguntas a bocajarro: has-leído-alguna-vez-a-Proudhon, has-leído-alguna-vez-a-Bakunin, has-sido-alguna-vez-marxista. No vale la pena preguntar por qué, en lugar de recurrir a semejantes trucos, no me marchaba. Mi vuelo despegaba a las siete, y ni siquiera me cabía en la cabeza dejarte un instante antes de lo necesario. La espera de aquella hora me llenaba de tristeza: cada vez que zumbaba un avión, me daba un vuelco el corazón y tenía que hacer un esfuerzo para no ir junto a ti. ¿Es esta la parábola de un gran amor que terminará mal? Hacia la una se presentó Andreas, y luego un par de amigos a quienes invitaste a almorzar y con los que te lanzaste a una disputa que me excluía porque se desarrollaba en tu lengua, y eso aflojó la tensión. Empecé a decirme que resulta natural que un hombre que ha permanecido años preso se sienta atraído por una mujer que lo admira y lo comprende, natural que se sienta tentado de entrar en su habitación para saciar un hambre que sufre desde hace demasiado tiempo: con todo esto, ¿qué tenían que ver el amor y el dolor, esto es, la amenaza de un vínculo peligroso y profundo? Había interpretado con demasiada sensibilidad episodios en el fondo triviales, y al día siguiente aquellas veinticuatro horas se me presentarían bajo una luz distinta. Además, el buen Andreas no era Casandra. Así pues, me levanté y bajé al jardín a congratularme por haber recobrado el bienestar. Las tres y media de la tarde. En los olivos de la acera, las cigarras cantaban agudamente, pero una ráfaga de viento aligeraba la respiración. Me apoyé en la palmera y encendí un cigarrillo lanzando una ojeada divertida al manojo de ajos. Luego, levanté la mirada y te vi.

Avanzabas bajo el sol y estabas tan pálido que la cicatriz de la mejilla destacaba más roja que una cereza madura. Avanzabas mirándome con dureza, y tu paso tenía la misma cadencia que el ir y venir nocturno. Uno, dos. Uno, dos. Uno, dos. Una vez ante mí te detuviste, sin decir nada, me agarraste por la muñeca, sin decir nada, me volviste a llevar a la casa, sin decir nada, y me empujaste a tu habitación. Apenas tuve tiempo de percibir la mirada espantada de Andreas, y la puerta estaba cerrada. «Hablemos. Siéntate». Me señalaste una silla y tú te sentaste en la cama, cruzando los brazos: «Tú no te vas». «¡¿Que no me voy?!». «No. No. No te vas». «¿Y por qué no iba a hacerlo, Alekos?». «Porque yo no quiero. Y si no quiero, no quiero». «Escúchame, Alekos. He terminado lo que vine a hacer. No hay motivo para que me quede». «¿Has terminado qué?». «La entrevista, el trabajo. Estaba aquí para una entrevista, para un trabajo, ¿recuerdas? Y ya lo he hecho». «Tú no estabas aquí para una entrevista, sino por mí. Estás aquí por mí». «Por ti como por los demás sobre quienes he escrito en Bolivia, en Vietnam, en Brasil». «Mentirosa». «Escúchame, Alekos...». Era preciso apelar al sentido común, empuñar el arma del raciocinio, dirigirse al hombre que veinticuatro horas antes me habló con despego acerca de sus sufrimientos, fumando su pipa con largas bocanadas de viejo. «Escúchame. Yo no voy buscando aventuras y...». «Ni yo». «Estar en el mismo lado de la barricada con las ideas y los sentimientos no basta para ser algo más que amigos, compañeros y...». «Lo sé». «Ni siquiera hablo tu lengua y...». «No importa». «Vivo en otro país y...». «No importa». «No podría, no puedo cambiar mi vida por...». «¡No importa!». «Sí importa. Todas estas cosas importan, y creo que te las habría dicho esta noche si hubieras entrado». Vibraste con un ímpetu imperceptible, como si te hubieras clavado un alfiler. «Te he visto esta noche, Alekos. Y he esperado que no entraras porque...». «¡Porque no te atreves!». Me puse en pie de un salto, ofendida. Tal vez no me atrevía, repuse, pero tampoco tenía necesidad de ti porque no tenía necesidad del dolor que había en ti. No era supersticiosa, sino una mujer evolucionada; pero por instinto sabía que profundizar en mi encuentro contigo solo iba a proporcionarme dolor. Sí, tenía miedo de ti. De ti, no de acostarme contigo. Y en este punto jugué mi carta: «¿Quieres acostarte conmigo? Si es eso lo que quieres, vamos enseguida, porque esta noche me marcho». «¿Cómo has dicho?». «He dicho que si quieres acostarte conmigo, lo hagamos enseguida, porque esta noche me marcho». Lentamente, la mueca de incredulidad se transformó en una expresión de ira incontenible. Tu pecho se dilató: «Pero ¡yo te amo!».

Era un grito ronco y rabioso, de fiera herida y humillada. Aquel brinco salvaje, aquellos brazos tensos me aferraban, me sacudían y, finalmente, me encerraban en una tenaza de hierro. Aquel aliento cálido, aquella boca ávida. Y aquellos ojos, aquellos increíbles ojos en los que yo viera la luminosidad de un bosque incendiado. Por un instante brevísimo, estuve a punto de pedirte excusas, de reconocer que también yo, aun no queriendo, te amaba. Pero luego me encontré con aquellos ojos, y el terror me detuvo, porque en ellos estaba la muerte. Por muy irracional y forzado que pueda parecer, te digo que en aquellos ojos estaba la muerte; el anuncio de todo lo que iba a suceder en los años por venir, y que no habría podido ocurrir sin mí, esto es, si yo no hubiera sido el instrumento y el vehículo de tu destino ya escrito. Estaba la derrota nacida contigo, la maldición que te perseguiría hasta una noche de primero de mayo para precipitarte en un agujero negro de la calle de Vouliagmeni, en la puerta de un garaje con la inscripción Texaco. Y luego estaban las agonías, las servidumbres que me infligirías reduciéndome a un Sancho Panza montado en su asno, robándome mi identidad y mi vida. Ay de mí si aceptaba tu amor y te amaba: en un relámpago lo supe con certeza. Y de pronto me liberé de tu abrazo, de tu boca, de ti, me precipité a la otra habitación, llené desordenadamente la bolsa de viaje, llamé a Andreas y le pregunté si podía acompañarme al aeropuerto: debía de haber un vuelo hacia las cinco, y con un poco de suerte lograría tomarlo. ¿Bastaban diez minutos? «Bastan», repuso Andreas, dando un salto. En pie contra la pared, las manos en los bolsillos y una sonrisa enigmática bajo el bigote, seguías la escena en silencio y no hacías nada para detenerme o calmarme. Solo una vez que me hube despedido de tu madre exclamaste: «Voy yo también». A continuación me condujiste al automóvil, donde te sentaste junto a mí, muy formal: «Vamos». No dijiste nada más en todo el trayecto, ni yo tampoco abrí la boca. Parecía que ya no tuviéramos nada más que decirnos. Una vez en el aeropuerto, me bajé del coche, me despedí de Andreas, te estreché la mano, tú hiciste otro tanto y: «Adiós, *iassu*». Pero había dado unos pocos pasos cuando tu voz se levantó, seca como una orden: *«Agápi!»*. Me volví. Tu mano derecha asomaba por la ventanilla con el índice y el medio levantados formando una V, y en tu rostro temblaba una ironía afectuosa. «¡Volveré! ¡Venceré! ¡Volveré!».

Volví muy pronto. El primer telegrama llegó al día siguiente y decía: «Te espero». El segundo, al cabo de dos días y decía: «¿Qué esperas?». El tercero, a los cuatro días y decía: «Estoy muy triste porque continúas sin atreverte». Una semana más tarde, hallándome en Bonn, me fue reexpedida una carta donde anunciabas tu ingreso en la policlínica de la calle Socratous. A la noticia la acompañaba una breve poesía: «Pensamientos de amor olvidados / resurgen / y me devuelven a la vida». También había una nota: «Para ti». Desde Bonn debería haberme dirigido a Nueva York. Anulé la salida y busqué un avión directo a Atenas. Solo había uno que despegaba de Frankfurt por la tarde, pero si alquilaba un coche hasta Frankfurt llegaría a tiempo, me dijo el conserje del hotel. Así lo hice. Y pocas horas más tarde desembarcaba en tu país, engullida por el inevitable destino al que no lograría sustraerme. Porque superaba incluso el instinto de supervivencia y la equívoca insidia de la felicidad.

La felicidad es una carcajada que estalla a las nueve de la noche, cuando mi taxi se detiene ante el hospital y una sombra surge de la oscuridad, abre la portezuela, se me arroja encima y ordena al conductor: «*Grígora!* ¡Rápido!». Al llegar te encontré en una habitacioncita de la sección de patología, rodeado de médicos y medicinas, y parecías el enfermo más enfermo del mundo: con un hilo de voz me pediste que volviera a las nueve. «Estoy mal, muy mal...». Y ahora estás aquí, lleno de vida, resucitado, abrazándome en un taxi: «*Grígora!* ¡Rápido!». «Pero ¿qué haces? ¿Qué te pasa?». «¡Me he escapado!». «¿Qué significa que te has escapado?». «Significa que me he levantado, me he vestido, le he atizado una patada en la cabeza al enfermero y he venido aquí a esperarte». «¡¿Una patada en la cabeza al enfermero?!». «Sí, no quería dejarme marchar. Sostenía que no se puede. Lo he metido allí y le he contestado: mira si se puede». «Lo has metido ¿dónde?». «En mi cama. Allí se quedará hasta mañana a las cinco. A las cinco debo volver para desatarlo». «¡¿Desatarlo?!». «Sí, he tenido que atarlo. Y también taparle la boca con esparadrapo. Si no, gritaba». «No te creo». «En efecto, no es verdad. No ha sido una acción de fuerza sino de inteligencia. Escucha, le he dicho, ¿a qué hora terminas el turno? A las nueve, contesta. ¿Y a qué hora lo reanudas? A las cinco. ¿Vives lejos? Muy lejos, responde. Bueno, esta es mi cama y este mi pijama, y yo me quedo con tus zapatos. Lo he empujado a una silla, le he quitado los zapatos, y andando. Es bobo, y no se moverá de la habitación hasta que yo vuelva». Y yo río, río, liberada de cualquier duda, de cualquier temor, divertida al descubrir en ti un rostro que no conocía y ni siquiera sospechaba: el rostro del histrionismo grueso y de la alegría. Y tú ríes conmigo. Confieso que me engañaste. Aquel día no estabas mal, fingías, te internaron en la policlínica solo para unos análisis, y al día siguiente iban a darte de alta. Ríe incluso el conductor, sin saber por qué; nos observa por el espejito retrovisor y ríe mientras el taxi atraviesa la ciudad iluminada, entra en la calle de Vouliagmeni, pasa ante el garaje con la inscripción Texaco y nos lleva al restaurante donde tres años después comerás por última vez, poco antes de ir hacia la muerte. Pero si los dioses nos lo anunciaran para ponernos en guardia, si nos dijeran que este es tu destino, nuestro destino ya escrito, no los creeríamos, y yo replicaría en tono burlón que el destino no existe. «¿Adónde vamos?». «A Tsaropoulos». «¿Y qué es eso?». «Un lugar al aire libre, junto al mar, donde se come pescado. ¿Te gusta el pescado?». «Sí». «A mí no. La víspera del atentado comí pescado». «¿Por qué vamos, entonces?». «Porque esta noche podría desafiar incluso a los peces».

La felicidad es un orgullo que vibra cuando entramos en el restaurante, traspasados por las miradas indagadoras y hostiles de aquellos para quienes no eres un héroe sino un asesino frustrado, un subversor del orden; en el mejor de los casos, un visionario que debería estar donde estaba: en una cárcel, bien vigilado. De sus mesas se elevan golpecitos de tos ofensivos, bisbiseos temerosos: «¡¿No es él...?!». Un petimetre de embajada exclama: «*Look who's there!* ¡Mira quién está ahí!». Lo comprendes y, por un instante, eres presa de una especie de extravío, te apoyas en mí como en un bastón, dudando si avanzar o retroceder, y luego te yergues con petulancia y me conduces a una mesa expuesta a su curiosidad. Los murmullos crecen y cada uno de ellos te hiere como una puñalada, lo veo. Por momentos, bajas la cabeza como para conjurar el mal, para soportarlo mejor: ¡qué desilusión es la libertad, qué esfuerzo! Pero mis dedos buscan los tuyos, los estrechan fuertemente para repetirte que no estás solo, y tu rostro se ilumina: «Lo sé». Es hermoso vivir juntos el desafío. Es también hermoso darse cuenta de que alguien te sonríe, aunque sea a escondidas, con la cautela de quien teme buscarse problemas. Luego, un camarero valiente avanza con una botella de vino y en voz alta dice: «Esta la pago yo. Es un honor, Alekos, tenerte aquí». El cielo es un esmalte turquesa repleto de estrellas. Junto a nosotros hay una planta que se abre en anchas corolas anaranjadas. Poco a poco, nos aislamos en un encantamiento que conduce a una especie de olvido. ¿O de inconsciencia? Entra una florista con un cesto de rosas, agarras un puñado y me las arrojas en el regazo. Entra un jorobado con un palo al que se han fijado billetes de lotería, compras una ristra larguísima y me la depositas en el plato. Cada uno de tus gestos es un ingenuo transporte de amor, una elemental plegaria para ser amado, y la petulancia de antes se ha diluido. Se te cae el tenedor, se te cae la cuchara, y de pronto te ruborizas como un niño y me tiendes el regalo que reservabas con motivo de mi retorno: una hoja doblada de cualquier manera, cubierta de una caligrafía menudísima. «¡Alekos! ¿Qué es?». «Mi poesía favorita, "Viaje". Te la he dedicado, mira: ahora figura tu nombre como título». Luego me la traduces con aquella voz que destripa el alma. «Viajo por aguas desconocidas en una nave / semejante a millones de otras naves / que vagan por océanos y mares, / siguiendo rutas y ateniéndose a horarios perfectos. / Y muchas más, / también muchas más / amarradas en los puertos. / Durante años he cargado esta nave / con todo lo que me daban / y que yo tomaba con gozo sin límites. / Luego, / lo recuerdo como si fuera hoy, / la pintaba con colores radiantes / y permanecía atento / para que en ningún lugar cayera una mancha. / La quería bella para mi viaje. / Y después de haber esperado tanto, tanto, / llegó por fin la hora de zarpar. / Y zarpé...». Aquí te interrumpes, me explicas que el viaje es la vida, que la nave eres tú; una nave que nunca ha arrojado el ancla, que nunca arrojará el ancla de los afectos, de los deseos, ni el ancla de un merecido descanso. Porque no te resignarías nunca, no te cansarías nunca de perseguir el ensueño. Si te preguntara qué ensueño, no sabrías responderme: hoy es un ensueño al que das el nombre de libertad; mañana podría ser un sueño al que llamar verdad. No cuenta el que sean o no objetivos reales; cuenta perseguir el espejismo, la luz. «El tiempo pasaba, y yo / comenzaba a trazar la ruta, / pero no como me dijeron en el puerto, / pues la nave me parecía distinta entonces. / Así mi viaje / ahora lo veo diferente. / Sin ansia ya de atraques ni de comercios, / la carga me parecía inútil. / Pero continuaba viajando, / conociendo el valor de la nave, / conociendo el valor que transportaba...». No me canso de escucharte.

La felicidad es un abandono que a medianoche conduce a la casa del jardín con naranjos y limoneros, donde entramos de puntillas, sin prestar atención a los policías que vigilan todos tus movimientos: dos en las esquinas de la calle y dos en la acera. Hay un jazmín florecido bajo la ventana a la que nos hemos asomado para que cojas un brote y me lo ofrezcas junto con tu timidez. Hay una habitación cuya insignificancia ya no veo: las butacas grasientas y raídas, los feos complementos decorativos, los absurdos diplomas enmarcados. Porque estás tú. Hay un beso inesperadamente púdico en mi frente, mientras el viento susurra entre las ramas de olivo y nos trae la cantinela del mar. Hay una lágrima que inesperadamente resbala por tu mejilla mientras murmuras: «¡He estado tan solo! Ya no quiero volver a estar solo. Jura que no me dejarás nunca». Tu rostro serio se aproxima a mi rostro serio, tus ojos conmovidos se sumergen en mis ojos conmovidos, tus brazos inseguros buscan mis brazos inseguros, como si fuéramos dos adolescentes en su primer encuentro de amor o supiéramos que nos disponemos a cumplir un rito del que dependerán todos nuestros años por venir. Hay un silencio prolongado, impresionante, mientras nuestros labios se tocan dudando, se unen con decisión y nuestros cuerpos se enlazan sin temor, para alojarse palpitando en la oscuridad, estremecidos por un río de dulzura que fascina, buscando gestos olvidados, anhelados y encontrados para penetrarse con armonía, una vez y otra, y otra y otra, como si debiera durar una eternidad. Ahora el tiempo te pertenece; ningún pelotón de ejecución avanza entre órdenes secas para conducirte al polígono y fusilarte. Luego nos miramos extenuados, con la cabeza apoyada en la misma almohada, y exclamas: *S'agapò tora ke tha s'agapò pántote.* «¿Qué significa eso?». «Significa: te amo ahora y te amaré siempre. Repítelo». Lo repito en voz baja: «¿Y si no fuera así?». «Será así». Intento una última y vana defensa: «No hay nada que dure siempre, Alekos. Cuando seas viejo y...». «Yo nunca tendré el bigote blanco. Ni siquiera gris». «¿Te lo teñirás?». «No, moriré mucho antes. Y entonces sí que deberás amarme para siempre». ¿Estás hablando en serio o bromeando? Me obligo a creer que bromeas, pues un destello irónico se desliza en tu iris negro, y una alegría hecha de muchos mañanas se desencadena en tu cuerpo, que, de pronto, me recubre insaciable. Tampoco hay que pensar en el diálogo en la terraza: «Nosotros, los griegos, tenemos la manía de la videncia y de la tragedia. Acaso porque la hemos inventado». «Pero ¿de qué tragedia habla?». «Hay solo un tipo de tragedia y se basa en tres elementos: el amor, el dolor y la muerte».

La felicidad es abrir los ojos bajo tu voz que exclama casi con estupor: «¡Eres hermosa!». Es darse cuenta de que son casi las cinco y debes correr a devolver los zapatos al enfermero secuestrado. Es salir al aire fresco que anuncia la mañana, siempre ignorando a los policías que te siguen hasta la parada de taxis, y tenerte abrazado durante todo el trayecto, despedirme de ti sabiendo que dentro de poco volveremos a vernos. Es volver a la casa del jardín con naranjos y limoneros sin lamentar la responsabilidad que de ahora en adelante pesará sobre mí como una piedra. Es despertarse para acudir a la clínica donde, me cuentas triunfalmente, nadie se ha percatado de la fuga nocturna. El médico dice que puedes ser dado de alta sin problemas, pues de los análisis y las radiografías no se deduce nada irremediable. Naturalmente, las torturas y la cárcel han influido en tu salud, pero el corazón es fuerte y los pulmones se encuentran en inmejorable estado, y poco a poco te restablecerás; todo consiste en readaptarte a la vida. Finalmente, la felicidad es saber que precisamente esta noche, mientras nos amábamos, en la casa de al lado ha nacido un niño al que han puesto el nombre de Khristos: ¿cabe imaginar un presagio más hermoso que un niño nacido en la casa de al lado mientras nos amábamos? Debemos festejar la llegada de Khristos, y el día destila sol y azul. ¡Vamos al mar! Hace cinco años que no ves el mar, que sueñas con volver a ver el mar. Desde el día que dejaste Boiati, desde que has redescubierto el espacio, solo has salido para ir al hospital y para llevarme a casa de Tsaropoulos: ¡vamos al mar! Y aquí estamos en la playa de Glyfada. Avanzas dudando, con la cabeza gacha; diríase que no te atreves a levantar la mirada, y cuando decides hacerlo, experimentas un sobresalto, pestañeas aturdido, y en tu rostro aparece una expresión que no comprendo. ¿Alegría o temor? De pronto, te lanzas adelante y corres hacia el agua. Corres a grandes zancadas de potro ágil y despreocupado, la imagen misma de la juventud, y mientras corres gritas: «*I zoí! I zoí! I zoí!* ¡La vida! ¡La vida! ¡La vida!». En la orilla te encabritas y con un caracoleo brioso me llamas, me tiendes los brazos, corro yo también y rodamos riendo por la arena cálida. *«I zoí! I zoí! I zoí!* ¡La vida! La vida ¡La vida!». Hoy no te sigue nadie por el arrecife, hoy el mar no está picado como una mañana de agosto que no quieres recordar. ¡Esperadme, que llego, esperadme! Mórbido y liso, apenas se encrespa en la orilla en remolinos de espuma blanca. ¿Quién teme a los peces? «¡Nadie!». ¿Anuncian acaso derrotas, desgracias? «¡Tonterías!». Entonces, sumerjámonos. Nos desnudamos veloces, impacientes. Nos arrojamos juntos, nadamos uno al lado del otro en el agua tibia y quieta, y nos detenemos de vez en cuando para intercambiar un beso fresco de sal. *S'agapò tora ke tha s'agapò pántote.* Luego resulta exquisito tenderse al sol, la mano en la mano, esposados; estremecerse de placer y de frío, experimentar un deseo que sacude tu cuerpo blanco y celoso de mi bronceado, pensar que en casa lo satisfaremos. ¿Existe de verdad un tirano llamado Papadópoulos? ¿Quién conoce a Ioannidis? ¿Y a Theofiloiannacos, Hazizikis y Zakarakis? Ni idea. Durante una semana no pronunciaremos siquiera esos nombres. La felicidad es un olvido que dura una semana.

A esa semana irreal la memoria regresará siempre con estupor incrédulo: aislados de todos, bastándonos a nosotros mismos, vegetábamos en una beatitud obtusa y desprovista de acontecimientos. ¡Había tantas pequeñas cosas que hacer para volver a acostumbrarte a la vida! Por ejemplo, enseñarte de nuevo a atravesar una calle sin el terror de ser arrollado por los automóviles; por ejemplo, caminar por las aceras esquivando a la gente y sin dejarse intimidar por los empujones, por el caos de la ciudad. En el sepulcro de Boiati llegaste a olvidar esto, y tras ir al mar te habías formulado una especie de replanteamiento: de día ya no querías salir de casa. O bien salías para encerrarte en un coche, donde te sentías protegido, y cuando te apeabas, todo te asustaba. Para que atravesaras la calle, era necesario animarte con mil seguridades: «¡Vamos, que el semáforo está en verde!». Incluso para que caminases por una acera, a menudo había que darte ánimos. En efecto, no avanzabas recto, sino en diagonal hasta que chocabas con el muro. Así, pues, por la mañana te llevaba al centro, a las calles de mayor aglomeración, y allí, atornillado a mi brazo como un ciego a la cadena de su perro lazarillo, ibas reencontrando poco a poco las costumbres perdidas. «¿Has visto? Se me echaba encima, pero yo no me he chocado con él». «¿Has visto? No te habías dado cuenta de que el semáforo estaba en rojo y yo sí». La tarde, en cambio, la pasábamos en casa, donde el bochorno y el silencio apenas interrumpido por el canto de las cigarras nos llenaban de languidez, en el silencio de interminables abrazos. Hablábamos poquísimo; no necesitábamos palabras. Pero al caer la tarde te despertabas con el ímpetu de un murciélago que olfatea la oscuridad, te volvías locuaz y, hala, a cenar fuera. A veces llegábamos hasta el Pireo y en otras ocasiones nos quedábamos en Glyfada, donde estaban las tabernas de tu adolescencia, y donde un anciano guitarrista, de ojos azules y acuosos, nos cantaba con voz estentórea «Una cama para dos». Adorabas aquella canción porque contaba la historia de dos enamorados que duermen en una cama pequeña y estrecha. Nuestra cama era pequeña y estrecha, la misma que tenías de niño, y si no dormíamos abrazados rodábamos al suelo. Todo acabó de improviso, sin un signo premonitorio, el día que fuimos a Egina.

2

No dijiste que iríamos a Egina; dijiste solo a una isla. Tampoco yo te pregunté a cuál: me dejaba conducir por la felicidad como una hoja batida por el viento. El barco acababa de zarpar, nos hallábamos en el puente y yo miraba encantada la proa que surcaba las aguas levantando abanicos de espuma. Entonces salió a la superficie un delfín. Me agarré a ti gritando: «¡Los delfines! ¿Ves los delfines?». Me respondió una voz neutra: «No veía nada, me alojaron arriba en el puente de mando». «¿En el puente de mando? No comprendo, Alekos. ¿De qué hablas?». «Hablo del día en que me llevaron a Egina para fusilarme». Y, pronunciadas estas palabras, te encerraste en un mutismo que excluía cualquier acercamiento o necesidad de compañía. Solo volviste a abrir la boca al desembarcar, para empujarme a un taxi y dar al conductor una dirección que no comprendí. El taxi se puso en movimiento, abandonamos en silencio el centro habitado y en silencio llegamos a una carretera que subía, desierta, bordeada de cactus, luego de olivos, a continuación de pistacheros y después nuevamente de cactus. Aquí y allá se divisaba un chalecito, una casa encalada o una capillita con un icono negro. «¿Adónde vamos, Alekos?». «Allá arriba». «Allá arriba, ¿dónde?». «Allá arriba». No había manera de penetrar la misteriosa barrera tras la cual te habías aislado. Con el rostro tenso, la frente fruncida y las pupilas atentas, contemplabas el paisaje como si cada metro, cada curva y cada piedra escondiera una insidia, o como si se escondiera un secreto tras aquellos cactus, aquellos olivos y aquellos pistacheros que ora se perdían en campos cubiertos de verdor, ora se precipitaban en sombrías gargantas o se mezclaban con los espinos de un matorral. ¿Buscabas a alguien, acudías a una cita peligrosa? No, por instinto concluía que no. ¿Querías mostrarme la prisión en la que esperaste tres días y tres noches? Sí, esto sí era posible, pero la prisión estaba bastante próxima al puerto, y el taxi, en cambio, avanzaba en dirección opuesta. «Alekos...». «¡Calla!». «Escúchame...». «¡Calla!». «¿Por qué no...?». «¡Calla!». Viajábamos así desde hacía media hora cuando el conductor tomó un sendero sumergido entre las herbáceas, y tan angosto que apenas permitía el paso. Continuó ascendiendo un par de kilómetros, desembocó traqueteando sobre las piedras y los baches en una extensión esteparia cubierta de matorral y, por último, se detuvo ante una barrera que cortaba el camino con rollos de alambre espinoso. Entonces nos apeamos y con recobrada dulzura me tomaste de la mano: «Hemos llegado, ven».

Te seguí perpleja, mirando a todos lados sin comprender. Nos hallábamos en una cima de la isla, en la parte que mira a la costa sudeste del Ática, y bajo nosotros la montaña se precipitaba a pico en el golfo. A la derecha, en cambio, se ensanchaba en un promontorio árido, sin una casa, una cabaña o un árbol. En cualquier lugar donde se posaran los ojos solo se divisaban rocas o mar, y una soledad impresionante, genesíaca, se estancaba en una sensación desolada, en una inmovilidad casi angustiosa. Y, sin embargo, era uno de los lugares más hermosos que yo había visto nunca. Sobre todo producía una especie de arrobamiento el observar el promontorio que descendía para internarse en el agua formando una lengua de tierra armoniosa, con pequeñas bahías embebidas de fosforescencia, y con playitas de arena blanca e incontaminada. Se experimentaba casi una necesidad de arrojarse de rodillas y agradecer a Dios el estar vivos. ¿Para esto me has traído aquí arriba? ¿Por esto te has encerrado en tan extraño silencio? ¿Para darme una sorpresa, para gozar con mi enajenamiento? Me volví para decírtelo, pero no me prestabas atención. Pálido y con el brazo levantado hacia la lengua de tierra que se adentraba en el agua, me indicabas algo que yo no conseguía localizar: «Allí, allí». «¿Allí, dónde, Alekos, y qué?».

«El claro». «¿Qué claro?». «Aquel gris, rectangular, ¿no lo ves?». No, no lo veía en absoluto. «Abajo, abajo. El que comienza a pocos pasos de la orilla y termina en un murete». Ah, sí, ahora lo veía, un rectángulo de cemento, limitado por un muro. Pero ¿de qué se trataba, de un campo para jugar a bochas? ¿De un helipuerto? De un helipuerto militar, tal vez. Eso explicaba los carteles que prohibían el acceso. «Ya lo veo —dije—. Es una pista para helicópteros». Y tú: «No, es el polígono de tiro, el que sirve para fusilar a los condenados a muerte. Allí es donde debían fusilarme. Con la espalda contra aquel muro». Pausa. «Hacía cinco años que me preguntaba cómo era, dónde estaba. Solo sabía que desde aquí arriba podía verse». Pausa. «¿Será triste, me decía, será feo? Nada de triste ni de feo; es perfecto. Un lugar realmente perfecto para morir: con el golfo Sarónico que se extiende por delante, el azul arriba y abajo, Atenas... Mira, en el extremo derecho está el cabo Sunion, con las ruinas del templo. Poco antes está Lagonissi, la villa de Papadópoulos. Más abajo se encuentra el puentecito donde dispuse las minas, luego Vouliagmeni y luego Glyfada. Mi casa de Glyfada. Al fondo, a la izquierda, el Pireo, y sobre el Pireo se ve la Acrópolis. Piensa que si me hubieran fusilado, habría muerto mirando a la Acrópolis, y a mi casa, y al lugar del atentado. Habría sido una hermosa muerte, una hermosísima muerte. Me he perdido una hermosísima muerte».

Parecía que la muerte con la vista de la Acrópolis, de tu casa y del lugar del atentado fuera una mujer espléndida a la que siempre deseaste y que huyó de ti alevosamente un instante antes del abrazo. Desaparecida la palidez, se te habían encendido las mejillas, los labios y las orejas: tus ojos brillaban de ansia. ¿O de añoranza? No conseguía arrancarte de allí. Vamos, repetía, vamos, por favor; y tú quieto contemplando el polígono de la hermosísima muerte perdida. Era casi de noche cuando el taxi volvió a partir hacia la melancólica sucesión de cactus, olivos y pistacheros; y oscuro cuando llegamos a la cárcel de los tres días y las tres noches, segunda etapa de tu peregrinaje. Pero ya no reconocías el edificio; ni siquiera encontrabas la puerta por la que entraste, y en vano rodeabas el recinto amurallado, te afanabas y hurgabas en la memoria. «Tal vez me hicieron entrar por atrás. Sí, debe de haber un sendero semiescondido que conduce a una cancela de hierro en la parte de atrás, una especie de rastrillo, y al otro lado se abre un recinto que por la izquierda se convierte en un corredor muy estrecho. Tanto, que solo se puede pasar en fila india. Más allá del corredor hay un patinillo donde está el pabellón de los condenados a muerte. Muy viejo y sucio, de una sola planta. La antecámara del pabellón tiene unos pocos pasos, porque inmediatamente después se entra en el corredor, con las celdas a derecha e izquierda. La mía era la última de la derecha. Tenía cuatro metros de largo y tres de ancho, las paredes estaban pintadas de un azul celeste desteñido, el suelo era de ladrillo y no había ninguna iluminación, pues la luz procedía de las lámparas del patio». Luego, con las mejillas de nuevo encendidas y los ojos otra vez brillando de ansia: «¡Cuánto me gustaría volver a verla! Entrar en ella de nuevo, al menos unos minutos... Cuánto me gustaría. ¿Me crees?». «Vámonos, Alekos; vámonos, por favor». «Espera un poco». «Volvamos a casa, te lo ruego, volvamos a casa». «Espera un poco más». «Estoy cansada, es tarde y hace frío». «Espera un poco más». Te sentaste en el suelo, con la espalda apoyada en un seto, y no te levantabas. Ni siquiera decías qué te retenía. Pero cuando estuvimos a bordo del último barco, me dijiste que te retenía la nostalgia. La nostalgia de la muerte. «Porque un hombre que ha sido condenado a muerte, que ha vivido tres días y tres noches esperando la muerte, nunca volverá a ser el mismo. Llevará siempre la muerte consigo como una segunda piel, como un deseo insatisfecho. Continuará siempre persiguiéndola, soñando con ella, tal vez recurriendo al pretexto de causas nobles, de deberes. No hallará la paz hasta que la alcance».

Me lo demostraste aun antes de que regresáramos a casa. Un taxi nos conducía a Glyfada cuando, en la calle de Tesalónica, el tráfico quedó retenido para dejar paso a un cortejo que iba en dirección contraria a la nuestra. Llegaron zumbando cuatro motoristas y una furgoneta de la policía, luego otros dos motoristas y otra furgoneta, y por último apareció un automóvil negro. La limusina de Papadópoulos. Apenas tuve tiempo de distinguir un rostro redondo y grisáceo, un bigotillo oscuro, y tu boca se distorsionó para emitir un grito feroz, y tus manos se alargaron hacia la portezuela: «¡Payaso, perro maldito!». «¡No, Alekos, no!». «¡Déjame, quiero bajarme, déjame!». Había una fuerza terrible en tus brazos; no conseguía retenerte, impedirte que agarraras la manija. Y la limusina se aproximaba cada vez más, el rostro redondo y grisáceo aparecía cada vez más claro, y ya podía yo ver incluso los ojos pequeños y astutos, la sonrisa enigmática que, imperceptiblemente, encrespaba la boquita despectiva. Un instante más y te habrías lanzado fuera para arrojarte contra él y dejar que te mataran. «¡Ayúdeme!», grité al conductor. Comprendió, se volvió y te bloqueó, lanzándote hacia atrás: «¿Está usted loco, amigo mío?». Sentí un gran peso encima y supe que te habías desvanecido, que la felicidad había terminado. Y como la pérdida de la felicidad sirve a menudo para aclararnos las ideas, para despertarnos de un sueño que obnubilaba la inteligencia e impedía el juicio, comprendí que en lo sucesivo amarte sería un esfuerzo agónico.

«¿Alguien se ha dado cuenta?», preguntó Andreas. Me encogí de hombros. «Creo que no. Ha sucedido muy rápido, y todas las miradas se dirigían al cortejo». «¿Y el taxista?». «El taxista se ha portado bien. Le he dado la dirección y nos ha traído a casa. Sacudía la cabeza y nada más». También él la sacudió: «Y esto no es más que el principio, ¿se da usted cuenta?». «Sí, ya me doy cuenta», asentí. Luego le pregunté a qué había venido: ¿a predecir desgracias? De nuevo sacudió la cabeza: «No, porque me ha llamado. Hay un cantante en Atenas bastante famoso y mal visto por la Junta. Tiene un local en Plaka y les ha invitado varias veces en los últimos días. Esta mañana Alekos me ha llamado para que vaya a decirle que esta noche irán. Pero con una condición: que se toquen canciones prohibidas por la Junta, las canciones de Theodorakis». «¿Y qué pasará?». «Intervendrá la policía, supongo, y él hará todo lo posible para que lo detengan, para demostrar que nada ha cambiado, que la dictadura continúa. Sí, temo que precisamente su programa sea ese. A menos que...». «¿A menos que qué?». «No lo sé; a lo mejor está planeando algo más complicado. Sería preciso...». Pero en el mismo momento en que decía esto, caíste sobre nosotros: «¡Conjura, conjura! ¿Qué estáis maquinando vosotros dos? Anda, rápido, prepárate que vamos a divertirnos, a oír música. ¡Quiero que estés elegante esta noche, vestida de rojo!».

Fuimos. Y ahora, aovillada entre tus brazos, escuchaba la respiración de tu sueño pesado, tratando de dar un sentido a lo que acababa de suceder. Pero era como deshacer un nudo para que resultara otro y enredar más que nunca la madeja. Veamos. Al hacer tu entrada, el cantante entonó un himno de Theodorakis, y desde aquel momento la orquesta interpretó música prohibida, pese a que nos hallábamos en una terraza al aire libre: seguramente el ruido se oía en todo el barrio. Pero la policía no intervino. En un momento, llegaste a pretender que todos cantaran contigo la marcha extraída de tu poesía «Adelante los muertos», y decenas de voces se elevaron provocadoras, altísimas, para atronar la noche violácea: «Adelante los muertos, / abanderados sin fin de la lucha, / y detrás nosotros, / ansiosos de enarbolar los estandartes; / un pueblo entero, / vivos y muertos juntos...». Pero ni aun entonces la policía reaccionó. Solo hacia la una de la madrugada dos gendarmes se asomaron para pedir que no se hiciera demasiado ruido, pues en las casas vecinas alguien se quejaba; ustedes perdonen y gracias. Ni detenciones ni invocaciones a la ley. ¿Por qué? Fracasado el desafío, fuiste calle abajo gritando feroces insultos contra Papadópoulos, contra Ioannidis, contra los mismos peatones que trataban de calmarte y, no satisfecho con eso, acompañabas cada injuria con este grito arrogante: «*Ime Panagulis!* ¡Soy Panagulis!». Pero tampoco así sucedió nada, como si cada policía hubiera recibido la orden de oponer una completa indiferencia a lo que dijeras o hicieras. ¿Por qué? Apenas de regreso en casa te lanzaste al teléfono y llamaste a la central de la ESA: «*Ime Panagulis!* ¡Soy Panagulis! *Thelo Ioannidis!* ¡Quiero que se ponga Ioannidis!». Y, hala, más insultos como para poner los pelos de punta, pero el telefonista de guardia ni se inmutó: dijo que el señor general de brigada Ioannidis no estaba en su despacho por las noches; ¿deseaba dejarle algún mensaje? Sí, ladraste, este es el mensaje, que lo grabaran bien, que no perdieran ni una palabra: «Ioannidis, maricón, jodido por culo, es verdad que Papadópoulos no tuvo cojones para fusilarme, pero tú no los tienes ni siquiera para detenerme. Y te equivocas, Ioannidis, te equivocas, porque yo te haré orinar sangre, Ioannidis». Luego colgaste el auricular y dijiste con calma: «Ya veremos si vienen a detenerme». Y, maravilla de maravillas, nadie acudió. Pronto iban a ser las diez de la mañana y, sin embargo, allí no se presentaba nadie. ¿Por qué? Yo no lo comprendía. Por lo demás, tampoco comprendía por qué, en lugar de utilizar la libertad recobrada de manera seria y eficaz, la malgastabas en gestos tan ostentosos, en desafíos tan superficiales y retóricos, de dinosaurio que avanza por los bosques de la prehistoria pisoteando árboles como si fueran briznas de hierba. ¿Qué sentido tenía, para qué servía? ¿De veras que para buscar la muerte que se te negó en Egina? Me deshice de tu abrazo: «Alekos...». Te despertaste con una ancha sonrisa: «No han venido a detenerme, ¿eh?». «No, no han venido». «¡Lo sabía!». «¡¿Lo sabías?!». «Pues claro que lo sabía. Ioannidis no tiene un pelo de tonto. ¿Quién se toma en serio a un loco que se entrega a accesos de ira o telefonea al jefe de la ESA para insultarlo?». «¡No me digas que lo has hecho a propósito!». «Pues sí te lo digo. Y ya verás como hoy vamos a tener un día tranquilo; ya verás como iremos tranquilamente al cabo Sunion». «¿Qué hay en el cabo Sunion?». «Un templo hermosísimo. El templo de Poseidón».

Era una tarde radiante, y las ruinas del templo se erguían blancas en el cielo de un azul como de flor de aliso. El mar tenía un brillo nacarado, y los turistas extranjeros emitían grititos extasiados: *How marvellous! Wunderbar! Superbe!* También yo lo pensaba mientras, estorbada por la bolsa en bandolera, caminaba junto a ti, inclinándome de vez en cuando a recoger una piedra que me habría gustado guardar como recuerdo y que tú, escandalizado, me quitabas de la mano: «¡No se puede! ¡Es un robo! ¡Qué vergüenza!». «¡Pero qué robo ni qué vergüenza! ¡No es más que una piedra!». «Si todo el mundo cogiera una piedra, ¿qué quedaría?». «Las columnas, las losas de mármol...». «Y entonces tú robarías las columnas, las losas de mármol, robarías hasta la roca. ¡Qué hermosa roca! Desde ella Egeo se arrojó al mar. La leyenda cuenta que Egeo esperó aquí el retorno de su hijo Teseo, que partió a la conquista del vellocino de oro. Egeo había recomendado a Teseo que entrara en el puerto con las velas blancas si regresaba vencedor, pero Teseo era un borrachín: exaltado por el triunfo, bebió, olvidó izar las velas blancas y...». Algo se deslizó dentro de mi bolsa, que se hizo muy pesada. «Alekos, ¿qué me has metido?». «Quieta, no mires, no toques. Dos fragmentos de la escalinata». «¿¡¿Dos fragmentos de la escalinata?!? ¡¿No querías que robara una piedra y has cogido dos fragmentos de la escalinata?!». Risita complacida: «¡Ah, qué no haría yo por ti! ¡Ladrón, me vuelves ladrón!». «¿Y cuándo los has cogido?». En ningún momento te separaste de mi lado, ni te inclinaste a recoger nada: ¿cuándo, pues, los cogiste? «Qué pesada eres. Los he cogido. ¿Qué importa cuándo? Y te he dicho que no toques la bolsa. ¿Quieres mandarme otra vez a Boiati por dos pedacitos de mármol? Mejor será que nos alejemos, vamos. Así, con aire distraído. Finjámonos enamorados que admiran el paisaje. Así». Con el brazo izquierdo agarrado a mi brazo derecho y la bolsa entre nosotros, me empujabas hacia el límite del promontorio, lejos de la aglomeración, y vibrabas excitado por el hurto. Luego, en el punto donde la roca desciende en una especie de terraza abierta sobre el golfo, te detuviste. «Sentémonos aquí, de espaldas al templo. No, tú ponte de perfil, para cerciorarnos de que nadie nos ha visto». Me cercioré. Disciplinados y compactos, los turistas admiraban las cualidades del períptero dórico, y nadie se ocupaba de nosotros. Solo un joven con camisa de cuadros se mantenía aparte como quien lee la losa en que está grabado el nombre de Byron, pero, en realidad, lanzándonos miradas. «Tal vez un joven, allá. Debe de haberse dado cuenta; nos observa. Ahora, sin embargo, se aleja. Se va. ¿Crees que va a denunciarnos?». «No lo creo». «Bien, veamos lo que has robado». Tiré de la cremallera de la bolsa con ansia gozosa y, de pronto, mi sonrisa se apagó. Dentro no había fragmentos de mármol, sino dos latas de color verde manzana. «Alekos, ¡¿qué es?!». «Tabaco. Está escrito y todo: Golden Virginia, *hand rolling tobacco*». «¡¿Tabaco?! ¿Y quién te lo ha dado?». «Un amigo». «¿Un amigo con camisa a cuadros?». «¡Sí!». «Pero ¡¿cuándo?!». «Cuando te contaba la historia de Egeo y Teseo. Rápido, ¿eh?». «¿Y era preciso venir a Sunion para esto?». «Desde luego que sí. Un buen conspirador ama siempre la arqueología». «Alekos, ¿qué hay en estas latas?». «Ya te lo he dicho: tabaco. Golden Virginia, *hand rolling tobacco*». Las sopesé. En el verde manzana destacaban otras tres palabras: «*Fifty grams net.* Cincuenta gramos exactos». ¡Cincuenta gramos! Cada caja pesaba al menos doscientos, tal vez trescientos. «Alekos...». Levanté una tapa y el papel de estaño y, de pronto, se desvaneció toda duda: conocía yo bien aquella piedra basta y amarilla. Podía ilustrarte acerca de todas sus características y propiedades. Lo que introdujiste en mi bolsa como un juguete o un regalo era trilita. Dos hermosas pastillas de trilita.

How marvellous! Wunderbar! Superbe! It's unbelievable! Vraiment extraordinaire! Ahora el sol emitía destellos rosados y purpúreos; comenzaba la puesta y los grititos de los extranjeros redoblaban, agudos. Volaban también las gaviotas entre los destellos rosados y purpúreos, y una se zambullía en picado en el agua del golfo, como la gaviota del sueño. Aparté la mirada. «¿Qué quieres hacer con esto, Alekos?». Me respondiste con una pregunta: «Dime, ¿qué es el amor?». «Tal vez llevar en una bolsa dos pastillas de trilita». «Estupenda chica. Llevarlas o confiarlas. Te las he confiado a propósito, para demostrarte que el amor es amistad y complicidad. El amor es una compañera con la que se comparte la cama porque se comparte un sueño, una tarea. Yo no quiero una mujer con la que ser feliz. El mundo está lleno de mujeres con las que se puede ser feliz, si es la felicidad lo que se busca. En realidad, he tenido tantas mujeres que, pensándolo bien, cinco años de cárcel han sido un descanso. Pero nunca he tenido una compañera, y yo quiero una compañera. Una compañera que sea mi compañero, amigo, cómplice y hermano. Soy un hombre que lucha y lo seré siempre. Lo seré en todas partes y en cualquier caso. Incluso en el paraíso. No puedo concebir una manera distinta de vivir y morir. ¿Cuántas personas hay en este planeta? ¿Tres mil quinientos millones? Bueno, pues si tres mil cuatrocientos noventa y nueve millones, novecientas noventa y nueve mil, novecientas noventa y nueve personas optaran por no luchar, lo que constituiría la unanimidad absoluta menos uno, yo lucharía igual. La trilita no tiene nada que ver. La trilita es un momento en la existencia de un hombre en lucha. Por lo demás, no me gusta la trilita. No me gusta la violencia, cualquier forma de violencia: yo nunca seré capaz de hacer saltar por los aires un autobús lleno de niños, como hacen algunos en nombre de la patria o de cualquier otra jodida ideología. No creo en la guerra. No creo en las revoluciones sangrientas. Estoy convencido de que sirven solo para cambiar de amo. Me asquean los tiroteos y las explosiones: ya te dije que prefiero los Cavour a los Garibaldi. Pero cuando está en juego la libertad, porque lo único que cuenta es la libertad, cuando...». «¿Qué quieres hacer con esto, Alekos?». «¿Qué? Escúchame: quinientos gramos de trilita son una miseria. Basta un detonador, una mecha, un poco de fantasía. Y una compañera que nos ayude. Te necesito. Me eres útil». «¿Para dar un paseo y recoger latas de Golden Virginia sin que se fije nadie?». «No, para mucho más. Para no estar solo. Si me ayudas, si no me dejas solo, te digo que quiero hacer cosas». Aquella voz. Aquellos ojos. Había un demonio en aquella voz, en aquellos ojos: una pasión lúcida, fría, incontrolable, de obseso que en nombre de su fe puede cometer cualquier acción absurda, arruinar su propia vida y las ajenas, sacrificar sus propios sentimientos y los ajenos, la propia inteligencia y la ajena. Pero tus palabras cerraban la más extraordinaria declaración de amor que un ser humano pueda recibir. Valían por mil abrazos en un lecho, por mil noches encantadoras, por mil jazmines, por mil *s'agapò-tora-ke-tha-s'agapò-pántote.* Y el dinosaurio al que la noche anterior vi bramar y avanzar por los bosques de la prehistoria aplastando árboles como si fueran briznas de hierba no era un dinosaurio: era un hombre. Un hombre solo, por añadidura. Tan solo que negársele habría sido infame. «Una compañera que sea mi compañero, amigo, cómplice y hermano. ¿Me ayudarás?». «Desde luego», repuse. «Bien. ¿Recuerdas la Acrópolis...?».

La operación Acrópolis era una gloriosa locura. Consistía en ocupar el recinto arqueológico a la hora en que se cierra al público, luego izar la bandera roja en el Partenón, no porque a ti te gustara el conformismo de la bandera roja, sino porque el rojo molestaba a la Junta y destacaba bien sobre el blanco de los mármoles, y por último mantener el Partenón como rehén, con la amenaza de hacerlo saltar por los aires. «¡Alekos, dos pastillas de trilita no bastarían ni para hacer saltar una columna!». «Naturalmente, pero ellos no saben que solo tenemos dos pastillas. Y en cuanto haya hecho estallar una como advertencia...». «No te creerán». «Me creerán porque me creen capaz de todo, incluso de destruir el Partenón». «¿Lo destruirías de verdad?». «Antes muerto». Al principio, llegaste a pensar en capturar a cierto número de turistas, a ser posible estadounidenses, pero luego llegaste a la conclusión de que solo serían un estorbo, pues intentarían escapar y tendrían necesidad de alimento, agua y acaso de medicinas. En una palabra, habrían echado por tierra el plan. En cambio, el Partenón no bebe, no come, no escapa y no necesita medicinas. Por lo demás, ¿qué rehén podría resultar más precioso que el Partenón? Quienes amaban la belleza y la cultura, decías, no habían cesado aún de maldecir a aquel Koenigsmark que, en 1687, la emprendió a cañonazos con el Partenón a fin de hacer salir de su madriguera a los turcos, y estos habían instalado allí un polvorín. Así pues, perder lo que había quedado del Partenón equivaldría a perder el símbolo mismo de la civilización: el mundo entero se alzaría para defender sus cuarenta y seis columnas, todas las embajadas intervendrían ante la Junta para suplicarle que aceptara tus peticiones. «¿Qué peticiones?». «En un régimen dictatorial nunca faltan las peticiones, y yo tengo que formular una que vale por el templete de las Cariátides». Que el plan pudiera no tener éxito era una posibilidad que descartabas *a priori*. La Acrópolis, repetías, es inexpugnable: se yergue sobre un promontorio con las paredes a pico, y ofrece una sola vía de acceso, la entrada de los Propileos. Una docena de guerrilleros bien armados serían más que suficientes para tener en jaque al ejército y a la policía. El único problema era encontrarlos. «¿Doce guerrilleros, Alekos? Un par de helicópteros y unos pocos tiradores escogidos bastarían para eliminarlos en cinco minutos. Sin contar con que los gases lacrimógenos...». «No, si al primer disparo o al primer bote de humo hago saltar por los aires un pedacito de Partenón. Es una cuestión de psicología». «Has dicho que antes te dejabas matar que dañar el Partenón». «¿Y quién te ha dicho que vaya a ser de verdad un pedacito de Partenón? ¿Qué saben ellos si las piedras que vuelan son del Partenón o no?». «Admitámoslo. ¿Y cuánto piensas poder resistir? ¿Un día? ¿Una noche?». «Con una pequeña provisión de víveres, hasta tres días y tres noches. ¿Imaginas la bandera roja ondeando durante tres días y tres noches sobre el Partenón? En medio de aquella blancura destacará como una amapola, se verá desde cualquier punto de la ciudad. Vendrán periodistas, cámaras y fotógrafos de todos los países. La Junta será ridiculizada hasta el espasmo, y él se verá obligado a capitular». «¿Él? ¿Quién?». «Ioannidis, ¿quién si no? Yo ando detrás de Ioannidis. Papadópoulos cuenta cada vez menos, y tarde o temprano Ioannidis lo eliminará». «¿Para qué andas detrás de él?». «Para pactar. En la Acrópolis, además. Deberá subir allá arriba y...». «¿Es esta la idea que vale por el templete de las Cariátides?». «Sí». «Escúchame, Alekos: Ioannidis no acudiría nunca». «Escúchame tú: conozco a Ioannidis y te digo que irá. Porque es valiente. Y porque me odia».

Ni siquiera en este punto mostrabas la menor duda. Tu certeza de que el plan saldría bien era tan inquebrantable que cualquier intento de racionalizar el asunto caía en el vacío. Sí, Ioannidis subiría a la Acrópolis y tú lo recibirías en el interior del Partenón, con una carga de trilita encima. Le dirías: «Felicidades, Ioannidis. No me has defraudado, Ioannidis. Hace cinco años fuiste tú quien declaró que solo una vez de cada cien mil se encuentra a alguien que no habla. Hoy soy yo quien afirma que solo una vez entre cien mil se da la circunstancia de encontrar a un general que responda a semejante invitación. Pero aquel día yo llevaba las esposas puestas, Ioannidis, y hoy debes llevarlas tú. Mejor, nos esposaremos juntos». Inmediatamente después, le esposarías la muñeca derecha a tu muñeca izquierda y: «¿Ves la carga que llevo encima, Ioannidis? Está cebada con una mecha de combustión rápida. Si haces un gesto, saltamos juntos por los aires». «No te creo, Alekos. No lo harías». «Lo haré, lo haré. Si me veo en la necesidad, lo haré, lo haré. Ya verás». «¿Y qué más?». «Planteo mis peticiones y nos vamos a Argelia». «¿¡¿A Argelia?!?». «Sí». «¿¡¿Directamente desde la Acrópolis?!?». «Sí». «¿¡¿Con Ioannidis?!?». «Evidentemente. Nos lo llevaremos como rehén, siempre esposado a mi muñeca izquierda. Exigiremos todo un avión para nosotros y...». «Y si Ioannidis estuviera dispuesto a morir por impedírtelo». «Él sí; sus fieles, no. Es el hombre fuerte del régimen y le apoya gran parte del ejército. El Ática es suya. Quienes quieren eliminar a Papadópoulos no le permitirán nunca morir, y concederán lo que yo pido. Por lo demás, siempre llevaré conmigo la carga cebada. Si es necesario, moriré con él como aquel general alemán que quería saltar por los aires con Hitler». «Estás loco». «Tal vez. Pero los locos son quienes hacen la historia, no la lógica. Si nos detuviéramos a considerar lo que es de sentido común y lo que no lo es, lo que es posible y lo que no lo es, la Tierra dejaría de girar, y la vida perdería su finalidad».

No comprendía bien qué papel me reservabas en el curso de semejante locura. Por momentos parecía de simple apoyo moral, y por momentos, de gran importancia estratégica. «Si coloco a tres hombres en el lado norte, tres en el lado sur, dos en el lado este, y cuatro entre la verja y los Propileos, me quedo desarmado en el Partenón, sin nadie que me cubra la espalda. ¿Sabes utilizar una metralleta?». La duda de que tuviera algo que objetar —por ejemplo sobre el uso de la metralleta— en realidad ni se te pasaba por la cabeza. Por lo demás, ni siquiera te interesaba saber si estaba yo de acuerdo con la totalidad del plan: la tarde en el cabo Sunion había sellado un pacto que excluía cualquier deserción por mi parte. Ahora era tu Sancho Panza, y la misión de Sancho Panza ¿no es acaso seguir a don Quijote, secundarlo en sus locuras? El único punto que te preocupaba, confesaste mientras me explicabas el plan, era encontrar doce guerrilleros. Sin un partido detrás, sin una ideología homologada, no te resultaría fácil reunirlos. Deberías buscarlos a tientas en la oscuridad, y consciente de ello te encerraste en casa a confeccionar listas de nombres, estudiarlos y descartarlos: «Este no; no lo conozco bastante. Este no; lo contaría. Este no; tendría miedo». Y nada de hablarte de otro tema, de intentar distraerte. «¡No me concierne, no me interesa!». Solo cuando llegó la noticia de que en Chile se había producido el golpe de Estado y habían matado a Allende, saliste de tu concha: la Acrópolis pareció borrarse de tus pensamientos. Pero pronto reapareció con la fuerza maligna de un corcho que cuanto más lo hundes en el agua, más vuelve a flote, e incluso la muerte de Allende se convirtió en alimento para nutrir tu gloriosa locura. «Junto con la bandera roja izaremos la bandera chilena. La libertad no tiene patria». Confeccionaste una lista de candidatos, y decidiste cribarlos uno a uno sin revelar el motivo del encuentro. Así pues, los recibías con expresión inocente y, abriendo los brazos, propinándoles golpecitos afectuosos en los hombros, los conducías al salón, donde un magnetófono de casete emitía a un volumen altísimo himnos de la Resistencia. Era tu método para comprender enseguida con quién estabas tratando. Si el tipo se ponía nervioso o decía que escuchar ciertas cosas resultaba peligroso, lo descartabas inmediatamente; si, en cambio, se inflamaba o permanecía tranquilo, lo tomabas en consideración. Carácter, aptitud para el riesgo, grado de inteligencia y voluntad de combatir: con la frialdad de un entomólogo que observa una hormiga o de un sastre que inspecciona un tejido, lo estudiabas, lo examinabas y lo analizabas. Pero casi siempre sin éxito. Y cuando por fin seleccionaste a los cinco que, según tu parecer, constituirían el núcleo del comando, tres confesaron enseguida que les faltaba valor. Con los otros dos fue peor.

El primero pidió algunas horas para meditar, y luego regresó con una hoja llena de cálculos. Te explicó por qué el bluf no resultaría: hacer creer que el templo estaba minado constituía una empresa, más que absurda, imposible. El Partenón, dijo, es menos frágil de lo que parece: cualquier ingeniero o arquitecto sabe que sus bloques de mármol no se abaten con facilidad. Para hacerlo saltar por los aires, pues, hay dos sistemas. Y ambos se basan en el derribo de las columnas, una por una. Una de las dos opciones consiste en colocar una carga de dinamita en la base de cada columna, alojada en agujeros de unos quince centímetros de profundidad y otro tanto de anchura. Quince centímetros es el máximo permitido y el mínimo necesario porque, minada desde el interior, cada columna requiere diez kilos de dinamita, esto es, veinte cartuchos. Un cartucho pesa medio kilo. Pero un agujero no puede contener más de diez cartuchos, de tal manera que se requieren dos agujeros bien distanciados. Como el Partenón tiene cuarenta y seis columnas, se requieren noventa y dos agujeros. Para abrir un agujero en el mármol se necesita una hora y un taladro eléctrico. Noventa y dos horas de trabajo divididas entre doce guerrilleros que abandonen la metralleta y se transformen en obreros, agujereando tres o cuatro columnas cada uno, equivalen a casi ocho horas de actividad ininterrumpida. Digamos entre las diez de la noche y el amanecer. Al margen de que para una empresa semejante se necesitaría disponer al menos de doce taladros eléctricos y un generador de gran potencia, el estrépito sería inimaginable: un bombardeo sin parar que despertaría a la ciudad, desde el Pireo hasta Cefisia. Naturalmente, el trabajo se podría reducir a una hora, pero entonces se requerirían noventa y dos hombres;

se podría reducir a dos horas, pero entonces se precisarían cuarenta y seis hombres y... Lo interrumpiste, airado: «Yo no te he pedido un ensayo sobre demoliciones, y nunca he pensado en reducir el Partenón a un colador o a un queso gruyer. Así que todo eso son chácharas inútiles». Y el otro: «No, son razonamientos. Los mismos que un experto le haría a Ioannidis si preguntara qué probabilidades existen de que minaras realmente el Partenón. La respuesta sería: ninguna, a menos que disponga de media tonelada de dinamita. Diez kilos de dinamita dentro de cada columna, multiplicados por cuarenta y seis columnas, dan, en efecto, casi media tonelada de dinamita. ¿Te parece demasiado? El otro sistema, que no precisa de taladros eléctricos ni de generadores potentes, pues se basa en cargas colocadas en el exterior de las columnas, requiere diez toneladas de dinamita. O sea, doscientos kilos de dinamita por columna. Y doscientos kilos equivalen a cuatrocientos cartuchos. Para simplificar la operación, los cartuchos pueden ponerse en un saco y atar este a la columna con cintas adhesivas resistentes, lo mismo que se ata un paquete. Un saco por columna suma cuarenta y seis sacos, y para concluir, tendrás que convencer a la Junta y al mundo de que has llevado a la Acrópolis diez toneladas de dinamita o, al menos, media». Volviste a interrumpirlo, pero esta vez con imprevista calma: evidentemente, la historia de los sacos te gustó. «No hay ninguna necesidad de esa dinamita; me has dado una idea. Solo tendremos que llevar cuarenta y seis sacos vacíos, doscientos o trescientos metros de cinta adhesiva bien fuerte y un rollo de cable eléctrico. La Acrópolis está llena de piedras, y nadie sabrá qué hemos metido en los sacos». El joven te miró desconcertado, y luego se levantó y se marchó.

El segundo individuo no discutió la practicabilidad de la empresa empleando sacos vacíos. Sí, admitió conciliador, conocía tu imaginación: competía con tu valor, según dejaste bien demostrado en los cinco años de Boiati. Así pues, él no estaba en absoluto de acuerdo con quien no valoraba lo suficiente la probabilidad de que tu bluf tuviera éxito: conociéndote, ni la policía ni Ioannidis se preguntarían si los sacos contenían de verdad explosivos. Lo único de que dudaba era de que pudieras salir vivo de semejante empresa, y tanto si salías vivo como muerto, ¿cuál era el objetivo final? «Ya lo he dicho: centrar la atención del mundo sobre Grecia, movilizar a la prensa nacional y extranjera, ridiculizar a la Junta». Asintió, se rascó la garganta y, con aire de buscar mi aprobación, traduciendo ahora las frases más importantes al inglés, para que yo las comprendiera, se lanzó a una especie de sermón. Nadie, dijo, había olvidado que durante la Segunda Guerra Mundial un valiente llamado Glezos subió a la Acrópolis y arrancó la bandera alemana del asta situada junto a la entrada. Un gesto espectacular, una bravata que formaba ya parte de la leyenda y que los niños estudiaban en los libros escolares. Pero ¿para qué sirvió aquel gesto aparte de asombrar al mundo y escarnecer al invasor? ¿Acaso levantó al pueblo e incidió sobre el curso de los acontecimientos? Los gestos espectaculares y los heroísmos privados nunca influyen en la realidad: son manifestaciones de orgullo individual y superficial, romanticismos afines a sí mismos precisamente porque quedaban encerrados en los confines de lo excepcional. Por desgracia, los griegos eran maestros en ellos; incluso había un ensayo de Bertrand Russell sobre ese tema, en el que sostenía que los ciudadanos de la polis griega estaban animados por un patriotismo primitivo, o sea, imprudente e insensato. La fuerza de sus pasiones les conducía, sí, a éxitos personales, pero tales éxitos no beneficiaban al conjunto de la polis y, en definitiva, eran símbolos de incapacidad política. Por lo demás, no se necesitaba recurrir a Russell para comprender que el gran ejemplo no sirve para movilizar a las masas, al contrario, las desmoraliza, pues, sintiéndose excluidas e intimidadas por el valor de uno o de unos pocos, quedan bloqueadas por un complejo de inferioridad. Conclusión: el sacrificio del héroe es un acto de egoísmo. «¿Egoísmo?». Tu pregunta sonó seca como una bofetada. «Sí, un acto de egoísmo. ¿O debería decir de narcisismo? Desde luego, un error». «¿Narcisismo? ¿Error?». Y esta vez tu pregunta sonó como un fustazo. «Sí, Alekos, error. Estás volviendo a proponer la misma equivocación de hace cinco años: ya he explicado que las dictaduras no se derrocan haciendo de héroe solitario o eliminando solo a un tirano. Se derrocan educando a las masas en la rebelión colectiva, en la lucha organizada. Si no, muerto un tirano, viene otro y todo vuelve a ser como antes». Vi que tus dientes mordían con fuerza la pipa. «O sea, que yo no he servido para nada, no sirvo para nada». «No digo eso,

Alekos; yo contemplo esto una cuestión ideológica, examino el asunto desde el punto de vista ideológico y del raciocinio. ¡Hay que admitir que hay una buena dosis de vanidad en el héroe!». «¡¿Vanidad?!». Tú diste un salto y él emitió una especie de estertor: lo habías agarrado por la corbata y se la apretabas alrededor del cuello. «¡Escúchame, charlatán! ¡El que no tiene cojones se refugia siempre bajo el paraguas de los motivos ideológicos! ¡El que no tiene fe se esconde siempre tras el biombo del raciocinio! ¿Dónde estabas tú, cotorra, qué hacías tú cuando yo estaba en el catre de las torturas y esperaba a ser fusilado? ¿Escribiendo libros para educar al pueblo? ¿Organizando a las masas del año 2333? Fuera de aquí. ¡Fueraaa!». Luego prorrumpiste en un llanto inconsolable. Cartuchos, taladros eléctricos, divisiones, multiplicaciones, cuarenta y seis por dos igual a noventa y dos, noventa y dos dividido por doce igual a siete y me llevo ocho, Bertrand Russell, egoísmo, narcisismo, las masas: ¿no había nadie, pues, en aquella ciudad, dispuesto a echarte una mano y creer en ti?

Tuve la esperanza de que fuera una crisis beneficiosa. Pero no sirvió para nada más que para alimentar en mí la desorientación que comenzara la noche en que intentaste arrojarte bajo el automóvil de Papadópoulos: ¿en qué trampa había caído yo, a qué laberinto había sido arrojada?

Como un viandante perdido en un país extranjero y hostil, cuyas calles no comprende y en cada cruce se detiene confuso, esperando en vano dar con alguien o algo que le indique cómo avanzar o retroceder, así te miraba yo tras el rechazo de que te hicieran objeto los cinco individuos. Los dos últimos, en efecto, me suministraron la prueba de que incluso en tu mundo, entre los que hablaban tu lengua, eras considerado una persona inclasificable; más bien una planta extraña que ha nacido para llevar el desorden al bosque, un bellísimo hongo que nadie recoge por temor a envenenarse. Y esto hacía que mi perplejidad tomara cuerpo, aumentara los miedos que tras el viaje a Egina me atormentaban: ¿qué tenías tú que ver con Huyn Thi An, Nguyen Van Sam, Chato, Julio, Marighela y el padre Tito de Alencar Lima? ¿Eras en verdad lo que yo creí que eras, e hice bien en volver y en aceptar ser tu compañera, o tuvo razón aquella Casandra llamada Andreas y me esperaban solo el sufrimiento y la tragedia? Todo en ti constituía una bofetada a la lógica: el ardor ciego, sordo y exagerado con que te lanzabas a una aventura; el énfasis y la retórica con que aquel ardor se expresaba; la arbitrariedad con que lo dispensabas o lo imponías al prójimo, ignorando sus tesis o ridiculizándolas; la voluptuosidad de consumirte en el peligro continuo, en el esfuerzo incesante, en la lucha perpetua. Pero no en la lucha para alcanzar una meta precisa: la lucha por la lucha, como si la meta no importara o fuera tan solo un pretexto, un espejismo que ora lleva el nombre de libertad, ora presenta el aspecto de los molinos de viento, y se corre tras él de vacío, únicamente para vivir. Amarte, es decir, aceptarte, equivalía en verdad a ponerse en el lugar de Sancho Panza, que sigue a don Quijote y canta sus poéticas y alocadas mentiras: vivir el sueño imposible, combatir al enemigo invencible, soportar el dolor insoportable, corregir el error incorregible, alcanzar las estrellas inalcanzables. Y todo ello preguntándose si, en el fondo del corazón, también él sabe que no se trata más que de poéticas y alocadas mentiras. Por eso en cada encrucijada se renovaban los impulsos de huir, que siempre amargaron y, al propio tiempo, cimentaron mi relación contigo. Porque las mismas cosas que me alejaban de ti, me daba cuenta ya, me conducían a ti. Como si la diversidad e incluso incompatibilidad de nuestras naturalezas fuese el cemento del que se servían los dioses para mantenernos juntos.

Bloqueada por el dilema de avanzar o retroceder, al tiempo que con la confusa conciencia de no poder sustraerme a la voluntad de los dioses, al destino ya escrito, intentaba, pues, adaptarme y comprenderte a través del calidoscopio de tus mil contradicciones. Por ejemplo, los bruscos cambios de humor, que unas veces te transformaban en un muchacho y otras en un viejo, uno y otro extraños al hombre que conocí y que el mundo creía conocer, y sin embargo fundidos en él como dos ríos en un mar. El viejo caminaba con la cabeza gacha y la espalda encorvada, y no se separaba nunca de la pipa, que fumaba lentamente, con los ojos entrecerrados; era tierno, benigno, toleraba las adversidades con paciencia infinita y hablaba con la espléndida voz que una tarde de agosto me sedujo. Sus discursos eran solemnes. Si le pedías cuenta del muchacho, respondía: «Él soy yo. Él es la verdadera sabiduría. El aspecto de la sabiduría no es oscuro y tétrico, no es preocupado, sino reidor y lleno de alegría. El fin y la realización de la sabiduría radican en la jocosidad feliz». Me llamaba muchachito, *alitaki*. El muchacho, en cambio, saltaba y brincaba, como en los momentos en que creía haber encontrado a los guerrilleros para ocupar la Acrópolis; se movía con ímpetu, nerviosamente, se mostraba festivo o colérico según su capricho, y en el primer caso agredía con zancadas de cachorro feliz de haber encontrado un hueso, y se movía, con briosos caracoleos infantiles: «¿Jugamos?». Si le pedías cuentas del viejo, respondía con peroratas sin sentido: «Yo soy yo. Yo con él soy yo y él, yo contigo soy yo y tú, de manera que yo sigo siendo siempre yo». También hacía juegos de palabras un poco tontos, orgulloso de dominar mi lengua: «¡No te quiero a ti, quiero el té! ¡No quiero el té, te quiero a ti!»[1]. Además, coleccionaba bolitas de cristal, frasquitos, cajitas y cualquier objeto que pudiera convertirse en un pasatiempo. Adoraba los pasatiempos, y se apropió del regalo que compré para Khristos, el niño nacido en la casa de al lado cuando nos amamos por primera vez en un lecho: una campana de plata con un carillón que tocaba una nana muy suave. Inútil añadir que el maridaje era irresistible: avanzando por vías paralelas y opuestas, en ritmos contrastantes y, sin embargo, armoniosos, el muchacho y el viejo convivían en un hombre que, aun sin la sugestión de un pasado glorioso, habría seducido. No por casualidad las mujeres se enamoraban perdidamente de él. Y algunas veces también los hombres, aunque él no se diera cuenta. O lo fingiera. Por lo demás, con las mujeres tuviste siempre un éxito fuera de lo común. En raras ocasiones he visto suscitar enamoramientos, pasiones y deseos desenfrenados como los que tú inspiraste hasta el último día de tu vida, pero nunca como en el periodo inmediatamente posterior a Boiati, cuando jóvenes y viejas, ricas y pobres, estúpidas e inteligentes se te ofrecían en un plebiscito de afán sexual casi siniestro: mediante llamadas telefónicas, cartas, regalos, mensajes confiados a alcahuetes o notitas que te ponían en la mano o te introducían en el bolsillo ante mis propios ojos, pues ni siquiera el

1. *Non voglio te, voglio il tè! Non voglio il tè, voglio te!*

hecho de que viviéramos juntos las desanimaba. Al contrario, las excitaba. Ahora que habías recobrado la seguridad para atravesar las calles, para caminar por las aceras atestadas, y que cada vez cojeabas menos del pie roto, te deseaban, en efecto, hasta las que antes te ignoraban. Y yo asistía fascinada al fenómeno, buscando también en él una llave que abriese las puertas de tu personaje: si hombres y mujeres se enamoraban tan perdidamente de ti, ¿por qué permanecías tan solo y no encontrabas a nadie que te apoyara para combatir la dictadura tal como querías? ¿Y por qué no te adaptabas un poco a la realidad, por qué no actuabas en el seno de un movimiento organizado, de una corriente política reconocida, por qué te obstinabas en pretender cambiar las cosas tú solo, a veces con gestos u ocurrencias que tenían sabor a juego, como en el caso de la operación Acrópolis? Necesité mucho para comprender que precisamente ahí radicaba tu gran intuición de rebelde y de artista, tu gran coherencia.

Aquel plan no se te quitaba de la cabeza. No bastaban para liberarte de él la imposibilidad de reunir un comando dispuesto a ponerlo en práctica, ni los razonamientos de los que llamabas charlatanes, ni el tiempo que transcurría con sus distracciones y sus tentaciones. Y así, una mañana: «Iremos a Creta». «¿A hacer qué?». «A buscar guerrilleros. En Creta los encontraremos».

La espera del viaje a Creta fue el banco de pruebas de tu obstinación, de la monomanía que te aquejaba cada vez que la fe daba a luz una idea y la idea se transformaba en psicosis. La historia de los sacos que debían atarse a las columnas te gustó hasta el punto de inspirarte una travesura suplementaria: además de llenarlos de piedras y otros lastres en lugar de explosivos, los usarías para redactar un eslogan que diera la vuelta al Partenón. «Sobre el mármol no podemos escribir nada: aparte de que las estrías lo impedirían, ensuciar el Partenón con pintura sería un auténtico delito. En cambio, en los sacos podemos escribir lo que nos guste. En cada columna un saco, en cada saco una letra: el eslogan se leerá desde lejos. ¿No es una idea estupenda?». Lo era. El problema radicaba en escoger palabras cuyas letras correspondieran al número de columnas tanto en la fachada anterior como en la posterior y en los laterales del templo. Las fachadas anterior y posterior contaban con ocho columnas, o sea, que en ellas la palabra no podía superar las ocho letras; los laterales sumaban diecisiete columnas, de modo que sobre ellas la o las palabras no podían exceder las diecisiete letras. Pero las cuatro columnas de las esquinas no podían exhibir una letra por una parte y otra por el otro lado, pues esto habría creado confusión, así que se reducía a seis letras la palabra de la fachada anterior y posterior, o bien a quince letras las palabras de los laterales. Sin contar con el asunto de los espacios en blanco, que llegaba a enloquecerte, pues por causa de ellos todos los vocablos parecían demasiado largos o demasiado cortos. «¡Opresión! *Katapiesis!*». «Demasiado largo». «¡Pueblo! *Laós!*». «Demasiado corto». Por último, encontramos una frase que iba casi bien porque se componía de ocho palabras, con un total de cuarenta y cuatro letras y siete espacios en blanco: *Agonas dià tin eleftheria - Agonas katà tis tyrannías,* Lucha por la libertad - Lucha contra la tiranía. El problema radicaba en aquel casi. Los dos *agonas,* en efecto, se colocaban perfectamente en las fachadas anterior y posterior: incluso dejaban dos espacios en blanco en las columnas de las esquinas. Las palabras *dià tin eleftheria,* por-la-libertad, se colocaban con no menos perfección en un lateral. El *katà tis tyrannías,* contra-la-tiranía, contenía en cambio una letra de más. Pero aun molestándote, la cosa no te desanimó. La frase tenía un sentido, dijiste, giraba en torno al Partenón de manera armoniosa, y al infierno la estética. Comprimirías el artículo *tis* en dos columnas, colocando un solo saco grande. Para efectuar esta comprobación, subimos a la Acrópolis, y este fue el inicio de muchas excursiones, durante las cuales pretendías que me comportara como una maníaca de la arqueología: admirando, fotografiando y estudiando frisos y capiteles para no despertar sospechas. Tú, mientras tanto, buscabas posibles escondites, medías en pasos la distancia entre los Propileos y el Erecteion, entre el Erecteion y el Partenón, entre el Partenón y los Propileos, examinabas con detenimiento la roca que, en el límite de la pared nordeste se encarama sobre la muralla, la misma en la que Glezos se subió para arrancar del asta la bandera alemana; controlabas la afluencia de turistas, el comportamiento de los guardianes y los lugares adecuados para hacer estallar la pastilla de trilita como advertencia. «Quiero llevarme un plan completo a Creta, perfecto hasta en sus últimos detalles». No me escuchabas cuando aventuraba dudas sobre la utilidad del viaje. «Todo irá bien, ya lo verás».

Estabas convencido de ello porque te constaba no haber cometido errores: nada de citas, nada de reservas de vuelos, y hotel reservado con nombre supuesto. Solo anunciaste nuestra llegada a unos poquísimos compañeros dignos de confianza. Quedaba, cómo no, el riesgo de que la policía nos siguiera cuando saliéramos de casa para ir al aeropuerto, pero durante el trayecto no advertimos a nadie que fuera tras nosotros, y tampoco en el momento de embarcar pareció que nadie se fijara en nosotros. «¿Has visto? Apenas se han dado cuenta de que estamos entre los pasajeros». La ilusión se desvaneció cuando subimos a bordo. No nos habían perdido de vista ni un segundo; todo había sido organizado de forma que pudieran controlarnos hasta la respiración. Por ejemplo, los asientos que nos asignaron. Eran los dos últimos de la izquierda, distintos de los demás porque entre ellos y el tabique a nuestra espalda quedaba un espacio de medio metro, aproximadamente, en el que se apresuraron a instalarse dos agentes de paisano. Con las manos agarradas a los bordes del respaldo, se nos echaban encima lanzándonos un fétido aliento de ajo y no ocultaban en absoluto que se encontraban allí por nuestra causa. En efecto, te irritaban, te tocaban el pelo y te provocaban con risitas y frasecitas: *«Katálaves italikí?* ¿Entiendes italiano?». *«Ne.* Sí». «¿Cómo se dice en griego buen viaje?». *«Kalòn taxidi»*. «¡Eh, eh!». Te interrogué con la mirada: que hicieran esto y, además, viajaran de pie, en contra del reglamento, quería decir que iban en misión oficial, con cometidos muy precisos. Asentiste con un leve movimiento de cabeza y luego te mantuviste en una inmovilidad taciturna que duró hasta que desembarcamos y nos recibieron Marion y Febos. Ella era una querida amiga de los días del Politécnico, y él, un resistente salido de la cárcel con motivo de la amnistía. El tiempo de abrazarlos, explicarles lo que sucedía, y el tufo de ajo había desaparecido, pues los dos tipos se habían esfumado. Para cambiar ¿por quién? De nuevo parecía que nadie se ocupara de nosotros. Por las calles de Khania ningún automóvil seguía el Renault en el que Marion y Febos nos conducían al hotel. «Tal vez temían simplemente que secuestraras el avión», dijo Marion sonriendo. Y casi en el mismo momento se le escapó una exclamación: «¡Oh, no!». Acabábamos de llegar al hotel, y en la misma acera había un coche blanco de la policía. Subimos a la habitación, preciosa, con vistas al mar, te asomaste al balcón y te retiraste enseguida con una orden ronca: «Apaga enseguida la luz». «¿Por qué?». «¡Apaga, te digo!». La apagué y me acerqué a ti: «¿Qué hay, qué sucede?». «¡Mira!». Miré, y durante algunos segundos no vi más que una espléndida noche iluminada por la luna, y el agua tranquila del puertecillo, donde las olas batían en pequeños chapaleos de plata. Pero luego, con el estómago revuelto, divisé también yo lo que me indicabas: una barca anclada a veinte metros de la orilla, y a bordo de ella, tres hombres que nos observaban con unos grandes prismáticos.

Allí permaneció todas las noches, anclada en el mismo punto. A determinada hora de la mañana se alejaba, y regresaba al atardecer, con tres hombres a bordo, los mismos, y los prismáticos enfocados hacia nuestro balcón. Era una persecución a la vez sutil y absurda. Sutil porque se proponía exasperarte por un sistema en apariencia inocente, y absurda porque imponía a los tres tipos un esfuerzo nada llevadero: por turno, pero sin pausa, debían escrutar en la oscuridad. Además, venía a empeorar las cosas el hecho de que te negaras a cambiar de habitación o de hotel, e incluso a bajar las persianas: decías que habría sido un gesto de debilidad, de rendición; que había que comportarse como si no nos hubiéramos dado cuenta de nada o no nos importase. Y cuando regresábamos, por la noche, te entregabas siempre al desafío de encender todas las lámparas y abrir de par en par el balcón: nos movíamos en medio de aquella orgía de luz, y el sabernos observados nos producía a ambos una dolorosa desazón. Pero más a ti que a mí. Puesto a prueba por el esfuerzo de no reaccionar ante los dos tipos que en el avión te tocaban el pelo, te irritaban y se burlaban de ti, y luego herido por el sobresalto de hallar en la acera el coche de la policía, cedías de hora en hora en la guerra de nervios. Por ejemplo, te metiste en la cabeza que nuestra habitación escondía micrófonos, y continuamente corrías muebles, inspeccionabas cajones, palpabas colchones y te comunicabas conmigo escribiendo papelitos que luego quemabas en el cenicero. En la cama, cuando permanecer en la oscuridad no bastaba para hacerte olvidar la sensación desagradable de ser espiados, aunque estuviéramos intimando, te agitabas repitiendo obsesivamente, como si las paredes fueran de vidrio: «¡Qué difícil es continuar!». Con semejante estribillo, la espera del amanecer no acababa nunca, y la salida del sol traía nuevas persecuciones. No, no me equivoqué al insinuar dudas sobre la utilidad de aquel viaje: intentar acercamientos, aunque fuesen preliminares, con los posibles guerrilleros constituía un problema casi irresoluble. En efecto, apenas salíamos, el coche blanco de la policía se ponía en movimiento y nos seguía. Al paso si íbamos a pie, y a pocos metros de distancia si tomábamos un taxi o el Renault de Febos; si, además, llevábamos detrás a agentes de paisano, no era posible determinarlo. La primera mañana creíste que el estudio de arquitectura de Marion, situado en la quinta planta de un edificio lleno de oficinas, era un lugar perfecto para reunirte con quien te interesaba: pero mientras subías en ascensor olfateaste el tufo de ajo que percibimos en el avión, y la cita fue anulada. Para llevar a cabo la investigación, recurrías pues a las cenas en los restaurantes, truco que consistía en reunirnos muchos comensales, y entre ellos el candidato que te interesaba, pero esto hacía superficial el examen, lo fragmentaba en cháchara inútiles, y luego aumentaba el desánimo. «¡Tiempo perdido, tiempo perdido!». A veces te deprimías tanto que ni siquiera me atrevía a preguntarte si hacías algún progreso. Por lo demás, que iba mal lo intuía por las palabras que captaba, pese a la barrera de la lengua: *«Den ine praktikós.* No es práctico». *«Den ine pragmatikós.* No es realista».

Y llegó el día, creo que el quinto, en que la tensión y la desilusión estallaron con la fuerza de un gas reprimido durante demasiado tiempo. Habíamos ido a ver la tumba de Venizelos, y, como en Egina, el reclamo de la muerte te había hechizado. Te pusiste a decir que ningún hombre puede hablar vivo tanto como muerto, y la prueba estaba allí, en aquella tumba: si Venizelos viviera y hubiese conversado contigo tomándote del brazo, no habrías sentido lo que sentías ahora al saberlo bajo tierra. Luego, empezaste a hablar de Jan Palach, que se quemó en Praga ante la estatua de san Wenceslao. «¿Sabes lo que te digo? El Partenón es mejor que la estatua de san Wenceslao. Solo los checoslovacos sabían quién fue san Wenceslao; en cambio, todo el mundo conoce el Partenón». Reprimí un gesto de horror y, fingiendo no comprender, te repuse con ligereza: «¿Qué tiene que ver el Partenón?». «Tiene que ver. Piensa qué humillación para la Junta si alguien se matara en la Acrópolis, delante del Partenón. Todo el mundo diría que...». «Diría que es un loco». «¿Por qué? ¿Estaba loco Jan Palach? ¿Estaban locos los monjes vietnamitas que se prendían fuego en Saigón? Hay muchas maneras de llevar una lucha, una resistencia. Una es el suicidio. A mí no se me ha ocurrido nunca suicidarme, ni siquiera cuando me torturaban y ya no aguantaba más. Pero entonces me sentía menos solo, sabía que alguien de afuera se preocupaba por mí, me ayudaba creyendo en mí. Cuando nadie te ayuda, en cambio, nadie te escucha, y no puedes intentar nada porque estás solo, matarse tiene un sentido. Sirve». «Basta una lata de gasolina, ¿eh?». «No, bastan quinientos gramos de trilita, una mecha y un fósforo». «¡Alekos!». «No te preocupes. Los tipos como yo mueren solos aunque amen y sean amados. Oh, esta noche quiero emborracharme hasta la náusea». Y mantuviste la promesa. Copa tras copa, botella tras botella, mezclando el vino con la rabia, la rabia con el dolor, el dolor con la mortificación, y la mortificación con la impotencia, es decir, con la soledad, una soledad tan profunda que pensar en aliviarla habría sido como hacerse la ilusión de vaciar el mar con una cuchara, bebiste lo que nunca habría creído que un hombre pudiera beber. Elegimos una taberna al aire libre, casi enfrente del hotel, y estábamos sentados a una mesa al lado mismo de la calle. Un automóvil azul pasaba una y otra vez, lentamente, con dos hombres que te miraban con insistencia. Pero tú no los veías, pues la embriaguez te volvía ciego. Si yo te decía vámonos, hay-un-coche-que-me-hace-sospechar, abrías mucho los ojos empañados y: «No veo coches. Bastan quinientos gramos de trilita, una mecha y un fósforo». Cuando finalmente te decidiste a marchar, yo no conseguía mantenerte de pie. Te abatiste sobre mí con el peso de un árbol que cae encima de una planta frágil, y tuve que imponerme un esfuerzo cruel para hacerte atravesar la calle, subir la escalera de acceso, entrar en el hotel, llegar al ascensor, abrirlo, cerrarlo, volverlo a abrir, volverlo a cerrar, llegar a la habitación y arrojarte sobre la cama.

Luego, en los meses y en los años que siguieron, repetí otras veces ese esfuerzo cruel. Pero acabé aprendiendo los movimientos, los truquitos para hacer que adelantaras un pie o una pierna, procurarte un poco de equilibrio, y sobre todo aprendí que beber no era para ti un goce físico, sino una desesperación cuyas técnicas y secretos conocías en su totalidad. Aprendí, incluso, a distinguir lo que llamabas primero, segundo y tercer estadio: el primer estadio es el que excita la mente, suelta la lengua y transforma el acto de beber en un rito intelectual y social, según las reglas del banquete socrático; el segundo estadio es el que rompe los cepos de la inhibición, quiebra las barreras del autocontrol y, liberando de los pensamientos, conduce al limbo del olvido; el tercer estadio es el que le arranca a uno y lo introduce en las ilimitadas llanuras del olvido y de lo desconocido. Un misterioso ahogamiento en uno mismo, pues; un indefinible precipitarse en los abismos de la nada, un reposo absoluto, una muerte temporal. A través de tus narraciones, acabé sabiendo que cada estadio era deseado con anterioridad, con frío cálculo, y correspondía a una dosis bien precisa de dolor. Sabiéndolo, me impuse la indulgencia que permite amar a una persona con sus defectos y debilidades; ya me acostumbraría. Pero de momento aún no estaba habituada, y tan solo experimentaba consternación, incredulidad y un piadoso disgusto: así, pues, ¿puede ser tan frágil un héroe? «Quinientos gramos de trilita, una mecha y un fósforo». «¡Calla, Alekos, calla!». «Qué difícil es continuar». «¡Calla, Alekos, calla!». Luego, de golpe, estando tendido en la cama, tu cuerpo se volvió de mármol y tu cabeza de fuego: subió la fiebre y sobrevino el delirio. Si me inclinaba sobre ti, me rehuías, te cubrías el rostro con el brazo, se te estremecía todo el cuerpo y me contemplabas con los ojos llenos de terror. «*Okhi!* ¡No! ¡No! ¡No!». O bien: «*Ftani!* ¡Basta! *Ftani!*». Intentar calmarte resultaba inútil porque no era a mí a quien veías, sino al espectro de un pasado nunca olvidado e inolvidable, los rostros de Theofiloiannacos, Malios, Babalis y Hazizikis, que, descubrí, se materializaban siempre que la cólera se añadía a un dolor, un dolor a una humillación y una humillación a una impotencia, o sea, a tu soledad, y aquel nudo se convertía en conciencia de una derrota. Luego, del delirio te precipitaste en una postración bañada de sudor que te resbalaba como aceite y empapaba la ropa, las sábanas y la almohada. Por último, te dormiste como un tronco, como en estado cataléptico.

Me quedé velando aquel sueño hasta las primeras luces del alba, cuando despertaste, completamente repuesto. «¡Buenos días! ¿Has dormido bien? ¡Qué sol tan hermoso! ¿Sabes adónde te llevo hoy? ¡A Heraclion! ¡Haz la maleta!». «¿Y qué hay en Heraclion?». «Lo sabes muy bien: ¡el templo de Cnossos!». «¿Y además del templo de Cnossos?». «Alguien a quien quiero ver». Llamaste a Febos, le pediste que te acompañara en su Renault, y nos dispusimos a partir. ¿No era una idea extraordinaria, decías, viajar muy de mañana con aquel hermoso sol? ¿Y no era una gran suerte disponer de un amigo como Febos? Si no hubiera sido por Marion, le habrías pedido enseguida que participara en la acción: él no habría puesto inconvenientes. Pero no podías decírselo, no podías separarlo de los niños y de ella. Tener una mujer y una familia constituye un problema; por eso en el sesenta y ocho no quisiste gente que tuviera mujer ni familia. Charlabas, charlabas, sin prestar atención a los micrófonos que, según tú, estaban escondidos en las paredes, en los muebles y quién sabe dónde, habiendo olvidado lo que dijiste ante la tumba de Venizelos sobre los muertos que hablan, sobre Jan Palach, sobre la idea de saltar por los aires con tus pastillas de trilita y sobre lo sucedido aquella noche, sobre la espantosa embriaguez, la fiebre, el delirio; ni una sola palabra de eso.

«¡Ya no está!». «¿Quién? ¿Qué?». «El coche blanco de la policía». «¿Estás seguro?». «¡Segurísimo, mira!». Miré. Era verdad. «Se habrá alejado un momento, no te hagas ilusiones». «No, el portero dice que no está desde ayer por la noche». Hurgué en mi memoria, pero en vano: durante el trayecto entre el restaurante y el hotel me abrumó tanto el esfuerzo por mantenerme en pie que no presté atención a lo demás. Extraño asunto, la verdad. Febos se encogió de hombros: «A lo mejor han decidido dejarte en paz». «A lo mejor». «Tal vez nos alcancen por la carretera». «Tal vez». Montamos en el Renault. Él al volante, tú junto a él y yo en el asiento posterior. Atravesamos la ciudad sin ser molestados, y pronto nos hallamos en la carretera nacional que conduce a Heraclion. Y seguíamos sin que nadie se ocupara de nosotros. De vez en cuando, algún vehículo —un camión, por ejemplo—, y eso era todo. «No comprendo». «Ni yo». Para comprobar si nos seguían a distancia, nos detuvimos en la fonda de un pueblo, dejamos el Renault bien a la vista y nos sentamos a una mesa. Allí permanecimos unos treinta minutos. Pero al final tuvimos que convencernos de que, efectivamente, la persecución había cesado: por algún motivo que se nos escapaba, ignoraban tu viaje a Heraclion. Y, sin embargo, al llamar por teléfono a Febos, dijiste Heraclion: ¿es que se habían resignado a considerar aquella estancia en Creta como unas inocentes vacaciones? Era una hipótesis que no debía descartarse. Nos levantamos y volvimos al Renault. «¡Dentro de una hora y media llegamos!».

Se requiere una hora y media para ir de Xania a Heraclion, y el trayecto es bellísimo. Gran parte del recorrido la carretera costea desde lo alto el mar más azul del archipiélago, otras veces discurre entre montañas ásperas y rocosas, de un cálido marrón rojizo, y el cielo tiene el color del mar: en septiembre no lo perturba ni una nube. Ni siquiera hay casas que estropeen el paisaje; allí viven solo las cabras. Si sabes que no te siguen, sientes una especie de felicidad. Puedes reír, conversar sobre temas agradables y hasta recordar episodios que en el pasado no eran divertidos y hoy sí. «¡Qué estupenda mujer la dueña del hotel! ¡Imagina que ni siquiera quería que pagáramos la cuenta!». «Y nos ha rogado que firmáramos en el libro de honor. Se ha conmovido cuando he escrito Libertad». «A mí me ha dado una bolsa llena de fruta». «¡La fruta! En Chipre hubo un periodo en que pasé hambre, y robaba fruta en los campos. ¿Has probado alguna vez a robar una sandía sin tener un cuchillo? Te conviertes en Tántalo». «Alekos, cuéntale a Febos cuando robabas cigarrillos en Atenas. Cuéntale cómo se hace». «Se hace así. ¿Sabes los quioscos de periódicos donde venden cigarrillos? Se piden los cigarrillos y, en el momento de pagarlos, se finge que el dinero cae al suelo. O, mejor, se tira. Se inclina uno a recogerlo, se da la vuelta al quiosco, siempre agachado, y se escapa». «¡Qué vergüenza!». «¡No tenía una dracma; era un desertor!». «Cuéntale cómo se roban pasteles en una pastelería». «Se hace así. Se para a un niño y se le dice: ¿te gustaría llenarte la barriga de pasteles? El niño asiente. Luego se le dice: ven conmigo, no me gusta comer pasteles yo solo. Se entra en la pastelería y, junto con él, se llena uno la barriga de pasteles. Luego se le dice: espérame aquí que vuelvo enseguida. Si el camarero me busca, responde que papá ha ido a los servicios. En lugar de eso, se sale y no se vuelve más. ¡Cómo van a detener al niño!». «¡Sinvergüenza!». «Lo dices porque tú nunca has pasado hambre. Dime, ¿qué comiste el día de Pascua de 1968?». «Déjame pensar. Por la Pascua de 1968 estaba en Vietnam en el frente de Danang. Comería el rancho de los soldados estadounidenses, algo en lata. ¿Y tú?». «Una latita de caviar». «¿Y te lamentas?». «Escúchame bien. Tú estabas en Vietnam y yo estaba en Roma preparando el atentado. Y, como de costumbre, no tenía ni un céntimo, me moría de hambre y en casa solo había esa latita de caviar. Ni siquiera una rebanada de pan. ¿Te has quitado alguna vez el hambre con una latita de caviar y nada más, sin una rebanada de pan siquiera? Desde aquel día detesto el caviar; no comprendo por qué a tanta gente le gusta el caviar. Febos, ¿te gusta el caviar?». Pero Febos no escuchaba. Increíblemente pálido, lanzaba miradas nerviosas al espejito retrovisor: «¡Malditos! ¡Malditos!». «¡Febos! ¿Qué pasa?». «Que nos hemos equivocado. Los tenemos detrás».

Me volví. No se trataba del coche blanco de la policía, sino del azul que la noche anterior pasaba una y otra vez ante la taberna donde te estabas emborrachando. Iba a unos trescientos metros de nosotros, y era muy visible, pues en el rectilíneo desierto era lo único que se movía: parecía casi imposible que nosotros dos no nos hubiéramos dado cuenta antes. Febos lo vio poco después de la parada en el pueblo. No nos lo dijo creyendo que quería adelantarnos, explicó, y luego porque se retrasó medio kilómetro. Parecía inocuo, y solo desde hacía poco se había puesto a seguirnos de cerca, como una sombra. Si él aceleraba, ellos aceleraban; si él reducía, ellos reducían. Y ni un perro iba o venía en sentido contrario: «¡Mierda! *Skatá!*». «Mierda no, destino», comentó tu voz helada. También tú te habías vuelto, y tu rostro no expresaba sorpresa ni cólera; más bien una calma henchida de ironía, como si el asunto fuera por completo normal y confirmara lo que tú esperabas. Pero el ojo izquierdo era un pozo de odio. «Prueba otra vez, Febos». Febos presionó el acelerador y ganó unos cincuenta metros. De inmediato, el coche azul lo imitó, recuperando su posición. «Hum.

Ya lo veo. ¿Cuánto falta para Heraclion?». «Depende». «¿Hemos pasado ya Rethymnon?». «Sí.» «¿Y Perama?». «Sí.» Me sonreíste con amargura: «Huelga total de la policía». «¿Huelga?». «En efecto. ¿Creías que era un coche de la policía? No es un coche de la policía ni se trata de agentes de paisano». «Pues ¿quiénes son?». «Fascistas». «¿Cómo lo sabes?». «Lo sé. Pregúntaselo a Febos». Se lo pregunté. No obtuve respuesta. Inclinado sobre el volante, Febos trataba de duplicar la distancia respecto al automóvil azul y corría al menos a ciento treinta kilómetros por hora. Cuando no tomaba bien las curvas, las ruedas chirriaban y, dado que en aquel tramo la carretera discurría encajada entre dos paredes de roca, parecía que íbamos a chocar con ellas. «¡Cuidado, Febos, cuidado!». «Déjalo que corra, no tengas miedo. Ya tendremos bastante miedo cuando nos ataquen». «¿Atacarnos?». «Pues claro. Es una idea que no tiene nada de estúpida. Luego, ¿quién puede determinar si se trató de un delito o de un accidente?». «Si hubieran querido hacerlo, no habrían esperado tanto, Alekos». Y mientras decía esto, las paredes de roca terminaron, y entonces comprendí por qué habían esperado tanto: desde allí hasta la curva donde se alzaba de nuevo un talud, la carretera no estaba protegida a los lados ni por una valla ni por un parapeto, y la montaña descendía en una sucesión de barrancos. Recorrer aquel tramo con la perspectiva de ser embestidos equivalía a atravesar un puente tendido sobre el vacío y llevando una venda en los ojos. Lo embocamos y, de pronto, el automóvil azul se proyectó hacia delante.

Lo hizo con una especie de brinco, apuntando inexorablemente hacia nosotros, y nos alcanzó con la velocidad de un rayo para desacelerar en el último instante a fin de evitar por un pelo el encontronazo y situarse con el morro cerca de la cola del Renault. Era tan escaso el espacio entre uno y otra que se podía ver con absoluta nitidez la fisonomía de los dos hombres a bordo, con sus bigotes negros y grasientos, su piel olivácea y el guiño maligno del que conducía. Me oí a mí misma gritar: «¡Tenías razón! ¡Quieren tirarnos abajo!». Te oí murmurar: «Por en medio, Febos, por en medio». Febos asintió, se desplazó hacia la raya central, alejándose del precipicio, pero el automóvil azul captó la maniobra y se pegó a nuestra izquierda. El extremo derecho de su parachoques delantero iba casi tocando el posterior de nuestro Renault. «Acelera, Febos, acelera». Febos obedeció con un gruñido: no era tanto cuestión de acelerar como de esperar que solo quisieran asustarnos. Y, en el mismo momento, el morro del automóvil azul rozó el lateral derecho del Renault. Un golpe muy leve, como el zarpazo de un gato jugando, pero suficiente para hacernos bandear hacia la derecha, o sea, hacia el precipicio. Vi a Febos aferrar con fuerza el volante, virar y enderezar antes de que las ruedas se aproximaran demasiado al arcén, volver al centro de la calzada y continuar recto un minuto. Luego se produjo el segundo golpe. Esta vez, menos suave. En efecto, el Renault resbaló como por encima de una alfombra de grasa y, por un momento tan largo como la idea de la muerte, se vio arrastrado hasta el borde del abismo. Pocos centímetros más y el vacío nos habría succionado para estrellarnos abajo, en el valle. Pero Febos repitió la maniobra. Ganada de nuevo la raya central, llegó incluso a distanciarse del automóvil azul una decena de metros, que pronto se convirtieron en veinte, cuarenta, ochenta y cien, mientras tú encendías un cigarrillo y decías: «Bravo, Febos». Que en tales circunstancias se pudiera pensar en encender un cigarrillo e incluso que se encendiera era algo incomprensible para mí. Y, sin embargo, lo encendiste, lo estabas fumando y, mientras lo hacías, tu rostro continuaba expresando una calma henchida de ironía; tu voz continuaba siendo helada; nada recordaba a la criatura vulnerable y sacudida por el delirio de la noche anterior. Al contrario, daba la impresión de que arriesgar la vida y hacer que la arriesgasen dos personas que te querían era para ti una bagatela sin importancia, y acaso un secreto y cruel placer. «Vuelven. Están volviendo. Dame una pluma, rápido. Quiero apuntar el número de la matrícula».

Era cierto que estaban volviendo. Con un zumbido que revelaba decisión, el coche azul se lanzó de nuevo hacia delante y se estaba comiendo los cien metros perdidos. Apenas tuve tiempo de percibir su morro maligno, sus órbitas blancas, su silueta casi humanoide, cuando de inmediato estuvo a nuestro lado; nos adelantó como una exhalación para situarse delante de nosotros y reducir de golpe. «¡Oh, Cristo!», gimió Febos lanzándose a la izquierda y evitando el encontronazo por un pelo. Esto lo irritó y, adelantándonos igual que antes, como una exhalación, el automóvil azul volvió a colocarse delante de nosotros para obligar a Febos a repetir la peligrosa maniobra. Era más de lo que habríamos previsto: este intento de agotar a Febos a fin de que perdiera el control y cayese por el precipicio; este juego del gato y el ratón. En efecto, su cilindrada era superior, y también su solidez. No patinaba nunca, nos adelantaba cuando y como quería y nos cortaba la carretera sin preocuparse de ser embestido. Míralo mientras efectúa el tercer adelantamiento, la tercera reducción, la cuarta, la quinta y la sexta, y nosotros, en cambio, damos el tercer bandazo, el cuarto, el quinto y el sexto, a derecha e izquierda, otra vez a la derecha y de nuevo a la izquierda, en un zigzag que implacablemente conduce al borde del vacío, que parece que ya dura siglos y no unos pocos minutos, miles y miles y no unas pocas decenas de metros. Febos parece cada vez más tenso, más exhausto. Su rostro ha pasado del pálido al verde, todo lo contrario que tú, que fumas impertérrito tu cigarrillo y lo diriges, le aconsejas, lo felicitas: «Muy bien, Febos, *kalá.* Cuidado, Febos; así. *Grígora,* Febos, más rápido». «¡Si viniera alguien!», responde Febos, respirando afanosamente. Pero no pasa nadie, ni siquiera en dirección contraria. En la cinta asfaltada no estamos más que nosotros y el automóvil azul con su morro maligno, sus órbitas blancas y su algo de humanoide. Me refiero a él porque es a él a quien te diriges, no a los dos hombres a bordo, y porque desde hoy la Muerte tendrá para mí (¿también para ti?) el aspecto de un coche, cualquier coche, de cualquier marca o color; hoy es azul y mañana será negro, blanco, verde claro, rojo, tabaco y, por último, verde manzana. Míralo una vez más mientras, interrumpido el zigzag, nos empuja hacia el precipicio y prepara el ataque definitivo, sabiendo que el puente tendido en el vacío no durará mucho, que pronto, tras la curva, se encuentra el terraplén y volverán las paredes de roca, que si llegamos allí podremos librarnos. Pero ¿llegaremos? A cada vuelta de rueda nuestra, él se acerca más. Su lateral está casi pegado al nuestro. Incapaz de controlar mi miedo, hundo mis dedos en tus hombros, me inclino sobre Febos y le suplico corre, Febos, haz un último esfuerzo, y en las proximidades del terraplén reduce: de este modo, si nos golpea, el encontronazo es allí menos violento. No faltan más que doscientos metros. Doscientos, cien, cincuenta, cuarenta, treinta, veinte y aquí está el talud, aquí está, diez, cinco, tres, dos, uno...

Nos golpeó al comienzo del terraplén. Nos golpeó de refilón, en la mitad del lateral izquierdo, y nos deslizamos a la derecha pero no demasiado, pues Febos había disminuido la velocidad y agarraba bien el volante. Lo seguía agarrando cuando el Renault giró sobre sí mismo en un remolino que durante unos milenios nos tragó, junto con la certeza de que no iba a detenerse nunca más. Sin embargo, se paró para que mirásemos aturdidos e incrédulos y descubriéramos que estábamos ilesos en una carretera completamente desierta. El automóvil azul había desaparecido y, agitando la hoja en la que habías escrito el número de la matrícula, decías: «Ahora sí que nos divertiremos en Heraclion».

Que no íbamos a divertirnos en Heraclion lo comprendimos en cuanto apareció el coche blanco de la policía, pocos kilómetros antes de entrar en la ciudad. Avanzaba en dirección contraria a la nuestra, con la lentitud vigilante de quien busca algo o a alguien, y con solo verlo nos indignamos: ¿iba a buscar a tres vivos o a tres muertos en el precipicio? De que nos buscaba a nosotros no cabía ninguna duda: después de haber pasado junto a nuestro coche, dio un brusco viraje para colocarse detrás hasta llegar al núcleo habitado. Aquí se le añadió un coche rojo con agentes de paisano: el control había adquirido proporciones alarmantes. Cuando nos detuvimos en una taberna para almorzar, por ejemplo, un agente se situó de plantón en la puerta, otro en la trasera del edificio y otro más en la esquina de la calle. Fue toda una empresa convencerte de que permanecieras tranquilo, y abandonar la taberna sin que les prestaras atención; o sea, que adoptaras la actitud del turista de vacaciones sentimentales. En efecto, perdida ya tu sangre fría, rojo de cólera, querías enfrentarte a ellos y tal vez pegarles. Luego, mientras Febos telefoneaba anulando los encuentros que deberías haber mantenido por la tarde, tú y yo fuimos al palacio de Cnossos. Pero en la rampa que circunda el recinto arqueológico, de repente se percibe aquel tufo de ajo y la voz burlona: «*Katálaves italikí*? ¿Entiendes el italiano?». De nuevo se te encendió una ira turbia, empeñada en reñir, te lanzaste contra el de aspecto más maligno y le gritaste «siervo», «dado por el culo» y «bellaco», y solo la intervención de los policías de uniforme impidió tu detención. Mejor regresar enseguida a Xania. Pero ¿cómo hacerlo sin exponerse por segunda vez al riesgo ya corrido a la ida? Si habían elegido la carretera principal para eliminarte, seguro que iban a intentarlo de nuevo al atardecer, en la oscuridad. Se suscitó por ello una discusión. Yo decía que sería prudente dirigirse a los policías de uniforme: en el palacio de Cnossos te ayudaron, y si les informábamos del episodio de la mañana, nos protegerían. Tú no consentías siquiera hablar del asunto y gritabas: «¡¿Aceptar que me proteja la policía?! ¡¿A mí?! *Ime Panagulis!* ¡Soy Panagulis!». Al final, Febos propuso una estratagema: comportarse de una forma que les indujera a no abandonarnos ni un segundo. Y así lo hizo. Internarse por callejuelas escondidas, lugares donde no se permitía circular, direcciones prohibidas; en suma, fingir escurrirse para que perdieran nuestra pista les despertó sospechas hasta el punto de que el coche blanco de los policías de uniforme nos acompañó de Heraclion a Xania. Allí permanecimos el tiempo suficiente para descubrir que la matrícula del automóvil azul era falsa.

Caminando arriba y abajo por el jardín de naranjos y limoneros, reflexionaba yo sobre aquella matrícula falsa, y meditando surgían interrogantes sin respuesta. ¿Quién pagó a los dos tipos del automóvil azul? ¿Quién ordenó un asesinato que pudiera pasar, en caso de tener éxito, por un accidente de automóvil? ¿Papadópoulos? Tal vez, pero a él le convenía mantenerte con vida si quería que la comedia de la tolerancia adquiriese credibilidad. ¿Ioannidis? Acaso, pero a él le habría gustado verte fusilado, y no muerto en un Renault a causa de un percance. ¿Theofiloiannacos, Hazizikis y su banda, que por temor a una venganza recibieron con un escalofrío la noticia de tu excarcelación? Podría ser, pero me parecía extraño que arriesgaran a ciegas una carta tan insidiosa como un falso accidente automovilístico. ¿Los servicios secretos, entonces, o alguien en la periferia del régimen? A lo mejor. Todos eran sospechosos, eso estaba claro. Pero una cosa era cierta: la orden de eliminarte venía de arriba, de alguien que ocupaba puestos de poder. De otro modo no se explicaba por qué el coche blanco de la policía fue enviado a Heraclion antes de que abandonáramos Xania, y tampoco por qué la barca desde la que apuntaban los prismáticos permaneció sin ser molestada todas las noches en el puertecillo. En todo caso, ¿cuál era el motivo por el que te atacaron en Creta y no en Atenas? ¿Se debía a conveniencias geográficas o, más bien, estratégicas, o a que la operación Acrópolis había sido descubierta? Admitiendo esto último, ¿era concebible que una burla tan alocada, destinada, por tanto, a florecer solo en los jardines de la fantasía, les hubiera espantado hasta el punto de desear tu muerte? ¿No habría sido más simple prevenir la operación no perdiéndote de vista y vigilando la fortaleza? Luego, poco a poco, llegó la respuesta que buscaba. No, la operación Acrópolis nada tenía que ver, o solo en parte. Lo que el Poder temía no eran quinientos gramos de trilita y el uso más o menos espectacular que pudieras hacer de ellos: era tu personaje, el trastorno que en todas partes y en cualquier circunstancia originaba. No permaneciste quieto un segundo desde el día en que abandonaste Boiati: declaraciones a la prensa nacional y extranjera, entrevistas, protestas y sutilezas jurídicas. Incluso habías impugnado la amnistía demostrando que el decreto era ilegal por cuanto se extendía a los torturadores: ¿puede amnistiarse a quienes no han sufrido procesos y condenas? El hecho de amnistiarlos ¿no equivalía acaso a admitir que las torturas negadas por el régimen se habían producido efectivamente? Sin contar las escenas en público, las alborotadas llamadas telefónicas a la ESA y la popularidad de que gozabas. Era imposible que caminaras por la calle y pasaras inadvertido; siempre había alguien que se atrevía a pararte o a abrazarte. Y por si eso no bastara, los periódicos hablaban mucho de nosotros. Nuestro imprevisto e imprevisible vínculo despertaba un interés casi morboso; éramos una pareja que generaba noticia, lo que te resultaba incómodo por partida doble. Pero por encima de todo estaba tu carácter irreductible, indomable, imaginativo. Nunca podía adivinarse lo que ibas a maquinar al cabo de un minuto o mañana, y cualquiera que se planteara esta pregunta se convertía en un Zakarakis que en plena noche despierta gritando: «¿Dónde está? ¿Qué hace?». En otros campos o actividades eso puede llegar a divertir, a agradar; en política, y peor aún bajo una dictadura, equivale a una condena a muerte no escrita. Tenías que abandonar Grecia inmediatamente.

«¿A qué le estás dando vueltas?». Caíste sobre mis hombros y me mirabas como si hubieras oído cada palabra. «No le estaba dando vueltas a nada; pensaba que...». «Lo he comprendido. Pensabas que antes o después alguien me la jugará. Quién-de-ellos, este-es-el-problema. Déjalo correr, es un problema que no cuenta. Yo resultaré siempre incómodo a todo el mundo en cualquier momento, en cualquier país, en cualquier régimen. Y el que me la jugará no se encuentra entre quienes tú crees». «Alekos, yo pensaba que...», «¿... que debo quitarme de la cabeza la operación Acrópolis? No, es una idea inmejorable y no renuncio a ella. Todo lo más, si no encuentro a nadie que me ayude, puedo reducirla, limitarla a una acción testimonial. Nada de trilita, nada de armas, nada de rehenes; tan solo el eslogan *Agonas katà tis tyrannías - agonas dià tin eleftheria.* ¡Hum! Bastarían cuarenta y cuatro piezas de tela y... De noche no nos vería nadie». «Nos verían, Alekos. De noche, el Partenón está iluminado con reflectores». «Hum, ya. Podríamos hacerlo al amanecer». «Lo quitarían todo antes de que la ciudad hubiera despertado». «Entonces, en lugar de tela utilizaremos pintura: al diablo los sagrados mármoles. No tendremos que llevar más que un bote de espray». «Escúchame, Alekos. Tienes que quitarte esa idea de la cabeza. Debes abandonar Grecia». «¡Ah! ¡Conque era eso lo que tramabas! Antes salto por los aires de verdad delante del Partenón». «¿Porque-ningún-hombre-habla-estando-vivo-como-estando-muerto?». «Exacto». «Te equivocas, Alekos. Los muertos callan siempre. Cuando parece que hablan es porque los vivos los hacen hablar. Los muertos no sirven para nada porque son olvidados. De momento parece que no sea posible olvidarlos y que duren toda la eternidad; poco después, sin embargo, ni siquiera se recuerda que nacieron». «¡No es verdad!». «Es verdad, Alekos. Por desgracia, es verdad. Los muertos dependen completamente de los vivos». «¡Te equivocas!». «No, Alekos, no. Los muertos son los que siempre se equivocan. Porque están muertos. Debes vivir, Alekos. ¡Vivir! Y para vivir es preciso que abandones Grecia». «¡Vete al infierno!». Volviste a la casa y te encerraste en tu pequeña habitación. Pero cuando saliste, estabas sereno. «¿Sabes lo que te digo? Esa historia de la Acrópolis ha acabado por aburrirme. No quiero volver a oír las palabras "Acrópolis" o "Partenón". Inventaré algo distinto». «¿Con las pastillas de trilita?». «¡Oh, las pastillas...! Me deshice de ellas ayer por la noche, en cuanto regresamos de Creta. Se las devolví a quien me las suministró. Le dije toma, diviértete con los fuegos artificiales; yo tengo cosas más importantes que hacer».

3

Entusiasmada por el alivio que me procuraba aquella renuncia, y convencida de ser responsable de ella gracias a mis razonamientos, al principio no me pregunté qué la había determinado verdaderamente. Tampoco me lo pregunté después, mientras estuviste vivo. Pero años más tarde, cuando tu fantasma se convirtió en una pesadilla de la memoria, y la memoria en instrumento de la búsqueda, de tal manera que recomponiendo el mosaico que fuiste traté de comprenderte a través de la muerte, el recuerdo de tu imprevista renuncia a la operación Acrópolis adquirió para mí el sabor de un descubrimiento. No, no fueron mis razonamientos los que determinaron aquel cambio, sino una maldición que pesaba sobre ti. Y esta maldición nacía de tu incapacidad para terminar las cosas que preparabas, o para materializar las cosas que soñabas. Quiero decir que parecías obstinado e irreductible mientras una idea se transformaba en idea fija, en monomanía, y resultabas inconstante e impaciente en el esfuerzo por llevarla a cabo. Así, durante un periodo determinado, te lanzabas en cuerpo y alma a la empresa, atormentando tu propia existencia y arruinando la de los demás, ignorando los obstáculos como un carro de combate que arrolla cualquier objeto o criatura que encuentra en su camino, y luego, de golpe, la pirueta: renunciabas y no hablabas más del asunto. Solo en dos casos tu obstinación venció: en el atentado a Papadópoulos, que determinó tu vida, y en la captura de los documentos, que determinó tu muerte.

O sea, al comienzo y al fin de tu leyenda de héroe. Eso les sucede a menudo a los poetas y a los artistas. Les sucede particularmente a los rebeldes solitarios que saben que van a morir pronto: su existencia suele ser una hoguera de mil aventuras inconclusas, un alud de semillas lanzadas al viento o plantadas a la buena de Dios, sin saber si la planta germinará, sin esperar a ver si germina. No tienen tiempo ni deseo de ello, porque siempre deben ir tras algo nuevo, volver a empezar siempre desde el principio, una y otra vez, con una incoherencia que, pensándolo bien, es de una extraordinaria coherencia. Y todo sirve a ese fin, incluso la idea desechada no era tuya: se la escuchabas a los demás. Y, después de haberla escuchado, la rechazabas, sepultándola en los abismos de tu subconsciente: «No quiero consejos, no quiero opiniones». Pero si allí, en el fondo de esos abismos, pulsaba una cuerda de tu fantasía, de inmediato volvía a la superficie a fin de que la reelaborases y la hicieras tuya. Con mi sugerencia de que abandonaras Grecia sucedió precisamente eso. Una noche estaba durmiendo, quieta a tu lado, me despertaste a sacudidas y: «¡Abre los ojos! ¡Abre los ojos!». «¿Qué pasa? ¿Qué sucede?». «¡Lo he encontrado!». «¿Qué has encontrado?». «Debo irme». «¿Adónde?». «A Italia, a Europa. Fuera de Grecia». «¡Ah!». «No estás de acuerdo, ¿eh? Si no estás de acuerdo, te equivocas. Aquí ya no consigo nada, tengo las manos atadas. Me vigilan demasiado y la gente tiene miedo; se echa para atrás. En el extranjero será distinto: podré organizarme, formar grupos de acción. Entre los emigrados, ¿comprendes? Europa está llena. Luego regreso clandestinamente; o, mejor, voy y vengo y... Mañana solicito el pasaporte. Papadópoulos no se atreverá a negármelo». «¿Y Ioannidis?». «Ioannidis sí». «¿Y si gana Ioannidis?». «Para ciertas cosas sigue contando Papadópoulos».

Ya se sabe que las tiranías, sean de derechas o de izquierdas, de Oriente o de Occidente, de ayer, de hoy o de mañana, se parecen entre sí. Idénticos sistemas de represión, detenciones, interrogatorios, celdas de castigo, carceleros obtusos y malvados que llegan a secuestrar la pluma y el papel de escribir, idénticas persecuciones cuando el réprobo que osó desobedecer es excarcelado, controles, amenazas e intentos de eliminarlo si se muestra incorregible. Pero un rasgo concreto asemeja las tiranías de nuestro tiempo, un rasgo a primera vista extravagante: su negativa a dejar que se marche el réprobo que solicita abandonar el país. Parece, en efecto, que al irse a otro país le hace un favor al régimen opresor: me-voy, me-quito-de-en-medio, no-os-estorbo-más. Sin embargo, no es así. Les produce despecho que se vaya, les desagrada. Porque si parte, si quita de en medio el estorbo, ¿cómo se las arreglan para vengarse de su desobediencia? ¿Cómo se las arreglan para controlarlo, atormentarlo o devolverlo a la prisión, al gulag o al manicomio? Sobre todo, ¿cómo pueden impedirle que se exprese y que piense? Para las tiranías el réprobo en el exilio constituye un problema más grave que el réprobo dentro del país, porque allí piensa, se expresa, actúa, y para librarse de él hay que molestarse en enviar a un sicario que lo mate a tiros de pistola o con un golpe de piqueta, digamos. La pistola en París para los hermanos Rosselli; la piqueta en Ciudad de México para Trotski. Un fastidio. Mejor tenerlo en casa y matarlo cómodamente, poco a poco, mediante la cárcel, el manicomio, el gulag, la impotencia, mientras el pueblo calla. ¿Pasaporte?, ¿qué pasaporte? Oh, sí, desde luego; no tiene usted más que presentar la partida de nacimiento, el certificado de buena conducta y...

Para solicitar el pasaporte debías, ante todo, presentar la partida de nacimiento. Pero en el ayuntamiento de Glyfada, donde figuraba la inscripción, respondieron que no podían dártela: del registro faltaba el folio con tu nombre. ¿Perdido por una coincidencia trivial o arrancado por orden de Ioannidis? El registro parecía intacto y los folios con los nombres de los demás miembros de tu familia figuraban regularmente, pero el que contenía tu nombre no estaba. Los funcionarios balbucían confusos: ¿qué responderte, salvo que a efectos de registro civil no existías? La respuesta la dio tu madre, que, vestida de señora, con su sombrerito negro, traje sastre negro, bolso negro, medias negras y gafas negras, fue a retirar la partida de nacimiento: «No has nacido». «¿Qué dices?». «Dicen que no has nacido, que no figuras en el registro». Eso era algo que no esperabas. De todos los insultos que podían dirigirte, de todas las provocaciones, esta era la peor, y tu rugido hizo temblar los cristales de las ventanas: «¿¡¿No he nacido?!? ¿¡¿Yo, yo no he nacido?!?». Si te hubieran dicho que estabas muerto, no te lo habrías tomado tan a mal, pero ¡decir que no habías nacido, que no existías! Pocas personas en el mundo habían demostrado como tú haber nacido. Chillabas conteniendo el llanto: habías nacido puesto que quisieron fusilarte; ¿cómo se puede fusilar a alguien que no ha nacido, a alguien que no existe? Ahora mismo ibas al ayuntamiento y la emprendías a puñetazos con todos y cada uno, desde el alcalde hasta el último guardia municipal, y no pararías hasta que cantaran a coro: «¡Has nacido, Alekos, has nacido!». Requirió mucho esfuerzo convencerte de que precisamente contaban con eso, con una reacción de cólera por tu parte: mejor fingir que se creía en un contratiempo e insistir. Y con su sombrerito negro, traje negro, bolso negro, medias negras y gafas negras, tu madre volvió en busca del folio desaparecido. Se dedicó a ir todos los días, y cada vez para gritar que habías nacido, maldita sea, que ella lo sabía muy bien, que te había llevado nueve meses en la barriga y luego te había parido; también lo sabían ellos, hijos de perra, ladrones, siervos de la dictadura, así que venga la partida. Muchos funcionarios, más que ofenderse, le mostraban simpatía y le pedían que volviera al día siguiente. Pero al otro día sucedía lo mismo. «No has nacido, no has llegado a nacer», decía de regreso en casa, y luego se retiraba a la habitación con el altarcito dentro del armario y la emprendía con los santos de los iconos. Los acusaba de egoísmo, de indiferencia y de vileza, y los amenazaba con apagarles los cirios, cerrar la puerta del armario y dejarlos enmohecerse en la oscuridad a menos que obraran el milagro de encontrar el folio. Pero los santos callaban, sordos a cualquier extorsión, a cualquier amenaza, y el folio continuaba inhallable. La solicitud de pasaporte no podía, pues, presentarse. Y así, una noche, extendiste en la mesa del comedor un gran mapa: «Ven aquí y mira». Me acerqué, invadida por la sospecha. «¿De qué se trata?». «De una cosa que estoy estudiando desde que esos sostienen que no he nacido nunca. La expatriación clandestina». «¡Oh, no!». «¡Oh, sí! Escucha».

Existían dos soluciones, dijiste: una ruta por tierra y otra por mar. De aviones ni hablar. En teoría, la solución de la ruta terrestre ofrecía la posibilidad de huir a uno de los cuatro países que limitan con Grecia de noroeste a nordeste: Albania, Yugoslavia, Bulgaria y Turquía. Pero esta última quedaba descartada *a priori* porque las malas relaciones entre los gobiernos de Ankara y Atenas hacían la frontera casi infranqueable. Bulgaria debía evitarse por los mismos motivos, y Albania, porque aceptaba a regañadientes a los intrusos: por lo menos tres griegos escapados a Albania tras el golpe estaban cumpliendo en las cárceles de Tirana una pesada condena por entrada ilegal en el país. «Así que por tierra, yo me decidiría por Yugoslavia. Digo que me decidiría porque no iba a resultarme difícil atravesar la frontera de Ezvonis, y tampoco obtener asilo político. Pero el problema no consiste en atravesar la frontera, sino en llegar hasta Ezvonis. Desde Atenas hay al menos seis horas en automóvil o en tren. Tendrían tiempo suficiente para seguirme y echarme el guante, o tal vez meterme una bala en la cabeza. Así, pues, prefiero la ruta marítima». Te inclinaste sobre el mapa. «Hipótesis número uno en materia de rutas marítimas: la bahía de Vouliagmeni. Vouliagmeni tiene dos ventajas: la de encontrarse a media hora de Glyfada y la de ser un pequeño puerto desde el que se gana rápidamente el mar abierto. Pero en este periodo del año no son muchos los yates que anclan allí, y el tuyo podría despertar curiosidad». «¡¿Mi yate?! ¡¿Qué yate?!». «El que te procurarás. Un yate extranjero con cuatro o cinco personas de aspecto opulento y despreocupado dispuestas a hacer un crucero por el Egeo». «¿Y dónde encuentro yo un yate con cuatro o cinco personas de aspecto opulento y despreocupado dispuestas a hacer un crucero por el Egeo?». «En Italia, supongo. ¡Yo qué sé! No me interrumpas. Hipótesis número dos: el Pireo. Está muy vigilado, y cada embarcación es sometida a un control riguroso por parte de la policía y de la aduana. En compensación, presenta las ventajas de la aglomeración, con lo que se pasa más inadvertido. Sí, pudiendo elegir, elegiría el Pireo. En cualquier caso, tanto si me embarco en el Pireo como en Vouliagmeni, el problema comienza en el momento de zarpar, porque hay que decirle al capitán adónde nos dirigimos. Diremos que vamos a Creta, y descenderemos hacia el sur costeando el Peloponeso. A la altura de Kitira, en lugar de poner proa a Creta, viraremos a la derecha». «Alekos...». «Pasaremos ante Kitira, la isla situada en el extremo sur del Peloponeso, e inmediatamente entraremos en las aguas extraterritoriales del mar Jónico. Si tenemos suerte, los guardacostas no tendrán tiempo de impedírnoslo. Luego desembarcaremos en Bríndisi o en Tarento. Naturalmente, la ruta más breve sería por Corinto y Patrás, pero nos arriesgaríamos demasiado: es el trayecto que siguen los barcos de línea». «Alekos...». «Del Pireo a Kitira o de Vouliagmeni a Kitira, suele emplearse un día y una noche. Demasiado. Ni que decir tiene que es necesario limitar al máximo la duración del viaje. Así que tendrás que elegir un yate muy veloz». «Alekos...». «Dentro de una semana quiero zarpar». «¡¿Una semana?!». «Digamos diez días. Estamos casi en octubre, y a principios de octubre un crucero aún es verosímil». «¡Alekos! Sé razonable, Alekos: un yate no es un taxi, al que llamas con un silbido, y encontrar a cuatro o cinco personas dispuestas a improvisar un falso crucero para sacarte de aquí no resulta sencillo». «Al contrario, es muy sencillo. Las encontrarás. Porque si no las encuentras me veré obligado a atravesar la frontera con Yugoslavia, y me meterán esa bala en la cabeza antes de llegar a Ezvonis».

La sospecha de que me pedías una cosa imposible ni siquiera se te pasaba por la imaginación. O lo hacía pero no lo tenías en cuenta. Así pues, era inútil repetirte que una fuga semejante requería al menos un mes de preparativos: para organizarla en diez días habría debido tener la lámpara de Aladino. Como siempre que te entregabas a un sueño, un optimismo a toda prueba te volvía ciego a los obstáculos y sordo a los llamamientos a la razón; cualquier argumento que yo opusiera al proyecto quedaba anulado por tu grito de disgusto: «¡Tú no me amas!». Querías que partiera apenas fijados los detalles, y solo pensabas en estos, con el mismo fervor que cuando medías la distancia entre los Propileos y el Erecteion, entre el Erecteion y el Partenón, entre el Partenón y los Propileos, o contabas el número de letras necesario para componer el eslogan. Ahora trabajabas sobre las rutas, los vientos, las tempestades de otoño, las costumbres de los guardacostas, los reglamentos de los puertos, la técnica de la inspección de embarcaciones y el kilometraje de las aguas territoriales y extraterritoriales. Con la misma asiduidad con que antes me llevabas a la Acrópolis, ahora me conducías al Pireo. «Sí, me he decidido por el Pireo». No pasaba noche sin que fuéramos a cenar a una de las tabernas próximas a la rada donde atracan los yates, y allí, fingiendo admirar los reflejos de la luna en el agua, estudiabas, anotabas, planeabas nuevas soluciones y anunciabas otras diabluras. «Supongamos que el yate sea ese. ¿Quién me ve si subo a bordo a oscuras? Mira el grupo que regresa en taxi: el taxi puede llegar hasta el muellecito. Del taxi a la pasarela habrá tres metros: un salto y, mezclado con los demás, subo a bordo y ocupo el lugar de un marinero. Sí, me afeito el bigote y me visto de marinero. Al amanecer se levan anclas, y fuera». O bien: «Dos días de atraque en Atenas bastarían, pero tú deberías bajar a tierra lo menos posible, pues podrían reconocerte. Llevarás una peluca negra y tendrás un pasaporte falso. Consigue que una amiga que se te parezca un poco te preste el pasaporte. Los otros no, mejor que vengan con la documentación en regla. Pero permanece atenta para que se comporten como verdaderos turistas y se muestren desenvueltos. Y nada de llamadas telefónicas, nada de contactos conmigo. Todo lo que tengo que saber es el nombre del yate y la fecha de llegada. En lo demás ya pensaré yo. Para comunicármelo me mandarás una tarjeta postal firmada por Giuseppe. Escribirás los datos debajo del sello». «¡¿Debajo del sello?!». «Pues claro. Es un sistema muy sencillo. Lo he descubierto yo. Se escribe en el cuadradito que corresponde al tamaño del sello, luego lo pegas y se expide la tarjeta postal. El que la recibe no tiene más que meterla en agua, desprender el sello y leer lo que está escrito en el cuadradito». Yo lo escuchaba resignada, deseando desesperadamente que en el ínterin el folio del registro civil resucitase para demostrar que habías nacido y así quitarte de la cabeza todo el asunto. Con semejante esperanza incluso me sorprendí lanzando miradas hacia el altarcito dentro del armario, uniendo mis súplicas a las de tu madre, que, arrastrando las zapatillas y murmurando amenazas, continuaba invocando el milagro. Aunque fuera con una estrategia nueva. En efecto, desde que supo de la expatriación clandestina, no se dirigía ya a todos los santos. Descartado san Jorge, patrono de los militares y, por tanto sospechoso de vinculaciones con la Junta; desechado san Elías, patrono de los montañeros y, por lo mismo, sospechoso de favorecer la expatriación a través de Yugoslavia; eliminado san Nicolás, patrono de los hombres del mar y, en consecuencia, sospechoso de alentar la fuga en yate, sus plegarias y sus cirios se concentraban exclusivamente en san Fanurio. San Fanurio era el patrono de las personas extraviadas y, asimismo, de las cosas perdidas. Y precisamente el viernes, en que se cumplía el ultimátum, san Fanurio concedió la gracia.

Estaba yo preparando las maletas para ir a Roma cuando un grito de alegría estremeció la casa: «*Ghenitika! Ghenitika!*». Me precipité, y eras tú quien agitaba una hoja con tu nombre: «¡He nacido! ¡He nacido!». Inmediatamente mis maletas estuvieron deshechas, y mi partida, anulada: ahora la solicitud del pasaporte podía seguir su curso, y la esperanza de obtenerlo tenía un sentido. Inútil decir que el folio no fue hallado por azar, sino porque Papadópoulos permitió la entrega de los documentos, pero habría que ver cuánto tiempo tuvo que emplear para imponer a Ioannidis su voluntad. Ioannidis, decías, hizo todo lo posible por impedir que abandonaras el país. Y no te equivocabas: enseguida advertimos que, tras la entrega de aquel trozo de papel, la vigilancia en torno a la casa había aumentado. Otros dos policías en las esquinas de la calle, otros tres en la calle adyacente, y tras las ventanas de un apartamento próximo había siempre alguien espiándote. Supimos incluso que un oficial de la ESA había disuadido a muchos de tratar contigo. Y ni que decir tiene que esto no habría sido necesario, pues desde el regreso de Creta en torno a ti se hizo una especie de vacío. Los que acudían a verte se contaban ahora con los dedos de la mano, así como los que te invitaban a cenar o a sus casas. Incluso tus admiradoras más asiduas guardaban las distancias, y asimismo los mitómanos que antes recurrían a mil pretextos para acercársete, y los que se decían amigos tuyos. Quisiera-pero-no-puedo, tengo-familia-¿comprendes?

«Hay que ir a ver si está listo. ¿Has llamado para preguntar si está listo? Vuelve a preguntar si está listo». Como un campesino que invoca la lluvia sobre los campos abrasados por el sol, y a cada racha de viento escruta el cielo en busca de una nube que anuncie el fin de la sequía, así esperabas tú el instante en que dijeran en la oficina de pasaportes: «Aquí lo tiene, buen viaje». Con los mismos sentimientos, pero agravados por el ansia de volver a mi mundo, de regresar a mi vida, a mi trabajo, yo anhelaba el instante en que el avión despegara de la pista de Atenas y me sustrajera así de aquel bombardeo de angustias, emociones violentas, continuos sobresaltos y dramas alternados tan solo por un ocio sedentario. El ocio de los soldados que, entre batalla y batalla, no saben cómo emplear el tiempo e, incapaces de llenar aquellos intervalos de paz, permanecen bostezando a causa de la nostalgia de los cañonazos. Ahora todo me resultaba odioso: la atmósfera de aquella ciudad levantina que me recordaba a Tel Aviv o Beirut, ya no Occidente pero aún no Oriente, con sus edificios escuálidos, estúpidamente modernos, sus colinas sin verdor, con piedras y restos de árboles carbonizados por la incuria y la ignorancia; sus costumbres turcas; el café servido en tacitas de muñeca para hacerte tragar, al final, un sorbo de posos; la siesta que hasta las seis de la tarde paraliza a todo el mundo en una pereza cataléptica, y por último la pasividad, la resignación con que los más soportaban la tiranía. La pasividad de siempre, la resignación de siempre, de acuerdo, la misma que, llegado el caso, se esconde en cada uno de nosotros, quisiera-pero-no-puedo-tengo-familia-¿comprendes?, y que, sin embargo, cuando la tocas con la mano porque la ves en los demás, te hace enloquecer. Luego la insignificancia de la casa, que de agradable solo tenía el jardín de naranjos y limoneros, pero al jardín no querías salir a causa del tipo que nos espiaba desde la ventana, así que estábamos siempre en la madriguera de las feas habitaciones donde las puertas de cristal anulaban el concepto mismo de *privacy*. Cada habitación tenía al menos dos puertas, y algunas, tres: a través de aquellos cristales siempre nos miraban dos ojos bárbaros y rencorosos, maternales. Disminuido el encanto de un amor en sus comienzos, y por tanto concluida la fase de adaptación, te invadieron pequeños hastíos que te diste cuenta de que no eras capaz de soportar: el hedor del gallinero situado detrás de la cocina, las gallinas que durante el día nos ensordecían con sus aleteos, y el gallo que al salir el sol nos hería los tímpanos con sus quiquiriquíes. Detestaba a aquel gallo cuyo bisabuelo, disecado, se exhibía triunfalmente en el comedor con las pupilas de vidrio y la cresta de cera. Mirarlo me ayudaba a repetir contigo: «Hay que ir a ver si está listo. ¿Has llamado para preguntar si está listo? Vuelve a preguntar si está listo».

Con la esperanza de acelerar las cosas, y contando con que tu teléfono estuviera intervenido, me dedicaba a poner en práctica truquitos como llamar a Nueva York y fingir que un grupo de universidades estadounidenses te había invitado a dar un ciclo de conferencias. Un amigo con quien me puse de acuerdo representaba el papel de agente literario encargado de contratarte, y cuando no telefoneaba yo, lo hacía él protestando porque se aproximaba la fecha y era preciso imprimir programas, enviar invitaciones, avisar a los periódicos y dar seguridades al claustro y a las autoridades de las ciudades, que iban a celebrar una comida en tu honor. Cuando no se trataba de un ciclo de conferencias, era un título académico honorario que, en tu infinita modestia, dudabas en aceptar y luego aceptabas, pero ¿cómo resolver el problema del pasaporte? El pasaporte no existía, aún no te lo habían concedido, respondía yo suspirando, y entonces voces airadas llamaban también de Chicago, Boston y Filadelfia, presentándose como rectores, funcionarios municipales, representantes del Partido demócrata o del republicano, y otros amigos hacían tronar su indignación. En una palabra, que las autoridades griegas pusieran en apuros la cultura americana con un aplazamiento de tus conferencias era ya grave, pero que la insultaran con tu ausencia forzada a la ceremonia de la concesión del título académico honorario era vergonzoso; solo en Rusia sucedían semejantes cosas. Si no te entregaban el pasaporte y a tiempo, los senadores organizarían un escándalo internacional. De qué senadores se trataba, de qué universidades, de qué título académico nunca lo decíamos por temor a que los servicios fueran a comprobarlo, pero el asunto se hacía cada vez más verosímil, y dos años más tarde supimos que aquello influyó en las decisiones de Papadópoulos. «La cuestión de los seis senadores estadounidenses preocupó no poco a sus consejeros», te confió un oficial de los servicios secretos. Y ni que decir tiene que mi truco no te divertía en absoluto, es más, te deprimía y te provocaba crisis de agudo malestar, y cuanto más telefoneaba, más te encolerizabas y te maldecías diciendo que renunciar al plan del yate había sido una imbecilidad, que no había por qué esperar pasaporte alguno, que si te lo daban lo rechazarías y escaparías a través de Yugoslavia, y si te metían una bala en la cabeza, tanto mejor. La peor crisis sobrevino la noche en que me anunciaste que al cabo de doce horas tomarías un tren para Ezvonis, y fue entonces cuando tu madre se avino a un armisticio con los santos arrinconados en favor de san Fanurio. Encendió velas a todos, a todos prometió devoción perpetua y juró que si te daban el pasaporte nunca más les haría reproches. Y uno de ellos, conmovido, la complació. Al romper el alba fuimos despertados por un arrastrar de zapatillas en el corredor: era ella, que preparaba tu maleta. Le preguntamos por qué y la respuesta fue categórica: san Cristóbal, patrono de los viajeros, se le había aparecido en sueños. En la cabeza llevaba una corona de estrellas, empuñaba una espada de fuego y su túnica fulguraba con tal viveza que solo de pensarlo le quemaban los ojos. Levantando la espada de fuego, san Cristóbal le sonrió y luego reveló que el pasaporte estaba listo: podías retirarlo en cuanto abrieran la oficina, y abandonar el país antes de que se pusiera el sol. Nos encogimos de hombros. Si san Fanurio había acertado con la partida de nacimiento, ¿por qué san Cristóbal iba a ser menos? «Vamos». Fuimos y el pasaporte estaba de verdad. Y mientras lo aferrabas con dedos ávidos, el único comentario fue: «¿Qué hora es?». «Las nueve y media». «¿Cuándo sale el próximo avión a Roma?». «A las dos de la tarde». «¿Vas tú a comprar el billete?». «Sí. ¿Ida solo?». «No, ida y vuelta».

Me sentía ligera como un pájaro que se va aleteando por el espacio abierto, y todo lo desagradable me parecía olvidado. Y toda náusea y todo afán. El mañana tenía los colores del arcoíris. Sonreía corriendo bajo aquel arcoíris, y la gente se volvía a mirarme asombrada, pero en cuanto tuve el billete en la mano todo se desvaneció. Era un simple billete, un papelito rectangular con el nombre de la compañía, y solo tocarlo me producía un misterioso desasosiego: la indefinible angustia del día en que desembarqué en Atenas para conocerte. ¿Por qué? ¿Acaso por el color? Tenía un color verde manzana, el mismo verde manzana de las cajitas de tabaco Golden Virginia. Traté de no pensar en ello, salté a un taxi diciéndome que cuando se vive con supersticiosos termina uno siéndolo, el taxi se dirigió rápidamente hacia la calle de Vouliagmeni y durante unos minutos volví a sentirme contenta. Luego llegó a la calle de Vouliagmeni y me vi ante el garaje con la inscripción Texaco, con la poterna negra que descendía hacia la oscuridad, y reapareció el misterioso desasosiego. Y la indefinible angustia. ¿Por qué tenía tanto calor? ¿Era posible que hiciera tanto calor en octubre? Tal vez estaba sufriendo un acceso de fiebre; estaba cansada. La crisis de la noche anterior, con la amenaza de dirigirte a Ezvonis, el despertar por la mañana, impuesto por san Cristóbal, la entrega inesperada del pasaporte, la partida imprevista: como de costumbre, demasiadas emociones juntas. Y con este diagnóstico me impuse no responder a los interrogantes, entré en la casa y te tendí el billete: «Aquí está».

«No quieren dejarnos marchar». Tu voz era un silbido henchido de desprecio. «¿Por qué lo dices?». «Porque percibo el tufo a ajo. Al menos debe de haber veinte policías a nuestro alrededor». Miré en torno y no vi nada que justificara aquella afirmación. La sala de espera del aeropuerto tenía el aspecto de siempre: viajeros soñolientos hundidos en las butacas, niños que corrían de un lado a otro estorbando, grupos de turistas que adquirían recuerdos y nadie que hiciera pensar en un policía de paisano. Con ajo o sin ajo, los policías de paisano tienen algo que nunca escapa a un ojo experto. Algo que se concentra en el rostro, al mismo tiempo obtuso y astuto, y en las pupilas vacías y, sin embargo, atentas. Quiero decir que sientes encima esas pupilas aunque les des la espalda, como si fueran manos que te oprimen la nuca. Y si te vuelves y las buscas, huyen deslizándose, falsamente distraídas, y luego regresan cautelosas, pasándote por encima con indiferencia, como si fueras un objeto desdeñable o un obstáculo en la trayectoria de la mirada, pero hay siempre un momento en que renuncian a la comedia para mirarte con la arrogancia estúpida y maligna de quien tiene el bastón en la mano, de quien se cree poderoso porque sirve al poder. «Yo no los veo, Alekos». «¿Aún no has aprendido a reconocerlos? Aquel es un policía de paisano. Y aquel. Y aquel. Y aquel». «¡¿Cómo lo sabes?!». «Por los zapatos. Todos llevan zapatos con cordones, incluido el joven con vaqueros». Observé a los tipos que indicaste. Tenían el aspecto inocuo y distraído de quien se ocupa de sus propios asuntos, y todos llevaban zapatos con cordones. «Tienes razón, pero no comprendo cómo podrían impedirnos partir. Hemos superado ya el control de pasaportes y tenemos nuestras tarjetas de embarque: si hubieran querido detenernos, lo habrían hecho antes». «Antes estaban los periodistas». También esto era verdad. La noticia de tu partida había llegado inmediatamente a los periódicos y, hasta el control de pasaportes, estuvimos protegidos por los reporteros, que nos fotografiaban, nos hacían preguntas y registraban cada detalle: habernos detenido antes, en presencia de tales testigos, habría sido un escándalo. «Sí, pero continúo sin comprender cómo podrían impedírnoslo, Alekos». «Lo comprenderás muy pronto». Y mientras decías esto, el altavoz anunció que el vuelo para Roma estaba dispuesto, que se rogaba a los pasajeros se presentaran en la puerta número dos. Nos disponemos. Nos colocamos en fila. Llegamos al umbral de la puerta número dos. Tendemos las tarjetas de embarque. Una azafata aterrorizada nos empuja hacia atrás. «No, ustedes no». «¿Nosotros no? ¿Por qué no?». «Atrás». «¿Atrás? ¿Por qué atrás?». Y le alargaste de nuevo las tarjetas de embarque. Con la rapidez de un rayo, los tipos de los zapatos con cordones se adelantaron y, con las manos en los bolsillos y los labios apretados, formaron un círculo en torno a nosotros, sordos a mis protestas. «¡Ya hemos completado las formalidades! ¡Nuestros documentos están en orden!». Silencio. «¡Tenemos derecho a montar en el avión!». Silencio. «¡Tenemos derecho a conocer los motivos de esta exclusión!». Silencio. «¡Yo soy una ciudadana extranjera: si perdemos el avión, informaré a mi embajada y a mi gobierno!». Silencio. Luego, tu voz, aquel silbido henchido de desdén. «No discutas. No se discute nunca con la mierda. *Den sizitàs. Den sizitàs me skatá*». Un policía extrajo la mano del bolsillo e hizo como que iba a arrojarse contra ti. «¡Cuidado, Alekos!». Pero no había necesidad de recomendaciones: un autocontrol extraordinario te mantenía tieso; una frialdad semejante a la que nos salvó en la carretera de Heraclion, cuando éramos golpeados por el automóvil azul. «¿Qué hacemos, Alekos?». «No hay nada que hacer, salvo ver quién vence: loannidis o Papadópoulos». La azafata, aterrorizada, continuaba mientras tanto retirando las tarjetas de embarque de los demás pasajeros, que desfilaban por delante de nosotros, desinteresados o neutrales. Quisiera-pero-no-puedo-tengo-familia, ¿comprendes? Al cabo de cinco minutos no quedábamos más que nosotros, encerrados en un mudo círculo de zapatos con cordones.

Cinco minutos, diez, quince, veinte. Y cada minuto, una punzada en el corazón, el suplicio de Tántalo, que muere de sed y tiende la boca hacia la cascada pero el agua se desvanece precisamente en el instante en que se dispone a beber un sorbo. El avión estaba allí, a pocos metros, estaba casi ante la puerta número dos, muy visible al otro lado de la cristalera; tenía la escotilla aún abierta y la escalerilla permanecía arrimada: habría bastado trasponer aquel umbral, recorrer aquellos pocos metros, para subir a bordo y estar a salvo. Pero no, ustedes no. Pasó un empleado de la compañía aérea. Le cerré el paso y le pregunté si el comandante mantenía la escalerilla arrimada y la escotilla abierta para esperarnos. Respondió en un susurro que sí, pero ¿cuánto tiempo podría continuar? Le pregunté si la prohibición de que embarcáramos era definitiva. Respondió, también con un susurro, que no, que se estaban cruzando llamadas telefónicas y había disputas entre ellos; luego, sorprendido de su propia audacia, se alejó. Veinte minutos, veinticinco, treinta. El empleado reapareció. «Estén preparados. Están hablando con la presidencia de la República. Si desde allí nos autorizan, los embarcamos enseguida y prevenimos las contraórdenes». «¿Contraórdenes?». «Ha habido tres... ¡Un momento!». Su *walkie-talkie* destellaba. Lo vi llevárselo a la oreja, asentir, dirigirse a los policías, discutir en tono a-mí-qué-me-cuentan, luego volverse hacia nosotros ruborizado, agarrar nuestras tarjetas de embarque y murmurar: «¡Rápido! ¡Vamos!». Y casi sin que nos diéramos cuenta, nos encontrábamos en el avión, mirando al auxiliar de vuelo cerrar la escotilla. «¡Lo hemos logrado, Alekos!». «Tal vez». «¿Por qué tal vez?». «Porque aún no han encendido los motores». Era verdad que no los habían encendido, y seguían sin encenderlos. ¿Por qué? En la espera, en la pregunta, el tiempo volvió a transcurrir. Cinco minutos, diez. Diez minutos, quince. Quince minutos, veinte. Veinte minutos, veinticinco. El aire acondicionado no funcionaba, y la gente alborotaba: «Pero, bueno, ¡basta ya! ¡Qué vergüenza!». Veinticinco minutos, treinta. Treinta minutos, treinta y cinco. Treinta y cinco minutos, cuarenta. ¿Había llegado la contraorden? Seguramente. Por la ventanilla se divisaban dos policías empeñados en discutir con el empleado que nos había hecho embarcar con tanta prisa, el cual abría los brazos desolado. Te estreché una mano. Estaba tan sudada que resbaló en la mía como si estuviera aceitada. Pero todo tu cuerpo goteaba sudor. Gruesas gotas se deslizaban por la frente, las sienes y la barbilla, y empapando la camisa ensanchaban manchas de humedad en la chaqueta. ¿Por el calor o por la tensión que ocultaba tu aparente autocontrol? Ni siquiera acertabas a hablar. «Ya verás como ahora sale, Alekos». «¡Hum!». «No se atreverán a hacernos descender». «¡Hum!». «Sería un verdadero escándalo». «¡Hum!». De pronto, con un glorioso fragor, los motores rugieron, el avión se movió, se deslizó con ligereza hacia delante y alcanzó la pista, donde se detuvo emitiendo un bramido que fue creciendo. Y creció y creció para convertirse en un trueno. Y tronando se lanzó a la carrera y remontó para zambullirse en el gran cielo azul. Atenas fue enseguida una geografía de minúsculas casas, árboles pequeños como cabecitas de alfiler, una mancha gris, el recuerdo de una noche de agosto con su perfume de jazmines. Exhalaste un hondo suspiro y dijiste torvamente: «Una vez le di por el culo a un general». «¡¿Cómo?!», balbucí. «Y no me arrepiento. Solo lamento no habérselo contado nunca a Ioannidis». Después te quedaste postrado y se te cerraron los ojos.

Cuando volviste a abrirlos, volábamos sobre el golfo de Corinto. Levantaste la copa de champán que había traído la azafata y: «He ganado una vida, / un billete para la muerte, / y sigo viajando. / En algunos momentos / he creído haber llegado / al final del viaje. / Me equivocaba. / Eran solo imprevistos / del camino». «Parece una poesía», dije. «Lo es. Una vieja poesía escrita en Boiati hace dos años, cuando expiró el plazo para fusilarme. Ese plazo llevaba vigente tres años». «¡Pero es una poesía triste!». «Todo aplazamiento es triste cuando sabes que es un aplazamiento». Aparecieron dos cazas, negros e inquietantes como dos insectos. Durante casi un minuto permanecieron junto a nuestro avión, manteniéndose a idéntica altura e idéntica velocidad, como si estuvieran allí para escoltarnos, luego viraron a la izquierda, dejando dos cintas de humo blanco, como dos gigantescos interrogantes, y volvieron atrás. Pero la tensión ya se había desvanecido, y embriagado por el champán, habiendo olvidado la triste poesía, te encontraste a ti mismo. Resistencia armada en las montañas, asaltos a los cuarteles, emisoras de radio para incitar al pueblo a la rebelión: los mil proyectos que en Europa podrías llevar a cabo. No conseguía tranquilizarte. En un momento dado, sin embargo, ya no se oyó más que el sonido de tu hermosa voz, y la palabra aplazamiento-aplazamiento-aplazamiento ocupó el lugar de lo que decías, esclareciendo el misterioso desasosiego, la indefinible angustia que me invadió a la vista del billete color verde manzana. No cambiaría nada en Italia ni en Europa. No ibas a sufrir menos ni arriesgarías menos. Bien lo dijiste aquella tarde tras el viaje a Creta: «Yo resultaré siempre incómodo a todo el mundo, en cualquier país, en cualquier régimen». Dondequiera que fueses, en definitiva, continuarías siendo la planta no catalogable que nace para llevar el desorden al bosque y que, por tanto, debe ser erradicada, extirpada. Aquí o allá acabarían eliminándote. Y no por lo que querías hacer, por la resistencia armada en las montañas, los asaltos a los cuarteles, las emisoras de radio para incitar el pueblo a la rebelión, sino por lo que eras, por tu singularidad de poeta rebelde, libre de cualquier freno, cualquier esquema y cualquier tabú; libre del concepto mismo de lícito e ilícito; por ser un héroe solitario irrepetible, aferrado a las quimeras del ensueño y de la imaginación. El poeta rebelde, el héroe solitario, es un individuo sin seguidores: no arrastra a las masas a la plaza y no provoca las revoluciones. Pero las prepara. Aunque no maquine nada inmediato ni práctico, aunque se exprese a través de bravatas o locuras, aunque se vea rechazado y ofendido, mueve las aguas del estanque que calla, resquebraja los diques del conformismo que frena y perturba al poder que oprime. De hecho, cualquier cosa que diga o emprenda, incluso una frase interrumpida o una empresa fallida, se convierte en una semilla destinada a florecer, un perfume que permanece en el aire, un ejemplo para las otras plantas del bosque, para nosotros, que no tenemos su valor, su visión y su genio. Y el estanque lo sabe, y el poder sabe también que el verdadero enemigo es él, el verdadero peligro que hay que liquidar. Sabe, sin más, que no puede ser reemplazado o copiado: la historia del mundo nos ha suministrado cumplidamente la prueba de que, muerto un líder, se inventa otro; muerto un hombre de acción, se encuentra otro. Muerto un poeta, en cambio, eliminado un héroe, se forma un vacío imposible de colmar, y es preciso esperar a que los dioses lo hagan resucitar. Quién sabe dónde y quién sabe cuándo.

Así, pues, sacarte de Grecia no servía para nada, y aquella fuga era verdaderamente un aplazamiento. Un intento desesperado de mantenerte con vida el mayor tiempo posible.

Parte tercera

1

La tragedia de un hombre condenado a ser un poeta, un héroe y, como tal, a ser crucificado se mide también por la incomprensión de quien, por amor, quisiera sustraerlo a su destino y a su papel, por ejemplo distrayéndolo con las insidias de la ternura, las lisonjas del bienestar y el espejismo de una victoria que puede alcanzarse con un merecido reposo. Quien lo ama, en efecto, no está dispuesto a regalárselo a la muerte, y con tal de salvarle la vida, de alargársela un poco, recurre a cualquier arma, a cualquier estratagema. En ese sentido nadie te comprendió nunca menos que yo, y nadie más que yo intentó sustraerte a tu destino y a tu papel. Esto, sobre todo, a nuestra llegada a Italia, cuando aún no me había resignado al hecho de que el desafío perpetuo fuera tu pan y el peligro físico tu bebida, de tal manera que privado de aquel pan y de aquella bebida te marchitabas como un árbol sin agua y sin luz. Tú lo comprendiste en cuanto estuvimos en la *suite* del hotel que escogí en Roma, y no hiciste nada por esconderme que lo habías comprendido. Entraste, examinaste atentamente las estancias y la terraza abierta a via Véneto, los muebles de estilo, las alfombras preciosas y las lámparas de cristal, luego te detuviste ante la hermosa cesta de flores sobre la mesa, junto a un frutero y un cubo con vino puesto en hielo, y: «¿Las flores son para ti o para mí?». «Para ti». «¿La fruta es para ti o para mí?». «Para ti». «¿El vino es para ti o para mí?». «Para ti. Todo es para ti, Alekos». «Hum, ya veo». Siguió un largo silencio, pesado e inmóvil.

Y en medio de ese silencio te sentaste, cargaste la pipa, la encendiste y, por último, elevaste una voz henchida de tristeza: «¿Sabes? Una noche, en Boiati, tuve un sueño. Soñé que me encontraba en un hotel parecido a este. No, parecido no, igual. Eran iguales los muebles, las alfombras, las lámparas y la terraza. Y la cesta de flores, el frutero y la botella de vino. Y la mujer que me había llevado allí decía: "Para ti. Todo es para ti, Alekos". Pero yo me sentía desdichado. Al principio no estaba muy claro por qué, pues el hotel era hermoso y me gustaba mucho. Pero pronto se aclaró: me sentía desdichado porque llevaba puestas las esposas. Extraño. Al irme a dormir, Zakarakis me las había quitado. En el sueño, en cambio, las seguía llevando, y apretaban. Apretaban tanto que no lograba descorchar la botella. En un momento dado, caía al suelo y se rompía. Entonces escapaba del hotel gritando: *skatá,* mierda, *skatá.* Y volvía a mi celda, donde no llevaba esposas». Sonreí y te alargué la botella, tomándola del cubo: «Ábrela; hoy no se caerá». La cogiste, la levantaste hasta la altura de tu cabeza y luego la dejaste caer sobre el parqué de madera, donde se rompió de un golpe. *«Skatá!* ¡Mierda! *Skatá!»*.

La tragedia de un hombre condenado a ser una criatura incatalogable y, por tanto, extraña a la fenomenología del tiempo en que vive se mide además por la crueldad involuntaria de quien le atribuye un personaje que no es el suyo y, en consecuencia, lo gratifica con consejos, críticas, admoniciones y preguntas apremiantes que lo hacen sufrir. Quien lo mira, en efecto, ni siquiera sospecha su verdadera naturaleza, y lo ve a través de los anteojos de fórmulas homologadas: los clichés que por conveniencia, mala fe o pereza se usaron para hacer su retrato. Unas veces el retrato del dinamitero, y otras del mártir, del revolucionario, del líder. En este sentido, nadie fue nunca tan cruel como aquellos que en las primeras horas de tu llegada a Roma cayeron sobre ti con besos, abrazos y exclamaciones de bienvenido-entre-nosotros-bienvenido, gloria, aleluya. A menudo curiosos, gente a quien no les importabas nada y que solo te buscaba porque eras un conocido al que utilizar, o bien demagogos que se consideraban tus acreedores porque en la época del proceso organizaron un mitin o participaron en una manifestación de protesta. Pocas eran las personas que de verdad te querían, amigos del periodo transcurrido en Italia, compañeros. Pero incluso estos últimos continuaban viéndote a través de los anteojos de aquellas fórmulas, de aquellos clichés. Consejos al mártir: «Basta de sacrificios, de vida dura. Debes tomarte un largo descanso, unas verdaderas vacaciones, y no pensar en nada: tú ya has cumplido. Come, bebe, duerme y diviértete. Al infierno con la política; ¿no habrás venido aquí a complicarte la existencia con la política? Mañana por la noche organizaremos una cena fantástica». Advertencias al dinamitero: «Cuidado con quién te ves, cuidado a quién hablas, y nada de vincularte al grupo equivocado. En el próximo golpe, ni hablar de usar minas, que las minas gastan malas pasadas. Además, son pesadas e incómodas. Es mejor el plástico, como los palestinos. Deberías ir a Líbano y entrenarte con los palestinos». Críticas al revolucionario: «Bonita corbata, bonita camisa. Te tratan bien, ¿eh? A propósito, ¿por qué te has alojado en este hotel? No te va; aquí se alojan los grandes, como Kissinger y el sah de Persia. ¿Qué pensarán las clases trabajadoras, qué pensará el pueblo? Debes abandonarlo inmediatamente. Ven a mi casa; pondremos un diván en el pasillo». Preguntas al líder: «¿Qué piensas hacer, qué programa tienes, cómo vas a dirigirte a las masas? Es necesario que aclares tu opción ideológica; debes comprender que combatir a una dictadura no basta y remitirse al problema de la libertad no es suficiente. ¿Por qué no convocas una conferencia de prensa? ¿Por qué no escribes un ensayo?». Pero ni un miserable que se preocupara de preguntarte qué habías ido a hacer, a buscar. De pronto, perdiste el control. Estabas escuchando a uno de los que exhibían el retrato del revolucionario que debe dormir en un diván en el pasillo, esta-es-una-*suite*-regia, no-puedes-estar-en-una-*suite*-regia-semejante, estás-olvidando-quién-eres-qué-representas, y la paciencia con que lo habías aguantado, ora callando, ora mascullando monosílabos a regañadientes, se esfumó y organizaste una escena. Que se largaran todos, que dejaran de tocarte los cojones, que en tu *suite* regia permanecerías el tiempo que quisieras, que te comprarías dos docenas de camisas de seda, dos docenas de impermeables ingleses y dos docenas de pares de zapatos de hebilla. ¡Fuera! Pero inmediatamente después prorrumpiste en un llanto tan desesperado que llegué a olvidar la botella rota a propósito y el grito de *skatá,* mierda, *skatá.* «Yo me voy —sollozabas—, me voy, vuelvo a Atenas, volvamos a Atenas».

La tragedia de un hombre condenado a estar solo porque resulta incómodo a todos y no sirve a nadie se mide por el desierto que debe afrontar cuando sale de su ambiente natural, la política vista como sueño, y entra en la antinatural concepción de la política entendida como profesión o secta religiosa. Esto lo comprendiste profundamente once meses más tarde, al regresar a tu país, pero el aprendizaje lo hiciste a tu llegada a Italia. Vanidosos guiados solo por la búsqueda de su triunfo personal, trepas interesados solo por las ventajas particulares de un escaño en el Parlamento, tenderos preocupados solo por llenarse los bolsillos con los sobornos, decrépitos despojos herméticamente encerrados en el sarcófago de sus extinguidas virtudes y, en el mejor de los casos, santones intratables guarecidos en la oscura torre del dogma. Y, por otra parte, los aventureros de la desobediencia fácil, los cultivadores del fanatismo sanguinario, los patibularios para quienes la palabra «revolución» es un chicle que mantener en la boca, un pretexto para combatir el tedio, un sustitutivo de la Legión Extranjera. Tal es el panorama político que se presentó a tus ojos cuando, superado el choque de sentirte esposado por mí y falsificado por los demás, fuiste en busca de ayudas para continuar la resistencia contra la Junta: lo mismo que querer discutir la inmortalidad del alma con un grupo de sordomudos. Sin embargo, lo intentaste. Te pusiste al teléfono y empezaste a llamar a los jefes de los partidos que te inspiraban alguna esperanza: socialistas, comunistas, republicanos, católicos de izquierdas. «¿Oiga? Soy Panagulis». «¿Quién?». «Panagulis, Alexandros Panagulis. Alekos. Quisiera hablar con el compañero Fulano de Tal». «¿Con qué objeto?». «Bueno... yo... quisiera saludarlo». «No está, se encuentra reunido. Pruebe mañana. No, mañana, no; es fiesta, hay puente. Dentro de unos días». «¿Oiga? Soy Panagulis». «¿Taraguli?». «No, Panagulis. Panagulis, Alexandros. Alekos. Quisiera hablar con el honorable Fulano de Tal». «¡Querrá usted decir con el señor ministro!». «¡Ah! No lo sabía. Sí, con el señor ministro». «El señor ministro no puede ser molestado». «Entonces le dejo un mensaje, para que me llame cuando pueda». «Piense usted que el señor ministro tiene cosas importantes que hacer, problemas gravísimos. ¡Si tuviera que llamar a todos los que lo andan buscando!». «¿Oiga? Soy Panagulis». «Habla más fuerte, que no se oye nada. ¿Quién eres?». «Panagulis, Alexandros Panagulis». «¿Eres un compañero?». «Sí...». «¿Eres ruso? Noto un acento...». «No, soy griego». «¿Y qué quieres?». «Quisiera hablar con el secretario general». «Ah, pero como eres griego debo ponerte con la oficina de asuntos exteriores». O no había manera de encontrarlos, o te informaban de que estaban muy ocupados en resolver los problemas del género humano, o te mandaban a los lugartenientes de sus lugartenientes. Lo cual no servía para nada salvo para recibir afectuosísimos golpecitos en la espalda. Querido Alekos, querido Alexandros, qué alegría volverte a ver, qué honor conocerte. Pero en el fondo de sus pupilas temblaba una especie de interrogante: ¿qué hago yo con este? ¿Cómo me lo sacudo? Mientras estaban a punto de fusilarte, mientras eras un presidiario, un hombre encadenado, les ibas muy bien, claro. Les suministrabas un pretexto para representar la comedia de la campaña internacional y provocar un poco de follón. Ahora que estabas libre, en cambio, bien alimentado y bien alojado, ¿qué hacer contigo? Y, además, ¿qué querías? ¿Por qué tratabas de localizar a los responsables? Mejor evitarles aquel fastidio, darte largas y cansarte en la espera de ser recibido. Por aquellos días solo te escucharon tres viejos.

El primero fue Ferruccio Parri, el hombre que condujo la Resistencia en la Italia septentrional. Hablar con él te hizo bien, te elevó en una marea alta que sumergió tus desilusiones y el estribillo mañana-vuelvo-a-Atenas, quiero-volver-a-Atenas, volvamos-a-Atenas. En efecto, con él nació un entendimiento profundo, incluso extraño, dada la diferencia de edad, y nunca te habrías cansado de explicar cómo fue el día en que lo conociste, asustado al principio porque no le veías el rostro. Parri tenía ochenta y tres años por entonces, y los achaques y no sé qué enfermedad de la espina dorsal lo mantenían doblado en dos, como un pino torcido por el viento, y, aunque estuviera de pie, solo se distinguía de él un par de pantalones negros, una chaqueta negra y una mata de pelo ondulado de color marfil. Sin rostro. No satisfecho con eso, y con el humorismo de los ancianos que se divierten tomándose el pelo a sí mismos, exasperaba su deficiencia encorvándose más de lo necesario y retrasando más de lo necesario el instante de alzar finalmente la cabeza, de mostrar al cabo su rostro. Blanco, seco, extravagante, a causa de un bigote y unas cejas de un absurdo color marrón, e iluminado por unos ojos que eran llamaradas de sarcasmo, punzadas de duendecillo desdeñoso. Aquel día sucedió lo mismo. Pero enseguida el sarcasmo se resolvió en dulzura, y mientras las manos descarnadas se elevaban para acariciarte las mejillas, el mentón y la boca, Parri exclamó: «Muchacho, muchacho, has hecho bien en abandonar Grecia; has hecho pero que muy bien. Ahora sí que podrás organizar la lucha, volver a empezar desde el principio. Siéntate, muchacho, siéntate aquí, a mi lado: ¡tengo tantas cosas que preguntarte! La primera es: ¿qué puedo hacer por ti? Es necesario ayudarte; ¡estás tan solo!». Te hizo bien asimismo hablar con el segundo anciano, Sandro Pertini, por entonces presidente del Parlamento. También con él llegaste a un entendimiento que duró hasta tu muerte, y a menudo contabas el peso que se te quitó de encima cuando hizo el gesto de ponerse de pie para ir a tu encuentro: pequeño y seco, nervioso, extrañamente parecido a ti en las imprevistas explosiones de alegría y malhumor, e idéntico también en el modo de agarrar y fumar la pipa. «Bravo, Alekos, bravo. Has tomado una decisión inteligente al establecerte en Italia; ya encontraremos el modo de echarte una mano para llevar a cabo la resistencia armada. Yo, después de permanecer muchos años en prisión, hice lo mismo. Resistencia armada, sí; no existe otro camino». Hablaba, hablaba. Te animaba, te animaba. Y la marea alta subía y subía. Pero luego se produjo el encuentro con el tercer anciano, Pietro Nenni. Fuimos a conocerlo a su casa de Formia, y la marea descendió de golpe, despertándote, dejando en la playa de tu conciencia peces muertos, algas secas y alquitrán. Los detritos, la realidad.

Aún lo estoy viendo mientras te escruta tras sus gafas bifocales de miope, sin que se mueva un músculo que modifique la telaraña de arrugas que, del rostro coriáceo, se extiende hasta la gran cabeza calva, inmóvil e inaccesible como la momia de un faraón, desencantado como un sabio muy antiguo que ya no se maravilla de nada porque lo ha visto todo, ya lo conoce todo y tal vez no cree ya en nada. Te ha recibido con un abrazo prolongado y un sonido ronco: «Alexandros». Te ha besado dos veces, conmovido, pero inmediatamente después se ha sentado en la butaca de alto respaldo, una especie de trono, y ha comenzado a estudiarte con la frialdad del científico que, al microscopio, analiza un ejemplar de gran interés. No alude al pasado, a lo que has sufrido; no dice si está bien o mal que hayas abandonado Grecia, sino que te formula preguntas prácticas y concretas. ¿Cuánto durará Papadópoulos? ¿Cuánto tiempo empleará Ioannidis en defenestrarlo? ¿Será mejor o peor un relevo en la guardia? ¿Sobre qué porcentaje de oficiales se apoya la Junta? Tú permaneces frente a él, hundido en un diván demasiado blando que te quita libertad de movimientos, y le respondes sopesando cada palabra, aunque sin entusiasmo. No te apetece dar noticias, quieres llevar la conversación a lo que te urge, y al final lo consigues: «Solo con la resistencia armada se puede vencer a la Junta». «¿Resistencia armada?», repite Nenni. Él sabe que la resistencia armada es imposible, pero sabe también que decírtelo no serviría de nada, así que calla y te escucha, mientras continúa estudiándote. Parece que vaya tras un pensamiento, una idea que se le escapa, y luego, de pronto, se inflama y exclama, dirigiéndose a mí: «Me recuerda a un muchacho de Turín al que yo quería mucho, un socialista que murió en la guerra civil española. Se llamaba Ferdinando De Rosa. En realidad, más que socialista, era anarquista. Lo mismo que él. Como él, llevó a cabo un atentado que fracasó, contra el príncipe Humberto de Saboya, cuando Humberto fue a Bruselas a prometerse con María José. Le disparó y falló. Luego fue a España, se alistó en los ejércitos combatientes y salió derecho para el frente. Murió casi enseguida, de un balazo en la cabeza. Era en 1936. Sí, se parece a De Rosa, aunque De Rosa era rubio y tenía los ojos azules. El mismo aspecto soñador y sombrío, la misma impaciencia. Y el mismo valor, la misma pureza». Un susurro, mientras la cereza del pómulo izquierdo se inflama y un rubor congestionado te abrasa las orejas: «¡¿Qué dice?!». «Dice que te pareces a Ferdinando De Rosa, un socialista que era más bien anarquista y que murió en la guerra de España. Él lo quería mucho». «¿Anarquista?». Advierto que quisieras replicar algo, pero el gran anciano continúa hablando de utopía, de realismo y de duda. La duda que asalta, por ejemplo, cuando uno se pregunta si los hombres como tú y De Rosa tienen razón, o la tienen los que, como él, actúan en nombre del sentido común y del raciocinio; la duda que atormenta cuando la inteligencia envenena el optimismo de la voluntad y nos damos cuenta de que los hombres no corresponden a la idea del Hombre, que el pueblo no corresponde a la idea del Pueblo, que el socialismo no corresponde a la idea del Socialismo, y se descubre que ser lúcidos significa ser pesimistas. Aquí se detiene y: «Pero sobre estas cosas también tendrás tiempo de meditar, ahora que estás en el exilio. A propósito: también yo, ¿sabes?, he estado en el exilio durante el fascismo. ¡Trece años! En el exilio en París y en el sur de Francia, en Auvernia».

Era la primera vez que alguien, refiriéndose a ti, usaba la palabra «exilio». Nadie la había pronunciado en aquellos días. Exilio. Nadie había resumido con tanta claridad y con tanto candor la realidad de tu presencia en Italia. Exilio. Y no existía concepto o vocablo que tú aborrecieras más. Busqué tus ojos a escondidas. Estaban velados por el dolor, la humillación y la rabia: aislado en ti mismo, herido de muerte, no escuchabas siquiera los nombres y las direcciones que te daba Nenni. Gente que te ayudaría o, al menos, eso esperaba él. Y casi enseguida murmuraste que era tarde, que había que irse. Nos fuimos. Durante todo el viaje de regreso a Roma dormiste. ¿O fingiste dormir? Porque cuando llegamos al hotel, abriste de golpe los párpados, te apeaste con rapidez del automóvil, corriste al ascensor y cinco minutos más tarde un grito estremecía las tres habitaciones: «¡Mi billete!». Corrí al dormitorio, y toda nuestra ropa estaba tirada por el suelo, sobre las sillas, encima de la cama: todas las chaquetas y los pantalones tenían los bolsillos vueltos. También estaban abiertos mis bolsos, y mis papeles aparecían desparramados por doquier: parecía que hubiera pasado por allí un ciclón. Te miré aturdida: «¿El billete? ¿Qué billete?». «¡Mi billete de vuelta! ¿Había ida y vuelta, sí o no?». «Sí, había ida y vuelta. ¿Por qué?». «¡Porque he perdido el billete de vuelta! ¿¡¿Dónde está?!?». «Cálmate, no puedes haberlo perdido. Lo llevabas en la cartera, y tan metido que no podía deslizarse fuera. Búscalo mejor; busquémoslo de nuevo». «¡Lo he buscado y rebuscado! ¡No está!». «No te preocupes; ya lo encontrarás. De todas formas, por ahora no te sirve, pues no debes ir de ninguna manera a Atenas». «¿Qué has dicho?». «He dicho que por ahora no te sirve, pues no debes ir a Atenas». «¡Ya lo comprendo! ¡Lo has cogido tú! ¡Me lo has robado! ¡Has robado mi billete de vuelta! ¡Para impedirme partir! ¡Para mantenerme aquí, en el exilio! ¡Tú quieres que esté en el exilio! ¡En el exilio!». «Yo no te he robado nada. Si has perdido el billete, no tienes más que informar de ello a la compañía aérea y pedir un duplicado. Yo no te mantengo en el exilio; eres muy dueño de marcharte ahora mismo». Luego, indignada, me encerré en la otra habitación, y solo por la mañana me di cuenta de que no te habías metido en la cama. Dormiste en el suelo, vestido. «Porque así es como duerme un hombre que está en el exilio y no de vacaciones. También duerme así un hombre cansado de sí mismo, que necesita encontrarse a sí mismo». Parecías arrepentido, abatido. Te perdoné. Pero aquel billete no se encontró nunca, y nunca supe si de verdad lo perdiste o montaste una comedia histriónica, acaso después de haberlo destruido, para neutralizar el impulso de correr al aeropuerto y regresar inmediatamente a Atenas. Algo que, como de costumbre, por una parte querías y por otra no.

La Toscana es hermosa en otoño. Puedes caminar a lo largo de senderos que despiden perfume de setas y de retama, escuchar las voces del viento que clama desde las colinas orladas de cipreses y de abetos, pescar anguilas en torrentes que caracolean sobre piedras resbaladizas de musgo, ir a la caza de liebres y faisanes a las extensiones de brezos rojos; además, es tiempo de vendimia, la uva color violeta se hincha entre los espesos pámpanos, y los higos penden dulces de las ramas que llenan los cantos de pinzones y alondras. En los bosques las hojas se tiñen de amarillo y de anaranjado, quemando el verde monótono del verano. Si te sientes cansado de ti mismo y tienes necesidad de reencontrarte y despojarte de las dudas, no hay lugar mejor que Toscana en otoño: vamos a Toscana, te dije. Fuiste, y la vieja casa de la colina no había sido nunca tan encantadora como aquel otoño. La hiedra la había envuelto de llamaradas rojas que se encaramaban hasta las ventanas del segundo piso y las almenas de la torrecilla. Los rosales habían florecido inesperadamente en una exaltación primaveral, y la glicinia de la barandilla de la terraza se derramaba en cascadas de suave azul. También estaba florecido el madroño situado ante la capilla —bayas de púrpura sobre las cuales los mirlos se lanzaban ávidos—, y en el aljibe los nenúfares flotaban blancos, soberbios. Sin embargo, tú lanzaste una ojeada indiferente y luego te confinaste en una reclusión que excluía todo interés o curiosidad. Durante días y días casi no saliste. Nunca te internaste entre las hileras de vides para coger un grano de uva ni fuiste al bosque para respirar el aire perfumado por la retama y admirar el paisaje desde la cima de la serranía. Solo una vez te alejaste treinta metros de la cancela para descubrir, sorprendido, que las castañas maduran dentro de un envoltorio híspido de espinas, y las nueces, dentro de una cáscara coriácea de color verde, y en otra ocasión descendiste al jardín para observar con turbación que en el aljibe de los nenúfares había peces, y para preguntar si en la capilla había muertos. Pero el detalle que más me desconcertaba era otro: aunque la casa era enorme, llena de escaleras, de puertas que abrir, habitaciones que descubrir, objetos que contemplar y libros que leer, permanecías siempre en la misma estancia, soñoliento, con las persianas cerradas y la luz encendida. Cuando no estabas adormilado, caminabas de un lado a otro, los acostumbrados tres pasos adelante y tres pasos atrás, o bien jugueteabas con el *koboloi* o escuchabas música, fluctuando en un letargo. «¿Te encuentras mal, Alekos?». «¿Yo? No». «Entonces, ¿por qué no sales, por qué estás siempre con las persianas cerradas y la luz encendida? Apaga las lámparas, deja entrar el sol». «No, el sol no. Me perturba, me distrae». «¡Precisamente! ¡Necesitas distraerte! Anda, demos un paseo». «No, un paseo no; me cansa. Quedémonos, ven aquí, junto a mí». «Pero, Alekos, ¡vivir así es como estar en la cárcel!». «Por eso me gusta. ¿No te he dicho nunca lo libre que es un hombre en la cárcel? El ocio le permite reflexionar todo lo que quiere, el aislamiento le permite llorar, eructar o rascarse hasta que le dé la gana. En el mundo abierto, en cambio, solo puede reflexionar en las pausas que le permiten los demás. Y llorar es una debilidad, eructar una ordinariez y rascarse una inconveniencia». «De modo que eso es lo que haces aquí dentro: llorar, eructar y rascarte». «No. Yo aquí trabajo». «¡¿Trabajas?! ¿Qué clase de trabajo haces?». «Pienso». «Tú no piensas, duermes». «Te equivocas».

No conseguía ni siquiera hacerte rabiar. Como nubes barridas por un imprevisto viento de levante, había desaparecido tu irritabilidad. Y asimismo las crisis de angustia y los accesos de cólera. En su lugar se estancaba una especie de abulia o una tranquila pereza que a mí me parecía abulia, y emergías de ella tan solo a intervalos concretos y por estímulos concretos. Por ejemplo, a la hora del almuerzo y de la cena, cuando te sentabas a la mesa y comías con apetito, bebías a gusto e incluso bromeabas: «Cantemos juntos: "¡Ah, si el mar fuera vino, y las montañas, queso de oveja!"». O bien cuando escrutabas entre las rendijas de las ventanas en busca de Lillo, un perro mestizo, negro y rebelde, y descubrías que estaba atado. Entonces te precipitabas a desatarlo: «¡Ni siquiera a un perro se le humilla con cadenas! ¡Anda, Lillo, escapa!». O después de cenar, cuando tratabas de recordar las poesías que salvaste en Boiati amontonándolas en el almacén de la memoria, y tenso a causa del esfuerzo, con los ojos semicerrados y la frente fruncida, las seguías como luciérnagas palpitantes en la oscuridad. En efecto, apenas un verso volvía a tu mente, prorrumpías en la misma alegría de un niño que ha atrapado una luciérnaga en la oscuridad: «¡Ya la tengo, ya la tengo!». Luego, traducíamos las poesías, disputando porque pretendías utilizar en italiano vocablos inexistentes, esta-palabra-no-existe, pues-si-no-existe-me-la-invento, y la discusión degeneraba en pequeñas riñas que se aplacaban por la noche, cuando me buscabas bajo la colcha bordada. Pero estas eran chispas robadas a la ceniza de la inercia, y por la mañana se reanudaban la apatía y la pereza en la calma, el indolente vagar por la habitación con las persianas cerradas y la luz encendida. «¡Abre al menos las hojas, deja que entre la luz del sol!». «No». «¡Sal de casa, muévete un poco!». «No». «¿Quieres un libro, quieres leer?». «No». «Pero ¿qué estás haciendo aquí, a oscuras?». «Trabajo». «¿En qué trabajas?». «Pienso». «¡Tú no piensas, duermes!». «Te equivocas». De modo que al final mi perplejidad naufragaba en la despreocupación, y me alejaba diciendo que no podía consagrar todos los minutos de mi existencia al análisis de tus metamorfosis y de tus extravagancias; además, yo sí que estaba trabajando, pues con una prisa frenética completaba un libro que había interrumpido para ir a Atenas, y me resultaba difícil aceptar la tesis de que el ocio nutre el ingenio. Otras veces, en cambio, me preocupaba porque advertía cosas alarmantes: las poesías que pescabas en el pozo de la memoria, por ejemplo, eran casi todas sobre la muerte: «Cuando hagas revivir en el pensamiento a los muertos, / no olvides que ellos también vivieron / llenos de sueños y de esperanzas, / igual que los vivos de ahora. / Por el mismo camino que recorres ellos pasaron, / y mientras andaban no pensaban en la tumba...». O bien: «Todo está muerto, / y lo que ves agitarse / no creas que está vivo. / El viento arrastra la inmundicia, / la mueve, / pero solo la mueve, / no la hace vivir. / Todo cuanto ves agitarse / está muerto. / Son cosas muertas, / muertas, y aún sufren...». Por si lo anterior no bastara, estaba aquella canción que te obsesionaba, una canción llena de brío y, sin embargo, triste, con un estribillo que parecía un sollozo, y tú la escuchabas sin cansarte nunca de ella, con los labios fruncidos en una mueca que no se sabía si era irónica o dolorosa. Cuando te pregunté por qué te gustaba tanto, me respondiste: «Porque dice algo que no debo olvidar». «¿El qué?». *«I zoì me mikrí. Poli, polì, poli mikrí.* La vida es breve. Muy, muy, muy breve». Por lo demás, incluso tu amistad con Lillo era una amistad de muerte. Me convencí el día en que estuvo a punto de acabar bajo un coche porque lo habías desatado, y entre nosotros se suscitó aquella disputa: «¡¿Por qué lo has desatado?! ¡Yo no lo mantengo atado por maldad! ¿No ves que odia los coches y cuando está desatado corre a su encuentro para morderles? ¡¿Quieres que muera aplastado por un coche?!». Respuesta: «Si quiere morir aplastado por un coche, está en su derecho. No puedes negarle ese derecho. El amor no consiste en encadenar a la gente que quiere batirse y está dispuesta a morir por ello; el amor es dejarla morir de la manera que ha elegido. Esta es otra verdad que no logras comprender». Luego diste media vuelta sobre tus talones y con pasos graves y lentos te fuiste a la torrecilla, donde permaneciste hasta tarde, escuchando el silencio cantado por los grillos. Como un místico arrebatado en la contemplación de su propio yo.

Y, sin embargo, Atenas ardía por aquellos días. Y lo sabías. Precisamente la semana en que nos fuimos al campo, millares de manifestantes desfilaron por las calles y las plazas de la ciudad gritando abajo-los-tiranos, abajo-Papadópoulos. Junto al templo de Zeus los enfrentamientos con la policía fueron violentísimos: piedras y cócteles molotov. La policía disparó y decenas de manifestantes fueron heridos, y decenas y decenas, detenidos. Estaban previstos nuevos procesos y nuevas condenas. Sabías incluso que los manifestantes gritaron tu nombre, usándolo finalmente sin miedo. Entonces, ¿por qué permanecías como una esfinge, inmóvil, escuchando el silencio cantado por los grillos como un místico arrebatado en la contemplación de su propio yo? ¿Por qué te encerrabas en aquel aislamiento tenebroso, del que salías tan solo para amarme bajo la colcha bordada, o para recordarme que la vida es breve, muy-muy-muy-breve? ¿Te disponías a desgarrar la correa con que te había atado para impedirte que acabaras bajo las ruedas de un automóvil, o bien tu alma estaba tan cansada que aceptabas las cadenas y no reaccionabas siquiera a la llamada de quienes se batían invocando tu nombre? Era necesario hallar la respuesta o, más bien, a alguien a quien se la confiaras. Y precisamente entonces, con la inexplicable lógica que a menudo desata los nudos de la vida, a la casa edificada en lo alto de la colina llegó un hombre de cincuenta años, de rostro dócil y cauto, aspecto educado y lento, con algo que inspiraba confianza en sus ojos, rebosantes de paciencia y acaso de bondad. Se llamaba Nicolaos, y era el primero que, en los tiempos del Politécnico, o sea, cuando hizo mella en ti la pasión política, sufrió la seducción de tu personaje, confiándote cargos en el frente de la juventud socialista que él presidía. Era también la persona a quien viniste a buscar en Italia tras abandonar Chipre con el pasaporte falso de Giorkatzis, y quien más creyó en ti en el periodo en que preparabas el atentado, convirtiéndose en tu consejero y protector, compartiendo contigo el hambre, las amarguras y la espera del día en que montaras las minas en la carretera de Sunion. Me hablaste de él muchas veces, siempre con un respeto que rayaba en la deferencia, por más que te divirtieras subrayando su aversión al riesgo y su meticulosidad excesiva, con su pañuelito blanco que, doblado en tres puntas, asomaba del bolsillo superior de su chaqueta azul. No dejabas de lamentarte por no haber vuelto a verlo, pues vivía en Zúrich. «Nicolaos es el único del que me fío porque es el único que me conoce». Así, pues, llegó, y su llegada abrió de par en par las puertas de tu reclusión, rompió los diques de tu abulia. De golpe, saliste a caminar por campos y bosques, descubriste el deseo de sol y te revitalizaste con una locuacidad tan torrencial que desapareció la pesadilla que me afligía. Pero apenas le pregunté de qué le hablabas, se me doblaron las piernas de espanto.

«Locuras. Puras, simples y auténticas locuras. Entradas clandestinas, ataques a los cuarteles, resistencia armada él solo. Dice que aquí tampoco lo escucha ni lo ayuda nadie; que solo tres viejos lo han recibido, así que lo hará todo él solo, y si lo matan, en paz. ¡Pero qué planes tan concretos, cuidados hasta los mínimos detalles!». «Pero ¿cuándo los ha elaborado, Nicolaos? ¿Dónde?». «¿Dónde? En esta casa, estos días, cuando usted creía que dormitaba o jugueteaba con el *koboloi*. En cambio, estaba trabajando en serio, programaba sus locuras con el rigor de un matemático. Es su sistema, siempre lo ha sido». «Yo creía que pensaba en la muerte; siempre hablaba de la muerte». «Ciertamente: cada uno de esos planes, llevado a cabo sin un partido, sin una organización que respalde, es un suicidio. Él lo sabe. El simple hecho de retornar ahora a Grecia constituiría un suicidio. Lo consideran el instigador de los disturbios y... lo matarían como a un perro». «¿Retornar a Grecia ahora?». «Sí, se le ha metido en la cabeza regresar el 17 de noviembre: el aniversario de su condena a muerte». «¡Sin decírmelo!». «Así es». «En Atenas no tenía secretos para mí». «En Atenas no había comprendido que usted solo procura mantenerlo vivo, en lugar seguro. Ahora sí lo ha comprendido, y el día que se vaya la cogerá de sorpresa. Saldrá diciendo que va a comprar un paquete de cigarrillos, pero se irá a Grecia. O provocará una disputa para sentirse ofendido, dar un sentido a su fuga y... a las pocas horas desembarcará en Atenas con un pasaporte falso». «No lo tiene». «Ya lo encontrará, ya». «¿Ha tratado usted de disuadirlo?». «Desde luego. Le he recordado que no basta un cordero dispuesto a inmolarse, y le he informado de los motivos por los que los actuales disturbios no se resolverán en nada y serán ahogados en sangre; le he dicho que la historia no se repite, y que su papel hoy ha cambiado: consiste en aprovechar la popularidad conseguida para actuar en el extranjero. Pero basta que se le aconseje una cosa para que no la haga, y viceversa, así que disuadirlo solo sirve para que se empecine más. Solo existe un medio para apartarlo de una idea: insinuarle otra que él considere suya y que lo invite al desafío. ¿Cómo se las ha arreglado usted para traérselo a Italia?». «Más o menos así». «Vuelva a probar, despiértele cualquier otro anhelo y lléveselo lejos».

Apartarte de una idea, despertarte cualquier otro anhelo, llevarte lejos, lo más lejos posible. ¿Adónde? ¡Al otro lado del globo terrestre, a Estados Unidos! Le dije que lo haría. Pero mientras se lo decía, no tuve en cuenta una realidad. Hay una cosa que el tremendo Leviatán, el gran monstruo que se ha autoelegido campeón de la democracia, Estados Unidos, tiene en común con las tiranías de derecha e izquierda. Y esa cosa es el Estado fuerte, arrogante, despiadado, regido por sus leyes maniqueas, por sus reglas mutiladoras, por sus intereses desconsiderados, por su temor o, más bien, su odio por las personas que no representan a una masa, por los individuos que en su ordenador no corresponden a una clasificación precisa, a un código de conformismo, a una religión. Los réprobos solitarios. El réprobo solitario no sale ni entra, ni se le da el pasaporte para salir de las fronteras de la tiranía, ni el visado para trasponer las fronteras del gran monstruo que se ha autoelegido campeón de la democracia. Precisamente porque está solo, porque no tiene un partido que lo respalde, ni una ideología, o sea, ningún poder que salga fiador por él. Paradójicamente, los disidentes que abandonan la Unión Soviética no son réprobos solitarios: tras ellos hay una casuística, la doctrina de la barricada de enfrente, el provecho del Leviatán, para el que ellos son mercancías de intercambio, moneda que expender en nombre de los equilibrios mundiales. Yo te doy un Corvalán y tú me das un Bukovski. Yo te devuelvo al espía X o Y y tú dejas que se vaya un Solzhenitsyn. No porque me urja poner a salvo su persona, sino porque su cerebro me sirve para demostrar que tú eres malo y que su caso es significativo. Tras un don Quijote que no sirve a ningún poder, en cambio, que no resulta útil a ninguna barricada, que a todos les fastidia, que no pertenece a ningún conformismo ni organización, que va a colocar la bomba en el taxi conducido por su primo y que, en consecuencia, actúa tan solo según su moral, su fantasía y sus sueños locos, ¿quién está? ¿Qué Estado o qué política lo sostiene e interviene en su favor? ¿Entra acaso en la casuística, puede utilizársele como mercancía de intercambio, como moneda que expender en nombre de los equilibrios mundiales? A falta de intercambio, ¿comprendes?, el Leviatán debería tratar con él. Pero el Leviatán no trata con los individuos, y menos aún con los individuos desprovistos de etiqueta. Trata con los otros Estados, con las otras doctrinas, con las otras religiones, todo lo más con los partidos que son un Estado dentro del Estado. Y mejor si se trata de partidos de la barricada de enfrente. Si no eres por lo menos comunista, querido, Estados Unidos no te quiere. Comunista, fascista, socialista o budista; en definitiva, un «ista» que obedezca a una autoridad constituida, un hombre masa que sea catalogable, encasillable, previsible, comerciable, no una partícula aberrante que solo se representa a sí misma, que en su base de datos no figura en una clasificación precisa, de tal manera que al interrogarlo sus engranajes se atascan. Theodorakis entraba en Estados Unidos: como era comunista, o sea, que estaba catalogado, encasillado y garantizado, y además era un músico famoso entre las multitudes, o sea, un peso que colocar en el plato de la balanza, le dieron permiso para entrar en Estados Unidos... Y sin recordar todo esto, sin tener en cuenta esta realidad, distraída además por la eterna ilusión de que el Leviatán sea, en el fondo, un monstruo bondadoso, que no haya llegado a olvidar que nació a partir de rechazados, de réprobos solitarios, ni siquiera pensé que te negaran el visado: me planteé únicamente el problema de empujarte a solicitarlo.

«Alekos, tengo que ir a Estados Unidos. Estaré fuera dos o tres semanas». «¡¿A Estados Unidos?! ¿Dos o tres semanas?». «Sí, por desgracia. Lástima que no puedas venir conmigo. No quiero decir en absoluto de vacaciones, sino a establecer contactos, a buscar apoyos». «¿Apoyos en Estados Unidos? ¿Con un presidente que se llama Nixon, un secretario de Estado que se llama Kissinger y una CIA que entrega Chile a Pinochet y que manda asesinar a Allende? ¿Acaso olvidas quién ayudó a Papadópoulos, quién lo protege, quién tiene el mayor interés en verlo donde está?». «No, Alekos, no, pero Estados Unidos no es solo Nixon o Kissinger o la CIA; yo conozco a más disidentes en Estados Unidos que en Europa. Y te guste o no, debes admitirlo: un montón de ideas nuevas está naciendo allí». «Y mueren allí antes que en cualquier otro sitio. Aquellos disidentes no cuentan para nada, no consiguen nada, no influyen lo más mínimo en las decisiones de los Nixon, los Kissinger y la CIA. No impiden guerras injustas, alianzas repulsivas, purgas y cazas de brujas». «De acuerdo, pero algunos miembros del Congreso se comportaron bien cuando te condenaron, y presionaron a Johnson para que interviniera ante Papadópoulos a fin de que no te fusilara». «¡Hum!». «Sin contar con que en Estados Unidos está la ONU, que en la ONU está U Thant, y que U Thant intervino con más energía que nadie». «¡Hum!». «También hay muchos griegos en Estados Unidos. Piensa que hay setecientos mil en Nueva York, setecientos mil en Chicago, trescientos mil en San Francisco, al menos doscientos mil en Washington. Por no hablar de otras ciudades. Hay más griegos en Estados Unidos que en Italia, Alemania y Suiza juntas». «¿Y qué? Los griegos de Italia, Alemania y Suiza todavía son griegos, hablan griego, les importa Grecia. Los griegos de Estados Unidos ya son americanos, no hablan griego y no les importa nada Grecia». «Te equivocas. El griego lo hablan, ya lo creo. Incluso los jóvenes. Mi florista de Nueva York es un griego que habla griego. Los camareros del restaurante que está al lado del florista son griegos que hablan griego. Y si vinieras a Estados Unidos te presentaría a un montón de estudiantes griegos que hablan griego y son enemigos de la Junta. Luego, te presentaría a los senadores y a los representantes que lucharon por ti. Y a U Thant y a otros amigos de la ONU. Hablarías en las universidades, en la televisión, y...». «Como que en la televisión van a dejar hablar a un tipo como yo». «¿Por qué no? Estados Unidos es un país que acoge a todo el mundo, incluido quien la critica». «Estados Unidos es un elefante que puede permitirse cualquier lujo, hasta el de la tolerancia. Y si la criticas, no siente siquiera el cosquilleo, y si lo siente, se ríe a causa de él como si se tratara de un pellizquito en el sobaco. Aparte que para Estados Unidos yo no soy una crítica, sino un obstáculo. Traté de matar a uno de sus protegidos, ¿recuerdas? Cuando se trata de obstáculos, el elefante no representa comedias: arrolla, aplasta». Bueno, te había llevado hasta allí; ahora solo quedaba lanzar el cebo propiamente dicho. Y lo lancé: «Pero ¿tú irías a Estados Unidos?».

«¿Para qué?». «Porque son muchos los que ni siquiera conciben la idea de ir, de conocer su cultura, a su gente. Les parece que yendo cometerían una traición, que incurrirían en maniqueísmo...». Sentí vibrar una cuerda. Frunciste la frente: «¿Qué quiere decir maniqueísmo?». «Quiere decir dividir el mundo en dos, la vida en dos: por una parte el bien y por otra el mal, por una lo bello y por otra lo feo. En una palabra, blanco y negro». «¡Hum! Fanatismo». «Sí». «Dogmatismo». «Sí». «¿No se te ocurrirá insinuar que yo me cuento entre ellos?». «No, pero...». «Pero ¡¿qué?! ¿Te atreves acaso a pensar que en mí haya telones de acero? ¿Y quién ha dicho que yo no iría a Estados Unidos? Yo voy a Estados Unidos, a Rusia, a China, al Polo Norte, ¡dondequiera que haya algo que conocer! ¡Dondequiera que haya alguien que me escuche! ¿¡¿Y quién ha dicho que no puedo ir?!?». Funcionaba. Vaya si funcionaba. «Nadie lo ha dicho, Alekos, pero no tienes el visado y...». «El visado se solicita y se recoge. ¿Dónde se solicita? ¿Dónde se recoge?». «Pues... no sé... Por lo general, en el consulado de Milán no se precisan más de diez minutos». «Bien. Haz las maletas». «¿Las maletas?». «Sí, vamos a Milán». «¿A Milán?». «Sí, y luego a Estados Unidos. Quiero ver el elefante. Quiero conocer a esos senadores, a esos representantes, a esos camareros, a esos jóvenes que hablan griego. Y a U Thant, y a ese florista y a cualquiera que esté dispuesto a ayudarme un poco. Será un viaje muy útil, ¿cómo no se me había ocurrido?».

En Milán ni siquiera quisiste parar en el hotel, tal era la impaciencia que te consumía. Como pronto iban a ser las cinco de la tarde, hora en que las oficinas cerraban, dejamos el equipaje en conserjería y corrimos enseguida al consulado, donde el funcionario de turno nos recibió ante la bandera del Leviatán que nació de los rechazados y de los réprobos solitarios, si bien olvida siempre que hoy es otra cosa, etcétera. El funcionario de turno era un rubito de carne pecosa y naricilla delicada, con la tarja de vicecónsul sobre el escritorio. Se llamaba Carl Mac Cullum y presentaba el aspecto aburrido de quien se ve interrumpido en el preciso momento en que debería correr a casa para descansar de una jornada pasada sin hacer nada. Para no perder tiempo, te hizo llenar a toda prisa el formulario en el que se te preguntaba si eras comunista y si creías en Dios, y luego selló el pasaporte con el visado y escribió en él tus datos, y las fechas de emisión y caducidad. Estaba a punto de firmar cuando su secretaria exclamó, mirándote afectuosa y maternal: «¡Pobrecillo, cómo se ve lo que ha sufrido en estos años!». Inmediatamente, él levantó la pluma, te examinó con expresión de sospecha y: *«Why? Where have you been in these years?»*. «Quiere saber dónde has estado en estos años», traduje un poco sorprendida. De hecho ya lo habíamos escrito en el formulario. «¡Díselo!». Se lo dije, pero no comprendió. *«Boiati? What is Boiati? Is it a clinic, a hospital?»*. «Quiere saber si Boiati es una clínica o un hospital», traduje con el vago presentimiento de que mi confianza en el Leviatán estaba a punto de ser defraudada una vez más, y esta vez a tus expensas. En cambio, tú sonreíste divertido, ignorante. La duda de que las cosas se ponían feas ni siquiera te rozaba: debí de haberme mostrado muy convincente al exponerte las virtudes del gran Leviatán que-acoge-a-todo-el-mundo-incluido-quien-lo-critica. «¿Hospital? No, yo no diría un hospital, no se trata exactamente de un hospital». Comprendió. *«Not exactly? What do you mean by saying not exactly?»*. «Quiere saber qué significa no exactamente», traduje mientras el presentimiento crecía. «Significa que Boiati era una prisión, una prisión militar. Una fea prisión militar», respondiste con otra sonrisa divertida, ignorante. La pluma del rubito cayó y golpeó levemente: *«A prison?! A military prison?! Why have you been in a military prison?»*. «Quiere saber por qué estabas en una prisión militar». Tu sonrisa se apagó y tu voz se tornó ronca. «Díselo». Se lo dije: «Señor vicecónsul, él es Alexandros Panagulis, el héroe de la resistencia griega». *«Greek Resistance?! What resistance? Resistance for what? Against whom?»*. «Quiere saber qué resistencia, resistencia a qué, contra quién». Tu voz enronqueció aún más. «Dile que me devuelva el pasaporte». «¿Sin visado?». «Sin visado». «Bien. *Will you please...»*. Pero antes de que yo pudiera completar la frase, el pasaporte había desaparecido dentro de un cajón. *«Sorry, I cannot sign it. Nor I can give it back to you»*.

Te miré. Pálido el rostro, lo mirabas con unos ojos tan petrificados a causa del estupor que las pupilas parecían las de un ciego. «¿Qué ha dicho?». «Ha dicho que no puede firmarlo ni tampoco devolvértelo». «Respóndele que él, estadounidense, no tiene derecho a secuestrar un pasaporte griego y en Italia. Respóndele que si no me lo devuelve lo cojo». Traduje, añadiendo algo por mi cuenta, en el sentido de que estaba cometiendo una apropiación indebida, que se castiga con la cárcel, y que enseguida llamaría a mis abogados, a su embajada y a la policía, y que acabaría en la cárcel sin inmunidad diplomática, pero esto tuvo como único efecto provocarle un pánico indescriptible. No, balbucía, no podía, no debía, ya estaba sellado, no, qué equivocación tan espantosa. Dios mío, qué imperdonable error, qué tremenda desgracia, la culpa era suya, pero cómo remediarlo. Dios mío, no, no, no. Mientras tanto temblaba. Le acometió el temblor convulso que sacude a los conejos cuando uno se aproxima a la jaula y, como deshuesados por el miedo, con el corazón batiéndoles bajo la piel, no saben qué hacer, dónde ir, cómo defenderse, y enloquecidos saltan de un lado a otro de la jaula, y con las patitas tiesas se aferran a las rejas, emitiendo chillidos. Exactamente igual, ora cerraba con llave el cajón, y se escondía la llave en el bolsillo interior de la chaqueta, para que no intentáramos quitársela, ora agarraba el teléfono y se lo ponía en las rodillas para que no pudiéramos llamar a los abogados, a la embajada y a la policía, ora de las rodillas lo pasaba a la mesita, y de la mesita a otro cajón para meterlo dentro, pero no cabía, de modo que se lo confiaba a la secretaria, que en vano trataba de calmarlo, señor vicecónsul, no se lo tome así, que el sello sin firma carece de todo valor. Pero no servía para nada, y la grotesca agitación continuaba, enriquecida por súplicas al Señor misericordioso y omnipotente: *oh, mercyful Lord; oh, mighty Lord.* De pronto se levantó para ir en busca de su superior, confesarle su crimen y pedirle consejo, y cuando volvió estaba casi aplacado. *«Are you a communist?»*. «No, no soy comunista», respondiste. *«Do you belong to any party?»*. «No, no pertenezco a ningún partido», contestaste. Nada de mercancía de intercambio, nada de moneda que expender en nombre del equilibrio mundial, nada de clasificación que introducir en la base de datos, nada de autoridad constituida, ideología o poder que salga fiador por ti. ¿De verdad? De verdad. En tal caso, para devolverte el pasaporte debía solicitar la autorización del gobierno griego. «¡¿De quién?!». «Del gobierno griego». Te miré de nuevo. El desprecio que al principio te paralizaba se estaba transformando en una cólera sorda, terrorífica. Te pusiste en pie. Alargaste el brazo derecho y tendiste el índice hasta rozarle la nariz: «Americano, devuélveme el pasaporte. Enseguida». *«But then... I must cancel... the stamping...»*. «Dice que en ese caso debe anular el sello». «Respóndele que puede anularse los cojones, si es que los tiene». *«Mr. Panagulis says that you may cancel your balls too, if you have them»*. Inmediatamente apareció la llave escondida en el bolsillo interior de la chaqueta. El cajón se abrió, el pasaporte pasó a las patitas del conejo, que en un tono estrangulado anunciaba tener que conferenciar un instante con su superior, y que por caridad no te inquietaras. Y cuando recuperaste el pasaporte, la página del sello estaba ensuciada por una gran mancha negra. Las nueve letras que en inglés componen la palabra «anulado»: *cancelled.* Hombre solitario igual a anulado, *cancelled.*

Anulado y calumniado. En efecto, al día siguiente escribí al embajador del Leviatán, un tal Volpe, a quien los italianos llamaban Golpe. Y este, en lugar de pedir excusas, mandó que respondiera a una tal Margaret Hussman, cónsul en Roma. Tras considerar el asunto con tiento, decía la tal Margaret Hussman, cónsul en Roma, al señor embajador le cumplía informarnos de que el vicecónsul señor Carl Mac Cullum se había comportado de manera más que correcta, y que en virtud de las reglamentaciones 212(a)9, 212(a).10, 212(a).28F(11) de la Immigration Nationality Act, se te denegaba el visado. A qué se referían esas reglamentaciones y aquellas cifras cabalísticas, la hoja, rebosante de mala educación, no lo decía, pero no tardé en saber que se referían a tu «torpeza moral»: el tiranicidio, consumado o en grado de tentativa, y las acciones encaminadas a subvertir un régimen legítimo eran un delito que la Immigration Nationality Act calificaba con esa expresión, «torpeza moral». También llegué a saber que el veredicto había sido aprobado y confirmado en Washington por el secretario de Estado en persona, un tal Kissinger, que por aquel tiempo imperaba; en consecuencia, no cabía forjarse ilusiones de que fuese modificado. Pero los caminos del destino son infinitos. Porque empecinado en la idea de trasladarte a un Estados Unidos que no te quería, te precipitaste con tu pasaporte tachado a ver a Nicolaos en Zúrich. El 17 de noviembre, aniversario de tu condena a muerte, no estabas en Atenas, donde Ioannidis te buscaba decidido a cumplir su antigua promesa: yo-te-fusilaré-Panagulis.

«Y ahora, ¿¡¿cómo regreso, cómo?!?». En Atenas, en el lapso de dos días, los disturbios alcanzaron proporciones increíbles. Los periódicos hablaban de barricadas en casi todos los puntos de la ciudad, de emblemas de la Junta arrancados y hechos pedazos, de manifestantes que conducían autobuses requisados, de pintadas de fuera-la-Junta, abajo-el-fascismo, abajo-los-americanos-y-sus-lacayos. En una fotografía se veía a tu madre, que, con sombrerito negro, bolso negro, gafas negras, medias negras, vestido negro y una cesta de víveres al brazo, era llevada en triunfo por los muchachos del Politécnico. En otra se veía a la multitud que desde el recinto de la universidad se desbordaba por toda la calle Stadiou, en un ondear de banderas rojas: no menos de diez mil personas y ni un solo policía. Pero había fotos que se referían a lo sucedido veinticuatro horas antes, y al publicarlas, los periódicos de la mañana insertaban noticias de contenido muy distinto. Poco después de la medianoche, los carros blindados invadieron la capital, una cincuentena de ellos, con cañones de noventa, y la mayoría se dirigió al Politécnico, donde los estudiantes se habían hecho fuertes y concentraban el levantamiento. Abatiendo las verjas y disparando, los mataron por decenas: entre los muertos se contaba el muchacho de la camisa a cuadros que en el templo de Sunion te entregó las dos pastillas de trilita. Murió cantando uno de tus himnos, y nadie se lo agradecería nunca. La historia no se ocupa de los comparsas. «Y ahora, ¿¡¿cómo regreso, cómo?!?». Y con el furor de un tigre que, caído en una trampa, se debate dentro de la red, medías a zancadas, cojeando, el salón de la casa de Nicolaos. Si yo replicaba cálmate, incluso la voluntad más férrea debe contar con los imprevistos de la suerte, me vomitabas encima un rencor rayano en el odio. «¡Es culpa tuya, tuya, tuya! ¡Eres tú quien me ha hecho perder el tiempo con la idea del viaje a Estados Unidos! ¡Eres tú quien me ha distraído con aquel consulado de mierda, con aquellos fascistas hipócritas que ni siquiera tienen la valentía de presentarse como lo que son! ¡Eres tú quien me ha llevado ante aquel conejo balbuciente! ¡Hoy estaría en Atenas si no hubiera sido por ti! ¡Habría podido regresar con mi pasaporte, y ahora con mi pasaporte no volveré más! ¡No volveré más! ¡No volveré más!». Y tenías los ojos llenos de lágrimas, de impotencia y de desesperación.

Entró Nicolaos con los periódicos de la tarde. El Politécnico había sido desalojado con las primeras luces del alba, decía, y el gobierno admitía que se había producido una docena de muertos y centenares de heridos: se hablaba ya de una matanza. La represión se había extendido a Salónica y Patrás y entre los campesinos de Megara, pero el epicentro seguía siendo Atenas, donde los carros blindados continuaban estacionados frente al Parlamento y el toque de queda era a las cuatro de la tarde. En cualquier caso, lo más importante era el mensaje radiado de Papadópoulos. Un mensaje en el que anunciaba el retorno a la ley marcial abolida en agosto, y se comprometía a restaurar el-orden-perturbado-por-minorías-anarquistas-al-servicio-del-comunismo-internacional-y-de-politicastros-carentes-de-escrúpulos. «¿Eso ha dicho?». «Sí». «¿Por la radio, pero no por la televisión?». «Sí». De pronto, el furor del tigre atrapado pareció apaciguarse, y me miraste con unos ojos de los que había desaparecido cualquier reproche. «Entonces, Papadópoulos habla con un revólver en la sien. El revólver de Ioannidis. Papadópoulos es ahora un fantoche en manos de Ioannidis. Su pseudodemocratización ha fracasado; su régimen ha terminado con su tentativa de legalizarlo con una farsa electoral, y el ejército le ha vuelto la espalda. Esos carros blindados no son suyos, son de Ioannidis; es Ioannidis quien ha exasperado los disturbios, dejando primero que tomaran alas y truncándolos luego con brutalidad. Es Ioannidis quien ha deseado la matanza del Politécnico para demostrar que Papadópoulos es débil e incapaz. Es Ioannidis quien manda hoy desde cualquier punto de vista, sostenido por la facción de los duros». «Entonces, si regresas ahora, te doy cinco minutos de vida desde el momento en que desembarques en Atenas», murmuró Nicolaos. Sonreíste con melancolía: «No hay ninguna necesidad de que regrese ahora. No iba a disfrutar nada, aparte de acabar en la celda contigua a la de Papadópoulos». «¡¿Qué dices?!». «Digo que Ioannidis no es hombre de compromisos: detendrá a Papadópoulos. Digo que estábamos todos equivocados: no se trataba de una rebelión popular, sino de un golpe de Estado dentro del golpe de Estado. Esta vez es Ioannidis quien lo ha consumado a fin de desautorizar a Papadópoulos y estabilizar la dictadura, e incluso devolverla a los esquemas de la dictadura militar. Dentro de una semana todo eso será evidente y oficial».

La profecía se cumplió. A los ocho días, en efecto, Ioannidis impuso a Papadópoulos el arresto domiciliario. En la presidencia de la República colocó a un general llamado Fedon Ghizikis, el mismo Ghizikis que en el sesenta y ocho firmó tu sentencia de muerte por fusilamiento, y que un año más tarde fue a verte a tu celda de Gudi para animarte a comer. «Se lo ruego, señor Panagulis, coma algo». «¿Sin cubierto, mi general? No soy un perro». «Lo sé, señor Panagulis, pero debe comprender su resentimiento. ¡Si en cuanto le dan una cuchara la utiliza para excavar un agujero en la pared!». En tu leyenda, los personajes son casi siempre los mismos: raramente abandonaban la escena para perderse en el olvido. Como si los dioses se divirtieran utilizándolos una y otra vez como cebo para ti.

Regresamos al cómodo hotel de Roma y aquí, para maravilla mía, pediste la *suite* que a tu llegada a Italia despertó tus complejos de culpa y escandalizó a los retóricos del sacrificio aparente. Regresamos por la mañana, y desde entonces no hacías más que inspeccionar en silencio las cortinas, la araña, las lámparas de las mesitas de noche, el interior de la chimenea, la tapicería de las butacas, como si allí hubiera escondida una bomba. «Pero ¿qué buscas?». «Nada». «¿Qué registras?». «¡Chist!». Por último, y tras haber pasado revista por enésima vez a cada objeto, te sentaste en el diván del salón y exclamaste en voz alta: «¡Hum! Nenni dice que estoy en el exilio, pero Ioannidis no piensa lo mismo. Parece que en los últimos días, convencido de que me encontraba en Atenas, me ha estado buscando hasta entre las piedras del Partenón. Ioannidis no se resigna. Tiene la pinta de un pequeño Robespierre. Además, sabe cómo se mantiene el poder a través de una dictadura militar, sabe que en una dictadura militar no manda quien está en el gobierno o en la presidencia, sino quien cuenta con el ejército en pleno. Pobre Averoff. Tendrá que volver a empezarlo todo desde el principio, con su política del puente, y esta vez tendrá que vérselas con Ioannidis». «¿Averoff?». Cuando menos lo esperabas, surgía aquel nombre: Averoff. «Sí, Averoff, el que organiza los levantamientos de la Marina y luego canta de plano, el que sale siempre bien librado. Quién sabe qué había prometido a Papadópoulos y quién sabe cómo se prepara para enredar a Ioannidis. Tal vez sirviéndose de Ghizikis». «Pero ¿qué tiene que ver Averoff en esto?». «Tiene que ver. ¡Uh, qué calor!». Abriste el balcón y saliste a la terraza, donde empezaste a hacer frenéticas señales para que te siguiera. Lo hice de mala gana, pues el invierno avanzaba, y fuera hacía frío. «Pero ¿para qué...?». «¡Chist! ¡Habla bajo!». «¿Bajo? ¡Si antes te desgañitabas!». «Porque quería que oyeran bien». «¡¿Quiénes?!». «Los que escuchan. Estoy seguro de que han puesto micrófonos en alguna parte». «Pero ¡qué micrófonos! ¡Quién quieres que haya puesto micrófonos!». «Cualquiera. La embajada griega, los servicios secretos estadounidenses, los servicios secretos italianos para hacer un favor a los servicios secretos estadounidenses y a la embajada griega...». «¿Eso era lo que buscabas, los micrófonos?». «Exacto». «Entonces, ¿por qué has vuelto aquí y has pedido la misma *suite*?». «Porque ningún lugar es más seguro que un lugar que sabes bajo control. Cuando lo sabes, tomas tus medidas y puedes, incluso, inducirles a engaño con noticias falsas. Hagamos una prueba». «¿Qué prueba?». «Verás. Ahora volvamos dentro y yo digo que estoy a punto de regresar a Atenas. Tú solo debes seguir mi juego. Sin reírte, ¿eh?». Bueno, mejor eso que tiritar a causa del viento de finales de noviembre. Y si se te había metido en la cabeza el asunto de los micrófonos, era preciso complacerte. «De acuerdo». Volvimos al salón, donde reanudaste tu conversación en voz alta, pronunciando bien las frases. «Entonces, me voy mañana. Cojo el avión que llega a Atenas a las siete de la tarde». «¿Has hecho reserva?». «Nunca hay que hacer reservas. ¿Te parece inteligente que figure mi nombre en la lista de pasajeros dos días antes?». «¡¿Es que no partirás con tu nombre, Alekos, con tu pasaporte?!». «Tal vez». «Estoy preocupada». «Todo irá bien, te lo prometo». «Alekos, ¡¿qué vas a hacer en Atenas?!». «¡Qué ingenua eres! ¿Qué quieres que vaya a hacer? Un atentado, claro está». «¡¿Contra quién?!». «Contra Ioannidis, ¿contra quién si no?».

Organizaste el engaño con minucia verdaderamente diabólica. Para empezar, avisaste a un amigo de Atenas para que al día siguiente acudiera al aeropuerto y comprobara si sucedía algo insólito. Por ejemplo, un movimiento de policías hacia las siete de la tarde. Luego, arreglaste las cosas de modo que te encontraras en el aeropuerto de Roma cuarenta y cinco minutos antes de que despegara el vuelo reservado, y este era el detalle más taimado, porque incluía a un Nicolaos ignorante del asunto. Aquella semana, Nicolaos debía acompañarte a Stuttgart para tomar contacto con algunos emigrados griegos, y en lugar de reunirte con él en Zúrich, que habría sido lo normal, lo persuadiste para que os encontrarais en Roma. Así te verían con él antes de la supuesta partida hacia Atenas y se disiparía toda duda sobre la autenticidad del diálogo captado por los micrófonos escondidos. «Alekos, se darán cuenta de que te tiras un farol». «No se darán cuenta; déjame trabajar. A mí me basta con que nos vean juntos cuando él salga de la aduana; luego yo sé cómo esfumarme para que crean que me he embarcado». Así pues, aquí estás pidiendo un taxi con equívoca impaciencia, rápido-por-favor-debo-ir-corriendo-al-aeropuerto, saliendo con una cartera que podría ser una bolsa de viaje, despidiéndote de mí con la expresión de quien parte y susurrándome mientras tanto las últimas recomendaciones. Bajo ningún concepto debía regresar al hotel antes que tú, exponiéndome a la pregunta de si te habías marchado o no; bajo ningún concepto acercarme a personas que me preguntaran dónde estabas. Volveríamos a vemos con Nicolaos a la hora de cenar. Nos citamos en un restaurante. A medianoche acudiríamos a la oficina central de correos para telefonear al amigo de Atenas y preguntarle qué había sucedido. Yo asentía por darte gusto, convencida de que se trataba de una niñería inútil, de que la historia de los micrófonos escondidos no tenía el menor viso de realidad. Pero me equivocaba. A medianoche, en efecto, el amigo contó que el aeropuerto comenzó a convertirse en un hervidero en las primeras horas de la tarde. Soldados en la pista, coches con radio, ambulancias: solo faltaban los carros blindados. Al llegar el vuelo de las siete, sin embargo, la situación se había hecho incluso dramática, porque todos los pasajeros fueron registrados como criminales, y habían detenido a un español. Un español moreno, de unos treinta años, con bigote. Tu tipo físico, en definitiva. «¿Convencida? ¿Hay micrófonos escondidos o no?». Una sonrisa de triunfo te iluminaba. Nicolaos, al contrario, parecía tan nervioso que incluso su docilidad había desaparecido, así como la simetría de su pañuelito blanco doblado en tres puntas. Había sido una burla inútil, repetía, y antes o después te la harían pagar. Era preciso que acabaras con los desafíos privados, con los duelos personales. Era necesario que cambiaras de sistema o no conseguirías nunca nada. ¿Querías llevar a cabo la lucha armada? Pues bien; la lucha armada no se organiza desgastándose en desafíos privados, en duelos personales, y requiere la participación de muchos. Estos muchos tú debías buscarlos sin desanimarte, sin impacientarte si no los encontrabas en una semana o en un mes. «Anda, vámonos a Stuttgart. Empecemos por Stuttgart, por Alemania».

Alemania, Francia, Suiza, Austria e Italia del sur y del norte: no puedo imaginar nada más desmoralizador que aquellos viajes en busca de guerrilleros entre los exiliados y los emigrados griegos. Un Nicolaos resignado te acompañaba; yo no iba nunca y, por tanto, no asistía a tus derrotas, pero para comprenderlas bastaba advertir el rostro demacrado con que volvías, la forma en que dejabas caer la maleta de golpe, como si contuviera el bagaje de tus amarguras, y la voz con que murmurabas: «¡Palabras, palabras, palabras!». Luego la narración de lo sucedido, siempre la misma. Triunfales acogidas a tu llegada, aplausos en los mítines que celebrabais en algún teatro, interminables cenas en las tabernas ensordecidas por el *bouzouki,* guardias que protegían tu sueño con una Colt automática al cinto, besos, abrazos, mujeres que se ofrecían a acostarse contigo y, como conclusión de todo esto, ni un perro que te respondiera sí, vamos a combatir a Ioannidis con fusiles. «Dime, ¿¡¿por qué?!?». Pregunta superflua, en vista de que solías negarte a reconocer la realidad que en Grecia te había impedido reunir a un puñado de voluntarios para ocupar la Acrópolis y que en Italia te había opuesto una barrera de incomodidad o de desconfianza. Tampoco allí, en definitiva, nadie estaba dispuesto a inmolarse en empresas suicidas y, por si fuera poco, no encargadas por ningún partido ni ideología. También allí surgía el problema de tu clasificación política, de la soledad que excluye la ventaja de poder convertirse en mercancía de intercambio, moneda que expender en nombre de los equilibrios mundiales: quién-es, qué-quiere, quién-saldrá-a-dar-la-cara-por-él. Cuando el veneno de las doctrinas intoxica las conciencias y las aborrega, no solo se paralizan el cerebro del líder extranjero o el ordenador del Gran Leviatán; la mente de tus hermanos reacciona de idéntico modo y se plantea los mismos interrogantes: ¿es posible que no tenga una clasificación o una tarjeta, que no pertenezca a una iglesia? De nada sirve responderles: pero ¡es Panagulis, el que intentó liberaros de la tiranía, el que fue condenado a muerte por eso y permaneció sepultado durante años en un gallinero sin ventanas! ¡Su pasado es el que le garantiza su presente, su pureza! Sus ojos se levantan apagados y sus oídos escuchan sordos. Sí, pero la tarjeta, la clasificación, ¿dónde está? ¿Es socialista, comunista, budista? Y peor todavía si no sabe explicar en términos científicos los motivos por los que no concibe siquiera la idea de identificarse con una doctrina, con una fórmula. Él no es en absoluto un filósofo ni un pensador, no ha reflexionado nunca a fondo sobre aquel rompecabezas, nunca ha racionalizado ciertos conocimientos. Solo puede decir que quiere ser un hombre, y que ser hombre significa ser libre, tener valor, luchar, asumir las propias responsabilidades, así que movámonos, combatamos esta dictadura.

Con semejante perfil, con tu nombre como único aval y tu pasado por única tarjeta de visita, te presentabas a los griegos emigrados en Alemania, en Francia, en Suiza o en Italia, y de nuevo te dabas de cabezazos contra la pared. O tu invitación a la resistencia armada era rechazada con la fatídica frase de quisiera-pero-no-puedo-tengo-familia o quedaba neutralizada por el hecho de que los más no comprendían para *quién* los querías reclutar, a *quién* pertenecías y *quién* estaba detrás de ti. Sin tener en cuenta el detalle de que muchos estaban ya militando con los comunistas o los papandreístas. Y si con los primeros todo diálogo era prácticamente imposible, porque tu libertarismo chocaba con su dogmatismo, hacia los segundos sentías un desprecio irreductible: el que se reserva a los seguidores de un demiurgo que dirige un partido con su propio apellido o, mejor dicho, con el apellido del padre célebre ya difunto. Sobre todo despreciabas al demiurgo: me percaté bien de ello la noche de nuestro encuentro, escuchando el escarnio con que lo juzgabas. Bastaba que alguien mencionara a Andreas Papandréu para que te abandonaras a frases injuriosas: «¡Ese parlanchín! ¡Ese irresponsable! ¡Ese payaso que engaña al pueblo!». Y con una rabia y un rencor tales que al principio creí que se trataba de una hostilidad personal, surgida de las desilusiones que te causó antes del atentado. Viajes infructuosos para pedirle apoyo, promesas no mantenidas, mentiras. También pensé en un resentimiento provocado por el cómodo exilio de que disfrutaba en Toronto, según las costumbres de ciertos dirigentes que, mientras el peligro amenaza, se mantienen en seguridad y, apenas pasa, regresan a la patria a disfrutar del sacrificio ajeno. Pero durante la matanza del Politécnico, cuando acudió a Roma para declarar que la rebelión la provocó y dirigió él, que los insurgentes le telefoneaban todos los días para recibir instrucciones, qué-debemos-hacer-Andreas, que los muertos no eran cuarenta sino cuatrocientos, quinientos, seiscientos, mil, el equívoco se aclaró. O sea, que comprendí que Papandréu encarnaba a tus ojos una enfermedad típica de nuestro tiempo, contagiosa como la ideología dogmática: el populismo canallesco que ladra en el vacío, el revolucionarismo mussolinesco que se hace la ilusión, o pretende que nos la hagamos, de querer el bien del pueblo, el maximalismo abstracto de quien se coloca el adjetivo «socialista» como un vestido de moda, como una mentira que produce beneficios. Así pues, lejos de tratarse de un asunto privado, tu desprecio por él se extendía a la izquierda de los profesionales y los aventureros de la política, que con su frivolidad ofrecen pretextos a la derecha para que desencadene sus golpes de Estado y se revista con su repulsivo ropaje de Orden y Ley.

Precisamente a esa izquierda, repito, pertenecían en gran parte los que te volvían la espalda. Verdaderamente no se me ocurre imaginar nada más desmoralizador que aquellos viajes de los que regresabas con el rostro demacrado del que ha vuelto a perder. O bien con el rostro hinchado del que se ha vuelto a emborrachar. En efecto, durante ese periodo beber se convirtió para ti en un masoquismo cotidiano y perverso, el símbolo de la desesperación que te desgarraba. También en ese periodo Sancho Panza, además de escudero, se convirtió en enfermero e intentó, inútilmente, enjaularte con las lisonjas del amor sereno, con la casa en el bosque.

2

En todas las leyendas hay una casa en el bosque, un refugio secreto donde el héroe se encierra para descansar o prepararse para el próximo desafío. Pues bien; también en tu leyenda hay una casa en el bosque, la de Florencia, a la que nos trasladamos clandestinamente al comenzar el nuevo año. Digo clandestinamente porque solo unos pocos amigos de confianza conocían su existencia y poquísimos la dirección, por lo demás difícil de localizar: el lugar estaba muy apartado, y la placa con el número, tan desvaída por el tiempo, casi no se leía. Las escasas personas que acudían a reunirse con nosotros se perdían aunque ya hubieran estado una vez. ¿Recuerdas? En la mitad de la avenida que, bordeada de plátanos y tilos, asciende hermoseando el barrio más elegante de la ciudad, había un recinto murado. En este, y precisamente junto a la parada del autobús, se abría una cancela semiescondida por el verdor; una vez superada la verja, se extendía un pasaje privado que, primero rectilíneo y luego describiendo curvas, se internaba en un parque de pinos, cipreses y castaños de Indias. Al final del tramo recto, al otro lado de un seto de laurel que la protegía exquisita y soberbiamente, estaba ella: una villa de cuatro plantas, estilo *liberty,* antaño morada exclusiva de una familia patricia y habitada ahora por tres o cuatro inquilinos. En efecto, muerto el propietario, la villa había sido dividida en apartamentos. Nosotros no disponíamos de un apartamento propiamente dicho, sino de una habitación en el tercer piso, en la esquina norte, una especie de estudio al que se accedía por una entrada privada después de subir seis tramos de empinados peldaños, sin encontrarse nunca con nadie, salvo un basset histérico o un foxterrier irritado. Era un estudio muy amplio, habitable gracias a un baño y a una cocina, y lleno de luz gracias a las inmensas ventanas, una de las cuales se abría a una terraza con barandilla de hierro forjado que daba a la parte donde el pasaje se bifurcaba en dos curvas, y el seto de laurel se unía a la hilera de lilas. Otra ventana daba a la parte posterior del parque. Desde ella solo se veían árboles espléndidos y espesos, algunos tan gigantescos que no podían tener menos de cien o doscientos años, y otros tan próximos que se podían tocar. Las ramas del castaño de Indias, por ejemplo, rozaban el alféizar, y sin extender el brazo se podían coger sus castañas o acariciar su piel brillante, como esmaltada. Pero lo más hermoso era que en la pared frente a aquella ventana se alargaba un interminable armario con espejos en las puertas, donde el castaño de Indias se reflejaba junto con un ciprés, de tal manera que más que en una habitación parecía que se estaba en un bosque. Si se abrían las ventanas, también los pájaros tenían esa sensación, e ignorantes se lanzaban hacia los espejos para posarse en una enramada, y solo cuando se percataban de que esta no existía se detenían espantados, golpeando con las alas la invisible barrera engañosa, para luego alejarse como flechas y buscar entre el techo y la pared una hoja o un arbusto que debía estar allí y, sin embargo, no estaba. Por último, se encaramaban a la lámpara a lamentarse o a mover espasmódicamente la cabecita, contemplando ora la realidad, ora el espejismo, incapaces de comprender cuál era una y cuál era el otro. Para que se fueran era necesario ayudarlos agitando una toalla: «¡Por allí! ¡Fuera! ¡Por allí!». Una mañana entró un petirrojo. Entró con tal entusiasmo que no tardó en golpearse contra sí mismo y caer al suelo, rompiéndose un ala. Era muy pequeño, tal vez se trataba de su primer vuelo, y tú lo recogiste con temblorosa delicadeza, le entablillaste el ala con palillos y esparadrapo y le hiciste un nido en un sombrero, donde permaneció dos días y dos noches lamentándose con un piar suave, suave, que solo cesó al amanecer del tercer día. Entonces saltaste de la cama: «¡Está curado, está curado!». Pero no estaba curado, sino muerto, y acariciando el montoncito inerte de plumas murmuraste: «Te ha matado el espejismo; ¿ves lo que sucede cuando se corre tras lo que no existe?». Luego lo metiste en una cajita de hojalata y lo enterraste bajo el ciprés: «Todo el que muere a causa de un espejismo merece un buen funeral».

La casa del bosque tenía también graves defectos. Por ejemplo, la avenida de plátanos y tilos no ofrecía protección, pues, además de estar poco frecuentada, a ella daban solo viviendas con las cancelas rigurosamente atrancadas: ni una tienda o un edificio público o un lugar de encuentro aparte de la parada del autobús donde ni se apeaba ni montaba nadie. En cambio, nuestra cancela permanecía siempre abierta, no había ni siquiera un farol que iluminara nuestro pasaje. De noche quedaba sumido en la oscuridad, y para llegar hasta la villa había que recorrer un centenar de metros en aquella negrura: si alguien hubiera querido agredirte, raptarte o matarte, no habría tenido más que esperarte en la oscuridad, escondido tras un árbol o un seto de laurel. Por la noche, es cierto, nos imponíamos la precaución de ir y volver en taxi, pero raramente el conductor llegaba a la puerta de entrada, y cuando lo hacía, era para abandonarnos antes de que introdujéramos la llave en la cerradura. Así pues, los eventuales agresores tenían tiempo de surgir de la sombra y asaltarte. Todo esto yo lo preví, y constituyó el motivo por el que no estaba segura de la oportunidad de alquilar la casa, pero tú respondiste que la belleza tiene sus riesgos, y que estos merecían correrse por un lugar tan encantador. Por tanto, se firmó el contrato y se procedió a amueblar la casa. Cuadros en las paredes, libros en los anaqueles, el escritorio colocado en el rincón adecuado, la mecedora junto a la terraza, e incluso una preciosa lámpara Tiffany en la mesita. Y la promesa: «¡Me sentiré más sereno aquí, ya lo verás!». Al principio la mantuviste. En los primeros tiempos hubo momentos en que me pareció revivir la semana de felicidad. Por la noche nos amábamos con gozosa pasión y luego nos dormíamos fundidos en un abrazo que hacía demasiado grande la cama de dos plazas. Durante el día nos permitíamos pequeños lujos, como trabajar en la misma mesa sin estorbarnos mutuamente, pasear juntos por el parque, citarnos en los cafés del centro y jugar a los enamorados que intercambian alegremente sus anillos. Una tarde volviste a casa con una pequeña alianza de brillantes para mí. Inmediatamente corrí a comprar otra de oro blanco para ti, pero me equivoqué de medida y, en lugar de ponértela en el anular, tuviste que colocártela en el meñique izquierdo, donde permaneció definitivamente para mi diversión, pues te lamentabas pronunciando *agnello* en lugar de *anello*[1].

Naturalmente, se producían paréntesis de mal humor. Por ejemplo, cuando retirabas la correspondencia de la oficina central, cuya lista de correos utilizabas para proteger el secreto de la casa en el bosque, y entre las cartas de Atenas encontrabas alguna que renovaba tus complejos de culpa, la sensación de hallarte en el exilio. Sin embargo, un inesperado equilibrio parecía haber sustituido la histeria de las semanas desperdiciadas en Alemania, en Suiza y en Francia, y lo que hacías ahora revelaba buen sentido: la columna que, con el título «Resistencia griega», escribías para un periódico de Roma, tus poesías reunidas en un libro que contenía el texto en griego e italiano, por lo que podía difundirse también en Grecia, y los sellos de goma para improvisar pequeños manifiestos contra la Junta. Estos últimos eran geniales, porque en Atenas el problema consistía en disponer de una imprenta clandestina, y las imprentas clandestinas eran lujos que solo los comunistas y los papandreístas podían permitirse: en cambio, con los sellos de goma bastaba procurarse un poco de papel y unos cuantos tampones para imprimir las consignas que aquellos llevaban grabadas. Entre ellas figuraba la que debía colocarse en el Partenón: *Agonas katà tis tyrannías - Agonas dià tin eleftheria,* Lucha contra la tiranía - Lucha por la libertad. Habías encargado ciento cincuenta, del tamaño de dos paquetes de cigarros y por ello manejables, y luego los colocaste en bolsas de doble fondo para confiarlas poco a poco a alguien que se dirigiera a Atenas. Tres de esas bolsas habían llegado ya a su destino, y cuatro aguardaban en el armario de espejos. Además, bebías poquísimo, pues hasta la hora de la cena calmabas tu sed con naranjadas: en el transcurso de un mes solo dos o tres cenas habían acabado en borrachera. Pero en la borrachera leve del primer estadio, o sea, la que abriendo de par en par las puertas de la elocuencia dabas rienda suelta a tu humorismo.

1. Es decir, cordero en lugar de anillo *(N. de la E.).*

«De acuerdo, esta noche no he sido abstemio, pero ¿imaginas a Sócrates disertando con Critón, Fedón o Simias y bebiendo naranjada?». El único motivo de inquietud fue el misterioso viaje que hiciste a Suecia. «Debo ir a Estocolmo». «¡¿En busca de otros emigrados?!». «No, no». «Entonces, ¿por qué debes ir a Estocolmo?». «¡Uf! ¿Es esto un interrogatorio?». De Estocolmo regresaste con un paquetito y un sobre que cerraste con llave en un cajón del escritorio. Luego te guardaste la llave en el bolsillo sin decirme por qué. «Alekos, ¿qué has escondido?». «Nada». «¿No será trilita?». «Pero ¡qué trilita!». No me gustó aquel asunto, y cada vez que miraba el cajón experimentaba una sensación de angustia. Pero de la lucha armada ya no hablabas, y ni siquiera de regresar a Atenas.

Muy pronto me di cuenta de que todo aquel equilibrio y aquel buen humor eran una comedia para inducirme a engaño.

«El arte nace de la necesidad y muere en la riqueza». «Eso es verdad solo en algunos casos, Alekos: no puedes negar que las estatuas de Fidias eran arte, no puedes negar que la Capilla Sixtina es arte, y ni unas ni otra nacieron de la necesidad. Nacieron de la riqueza». «Cierra el pico, que no hablo contigo sino con él». Estábamos cenando con el editor que iba a publicar tu libro de poesías, y que se había trasladado a Florencia para traernos las pruebas de imprenta. Por ello me enfadé más que si hubiéramos estado solos. «¡Cómo te atreves, maleducado!». «Que cierres el pico, repito. ¿Qué sabes tú de Fidias si no eres capaz de fumar echando el humo por la nariz? Mira, no echa el humo por la nariz. ¿Qué sentido tiene fumar si no se echa el humo por la nariz?». «Cada cual fuma a su manera; a mí tampoco me gusta echar el humo por la nariz. En cualquier caso, no veo qué tiene que ver Fidias con los cigarrillos y con la nariz», dijo el editor, sorprendido. Luego, con la evidente intención de frenar la cólera que se iba apoderando de mí, se puso a fumar un cigarrillo echando el humo exclusivamente por la boca. Pero eso sirvió tan solo para azuzar aquel ataque injustificado. «¿Hacemos pactos? ¿Defendemos a los débiles? Ella no es débil, ni hablar; es más fuerte que yo. Es de hierro. ¡También su corazón es de hierro! ¿Acaso la has visto llorar alguna vez?». Extraño, en verdad extraño. Jamás había sucedido una cosa semejante. «No solo no sabe fumar, sino tampoco usar el encendedor. Lo mantiene abierto al menos treinta segundos antes de accionar la ruedecilla, y así derrocha gas. Por lo demás, lo hace mal todo. ¿Sabes cómo pega los sellos? Con el dibujo hacia abajo; por ejemplo, la cabeza de Italia al revés. Y si se lo señalas, se encoge de hombros y responde que da lo mismo. Esta no respeta a nadie. No cree en nada ni en nadie». Si hubieras bebido, habría dicho que tu borrachera iba en aumento, pero solo habías tomado una copa, pues esa noche el vino no te interesaba. Tampoco existían rencillas entre nosotros. En efecto, hasta el momento en que sacaste a relucir la historia de que el arte nace de la necesidad y muere en la riqueza, te habías mostrado afectuoso y amable. ¿Te estabas volviendo loco? El editor parecía preguntárselo, como yo, si bien la incredulidad anterior se estaba transformando en hostilidad. «Desde luego que se necesita ser de hierro, Alekos, para soportar tus extravagancias. Incluso el corazón debe ser de hierro. En su lugar, yo ya habría sufrido un infarto». «¡Pactos! ¡Continúan los pactos!». «No se trata de pactos, Alekos; es...». «Es que no sabes quién pintó la Capilla Sixtina. Ánimo, ¿quién pintó la Capilla Sixtina?». «Winston Churchill, Alekos». «Bien. Bravo. ¿Y cuál era el verdadero oficio de Winston Churchill?». «Campeón de baloncesto». «Perfecto. ¿Y cuándo murió Winston Churchill?». «En 1965, a los noventa y un años». «¡Error, error! Winston Churchill murió en 1967, a los ochenta años». Bien; habías extendido tus tiros a él, pero bromeando: menos mal. Podía yo interrumpir ahora mi desdeñoso silencio y participar en el juego. «Él tiene razón, Alekos. Churchill murió en el sesenta y cinco a los noventa y un años». «He dicho en el sesenta y siete a los ochenta». «No, Alekos. Lamento llevarte la contraria, pero fue en el sesenta y cinco. El 24 de enero de 1965. Lo recuerdo bien porque aquel día estaba yo en Londres y al día siguiente nació mi hijo». La voz del editor sonaba seca, beligerante. Precisamente lo que necesitabas para cambiar de tono: «Mientes». «No miento, y cualquiera te confirmará que esa es la fecha exacta. Llama al archivo de un periódico». «Lo llamo yo», dije. Me levanté y cuando volví: «Han consultado incluso la enciclopedia. Churchill nació el 30 de noviembre de 1874 y murió el 24 de enero de 1965. Eso es

Historia». «Los archivos se equivocan. Las enciclopedias se equivocan. La Historia se equivoca». «¡Y tú nos has tocado los cojones!». «Ah, ¿sí? Muy bien». Y después de arrojar un puñado de dinero en la mesa, saliste del restaurante sin terminar la cena y sin saludarnos siquiera.

Estaba segura de encontrarte en casa cuando regresé, a medianoche. Pero la casa estaba vacía, y en el cajón siempre cerrado con llave y ahora abierto solo quedaba el paquetito. El sobre había desaparecido. Dios mío, ¿qué contenía...? Abrí el armario con las puertas de espejos: si las cuatro bolsas con los sellos de goma continuaban allí, la sospecha tenía menos probabilidades de subsistir. Pero faltaban dos bolsas, o sea, que verdaderamente te habías ido a Atenas. Con pasaporte falso: el sobre contenía un pasaporte falso. ¿Y el paquetito? Lo abrí. Una peluca. Rubia castaña, de hombre. Entonces, tal vez no te habías ido a Atenas. ¿A Zúrich? Llamé a Nicolaos: «¿Lo esperabas? ¿Tenía que ir a verte?». «No». «¿Puede darse el caso de que vaya sin avisarte?». «No, ¿por qué me lo preguntas?». «Porque...». «Voy enseguida». Y a la mañana siguiente llegó con su pañuelito blanco en el bolsillo y los ojos pacientes de siempre. «¿De qué humor estaba a la vuelta del viaje a Suecia?». «Inmejorable». «¿Qué sobre era ese?». «Normal». «¿Del tamaño de un pasaporte?». «Más o menos». «Entonces, sí, en este momento está viajando con un pasaporte sueco a nombre de cualquier señor Bersen o Eriksson». «Pero ¿por qué no me lo ha dicho?». «Por las mismas razones por las que en el campo callaba sobre lo que estaba planeando: para impedirte que lo retuvieras. Entra dentro de su estilo, ¿no? También el hecho de que te haya provocado y ofendido entra dentro de su estilo. Más bien de sus estratagemas. Si no te hubiera ofendido, tú no lo habrías ofendido, con lo que carecería de pretexto para irse con la seguridad de que no ibas a seguirlo: solo la disputa hace admisible una partida imprevista, y anula la necesidad de justificarla con explicaciones o mentiras». «Tendría que haberme dado cuenta». «Y habría conseguido exasperarte de todos modos. Es un maestro en el arte de provocar, y quién sabe cuánto tiempo hace que meditaba esa comedia. Para ciertas cosas tiene una paciencia inhumana». «Me ha negado su confianza». «No, ha aplicado su razonamiento: el que no sabe no habla. Si ignoramos dónde está y qué hace, callar no nos cuesta ningún esfuerzo. Si lo sabemos, callar se convierte en una elección y en un riesgo de traicionarse. Además, hay otra regla a la que se atiene antes de lanzarse a una empresa en la que podría terminar mal: volar los puentes con las personas que ama y que lo aman. Generalmente los vuela mediante la brutalidad o el insulto, considerando que una persona víctima de la brutalidad o insultada sufre menos al enterarse de que lo han encarcelado o lo han matado. Y le cuesta esfuerzo, créeme; anoche debía de estar muy alterado, en efecto. Lo demuestra el cajón abierto y la peluca dejada ahí. Creo que la ha abandonado porque de otro modo habría tenido que decolorarse el bigote y las cejas. ¡Bah! Esperemos que no tenga en mente alguna bravata especial, algún nuevo desafío que lo compense de sus desilusiones. Pero no seamos optimistas: ahora que incluso los emigrados lo han rechazado, quiere demostrar más que nunca que puede hacerlo todo él solo. Yo-no-necesito-a-nadie, lo-hago-todo-solo, sin-los-comunistas, sin-los-papandreístas, sin-ni-Dios. No cambiará nunca». «¿Entonces, Nicolaos?». «Entonces nada. Solo nos queda esperar. Y confiar en que vuelva».

Volviste al cuarto día. Un timbrazo en el teléfono y: «¡Soy yo! ¡Estoy aquí!». «¿Dónde es aquí?». «¡En la estación de Roma! ¡Cojo el tren y voy!». Al cabo de tres horas estabas allí, con la barba crecida, sucio, ajado, más maltrecho que un mendigo que ha dormido tres noches en una alcantarilla. Pero tu sonrisa era la de un niño que ha vencido en una pelea o ha aprobado los exámenes. «¡He estado, he estado! ¡Me doy un baño y te lo cuento todo!». Llenaste la bañera y te sumergiste con chillidos de placer, y comenzó a fluir el loco relato, sin una palabra de excusa por la historia de Churchill o una explicación que justificara tus insultos. Habías estado en Grecia, naturalmente. Con tu bigote, tu pipa, tu *koboloi,* reconocible entre un millar, desembarcaste en el aeropuerto de Atenas en el primer vuelo de la mañana y, tranquilamente, exhibiendo el pasaporte sueco de un tal señor Björn Gustavsson, te presentaste a la policía de fronteras. Contabas con el hecho de que, a veces, los policías miran al pasajero sin verlo o confrontan las fotografías de los reclamados solo con el retrato del pasaporte, y paciencia si esto sucede raramente: cuando no hay elección, es preciso confiarse a la suerte, creer en la fortuna. *Rouge ou noir, le jeu est fait, rien ne va plus.* El policía hojeó el pasaporte con aire distraído, buscando en la lista de los indeseables el nombre de Björn Gustavsson, y luego te dio las gracias con un bostezo: «*Thank you very much*». En la mano izquierda llevabas la bolsa más grande, la del doble fondo tan espacioso donde te habían cabido no menos de veintisiete sellos de goma, y en la mano derecha sostenías la bolsa más pequeña, con doce sellos. Dirigiéndote a la aduana no te sentías precisamente tranquilo, pues allí podrían controlar de nuevo el pasaporte y darse cuenta de que las bolsas pesaban un poco más de lo debido. Pero si uno piensa en estas cosas, no saca a una araña de su agujero, ¿verdad? Así pues, a comportarse como si las bolsas fueran ligerísimas. Dirigirse a la salida, tratar al aduanero con el tono distraído de quien no tiene nada que declarar, no, señor, nada de cigarrillos, ni licores, ni regalos; solo unas docenas de sellos de goma para imprimir octavillas contra la Junta, pero esto no se lo digo yo, y ustedes son demasiado estúpidos, demasiado perezosos para encontrarlos. ¿Y si no hubieran tenido nada de estúpidos ni perezosos? De nuevo *rouge ou noir, le jeu est fait, rien ne va plus.* También esta vez resultó, y ahí estabas en la ciudad con un gran deseo de correr a la casa del jardín con naranjos y limoneros y abrazar a tu madre, pero no lo hiciste, claro está, y durante veinticuatro horas permaneciste siempre escondido en casa de un amigo. Allí dejaste los sellos de goma y te reuniste con otros cuatro amigos a los que llamabas Ejército Popular de Resistencia Armada. Un nombre que te gustó porque las iniciales componían la palabra *Laós,* pueblo. *Laikós,* popular. *Antokhí,* resistencia. *Oplofori,* armada. *Stratós,* ejército. En efecto, todos los sellos iban firmados por Laós. «Pero ¡¿qué vas a hacer con un ejército de cuatro soldados?!». «Ya lo verás. Lo he dividido en regimientos: Laós 1, Laós 2, Laós 3 y Laós 4. Un hombre por regimiento». «Nunca dejarás de tirarte faroles, ¿verdad?». «Nunca».

El día siguiente lo empleaste en hacer lo que en el fondo de tu alma te urgía más: humillar a Ioannidis. El sistema que elegiste era simple: mostrarte en varios puntos de la capital con apariciones fugaces e imprevistas, a lo Pimpinela Escarlata. Entrabas en un bar, te detenías en una acera, montabas en un taxi, te apeabas, te entretenías en el vestíbulo de un hotel, y apenas oías el gritito sofocado «¡Panagulis! ¿¡¿Es Panagulis?!?», desaparecías para reaparecer en otro lugar, tal vez en un barrio alejado, provocando estupores e incertidumbres. Ha vuelto Panagulis, lo han visto en la plaza de la Constitución. No, delante del Politécnico. No, en Kolonaki. No, en Kypseli. No, en Pagrati. No, en Plaka. No, en el Pireo. No, en Glyfada. No es posible, sí es posible, lo he estado observando bien, era él mismo, con su bigote, su pipa y su *koboloi;* incluso lo he saludado, lo he llamado. O bien: quería saludarlo, quería llamarlo, pero cuando he atravesado la calle, cuando he vuelto la mirada, ya no estaba. Pronto la voz se convirtió en noticia y la noticia llegó al cuartel general de la ESA, pero lo malo es que Ioannidis no la creyó. «Y tú ¿cómo lo sabes?». «Lo sé porque telefoneé dos veces a la ESA y les dije: "Cuidado que Panagulis está aquí, avisen al general de brigada". Y el de la centralita: "Ya nos han informado, pero no es verdad". Poco después volví a telefonear y le dije: "Cuidado, que es verdad; Panagulis soy yo". ¿Y sabes lo que me contestó el idiota? Me contestó: "Y yo Karamanlis". Entonces se me ocurrió una idea, la idea de suministrarles una prueba indiscutible, y subí a la Acrópolis con un amigo y me hice fotografiar ante el Partenón sujetando en la mano un periódico abierto. Para que se leyeran claramente los titulares y la fecha, ¿me explico? Si no se leían los titulares y la fecha, parecía una vieja instantánea. Por último, hice sacar una copia tamaño postal y se la mandé a Ioannidis con esta dedicatoria: "De Alexandros Panagulis, que viene a Grecia cuando quiere, y quiere que tú te enteres"». «No te creo». «¡Te lo juro!». Y salpicando saliste de la bañera y corriste a por las copias que te habías reservado. Era tal como decías. «¿Y para regresar?». «¡Hum! Eso ha sido difícil. No, ha sido un milagro. La tarjeta de embarque la retiró mi amigo, pero debía pasar de nuevo el control de pasaportes, y no veas qué miedo. Luego descubrí a una treintena de turistas que viajaban en grupo y me mezclé con ellos. Originábamos tanta confusión que aquel pobre policía perdió la cabeza. Ni siquiera comprendió quién de nosotros era Björn Gustavsson. Estampó el sello y basta. Mira».

Miré y casi se me doblaron las piernas. No por el sello, que era, desde luego, el del aeropuerto de Atenas, y del día, sino por el pasaporte del que te habías servido a la ida y a la vuelta. Björn Gustavsson era un muchacho que se te parecía como un pequinés blanco a un alano negro. Tenía un rostro delicado e imberbe, con unos rasgos tan finos que a primera vista lo habrías tomado por un efebo o una chica. Tenía el pelo tan rubio y los ojos tan claros que parecía albino. Y por si ello no bastara, su fecha de nacimiento correspondía plenamente con su aspecto: dieciocho años. «Estás loco, Alekos». «Hum... Tal vez tengas razón. Conviene que cambie la fotografía o que me afeite el bigote».

Nunca te afeitaste el bigote ni cambiaste la fotografía. Pero encontraste un pasaporte perteneciente a un italiano cuyo tipo físico encajaba un poco con el tuyo. Los viajes continuaron, siempre con el prólogo de aquella absurda comedia. Raras veces me confiabas la verdad. Fiel a los principios que Nicolaos me explicó, el-que-no-sabe-no-se-angustia-ni-habla, y al mismo tiempo seducido por el gusto de la conspiración, cada vez que partías para Grecia conseguías engañarme, atraerme a cualquier disputa que justificara el me-voy. Y si bien yo conocía ya el truco, seguía picando. «No sabes ni siquiera telefonear. ¿Qué necesidad hay de mantener el índice metido en el agujero del disco al marcar y al soltar? El disco vuelve por sí solo, ¿no?». «Déjalo, Alekos. Yo telefoneo como me parece». «No lo dejo. Quita el dedo, que me pone nervioso». «Alekos, ¿quieres dejarme en paz, sí o no?». «Bien, te dejo en paz, me voy». O: «Venecia es una muñeca muerta». «Tal vez, pero de todos modos a mí me gusta». «Porque tienes mal gusto». «Puede decirse cualquier cosa menos que quien ama Venecia tenga mal gusto». «Pues yo lo digo. Aspira este perfume: es de mal gusto; hiede. Apesta a muñeca muerta, por esto te gusta Venecia». «Tonto, patán». «¿Tonto? ¿Patán?». «Sí, y añado: tienes razón, tengo mal gusto puesto que vivo contigo». «A partir de hoy ya no vives: me voy». Te marchabas, y solo al día siguiente comprendía yo que había picado de nuevo como una boba. Luego, pasados tres o cuatro días, regresabas: «¡Soy yo! ¡Soy yo! ¡Adivina dónde he estado!». O bien: «Hola, *alitaki.* Te he traído un perfume de Atenas. No apesta». Ya ni siquiera me ofendía. Mientras duraba el viaje, el enojo era sustituido por la angustia de saberte en peligro; después, quedaba superado por la tranquilidad de volver a verte. De todas formas, me preguntaba qué sentido tenían aquellos viajes a lo Pimpinela Escarlata, para qué servían aparte de obligarte a hacer ejercicio y de practicar la escaramuza con la muerte. ¿Para establecer contactos con Laós 1, Laós 2, Laós 3 y Laós 4? ¿Para organizar empresas que, desde luego, no iban a realizarse? ¿Para intentar arrebatar algún soldado a los comunistas o a los papandreístas, para llenar una soledad que comenzaba a pesarte? A fin de no humillarte, evitaba incluso formular preguntas: fingía creer que se trataba de expediciones utilísimas, que iban a resolverse en cosas memorables. Más tarde, una noche de febrero, estábamos en casa y yo leía los periódicos. La mirada cayó sobre una noticia de Atenas: diez líneas, no más. La noche anterior, decía la noticia, cuatro bombas habían estallado en una fábrica sin causar víctimas. Una quinta, en cambio, hizo explosión mientras dos artificieros, uno civil y otro militar, la estaban desactivando. Ambos murieron. En el lugar de los hechos, la policía encontró las octavillas de un grupo que se hacía llamar Laós 8. Te busqué los ojos: «¿Cómo van tus cuatro regimientos?». «Ya no son cuatro, sino ocho —respondiste con una sonrisa feliz—. He reclutado el Laós 5, Laós 6, Laós 7 y Laós 8. ¡Dentro de unos días verás lo que sucede!». «Ya ha sucedido, Alekos. Esta noche». «¿El qué?». «Cinco bombas. Una ha estallado mientras trataban de desactivarla. Ha matado a un civil y a un militar». «¿Dónde?». «En una fábrica». «Yo no tengo nada que ver». «Sí que tienes. Había octavillas de Laós 8». La sonrisa se desvaneció. Te pusiste en pie de un salto y me arrancaste de la mano el periódico: «Debo partir». «¡¿Partir?! ¿Por qué?». «Porque me han desobedecido, ¡desobedecido!». «¿En qué?». «¡En todo, en todo! ¡No debía estallar allí, no debía! ¡No debía matar a nadie, no debía! ¡Cretinos! ¡Imbéciles!». «Alekos, lo mínimo que puede suceder cuando se ponen bombas es que salte por el aire el que va a desactivarlas». «Lo sé. Debo partir». «Alekos, no es culpa suya que hayan muerto esos dos artificieros. Hace seis años pudo suceder lo mismo, pues una de tus minas estalló». «Lo sé. Debo partir». «La resistencia armada es una guerra, Alekos, y en la guerra no se disparan caramelos: si tu atentado a Papadópoulos hubiera tenido éxito, quién sabe cuántas personas habrían muerto con él». «Lo sé. Debo partir». «¡No partirás! ¡Esta vez te lo impediré!».

No partiste. Y yo no te presioné: era una característica tuya hacer todo lo contrario de lo que anunciabas. Evidentemente, me dijiste, el trauma de los dos muertos te causó una crisis pasajera, e inmediatamente después comprendiste que sería mejor mantenerte alejado de Grecia por algún tiempo. Ni siquiera volviste a hablar de ello. Había transcurrido un mes desde aquel diálogo, y en ese lapso se consumaron los dramas que veremos. Fuimos a Roma, y apenas llegados comenzaste a decir que debías ir a Milán. Esto me hizo concebir sospechas, entre otras razones porque no aducías una excusa aceptable para dirigirte allí. «Mírame a la cara, Alekos: ¿Milán o Atenas?». «Pero ¿cómo Atenas?, ¿qué tiene que ver Atenas? Además, para convencerte de que voy a Milán, no tienes más que acompañarme». «De acuerdo». «¿Esta noche?». «Esta noche». «Reserva coche cama». «¿Coche cama? Pero ¡si no lo coges nunca! Si dices siempre que es peligroso, que es una trampa, que cualquiera puede robar las llaves al mozo y entrar en la cabina, y que por eso el avión es mejor». «No, avión no. Hoy no». Reservé coche cama, y en el transcurso del día diste al asunto la mayor publicidad posible: telefoneando desde la *suite* con micrófonos escondidos, llamando varias veces al conserje para asegurarte de que se nos reservaba la cabina e informándote en voz alta sobre el horario exacto. Cuando abandonamos el hotel, no había nadie que ignorase tu programa, y así, precedidos de aquella publicidad, nos encontramos en la estación, en el tren y en la cabina, donde el mozo coloca las maletas y donde, inesperadamente, se alza el telón de la comedia. «Tú no quieres venir a Milán conmigo». «¡¿Que no quiero ir, Alekos?! ¡Pero si estoy aquí!». «Estás aquí con la cara larga, y yo no soporto a la gente con la cara larga». «Te equivocas». «No me equivoco, así es que yo no voy contigo a Milán. Yo no comparto una cabina con quien me mira de reojo». «Escúchame bien, Alekos: la idea de ir a Milán es tuya; yo no tengo ninguna necesidad de ir a Milán. No tengo la cara larga ni te miro de reojo, y tú estás buscando bronca. ¿No tendrás la intención de sostener que Churchill murió esta mañana a los veinte años?». Y mientras decía esto, comprendí que la historia de dirigirte a Milán en coche cama era una comedia para inducirnos a engaño a mí y a quienes controlaban tus movimientos. La montaste para volar a Atenas sin que te siguiera, y una vez más yo piqué de la manera más tonta. Lancé una mirada al reloj: faltaba un minuto para la salida. El jefe de estación silbaría pronto, y el tren se movería, por lo que no quedaba tiempo de descargar el equipaje. Además, esto habría llamado la atención, arruinando tus planes. Así pues, no había nada que hacer, nada. Me dejé caer sentada en la litera y oí mi voz murmurar: «Podías evitarlo». Luego, la tuya responder: «No, no podía». El jefe de estación silbó. Te lanzaste al pasillo, alcanzaste la portezuela, la abriste y te apeaste. El tren se movió mientras te deslizabas fuera de él, bajo la marquesina, con la cabeza gacha y sin mirar atrás.

Un día, dos días, tres días: creí que nunca sería capaz de perdonarte aquella enésima burla, y en efecto, a la casa del bosque solo volví a recoger mis cosas y a dejarte una carta que explicase mi negativa a continuar una relación semejante. Yo no era una Penélope que espera a Ulises tejiendo, decía la carta; yo misma era un Ulises que siempre había vivido como Ulises, y el hecho de que por ti hubiera traicionado mi naturaleza convirtiéndome en un Sancho Panza no te autorizaba ciertas arrogancias. En cualquier caso, Sancho Panza sigue a don Quijote y goza de su confianza; no se ve abandonado en un tren como una maleta. Pero cuando, cuatro días después, te vi en aquellas condiciones, mi rebelión se esfumó. Parecías una máscara de carnaval: la mitad de tu rostro era rojo violeta, y la otra mitad, blanco exangüe. La línea que separaba ambos colores partía de la frente y, recorriendo la nariz, descendía hasta la barbilla y el cuello, y si en la parte blanca el ojo estaba normal, en la parte enrojecida aparecía monstruosamente hinchado. «¿¡¿Qué has hecho?!?». En lugar de responder, tomaste una botella de vino, la destapaste y te pusiste a beber. En silencio, con fría determinación, copa tras copa. Las únicas palabras que de vez en cuando salían de tu boca eran: «No consigo emborracharme, no consigo emborracharme». Era cierto que no lo conseguías, pues tu mirada continuaba límpida, tu voz, articulada, y te mantenías muy bien en pie. Mediada la botella, te dirigiste al mueble bar, donde guardábamos los licores que no te gustaban, sacaste todas las botellas que contenía, las alineaste en la mesa y volviste a beber, ora de una botella, ora de otra. Mezclabas a propósito, a veces vodka, whisky y coñac, y luego tragabas el brebaje con el decidido arrebato de quien toma una medicina desagradable. Finalmente, te emborrachaste hasta el punto que deseabas: el tercer estadio, la muerte temporal. Pero esta vez no te condujo a las ilimitadas llanuras del ensueño, ni te precipitó en el dulce limbo del olvido ni en los suaves abismos de la nada. Pronto te recuperaste, y el despertar fue un llanto desgarrador, con lágrimas y sollozos que te sofocaban, palabras rotas que se filtraban por el pañuelo bañado en un estribillo monótono: «¡Fuera, me decían, fuera! ¡Fuera! ¡Vete, fuera!». «¿Quién te lo decía, quién?». «Ellos. ¡Fuera, me decían! ¡Fuera! ¡Vete, fuera!». Fue precisa toda la noche para que comprendiera qué había sucedido en Atenas, donde, tras las cinco bombas y la muerte de los dos artificieros, nadie se atrevía ya a acercársete ni permitía que tú te acercaras. Tan solo dos aceptaron un encuentro en la playa, pero no para escuchar lo que querías decirles, sino para informarte de que aquello era un adiós: tu tipo de lucha no les interesaba, así que habían decidido ingresar en un partido e ingresarían. Buena suerte y adiós. Entonces te pregunté dónde habías dormido, e indicando la parte amoratada del rostro, respondiste: «Donde duermen los mendigos y los perros vagabundos». Luego me confiaste que, tras haber buscado en vano un camastro para descansar, hacia el amanecer regresaste a la playa. Te tendiste sobre un costado, con media cara apoyada en una almohada de arena y media expuesta al sol que estaba saliendo. De pronto, enfermaste. Así, permaneciste sin sentido hasta la tarde, en que abriste los ojos para hallarte rodeado de un grupo de muchachitos que se divertían pinchándote y salpicándote con agua. «¡Está muerto, está muerto!». Sin reaccionar, pues carecías de fuerzas, te levantaste y a pie llegaste al aeropuerto. «Me escocía una mejilla y un párpado, pues en esta estación, en Atenas, el sol quema casi tanto como en verano, y temía que se viera. Pero no se veía nada. Ha enrojecido después, en el tren». Te curé con pomada para las escoceduras y traté de consolarte: «En el próximo viaje, Alekos...». Me interrumpiste: «No habrá próximo viaje. A partir de hoy estoy verdaderamente en el exilio. Mejor así, porque ya no creo en las bombas, en las explosiones ni en las armas. Cualquier imbécil puede apretar un gatillo, encender una mecha o matar a dos artificieros e incluso a un tirano. ¿Y luego? ¿Qué cambia? Muerto un tirano, ponen a otro, y a menudo los futuros tiranos son precisamente los que han disparado. No, sembrando cadáveres no es como se hace el mundo un poco más soportable. ¡Eso se logra con las ideas! ¡Las verdaderas bombas son las ideas! ¡Oh, *Theós! Theós mou!* ¡Cuántos años he desperdiciado! Ya es hora de que me ponga a pensar. Lo malo es que estoy cansado, tremendamente cansado».

Era la primera vez que me decías que las verdaderas bombas son las ideas, y que cualquier imbécil puede apretar un gatillo, encender una mecha o matar a dos artificieros e incluso a un tirano. Te miré aturdida. ¿Cuándo comenzaste a comprenderlo? ¿Qué hizo que se disparase el muelle de una conclusión tan contraria a tu personaje? ¿Fue la muerte de los dos artificieros, fue el trauma de verte rechazado por tu exiguo ejército, o bien esos episodios hicieron brotar una semilla que desde siempre dormía en lo profundo de tu conciencia? ¡Qué victoria si de verdad te hubieras puesto a reflexionar, a dar cuerpo a las intuiciones que hasta el momento habías expresado solamente a través de breves sentencias o de poesías! ¡Qué regalo si conseguías afrontar las verdades que no se afrontan nunca porque no conviene, porque nos falta valor o porque llevamos una venda en los ojos, la venda impuesta por las dictaduras intelectuales, que nos impide verlas! Por ejemplo, los motivos por los que estabas solo e, hicieras lo que hicieras, te quedabas solo. Y los motivos por los que, lejos de ser eso un mal, era un bien. Un dolor y un esfuerzo, sí, pero un bien: la única manera humana de batirse, de creer en la libertad, de hacer que el mundo sea un poco más limpio, un poco más inteligente, un poco más soportable. Porque el mundo no es un concepto abstracto: el mundo soy yo, eres tú, es él. Y si yo no cambio, si tú no cambias y si él no cambia, separada e individualmente, por propia iniciativa, no cambia nada y seguimos siendo esclavos. El hecho es que admitiste tu cansancio, y de que ese cansancio existía yo ya me había dado cuenta. Si miraba hacia atrás y reconstruía la historia de las últimas semanas, podía incluso señalar el episodio a raíz del cual eso se me hizo evidente. Ahora te lo cuento.

Al comienzo de la primavera, o sea, mucho antes de que el trágico viaje a Atenas apagara toda esperanza de dar un sentido a tu exilio, fue descubierta la casa del bosque. Nos dimos cuenta al advertir a un grupo de jóvenes con vaqueros que desde la mañana hasta el atardecer permanecían ante la cancela, junto a la parada del autobús. Eran unos jóvenes extraños. En primer lugar, porque mirándolos parecía que estuvieran allí precisamente esperando el autobús, pero cuando este llegaba, no montaban; y luego porque desde lejos los veías discutir con vivacidad, pero cuando te aproximabas, enmudecían. Como si no quisieran que se oyera en qué lengua hablaban. Su número variaba de tres a cinco, pero dos no faltaban nunca y eran los dos que en el cinturón llevaban una hebilla con la esvástica. ¿Italianos o griegos? Naturalmente, habíamos considerado la eventualidad de que no fueran más que ociosos a los que gustaba reunirse en aquel lugar, o que los dos de la esvástica vivieran en la villa, pero ni una vez los sorprendimos más acá de la cancela, y por último nos vimos obligados a admitir que el motivo de su presencia eras precisamente tú. ¿Los mandaba alguien interesado en conocer todos tus movimientos para controlar tus salidas del país, o bien alguien que se disponía a raptarte o a matarte? La primera semana quisiste enfrentarte a ellos, pero luego reflexionaste, observando que si no nos molestaban con gestos o palabras no podíamos tomar iniciativas; más bien era prudente fingir que no los habíamos advertido. El único acto de guerra que te permitías, tanto al salir como al entrar en casa, era blandir la pipa como una espada: o sea, empuñarla por la parte de la cazoleta. «¿Sabes qué arma es esta? Si alguien te agrede, no tienes más que metérsela en un ojo». «¿Y si no le aciertas en el ojo?». «Es lo mismo, dondequiera que golpees abres una brecha. Solo se precisa, claro está, que la boquilla sea larga y no curva». Y nada de replicar que habría sido mejor disponer de un revólver, que lo compraría y lo llevaría en el bolso. «¡Nada de armas! ¡Te lo prohíbo!». Tu fe en el uso bélico de la pipa con boquilla larga y no curva era tan ilimitada que te volvías sordo a cada una de las muestras de perplejidad que yo manifestaba; por lo demás, nunca te vi con un revólver en la mano. Tú, que pasabas por un dinamitero, por un amante de explosivos y armas, por un asaltacuarteles, por un partidario de la resistencia armada, sentías como una repugnancia física hacia las armas. Ni siquiera sabías usarlas, no eras capaz de empuñar correctamente una escopeta de caza:

mantenías la culata baja, no apoyabas en ella la mejilla y fallabas siempre el objetivo aunque este fuese un pájaro dormido en una rama a dos metros. Luego te consolabas diciendo: «¡Si vuelvo a ver a ese, le atizo un pipazo que lo tumbo!».

Pero volvamos a los jóvenes con vaqueros. La primavera se deslizaba llena de calideces hacia el verano cuando la silenciosa persecución del grupo ante la cancela terminó, y en su lugar floreció otra, más refinada y cruel. Cada noche, apenas apagábamos las lámparas y nos acostábamos, por la ventana que daba a la terraza con barandilla de hierro forjado irrumpía un resplandor redondo que incidía de lleno sobre nosotros como una pedrada de luz. Nunca comprendimos cómo conseguían dirigirlo dentro de la habitación con tanta exactitud. Escrutando la oscuridad del parque, en efecto, veíamos bien que el reflector estaba lejos, más allá de los pinos que bordeaban el recinto amurallado: para incidir sobre nuestra ventana, la pedrada de luz debía, pues, pasar entre decenas de árboles y hallar un pasillo desprovisto de troncos y frondas. Sin embargo, lo conseguía perfectamente, y pese a la barrera de las persianas, el resplandor nos atormentaba sin fin, ora girando con lentitud por las paredes, el techo o la cama, ora deslizándose nerviosamente de arriba abajo y de derecha a izquierda, dibujando una cruz, o bien destellando maligno en zigzag para darnos en los ojos, caliente, impalpable. Y este era el momento en que perdías la cabeza. No soportabas aquel calor impalpable en los ojos, y puntualmente corrías a abrir las persianas, te arrojabas sobre la terraza y gritabas bellacos-salid-de-la-sombra-bellacos, si-no-salís-bajo-yo-a-buscaros. Y ni que decir tiene que no bajabas nunca: sabías muy bien que era precisamente esto lo que querían, exasperarte para hacerte bajar, tenerte a su merced, y luego decir que fuiste tú quien les agredió. Aquella vez fue distinto. En el mismo instante en que el resplandor nos dio en los ojos, te vi saltar de la cama, ponerte los pantalones, calzarte los zapatos, y, antes de que me diera cuenta, ya estabas en la terraza tronando: «¡Que voy!». Y luego corriste hacia la puerta. Apenas tuve tiempo de alcanzarte, retirar la llave y apoderarme de ella, y entonces, con todo el ímpetu de tu rabia, intentas abrirme la mano, reducir la presión de mis dedos, agarrarme el pulgar, luego el índice y después el medio, pero cuanta más palanca haces, más aprieto yo. Entonces me agarras la muñeca y me la retuerces cruelmente, me doblas el brazo y parece que quieras dislocármelo, me tiras al suelo y caes conmigo. Yo me defiendo mal porque solo puedo oponerte un brazo, una mano, pero me defiendo y acepto la pelea. Una pelea sorda, muda, aviesa; una lucha de serpientes que se enroscan para destrozarse, decididas ambas a no ceder, y mientras tanto se golpean y se hacen daño sin que una palabra salga de su boca. El único sonido es una respiración afanosa, una especie de estertor, y de pronto un golpe me desgarra el vientre y me produce un dolor agudísimo. La llave está en tus manos. Mi voz rompe el silencio para decir lo que ignoras: «El niño».

Te quedaste pasmado, como alcanzado por un disparo en mitad de la frente. Permaneciste unos segundos mirándome con los ojos y los labios muy abiertos. Luego, exhalaste la invocación: «¡Oh, *Theós! Theós mou!* ¡Oh, Dios! ¡Dios mío!». A continuación te levantaste y, olvidando el resplandor que continuaba girando y deslizándose implacable sobre nosotros, en torno a nosotros, olvidándote incluso de mí, que yacía en el suelo transida por aquel dolor en el vientre, insoportable ahora y exasperado por mil cuchilladas, prorrumpiste en una exaltación tan frenética que parecías haber perdido el juicio. Reías, llorabas, saltabas, bailabas, aplaudías. Ni siquiera te percatabas de mi sufrimiento; en efecto, al final me levantaste con delicadeza, pero no para aplacarlo, me depositaste en la cama con ternura y apoyaste la cabeza en mi cuerpo, murmurando buenos días, niño, ancla de las anclas, cadena de las cadenas, alegría de las alegrías, vino de todos los vinos, tú no sabes quién soy yo, yo soy tú, no sabes quién eres, eres yo, eres la vida que no muere. La vida, la vida, la vida. *I zoí, i zoí, i zoí.* Escapa de la oscuridad, niño, escapa enseguida y nos iremos lejos, a un lugar donde no puedan encontrarnos, donde podremos jugar. Basta de sufrir, basta de luchar. Aquel monólogo alocado, suave, maravilloso y desgarrador, mientras las cuchilladas aumentaban en número e intensidad. El arrepentimiento por no habértelo dicho antes me dejaba muda, por no haber comprendido antes que un hijo habría sido el único rival de tu destino. Porque si lo hubiera comprendido antes, no habría necesitado arrojarme sobre la puerta, retirar la llave y lanzarme a aquel combate bestial y sufrir aquella terrible patada que lo hirió de muerte. De que el golpe lo hiriera de muerte no quedaban dudas, pues los síntomas se anunciaban ya inequívocos: estaba segura de que ningún milagro podría resucitar a la inerte criatura sepultada dentro de mí. No obstante, callaba, incapaz de disipar tu inútil felicidad: mejor dejarte unas horas de ilusión, pensaba yo, y en ese lapso permanecer inmóvil y recuperar fuerzas para arrastrarme hasta un médico. Eso es lo que hice, y por la mañana, con mucho cuidado de no despertarte, me aparté suavemente de ti y me fui a escuchar la confirmación de lo que ya sabía. Pero hice mis cuentas sin calcular que decírtelo después sería mucho peor, porque aquello te trastornaría de forma mucho más violenta, hasta renovar el complejo de culpa en que te consumías, pensando siempre en las personas a las que amaste y que perdiste: tu padre, tu hermano Giorgos, Policarpos Giorkatzis. «Yo soy la muerte. Llevo encima la muerte y la reparto», murmuraste cuando me viste y viste aquel inerte e informe bultito. Luego desapareciste durante cuatro días, y la noche que te volví a ver me costó reconocerte: ojeras lívidas, barba crecida, camisa sucia de carmín, aliento apestoso de alcohol. Caminabas tambaleándote y parecías la caricatura de un desdichado que ha pasado cuatro días y cuatro noches corriéndose juergas desenfrenadas. Dios sabe dónde y con quién. Y sin dar explicaciones, sin preguntarme siquiera cómo estaba, te derrumbaste en la mecedora e iniciaste una inconexa lamentación sobre el cansancio que te vaciaba el cuerpo y el alma, soy-viejo, ya-soy-viejo, mira-tengo-los-cabellos-blancos, también-tengo-lumbago, y-dolor-de-hígado-y-tos.

Los cabellos blancos eran un mechoncito plateado que ya tenías en Boiati, el lumbago era un reumatismo leve y pasajero, el dolor de hígado era la obvia consecuencia de haber bebido, y la tos, la no menos obvia de fumar. Pero en aquel momento te creías realmente viejo porque te sentías derrotado por la existencia.

Sin embargo, te dedicaste a pensar. Con esfuerzo unas veces, ingenuamente otras, despachando en ocasiones con ligereza conceptos que merecerían una profundización, presentando verdades obvias como si fueran descubrimientos novísimos, y en algunos casos repitiendo, sin más, principios enunciados ciento cincuenta años antes por un anarquismo individualista que enseguida había descubierto Nenni, tras sus gafas bifocales. Pero te dedicaste a pensar, maravillosamente liberado de los esquemas de las dictaduras intelectuales que sobre todo por aquellos años cegaban y hacían enmudecer. Leías y escribías. Billetitos, octavillas y apuntes que luego me traducías o me leías con el orgullo de un muchacho que ha hecho una buena redacción en clase. Escuchalo-que-he-hecho-hoy, escucha-qué-he-decidido-hoy, te-lo-leo-ahoramismo. «Esta es la época de los ismos —comunismo, capitalismo, marxismo, historicismo, progresismo, socialismo, desviacionismo, corporativismo, sindicalismo, fascismo—, pero nadie se percata de que todo ismo rima con fanatismo. Esta es la época de los anti- —anticomunista, anticapitalista, antimarxista, antihistoricista, antiprogresista, antisocialista, antidesviacionista, anticorporativista, antisindicalista, antifascista—, pero nadie se percata de que todo "ista" rima con fascista. Nadie dice que el verdadero fascismo consiste en ser anti- por principio, como quien agarra una rabieta, negando *a priori* que en cada corriente de pensamiento haya algo justo o algo susceptible de ser utilizado para buscar lo justo. El sentido e incluso el significado de la libertad se pierde al encasillarse en el dogma, en la ciega certeza de haber conquistado la verdad absoluta, sea esta el dogma de la virginidad de María o el dogma de la dictadura del proletariado o el dogma del Orden y la Ley, cuando la libertad es el único concepto inapelable e indiscutible. Tanto es así que la palabra "libertad" no tiene sinónimos, tan solo extensiones o adjetivos: libertad individual, colectiva, personal, moral, física, natural, religiosa, política, cívica, comercial, jurídica, social, artística, de expresión, de opinión, de culto, de prensa, de huelga, de palabra, de fe, de conciencia. En última instancia, ella es el único ismo, o sea, el único fanatismo admisible, porque sin ella un hombre no es un hombre y el pensamiento no es pensamiento». «¡Bravo!». «¿Te gusta? ¿En serio te gusta? Entonces escucha esto otro, porque es más importante; habla de la derecha y la izquierda, de los intelectuales de mierda que con su falsa izquierda me han tocado bien los cojones». Agitabas una hoja llena de señales y tachaduras y volvías a declamar.

«Muchos intelectuales creen que ser intelectuales significa enunciar ideologías, elaborarlas o manipularlas, y luego asumirlas para interpretar la vida según fórmulas y verdades absolutas. Esto sin tener en cuenta la realidad, al hombre, a sí mismos, o sea, sin querer admitir que ellos mismos no están hechos solo de cerebro: tienen también un corazón o algo que se le parece, y un intestino y un esfínter; es decir, tienen sentimientos y necesidades extraños a la inteligencia y no controlables por ella. Estos intelectuales no son inteligentes, sino estúpidos, y en última instancia ni siquiera son intelectuales sino sacerdotes de una ideología. Con la mente obtusa de los sacerdotes, no reconocen que, una vez asumida la ideología, y, peor aún, si la hacen suya en un maridaje que excluye el adulterio y el divorcio, ya no se es libre para pensar. Porque se pliega todo a aquella solución, se juzga todo según aquellos esquemas: por una parte el infierno y por la otra el paraíso, por una parte lo lícito y por la otra lo ilícito. Ergo, para presentarse como coherentes, se tornan incoherentes e incluso deshonestos. Consideremos al intelectual de izquierdas, el intelectual que hoy está de moda o, mejor, el intelectual que sigue la moda por comodidad o por miedo o por falta de imaginación: siempre estará dispuesto a condenar las dictaduras de derechas, no faltaría más, pero nunca o casi nunca las dictaduras de izquierdas. Las primeras las disecciona, las estudia y las combate con los libros y con los manifiestos; las segundas las silencia, las arrincona o, todo lo más, las critica apurada y tímidamente. En ciertos casos, incluso recurre a Maquiavelo: el-fin-justifica-los-medios. ¿Qué fin? ¿El de una sociedad concebida sobre principios abstractos, cálculos matemáticos, dos y dos son cuatro, tesis y antítesis igual a síntesis, sin tener en cuenta que en la matemática moderna dos y dos no son necesariamente cuatro, que a lo mejor son treinta y seis, o sin tener en cuenta que en la filosofía más avanzada la tesis y la antítesis son lo mismo, que la materia y la antimateria son dos aspectos de la misma realidad? Gracias a sus cálculos, o sea, al siniestro fanatismo de las ideologías, a la ilusión o, mejor, a la presunción de que lo bueno y lo bello están solo en un lado, un genocidio, un asesinato o un abuso se consideran ilegítimos si se producen en la derecha y se convierten en legítimos o al menos en justificables si ocurren a la izquierda. Conclusión, la gran enfermedad de nuestro tiempo se llama ideología, y los portadores de su contagio son los intelectuales estúpidos: los sacerdotes laicos que no están dispuestos a admitir que la vida (lo que ellos llaman la Historia) se encarga por sí sola de poner en su lugar sus masturbaciones mentales y, por tanto, de demostrar lo artificioso del dogma, su fragilidad e irrealidad. Si no fuera así, ¿por qué los regímenes comunistas repiten las mismas infamias que los regímenes capitalistas? ¿Por qué tienen los mismos Ioannidis, Hazizikis, Theofiloiannacos o Zakarakis que los regímenes fascistas? ¿Y por qué se combaten entre sí, apoyados en sentimientos y necesidades como el amor a la patria y el nacionalismo egoísta? Es tiempo de denunciar la enfermedad sin timideces, sin sentirse cohibidos, sin miedo. Y para hacerlo no hay que pararse en Marx y en los marxistas, sino que es preciso volver atrás al menos dos mil años, remitirse a la ideología cristiana. Ella es la que ha concebido la división antinatural: por una parte lo lícito y por la otra lo ilícito, por un lado el Paraíso y por el otro el Infierno. Hoy día, los amos de nuestro cerebro, los teólogos de la izquierda, no hacen más que repetir los errores de aquellos maestros: quita la cruz del asta de la bandera y pon la hoz y el martillo y verás que continúa lo mismo, un pingajo que ondea los privilegios de siempre, las ambiciones de siempre, las artimañas de siempre». Y después: «¿Te gusta? ¿En serio te gusta? Son apuntes, ¿sabes? Lástima que no los hiciera antes, en Boiati. ¡Eh! Lástima que no los hiciera en Boiati. Lo cierto es que en la cárcel no se consigue pensar. Se tiene mucho tiempo y, sin embargo, no se consigue pensar; ya es bastante que salga alguna poesía».

Estudiabas. Proudhon, por ejemplo, cuyo socialismo libertario y negador de la violencia se adaptaba a tu investigación. Y luego Platón, aunque no comprendía qué buscabas en Platón, y asimismo escritores como Albert Camus, a quien llamabas Camís, porque en griego la u se pronuncia i. No había modo de hacerte pronunciar Camus. «¡Camus!». «¡Camís!». Adorabas a Camus-Camís porque en tu segunda adolescencia tuviste ocasión de leer el texto de su polémica con Sartre. «Un idealista que sabe oponerse al mesianismo de los principios absolutos», decías de Camus-Camís. Y en ocasiones insertando algo de tu cosecha, una frase, una comparación o un razonamiento, alterando su forma según tu conveniencia, a menudo recitabas los fragmentos que resumían tus posiciones. «Escucha esto: "Las religiones organizadas no corresponden a las necesidades del hombre moderno, las pantomimas religiosas carecen de sentido en nuestra época, tanto si vienen de las iglesias como si se presentan con los ropajes nuevos o pseudonuevos del marxismo". Ahora escucha esto: "Un hombre inteligente no puede aceptar una ideología que lo entrega enteramente a la Historia, que lo considera un sujeto pasivo de ella. Resulta infame hablar de los hombres en términos de tareas históricas; es peligroso. Porque, después de decirlo con los libros, se dice con la policía, determinando a qué hora debo o no debo irme a la cama, a qué hora puedo o no puedo beber una botella de vino, y por último colocándome en fila en la Plaza Roja para ir a arrodillarme en el Santo Sepulcro de Lenin. No, no se puede justificar cualquier cosa en nombre de la lógica de la Historia. ¡No es la lógica la que hace la Historia!"». «Camus no dice eso, Alekos. Dice que la Historia no lo es todo. ¡Además, no habla en absoluto de la botella de vino ni del Santo Sepulcro de Lenin!». «¿Y qué tiene que ver? Yo lo completo, lo perfecciono». A veces, en cambio, transcribías los fragmentos con el escrúpulo de un amanuense que copia el Nuevo Testamento en pergamino miniado, y me lo recitabas con fidelidad: «Hoy es preciso formular dos preguntas. ¿Aceptáis o no, directa o indirectamente, que os maten u os hagan objeto de violencia? ¿Sois capaces o no, directa o indirectamente, de matar y producir violencia? Quienes respondan a ambas preguntas se verán automáticamente afectados por una serie de consecuencias de las que resultará un nuevo modo de plantear el problema de la lucha». Y también: «Puesto que el hombre ha sido por entero entregado a la Historia, ya no puede volverse a aquella parte de sí mismo tan verdadera como su parte conectada con la Historia, y vivimos en el terror. Para escapar al terror es necesario reflexionar y actuar según esa reflexión. Está en juego la suerte de millones de europeos que, hartos de violencias y de mentiras, defraudados en sus mayores esperanzas, experimentan repugnancia ante la idea de matar a sus semejantes, aunque sea para convencerles, o ante la idea de ser convencidos por el mismo sistema». Páginas, estas, en las que parecías buscar una confirmación a tu propio cambio: no creer más en las bombas, en las explosiones, en las armas, en la lucha a sangre.

Y, sin embargo, ese cambio era tan claro que llegué a dejar de preguntarme si floreció de una semilla sepultada en lo profundo de tu subconsciente o si dependía de una necesidad de paz cuyo detonante fue el niño perdido. No exteriorizabas el menor arrepentimiento, ninguna nostalgia por las empresas temerarias y los desafíos imposibles. Todo lo que hacías ahora parecía la quintaesencia del razonamiento y de lo razonable: participar en conferencias y mítines, difundir entre los emigrados el libro de poesías que mientras tanto se había publicado y dirigirte a Bruselas para reunirte con los representantes del Mercado Común Europeo. Incluso tu nueva monomanía era de lo más pacífico que cabía imaginar: consistía, simplemente, en obtener de la radio italiana el espacio necesario para transmitir un programa bisemanal que pudiera captarse en Grecia. Programas de este tipo existían ya en Francia, Inglaterra y Alemania, pero resultaban poco audibles a causa de la distancia; la radio italiana, en cambio, poseía una longitud de onda capaz de alcanzar toda la región comprendida entre el Jónico y el Egeo. Así pues, continuamente ibas a Roma a explicárselo a los ministros, subsecretarios y jefes de partidos: insistente, paciente, tenaz, decidido a no dejarte desmoralizar por la indiferencia, la hipocresía y el jesuitismo del veremos-intentaremos-reflexionaremos. Y ni siquiera modificaste tu conducta cuando estuvo claro que no ibas a obtener nada, que la indiferencia, la hipocresía y el jesuitismo triunfarían, como siempre. «Lástima —dijiste—. Otra amargura, otro precio que pagar». Ahora era tu frase preferida. Y cada vez que la oía no creía a mis oídos porque, y este es el detalle más extraordinario, las tentaciones de volver al camino de antes resonaban a tu alrededor como el canto de las sirenas que llaman a Ulises entre Escila y Caribdis. «¡Odiseo, Odiseo! ¡Ven, oh héroe Odiseo! ¡Escúchame, hijo de Laertes, ven!». En Europa, los palestinos continuaban sembrando matanzas por doquier; en Alemania la guerrilla urbana se había convertido en una constante; en Italia la filosofía de la violencia crecía de minuto en minuto. Secuestros, chantajes, tiroteos y muertes ya no eran patrimonio exclusivo de la derecha: constituían una siniestra moda entre la extrema izquierda, y no costaba mucho comprender que lejos de extinguirse constituía un fermento y se transformaría en costumbre. ¿Y si esas sirenas desataran los cabos con que Ulises se ató al palo mayor de su barco? ¿Y si Ulises cedía a su llamada para olvidar su cambio, su nueva batalla contra los molinos de viento? Me respondió un grito salvaje: «¡No has entendido nada de mí, nada! ¿Cómo te atreves a insinuar que yo tenga algo en común con esa clerigalla del fanatismo, con esos burócratas del terrorismo, con esos irresponsables que andan a tiros a lo John Wayne en el cómodo terreno de la democracia —mala, sí, pero democracia; enferma, sí, pero democracia—, con esos sectarios que no se arriesgan a las torturas ni a los pelotones de ejecución de una dictadura? ¡Yo no soy un terrorista! ¡Nunca lo he sido! ¡Yo creo en la democracia! ¡¿Es que has olvidado que yo lucho contra los tiranos?! ¡Te prohíbo, te prohíbo que me confundas con esos desgraciados que vierten sangre para aplicar los esquemas ideológicos de sus abstracciones! ¡Con esos fascistas vestidos de rojo, con esos revolucionarios del carajo!». Y la etiqueta revolucionarios-del-carajo se convirtió desde aquel día en uno de tus eslóganes preferidos. Para condenar las timideces y las debilidades de las democracias que ceden, te aficionaste, en cambio, a este eslogan: «Esto no es libertad, es una fiesta de la libertad». Una noche en que en Roma reinaba el desorden, con escaparates rotos, tiendas asaltadas y automóviles quemados, supe por qué junto a Proudhon y Camus tenías a Platón. En efecto, lo abriste por una página señalada y, transido de convicción, te pusiste a declamar: «Cuando un pueblo devorado por la sed de libertad tiene por jefes a imprudentes escanciadores que le sirven cuanto quiere, hasta embriagarlo, sucede que, si los gobernantes se resisten a las demandas de los súbditos, cada vez más exigentes, acaban siendo declarados réprobos y acusados de querer arrebatar la libertad. Y llega a ocurrir que quien se muestra disciplinado hacia sus superiores es definido como un hombre sin carácter, un siervo; que el padre, temeroso, acaba por tratar a sus hijos como iguales; que el hijo ya no siente temor ni reverencia por sus progenitores; que el maestro no osa reconvenir a los alumnos y los adula aunque estos se burlen de él y pretendan los mismos derechos e idéntica consideración que los ancianos. Y que los ancianos den la razón a los jóvenes para no parecer demasiado severos. El alma de los ciudadanos se torna entonces en extremo tolerante, y dondequiera que se den casos de sumisión los más los consideran con desdén y no admiten obedecer, de modo que terminan por no preocuparse por las leyes escritas ni por las no escritas, y ya no tienen consideración ni respeto por nadie. En medio de tanta licencia nace y se desarrolla la mala hierba: la tiranía. En efecto, todo exceso suele conducir al exceso opuesto, tanto en las estaciones o en las plantas como en los cuerpos, y con mayor razón en los asuntos políticos».

Pero qué obtuso es el poder constituido, el Poder en el poder que se sirve de todo, de todos y nunca muere. Qué ciego, sordo e ignorante es. Precisamente la misma noche, el Kissinger que confirmó la negativa a concederte el visado para los Estados Unidos vino a Roma en visita oficial y, escoltado por ciento diez guardaespaldas, rodeado de honores como un sátrapa oriental, más grotesco que nunca, se instaló en nuestro hotel. Desde aquel momento, nadie en la ciudad estuvo más vigilado que tú, que predicabas contra la violencia y recitabas a Platón. No solo las habitaciones adyacentes a la nuestra estaban ocupadas por agentes del FBI, sino que sus colegas nos espiaban sin cesar desde las ventanas entrecerradas del edificio de enfrente: inconfundibles con sus horrendas camisas hawaianas y con sus manazas peludas que aferraban latas de cerveza. Y por si esto no bastara, todo el pasillo de nuestro piso hormigueaba de agentes de paisano con revólver al cinto, encargados, entre otras funciones, de registrar nuestros cajones. Dos veces al regresar a la habitación encontramos objetos cambiados de sitio o maltratados. Pero esta vez me equivoqué al definir el Poder en el poder como ciego-sordo-obtuso-ignorante. El Poder lo ve todo, lo oye todo y lo sabe todo. Y en aquel caso sabía que el verdadero enemigo del deplorable personaje eras tú, y no los equívocos barricaderos que en los años siguientes dispararían siempre contra personas inocuas e inermes, pero nunca contra un fascista.

3

Una mañana, a mediados de julio, te despertaste anunciando: «La Junta está a punto de caer». Luego me contaste el sueño que tuviste durante la noche, y del que extraías el vaticinio de que la Junta iba a caer. Te hallabas en el fondo de un pozo lleno de peces, y tan oscuro que el cielo, visto desde tal hondura, era una claridad remota. Te encontrabas allí abajo desde hacía una cantidad incalculable de tiempo, tal vez siglos y siglos, y solo querías una cosa: escapar hacia arriba, en dirección al cielo. Pero la pared del pozo era lisa, sin un agujero siquiera, sin ningún saledizo para encaramarte, y no podías hacer nada salvo esperar un milagro. De pronto, el milagro se produjo, y en la pared aparecieron agujeros y saledizos por los que empezaste a subir. Con un tremendo esfuerzo, pues a menudo resbalabas, volvías a caer entre los peces y debías empezar desde el principio. Un esfuerzo prolongadísimo. Acaso unos siglos más. Por fin llegaste al brocal del pozo, donde te asiste para recuperar el aliento y mirar lo que había fuera. Había un desierto de guijarros. En el centro del desierto, una montaña con una roca en equilibrio sobre la cima. Y, de improviso, de aquella montaña se alzó un fragor, el fragor sordo que anuncia el alud, la roca empezó a vibrar, se venció hacia delante y se desprendió de la montaña para rodar abajo y disgregarse en innumerables piedrecillas iguales a las que formaban el desierto. Te invadió una oleada de felicidad. Tan breve como un pestañeo, pues le siguió una cólera ciega porque, en la cima de la montaña, había aparecido de inmediato una segunda roca: idéntica a la primera, pero estable. Fue su estabilidad lo que te encolerizó, lo que te infundió la irresistible necesidad de derribarla, y en aquel punto hiciste el gesto para bajar del brocal, pero en vano. Una fuerza misteriosa transformaba tus piernas en bloques de plomo, y tus brazos, en ríos de debilidad. Volviste a intentarlo una y otra vez, pero solo sirvió para desmoralizarte, para dejarte allí, en el brocal del pozo. Sufrías de un modo atroz, pues comprendías que la nueva roca debía ser derribada, y que si tú no lo hacías, nunca vibraría, nunca se despegaría de la cúspide para caer rodando y fragmentarse como la primera. No recordabas cuánto duró aquel sufrimiento. En el sueño te pareció larguísimo. Maduraban las estaciones, el calor se alternaba con el frío, el frío con el calor, el sol con la lluvia, la lluvia con el sol, y tú permanecías allí aferrado, con el cuerpo a medias fuera del pozo y los ojos fijos en la roca. Pero te parecía recordar que al comienzo era verano y que luego la nieve cayó dos veces, y que dos veces pasaron las golondrinas. Precisamente volvían a pasar cuando decidiste intentar algo, no limitarte a mirar. Y alargaste una mano para agarrar una piedra y arrojarla contra la roca a fin de hacerle perder el equilibrio. Te dabas cuenta de que se trataba de una acción peligrosa, pues hacía tiempo comprendiste que los agujeros y los saledizos de la pared habían desaparecido: si caías, nunca volverías a subir. Sin embargo, era preciso intentarlo, también sabías eso, y asomándote agarraste una piedra. La levantaste para arrojarla, pero en el mismo instante en que te disponías a hacerlo, en la roca se originó un viento terrible que te embistió con implacable violencia arrancándote del brocal y precipitándote de nuevo al fondo, entre los peces, para siempre.

«Qué sueño tan horrible, Alekos». «Sí, horrible. No consigo olvidarlo». «Y, sin embargo, un sueño que anuncia la caída de la Junta no debería ser horrible». «Es que no anunciaba el fin de la Junta solamente. Quien hacía que me precipitara de nuevo en el pozo y para siempre no era la Junta, sino los que van a heredarla». «¡Olvídalo! No te precipitarás en ningún pozo. Sueñas esas cosas porque las piensas durante el día: los sueños que tenemos durmiendo no son más que reflejos confusos de los pensamientos que tenemos despiertos. La ciencia demuestra que...». «La ciencia no existe, la ciencia es una opinión, y si no demuestra la nada, tanto menos demuestra la vida y la muerte». Ninguna discusión, en cambio, acerca del significado que atribuías a lo demás: la montaña representaba el Poder, el eterno poder que amenaza sin posibilidad de salvación, y la roca en equilibrio sobre la montaña representaba el régimen del que el Poder se sirve hasta que decide librarse de él y sustituirlo por otro que, en las nuevas circunstancias, va a servirle mejor. Dictadura, democracia, revolución: todas rocas en equilibrio sobre la montaña. En resumidas cuentas, la misma roca, la misma maldición que los hombres llevan consigo desde el día en que se reunieron en una tribu. Pero si la roca caída y fragmentada en guijarros era la Junta, ¿quién era la surgida en su lugar? ¿Y por qué querías abatirla, dado que había sustituido a la Junta? ¿Por qué te mantenía pegado al brocal del pozo, con medio cuerpo dentro y medio fuera, impidiéndote franquearlo? Esto sí quería yo saberlo. «Pero la roca que sustituye a la Junta, ¿quién es?». «¿Quieres decir si tiene un nombre, si tiene un rostro? Desde luego que los tiene». «Dímelo». «No, pronto se verá». «¿Pronto?». «Sí, ya es cuestión de días, tal vez de horas». Y veinticuatro horas más tarde se produjo el golpe de Estado en Chipre, la tentativa de asesinar a Makarios, la invasión turca de la isla; una semana después, la Junta convocó a los dirigentes políticos que Papadópoulos había excluido y delegó en ellos la responsabilidad de formar un gobierno que salvara al país de la guerra con Turquía. Pero no te alegraste de ello. Te limitaste a murmurar: «La roca se ha desprendido de la montaña; la roca continúa sobre la montaña. ¿Cuándo sales para Atenas?». «¿Cuándo salgo o cuándo salimos?». «Cuándo sales; yo no voy». «¿Por qué? No comprendo». «Comprenderás cuando escuches una vocecita que te saluda: querida amiga, queridísima, qué placer conocerla, yo leo siempre sus libros, sus artículos, soy un admirador suyo, un colega suyo, yo también escribo».

Partí sin ti. Y si no a comprender, empecé a intuir en cuanto desembarqué en el aeropuerto de Atenas, donde fui inmediatamente detenida y encerrada en un cuchitril. Ahora pasaban todos —en aquel momento pasaba Theodorakis, que procedía de París—, pero mi nombre estaba en la lista negra, y para que lo tacharan y me dejaran salir del cuchitril hizo falta un buen rato. Un policía parecía favorable y otro contrario, y para llegar a un acuerdo disputaban entre sí y no sabían quién debía autorizar mi entrada: ¿el nuevo Ministerio del Interior o la ESA? La noche anterior, Karamanlis regresó del exilio, juró el cargo de primer ministro y ahora el gobierno se componía de civiles, la mayoría de ellos perseguidos por la dictadura. Pero Ghizikis continuaba siendo presidente de la República, Ioannidis conservaba el control del ejército y de la ESA, ni un solo exponente del régimen había sido detenido y los presos políticos seguían en la cárcel: desde cualquier lado del que se examinaran las cosas, el juicio se deslizaba al terreno de los enigmas de una comedia ambigua. Por lo demás, todos decían que nada estaba claro y que nada era seguro, excepto el detalle de que la Junta no había caído: había abdicado. Y no por su espontánea voluntad, sino por orden de los estadounidenses, obviamente contrarios a una guerra entre Grecia y Turquía, o sea, entre dos países pertenecientes a la OTAN. Pero no siempre un régimen que abdica es un régimen muerto, y si abdica conservando los puestos clave, esto es, la presidencia y el ejército y la policía, incluso puede recuperar el poder de la noche a la mañana. Así pues, la situación podía cambiar de nuevo e imprevistamente. Dependía de Ioannidis. Para nadie era un secreto que solo cedió cuando el embajador de Estados Unidos le transmitió el *out-out* de Washington, y, aun así, gritando traición, acusando a la CIA de haberle sugerido el error del golpe en Chipre y silbando me-han-agarrado-por-los-fondillos, he-sido-un-ingenuo. Pero ahora no se consideraba precisamente vencido y no hacía más que aludir a las tropas con que defendería su honor, a los carros blindados con que reaccionaría a las ofensas, y la gente tenía miedo. Superado el entusiasmo del primer momento, los más permanecían encerrados en sus casas para evitar comprometerse, y nadie hablaba de libertad: todo lo más, de un perfume de libertad. El propio Karamanlis, siempre enojado o de mal humor, tenía el aspecto de esperar lo peor. La única persona que no parecía alimentar temores o preocupaciones era el nuevo ministro de Defensa, Evangelos Tossitsas Averoff. El que ahora me saludaba con una vocecita aflautada: «¡Querida amiga, queridísima, qué placer conocerla, yo leo siempre sus libros, sus artículos, soy un admirador suyo, un colega suyo, yo también escribo!».

Se hallaba en el umbral de mi habitación, escoltado por un oficial de Marina, y sus manos aprisionaban las mías como las valvas de un molusco que ningún cuchillo puede abrir. Pero blandas, como sin huesos. Lo observé curiosa. Bajo las cejas arqueadas, sus ojos negros y redondos penetraban los míos como los de un hipnotizador, pero inquietos y tan resbaladizos que parecían dos aceitunas sumergidas en aceite. Bajo el bigotillo con hebras grises, la boca, grotesca porque tenía la forma de las bocas desdentadas y sin embargo estaba llena de dientes, sonreía con el éxtasis del enamorado que ha permanecido demasiado tiempo alejado de su bella y que, finalmente, se dispone a amarla sobre un lecho. Papel, este, que no encajaba bien ni con su físico ni con su edad: era un hombrecillo de unos sesenta años, espaldas estrechas y arqueadas, anchas caderas y barriga prominente; una gran nariz torcida, jorobada en su raíz, coronaba un rostro no menos desprovisto de seducciones. Pero la frente era despejadísima e inteligente, notabas que era inteligente mucho antes de comprenderlo racionalmente. Y si no era inteligente, era astuto con la astucia que no se distingue de la inteligencia. Además, era duro. También esto lo sentías. Y sintiéndolo, te aturdías, te decías que nada en semejante aspecto ni en semejante comportamiento podía justificar la idea de la dureza, y sin embargo la dureza existía: escondida entre los pliegues de una untuosa flacidez. Liberé las manos de las valvas del molusco, que por un instante se había aflojado: «Pase, señor ministro, siéntese». Entró, despidió al oficial con un gesto seco y severo, se sentó en la butaca y se reanudó el minué de cumplidos. «Pero, señor ministro, yo no pretendía que se molestara usted viniendo hasta aquí. A mí me correspondía ir a su encuentro». «¡Querida amiga, queridísima! Un caballero no puede permitir que una señora se moleste yendo a verlo. ¡Y menos una señora tan fascinante, de tanto empaque y notoriedad! De no haber venido, habría cometido una descortesía en los límites de la más imperdonable zafiedad. ¿Entiende usted mi italiano?». Hablaba un italiano inmejorable, sin errores y sin acentos. «Su italiano es impecable, señor ministro, tanto en la elección de las palabras como en la pronunciación. Ni siquiera Panagulis lo habla tan bien como usted». Mencioné tu nombre a propósito, para ver cómo reaccionaba, pero él no reaccionó en absoluto, como si no lo hubiera oído. «¡Querida, queridísima! Aprendí italiano en Italia, ¿sabe usted? Cuando era prisionero de guerra en Rímini». «¿Rímini? También Zakarakis fue prisionero de guerra en Rímini». «¿Quién es Zakarakis?». «El director de Boiati, la cárcel de Panagulis». De nuevo hizo oídos sordos. «Rímini, Roma, qué tiempos aquellos. Todos aprendimos italiano en aquellos años». «Zakarakis no. A propósito, señor ministro, ¿qué hay de los diversos Zakarakis, Theofiloiannacos y Hazizikis? ¿O tendré que preguntar en primer lugar por Ioannidis? Todos se lo preguntaban. Si la Junta ya no está en el poder, se preguntan, ¿por qué Ioannidis continúa siendo el jefe de la ESA?». Suspiró. Se agitó dos veces en la butaca. Cerró los ojos, volvió a abrirlos y, por último, se lanzó a un apasionado preámbulo. Antes de contestar a la delicada pregunta, debía explicarme algunos antecedentes, dijo, antecedentes de los que nadie tenía conocimiento: demasiada gente creía que la causa del cambio fue Chipre, el estúpido golpe de Estado en Chipre. «¡Pero no, querida amiga! No, eso fue solo el principio. Lo que ha impulsado a los militares a abandonar el gobierno del país ha sido descubrir que la catástrofe vendría de Bulgaria». «¿¡¿De Bulgaria?!?». «Sí, querida amiga, sí: de los comunistas. Siempre entrometiéndose, los comunistas. Pues ¿qué hicieron los comunistas búlgaros en cuanto tuvimos problemas con Turquía en Chipre? Concentraron decenas de miles de soldados en la frontera. Y quinientos aviones rusos de combate, he dicho quinientos, llegaron a los aeródromos militares búlgaros. Y dos mil técnicos rusos, he dicho dos mil, llegaron a Bulgaria a través de Rumanía. Y los militares de la Junta se dejaron trastornar por el pánico. Un pánico que duró treinta y seis horas. Las treinta y seis horas más desesperadas de su vida porque... Bueno, porque son patriotas. Guste o no reconocerlo, verdaderos patriotas. Patriotas con mayúscula. Ioannidis incluido, Ioannidis el primero. Y Ghizikis reunió a sus jefes de Estado Mayor y les dijo: "La patria está perdida, señores; para salvarla no hay más remedio que delegar el mando en los civiles". Luego, nos llamó».

Hablaba, hablaba, y un misterioso malestar me producía enojo, que se añadía al arrepentimiento por haber ido en su busca. ¿Por qué lo busqué? ¿Quién me lo sugirió? Tú no. Nunca pronunciaste su nombre, nunca aludiste al detalle de que fuera suya la vocecita del querida-amiga-queridísima. ¿Quién, entonces? ¡Ah, sí! Canellopoulos, el ex primer ministro que la noche del golpe fue detenido y que hoy debería ocupar el puesto de Karamanlis. Conocía a Canellopoulos, lo conocí en los días en que solicitabas el pasaporte, y del encuentro nació una hermosa amistad. Me gustaba su rostro ascético y cansado, su gracia de anciano gentilhombre desilusionado, y admiraba su valor y su cultura de gran liberal. Apenas salí del cuchitril del aeropuerto, corrí a verlo. Hablamos largamente, con toda franqueza, pero ante la inesperada mención de Karamanlis, pasó por encima del tema con mil apuros, no-puedo-responder-a-eso, no-quiero, debo-evitar-ese-tema. Y de pronto: «Pregúnteselo a Averoff. Interrogue a Averoff». Telefoneé a Averoff y se ofreció a acudir a mi hotel. Extraño asunto, en cualquier caso. ¿Era posible que fuera él la roca sobre la montaña? Pese a las hábiles cháchara sobre los búlgaros y los aún más hábiles elogios a los miembros de la Junta, así como el empeño casi impúdico que ponía en justificarlos, faltaba un eslabón en la cadena de las pruebas. Un eslabón que tal vez estaba allí, al alcance de la mano, pero que yo no conseguía localizar. Lo mismo que cuando se busca un par de gafas que llevamos sobre la nariz. Era preciso encontrarlo, era preciso seguir con mayor atención lo que iba diciendo. «Y ahora, querida amiga, permítame que le explique cómo se han comportado con nosotros Ghizikis y sus jefes de Estado Mayor: como verdaderos señores. Por lo demás, conmigo siempre se han comportado como verdaderos señores. Sin duda sabe usted que me vi envuelto en la fracasada rebelión de la Marina el verano pasado, y que me detuvieron. Pues bien; no me tocaron un pelo. Irreprochables. Ah, y tengo que subrayarlo: irreprochables. Y ayer. Piense, querida, que íbamos llegando separadamente, y Ghizikis nos recibía de pie, educado, jovial, y luego nos invitaba a sentarnos y nos ofrecía naranjada o café. Cuando estuvimos todos, se sentó a su vez y, con gran simplicidad, declaró que la patria estaba a punto de caer en la tragedia final, y que para salvar a la patria toda la Junta había decidido renunciar a cualquier mando que no fuera el militar. Luego, llamó a sus jefes de Estado Mayor y uno por uno repitieron lo mismo. Se pasó a la discusión. Se habló de responsabilidades. Y en este punto Ghizikis estuvo admirable. Honrado, humano, admirable. Se ofreció como chivo expiatorio. Comprendo que el final del régimen requiere un chivo expiatorio, dijo, y por tanto me ofrezco como tal. Yo no quería convertirme en presidente de la República, señores, pero acepté serlo y es justo que pague. Bueno; inútil añadir que no había siquiera lugar para considerar tal propuesta y que, más bien, era preciso comprometerse para evitar represalias populares y castigos. Y en tal sentido nos hemos comprometido. Por último, nos enfrentamos con el tema decisivo: la elección de quién iba a formar gobierno. La mayoría quería a Canellopoulos, pero yo quería a Karamanlis». «¿Por qué Karamanlis y no usted mismo, señor ministro?». Reapareció la sonrisa: «¡Muy sencillo, querida amiga, muy sencillo! ¡Porque yo no iba a prescindir del Ministerio de Defensa! ¡Ah, en este punto siempre me mostré categórico! ¡Ca-te-gó-ri-co!». «Y lo ha conseguido». «Sí, querida amiga, sí. Cuando yo quiero una cosa, la consigo. Y cuando quiero dos, consigo las dos».

¡El Ministerio de Defensa, el ejército! Ese era el eslabón que faltaba en la cadena. ¿Qué decías tú a propósito del ejército? Esto: «En Grecia, quien manda en el ejército manda en Grecia». Busqué los ojos negros y redondos, las dos aceitunas sumergidas en aceite: «Señor ministro, ¿quién manda hoy en Grecia?». Las dos aceitunas se endurecieron y la vocecita se volvió helada: «¿Usted qué piensa, querida amiga?». «Hace una hora pensaba en Ioannidis, señor ministro». «¡Querida amiga! Yo soy el hombre al que obedece el general de brigada Ioannidis. Yo soy el hombre que manda en el ejército». «Y en Grecia, quien manda en el ejército manda en Grecia. ¿Verdad, señor ministro?». «¿Quién lo dice?». «Panagulis». Se levantó de repente. «De verdad que ha sido un placer conocerla, un placer exquisito. Lástima que ahora deba marcharme». Se encaminó a la salida, me tendió las manos sin huesos y me aprisionó de nuevo la derecha en las valvas de molusco. «Espero conocer también pronto a nuestro amigo; dígaselo. A propósito, ¿cuándo vuelve?». Y sin esperar la respuesta, se alejó, disipando en mí cualquier sombra de duda. Tan solo dos días después volvió a barrenarme el cerebro, pues los presos políticos empezaban a abandonar las cárceles, la gente se mostraba de nuevo alegre y el perfume de libertad adquiría poco a poco el perfil de una libertad. ¿Y si me había equivocado?

Sonreíste, irónico. «Las rocas en la cima de la montaña no son necesariamente malévolas, y si las prisiones no se vaciaran de presos políticos, ¿qué sentido tendría hablar de libertad? Él no se comportaría nunca como un tirano: es inteligente. ¿Sabes cómo se las ha arreglado para liquidar a Canellopoulos? En un momento, durante la reunión con naranjada y café, propone una pausa para meditar, y sale con los demás políticos. Luego, con la excusa de ir a los servicios, se queda en el palacio presidencial. Márchense-ya-nos-veremos-más-tarde. Regresa al despacho de Ghizikis y juntos llaman a Karamanlis a París. Salga-enseguida-venga-a-formar-gobierno. Cuando los otros regresan con el resultado de sus meditaciones, Karamanlis ya ha aceptado el encargo y está volando a Atenas en el avión de Giscard d'Estaing. Una obra maestra. Me juego la cabeza a que esta obra maestra ya la preparó Averoff antes de que la Junta abdicara». «En cualquier caso, dijo que esperaba conocerte pronto». «¡Hijo de perra!». «Y luego me preguntó cuándo volvías. ¿Cuándo vuelves?». En lugar de responder, esta vez te aproximaste a la ventana y me señalaste a una pareja sentada en el bar frente al hotel: un joven con vaqueros y una mujer. Ella, de unos treinta años, elegante y agradable. Pecho generoso y pelo rubio ceniza. «¿Quiénes son, Alekos?». «No lo sé. A él no lo he visto nunca, pero a ella sí. Ayer mismo, en Ginebra». Al día siguiente de mi partida para Atenas, fuiste a Ginebra para asistir a la conferencia sobre Chipre. «¿En Ginebra?». «Sí, al menos un par de veces. Y la primera no la reconocí. Experimenté una especie de inquietud y nada más. Pero la segunda...». «¿La reconociste?». «Sí, de Estocolmo. Adondequiera que fuese, en Estocolmo, aparecía ella. Al principio no hice caso, pues la creía una mitómana sueca. Pero luego hube de convencerme de que no era ni mitómana ni sueca». «¿Por qué?». «Porque no hablaba sueco». La observé de nuevo, con perplejidad. «¿Estás seguro?». «Segurísimo. Además, le gustaban las pelucas. En Estocolmo era rubia, como aquí, pero en Ginebra era trigueña. Por eso la primera vez no la reconocí». «Piénsalo bien, Alekos. Tal vez la mujer de Ginebra no es la misma que ahora está en la acera. A lo mejor solo se le parece. Desde lejos, se aprecia mal». «No la aprecio de lejos: iba en mi avión. Tomó el avión. Tuve tiempo de observarla bien». «¿Se dio cuenta ella?». «Espero que no. Apártate de esa ventana; no quisiera que se percatara ahora». Me aparté. «¿Y el joven?». «No lo he visto nunca. De todos modos, estoy seguro de que no cuenta. La que cuenta es ella, que me sigue. Y con mucha destreza. Es una profesional de alto nivel, una espía verdaderamente inteligente». «Espía ¿de quién?». «No lo sé. Para saberlo debería echarle el guante, y para echarle el guante debo dejarla que continúe un poco más. Podría trabajar para cualquiera: para el KYP o para el SID. Y si me sigue por orden del SID, es para hacerle un favor al KYP. Que los servicios secretos italianos y los griegos intercambian favores lo sabe todo el mundo». «Pero, Alekos, ¡el KYP obedecía a la Junta!». «Y ahora obedece al nuevo gobierno. Los servicios secretos siempre están a disposición del Poder; no cambian porque cambie un régimen o una política. A veces, para salvar la cara, cambian a sus hombres, incluso a sus dirigentes, pero es como calzarse en la misma mano un guante nuevo e idéntico al viejo. Yo ni siquiera creo que Averoff se haya preocupado de calzar al KYP un guante nuevo». «Sí, pero ¡¿por qué motivo debería seguirte ahora el KYP o solicitar al SID que lo hiciera?! A un hombre con tu pasado, con...». «A cierta gente mi pasado no le interesa. Le interesa mi presente o, más bien, mi futuro». El futuro. Tu futuro. Este era el interrogante que me agobiaba desde que cayó la Junta. ¿Qué ibas a hacer ahora de tu futuro, de tu vida? Te busqué los ojos: «Así pues, Alekos, ¿cuándo vuelves?». Pero de nuevo desviaste el tema señalando a la mujer y al muchacho de los vaqueros. «¡Hum! Apuesto a que a esos dos también les gustaría saberlo. Es más: apuesto a que a sus amos les gustaría mucho que volviera a Grecia dentro de un ataúd». Y por segunda vez te abstuviste de responder.

Al día siguiente, lo mismo. Y al otro día y al otro. Uno a uno iban regresando todos: políticos, actrices, estudiantes y escritores, y no era infrecuente que también lo hicieran farsantes que se habían marchado al extranjero solo para salvar la piel o para representar la cómoda comedia del perseguido político. «Soy una víctima de la Junta, ¡abajo la Junta!». Recibidos como héroes y heroínas por masas vociferantes y sudorosas, tal vez por las mismas personas que te dieron a ti con la puerta en las narices, desembarcaban en el aeropuerto de Atenas y, alzando el puño cerrado, y gritando viva-el-pueblo-viva-la-libertad, corrían a echar los cimientos de una carrera parlamentaria. Liberales, socialistas y antifascistas del oportunismo. Tú callado, quieto. Aclamado como un guerrero antiguo, como un Agamenón que regresa de las llanuras de Troya, Papandréu informaba a la prensa que regresaría a la patria por vía marítima y que desembarcaría en Patrás, para marchar sobre la capital en un cortejo de coches y autobuses, en medio de una selva de banderas rojas. «Andreas-viva-Andreas». Y tú callado, quieto. Mientras tanto, mi perplejidad aumentaba. ¿Te demorabas porque no querías mezclarte con el retorno de los perros que ladran cuando el peligro ha pasado, de los chacales que engordan con los sufrimientos ajenos? Sin dictadura ¿te interesaba menos tu país? En definitiva, la idea de afrontar una existencia normal ¿te llenaba de tedio? Ese es el drama de muchos combatientes, pensaba yo: acabada la guerra, no saben habituarse a la paz. Y frases a las que nunca otorgué importancia resonaban ahora en mis oídos para apoyar aquella tesis. «¡Qué bien comprendo a Guevara! ¡Antes que fastidiarme en Cuba, también yo habría ido a morir a Bolivia!». O bien: «Esta mañana me he encontrado con un griego que lucha de verdad, un trotskista. Lástima que lleve etiqueta y no podamos trabajar juntos. Me ha dicho: amigo, si cae la Junta, ¡nosotros nos vamos a quedar en paro y la barba va a llegarnos a las rodillas!». En Italia la barba aún no te llegaba a las rodillas: estaban los jóvenes con la esvástica en el cinturón, las rubias con peluca, la sospecha de que a alguien le gustaría que regresaras a la patria dentro de un ataúd. En efecto, la misteriosa persecución continuaba, agravada por un episodio nada desdeñable. Una vez entregado mi reportaje, hacia el 23 de julio, nos dirigimos a Zúrich, y mientras estábamos cenando en un restaurante próximo a la casa de Nicolaos: «¡Oh, no! Y sin embargo en el avión no la he visto». «Alekos, no me digas que está aquí». «Ya lo creo. A tu espalda. No te vuelvas». «¿Sola o acompañada?». «Sola». «¿Y de qué color, esta vez?». «Negro, tiene el pelo negro». «¿Qué hacemos?». «Una prueba. Salgamos y traslademónos a otro restaurante. Si nos sigue también allí...». Interrumpida la cena de manera ostentosa, salimos y nos dirigimos a una taberna con jardín, en el extremo opuesto de la ciudad. Y allí estaba, pocos minutos más tarde, asomándose con expresión de buscar a alguien, mirándonos un instante como distraída y luego marchándose como quien dice: «Paciencia, no está». «Corramos tras ella, Alekos, enfrentémonos a ella». «¿Y con qué pretexto? No es un crimen cambiar de pelucas y encontrarse en las mismas ciudades». «Y en las mismas calles, en los mismos restaurantes. Si no quieres enfrentarte a ella, dirijámonos a la policía». «¡Esa sí que es buena! ¿Y qué ibas a decirle a la policía? ¿Que una mujer rubia; no, morena; no, trigueña, aparece siempre donde estamos? Sin contar con que los servicios secretos se sirven precisamente de las policías. Démosle cancha. Quiero tener el gustazo de cogerla con las manos en la masa». Sí, tal vez era esto lo que aplazaba tu retorno a Grecia, concluí. La oscura fascinación de saberte más en peligro en el extranjero que en la patria, el miedo de aburrirte en la normalidad y con los aplausos que, ciertamente, también a ti te habrían tributado.

Pero de repente una noche: «Lo he decidido. Regreso el 13 de agosto, regreso en el aniversario de mi atentado a Papadópoulos». «¡Así que era eso lo que esperabas!». «No exactamente, si bien la idea de refrescar la memoria de alguien me divierte bastante. Y por alguien no me refiero solo a los Ioannidis o los Averoff. Me refiero también a los compadres de la otra orilla, los que no han hecho nunca nada». «Alekos, ¿qué significa no-exactamente?». «Significa... ¿Recuerdas cuando me preguntaste si prefería a Garibaldi o a Cavour?». «Sí, y tú me respondiste que preferías a Cavour». «O sea, la política. Bueno, después de haber meditado sobre algunas cosas, sobre la derecha, la izquierda y los hombres, no estoy tan seguro de amar aquella política». Luego, cambiando bruscamente de tema, como si hablar de ello te fastidiara, dijiste que, en cualquier caso, el problema inmediato era otro: llegar al 13 de agosto.

Para llegar al 13 de agosto era preciso tomar algunas precauciones. Y la primera precaución consistía en mantenerte alejado de los lugares donde los misteriosos perseguidores, tan interesados en tus desplazamientos, sabían que podían darte caza: la casa del bosque, la casa de la Toscana, la propia ciudad de Roma. Decidimos por ello pasar unos días en el mar, procurándonos así un poco de descanso y de intimidad, y escogimos la isla de Ischia, donde un amigo hotelero nos recibiría como si llegáramos de improviso. «Lo importante es no decirlo, no reservar habitaciones, viajar casi sin maletas. Nadie se dará cuenta, nadie nos encontrará». Pero a las veinticuatro horas, ella ya nos había encontrado. Eso suponiendo que hubiera llegado a perdernos de vista. Con su aire falsamente distraído, su pecho generoso y su pelo rubio ceniza, de nuevo rubio ceniza, se hallaba en la estación de Roma, y a unos diez metros de nosotros esperaba nuestro tren: el rápido de Nápoles. Pero no iba sola, sino con un muchacho de vaqueros, del mismo tipo que el que la acompañaba en el bar frente al hotel de Milán. «No comprendo, Alekos... Pero ¡¿por qué tienen tanto empeño en saber qué haces y dónde vas?!». «Tal vez no quieren solo eso, sino algo más. Precisamente empiezo a creer que quieren algo más». «¿Nos vamos de todas maneras?». «Desde luego. Ahora, ya, en cualquier parte sería lo mismo. Y a mí me interesa saber cuáles serán sus próximos movimientos». «Bien». Montamos en un vagón alejado del suyo, nos acomodamos en un compartimento ocupado por un matrimonio anciano y, casi enseguida, allí estaba el muchacho de los vaqueros, con un paquete dentro de una bolsa de celofán. Coloca el paquete en el portaequipajes, se sienta junto a ti y se pone a hojear una revistilla de cómics pornográficos. En la hebilla del cinturón luce una esvástica similar a la de los tipos que se paraban ante la cancela de la casa del bosque. Pero el detalle desagradable no era siquiera la esvástica, sino el nerviosismo que lo agitaba, como si le atormentara un grave problema o un temor. Habiendo dejado de lado la revistilla, suspiraba, resoplaba y lanzaba extrañas ojeadas al paquete. En un momento dado, se levantó, lo tomó, lo puso de nuevo y lo volvió a coger, asustando al matrimonio anciano; por último, se alejó blasfemando: Cristo por aquí, la Virgen por allá, carajo arriba, carajo abajo. «Vamos tras él, Alekos». «No, eso es lo que busca: una pelea. Si reacciono, aparto mi atención de ella y luego no tendré forma de comprobar si toma el ferri para Ischia. Porque lo tomará, ya lo verás. Y a mí me va bien: me sirve de confirmación y como pretexto para echarle el guante y saber quién es, quién la manda y con qué fin. Empiezo a estar harto de esta historia. Y como que me llamo Alekos que esta vez le echo el guante y se lo hago vomitar todo».

El ferri iba atestado. Con dificultades logramos embarcarnos, y ahora, encerrados en una barrera de cuerpos, estrujados, estábamos en el puente, tratando en vano de abrirnos paso para encontrar un rincón cómodo. Era imposible moverse incluso medio metro. «La hemos perdido», murmuré. «Tal vez». «Habría sido mejor enfrentarse a ella en cuanto nos apeamos del tren». «Tal vez». En efecto, en cuanto nos apeamos del tren, reapareció con el muchacho de los vaqueros. Se hallaban al fondo, bajo la marquesina, y el joven ya no llevaba el paquete dentro de la bolsa de celofán. Ella le hablaba animadamente, como si estuviera reconviniéndole. ¿Por qué? ¿Por no haberte provocado lo bastante? Sin descomponerte, y siempre fingiendo no haberla advertido, me empujaste fuera de la estación: «Ven, no te vuelvas». El trayecto entre la estación y el muelle era breve, y lo recorrimos a pie para percatarnos mejor de si nos seguía. Pero no nos siguió. «A menos que haya venido en taxi y haya llegado antes». «Tal vez». «En ese caso está abajo, entre los pasajeros sentados». «Tal vez». «O a lo mejor ya no nos sigue y se queda en Nápoles». «Tal vez». Los motores se pusieron en marcha y el ferri se fue apartando del muelle. «Mejor así». Y precisamente mientras estaba diciendo mejor-así, reaparece en el lado opuesto del puente, saludando a dos personas que se quedaban en tierra: el chico de los vaqueros y un joven carirredondo y pecoso. Agitaba la mano derecha, la llevaba a la oreja con el gesto de quien contesta al teléfono, y repetía: «¡A las ocho! ¡Os llamo esta noche a las ocho!». Una voz fresca, ostentosa, y un italiano perfecto. Los otros dos asentían con la expresión disciplinada de quien obedece a un jefe. Te vi palidecer y luego, con un seco arrebato, te zambulliste en la barrera de cuerpos, desoyendo las protestas. Qué-quiere, por-qué-empuja, dónde-cree-que-va. A los diez minutos volviste: «No está». «¿¡¿No está?!?». «No la he encontrado. He recorrido todo el ferri. No está». «Voy yo». Fui, levantando más protestas, qué-quiere, por-qué-empuja, dónde-cree-que-va, y la busqué por todas partes, incluidos los servicios, pero no la encontré. «¡Y sin embargo, está a bordo!». «Desde luego que está a bordo». «Volvamos a probar juntos. No, la sorprenderemos a la llegada. Bajaremos los primeros y la sorprenderemos». Bajamos los primeros y nos situamos al pie de la pasarela, atentos a cada pasajero, decididos a no dejarla escapar. No nos distrajimos ni por un momento, excepto cuando un turista se puso a gritar que le habían robado la cartera, y estalló una pequeña riña que nos empujó atrás. Tal vez fue entonces cuando se deslizó fuera sin que la observáramos, pues poco después un coche se alejaba, y por la ventanilla posterior era más que visible su cabeza rubia.

El primer día no sucedió nada. Permanecimos casi tranquilos. El amigo hotelero nos proporcionó una agradable habitación con vistas al mar, y el establecimiento era inmejorable, con dos restaurantes, una playa privada, una hermosa piscina y una ensenada protegida por el cartel «Acceso prohibido». Nos animó llegar a la conclusión de que era inútil dejarnos vencer por las iras o las angustias: lo mejor era disfrutar de nuestras vacaciones. Como máximo, permaneceríamos atentos: nada de salir a la carretera, nada de alejarnos nadando hacia alta mar, sino quedarnos siempre entre la gente, o sea, entre posibles testigos. Pero a la mañana siguiente: «¡Despierta, despierta!». «¿Qué sucede?». «Mira». A quinientos o seiscientos metros de la orilla, en línea recta frente a nuestra habitación, se hallaba una gran motora cubierta. «Alekos, estamos junto al mar, y en agosto. ¿No te parece normal ver una motora en el mar en agosto?». «De día sí, pero de noche no. Y está ahí desde esta noche». «¿Y qué?». «Pues que las motoras no salen de paseo por la noche, y menos se quedan ahí paradas». «¿No sé? ¡A lo mejor están pescando!». «De que están pescando no cabe duda. Pero que estén pescando peces lo dudo. Desde que llegó no se ha movido». «Se le habrá estropeado el motor». «Si se le hubiese estropeado el motor, ya habrían ido a repararlo o a remolcarla. El motor funciona pero que muy bien, ¿qué apuestas?». Aposté y perdí. Al cabo de unos minutos, la motora se puso en marcha y se alejó, para reaparecer muy pronto y detenerse en el punto anterior. Allí permaneció hasta el mediodía, en que de nuevo se puso en marcha y volvió a alejarse, para reaparecer una vez más y detenerse un centenar de metros más cerca de la orilla. A las tres de la tarde, lo mismo. Y también al atardecer. A intervalos de unas tres horas iba y venía, aproximándose cada vez unos cien metros. A bordo iban cuatro personas: ¿era posible que ninguna bajara a tierra? Se lo preguntamos al bañero, quien murmuró que el verano está lleno de locos, que no se cuentan los locos que hay en verano, que el año anterior una pareja permaneció en alta mar casi una semana: se llamaban concursos de resistencia. La respuesta nos convenció hasta el punto de que a la hora de la cena, escoltados por el hotelero amigo, nos dirigimos a un restaurante del puerto, donde comiste con apetito y bebiste con alegría. Luego, por la noche, dormiste con un sueño sereno. Yo no. Ni por un instante tomé en serio la perorata del bañero, y en el restaurante no hice más que mirar en derredor, de modo que ahora me levantaba continuamente e iba a la ventana para comprobar si la motora continuaba allí. Y, en efecto, continuaba, iluminada por la luna, meciéndose en el mar tranquilo: a cualquiera le habría parecido la embarcación más inocua del mundo. Al amanecer, igual, y seguía meciéndose. Durante la mañana, igual, y seguía meciéndose. Y tampoco se movió a las tres de la tarde, cuando en lugar de subir a la habitación bajamos a la ensenada protegida por el cartel «Acceso prohibido» y, sin preocuparnos de que estuviera desierta, nos tendimos a la sombra de una roca. Seguía allí, meciéndose, chapaleando ahora con fuerza, porque de tanto acercarse había llegado a menos de doscientos metros de la orilla. Te la señalé: «¿De verdad ya no te preocupa?». Sonreíste con indiferencia: «Ayer por la tarde, en el restaurante, habrían podido matarme sin dificultad. Me equivoqué: no están aquí por mí, no son peligrosos». «Peligrosos tal vez no, pero sí extraños. ¿No tienen calor todo el día bajo el sol?». «Es una motora cubierta». «¿Y no sienten deseos de darse un baño?». «Serán unos perezosos». «¿Y por qué no se les ve nunca?». «No lo sé». «Hay una cosa que me deja perpleja: se mece y se mece. Quiero decir que no parece anclada. ¿Por qué no echan el ancla?». De pronto tu sonrisa desapareció, como si te hubiera proporcionado una idea que ni te hubiera pasado por la cabeza. Te pusiste en pie de un salto y dijiste: «No te muevas; voy a echar un vistazo». Y antes de que pudiera detenerte, ya te habías lanzado al agua y nadabas derecho hacia la motora.

Lo que sucedió después se desarrolló muy deprisa. Evocándolo, vuelvo a verlo todo como en una película proyectada a gran velocidad, en un tiempo que corre tras de sí mismo, precipitada y frenéticamente, lo que es extraño, pues nuestros gestos no eran precipitados ni frenéticos: te movías con calma, y yo también. La calma era indispensable si queríamos salirnos con la nuestra, y debíamos mostrar una absoluta indiferencia: lo comprendí en cuanto oí ponerse en marcha la motora. Te habías aproximado mucho nadando; ahora estabas a unos cincuenta metros de ella, y de pronto, en una cabriola, te sumergiste y te volviste para retroceder con amplias y decididas brazadas, lentas pero decididas: cada brazada era un vigoroso empujón y un largo surco de espuma, mientras ella se movía, asimismo lenta pero no menos decidida, como si se divirtiera concediéndote una ventaja, retrasando el placer de echársete encima, consciente de su propia superioridad y segura de vencer. Por fin se habían hecho bien visibles los cuatro muchachos. El que iba al timón era muy joven y rubio, y los otros tres, morenos, en torno a los treinta años. Te miraban hostiles, con el ceño fruncido, más hostiles y con el ceño más fruncido a medida que la distancia disminuía, y desde luego que tú notabas que disminuía. Sin embargo, continuabas nadando al mismo ritmo regular y preciso, sin volverte, sin mirarlos, sin exteriorizar ningún nerviosismo, dirigiéndote a la entrada de la ensenada, al estrechamiento donde estaba el cartel de «Acceso prohibido». En efecto, allí el paso era angosto, y la motora habría tenido dificultades para penetrar. Ganabas al menos dos metros con cada brazada: un poco más de esfuerzo y alcanzarías la roca del muellecito pero ay de ti si te cansabas, si te descorazonabas. Sin embargo, no te cansaste ni te descorazonaste, y he aquí que te hallabas casi en el interior de la ensenada, que te agarrabas a la roca, que subías al muellecito y que lo recorrías a paso regular, tranquilo, siempre sin volverte, sin mirarlos, como si no te importasen la motora, que se había detenido, ni los jóvenes que discutían, inseguros, si desembarcar o no. Mientras tanto, yo iba a tu encuentro, tratando de imitar tu flema, y de ignorar tu rostro contraído por la tensión, verdoso, y tus ojos muy abiertos e incrédulos. El corazón me latía agitado. Dejé el albornoz, mis zapatos, tus pantalones y tus sandalias —todo, en suma— junto a la roca, y sabía que todo debía continuar allí, como si nos alejáramos por un momento solamente; sabía que pronto me agarrarías por una muñeca y me empujarías al recinto de la piscina y luego a la terraza y al ascensor diciendo: «Sonríe». Te alargué el brazo y me tomaste por la muñeca: «¡Sonríe! ¡Sonríe!». Me empujaste al recinto de la piscina y luego a la terraza y al ascensor: «¿Tienes la llave de la habitación?». Una vez en la habitación, atisbaste entre las rendijas de las persianas. «Dos han desembarcado y nos esperan abajo. Has hecho bien dejándolo todo allí». «¿Y si vienen aquí?». «No vendrán. No tienen cojones. Esperan a que bajemos a coger nuestras cosas, te digo. Ahora vistámonos, rápido». «¿Y luego?». «Luego salimos y saltamos dentro de un taxi, nos vamos al puerto y tomamos el primer barco que zarpe. Nada de equipaje. Se queda aquí. Mañana por la mañana telefonearemos para que nos lo manden junto con la cuenta. Hasta mañana por la mañana, nadie debe saber que nos hemos marchado. Nadie».

Tu voz era fría, pero tu rostro aún estaba contraído por la tensión, blanco, y tus manos temblaban mientras te vestías. Seguías temblando mientras pasabas con falsa desenvoltura ante el conserje, y mientras montábamos en el taxi, íbamos al puerto, embarcábamos en el barco de Nápoles y, una vez aquí, corríamos a la estación central para mezclarnos con el hormiguero de un tren correo, en segunda clase. Nunca te había visto así. Solo cuando estuvimos en el tren tus manos dejaron de temblar, a tus mejillas volvió un poco de color y rompiste el mutismo en que te habías encerrado: me contaste entonces por qué hiciste aquella cabriola en el agua y retrocediste. «Advertí lo que andaba buscando: el ancla estaba verdaderamente echada. No se echa si se necesita estar listo para zarpar. He dudado por un instante, y el rubio ha dicho: ¡aquí está! Los tres se han asomado. Me ha parecido que uno tenía revólver. Y, sin embargo, no creo que quisieran matarme. De haberlo querido, habrían tenido tiempo. Estoy seguro de que se proponían raptarme». «Pueden hacerlo en las próximas horas, Alekos. Tu avión despega pasado mañana». «Lo sé, pero esta noche no harán nada, pues no nos han visto partir. ¿Quién nos ha visto partir? El equipaje está en la habitación, la cuenta está por pagar, ¡y nadie sospecha que hayamos regresado a Roma!». De esto parecías tan seguro como para no dejarme expresar dudas ni consejos, y en Roma quisiste ir enseguida al hotel y de allí al Trastevere, donde elegiste una *trattoria* con terraza al aire libre. Estábamos cenando allí cuando un profundo suspiro te vació los pulmones: «¿Acaso hay un momento a partir del cual ya no se les puede dar esquinazo?». «¿Por qué dices eso?». «Porque han vuelto a encontrarnos. Mira aquel coche verde, allá». Miré. Era un Peugeot verde oscuro, aparcado al otro lado de la plaza, y dentro se divisaba a un tipo con gafas oscuras. «Tal vez espera a alguien, Alekos». «Así es. Me espera a mí». «A lo mejor dentro de poco se va». «No se va, no se va. Hace media hora que está ahí». «Podría tratarse de una casualidad». «Podría, pero no lo es». Pagaste. Llamaste a un taxi. Este se acercó, y apenas se puso en movimiento, el Peugeot hizo otro tanto para pegársenos atrás de manera tan imprudente que el taxista se asomó dos veces por la ventanilla para gritar: «Imbécil, ¿qué quieres?». Y pronto lo supo, porque en la avenida que discurre paralela al río el tipo de las gafas oscuras se colocó a nuestro lado y nos dejó ver, nítidas a la luz de los faros, su sonrisa sardónica, su cara bien afeitada, sus manos enguantadas, su chaqueta a cuadritos, elegante, y su corbata azul. Una vez se hubo situado junto a nosotros, nos adelantó, disminuyó la marcha, se colocó de nuevo para volver a adelantarnos y frenar y, por último, repitiendo la maniobra de Creta, golpe con el morro y golpe con la cola, nos embistió y nos despidió sobre la acera. El conductor se portó bien. No solo consiguió evitar el árbol contra el que, de otra forma, nos habríamos estrellado sino que luego, incitado por ti, se lanzó a una persecución que permitió al menos tomar el número de la matrícula. Como de costumbre, falsa.

A causa de la matrícula falsa, siempre una matrícula falsa, estalló mi exasperación y, gritando que no iba a enviarte a tu patria dentro de un ataúd, solicité la intervención de la policía. Y la policía envió una escolta de tres agentes de paisano. Tú no los querías, naturalmente, y gritabas desdichada, inconsciente, ridiculizarme así, pegándome a los talones a los jornaleros del Poder, no comprendes que buscar la protección de la policía es de ingenuos, que además significa renunciar a cualquier esperanza de saber quiénes son y quién los manda. Y tenías razón: después de tu muerte, descubrí que la policía italiana estaba más interesada en vigilarte a ti que a quien quería raptarte o matarte; conocía incluso a la rubia de las pelucas, una croata llamada Jagoda, a quien se daba el sobrenombre de Salamandra por su resistencia y su veneno. Estaba al servicio del SID y de la CIA, era amiga de un general del Movimiento Social Italiano y madre abadesa de grupos fascistas. No por azar los tres agentes que te designaron parecían enviados a propósito para advertir a los incautos: cuidado-muchachos-no-os-adelantéis-o-nos-veremos-obligados-a-deteneros. Se exhibían de manera grotesca, encerrándote en una especie de abrazo protector, como enfermeros que mantienen en pie a un enfermo, olisqueando y escrutando a los transeúntes como cazadores que avanzan por una jungla infestada de fieras, en ocasiones desabrochándose la chaqueta para que se viera que llevaban el revólver metido en el cinturón. Discutimos por ello, hasta el punto de que anulé mi viaje a Atenas y lo sustituí por uno a Nueva York. Pasamos las últimas veinticuatro horas como extraños que solo están juntos para mantener la fachada a ojos de los demás. Y así quedó en un interrogante suspendido en el aire la pregunta que desde hacía algunos días me quemaba los labios, y que en vano intenté replantear tras la mención bruscamente interrumpida; esto es, cómo ibas a volver a la política, a *qué* política, cómo harías fructificar las cosas que comprendiste cuando te pusiste a pensar.

Los aviones para Atenas y Nueva York despegaban casi a la vez, y la discusión ya estaba superada: rompió el hielo una frase en broma de Sancho Panza, que deja a don Quijote para convertirse en gobernador de la ínsula Barataria pero que volverá feliz a hacerle de escudero. Me pediste perdón, yo te pedí perdón, y ahora estábamos sentados tranquilamente, esperando que anunciaran la partida de ambos vuelos y diciéndonos algunas de las cosas que no nos dijimos durante aquellas veinticuatro horas. Que continuaríamos manteniendo nuestra casa del bosque, que al cabo de dos semanas yo me reuniría contigo o tú conmigo, que en ningún caso permaneceríamos por mucho tiempo lejos el uno de la otra, que vivir en lugares distintos en países distintos nos devolvería a la tranquilidad de las recíprocas libertades cotidianas, sin cambiar nada. Pero ambos sabíamos que un capítulo de nuestra existencia había concluido, y la tristeza nos atormentaba con mil arrepentimientos: el arrepentimiento de no habernos comprendido siempre o de haber rivalizado en asperezas superfluas; el arrepentimiento incurable de haber perdido un hijo que nunca más nacería. De vez en cuando se producían silencios dolorosos, y tu mano buscaba la mía y tus ojos mis ojos. También se intercalaban frases inútiles, las mismas con que se llenan los vacíos cuando el tren está a punto de partir y no parte, de tal modo que un minuto se hace larguísimo, no termina nunca. ¿Vas-a-Washington-o-te-detienes-en-Nueva-York? Te-telefonearé-en-cuanto-llegue. Sí-y-tú-escribe. De pronto: «¿Qué fue del padre Tito de Alencar Lima?». Te miré sorprendida. Hacía un año que te conté su historia, y en un año nunca pronunciaste su nombre ni me preguntaste qué fue de él. «Está en París. Te encontrabas aún en Boiati cuando el gobierno brasileño lo liberó junto con setenta presos políticos a cambio de un embajador raptado. Se fue a Santiago de Chile, donde permaneció hasta la muerte de Allende. Luego, gracias a la intervención de la ONU, Pinochet le permitió abandonar el país. Eligió marcharse a París y encerrarse en un convento de frailes dominicos. ¿Por qué, de improviso, te interesa el padre Tito de Alencar Lima?». Sonreíste, evasivo: «¿No me comparabas con el padre Tito de Alencar Lima?». También yo sonreí: «Solo antes de conocerte. Te comparaba con mucha gente antes de conocerte. Pero ¿por qué, de improviso, te interesa el padre Tito de Alencar Lima?». «Caminaba sobre hojas y alzaba los brazos». «¿Qué significa eso?». «No lo sé, pero siento... siento que es muy desdichado. Tal vez ya no siente deseos de luchar. Y ay del que ya no siente deseos de luchar. Se alzan los brazos y se muere». El altavoz graznó y anunció tu vuelo. Nos levantamos para dirigirnos a la puerta de embarque. «Entonces, adiós». «Adiós». «Habrá mucha gente esperándote, ¿eh?». «¡Oh, Dios! Imagina qué multitud». «Entonces, cuidado». «No te preocupes. Aún tenemos un montón de tiempo para pasarlo juntos. Al menos dos años. Mientras estaba aferrado al brocal del pozo, en el sueño de la montaña, transcurría un verano, un otoño, un invierno, una primavera, y otro verano, otro otoño y otro invierno... Volaban las golondrinas cuando se desencadenó el viento: eso suma casi dos años». «¡No digas tonterías!». «No son tonterías. ¿Cuántas veces he de repetirte que los sueños no son tonterías?». Alrededor de una semana más tarde, cayó en mis manos un periódico con un titular que decía: «Un padre dominico se suicida en París». El suicida era el padre Tito de Alencar Lima. La noticia explicaba que su cuerpo fue hallado en un bosque, con las venas cortadas, y que resultó difícil identificarlo porque yacía allí al menos desde hacía quince días. Con mucha probabilidad su muerte se remontaba al 13 de agosto.

Parte cuarta

1

En la leyenda del héroe figura el regreso a la aldea, que justifica las penalidades sufridas y las empresas realizadas en el reino de lo imposible: sin el retorno, su prolongada ausencia perdería todo significado. Pero el retorno también constituye la experiencia más amarga con que debe enfrentarse, un dolor que lo desgarra más que las batallas que sostuvo en el periodo de las grandes pruebas, y no solo porque hasta las puertas de la aldea se ve combatido por los dioses, que no se cansan de someterlo a pruebas y de atormentarlo, sino porque al regresar entre los comunes mortales debe padecer su ingratitud, su indiferencia y su ceguera. Solo en una leyenda el héroe se ahorra esa amarga experiencia, ese dolor: la del guerrero hindú Muchukunda, que para no verse desilusionado por los hombres pide a los dioses que lo duerman con un sueño que dure milenios, y de ese sueño despierta convencido de que los hombres no merecían su sacrificio, por lo que, entonces, se recluye en una caverna, a fin de liberarse de sí mismo, sumiéndose en un sueño del que nunca despertará. Pues bien; todo esto no te era desconocido en el momento de montar en el avión que te devolvería a tu patria. Tu renuncia a los viajes clandestinos después de que fueras rechazado por todos y te encontraras en aquella playa con la mitad de la cara quemada por el sol de mediodía nació de la definitiva confirmación de la ingratitud, la indiferencia y la ceguera ajenas. Tu permanencia en un exilio que, una vez caída la Junta, no tenía ya razón de ser nació de la conciencia de la nueva soledad en que caerías a tu regreso. Derecha e izquierda, ideologías, partidos, conformismos, tarjetas para el ordenador. Lo que no sabías y ni siquiera sospechabas era la desilusión que se abatió sobre ti al desembarcar en Atenas. «¿Habrá mucha gente esperándote?». «¡Oh, Dios! Imagina qué multitud». Quiero decir que no te cabía la menor duda de que en el aeropuerto te brindarían un recibimiento triunfal. Ni a mí. En los periodos que señalan la transición de un régimen a otro, cualquier pretexto es bueno para entonar himnos, me repetía mientras volaba hacia Nueva York, y vaya que sí: corrieron por millares a recibir a un Karamanlis que durante once años vivió cómodamente en París, a un Papandréu que durante siete permaneció plácidamente en Canadá. A millares se desgañitaron por las pequeñas víctimas de la dictadura o por los medrosos que en el extranjero no hicieron más que esperar tiempos mejores: quién sabe, pues, qué iba a suceder a tu llegada el 13 de agosto. Quién sabe con qué relieve los periódicos subrayarían la significación de aquella fecha, la elección de regresar en el aniversario del día en que trataste de devolver al país su dignidad y su libertad. Por eso, cuando te telefoneé desde Nueva York, tus palabras me cayeron encima con la pesadez de un bastonazo: solo un par de periódicos publicaron la noticia, pero en dos líneas tan escondidas que pocos las advirtieron, y el que las advirtió se quedó tan fresco. En efecto, el exiguo grupito que esperaba al otro lado del recinto de la aduana estaba formado por amigos, conocidos, muchachas deseosas de llevarte a la cama, tíos, tías, sobrinos, primos en primer, segundo y tercer grado, personas todas ellas reunidas merced a frenéticas llamadas telefónicas, corre-ven-consigamos-que-se-encuentre-con-un-poco-de-gente. Tampoco faltaba alguien que levantaba una patética pancarta de viva-la-libertad, alguien que enarbolaba una bandera roja más patética todavía y alguien que gritaba excitado dejen-paso, como si hubiera habido necesidad de ello. Estalló un aplauso como los que se oyen cuando se apagan las velitas sobre la tarta de cumpleaños, te dejaste zarandear y besuquear por bocas afanosas, palpar por manos sudorosas, y luego desapareciste dentro de un coche y hasta el día siguiente no volvió a verte nadie. «¿Por qué, Alekos, qué hiciste?». «Me emborraché peor que un cerdo. Y me fui con una puta. Gorda». «¿Por qué, Alekos, por qué?». «Porque me ganó como a un muñeco de pimpam-pum».

No me afectó tanto la historia de la puta gorda cuanto el tono lúgubre de tu voz: mucho tiempo después, estudiando los cinismos e incoherencias con que a menudo envileciste tu hermoso personaje —mujeres tomadas y desechadas, amigos insultados, borracheras insensatas—, me pregunté si todo aquello no empezó la tarde y la noche del 13 de agosto de 1974, a raíz de la insignificancia de aquel retorno. Algo se rompió dentro de ti al descubrir que la fecha del 13 de agosto no significaba nada en el país por el que habías peleado, que por millares habían corrido a recibir a Karamanlis y al hijo de Papandréu y a las pequeñas víctimas de la dictadura, pero no al único que se atrevió a lo que nadie se atreviera y que fue condenado a muerte. Eso fue algo que te envenenó, que en un momento dado, incluso, te embruteció en una manía de degradación masoquista, y ello a pesar de una realidad que conocías muy bien: si tú hubieras estado de parte de Karamanlis o de Papandréu, es decir, inserto en los esquemas de la derecha y la izquierda, en uno de los dogmas que dividen el mundo y aborregan a los hombres como jugadores o simpatizantes de un equipo de fútbol, por muy inepto y holgazán que sea, entonces los periódicos habrían dado la noticia de tu llegada con gran relieve, y todos habrían recordado que el 13 de agosto era el aniversario del atentado a Papadópoulos, y también habrían acudido a recibirte por millares. Porque los habrían mandado, los habrían puesto en fila y los habrían mandado, lo mismo que los pusieron en fila y los mandaron a recibir a Karamanlis, a Papandréu y a los demás: «Pero un poco de gente, dime, ¿había o no?». Estallaste con el fragor de una bomba: «¡La gente, el pueblo! ¡El buen pueblo que nunca tiene la culpa de nada, y que siempre es absuelto porque se le explota, se le manipula y se le oprime! ¡Como si los ejércitos estuvieran compuestos solo por generales y coroneles! ¡Como si los únicos que hicieran la guerra y disparasen sobre los inermes y destruyeran las ciudades fueran los jefes de Estado Mayor! ¡Como si los soldados del pelotón de ejecución que debía fusilarme no hubieran sido hijos del pueblo! ¡Como si los que me torturaban no fueran hijos del pueblo!». «¡Cálmate, Alekos!». «¡Como si el pueblo no aceptara a los reyes en su trono, como si el pueblo no se inclinara ante los tiranos, como si el pueblo no hubiera elegido a los Nixon, como si el pueblo no votara por sus amos!». «Cálmate, Alekos». «¡Como si la libertad se pudiera asesinar sin el consentimiento del pueblo, sin la bellaquería del pueblo, sin el silencio del pueblo! ¿¡¿Qué quiere decir el pueblo?!? ¿¡¿Quién es el pueblo?!? ¡Yo soy el pueblo! ¡El pueblo son los pocos que luchan y desobedecen! ¡Ellos no son pueblo! ¡Son borregos, borregos, borregos!». Y colgaste el auricular.

Entonces te escribí una carta, una de las pocas que en lo sucesivo íbamos a intercambiar. Estaba dolida, escribí, y no tanto por la puerca borrachera ni por la insignificante juerguecilla sexual con que estropeaste un retorno denso de significados. Por desgracia, habría otras borracheras en tu vida, y otras putas gordas, delgadas y ni gordas ni delgadas, por lo que oí antes de que interrumpieras la conferencia telefónica. En efecto, eso demostraba que tus reflexiones no habían servido para nada. ¿Es que no sabías ya ciertas cosas? ¿No se remontaba a Boiati tu poesía sobre el rebaño? «Sin pensar nunca, / sin una opinión propia. / Gritando una vez hosana / y otra a-muerte a-muerte». ¿Acaso no habíamos discutido hasta la saciedad sobre ese pueblo que va siempre a donde le dicen que vaya, que hace siempre lo que le dicen que haga, que piensa siempre lo que le dicen que piense, ciegos secuaces de toda autoridad constituida, de todo dogma, de toda iglesia, de todo ismo, de toda moda, y absuelto de toda su culpa y su vileza por los demagogos a los que no les importa nada, y al absolverlo solo tratan de esclavizarlo mejor para servirse mejor de él? ¿No llegamos a la conclusión de que según esos demagogos el pueblo es una abstracción numérica, un concepto para sustraer al individuo a su identidad y a su responsabilidad, y que, por el contrario, el único hecho real es el individuo y cada individuo es responsable por sí mismo y por los demás? En un libro mío sobre la guerra del Vietnam, leíste el ejemplo de la bala del fusil M16. Una bala que viaja casi a la velocidad del sonido y que, mientras viaja, gira sobre sí misma, y al penetrar en la carne continúa girando, y rompe, lacera y desangra, de tal modo que si a uno le alcanzan en un músculo muere al cabo de un cuarto de hora. Una bala atroz, y es atroz que alguien la haya inventado, que un gobierno la haya adoptado, que un industrial se haya enriquecido con ella. Pero no menos atroz es que los obreros de una fábrica la construyeran escrupulosa y concienzudamente, con el refrendo de sus sindicatos, de sus partidos socialistas y pacifistas, descartándola si un defectillo frenaba su trayectoria y le impedía romper, lacerar y desangrar. Y también era atroz que los soldados de un ejército la disparasen, esmerándose para que, por favor, no se desperdiciara, y sintiéndose absueltos por la asquerosa consigna yo-cumplo-órdenes. Ya estoy harta de la cantilena yo-cumplo-órdenes, cumplía-órdenes, he-cumplido-órdenes, te escribía; estoy harta de la responsabilidad que solo se atribuye a los generales, a los ricos y a los poderosos: entonces, ¿qué somos nosotros? ¿Datos en el registro civil, números que se manipulan como a ellos les place en las guerras y en las elecciones, en la propaganda de sus jodidas ideologías, iglesias e ismos? También es culpa nuestra, mía, tuya, suya, de cualquiera que obedezca y sufra si aquella bala es inventada, fabricada y disparada. Decir que el pueblo es siempre víctima, siempre inocente, constituye una hipocresía, una mentira y un insulto a la dignidad de todo hombre, de toda mujer, de toda persona. Un pueblo se compone de hombres, mujeres, personas, y cada una de estas personas tiene el deber de elegir y decidir por sí misma; y no se deja de elegir y decidir porque no se sea general, ni rico, ni poderoso. Pero el motivo por el que te escribía, concluí, no era, desde luego, recordarte cosas que sabías, sino algo que te afectaba. Una historia ambientada en los comienzos del siglo XIX en Nueva Inglaterra, de la que fue protagonista un campesino llamado Rip van Winkle. «Cuando Rip regresó, como tú, a su aldea, las cosas habían cambiado mucho: se disponían a celebrar elecciones. Y como habían transcurrido cien años, nadie lo reconocía, ni él reconocía a nadie. Con su fusil de caza, seguido por un enjambre de mujeres y niños, Rip se puso a vagar por las calles y llegó a una taberna donde se celebraba un mitin. Entró para escuchar, y como era distinto de todos, atrajo la atención de los políticos, que enseguida lo rodearon, escrutándolo con interés. Concluido el mitin, incluso el orador se le acercó. Lo llevó aparte y le preguntó por cuál de los dos partidos votaría. Rip abrió mucho la boca, aterrado. Entonces se aproximó uno del público y, tirando a Rip de la barba, repitió la pregunta: ¿era federalista o demócrata? De nuevo Rip abrió mucho la boca, aterrado, y se produjo un gran silencio. En medio de aquel silencio se abrió paso un señor de aspecto autoritario, tocado con bicornio. Con el brazo izquierdo apoyado en el costado y la mano derecha en el bastón, se plantó ante Rip y le pidió que explicara qué estaba haciendo en las elecciones con un fusil a la espalda y un grupo de desgraciados tras sus talones: ¿acaso se proponía provocar desórdenes en la aldea? Del terror pasó Rip a la consternación, y respondió que él era una persona como Dios manda, nativo del lugar: había regresado para ser útil, para asumir sus responsabilidades individuales, y el fusil lo llevaba porque los tipos como él a veces lo llevan, pero nunca había hecho mal uso de él. En cualquier caso, no votaba ni por los federalistas ni por los demócratas. Estalló entonces un gran tumulto. "¡Uno que no vota ni por los federalistas ni por los demócratas! ¡Es un prófugo!, ¡un hereje!", gritaban todos. "¡Expulsadlo! ¡Detenedlo!". Rip fue apresado y unos y otros le dieron de bastonazos. Así, pues, Alekos, para el rebaño y para los tipos con bicornio, o sea, para la política de los políticos, tú eres el mismísimo Rip van Winkle».

En realidad, la historia no era exactamente así; yo la alteré un poco a mi manera. Por ejemplo, para justificarse, Rip respondía: «¡Oh, señores! ¡Yo soy un pobre hombre, tranquilo, nativo del lugar, un fiel súbdito de Su Majestad, a quien Dios bendiga!». Además, Rip no era un verdadero héroe, ni había sufrido; simplemente, se había quedado dormido, y sus empresas con el fusil las realizó en sueños. Pero tú no lo sabías, y apenas recibida la carta me telefoneaste: «Buena historia la de Rip van Winkle, pero entre él y yo hay una diferencia. A él le dieron enseguida de bastonazos, y a mí no. Pronto habrá elecciones y, ¿quieres creerlo?, todos me quieren: desde Karamanlis hasta Papandréu, de los comunistas a la Unión de Centro». «¡No es posible!». «Sí que lo es. En la política de los políticos todo es posible. La política de los políticos se sirve de cualquiera, a costa de ofrecerle un escañito en el Parlamento». La voz sonaba casi festiva: estaba claro que el trauma del primer día se había olvidado. «¿Y tú qué piensas hacer, Alekos?». «Me ha gustado, sobre todo, el detalle del tipo autoritario tocado con bicornio». «Alekos...». «¿Sí?». «Te he hecho una pregunta». «¿Qué pregunta?». «La has oído muy bien». «Sí, y yo te hago otra: ¿conoces una manera de hacer política sin entrar en la política de los políticos? Yo quiero hacer política. La política es para mí un deber, un instrumento de lucha. ¿Para qué sirve batirse por la libertad si cuando hay un poco de libertad no se utiliza para hacer política? Intenté matar a un hombre para que se pudiera hacer política, sufrí el dolor para que se pudiera hacer política, estuve en presidio y en el exilio para que se pudiera hacer política: ¿acaso debería retirarme a la vida privada ahora, que estamos a punto de tener un Parlamento? Debo entrar en ese Parlamento, debo entrar como Ulises entró en la ciudad de Troya en su caballo de madera. Así que necesito un caballo de madera». «Eso es lo mismo que ceder a un reclamo, Alekos». «No, si una vez haya penetrado en la ciudad de Troya, me voy por mi cuenta. Además, te digo que no tengo elección. El único dilema ahora es... Adiós, cuesta demasiado hablar de esas cosas entre Atenas y Nueva York».

Durante algunos días no volví a llamarte, pues sabía muy bien cuál era el dilema. Era el acostumbrado dilema de los que no llevamos etiqueta y no tenemos ni iglesia ni patria, el acostumbrado dilema de alguien que quiere cambiar un poco este mundo sin alistarse en los códigos de la base de datos: con quién presentarse, a qué reclamo ceder. Obviamente, no con el partido de Karamanlis, ni con el de Papandréu. Pero descartados esos dos polos de tu desprecio, no quedaban más que los comunistas y la Unión de Centro. Este último era una especie de club liberalsocialista que en los años sesenta se coaligó con los socialistas, los socialdemócratas y grupos errantes de izquierdas. Me parecía improbable que te presentaras con los comunistas: imagina qué divertido cuando te hubieran oído en una de tus *boutades* preferidas: que las dictaduras de derechas acaban tarde o temprano por caer, mientras que las de izquierdas no caen nunca. Que te ofrecieras como presente al equívoco club de la Unión de Centro me parecía una especie de burla hecha por masoquismo. Salvo su líder, Mavros, a quien considerabas un hombre de bien, lo componían profesionales de la política, desprovistos de ideas y de futuro. Sin embargo, no tenías elección: si querías convertirte en diputado y luchar en el Parlamento, a unos u otros debías agregarte, aunque fuera como independiente. Por último, picada por la curiosidad y, al mismo tiempo, alarmada por un silencio que no presagiaba nada bueno, te telefoneé. Pero en esta ocasión tu voz no sonaba festiva; era más bien un río de rabioso descontento. «¿Has decidido?». «Sí». «¿Con quién?». «Con quién. ¡¿Qué significa con quién?!». «Con qué partido de izquierdas». «Izquierdas, izquierdas, ¿qué quiere decir izquierdas? La izquierda es una mentira, una coartada basada en la palabra Pueblo, un par de calzoncillos con la palabra Pueblo, esa es la bandera de la izquierda. *Cataraméne Khristé!* ¡Cristo maldito! ¡Un par de calzoncillos para jugar al ajedrez con la derecha, yo-te-como-la-torre-y-tú-me-comes-el-alfil, yo-te-como-el-rey-y-tú-me-comes-la-reina! ¡Las fichas son iguales, solo cambia el color, *cataraméne Khristé!* Y si no quieres permanecer mano sobre mano, debes ponerte esos calzoncillos, debes ondear esa bandera, debes presentarte con esa etiqueta que, tienes razón, es un reclamo. Un asqueroso reclamo. Sí, me he plegado al reclamo». «¿Con quién, Alekos? ¿Con quién?». «¿Con quién querías que me presentara? He escogido el reclamo que me parecía menos reclamo, el partido que me parecía menos partido: la Unión de Centro». «¡Ah!». «No es una gran elección, lo sé, pero allí no hay demiurgos, no hay engañapueblos, y menos aún sacerdotes que enciendan velas en el altar de la diosa Historia. Incluso puede darse el caso de que acabe por encontrarme bien». «¿Qué quieres decir? ¿No te presentas como independiente?». «No, me he inscrito». «¡¿Inscrito?!». Me quedé sin habla. Así, pues, capitulaste incondicionalmente. Había prevalecido, por tanto, la impotencia de los que no llevamos etiqueta, de los que no tenemos iglesia ni patria. ¿Qué otra alternativa había? ¿Ir predicando por las casas y las plazas, como Sócrates? ¿Volver a arrojar bombas, como los que llamabas revolucionarios del carajo? «¡Oiga, oiga! ¿Estás ahí?». «Estoy aquí, Alekos». «Creí que habías colgado». «Oh, no. Pensaba». «¿En qué?». «En nada importante, querido. En nada». «Entonces, ¿me envías tus buenos deseos?». «Sí, querido. Te envío mis buenos deseos». «¿Y cuándo vienes? ¿Eh? ¿Cuándo vienes?».

«¿Cuándo vienes?». Ahora, cada llamada terminaba con esta pregunta: «¿Cuándo vienes?». Y telefoneabas casi a diario, en llamada directa, con aviso de conferencia, de día, de noche, pagando desde Atenas o pagando desde Nueva York. No siempre porque me echaras de menos o porque tuvieras algo que decirme, sino porque el teléfono era tu juguete preferido, una de tus pasiones arrolladoras. Se remontaba a los años de la adolescencia, e ignoro qué la originó; pero me consta que nunca perdió vigor y que ni siquiera el control de los servicios secretos y de las policías llegó a conseguir extinguirla. Por teléfono conspirabas, flirteabas, predicabas, seducías, organizabas, hacías amistades y superabas los accesos de mal humor o de tedio: «¡Ah, si hubiera tenido un teléfono en mi celda de Boiati!». Lo primero que me preguntaste al llegar a Italia fue: «¿Cuántos teléfonos tienes?». Y te contrarió descubrir que los aparatos eran tres, pero el número era uno solo: en la casa con el jardín de naranjos y limoneros tenías dos aparatos y dos números, y en tu despacho de diputado tendrías seis aparatos y tres números. Aunque llamaran todos a la vez en habitaciones distintas, no te inquietabas; al contrario, gozabas con ello. Aquel estrépito se convertía en música para tus oídos, en un concierto de arpas, violines, clarinetes y flautas, y mirarte saltar de uno a otro como un grillo feliz era un espectáculo inolvidable. Y oírte contestar resultaba verdaderamente increíble. Nunca rechazabas a nadie por teléfono ni te lamentabas de la molestia; te arrojabas sobre el auricular como un muerto de hambre sobre un panecillo relleno y: «¡Soy yo! ¡Soy yo!». Pero, sobre todo, te gustaba llamar. En el periodo de tu exilio en Italia había días en que no quitabas el dedo de los agujeros del disco, y a fin de mes llegaban facturas tan astronómicas que solo echándoles un vistazo caíamos en crisis de desánimo tan profundas como tu culpabilidad. Luego, arrepentido, te exhortabas utilizando el plural: debemos-dejarlo, debemos-dejarlo, y durante unas horas mantenías este propósito. Pero inmediatamente después lo olvidabas y, habiendo marcado un número, siempre de una ciudad lejana, de un país lejano: «¡Soy yo! ¡Soy yo!». Las conferencias interurbanas te encantaban, las internacionales te extasiaban y las intercontinentales te transportaban al paraíso: decías que hablar con alguien en el extremo opuesto de la Tierra era algo fabuloso, en los límites de lo sobrenatural, especialmente si la comunicación era directa. Buscabas siempre gente que habitara en lugares remotos para llamarla directamente, y te contrarió mucho descubrir que a Japón podía llamarse así, pero no conocías a nadie en aquel país. Durante meses no dejabas de preguntarme: «¿Es que no vas a ir a Japón?». Y la noche en que te repliqué, llena de sospechas, para qué diablos querías mandarme precisamente a Japón, para qué te servía yo en Japón, confesaste: «¡Para nada! ¡Pero si vas, te telefoneo!». Las llamadas a Nueva York sustituían las que nunca hiciste a Japón, te suministraban el pretexto para gozar de la-cosa-fabulosa-en-los-límites-de-lo-sobrenatural, y por eso no captaba la dramaticidad del estribillo cuándo-vienes. Por eso, cuando fui a Atenas, todo me cogió de improviso.

Parecía que hubieras estado un año enfermo. Tu rostro se había como encogido, como consumido, y, desaparecida la turgencia de las mejillas redondas, se reducía a una despejadísima frente, dos ojeras lívidas, una nariz delgada y un bigote. Tu cuerpo se diría que se había vaciado y encorvado, y habiendo desaparecido la robustez de la espalda recta y del sólido tórax, se mecía con la atonía de una planta privada de agua y de sustento. Pero el detalle más impresionante no era siquiera esa decadencia física, sino el desaliño que te depauperaba, una especie de degradación voluntaria, como si a través de ella quisieras expresar quién sabe qué protestas o descontentos. Cabellos grasientos y enmarañados en una melena compuesta por vulgares ricitos, uñas negras, chaqueta deformada y llena de lamparones, pantalones sin raya y con bolsas en las rodillas, camisa sucia y desabotonada, corbata torcida. Y olías mal. Era el olor acre de quien no se lava desde hace tiempo y duerme vestido. Me escandalicé tanto que, en lugar de dejarme conducir a tu casa, te llevé al hotel para arrojarte a la bañera, dar aquella ropa a lavar y mandarte al peluquero. Pero incluso aseado y afeitado tenías un aspecto tan mísero que encogía el corazón. No lograba imaginar por qué. Finalmente, camino de la oficina que habías abierto en la calle Solonos, te interrogué. «Adelante, Alekos. ¿Qué pasa?». Comenzaste con rodeos: que te sentías molesto porque la familia es un gran peso; un gran consuelo, sí, pero también un gran peso, un reclamo que nos acompaña durante todo el ciclo de nuestra existencia, primero de recién nacido, luego de niños, de adolescentes y de adultos. Es una especie de partido al que te encuentras afiliado al venir al mundo, una dictadura que no te la quitas de encima por más que te empeñes, porque pese a todo la amas, maldita sea. Toma por ejemplo a la madre. Ella es la tierra, el sol, los planetas, las galaxias, el cosmos de todo cosmos, la ley de toda ley, el amor de todo amor. Es universal. En la India la representan con cuatro brazos y una guirnalda de cabezas humanas en su propia cabeza: las de los hijos que ha devorado, y la llaman Kali la Sanguinaria. En Occidente la representan con una aureola de luz y una sonrisa dulcísima, un rostro dolorido y suave, la llaman Virgen María, y aquel pobre Cristo tardó treinta años en irse a vivir su vida, pues ella lo retenía con su amor y pretendía que se dedicara a la carpintería. En la mitología griega, en cambio, están Tetis, la de los redondos hombros; Gea, la del ancho seno; Juno, la de las amplias caderas; Palas Atenea, la de los ojos de lechuza, rutilante y guerrera; y está Yocasta, la más tremenda de todas, porque se casa con su Edipo, lo concibe, se casa con él y hasta le arranca los ojos. Y comoquiera que la llames, es siempre ella, la gran generadora que nos crea y nos destruye, nos protege y nos castiga, castrándonos con su afecto y sus celos, *cataraméne Khristé*.

«No, Alekos, no es eso». Un suspiro resignado: «Tienes razón. Es eso pero no es eso». «Entonces, ¿de qué se trata?». Te lanzaste a otra perorata, esta vez contra las mujeres que te cortejaban, que no te dejaban en paz, más despiadadas y carnívoras que todas las Yocastas, las Vírgenes Marías y las diosas Kali, y la culpa la tenía yo porque en lugar de ir a Atenas me fui a Nueva York, dejándote a su disposición como un muñeco del pimpampum, y un hombre está hecho de carne y la carne es débil, y es inútil que me mires de ese modo, me ponen cachondo y caigo; las hay que venderían su alma con tal de que les echaran un polvo de dos minutos en un ascensor, y si les haces ese favor, no te libras más de ellas, pero la peor es la gorda que le pone los cuernos a su marido, no me la quito de encima, a mí esa puta no me suelta; no me mires así, te digo, es culpa tuya, repito, *cataraméne Khristé!* «No, Alekos, tampoco es eso». Segundo suspiro: «No, tampoco es eso. También es eso pero no es eso». «Entonces, adelante, ¿de qué se trata?». Y he aquí la tercera filípica, esta vez contra tu ciudad, echa un vistazo, para comprenderlo no tienes más que echar un vistazo; esta plaza, por ejemplo, vivía en ella de niño y recuerdo que en aquel tiempo había casas llenas de gracia, con hermosos balcones de hierro, tejados rojos, fachadas con la pátina del tiempo, y ahora solo hay caserones, símbolos de una ignorancia que no sabe ni cambiar ni conservar, no sabe más que destruir y olvidar; lo hemos olvidado todo, incluso a Sócrates y a Platón, no nos queda más que el mar, el cielo, el sol para que crezcan los tomates; se ha perdido el antiguo orgullo y han aguantado la dictadura siete años, y ha sido preciso que corriera sangre en Chipre para que recobraran un jirón de libertad con Evangelos Tossitsas Averoff; con esa gente capaz de vivir tan solo del chisme, de la intriga, del embrollo de vía estrecha. Nos llaman levantinos y tienen razón: traidores, indolentes, yo no me fío de nadie, no puedo fiarme de nadie, *cataraméne Khristé!* «No, Alekos, no es eso». «No, no es eso. También es eso, pero no es eso». «Así pues, Alekos, ¿de qué se trata?». Alzaste un rostro cargado de zozobra: «Se trata... Se trata de que me he equivocado en todo». «¡¿Que te has equivocado en todo?!». «Sí. Porque estas elecciones son una farsa, una coartada de quien se pone los otros calzoncillos, los que llevan la palabra Libertad. Elecciones mientras Ioannidis es aún jefe de la ESA, *cataraméne Khristé!* ¡Mientras los Theofiloiannacos, los Hazizikis, los Malios, los Babalis se van de rositas impunes! ¡Mientras Papadópoulos permanece cómodamente en su villa de Lagonissi! ¡Mientras el único proceso que se celebra es contra su mujer, Despina, por diez mil miserables dracmas que el KYP le pasaba cada mes! Dicen que no hacía nada para ganárselas, que es un fraude al Estado. En cambio, el que se las ha ganado es un ciudadano benemérito. Y si gritas qué-asco, te responden: pero ¿cómo? Ahora hay democracia, libertad. Hay elecciones, incluso Panagulis se presenta a candidato. Bueno, pues ¡no quiero ser candidato! ¡No quiero ser cómplice de esta farsa! ¡Me he equivocado al decir que sí! ¡Me he equivocado al volver! ¡Me he equivocado en todo, sí, en todo! ¡Y me voy! ¡Me voy, me voy!». «Te vas... ¡¿adónde?!». «¡Adonde debería haberme ido cuando la Junta abdicó! A Chile, con los vascos, ¡al infierno! ¡A cualquier sitio donde luchar signifique luchar y no boxear con las sombras, con las coartadas!».

Eso era lo que te chupaba los carrillos, te azuleaba las ojeras y te vaciaba en una decadencia física voluntaria. Entonces no habías cambiado; cometí un error al creer que en los pocos meses que pasaste pensando había madurado un personaje nuevo: las-verdaderas-bombas-son-las-ideas. Las ideas no te bastaban, ni tampoco los desafíos que debían hacerse con el intelecto, y acaso no habías olvidado siquiera la fascinación de la muerte, la misteriosa añoranza que vi en Egina. Te miré como se mira una puerta que nos esforzábamos en abrir sin darnos cuenta de que ya estaba abierta. ¿Qué replicar? ¿Con qué palabras ayudarte? ¿Con la vieja cantilena de que morir es fácil, de que lo difícil es vivir? ¿Con el viejo razonamiento de que en la guerra cualquiera consigue hacer de héroe, mientras que en la paz no lo consigue casi nadie? No habías cambiado nada, tanto más cuanto que las tuyas eran verdades sacrosantas: aquellas elecciones solo servirían a los Karamanlis, a los Papandréu y a los Averoff, y con la palabra «Libertad» se engaña tan bien como con la palabra «Pueblo». «No sé qué decirte, Alekos». «Te creo. Ven aquí». Habíamos llegado a la calle Solonos y estabas empujándome hacia el portal del bloque de pisos donde estaba tu despacho. Entramos, subimos en el ascensor y llegamos a un rellano largo, frente a una puerta con tu nombre, y de pronto se me escapó un grito. Bajo tu nombre había una gran cruz, y bajo esta, dos fechas: 17 de noviembre de 1968 - 17 de noviembre de 1974. «¡Alekos! ¿Qué significa eso, Alekos?». «Significa lo que has entendido —murmuraste—. Significa que alguien a quien no le gusta que saliera vivo hace seis años querría verme muerto el próximo 17 de noviembre. —Y a continuación, con renovada vivacidad—: ¿Sabes a qué conclusión he llegado? Que no me voy, no. No renuncio a esa candidatura: me presento a las elecciones, vaya que sí. ¡Ah, cuánto me gustaría que fuera el 17 de noviembre!». Y como los autores de la lacónica amenaza sabían, se desarrollarían precisamente el 17 de noviembre. La noticia se dio poco tiempo después.

Fue como regar una planta enferma de sequía, en el lapso de una semana habías vuelto a florecer incluso físicamente. Se acabó el aspecto consumido, las ojeras lívidas, la espalda encorvada, el desaliño y la tristeza. Don Quijote se había reencontrado a sí mismo y su fantasma galopaba de nuevo por el reino de las locas extravagancias, de los entusiasmos sorprendentes. «¡Una idea! ¡Esas dos fechas bajo la cruz me han sugerido una idea! Imprimir diez mil octavillas con el eslogan “El 17 de noviembre de 1968 la Junta condenó a muerte a Alexandros Panagulis, y el 17 de noviembre el pueblo lo elegirá diputado al Parlamento”. Así abofeteo también la palabra “Pueblo”, y los que llevan los calzoncillos me votan». «Sí, Alekos, pero...». «Mejor, la mitad octavillas, y la mitad sellos, así se ahorra cola: un lengüetazo y listos. Y se pegan donde nos parezca: en las ventanillas de los taxis y de los autobuses, en los cristales de los bares, en las sillas, en las mesas y encima de la gente. Pasa uno y paf, se lo pegas en la espalda o en un brazo. O en el trasero. ¿Te imaginas a Averoff con mi sello en el trasero?». «Sí, Alekos, pero...». «Escucha esto: en lugar de las acostumbradas octavillas, quiero distribuir mi libro de poesías. Digamos mil ejemplares. ¿No es un gesto simpático, chic? Además, contribuye a la difusión de la cultura». «Sí, Alekos, pero ¿quién se ocupa de tu campaña electoral, el partido?». «¿El partido? ¿Qué tiene que ver el partido?». «Tiene que ver, porque una campaña electoral cuesta dinero». «¿Dinero? ¿Qué dinero?». «Por ejemplo, el dinero para imprimir esas octavillas y esos sellos, y para comprar esos mil libros». «Los libros los compramos nosotros, con descuentos, y las octavillas y los sellos los imprimiremos nosotros, de cualquier manera. ¡Yo no acepto nada del partido!». «Alekos, ¡¿no irás a hacerte ilusiones de llevar a cabo una campaña electoral con un libro de poesías y unos cuantos sellos para pegarlos en el trasero de la gente?!». «No, además están los mítines». «Pero ¡también los mítines cuestan! Para organizarlos se requieren muchas personas y...». «Tengo mis amigos». «Necesitarás coches...». «Tengo los coches de mis amigos». «Necesitarás teléfonos y...». «Sí, ¡teléfonos sí!». «Y una oficina». «La oficina ya la tengo». «¿La de la calle Solonos? Pero ¡si es un agujero apenas mayor que tu celda de Boiati! Escúchame, Alekos...». «No, no te escucho. Porque si te escucho me sacas a relucir la lógica, y con la lógica yo me desanimo. Y si me desanimo, no gano. Ya encontraremos el dinero, y si no lo encontramos, paciencia. Pasaré sin oficinas, sin automóviles, sin teléfonos; compraré unos cuantos botes de pintura y unas brochas y escribiré mi nombre en las paredes. Y si no tengo dinero para comprar la pintura y las brochas, lo escribiré con carbón: Votad-por-mí». Ningún obstáculo te asustaba, al contrario, espoleaba tu orgullo y tu imaginación: si la manera de hacer democracia era equivocada, decías, ¿por qué no comenzar impugnándola al rechazar las inmoralidades de la máquina electoral? «¡Se gastan miles de millones en transformar los mítines en kermeses bullangueras! ¡Se talan bosques para fabricar el papel que se derrochará en octavillas! ¡Se queman ríos de gasolina para transportar a los candidatos en automóvil! Un candidato honrado debería arreglárselas con una bicicleta y un megáfono. Sin contar con que los llamados protectores no dan nada por nada: una financiación es siempre una corrupción *ante litteram,* o sea, una deuda que antes o después se te presentará con solicitudes de favores o de embrollos». Que te habías recuperado, por lo demás, se hizo evidente el día en que contrabandeaste los cinco millones con que llevaste a cabo toda la campaña electoral.

Convencido finalmente de que con una bicicleta y un megáfono no llegarías lejos, ni tampoco con el votad-por-mí escrito con carbón en las paredes, y que eran precisas algunas octavillas e incluso un despacho menos incómodo que el agujero de la calle Solonos, y al mismo tiempo decidido a no aceptar una dracma de tus conciudadanos, me nombraste tu tesorera personal en el extranjero y me mandaste a Italia a pordiosear ayudas entre los que usaban calzoncillos con la palabra «Pueblo». Error ingenuo, en vista de que el gran protegido de los socialistas italianos era Papandréu, y que solo en él se concentraba su prodigalidad internacionalista. Pero una buena mañana: «¡Victoria! ¡Victoria!». Exhortado por Nenni, un grupo periférico desobedeció al comité central y realizó una colecta que ahora te esperaba en Venecia. Y como la Bienal de Venecia te había invitado a la ceremonia de apertura, billete de avión incluido, pudiste acudir enseguida a retirar aquella suma sin distraer de ella un céntimo. «¿Qué suma, Alekos?». «Una suma enorme». «¿Cómo de enorme?». «Ya lo verás». Veinticuatro horas más tarde estabas en la plaza de San Marcos, donde dos tipos estupendos llegados de Módena te entregaron un envoltorio atado con un bramante. Se lo agradeces con besos y abrazos, corres al hotel, rompes el bramante con dedos temblorosos y sobre la cama se abate un pedrisco de billetes de diez mil. «Alekos... ¿esta es la suma enorme?».

«¡Sí! ¡Cinco millones, imagina! ¡Cinco millones! ¿A que no sabes la de cosas que hago yo con cinco millones?». Y mientras tanto los contabas, extasiado, los palpabas, los acariciabas y los alineabas dentro de una maletita que desde aquel momento nos siguió a todas partes, en lancha, en góndola, a los restaurantes, a los museos e incluso a la inauguración en el palacio de los Dogos, donde pretendiste que la mantuviera sobre las rodillas para poderla vigilar mientras pronunciabas tu discurso, y asimismo al banquete, donde la escondiste bajo la mesa, bien apretada entre las piernas. «No la dejo en el hotel, no. Si no, me la robarían y adiós campaña electoral». Dado que la única preocupación que manifestabas era la eventualidad de un hurto, creía que no habías considerado el problema de transferir aquel dinero a Grecia, detalle no desdeñable habida cuenta del rigor de la ley italiana en materia de contrabando de divisas. Pero sí lo habías considerado, ya lo creo: me di cuenta cuando te acompañé al aeropuerto y te encerraste con la maletita en los servicios para salir al cabo de media hora con un paso que no me convencía. Caminabas de manera muy extraña. Parecía que tuvieras las piernas de palo, pues ni siquiera doblabas las rodillas. Peor: ni siquiera levantabas los pies del suelo; los arrastrabas, rígido como un autómata. «¡Alekos! ¿Qué has hecho?». «¡Eh! Medio millón en un zapato, medio millón en el otro zapato, un millón en la pierna izquierda, un millón en la pierna derecha, y el resto en los calzoncillos. Adiós». Y con una maravillosa sonrisa te presentaste en el control de la policía, donde un agente te cacheó desde las axilas hasta las caderas, en busca de armas, abrió la maletita, hurgó entre los papeles y examinó la cartera: «¿No lleva divisa italiana?». «Ni una sola lira». «Buen viaje, gracias». Gracias a usted, no faltaba más, y adelante, rígido como un autómata, sin levantar los pies ni doblar las rodillas, con tu tesoro que ningún banco de Atenas querría cambiarte, de lo sobado, rasgado y maloliente que estaba. «¿Esto es dinero o calcetines sucios?». Pero de todas formas conseguiste convertirlo en dracmas, y con una parte alquilaste lo que llamabas mi-cuartel-general.

El cuartel general se componía de dos cuartuchos infectos y con desconchados en las paredes, con las vidrieras semicubiertas por un retrato que te hicieron durante el proceso y por el cartelón que escogiste como símbolo: un puño levantado que estrecha una ramita de olivo y una paloma blanca. «¿Qué tiene que ver la paloma? ¿Para qué es?». «No tiene nada que ver; me gusta». «¿Y la ramita de olivo?». «También me gusta». «Pero ¿qué significa?». «¡Bah!». El mobiliario consistía en un par de mesuchas, un escritorio prestado, ocho sillas desvencijadas y regaladas por ocho donantes distintos, una butaca coja, un búcaro, un hornillo eléctrico para el café y muchos teléfonos, entre ellos uno rojo de ficha. Las personas que allí se encontraban carecían de toda experiencia política; eran jóvenes cuyo único mérito consistía en que te profesaban una devoción ciega, muchachas cuya única ventaja radicaba en que estaban enamoradas de ti, parientes que te querían y una anciana con sombrerito y gafas bifocales de miope. De hecho, cualquiera que se ofreciese a trabajar gratis era acogido y utilizado sin límites de misericordia, incluida la pobrecilla a la que, cínico, llamabas esa-puta-gorda. Doctores en medicina se empleaban en pegar carteles; arquitectos, en escribir tu nombre en las paredes, y tías viejas y paralíticos, en contestar al teléfono o hacer café. Pero por más que todos agotaran sus fuerzas con la mejor voluntad, la campaña avanzaba desastrosamente. Ante todo, el material de propaganda era escaso. Aparte de los sellos con las fechas 17 de noviembre de 1968 - 17 de noviembre de 1974 y unas docenas de carteles con la ramita de olivo y la paloma, se reducía a un centenar de octavillas con tu fotografía del pasaporte. En cuanto a los mil ejemplares del libro de poesías, yacían en un almacén de la aduana, bloqueados por un elevadísimo arancel que tú te negabas a pagar. Además, la prensa no se ocupaba en absoluto de ti. Empeñados en dar publicidad a sus clientelas de derechas e izquierdas, los periódicos ni siquiera decían que eras candidato. Finalmente, no hacías nada para seducir a los electores, para solicitarles el voto. Te limitabas a hablar en los mítines, y estos eran tu talón de Aquiles. Tan solo en el proceso, frente a la muerte, conseguiste expresarte con eficacia: en circunstancias normales, no poseías la menor aptitud para el arte de la oratoria. No sabías construir un discurso fluido, te faltaba por completo el brío, te dejabas invadir por la timidez, y para aparentar gravedad te permitías gestos equivocados, como meter las manos en los bolsillos o blandir amenazadoramente la pipa. En medio de tanta catástrofe, incluso la fascinación de tu hermosa voz se desvanecía y se tornaba débil, gris, empobrecida por los fallos con que tropezabas o distorsionada por unos gritos exagerados. Por si eso no bastara, detestabas por principio los mítines. Sostenías que no son más que ejercicios de retórica, embustes, espectáculos para enredar a la gente, para manipularla y embriagarla con promesas que nunca serán mantenidas. Y para no hacerte culpable de esos delitos, caías en el exceso contrario, subrayando verdades brutales y exponiendo conceptos impopulares: el veneno de las ideologías, lo obtuso de los dogmas, la falta de honradez de las coartadas, la falsedad del progreso, la vileza de las masas que obedecen. A veces lo resumías todo en consignas y cantilenas esquemáticas. Escucharte resultaba tan angustioso que yo siempre asistía con el corazón en suspenso y preguntándome: Oh, Dios, ¿qué maquinará hoy?

No es que acudiera a menudo; por lo general, prefería evitarme el tormento, y no es que comprendiera bien lo que decías en tu lengua. Pero si iba, me bastaba prestar oídos a los vocablos *sosialismós,* socialismo; *fasismós,* fascismo; *epanástasis,* revolución; *laós,* pueblo; *sovraca,* calzoncillos; o *giós tou Papandreu,* el hijo de Papandréu, para reconstruir tu discurso, que ya me sabía de memoria y que sonaba, más o menos, así: «Socialismo, ¿qué socialismo? Hoy todo el mundo habla de socialismo; la palabra "socialismo" se ha convertido en la salsa de todos los platos, en la flor en el ojal de toda mentira, en una moda. ¿Hemos olvidado acaso que también Mussolini cacareaba sobre el socialismo, que incluso procedía de él, y también Hitler? Nazismo ¿no es tal vez la abreviatura de nacionalsocialismo? Alguien dice socialismo, y vosotros detrás, sin preguntaros qué socialismo, sin mirar a la cara a quien dice socialismo. El hijo de Papandréu, por ejemplo, lleva la palabra "socialismo" escrita en los calzoncillos, así como la palabra "revolución" y la palabra "resistencia". ¿Qué resistencia, qué revolución? Incluso Papadópoulos llamó a su golpe de Estado "revolución", lo mismo que Pinochet: en la misma derecha no hay dictador que no recurra a la palabra "revolución". Todos quieren hacer esa revolución y luego no la hace nadie, y menos que nadie los que se definen como revolucionarios, porque con sus revoluciones solo cambia el amo, el régimen. La revolución no se manda. Existe una única revolución posible, y es la que hacemos solos, la que se produce en el individuo, que se desarrolla en él con lentitud, con paciencia, ¡con desobediencia! La revolución es paciencia y desobediencia, no es prisa, no es caos, no es lo que os cuentan los demagogos de varita mágica. No prestéis oídos a quien promete milagros ni a quien se compromete a cambiar las cosas en cuarenta y ocho horas, como un mago. Los magos no existen, ni tampoco los milagros. Los demiurgos se burlan de vosotros, bobos, que estáis acostumbrados a que todos os agarren por las narices, a padecer. ¡Esta fachada de democracia puede ser abatida de un soplo, si seguís las cháchara de los falsos revolucionarios! Tengamos bien sujeto este jirón de libertad que nos han regalado gracias a la sangre de Chipre. Regalado, sí, y la libertad regalada siempre da frutos amargos: si no permanecéis atentos, estas elecciones beneficiarán solamente a los herederos de la Junta. Porque la Junta no ha caído, simplemente ha cambiado de táctica, ha delegado su poder en tunantes vestidos de liberales, en cerdos asquerosos como Evangelos Tossitsas Averoff, en la más que repugnante derecha que mangonea desde hace siglos, que hasta ayer bailaba el minué con Papadópoulos y Ioannidis y que hoy lo baila con los barricadistas, con quienes cultivan otros totalitarismos. Y vosotros no os dais cuenta. Porque no pensáis. Por eso siempre hay alguien que piensa por vosotros, que decide por vosotros: amo-dime-qué-debo-hacer, compañero-dime-qué-debo-pensar».

La gente escuchaba ora defraudada, ora ofendida o extraviada: pero ¿qué decía aquel tipo, por qué los maltrataba y frustraba sus esperanzas? ¿Qué se proponía con la historia de los calzoncillos, de la paciencia, de la libertad regalada, de que el socialismo es una palabra, una salsa, una moda; a qué aludía con la coletilla del pensar y no pensar, compañero-dime-qué-debo-pensar? Ellos siempre creyeron que el bien era el bien, y el mal, el mal; que los malos estaban a un lado y los buenos al otro, y nunca oyeron decir que eran una misma cosa y que para mejorar había que hacer las revoluciones solos: ¿cómo se hacen las revoluciones solos? La mayoría eran pobres tipos de manos callosas, con el rostro del que obedece desde que el mundo es mundo, alfombras de cualquier poder, instrumentos de toda ambición, auténtica mercancía de intercambio entre los Brézhnev y los Pinochet, los Averoff y los hijos de Papandréu: bastaba mirarlos para darse cuenta de que acudían al mitin para recibir un poco de esperanza y no para ser reprendidos. No, a ese joven que hablaba humildemente, a tropezones, monótono, y que de pronto se lanzaba a chillar locuras ni siquiera lo comprendían. Así el mitin terminaba fríamente, todo lo más con breves aplausos corteses, más inseguros y ligeros que una llovizna de verano, y tú te marchabas enojado a bordo de una camioneta, lo que ciertamente no contribuía a investirte de autoridad. Era una camioneta prestada no sé por quién, tapizada de sellos y octavillas con la horrible fotografía del pasaporte, tan vieja que si no la empujabas el motor no se ponía en marcha. Verte empujándola, resollando, era un espectáculo que pocos apreciaban y que muchos juzgaban desolador. Añade a eso que a menudo tus adversarios se vengaban sin piedad, especialmente los intelectuales, y con la prosopopeya de quien ha leído o finge haber leído los cuarenta volúmenes de Marx y Engels, así como los cuarenta y cinco de Lenin y la *Ciencia de la lógica* de Hegel, se burlaban de la ignorancia, la superficialidad o la fragilidad de tu pensamiento. O bien se limitaban al sarcasmo: «Dejadle que diga, que no sabe lo que quiere; es tosco, es un romántico, un dinamitero fracasado. En el fondo, ¿qué méritos tiene? Puso dos bombas. Una ni siquiera llegó a estallar, y la otra tan solo abrió un agujero en el asfalto». Palabras estas que te herían mortalmente aunque no lo dieras a entender y continuaras impertérrito con tus verdades despiadadas, tus camionetas traqueteadas, tus escritorios de prestado, tus sillas regaladas, tus miserables cinco millones de liras, reducidos ya a unas pocas dracmas, y la inquebrantable certeza de vencer en la gran apuesta: «En el fondo, la gente me comprende. La gente me votará». Hasta que llegó el día de las elecciones.

Como cuando se espera el veredicto de un jurado que decide nuestro futuro o el resultado de un examen médico del que depende nuestra salud, y que cuanto más tarda más temor genera de que anuncie una enfermedad sin remedio o una condena inapelable, así esperaba yo tu llamada de Atenas, caminando arriba y abajo por la habitación de un insignificante hotel en Jordania. No quise asistir a tu último mitin; me faltó el valor. Pero desde un balcón del Hotel Grande Bretagne presencié el mitin de Karamanlis, que se desarrollaba a la misma hora la misma noche, y vi a la gente que tú creías que te comprendía y que te iba a elegir. La vi llegar: ordenada, disciplinada, aborregada, como un auténtico rebaño que va donde quiere el que manda, promete y asusta, con los ojos cerrados porque no hay necesidad ni de ver el camino; el camino es un río compacto de lana que desembocará en la plaza elegida por el poder correspondiente, en este caso la plaza Syntagma de Atenas, y viva Karamanlis. En otros casos es la plaza Venecia de Roma, y viva Mussolini; la plaza de San Pedro del Vaticano, y viva el papa; la Alexanderplatz de Berlín, y viva Hitler; Trafalgar Square en Londres, y viva Su Majestad la reina; la plaza de la Concordia de París, y viva De Gaulle; la plaza de la Paz celestial de Pekín, y viva Mao Tse-tung; la Plaza Roja de Moscú, y viva Stalin o, mejor, viva Jruschov o, mejor, viva Brézhnev, viva quien corresponda, o sea, viva el que está en la cúspide de la montaña, nunca vivan los desgraciados que mueren para que los borregos se conviertan en hombres y mujeres. A esos desgraciados se les aplaude solo en sus funerales, cuando ya no estorban. Vi a la masa llenar la plaza, hacerse compacta, convertirse en un ejército de ochocientos mil hombres, y tuve miedo de ella. No tanto por el número cuanto por el rigor geométrico con que la alinearon en escuadras y centurias, el método con que ondeaban las banderas, agitaban las pancartas y alzaban las antorchas, y por la regularidad con que escandían los vivas obedeciendo a los coordinadores provistos de *walkie-talkies*. Uno, dos, tres: «¡Ka-ra-man-lis!». Uno, dos, tres: «¡Ka-ra-man-lis!». Y cada Karamanlis eran cuatro cañonazos disparados a la distancia precisa entre sí, un adensamiento del bombardeo ya tan intenso y espantoso como para dominar por completo sobre el discurso del viejo politicastro que, iluminado por los focos y escoltado por Evangelos Tossitsas Averoff, se desgañitaba diciendo sabe Dios qué: la única palabra que se distinguía era el nombre de su partido, Nueva Democracia. A lo mejor explicaba en qué consistía esa nueva democracia, cómo se disponía a joderlos, pero ellos no querían saberlo, querían vitorearlo y basta, de modo que si él hubiera gritado el resultado de un partido de fútbol, Real Madrid-Manchester-dos-a-uno, o si hubiese chillado una receta de cocina, tómese-la-chuleta-enharínese-sálese-y-fríase, habría dado exactamente lo mismo; igual habrían continuado disparando el cuádruple cañonazo, ondeando banderas, agitando pancartas, obedeciendo a los jefes de escuadra, los cuales obedecían a los jefes de centuria, los cuales a su vez obedecían a los coordinadores con sus *walkie-talkies,* los cuales obedecían por su parte al gran regidor de aquella apoteosis. ¿Quién era el regidor? Incluso pensó en los fuegos artificiales y en las palomas, si bien no previó el incidente de estas últimas. En un momento dado, la noche se encendió con luces rojas, verdes, violetas, doradas y fuentes de estrellas, y de las jaulas escondidas tras el tejado del palacio presidencial se soltaron centenares y centenares de palomas en dirección a la plaza. Pero en lugar de volar armoniosamente, se pusieron a aletear como mariposas borrachas, y de pronto, aterrorizadas por el fragor, por los focos, las banderas y la imbecilidad humana, perdieron el control del intestino y dejaron caer sobre la multitud una lluvia de líquidos y cálidos excrementos. Luego, Karamanlis y Averoff se marcharon, ambos sacudiéndose las americanas, sobre las que las palomas defecaron según los indiscriminados criterios de igualdad que solo los animales respetan, y sobre el ritmo del himno nacional que salía en ecos de los altavoces, los ochocientos mil evacuaron la plaza, siempre ordenados, disciplinados y aborregados. ¡Derecha, de frente, ar! En la plaza quedó un basurero de octavillas, pasquines, zapatos perdidos, botellas vacías y cáscaras de pistachos que las barredoras automáticas se apresuraron a recoger. Y allí sucedió algo. Sucedió que, tal vez por casualidad, uno de los técnicos encargados del funcionamiento de los altavoces puso un disco de Theodorakis: la canción escrita por Theodorakis tras tu condena a muerte. Y en lugar del himno nacional se difundió aquella música triste y la letra: *«Otàn ktipísis diò forés, k'hystéra trís ke pali diò, Alexandré mou...* Cuando golpees dos veces, y luego tres y otras dos, Alexandros mío...». Turbada e incrédula, bajé para ver cómo reaccionaba la gente, pero en la plaza ya desierta no había más que dos jóvenes, dos hijos del pueblo, dos corderitos del rebaño, y uno decía: *«Tí anía! Piòs íne aftòs Alexandrós?* ¡Vaya lata!

¿Quién es ese Alexandros?». El otro contestaba, encogiéndose de hombros: «*Den xero,* no lo sé».

Ni siquiera quise esperar el resultado de las votaciones; también en este caso me faltó valor. Pero pasé por tu cuartel general la noche del escrutinio y me bastó para comprender cómo se ponían las cosas. Todos presentaban el aspecto de quien no se hace ilusiones, los teléfonos llamaban solo para dar malas noticias, y de hora en hora el partido de Karamanlis ascendía en la clasificación, mientras que tu partido bajaba. En cuanto a las preferencias a las que aludiste, eran tan escasas que las agencias de prensa daban ya por segura tu derrota. Cinco votos en la circunscripción tal, diez en la circunscripción cual, quince como máximo y, en muchos casos, ninguno. Inútilmente, rodeado por los jóvenes y las muchachas que durante mes y medio trabajaron para ti, repasabas una y otra vez las sumas con la esperanza de alcanzar el número de votos necesario para resultar elegido. Inútilmente la viejecita del sombrerito llamaba y volvía a llamar para conocer las cifras definitivas, repetía las sumas y descubría que te habías equivocado en tres votos; no, en cinco; no, en seis: sustancialmente, la amarga realidad no cambiaba, y tu rostro iba tornándose más y más chupado y pálido. Al amanecer, incapaz de asistir hasta el final a aquella agonía, me fui y no volví a verte hasta la mañana siguiente. Dormías, agotado. Pero apenas te rocé el pelo despertaste y prorrumpiste en un llanto rabioso: «¡El pueblo vota a quien le miente! ¡El pueblo vota a quien le toma el pelo! ¡El pueblo vota a quien gasta miles de millones para obtener sus votos, con fuegos artificiales y palomas! ¡El pueblo quiere ser esclavo, le gusta!». Luego recaíste en tu sueño, agotado, y yo me separé de ti para partir, para evitar hallarme en Atenas en el momento en que tu derrota se hiciera oficial. Tres días más tarde debía ir a Jordania a fin de entrevistar al rey Hussein, y lo aproveché: mintiendo, te dejé en la almohada una nota en la que te decía que el encuentro con Hussein había sido anticipado, y que por tanto era preciso que me dirigiera inmediatamente a Ammán. Luego, me marché de verdad a Ammán. Desde allí te busqué un par de veces y recibí respuestas vagas, lo que me convenció de que, en el mejor de los casos, entrarías en el Parlamento por los pelos, o sea, con el resto de los votos transferidos a la lista nacional, y luego incluso desistí de llamarte: «Llámame tú en cuanto sepas algo concreto». Por esta razón esperaba ahora como cuando se espera el veredicto de un jurado que decidirá sobre nuestro futuro o el resultado de un examen médico del que dependerá nuestra salud. ¿Y si el partido no hubiera conseguido siquiera que resultaras elegido por los pelos? ¿Para qué habría servido el sacrificio de entrar como un huésped indeseado en la política de los políticos? ¿Con qué otros medios arrojarías la simiente que te urgía lanzar sobre el río de lana, entre los inmóviles guijarros que duermen al pie de la montaña? Sin contar con que un escaño en el Parlamento podría protegerte un poco. ¿O más bien al contrario? Miré el reloj. Las once, y la entrevista con Hussein era a mediodía. Me encaminé a la puerta. Sonó el teléfono. Retrocedí. Tu voz festiva me llovió dentro de los oídos: «¡Soy yo! ¡Soy yo! ¡Soy diputado! ¡Soy deshonorable[1]!».

¿Qué sucedió para que se diluyera tan pronto mi alivio? ¿La amargura de saber que eras diputado gracias a los votos adelantados a los demás, gracias a las migajas que quedaron en el mantel? ¿La conciencia de las nuevas desilusiones a las que no sabrías resistir? ¿O bien fue la leyenda que me contó Hussein? Su Majestad aparecía más triste que de costumbre aquella mañana, y en un momento dado, hablando de su fatalismo, me preguntó: «¿Conoce usted la leyenda de Samarcanda?». Y me la contó. Había una vez un hombre que no quería morir. Era un hombre de Isfahán. Y una noche aquel hombre vio que la Muerte lo esperaba sentada en el umbral de su casa. «¿Qué quieres de mí?», gritó el hombre. Y la Muerte: «He venido a...». El hombre no le dejó completar la frase, saltó a un caballo veloz y a rienda suelta huyó en dirección a Samarcanda. Galopó dos días y tres noches sin detenerse nunca, y al amanecer del tercer día llegó a Samarcanda. Seguro de que allí la Muerte había perdido sus huellas. Descabalgó y se puso a buscar albergue. Pero al entrar en su habitación, se encontró a la Muerte esperándole, sentada en la cama. La Muerte se levantó, fue a su encuentro y le dijo: «Me alegra que hayas llegado a tiempo. Temía que nos perdiéra-

1. *Disonorevole* en contraposición a *onorevole*, título que llevan los parlamentarios italianos *(N. de la E.)*.

mos, que fueras a otro lugar o que te presentaras con retraso. En Isfahán no me dejaste hablar. Fui a avisarte a Isfahán de que te citaba al amanecer del tercer día en la habitación de esta posada, aquí, en Samarcanda».

«¡Verás cuánto me divierto con la política de los políticos! ¡Ya lo verás! Y ahora que puedo ir a la caza de aquellas pruebas...». «¿Qué pruebas?». «Los documentos de la ESA, ¡las pruebas que afectan a los hombres indignos! Me llevará tiempo, pero lo conseguiré. Lo importante es que no me mezcle con nadie. Como hoy». «¿¡¿Como hoy?!?». «Sí, como hoy». «¿Y te parece justo no mezclarte hoy con nadie?». «Justísimo». En Atenas se celebraba una gran manifestación para conmemorar la matanza del Politécnico. Sin saberlo, regresé de Ammán a tiempo para participar, y mientras nos dirigíamos a tu oficina, situada precisamente junto a la calle donde iba a formarse el cortejo, vas y me anuncias que no quieres mezclarte con nadie. «Alekos, explícame bien por qué». «Ya te lo he dicho: para poner cuanto antes las cosas en claro, para demostrar desde el principio mismo que yo no estoy con los embusteros ni con los oportunistas, que yo no camino con sus banderas ni con sus pancartas. Estarán todos los partidos, y cada partido ha reclutado sus comparsas y los arrojará a ese cortejo con una única finalidad: dar una prueba de fuerza, rivalizar en vanidad. Mira-cuántos-tengo-yo, tengo-más-que-tú, también-tengo-más-banderas-y-más-pancartas. A los partidos no les importan nada los muertos del Politécnico. A los partidos nunca les importan los muertos. Y cuando pienso que en ese juego desfilarán también los siervos que callaban, que se cagaban encima de miedo, que ni siquiera querían oír la palabra «Resistencia», ¿sabes qué te digo? Preferiría desfilar con Theofiloiannacos». «También acudirán los que sí han estado en la Resistencia, Alekos». «Cierto. Requeridos por los partidos, utilizados por los partidos como claveles que lucir en el ojal, abrumados por los siervos que callaban y se cagaban encima de miedo. Siempre es así. No, gracias: repito que no estoy con ellos». «Con alguien deberías estar, Alekos. No querrás desfilar solo o conmigo nada más». «No desfilaré ni solo ni contigo nada más. Desfilaré con los que están solos como yo. Existen.

Son pocos, pero existen. Los encontraré». «¿Dónde?». «En las aceras. Algunos están ya. Mis amigos, ¡mira!». Habíamos llegado a tu oficina. Entraste y, con un amplio gesto de la mano, señalaste el grupito que había trabajado para ti en la campaña electoral. Estaban la anciana del sombrerito y gafas de miope; una enana de un metro cuarenta con un bolso más grande que ella; una docena de jóvenes, otras tantas muchachas y un cojo. «¡Mis amigos! Constituiremos un islote que acude por su cuenta». «Ni siquiera tienes una bandera ni una pancarta». «¿Quieres la bandera? ¿La quieres roja?». Con una pirueta, arrebataste a la anciana del sombrerito un hermoso fular rojo llama, perdona-te-lo-vuelvo-a-comprar, y luego con un bolígrafo escribiste encima *Eleftheria ke Alithia.* Libertad y Verdad. «Ya está hecho. Ahora tenemos bandera, y roja. No falta más que el asta. ¡Buscad un asta! ¡Unos clavos! ¡Un martillo!». Martillo había, pero no clavos y mucho menos asta. «¡Desclavad las sillas, desenroscad las manijas, romped la mesita!». «Alekos, ¿qué haces?». «La bandera. Las pancartas. ¿No has dicho que se precisan también pancartas?». Pero ya estaban desclavando, desenroscando, aprovechando patas de sillas y tachuelas, fabricando carteles, diligentes y veloces, y media hora después ya estábamos en la calle para constituir el islote. En cabeza, la anciana del sombrerito y la enana con el gran bolso: la primera alzando su fular garabateado y clavado a la pata de una silla, y la segunda levantando una pancarta ilegible hecha quién sabe con qué. En primera fila, yo, tú, el cojo y dos de los jóvenes; detrás, los otros. «Y ahora ¿qué hacemos?». «Ahora desfilamos. Por nuestra cuenta. Cantando. Por nuestra cuenta». «¿Qué cantamos?». «"Adelante los muertos", ¿no?». Nos pusimos en movimiento, cantando. «¡Adelante los muertos! ¡Abanderados sin fin de la lucha! ¡Y después nosotros! ¡Ansiosos de enarbolar los estandartes!». Parecíamos un tropel de mendigos. No había esperanza de pasar inadvertidos: para permanecer apartado del resto del cortejo que nos precedía y que nos seguía, interrumpiste la canción y: «*Pente metra!* ¡Cinco metros! ¡Distanciaos cinco metros!». Y en vano un tipo con brazalete, encargado del servicio de orden, se aproximaba para rogarte que acortaras las distancias, repitiéndote que el resto del cortejo iba unido y que era preciso que tú te adecuaras: le respondías con tales rugidos que el pobrecillo se apresuró a batirse en retirada. «*Pente metra!* ¡Cinco metros!». Desde las aceras, la gente miraba perpleja: pero ¿quiénes eran aquellos desgraciados que iban por su cuenta guiados por una enana y una vieja con sombrerito? ¿Por qué no estaban con los demás? ¿Por qué no cantaban lo que cantaban los otros? ¿Por qué no agitaban las mismas pancartas, las mismas banderas, y llevaban aquellos andrajos arrugados y aquellos carteles ilegibles? ¿Y quién era aquel que ordenaba *pente-metra* y luego echaba a cualquiera que intentase unirse al cortejo? A veces se oía tu nombre: «Te digo que es Panagulis, ¿no reconoces el bigote y la pipa?». Y tú, complacido, respondías con amplios gestos de bendición, propios de un pastor de almas: «¡Venid, venid!».

Marchábamos así, haciendo de cada fila un cordón, cuando sentí que te recorría un escalofrío seco, y doblaste la cabeza para señalarme a dos jóvenes, uno casi rubio y otro moreno, que permanecían parados en un cruce. Ambos iban bien vestidos, y exteriorizaban una especie de severa hostilidad. «¿Los ves?». «Los veo. ¿Quiénes son?». «Dos antiguos guardias de la ESA, de los que me daban de bastonazos». Luego rompiste el cordón y levantaste los brazos: «¡Alto!». Entre choques y empujones, la segunda fila se dio contra la primera, la tercera contra la segunda, y la cuarta con la tercera. El tropel se detuvo, bloqueando todo el cortejo; tan solo la ancianita del sombrero y la enana con el gran bolso continuaron algunos pasos, pero de pronto se dieron cuenta de que no las seguían y retrocedieron, sorprendidas y confusas. Por lo demás, todos parecían sorprendidos y confusos; nadie había comprendido el motivo por el que estalló tu grito de alto, y de la última fila llegaban preguntas y protestas: «¿Quién ha mandado pararse? ¡Adelante, moveos! ¡Adelante, *emprós!*». Te di en un codo: «Vamos, Alekos». No respondiste. «Estamos bloqueándolo todo, Alekos». De nuevo te abstuviste de responder. «Pero ¿qué quieres hacer?». Otra vez silencio. Aislado en un dilema que, me confesaste más tarde, consistía en cómo-reacciono, les-pego-o-los-utilizo, los-trato-como-enemigos-o-como-amigos. Una incertidumbre que, como de costumbre, se resolvió de manera imprevista, con la irracionalidad del jugador que calcula, piensa y luego deja de calcular y de pensar y actúa según su impulso, *rouge-ou-noir-le-jeu-est-fait-rien-ne-va-plus.* Mirabas a los dos individuos igual que se mira la mesa de la ruleta antes de apostar a la buena de Dios al rojo o al negro, al par o al impar, a un número u otro, pues uno u otro da lo mismo; lo que cuenta es actuar, arriesgarse, desafiar la suerte, no mantenerse neutrales. Pero la decisión estaba tomada, el impulso se desató, y te apartabas del islote con tu paso grave y lento y tu flemática insolencia, como si la calle te perteneciera y nadie tuviera derecho a protestar contra ello. Llegaste donde estaban los dos sujetos, que te contemplaban con el rostro ceniciento, aterrorizados, y llevándote la pipa a la boca insinuaste una sonrisa; luego te quitaste la pipa de la boca y dirigiéndola hacia el cortejo les indicaste tu grupo: «Venid. Os espero». Luego, les volviste la espalda y, con el paso de antes, con la flemática insolencia de antes, desanduviste lo andado en espera de que la bolita acabara de girar, alojada en el rojo o en el negro, en par o impar. *Rouge ou noir, le jeu est fait, rien ne va plus.*

No sabría decir cuánto duró la espera. Meses más tarde, hablando de ello, sostuviste que duró poquísimo, que toda la escena se desarrolló en un par de minutos o, como máximo, tres. Pero a mí y a quienes comprendieron nos pareció un lapso insoportable, horas, antes de que la bolita se detuviera y los dos hombres bajaran de la acera, se te acercaran, los acogieras con las manos tendidas, ignorando las advertencias del tipo del brazalete, ahora airado y muy impaciente, moveos-nos-movemos-o-no-de-una-vez. Los tomaste del brazo. Los separaste y los tomaste del brazo: uno a tu derecha y el otro a tu izquierda. Manteniéndolos así, rehiciste el cordón, reanudaste el camino, y vaya mirada feroz cuando te percataste de mi duda. Habría bastado esa mirada para darse cuenta de que el tuyo no había sido un gesto de perdón o de misericordia, sino un gesto de orgullo o, más bien, de desprecio. Pero no desprecio por los dos guardias de la ESA, sino por las leyes hipócritas de la comunidad, por los políticos que ahora fingían lamentos muy rentables sobre la matanza del Politécnico, por la gente que ahora participaba en la manifestación pero que durante la tiranía había callado o colaborado; en una palabra, por las banderas del oportunismo o las pancartas de la conveniencia con las que te negaste a mezclarte. Y paciencia si nadie lo comprendió así, si ni tan siquiera lo intuyó. En efecto, no se comprendió ni se intuyó, y pronto se esparció el rumor de que Panagulis había perdonado a dos-de-sus-más-feroces-torturadores, pues con ellos avanzaba del brazo por las calles de la ciudad, uno a su derecha y otro a su izquierda, como los ladrones crucificados a la derecha y a la izquierda de Jesucristo, sí, señores, de Jesucristo, y no era una leyenda, pues cualquiera podía verlos: avanzaban a lo largo de la calle Stadiou, guiando el grupito que desfilaba por cuenta propia. Y el rumor despertó a quienes asistían distanciados a aquella manifestación tan bien organizada, demasiado bien organizada para que pareciese sincera, y a quienes no asistían porque no les importaba o porque se sentían excluidos de ella; y unos y otros se agolparon para ver a Jesucristo avanzar entre los ladrones, y cuando Jesucristo aparecía, con su bigote, su pipa y su insolencia, aplaudían convencidos, conmovidos, alguno gritaba tu nombre, y algún otro respondía a tu invitación de venid-venid. Pero, poco a poco, sucedió lo que no habías previsto: el juego dejó de ser un juego, y siguiendo la estela de una ilusión, el orgullo se transformó en humildad, y el desprecio, en gratitud e incluso en amor hacia quienes, desde aquellas aceras, aplaudían sin haber comprendido nada. Los independientes, concluiste, que se mantienen fuera de las manifestaciones no por indiferencia o por inercia, sino como protesta, como negativa a agregarse al río de lana. Te convenciste de que se trataba de los rebeldes que se oponen a la liturgia de las ceremonias conmemorativas no por frialdad o por indiferencia, sino porque buscan algo distinto, algo. Quién sabe qué, pero algo. Tal vez a sí mismos, su individualidad pisoteada, su unicidad ofendida por las masas, por el concepto de hombre masa. Y te metiste sin miramientos en el papel que te asignaron. Cambiaste expresión, mirada y paso, y comenzaste a dar las gracias a quien se incorporaba, a menudo con los ojos brillantes, y entonces sí que se añadieron. Hombres y mujeres, muchísimas mujeres con los niños de la mano o sobre sus hombros; jóvenes y viejos, muchísimos viejos animados por la ancianita del sombrero, supongo; y muchachos, atraídos por la enana del gran bolso, supongo; y cojos, estimulados por el cojo de la primera fila, supongo. Al cabo de un centenar de metros conté cinco cojos, tres con bastón y dos sin él. En este sentido, el episodio cumbre lo protagonizó un joven gordo y renqueante, un poliomielítico que, no atreviéndose a penetrar en el islote, vasto ahora como una isla, nos seguía a un lado, agarrado a dos enormes muletas de aluminio. Cómo se las arreglaba para seguirnos sin quedarse atrás es un misterio. Pero lo conseguía, afanándose. En un momento dado, volviste a detener el cortejo, y fuiste a su encuentro para besarlo e introducirlo en la manifestación, colocándolo en el centro de la primera fila, que volvió a ponerse en marcha al ritmo de su paso vacilante e inestable. Y después de esto ya no hubo necesidad de que dijeras venid-venid: acudió tanta gente que en la plaza Syntagma éramos casi un millar. De treinta pasamos a casi un millar.

Así debutaste en la política de los políticos. Comenzaste de este modo la serie de tus poéticos y trágicos errores en la política de los políticos. Porque prendió en ti la ilusión de no estar ya solo, en medio de aquel ejército desaliñado e improvisado, incapaz de luchar, que acudió a ti en virtud del equívoco de otros esquemas, los esquemas del perdón, de la misericordia, del amor cristiano; en suma, de Jesucristo. En busca de algo, tal vez, pero sin saber qué. Y desgraciadamente, basándote en aquella ilusión, te lanzaste contra los molinos de viento del dragón que elegiste.

2

En las leyendas, el dragón tiene un aspecto terrible, por regla general el de una serpiente alada con muchas cabezas y lenguas bífidas. O bien el de un gigantesco lagarto con pupilas de fuego y garras de acero. Se nutre de vírgenes y de jovencitos, echa humo por las narices y devora a quien se acerca al puente que protege su reino. El paisaje en derredor está cubierto de calaveras, huesos descarnados y miembros arrancados, restos de quienes intentaron darle muerte sin conseguirlo. En la vida real su esencia no cambia, pero su aspecto es distinto. A veces ni siquiera se le puede definir, porque simboliza una realidad abstracta, una situación que existe pero que no se ve. Otras veces ni siquiera se le puede reconocer porque se presenta como una persona, o sea, con un cuerpo normal: un tronco con dos brazos y dos piernas, y una cabeza con una nariz, una boca y dos ojos. Tal vez dos ojos redondos, de hipnotizador, pero tan viscosos que parecen aceitunas inmersas en aceite; manos blandas, como desprovistas de huesos, y voz acariciadora y persuasiva: «¡Querida amiga, queridísima! ¡Qué placer conocerla, qué honor!». En resumen: Evangelos Tossitsas Averoff no tenía nada que exteriormente permitiera identificarlo como un dragón, y pese al desagrado que experimenté al conocerlo, y aun después del descubrimiento de que él era la nueva roca en lo alto de la montaña, nunca lo hubiera pintado en un paisaje de calaveras, huesos descarnados y miembros arrancados. Por lo demás, incluso su forma de vivir presentaba los estigmas de lo inofensivo. Devoto de santa Reparata, patrona de su pueblo, cada domingo se golpeaba el pecho ante los iconos para hacerse perdonar los pecados; amigo de obispos y arzobispos, creía en el paraíso y en el infierno; padre amante y marido respetuoso, oficiaba el culto de la familia y se revestía con el ropaje de la más absoluta moralidad. Bastante culto y grafómano, publicaba libros en los que no repara nadie pero que tampoco hacían daño a nadie. Riquísimo, propietario de un feudo cerca de Ioannina, en el Epiro septentrional, se esforzaba de muchas maneras en desmentir el proverbio evangélico según el cual es más fácil que un camello pase por el ojo de una aguja que un rico alcance el reino de los cielos. Quiero decir que no se permitía en absoluto caer en la indolencia, sino que estaba lleno de iniciativas y laboriosidad. Por ejemplo, para la granja de su feudo, para la granja de Metsovon, había importado, sin más, las mejores vacas de Canadá, y con la leche de estas producía un excelente parmesano al que llamaba *mezzovano;* un excelente gorgonzola al que llamaba *mezzovola,* y un excelente requesón al que llamaba *mezzotta.* También producía un vino no malo del todo, el blanco Averoff y el tinto Averoff, y de todo eso estaba tan orgulloso que habría sido difícil no creerle cuando afirmaba que la política era para él un noble pasatiempo, un modo de servir a la bandera del liberalismo. Muy a menudo pronunciaba las palabras «libertad» y «liberalismo», y con no menos frecuencia expresaba su desdeñosa condena de las dictaduras. En efecto, se mostraba como un auténtico antifascista desde los tiempos de la ocupación italiana y alemana.

Y, sin embargo, era un dragón. Tal vez el mejor dragón que por aquel tiempo y en aquella situación podía ofrecer tu país a un héroe en busca del último desafío porque, con toda su apariencia inofensiva, con su *mezzovano,* su *mezzovola* y su *mezzotta,* su fachada liberal y su declarado antifascismo, por aquel tiempo y en aquella situación representaba como nadie el Poder. El irredimible, inextinguible e indestructible Poder que incluso en sus formas más camufladas, con sus ropajes más justificados, ora en nombre de la patria, ora en el de la colectividad, ora en nombre de la ley o de la civilización, del orden o de la justicia, de la democracia o de la revolución, nos manda, administra, enreda, chantajea, entontece y jode. Amo-dime-qué-debo-hacer, compañero-dime-qué-debo-pensar. O, sin más, nos devora como la serpiente alada de las leyendas, como el gigantesco lagarto que monta guardia en el puente. No sirve de nada matarlo con la lanza de don Quijote, porque siempre renace de su propio cadáver, a lo mejor con un rostro distinto, un color distinto, un lenguaje distinto por-voluntad-del-Pueblo y no por-voluntad-de-Dios. Siempre ha sido así y siempre será así. Pero ay si no se le combate, si no se le denuncia, si no se le desmiente: su reino se ensancha, el paisaje que le rodea se llena más que nunca de calaveras, huesos descarnados y miembros arrancados. En efecto, es también ávido, no se contenta con lo que tiene, se aprovecha de todo armisticio, de toda resignación. Y los que van sirviéndolo o representándolo, en suma, los que lo materializan, las rocas en lo alto de la montaña, presentan idénticas características de avidez y capacidad de resurrección. Tal es el caso, precisamente, del dragón que elegiste: llegado al mando por derecho atávico, patrimonio y apellido, convertido en ministro por primera vez tras la Guerra Mundial gracias a su fe monárquica, en los treinta años que siguieron murió y renació políticamente mil veces; en realidad, nunca llegó a morir, sino que se mantuvo bien vivo aun cuando pareciera enterrado. Detalle que venía a demostrar el hecho de que ni siquiera el golpe de Papadópoulos lo excluyó, como tampoco lo neutralizó la detención tras el fallido levantamiento de la Marina. En cuanto al cargo que ostentaba en el gobierno legitimado por la confrontación electoral, inútil añadirlo, continuaba siendo el de ministro de Defensa. Sí, era preciso que en lo sucesivo concentraras en él todas tus energías. Y lo harías, afirmabas con decisión. «¿Y los otros, Alekos?». «¿Qué otros?». «Los sultanes de la demagogia, los ideólogos del despotismo, los revolucionarios del carajo». «De los demás me ocuparé luego, si vivo. Y si no vivo, paciencia: alguien se ocupará de ellos en mi lugar. Un hombre no puede librar dos batallas al mismo tiempo y en frentes opuestos. Especialmente si está solo. Debe combatir por etapas al enemigo urgente, al enemigo inmediato, según el periodo y el país en que actúa. Si estuviera en la Unión Soviética, en Polonia, en Checoslovaquia, en Hungría, en Albania o en China, mi enemigo sería el poder que en nombre de una doctrina mata la libertad y encierra a la gente en los gulags o en los hospitales psiquiátricos. Combatiría sus abusos y sus mentiras. Pero estoy en Grecia. Y ayer, en Grecia, mi enemigo se llamaba Papadópoulos, se llamaba Ioannidis, y mañana se llamará Papandréu o sabe Dios cómo, pero hoy se llama Averoff. Se llama derecha. La derecha arrogante y viscosa que se pone los calzoncillos con la palabra "Libertad" y se sirve de la democracia para tenernos en un puño. Si no concentrase mi lucha en él, ¿qué sentido tendría haber cedido al reclamo de la clasificación, haber aceptado la etiqueta de un partido en el que no creo? ¿Para qué serviría haber entrado en el Parlamento? Además, no hay tiempo que perder, porque el próximo golpe de Estado lo patrocinará el propio Averoff, cuyo sueño consiste en convertirse en dueño de Grecia y devolver a la patria a su rey».

No parecías tomar absolutamente en cuenta el detalle de que el 8 de diciembre se celebró el referéndum república o monarquía, y que la primera venció de manera definitiva y clamorosa. Y aún menos parecías preocuparte del hecho de que Ioannidis fuera finalmente arrestado y encerrado en la cárcel de Koridallos junto con Papadópoulos, Pattakos, Makarezos y Ladas, los miembros de la Junta. Ambas cuestiones tenían escasa importancia, decías: un referéndum se anula y las puertas de una cárcel se abren. El único punto que te preocupaba era combatir al dragón permaneciendo fiel a ti mismo, sin caer en las posturas contestatarias de los papandreístas o en las abstracciones eclesiásticas de los comunistas, o sea, sin dejarte contagiar por el conformismo del anticonformismo oficial. Y así, mientras los otros diputados de la izquierda se llenaban la boca con palabras sagradas o trivialidades retóricas, comenzaste a atormentar a Averoff con acusaciones concretas: «¿Por qué el señor ministro no reintegra en el ejército a los oficiales demócratas expulsados por la Junta? ¿Molesta al señor ministro que el ejército esté también compuesto por hombres honrados?». «¿Por qué el señor ministro deja que los secuaces de Ioannidis manden regimientos y divisiones que en cualquier momento podrían marchar sobre Atenas y disolver de nuevo este Parlamento? ¿Le complace al señor ministro la idea de un golpe que pueda ser utilizado por quien enarbola la bandera del liberalismo?». «¿Tiene conocimiento el señor ministro de que desde la cárcel de Koridallos el general de brigada Ioannidis continúa disponiendo a su antojo de sus gadafistas, o sea, de los oficiales en condiciones de dar aquel golpe?». Las llamabas preguntas-o-más-bien-superpreguntas. Te acuñaste incluso un sobrenombre por esto: preguntante-o-más-bien-superpreguntante, y ahora tus llamadas telefónicas empezaban así: «¡Soy yo! ¡Soy yo! ¡El preguntante superpreguntante! Adivina lo que he hecho hoy». «Una pregunta a Averoff». «¡No, una superpregunta!». «¿Y él?». «Me ha dado una subrespuesta». Nunca le concedías la menor tregua. Lo perseguías como una avispa que cuanto más se la ignora o se la aleja, más zumba alrededor, petulante, invasora, decidida a clavarte su aguijón. Ni que fuera, en lugar de un dragón, tu nuevo Zakarakis. Tu nueva monomanía. En efecto, recordando la cantilena ya-verás-cuánto-me-divierto-yo-con-la-política-de-los-políticos, al principio pensaba que jugabas un poco. Pero cuando fui al Parlamento y te vi en tu trabajo, tuve que convencerme de que no jugabas en absoluto y, si acaso, era él quien se divertía contigo. Bastaba con que le dirigieras la palabra para que tu rostro se contrajera y tu voz enronqueciera; en cambio, su rostro permanecía sereno, y su voz, suave. Que el joven y valeroso colega tuviera paciencia e indulgencia; la situación era delicada y difícil, y el motivo por el que los oficiales de la reserva no habían sido reincorporados al servicio activo no se podía revelar, ni tampoco por qué los secuaces de Ioannidis no fueron expulsados. Solo podía decirse que poco a poco las cosas se arreglarían a satisfacción de todos. Y gracias, joven y valeroso colega, gracias desde lo más profundo del corazón por haber sensibilizado la conciencia del Parlamento ante un problema tan grave. Del golpe que continuabas anunciando, ni una sílaba.

Por último, la pregunta sobre Giorgos. La muerte de Giorgos nunca dejó de ser una obsesión para ti; habrías dado un año de tu vida por saber quién indujo a los israelíes a capturarlo y entregarlo luego a la Junta; en resumen, por recuperar el expediente que Theofiloiannacos te agitó ante la cara durante el interrogatorio: «¡Aquí está el expediente de tu hermano Giorgos, aquí está! Te gustaría leer lo que contiene, ¿eh?». Habrías dado otro tanto por asistir a su rehabilitación *post mortem* como teniente, grado del que le despojaron a raíz de su deserción, estableciendo así el principio de que desertar del ejército de un país oprimido por la dictadura militar no es un delito sino, más bien, un deber. Sobre este tema, pues, volviste a dirigirte a Averoff con una voz más ronca que de costumbre, con el rostro más contraído que de costumbre, y esta vez no se trató de una pregunta sino de una orden: que el señor ministro localizara e hiciera público el expediente relativo al teniente Giorgos Panagulis, cuya vida se convirtió en mercancía de intercambio entre Papadópoulos y el gobierno israelí; que el señor ministro restituyera al teniente Giorgos Panagulis el grado y el honor que le negara la Junta; que el señor ministro rehabilitara su memoria insultada. Averoff solicitó tiempo para buscar el expediente, y luego respondió que no se encontraba o, mejor, que no existía, pero que, aunque lo hubiera hallado, no lo habría hecho público porque los documentos secretos deben protegerse. Y perdiste el control. Levantando el índice, le chillaste que tu hermano se convirtió en desertor para no servir a la Junta; que no podía decirse otro tanto de los que hoy estaban en el gobierno con la misión de proteger a los criminales y esconder las culpas de sus antiguos amigos; que en un régimen de verdadera democracia los documentos no deben ser secretos, y que un día tú los encontrarías para putearlo a él y a su gobierno. Que incluso encontrarías algo más, algo que le concernía tan de cerca que resultaría un hermoso Watergate. Tu réplica fue tan despiadada y tan amenazadora que se alarmó seriamente, y al otro día, al encontrarte fuera de la sala, fue hacia ti con los brazos tendidos: «Querido amigo, queridísimo, entre nosotros existe una incomprensión que debemos superar. ¿Por qué no viene a cenar conmigo y hablamos como personas civilizadas? También a mi mujer le gustaría conocerle, querido amigo, ¡hasta mi hija es admiradora suya!». Pero tú, fingiendo no ver aquellos brazos tendidos, metiéndote una mano en el bolsillo y esgrimiendo con la otra la pipa, le apoyaste la boquilla: «Escúchame bien, Averoff. Cuando hay un Parlamento, los males del país se discuten en el Parlamento, no cenando, entre un asado y un postre». Unos días más tarde, el 24 de febrero, los oficiales a los que Averoff no había depurado intentaron verdaderamente el golpe de que hablabas.

Un proyecto de golpe, ni siquiera un intento de golpe, sostenían muchos. El ejército solo se había adherido en parte, la Marina y la Aviación no se sumaron en absoluto, y de hecho no había resultado difícil abortarlo de raíz arrestando a treinta y siete oficiales. Pero cuando una semana más tarde fui a Atenas, aún estabas trastornado, y sin una sonrisa me tendiste diez hojitas escritas a mano: «Lee». «¿De qué se trata?». «Apuntes para un artículo que quiero publicar en Italia». «¿Por qué en Italia y no en Grecia?». «Porque en Grecia no me lo publicaría nadie». Los leí. He aquí lo que decían: «*Uno.* Parece demasiado diabólico para ser cierto, y sin embargo es cierto por lo mismo que es diabólico. El intento de golpe del 24 de febrero pasado no fue en absoluto tal intento de golpe, sino un golpe que lejos de fracasar triunfó: en la medida y hasta el punto que deseaba el ministro de Defensa, Averoff, para llevar a cabo su plan. Y el plan de Averoff era, y sigue siendo, devolver a la patria a su rey y convertirse en el amo de Grecia, como le gustaría a la CIA. (Explicar que Averoff tiene detrás la CIA, que siempre la ha tenido, que bajo la Junta trabajaba para el KYP y, por lo tanto, para la CIA). *Dos.* Averoff estaba por completo al corriente de lo que iba a suceder la noche del 24 de febrero. Le informaron debidamente los oficiales de Ioannidis, los llamados "gadafistas", de que estaban dispuestos a hacerse cargo del país, y que en Atenas el sesenta por ciento del ejército les apoyaba. (Explicar que los servicios secretos están ahora en manos de Averoff, que, como ministro de Defensa, controla tanto la ESA como el KYP). *Tres.* Pocos días antes del golpe, Averoff permitió incluso que uno de los golpistas, un general de infantería destinado en el Pentágono griego, se dirigiera a la cárcel de Koridallos a hacer una "visita de cortesía" a Ioannidis. (Explicar que las únicas visitas permitidas son las de los familiares y los abogados). *Cuatro.* La verdad es que Averoff deseaba aquel golpe. Constituía el primer paso hacia su objetivo. Le servía para expulsar del ejército a unos cuarenta oficiales que comprendieron sus proyectos y no estaban dispuestos a secundarlo. (Explicar que con esta maniobra golpista consiguió expulsar a treinta y siete). *Cinco.* Habría que preguntarse si Karamanlis ha comprendido del todo que Averoff tiene puestas sus miras en un régimen dictatorial revestido con un ropaje parlamentario, o sea, camuflado por un Parlamento que solo sirva para cacarear y no para guiar la política del país. (Explicar que, tratando con los golpistas y manejándolos a su antojo,

Averoff prometió dar a su gadafismo una forma civilizada, europea, etcétera). *Seis.* Aunque lo haya comprendido, Karamanlis no puede hacer mucho. No es tan fuerte como quiere hacer creer cuando cuenta que no hay despacho de su gobierno donde no pueda entrar todas las veces que le da la gana. Ese despacho existe: se llama Ministerio de Defensa. (Explicar que Karamanlis no puede echar a Averoff porque este manda el ejército, y quien manda el ejército en Grecia manda también sobre el primer ministro. Explicar que entre los dos existe una lucha sorda, secreta, durísima). *Siete.* ¿A qué aludía Karamanlis cuando, respondiendo a las preguntas sobre el golpe, dijo que más allá del peligro del fascismo existían otros peligros, y que su vida corría más riesgo que la de cualquier otro? (Explicar que el golpe terminó en un compromiso entre Karamanlis y Averoff). *Ocho.* Así, pues, con un solo movimiento, Averoff consiguió jugar con todos: desde Karamanlis hasta Ioannidis. Ahora los gadafistas han comprendido bien que un golpe de Estado no puede producirse sin un hombre político detrás, que restablecer una Junta no es posible si no hay un hombre político detrás. Un hombre con la capacidad política e intelectual de Averoff, no un soldadote tosco como Ioannidis. Pero para que los gadafistas llevaran a cabo el golpe, Averoff necesitaba sustraerlos a Ioannidis. (Explicar que por eso Averoff no tenía interés en arrestar a Ioannidis y le rogaba que huyera al extranjero, afirmando que él se encargaría de la expatriación clandestina y de los gastos para que viviera lejos de Grecia. Explicar que Ioannidis no aceptó las propuestas de Averoff en parte por orgullo, y en parte porque conocía su influencia en el ejército). *Nueve.* Averoff no es un caballo que corra para alcanzar fáciles metas antes que los demás. La fachada del poder no le interesa, y sabe tener paciencia. El futuro dictador de Grecia se llama Averoff. (Exigir el título "Averoff igual a futuro dictador de Grecia")».

Te devolví los apuntes, perpleja. «¿Estás seguro de querer convertir esto en un artículo?». «Segurísimo. Y tú me ayudarás». «¿Te das cuenta de que te pedirán pruebas de cuanto afirmas?». «Las tengo». «¿Todas?». «Solo me falta una: la de que bajo la Junta trabajara para el KYP. Pero tarde o temprano la encontraré. Sé dónde está». «¿Y dónde está?». «En los archivos de la ESA». «Bien. Manos a la obra». Nos pusimos a trabajar, y a la semana siguiente el artículo apareció con el título que deseabas. Pero a alguien no le gustó. Y los misteriosos visitantes que dibujaron una cruz sobre las fechas 17 de noviembre de 1968 - 17 de noviembre de 1974 esta vez lo hicieron saber mediante un mensaje aún más oscuro en la puerta de tu nueva oficina, en la calle Kolokotroni.

Tomaste la nueva oficina por Navidad, a fin de disponer de una sede cómoda y apropiada para tus tareas, y para vivir en la ciudad. Te gustó ante todo por la calle, muy próxima al Parlamento, y por el edificio deteriorado y modesto, pero lleno de gracia. Tenía la gracia melancólica de las casas *fin de siècle,* con paredes desconchadas, balcones de hierro y macetas de geranios en los alféizares. La entrada no era bonita porque limitaba con un establecimiento de maquinaria textil mediante una pared de vidrio (detalle importante, como verás, en la historia de tu muerte) y porque un portero hostil y baboso dormitaba siempre en una sillita de paja. Pero el encanto se reanudaba en cuanto llegábamos al ascensor. Un viejo ascensor que chirriaba y gemía alarmantemente mientras subía, que a menudo se bloqueaba entre rellano y rellano y que si llegaba sin novedad hasta el tercer piso te hacía cantar victoria. En el tercer piso no había ningún otro apartamento (detalle importante, también, en la historia de tu muerte). Se componía de cinco habitaciones más servicios, situadas a ambos lados de un pasillo. Las tres primeras las destinaste a oficinas y salas de espera para la gente que iba a verte, en la cuarta dispusiste tu lugar santo, tu estudio, y la última, frente al baño y la cocina, la escogiste para convertirla en un dormitorio-sala igual al de la casa del bosque. En efecto, la dispusimos como la casa del bosque, comprando los elementos en Italia, y por aquellos días fui precisamente a ayudarte a distribuir de manera idéntica los muebles, las alfombras, los cuadros, las cortinas y las lámparas. En el dormitorio-sala instalamos la gran cama-diván, la librería ochocentista, el *trumeau* del siglo XVIII, la mesita redonda, la butaca *liberty* y el tapiz francés; en el estudio, la mesa larga y maciza de estilo florentino, el sillón cardenalicio, las sillas cómodas para los visitantes de nuestro agrado y las incómodas para los que no lo eran, y el bargueño con cajones secretos para esconder los documentos que algún-día-encontrarías-para-putear-a-Averoff. En las paredes, un muestrario de tu independencia política: una reproducción del cuadro de Pelizza da Volpedo que representa a los campesinos del *Cuarto estado;* una copia de la primera página de la Constitución de Estados Unidos; una placa de bronce con la reproducción de la lápida escrita por Piero Calamandrei sobre la matanza de Marzabotto, «Ahora y siempre Resistencia»; un pergamino con los primeros versos de la *Divina Comedia,* y un retrato de Sun Yatsen. Trabajamos hasta que anocheció para ordenar esos objetos, luego nos fuimos a cenar a casa Tsaropoulos y ahora regresábamos a casa abrazados, riendo porque el ascensor no se había detenido entre dos pisos. «¡Lo ha conseguido, lo ha conseguido!». Sin dejar de reír, salimos al rellano, encendimos la lámpara de luz intermitente y nos aproximamos a la puerta. Entonces la vimos: una calavera, esta vez. Una gran calavera negra, dibujada en un papel color tabaco pegado con cinta adhesiva bajo tu nombre.

Recuerdo bien tus movimientos. Primero tensaste el brazo en torno a mis hombros, y durante unos segundos permaneciste petrificado, mirando. Luego, con exasperada lentitud, te alejaste de mí y arrancaste la cinta adhesiva, despegaste la hoja y la introdujiste en el bolsillo de tu chaqueta. Luego metiste la llave en la cerradura y, de puntillas, con los oídos atentos a cualquier roce, entraste a inspeccionar las habitaciones a fin de cerciorarte de que nadie se escondía allí. Por último, volviste atrás para atrancar la puerta y, sordo a mis protestas, ahora-descansa, te abandonaste a un interminable monólogo compuesto por cálculos, temores y razonamientos. «¡Hum! Extraño asunto. Veamos. Hemos salido a las diez, y a esa hora el portal está cerrado. Así pues, ha sido alguien que se ha metido con anterioridad y ha esperado a que saliéramos. O tal vez alguien que tiene la llave del portal. En ambos casos, alguien que va en serio. ¡Hum! Debo cambiar la cerradura y también evitar que me sorprendan solo, especialmente a oscuras. Mañana por la noche deberemos reunirnos con tres o cuatro personas que nos acompañen a cenar. Es necesario que siempre haya testigos a mi lado. Y no solo uno: al menos tres o cuatro». «¿Testigos de qué?». «De un accidente, de una provocación. Supongamos que un borracho o un falso borracho me agrede mientras camino por una calle desierta o que alguien intenta embestirme con un automóvil. ¿Quién demuestra que he sido provocado o agredido? Pueden decir que fue una desgracia. ¿Y si tengo un solo testigo, tú, por ejemplo, y ese testigo muere conmigo? También es preciso que regrese a casa tarde. Nada de entrar entre medianoche y las dos, que son las horas más peligrosas. Después de las dos de la madrugada se cansan, piensan que no volveré y se van. ¡Hum! Al salir hay que dejar siempre las luces encendidas, para que crean que hay alguien en la casa. Y cuidado con la escalera. La escalera es el peor lugar. Sin vigilancia, y con la maldita luz intermitente...». Te escuchaba incrédula: ni siquiera en la época de la casa del bosque reaccionaste nunca de aquella manera, o sea, planificando con tal minucia las precauciones que debían tomarse, considerando todas las posibilidades de un ataque. ¿Acaso de repente el peligro ya no te seducía, ya no era tu lluvia restauradora, la linfa vital sin la que te agotabas? ¿Se trataba de una crisis pasajera? Sí, debía de tratarse de una crisis pasajera, concluí. Pero al día siguiente tomaste de verdad las precauciones que enumeraste, de las cuales no prescindiste hasta pocos días antes de que te mataran.

Lo más sorprendente era la cautela con que regresabas después de cenar. En efecto, si ningún «testigo» te acompañaba, no entrabas enseguida en casa: te detenías en la acera de enfrente, mirabas durante un par de minutos, y solo después de haberte cerciorado de que no corrías riesgos de emboscadas, atravesabas rápidamente la calle y abrías a toda prisa el portal para cerrarlo de inmediato. Por el vestíbulo avanzabas de puntillas, fulminándome con tus miradas si con los tacones producía el mínimo roce, como si en la oscuridad se ocultaran hordas de asaltantes, y eso duraba hasta el rincón donde estaba el interruptor de la luz intermitente, que encendías exhalando un imperceptible suspiro de alivio. Pero ay si tras ese rincón no encontrabas el viejo ascensor. Habiendo olvidado aquel alivio, fruncías la frente, maldecías y te ponías a refunfuñar vaya-han-subido-me-esperan-arriba, y para asegurarte, llamabas al ascensor cronometrando con el reloj el tiempo que tardaba en bajar. Sabías exactamente cuánto empleaba del tercer piso a la planta baja —cincuenta y ocho segundos—, y si por azar cronometrabas precisamente cincuenta y ocho segundos palidecías, te llevabas el índice a los labios y me imponías un silencio absoluto. «¡Chist! ¡Chist!». Conteniendo la respiración, nos aventurábamos en la cabina, subíamos, salíamos con cautela, más atentos que nunca a no hacer ruido, e introducías con gran circunspección la llave en la cerradura, empujabas el batiente y silbabas de nuevo aquel imperceptible «¡Chist! ¡Chist!». Luego, de golpe, la escena cambiaba. Con el ímpetu de un gato enfurecido, te lanzabas a la primera habitación, a la segunda, a la tercera y a la cuarta, abriendo las puertas, mirando detrás de las mesas de despacho, e inspeccionando el baño, la cocina y el trastero: así hasta el dormitorio, cerrado siempre con dos vueltas de llave. Pero ni en el dormitorio se calmaba ese ímpetu, porque allí te dedicabas a buscar intrusos bajo la cama, te ponías a registrar los cajones, entre los libros y entre las hojas dejadas en un lugar determinado para poder comprobar luego si habían sido movidas de sitio. Y yo siempre te seguía escéptica y resignada, diciendo en vano no-ves-que-no hay-nadie, no-ha-estado-nadie, o preguntándome si lo tuyo no era una psicosis, una manía persecutoria. También volviste a utilizar el truco del pelo: se deja un pelo aquí y otro allá, y si no se encuentra significa que alguien ha entrado y ha estado revolviendo. Una noche, el pelo pegado a la manija de la puerta del dormitorio no estaba, y durante horas continuaste buscándolo: «Un pelo es una prueba. Si no más, significa que alguien ha entrado y ha estado revolviendo». «Pero ¿quién, Alekos, quién?». «Yo ya sé quién». La pregunta sobre los posibles intrusos quedaba siempre sin respuesta. Y pronto el asunto perdió importancia para mí: otros interrogantes estaban ocupando su lugar.

Después de lo de la calavera, en efecto, cambiaste en todos los sentidos: la realidad te hería incluso en sus aspectos más evidentes y obvios. De forma que reaccionabas de modo casi histérico, encolerizándote más de lo necesario, sufriendo más de lo necesario y cediendo a impulsos que me dejaban desorientada. El impulso que te llevó a interrumpir aquel viaje a Moscú, por ejemplo.

«Hola, soy yo, soy yo, me voy a Moscú». «¿A Moscú?». «Sí, me han invitado a una convención internacional de la juventud, y voy a echar un vistazo». «Alekos, no es lugar para ti». «Lo sé, pero quiero satisfacer esta curiosidad». «¿Cuándo te marchas?». «Ahora, enseguida». «¿Y cuándo vuelves?». «Dentro de dos semanas; me han invitado para dos semanas». Pero al cabo de tres días: «Oye... Soy yo... Soy yo...». Una voz mortificada, aburrida. «Me telefoneas desde Moscú, ¿eh?». «No, te llamo desde Atenas». «¡Ah! ¡Entonces no has ido!». «Sí, he ido». «Pero ¡¿cómo has ido?! ¡Si hablamos hace menos de tres días! No es posible». «Ya lo creo que es posible. Mañana estaré en Roma y verás». Al día siguiente estabas en Roma, pasaporte en mano, y de los sellos resultaba que de verdad habías ido a Moscú. Tres días. «¡Alekos! ¡Tres días!». «No, dos y medio». «¿Te han expulsado?». «No, de verdad. Me he escapado». «¿Escapado? ¿Sin ver nada?». «Lo he visto todo». «Adelante, ¿qué has visto?». «He visto la Plaza Roja, cuyas agujas tienen estrellas rojas en lugar de cruces, que viene a ser lo mismo. He visto el Santo Sepulcro, o sea, el mausoleo de Lenin. He visto a los fieles que guardan cola para orar junto a la Sábana Santa, o sea, junto a la momia de Lenin. En cola como ocas amaestradas, los muy bobos. He visto el palacio de Congresos. También he visto... he visto...». «¿Qué has visto?». «He visto a tres policías pegar a un hombre igual que Theofiloiannacos y Babalis me pegaban a mí. Y no precisamente en la Lubianka en un interrogatorio, ¿sabes?, sino en el bar de un hotel. El hotel de los ricos y de los extranjeros con divisa extranjera, el Rossiya. Le pegaban porque quería entrar sin ser rico ni extranjero, o sea, un ciudadano cualquiera que deseaba beber como un rico, como un extranjero con divisa extranjera. Patadas en la cara, en la cabeza y en los genitales. Lo estaban apaleando. Y él gritaba: *"Svobodu! Svobodu!"*. Yo no sabía qué quería decir, pero el griego que me hacía de intérprete me lo explicó enseguida. Significa: "¡Dadnos la libertad, dadnos la libertad!". Se me atragantó el vino que estaba bebiendo y lo escupí todo por los ojos: me dio por llorar. Salí, regresé al hotel, hice las maletas y a la mañana siguiente volví a Atenas». «¡¿Por eso?!». «Por eso, *cataraméne Khristé!* En mi país la dictadura ha durado ocho años, pero ellos la aguantan desde hace cincuenta y ocho, *cataraméne Khristé!*». «Bueno, ¿es que no lo sabías?». «Desde luego que lo sabía, pero eso no me ha impedido llorar». «¿Y si en vez de llorar te hubieras quedado unos días más?». «No lo soportaba, no lo soportaba, de verdad. *Svobodu, svobodu!* Y venga patadas. No he retenido más que ese grito: *svobodu, svobodu!* Y luego una cancioncilla que alguien canta, pero a media voz, porque casi todos se desvanecen en el silencio y en el miedo. Mira, me la he hecho traducir». Era la irónica cancioncilla sobre los pasajeros del metro, que en Moscú deben colocarse a la izquierda para llegar a la puerta y apearse: «En mi metro no estoy nunca incómodo / porque desde la infancia / es como una canción / que en lugar del estribillo / tiene una cantilena: / Alto a la derecha, adelante a la izquierda. / Orden eterno, orden sagrado, / quien permanece quieto a la derecha está quieto, / pero quien avanza para apearse debe siempre mantenerse a la izquierda». No hubo modo de que contaras otra cosa aquel día. En contrapartida, no hacías más que repetir, sacudiendo la cabeza: «Ha sido un viaje equivocado, inútil, no quiero pensar más en él».

Por esta razón empleaste mucho tiempo en reconstruir lo que te sucedió en aquel viaje equivocado e inútil, gracias al cual una verdad obvia y evidente te hirió hasta hacerte llorar y obligarte a escapar. Sucedió lo siguiente. Un general de setenta y cuatro años cubierto de medallas desde la barriga hasta el cuello te recibió en el aeropuerto diciendo que era el jefe de la Juventud Soviética. Luego te condujo en una limusina negra al palacio de Congresos, en cuyo palco de autoridades no había un solo joven: solo había viejos generales, como el general del aeropuerto, cubiertos de medallas desde la barriga hasta el cuello, como el general del aeropuerto. Sin que los jóvenes osaran oponerse, los viejos se aproximaban sombríos al micrófono y hablaban exclusivamente de Lenin, de Marx y de la batalla de Stalingrado, nunca de otras cosas. El asunto te inspiró una rabia impotente, como un sentimiento de culpa por haber aceptado la invitación, y cuando se levantó la sesión incluso rechazaste la entrada para el Bolshói. No te importaba nada del jodido Bolshói, del ballet ni del *Lago de los cisnes;* querías estar solo, y librándote del griego que te hacía de intérprete, diciéndole quiero-echar-un-sueñecito, te fuiste a callejear por la ciudad. Querías ver la plaza Maiakovski, donde, en los años sesenta, Vladimir Bukovski y el grupo del Faro leían las poesías de Yurka: «Soy yo / quien invita a la verdad y a la rebelión, / quien no quiere servir más / y despedazo vuestras cadenas / tejidas de mentira». Y mientras andabas, pensabas, sobre todo, en él, porque entre los disidentes era el que sentías más próximo a ti, pero pensabas también en Pliusch, en Grigorenko, en Amalrik, en los obreros, en los estudiantes, en los ciudadanos desconocidos, o sea, en las criaturas desconocidas, en los millares de ti mismo que por haber pedido un poco de libertad de pensamiento y de acción, por haberse rebelado contra el dogma, languidecían en sus celdas de la ESA y de Boiati, crucificados por sus Malios, sus Babalis, sus Theofiloiannacos, sus Hazizikis, sus Zakarakis, ignorados o traicionados por el miedo y la indiferencia del pueblo que calla, sufre o colabora. De pronto, cuando hacía unos quince minutos que caminabas, te diste cuenta de que te habías equivocado de calle; te encontraste en una plaza redonda, con una estatua en medio y un edificio enfrente. Y allí te paraste, mirando ora una, ora otro, poseído por una desazón inexplicable, una especie de frío que te helaba los huesos. La estatua, alta sobre el pedestal, inaccesible a causa del tránsito que la rodeaba, correspondía a un hombre con un abrigo largo hasta los tobillos, en pie o, más bien, en posición de firmes. Largo, seco, severo como un monje. El edificio era monumental, gris, de estilo tal vez ochocentista o de principios de este siglo, y carecía de ventanas en el primer piso y en el último: a primera vista habría podido ser la sede de un museo, de una academia o de un ministerio. Pero el instinto te decía que no era nada de todo eso, que era algo tremendo, familiar y estrechamente conectado con la estatua del monje con el abrigo hasta los tobillos. Retrocediste. Regresaste al hotel, donde te apresuraste a preguntar qué plaza era aquella, qué edificio y qué estatua, y así supiste que la estatua era la de Félix Dzerzhinski, el creador de la Cheka, luego GPU y más tarde KGB. La plaza se llamaba de Dzerzhinski y el edificio era la Lubianka: catedral de todas las ESA, de todos los tormentos, de todos los castigos para quien desobedece y busca un poco de libertad. Entonces empezó el deseo de escapar.

Querías escapar por la mañana, pero por la mañana la limusina negra te capturó de nuevo para volverte a llevar al palacio de Congresos, entre los viejos generales que hablaban exclusivamente de Lenin, de Marx y de la batalla de Stalingrado, y allí permaneciste hasta la tarde, en que, con la excusa de salir a tomar un poco el aire, saltaste a un taxi y te hiciste conducir a la calle Shklova, 48b, donde vivía Andrei Sajarov. Esperemos que no haya portero, te dijiste al apearte del taxi; los porteros son casi siempre espías de la policía. No había portero, pero el 48b de la calle Shklova era una colmena de doce pisos, ¿y en qué piso estaba Sajarov? En esto no habías pensado, y el error inició una cadena de errores. En busca de la placa con los nombres de los inquilinos, entraste, luego saliste y volviste a entrar. Fuiste a un piso, a la buena de Dios, y pulsaste un timbre también a la buena de Dios: «¿Sajarov?». «*Niet!*». Y lo mismo en el segundo timbre: «¿Sajarov?». «*Niet!*». Y en el tercero: «¿Sajarov?». «*Niet!*». Desconcertado también por una lengua de la que solo comprendías aquel no, aquel *niet* brutal como una bofetada, saliste por enésima vez a la acera y allí te pusiste a reflexionar sobre la oportunidad de insistir o no. Mejor no, concluiste; ya había sido una estupidez ir hasta allí de aquel modo, llevado de un impulso, y dejarte ver por los tres inquilinos que te respondieron «*Niet*». Y dar gracias a Dios de que nadie te hubiera seguido. Pero mientras decías y-dar-gracias-a-Dios-de-que-nadie-me-haya-seguido, un hombre surgió de la nada. Un hombre cigarrillo en mano. Y apuntando con el cigarrillo con el gesto de quien pide un fósforo, se te acercó mirándote fijamente: «*Spichka.* Fuego, por favor». Se lo encendiste mirándolo de la misma manera, estudiándolo bien, incluso, y diciéndote que no se trataba en absoluto de un policía. Todo en él, las palmas callosas, las uñas sucias y la ropa raída, daban testimonio de la miseria de un pobre mercenario vendido al KGB por unos copecs o por cualquier chantaje. Entonces la cólera que te invadió en el palacio de Congresos se transformó en una gran tristeza. Con esa tristeza caminaste hasta la estación del metro, la estación de Kursk, y a fuerza de medias frases en francés conseguiste tomar el tren correspondiente para apearte en la parada correspondiente, llegar a tu hotel, arrojarte agotado sobre la cama y sumirte en un sueño poblado de pesadillas. Ioannidis, Hazizikis y Theofiloiannacos, en el palacio de Congresos, con el pecho lleno de medallas, evocaban a Lenin, a Marx y la batalla de Stalingrado. Averoff se reunía en una estancia del Kremlin con Jackson, el asesino de Trotski, y le murmuraba querido-debes-prestarme-otro-servicio. Malios y Babalis salían de la Lubianka para perseguirte por las calles de

Chipre y por las calles de Atenas, y te echaban el guante precisamente en la calle Shklova, 48b, después de haber detenido a Sajarov, el cual, sin embargo, no tenía el rostro de Sajarov, sino el de Canellopoulos el amanecer en que lo detuvieron en pijama. Y no te llevaban a la ESA sino al instituto Sierbski, donde te ponían la camisa de fuerza y te inyectaban amenzoína. «¡Está-loco, se-atreve-a-ir-contra-el-régimen, está-loco!». Luego te conducían en camioneta a Boiati para recluirte en una celda junto a las de Bukovski y de Pliusch, y tú los llamabas: «¡Vladimir! ¡Leonid! *Ime edó!* ¡Estoy aquí! *Imaste mazi!* ¡Estamos juntos!». Pero ellos no te comprendían porque no entendían el griego, y Zakarakis reía: «Ya te decía yo que no sirve estudiar italiano. ¿Por qué no has aprendido ruso, que es una lengua de las Grandes Potencias? O ruso o inglés, ¿no?». Despertaste bañado en sudor, era ya de noche y te apresuraste a llamar al griego que te hacía de intérprete: «Quiero emborracharme; llévame a beber». Te daba la impresión de no haber sentido nunca tantos deseos de beber, de emborracharte, de olvidar que adondequiera que vayas hay la misma mierda, una mierda que excluye cualquier esperanza. El griego acudió, pero eran casi las once, el bar del hotel estaba a punto de cerrar, y en Moscú no existía ningún otro lugar donde beber, aparte del bar de un hotel. En ese punto comenzó la búsqueda de un hotel cuyo bar no cerrase a las once, y el absurdo peregrinar concluyó en el Rossiya, donde no pudiste emborracharte porque, apenas pedida la botella de vino, entraron los tres policías a pegar al ciudadano que pretendía beber como los ricos y como los extranjeros con divisa extranjera. *«Svobodu! Svobodu! Svobodu!»*.

Las reacciones como esta, tan intensas, exageradas y desesperadas, me indujeron a concluir que habías cambiado en todos los sentidos. Y esto no es todo, pues a raíz del episodio de la calavera se desencadenó en ti algo distinto. Una exuberancia excesiva, rabiosa, una especie de alegría desprovista de felicidad. ¿Sabes? La exuberancia y la alegría de Dionisos que corre por los bosques riéndose como un descosido, silbando y retozando con los faunos y las ménades, la cabeza ceñida de hiedra, el pene erecto y ansioso y los ojos llenos de lágrimas.

Dionisos no es un dios feliz; al contrario, es el más trágico de los dioses porque es el que expresa la angustia de la vida y la inevitabilidad de la muerte. Dionisos es un dios que muere, un dios que nace y renace para que lo maten. Para que su cuerpo pueda modelar al Hombre, es necesario que los Titanes lo despedacen y lo cuezan; para que de él surja la planta que dé el vino al Hombre, es necesario que Deméter sepulte sus carnes desgarradas. Dionisos es la vida que no existe sin la muerte, la maldición de nacer, el rechazo inconsciente de morir. No por casualidad su culto es una orgía ávida y desesperada, y su alegría está penetrada de sufrimiento, y su brío, de dolor. Pues bien; entre tus mil rostros estuvo siempre el de Dionisos, que corre por los bosques riéndose como un descosido, silbando y retozando con los faunos y las ménades: «¿Jugamos?». Siempre tuviste aquel ímpetu vital. Pero de improviso adquirió un matiz de exasperación, de frenesí, como si fuera una comedia para engañarte a ti mismo y soportar la idea de la muerte. Ya no te parabas, tranquilo, a reflexionar. Tampoco lograbas ya mantenerte alejado de la muchedumbre y del bullicio. Incluso los días en que no ibas al Parlamento te mezclabas con la gente que desde la mañana a la noche abarrotaba tu despacho como el gabinete de un dentista de moda. Tal vez se trataba de aduladores en busca de recomendaciones, inútiles en procura de protecciones, símbolos de la política clientelar que despreciabas. Personas, en suma, a las que ni siquiera deberías recibir pero con las que adorabas entretenerte tomando cervezas, naranjadas y cafés: por favor, otra cerveza, otra naranjada, otro café. Veinte, treinta personas al día. Y si te preguntaba amargada para-qué-sirve, respondías, fatuo: «¡Para nada! Para vivir. Me divierte». Luego, cuando el último visitante se alejaba dejándote exhausto porque ya eran las diez de la noche, se iniciaba la primera parte del rito. Con el pretexto de los «testigos», echabas mano de quien estaba presente o de quien fuera, a veces parásitos a los que solo interesaba aprovecharse de tu prodigalidad, y reunías una comitiva, la llevabas a comer a una taberna, y cuanto más numerosa era la comitiva, más contento aparecías y con más ansia comías y con más avidez bebías. Litros y litros de vino, platos y platos de comida, mientras predicabas, catequizabas, fanfarroneabas, chispeante, bullicioso, voluble e inasequible al cansancio: si un comensal, vencido por el sueño, se aventuraba a preguntarte pero-tú-no-duermes, lo tratabas mal. O bien respondías secamente: «Una vez muerto, tendré la eternidad para dormir». Y esto duraba hasta las dos o las tres de la madrugada, o sea, hasta el momento en que los camareros ponían boca abajo las sillas sobre las mesas para recordarte que los demás se habían marchado. Solo entonces te levantabas y, pagando por todos, dejando propinas de millonario, te decías al salir: «¡Bueno, despejemos!». Pero apenas fuera, la sensatez se desvanecía y, revigorizado, recurrías a mil astucias para alargar la noche, para arrastrar a cualquier lugar a tu séquito entontecido por el sueño: «¡Música! *Bouzouki!*».

El local que preferías era un *night club* en la periferia de la ciudad, enorme y odioso. Yo lo odiaba, ante todo, porque tocaban el *bouzouki* de manera tan ensordecedora que nada más entrar se quedaba uno aturdido, con los tímpanos hechos trizas, y también porque su bullicio tenía algo de macabro, de fúnebre, incluso en el aspecto visual. Por ejemplo, aquel juego de reflectores que desgarraba el escenario en relámpagos rojos, amarillos, verdes y violetas, hasta quemar los ojos, aquel centelleo en los telones de fondo que cambiaba continua y obsesivamente, de manera que mirándolos le parecía a uno estar en un tiovivo que giraba hasta revolver el estómago. Pero ay si no te daban un sitio próximo a la orquesta, donde la orgía infernal de tañidos, estruendos y golpeteos ensordecía más, y la perversa tempestad de resplandores y relámpagos cegaba más. Ese caos era precisamente lo que buscabas, lo que necesitabas para sentirte vivo, y pidiendo enseguida más vino, te abandonabas a la voluptuosidad de gozar de sensaciones morbosas. Quien no te conocía no sospechaba siquiera el efecto que aquel lugar horrendo ejercía sobre ti, porque el efecto no se traslucía de tu comportamiento. Silencioso, sin perder la compostura, el único exceso que te permitías era llamar a la florista y comprarle todas las gardenias del cesto, y luego lanzarlas a los cantantes con amplios gestos regios. Pero se trataba de un efecto salvaje, lúgubre; era como si una fiebre sexual, un orgasmo, embistiera tu cuerpo y tu fantasía, desencadenando deseos inconfesados y reprimidos, los mismos que soñaras en Egina el amanecer en que debían fusilarte y te parecía que eras una semilla, y la semilla se duplicaba, se triplicaba, se decuplicaba, hinchándose tanto que la piel no lo resistía, estallaba con estruendo e inundaba la tierra con mil semillas, cada una de las cuales se transformaba en una flor, luego en un fruto y más tarde otra vez en una semilla que, a su vez, se duplicaba, triplicaba y decuplicaba en un proceso inagotable. Y como querías poseer a todas las mujeres que brotaban de aquellas flores y sabías que no ibas a tener tiempo, echabas mano al azar de la más próxima, te apresurabas a penetrarla, famélico, y la apartabas para agarrar a la segunda, la tercera, la cuarta, la quinta. Yo lo sabía y, sabiéndolo, sufría por ello, y sufriendo evitaba mirarte; pero siempre había un momento en que la curiosidad me impulsaba a buscar tu rostro. Y lo que veía tenía algo de bestial: pese al autocontrol que te imponías, incluso cambiabas de fisonomía. Se te achicaban los ojos, se te enrojecían los labios, se te dilataban los orificios de la nariz, palpitantes, y la respiración se te tornaba pesada. Una noche, saltaron a la pista una especie de elefanta y un efebo. Ella gorda, gelatinosa y grasienta dentro de su vestido rojo. Él seco, grácil, a punto de estallarle los vaqueros demasiado estrechos. Se pusieron a bailar un ritmo a la vez lascivo e histérico: la elefanta contoneando blandamente la masa de sus nalgas fofas e inmensas, y haciendo temblar sus senos exagerados; y el efebo meneando con torpeza su frágil cuerpo femenino y exteriorizando su impaciencia por ser poseído. Un espectáculo en mi opinión impúdico, y me disponía a decírtelo cuando oí un pequeño crujido: ¡zac! Me volví, y entre los dientes apretabas la boquilla de la pipa rota, mientras que en la mano se te había quedado la cazoleta. «¡Alekos!». Me respondió una voz torva y anhelosa: «No me distraigas. Me estoy tirando a esos dos».

La noche en que el demonio te poseía de esa manera, resultaba una empresa casi irrealizable arrancarte de aquel maldito local. Para conseguirlo había que esperar a las cinco o las seis de la madrugada y a que hubiera muchas botellas vacías en la mesa. En virtud de quién sabe qué fenómeno fisiológico o psicológico, soportabas allí el vino con una resistencia alucinante, no superando nunca la invisible ebriedad del primer estadio, no cayendo jamás en los excesos del segundo o en las catalepsias del tercero; al contrario, te mantenías cargado de energía. Y esto era lo peor, porque, una vez llegados a casa, superados el tormento del pasillo que había que recorrer de puntillas, la agonía del ascensor que a lo mejor estaba en otro piso, y entonces ojo a los cincuenta y ocho segundos, y tras el suplicio de las comprobaciones en las diversas estancias y la búsqueda del pelo eventualmente desaparecido, era menester celebrar la última parte del rito: Dionisos exorciza la muerte con el falo y canta a la vida descargando tétricamente su orgasmo. Solo después de aquellos abrazos furibundos y siniestros, desprovistos de amor, escandidos por la invocación *i zoí-i zoí-i zoí* —la vida, la vida, la vida—, te entregabas al sueño. Yo, en cambio, permanecía con los ojos abiertos y los oídos atentos, pensando, escuchando a los barrenderos que al amanecer recogían las inmundicias de la calle Kolokotroni blasfemando y golpeando. Me hallaba prendida en la red de los acostumbrados esquemas con los que se trata de explicar la existencia, los arbitrarios conceptos del bien y del mal, y veía en aquello un simbolismo: echarse a perder así, ¿para qué? ¿Qué sentido tenía aquel vagabundear por las tabernas y los *night clubs,* aquel envilecerse en emociones degradantes, en fantasías malsanas, aquel inflamarse por una elefanta gorda y un efebo reseco? ¿Dónde había acabado el héroe, dónde la leyenda? ¿Acaso habías arrojado el ancla y conducido tu nave al cómodo puerto de la renuncia? ¿O tal vez estaba equivocada y había confundido a don Quijote con el más fatuo de los Peer Gynt? En esos interrogantes me perdía, y me convencía cada vez más de haberte atribuido virtudes inexistentes o que existieron y se habían extinguido. Por lo demás, fue en aquel periodo cuando te amé menos, y, abjurando de mi papel de Sancho Panza, inútil ya y desprovisto de significado, reanudé mi trabajo y mis viajes, y volví a la existencia que una fatal tarde de agosto tú perturbaste. Siempre se olvida que un héroe es un hombre, solo un hombre, y que resistir a una tiranía, padecer torturas y languidecer durante años en una celda sin aire ni luz es a veces más fácil que debatirse en el equívoco y en las lisonjas de la normalidad. Empleé mucho tiempo en comprender que tu dionisíaca locura era simple desesperación, sentimiento de inadaptación, nacido del descubrimiento de haberte embarcado en una empresa superior a tus fuerzas y, en cualquier caso, imposible. Y solo después de tu muerte comprendí que a raíz de aquella calavera sabías que estabas viviendo tu último verano.

«¿Cómo se llama la ballena de aquel libro, la ballena blanca que nunca muere?». «Moby Dick». «¿Y el capitán del barco, el que muere persiguiéndola?». «Ahab». «¿Y el marinero, el que se salva del naufragio para contar la historia de Moby Dick y de Ahab?». «Ismael». «Te llamaré Ismael y me firmaré Ahab. Dame la dirección». «Alekos, ¿qué necesidad hay de jugar a los conspiradores?». «Dame la dirección, te digo». Te di la dirección. Me disponía a marchar a Arabia Saudí; volvería el jueves dos semanas más tarde, y querías unas señas para avisarme de si nos íbamos a reunir en Roma o en Atenas. Pero el teletipo que me llegó a Yeda no decía ni Roma ni Atenas, sino Lárnaca. O sea, Chipre. «Ismael mediodía Lárnaca stop sin confirmación repito sin confirmación stop prepárate stop Ahab». Extraño. Pero no por la cita en Chipre, donde hacía siete años que no ponías pie, y donde me parecía normal que quisieras volver a ver lugares o personas que influyeron profundamente en tu vida, sino por la puesta en escena, por el hecho de que hubieras utilizado realmente los nombres de Ismael y Ahab, de que hubieras recurrido a tales subterfugios, evitando repetir la fecha o escribir la palabra Chipre. La única indicación concreta era la hora. Y que no enviara confirmación: «Prepárate». ¿Se trataba de una de tus bromas, de una de tus extravagancias, o bien había un motivo grave? Consulté el horario de los aviones. Lo había estudiado incluso mucho antes de que me mandaras el teletipo: desde Yeda se podía ir a Chipre solo vía Beirut, y el vuelo de Beirut aterrizaba precisamente a mediodía. Luego me encogí de hombros y me limité a seguir tus órdenes, y allí estabas, en Lárnaca, al borde de la pista, escoltado por tres desconocidos y triunfal: «¡Estupenda chica! ¡Lo has conseguido!». «Sí, pero ¿no era mejor mandarme un teletipo menos sibilino?». «No, habrían comprendido que me encontraba en Chipre». «¿Quién lo habría comprendido, quién no debía comprenderlo?». «Alguien a quien quería yo dar una pista falsa. Abandoné Atenas diciendo que me iba a Italia, a Florencia». «¿Cuándo?». «Hace una semana». «¿Y has estado escondido una semana aquí, en Chipre?». «No, solo tres días. Los que me bastaban para despistar a alguien en Italia. Ahora todos saben que estoy aquí. Mañana, Makarios celebra un mitin y yo participaré en él junto con otros diputados». «Explícate mejor». «Hay poco que explicar. Llegó a mis oídos algo y tomé mis precauciones. Anda, ven». Montamos en el coche que nos condujo a Nicosia, y bajo el asiento delantero mis pies tropezaron enseguida con una metralleta. «¡¿Y esto?! ¡¿También forma parte de tus precauciones?!». Te encogiste de hombros: «Qué va. Es que aquí las armas se derrochan. Aquí, en Chipre, están locos por las armas. Se forjan la ilusión de que para defender a un hombre basta con tener una metralleta. ¡Olvídalo, mira qué hermoso día!».

Exteriorizabas un sincero buen humor. Daba la impresión de que, de nuevo, saberte en peligro te gustaba y te reanimaba. Tal vez por eso no di importancia a todo aquel asunto, ni tan siquiera traté de profundizar en él, preguntando quién era aquel misterioso alguien. Más bien me fui abandonando a la sospecha de que montaste una comedia para no aburrirte. Moby Dick, Ahab, Ismael: si de verdad llegó a tus oídos el rumor de que estaban preparando algo contra ti, y si lo creíste hasta el punto de despistarlos en Italia, ¿por qué elegiste precisamente Chipre, donde matar a la gente era más fácil que en cualquier otro sitio? Además, ¿no te vio nadie cuando te embarcaste para Chipre diciendo que ibas a Italia? Los empleados de la línea aérea, los funcionarios de la policía de fronteras y todas las personas que intervienen en una salida, ¿no se dieron cuenta? ¿Viajaste con tu nombre, con tu pasaporte, sí o no? ¡Historias! Probablemente ni siquiera llegaste una semana antes, sino junto con los parlamentarios invitados al mitin de Makarios. «Déjame ver el pasaporte». «No me crees como no me creíste lo de los tres días en Moscú, ¿eh?». «No». «Pues aquí está». En realidad el sello se remontaba a siete días antes, pero mi escepticismo no cedió. Ni siquiera se atenuó ante el hecho de que los demás diputados ocuparan un cómodo hotel mientras que tú te alojabas en una especie de fonda cerca de la zona de demarcación. «Alekos, ¿por qué no nos alojamos también nosotros en un hotel decente?». «Porque este pertenece a un amigo del que me fío. Me siento seguro». En efecto, había una sola entrada, y los tres jóvenes de la metralleta bajo el asiento la vigilaban incluso de noche, turnándose. En cuanto al detalle de que un guardaespaldas te siguiera a donde fueses, si bien manteniéndose a cierta distancia para no ser advertido, ¿no dijiste que en Chipre las armas se derrochan? Solo una noche me alarmé. Habíamos ido a saludar a Makarios, y la conversación versó acerca de los documentos de la ESA: los que durante la escena con Averoff anunciaste que querías buscar para-putearlo-a-él-y-a-su-gobierno. «Eminencia, hay mucho que descubrir acerca del golpe de Estado en Chipre. Entiendo que Ioannidis cayó en una trampa que le tendieron la CIA y algunos políticos griegos. Las pruebas están en esos documentos». Makarios te repuso que buscando tales documentos arriesgabas la piel, y me lo repitió también a mí: «*Very risky! Very!* ¡Muy arriesgado! ¡Mucho!». De regreso en la fonda, discutimos sobre ello: «Alekos, ¿has oído lo que piensa Makarios?». Y tú: «No lo olvides en el libro». «¿Qué libro?». «El libro que escribirás después de mi muerte». «¿Qué muerte? Ni te morirás ni escribiré ningún libro». «Moriré y escribirás un libro». «¿Y si muriese yo antes o contigo?». «No morirás conmigo ni antes que yo. Ismael no muere antes de Ahab ni con Ahab, porque debe contar su historia».

Pero al decirlo reías, y pronto reí también yo. Solo un año más tarde, recorriendo los senderos de tus asesinos, descubrí una coincidencia heladora. Precisamente la semana en que partiste para Chipre y en Atenas todos creían que estabas en Florencia, llegaron a Italia dos griegos. Se detuvieron en Florencia, como huéspedes de sus compatriotas Khristos Grispos y Notis Panaiotis, estudiantes de arquitectura. Ambos decían haber ido de vacaciones y haber entablado amistad por azar en el barco que desde Patrás los conducía a Ancona. Curiosa amistad, dado que uno se definía como papandreísta, exfilocomunista, y el otro se decía nazi. Y curiosas vacaciones, puesto que escogieron Florencia y no se preocuparon de visitarla. De día permanecían casi siempre encerrados en casa, esperando una llamada telefónica que no se producía, y de noche salían siempre con aire de dirigirse en busca de algo y de alguien que no conseguían hallar. Al séptimo día regresaron con expresión desilusionada. Desilusionada ¿de qué? El nazi era un rubio de pupilas azules y frías, con el rostro obtuso y henchido de odio. Hablaba poquísimo y saludaba dando un taconazo al estilo militar y silbando «*Heil, Hitler!*». Se hacía llamar Takis y poseía en Atenas algunos establecimientos de fotocopias. Por el retrato que me suministraron Grispos y Panaiotis, me parece poder concluir que lo conocía.

En efecto, a un tipo así lo entrevisté meses antes para una encuesta sobre los vínculos entre los fascistas griegos e italianos. En cualquier caso, era el mismo que en primavera intervino en la paliza al diputado comunista Florakis. En cuanto al papandreísta, era un joven gordo y vulgar, carirredondo como el joven que distinguí desde el ferri el día en que fuimos a Ischia con la Salamandra pisándonos los talones. Usaba vaqueros con cinturón de adornos claveteados y charlaba mucho, sobre todo de su coche, un Peugeot blanco plateado, de cuya velocidad y manejabilidad se hacía lenguas. Afirmaba ser un gran piloto, insuperable en las maniobras de persecución y de morro-cola, y se explayaba acerca de sus viajes. En los tiempos de la Junta estuvo incluso en Canadá, donde trabajó en un garaje de Toronto y participó en carreras automovilísticas. Ni Grispos ni Panaiotis recordaban de qué carreras se trataba, o decían no recordarlo, pese a que sabían mucho de él, pues los tres eran de Corinto. Pero no me resultó muy difícil enterarme de que se trataba de carreras a circuito abierto, en las que los contendientes se arrojan unos contra otros en choques frontales o maniobras morro-cola. Tampoco me fue difícil relacionar este detalle con algo de lo que los periódicos ya hablaron: el hecho de que hubiera estado en Italia en el otoño del setenta y tres y en la primavera del setenta y cuatro: Milán, Roma y Florencia. En cuanto a su camaleónica afiliación política, como atestiguaban su amistad con el nazi Takis y su definición como seguidor de Papandréu después de haber sido filocomunista, había precedentes muy interesantes: en los primeros años de la dictadura trabajó como figurinista en el taller de Despina Papadópoulos. Un eslabón, en definitiva, entre la extrema derecha y la extrema izquierda, otro hijo del horrendo maridaje que produce los mejores mercenarios.

Estoy refiriéndome a Mikhail Steffas, el mismo Mikhail Steffas que la noche del 1 de mayo de 1976 conducía uno de sus coches, el que te mataría. Precisamente el Peugeot blanco plateado. Y era él quien, hallándote en Chipre, callejeaba por Florencia, adonde hiciste creer que habías ido por aquellos días.

3

Aquel increíble verano sabías que iba a ser tu último verano. Durante aquel increíble verano sucedió de todo. Para que no olvidaras la cita en Samarcanda, reapareció la muerte con aspecto de automóvil. El proceso contra Papadópoulos, Ioannidis y los miembros de la Junta acababa de comenzar, paralelamente al proceso contra Theofiloiannacos, Hazizikis y la banda de los torturadores. Nosotros llegamos de Chipre y caímos en una Atenas sacudida por tumultos de origen sindical, tan extraños como inoportunos. Inoportunos porque se desarrollaban precisamente en los días en que la ciudad debería haber manifestado júbilo por ver a los antiguos tiranos en el banquillo de los acusados. Extraños porque los caracterizaba una violencia desacostumbrada: bombas, cócteles molotov, adoquines levantados, lluvias de piedras a las que la policía contestaba con gases lacrimógenos, porrazos, detenciones brutales, pero ni los porrazos ni las detenciones brutales afectaban nunca a los manifestantes más exaltados. Diríase más bien que la policía cuidaba especialmente de protegerlos a ellos o bien a cierto Cadillac negro que desde hacía cuarenta y ocho horas pasaba una y otra vez lanzando bombas y cócteles molotov. Así, por más que al principio se pensara en el error estratégico de una izquierda sorda a la inoportunidad de echarse a la calle mientras se celebraban aquellos procesos, acabó tomando cuerpo la sospecha de que todo proviniera del designio de una derecha en busca de la chispa necesaria para justificar el acostumbrado golpe portador del Orden y de la Ley. Por lo demás, circulaban rumores catastrofistas, y muchos aparecían por tu oficina preocupados: afirmaban que en los cuarteles soplaban aires de guerra, que el arma acorazada estaba en estado de alarma, y que alguien había advertido movimientos de tropas. El único que se mostraba tranquilo eras tú: «No exageremos. Si el grupito existe, basta con aislarlo. Si el Cadillac negro existe, basta con identificarlo y descubrir quiénes lo ocupan, para quién trabajan y con quién se vinculan. Es inútil permanecer aquí charlando». Luego, al oscurecer, saliste y regresaste muy contento: «Prepárate, vamos de paseo». «¿De paseo? ¿Te parece que esta es una noche como para ir de paseo?». «Sí, y quiero que te pongas elegante». «¿Para qué?». «Para que, si nos detienen, podamos protestar pero-nosotros-qué-tenemos-que-ver, miren-cómo-vamos-vestidos, nosotros-íbamos-de-paseo». Así pues, me puse el vestido largo, los zapatos de tacón alto y las joyas. Para ti escogí el traje azul, la camisa de seda y la corbata de Hermès. «Y así enjaezados, de veintiún botones, ¿¡¿deberemos mezclarnos con los manifestantes?!?». «No nos mezclaremos con nadie. Además, tenemos coche». «¿Qué coche?». «El que he alquilado». «¿Para qué has alquilado ese coche?». «Para ir a echar un vistazo a los cuarteles y para ir en busca de un Cadillac negro».

Desde luego que no era un automóvil apropiado para la empresa: a fin de ahorrar, alquilaste un viejo Renault desvencijado que arrancaba como si tosiera, y corría el riesgo de averiarse cada vez que metías una marcha. En contrapartida, parecía suficiente para tu recorrido de reconocimiento, que, nada aventurado, consistía en detenerse a cierta distancia del cuartel, apagar los faros, abrazarnos o fingir ternezas si alguien se acercaba y mantener los ojos bien abiertos y los oídos bien atentos. Pero a medianoche ya habíamos espiado tres cuarteles y no sucedía nada en ellos que advirtiera de un golpe en preparación. Tampoco sucedía nada en la ciudad, donde el segundo día de desórdenes había concluido con una explosión en la acera, delante del Politécnico. En cuanto al Cadillac negro, al que se debía esa explosión, ni rastro. «Alekos, ¿te das cuenta de que es como buscar una aguja en un pajar?». «Sí, y sin embargo presiento que lo encontraré». «Pero ¿dónde, cómo?». «No lo sé. Vamos al Politécnico». «¡Si hemos estado hace menos de treinta minutos!». «Pues volvemos». Brincando y graznando, el Renault nos devolvió al Politécnico, junto a los estudiantes que montaban guardia atrincherados tras las verjas. ¿Se había vuelto a ver en aquel lapso? No, no se había vuelto a ver. ¿Estaban seguros? Sí, segurísimos. ¿No podía darse el caso de que se equivocaran? No, no podía darse. «Bien, esperaré». «Pero ¿por qué, Alekos, por qué?». «Porque presiento que pasará. Lo presiento, te digo». Sacaste la pipa, la encendiste y, tras algunas bocanadas, apareció saliendo de una travesía de la calle Stadiou. Se nos acercaba con calma, como si no estuviera decidido a hacerse notar o quisiera estudiar la situación, y una vez a nuestra altura aceleró de golpe, alejándose. Apenas hubo tiempo de ver la matrícula CD, cuerpo diplomático, y observar a los cuatro ocupantes: tres de unos treinta años, morenos y de aspecto a la vez humilde y perverso; uno que frisaba en los cincuenta, con cabellos grises y aire autoritario pese a una extraña camisa de flores, con manga corta. «¡Rápido! ¡Vamos!». Me empujaste al Renault, saltaste al volante, y vamos a ver otra vez a esa Muerte que en lugar de órbitas vacías tiene dos faros, en lugar de calavera, un capó y un parabrisas, en lugar de garras descarnadas, las ruedas, y el rugido de un motor por voz. Así pues, vibras todo tú, contento de encontrarla, de poder cortejarla como en Creta, como en Roma, como siempre que tienes ocasión de jugar con tu temeridad, con tu gusto por el desafío, con tu locura que ora es la locura de don Quijote, ora la de Dionisos, ora la de Ahab, pero cualquiera que sea el rostro que adopte es la misma locura, y el que está a tu lado no cuenta; no cuenta su vida, no cuenta la tuya; solo cuenta tratar de atrapar el Cadillac negro, saber a quién lleva, quiénes son los cuatro hombres, quién los manda y, tal vez, ponerlos de rodillas, humillarlos aun a costa de morir.

Persecución loca, desatinada, insensata, por las calles Stadiou, Patisiou, Alexandras y Kifisias, tras un automóvil que corría el doble que el nuestro y que fingía escapar para conducirnos lejos, para atraernos a la celada que pronto convertiría a los perseguidores en perseguidos, y lo conseguía, ora aumentando la velocidad, ora disminuyéndola, ciento veinte, ciento treinta, ciento cuarenta y luego cien, noventa, ochenta: la técnica del pescador que se divierte dando cordel y rebobinándolo para cansar al pez. Y tú lo sabías. Pero no cedías. Con el rostro pálido y tenso y las manos aferradas al volante, pisabas el acelerador más y más, dando bandazos y virajes y patinando, mientras yo te suplicaba déjalos estar, por caridad; nos mataremos, ¿no ves que se burlan de ti, que podrían escapar en cualquier momento, que no huyen para entretenernos y conducirnos quién sabe dónde?; no puedes alcanzarlos, y si los alcanzas es peor; ellos son cuatro, y nosotros, dos; ellos seguramente van armados y nosotros no; si no nos matamos saliéndonos de la calzada, nos matarán ellos, y morir así es una estupidez. ¿Por qué quieres que yo también muera? No tienes derecho a sacrificar a los demás contigo, no es justo, no es civilizado. Y aterrorizada, indignada, te insultaba, te maldecía y te suplicaba. Pero tú, con el rostro pálido y tenso, y las manos aferradas al volante, continuabas pisando el acelerador, dando bandazos y virajes y patinando, y no te dignabas darme una respuesta, un monosílabo, un gesto. Ni siquiera oías lo que decía, y lo que experimentaba no te afectaba en absoluto, como si yo fuera un fardo y no una persona. Te interesaba el coche y nada más, ellos y nada más. Ellos debían de ser expertos en maniobras de aquel tipo, y el que iba al volante, un auténtico campeón. Unas veces dejándonos adelantar, otras adelantándonos, y otras más manteniendo una distancia considerable o unos pocos metros, desde el paseo marítimo de Agios nos condujo a Rafina, y después giró bruscamente a la izquierda y nos llevó al monte Himeto, para doblar luego a la derecha y hacernos descender de nuevo hacia el mar, por la parte de Voula, y esto sin que tú abrieras nunca la boca, sin que me dirigieras ni una mirada. De hecho, a partir de un cierto momento, yo ya no protestaba ni te suplicaba, resignada. Solo a las tres de la madrugada, cuando el Cadillac negro volvió a entrar en la ciudad y frenó por sorpresa para que se apeara el hombre del pelo gris, una sombra alta y gruesa que de repente se desvaneció en la oscuridad, advertí un suspiro de esperanza. Pensé que querías bajar y correr detrás de él. Tras una duda infinitesimal, sin embargo, reanudaste la persecución, y la trampa que te habían tendido se disparó: un callejón sin salida que descendía a un garaje subterráneo, en el que enfiló recto y seguro. Oí mi voz: «¡Retrocede!». Luego, la tuya, por fin: «Demasiado tarde». «¡Hemos caído en una trampa, Alekos!». «Lo sé». Continuaste conduciendo hasta el garaje. Aparcaste junto al Cadillac negro, que se había detenido en la entrada. Empuñaste la pipa por el lado de la cazoleta y te apeaste. «Ven». Obedecí. En el garaje no había nadie, aparte de los tres tipos. Tampoco en el callejón. El único signo de vida era la sombra de un gato que huía de un salto, mudo, a la luz verdosa del letrero de neón.

«Míralos». Los tres nos aguardaban uno junto a otro. Pecho fuera, manos en las caderas, piernas abiertas: la postura de los que pegan. El tercero, estorbado por un paquete cilíndrico que apoyaba en el reverso del brazo izquierdo. Se parecían curiosamente: la misma risa maliciosa, la misma corpulencia, la misma tez olivácea, los mismos bigotillos recortados. Y el mismo atavío de pobres, con pantalones deformados, chaquetas raídas y corbata torcida. No hacía falta ser muy listo para comprender que ellos no eran los propietarios del Cadillac, y que el cerebro de todo el asunto era el hombre del pelo gris. Pero precisamente porque se trataba de simples ejecutores, de tres desgraciados que se vendían por unas pocas dracmas, el peligro era grande, y por instinto introduje la mano derecha en el bolso, fingiendo empuñar un arma que, naturalmente, no existía. Gesto acaso no del todo inútil, pero del que tu monstruosa valentía no precisaba. Con los ojos fijos y la mandíbula apretada, avanzabas despacio hacia ellos, tan despacio que entre un paso y otro parecía gotear la eternidad, y cada músculo de tu rostro emanaba un furor tan helado e incontrolable que ya no parecías un ser humano, sino una fiera con aspecto de ser humano. Mientras avanzabas, resollabas, los mirabas y resollabas, y cuando estuviste ante ellos te detuviste para estudiarlos bien uno a uno, con exasperada lentitud. Una vez los hubiste examinado de hito en hito, golpeaste la boquilla de la pipa en el paquete cilíndrico y, sin que ninguno de los tres se rebelara o hiciera un gesto o dijese una palabra, escandiste en mi lengua y en la tuya: «Mira, esto es una bomba. No una bomba para arrojarla contra un tirano: una bomba para lanzársela a la gente. Y este es un fascista griego, un siervo sin cojones. Un siervo de la CIA, del KYP y de Averoff». Después de haber hablado así, diste dos vueltas a su alrededor, con el paso acostumbrado, con la acostumbrada lentitud exasperada, y luego te paraste ante el que se hallaba en medio, lo agarraste por la corbata y le tiraste de ella con golpes secos y despreciativos: «También este es un fascista griego. Tampoco este, como ves, tiene cojones. También él es un siervo de la CIA, del KYP y de Averoff». Por último, te dirigiste al tercero, siempre sin que ninguno de los tres se rebelara o hiciera un gesto o dijera una palabra, de tal manera que yo no creía lo que veían mis ojos, continuaba con la mano dentro del bolso, y pensaba no es posible que permanezcan ahí pasmados, dejándose insultar y ridiculizar, no es normal, dentro de poco saltarán encima de él y lo harán trizas. Levantaste la pipa, le apoyaste la boquilla en el corazón, se la clavaste por dos veces en el corazón como si fuera un cuchillo y: «También él. Nadie lo diría, ¿verdad? Mira qué manos». Golpe en las manos. «Mira qué chaqueta». Golpe en la chaqueta. «Mira qué cara». Golpe en la cara. «Se diría que es un hijo del pueblo. Los tres se diría que son hijos del pueblo. En una manifestación pasarían por hijos del pueblo. En cambio, son siervos sin cojones, fascistas. ¿Y sabes lo que hago yo con los siervos sin cojones, con los fascistas? ¿Lo sabes?».

Tú no podías hacer nada. Absolutamente nada. Estabas solo con una pipa y una mujer que, estorbada por un vestido largo, fingía empuñar un revólver inexistente. Si uno de los tres hubiera despertado, habríamos sido eliminados en un santiamén. Y lo sabías. Pero con el rabillo del ojo acabaste por advertir mi farol, y ahora te servías de él para tentar la suerte: *rouge-ou-noir-le-jeu-est-fait-rien-ne-va-plus.* O funciona o revienta. O se vive o se muere. Tanto en uno como en otro caso, qué importa. Importa jugar, desafiar, apostar. Cinco segundos, diez. Veinte, treinta, cuarenta. Mientras, la bolita gira en la ruleta, gira una y otra vez, luego el eje pierde velocidad, se detiene y sucede lo que nunca habría esperado ni imaginado. De repente, el del paquete se postró de rodillas; aquel al que tiraste de la corbata, por su parte, se santiguó, y aquel al que propinaste golpes con la boquilla se cubrió el rostro y: «¡No, Alekos, no! ¡Tengo familia, perdóname, déjame ir!». «No, Alekos, no, es un error, nosotros te admiramos, te respetamos, lo juro por mis hijos, por la bandera, no nos mates». Y tú vacilas, lo veo; tu furor cede, lo veo; debes hacer un esfuerzo terrible para no estallar en una carcajada que te pellizca la garganta, por contenerte y ordenarles con la voz de antes: «Arriba, en pie, bellacos. Y al coche, rápido.

Seguidme a poca distancia». «¡¿Qué has dicho, Alekos?! ¡¿Qué estás maquinando?!». «Los llevo al Politécnico». «¿Y tú crees que van a ir?». «Sí». Y, en efecto, fueron. Dóciles, hipnotizados. Te obedecieron como pretendías, como en un wéstern en que el *sheriff* consigue capturar por sí solo a la banda, llevarla al pueblo y entregarla al juez, que celebrará un proceso normal. Y tú, en el destartalado Renault, que arrancaba como tosiendo y corría el riesgo de averiarse cada vez que metías una marcha, los arrastraste hasta donde estaban los incrédulos estudiantes. Que se encargaran ellos de requisarles el paquete, desde luego una bomba, de interrogarlos, de descubrir quiénes eran, quién era el tipo del pelo gris y a quién pertenecía el Cadillac con la matrícula CD, sin duda falsa, y buen trabajo y buenas noches. «¡Alekos! ¡¿Nos vamos así?!». «¿Qué significa nos-vamos-así?». «Significa: ¡¿tú no quieres saber quién los manda, quiénes son?!». «Yo ya lo sé. Además, no me gusta ver interrogar a la gente, procesar a la gente, condenar a la gente. Aunque se trate de patanes. Un enemigo en el banquillo es siempre un exenemigo».

Pronto se pondría de manifiesto lo que intentabas. En efecto, fue aquel mismo verano, aquel increíble verano, cuando se hizo patente la extraordinaria coherencia con que cimentabas tus aparentes incoherencias. Y demostraste que ya no te interesaban como enemigos Papadópoulos, Ioannidis y los derrotados contra los cuales la montaña, el Poder, celebraba procesos.

«¡Los he visto! ¡Los he visto a todos!». «Y ellos ¿te han visto?». «Sí, el primero en divisarme ha sido Ladas. ¿Sabes? El que la mañana del atentado me confundía con Giorgos y decía vamos, teniente, yo conozco a tu hermano Alexandros, un tipo inteligente; si estuviera aquí te daría un consejo, no te hagas el tonto con Ladas, etcétera. Y al reconocerme, ha pegado un salto, como si le hubiera picado una avispa. Ha palidecido. Luego ha puesto una mano en el hombro de Ioannidis y le ha susurrado algo. Ioannidis se ha vuelto y sus ojos han buscado los míos. Me ha parecido que un poquito cohibido, y enseguida ha pasado la noticia a Patakos, que ha movido los labios para preguntar "dónde está", y ha esperado un poco para volverse a mirarme, pero cuando se ha dado cuenta de que lo miraba a mi vez, ha enderezado la cabeza de golpe, como un niño sorprendido escuchando. Y ha informado a Makarezos, que se ha inclinado sobre Papadópoulos y se lo ha dicho. Papadópoulos no se ha agitado. Se sentaba rígido en la silla, tieso, mirando al suelo, a un punto más allá de sus zapatos, y durante unos minutos ha permanecido así, como si se hubiera tragado un palo. Luego ha movido las pupilas: imperceptiblemente, sin volver la cabeza un milímetro, sin alterar un músculo de la cara. Y me ha visto. Y me ha hecho daño». «¿Te ha hecho daño?». «Sí. Aquellos ojos empañados, apagados, cenicientos, parecían los ojos de un muerto. Y también aquel rostro petrificado, terroso. No, terroso no: verde. Verde como el agua de un estanque, ¿sabes? Y aquella... sí, aquella dignidad. Tal vez lo hacía por cálculo, para demostrar que él se consideraba el jefe y no se mezclaba con nadie, ni siquiera con sus colegas, y que encontrarse acusado en la sala de un tribunal era una simple desventura: en cualquier caso, se comportaba con dignidad. Y yo he pensado: es menos ridículo de lo que creí, es un hombre. Esto me ha sorprendido, porque nunca pensé en él como en un hombre; para mí fue siempre un automóvil que debía saltar por los aires, un coche con un tirano dentro, y he tenido que hacer un esfuerzo para renovar la náusea que experimenté al entrar, pensando en la diferencia entre mi proceso y el suyo. Yo con esposas, estrujado entre dos policías, empaquetado en un uniforme demasiado ancho; él muy elegante, con su traje bien planchado, las mejillas afeitadas, su bigotito bien cuidado, y su silla con cojín. Pero recobrar la náusea no me ha servido para nada, porque aquel hombre humillado, vencido, dos veces humillado en cuanto yo lo miraba, yo que intenté matarlo, ya no era un enemigo. O, mejor, tratarlo como enemigo ya no me interesaba». «¿Y Ioannidis?». «¡Eh! Ioannidis sigue siendo Ioannidis. Frío, desenvuelto, seguro de sí. Con su cara inexpresiva, soberbia, de monje de la Inquisición. Ioannidis no cederá nunca. Jamás se resignará, no se comportará como un hombre humillado y vencido. ¡Eh! En el fondo comprendo a Ioannidis, porque ciertas dictaduras no se establecen nunca por azar o por capricho; son siempre fruto de la clase política que las precede, de sus cegueras, de sus incapacidades, de sus irresponsabilidades, de sus mentiras, de sus hipocresías. Y entre los tipos primarios que creen poder corregir aquellos desastres asesinando la libertad, no se cuentan solo hombres como Papadópoulos, sino otros de buena fe como Ioannidis. Violentos sin cerebro, sí, incapaces de darse cuenta de que son un instrumento del Poder que quieren derrocar, sí, pero de buena fe. Luego pagan, claro. Los Averoff, en cambio, no pagan nunca. Son tapones de corcho que siempre vuelven a flotar, aunque se les arroje al mar con un pedazo de plomo, y mueren siempre de vejez en una cama, con el crucifijo entre las manos y la patente de respetabilidad en el bolsillo. No, gracias, ni siquiera Ioannidis es ya mi enemigo. No me interesa seguir tratando a Ioannidis como enemigo».

Incluso escribiste un artículo sobre esto. Llegaste a luchar para que Ioannidis, Papadópoulos y los demás miembros de la Junta no fueran condenados a muerte, veredicto que parecía descartado desde el principio. «En la primavera del sesenta y ocho, nosotros, los de la Resistencia, ya procesamos a la Junta, señores jueces. Y la condenamos a muerte. Yo debía ser el ejecutor de esa sentencia en la persona de Papadópoulos, pero nosotros juzgamos a hombres en pleno ejercicio del poder, y ustedes juzgan a hombres que hace tiempo han perdido el poder o han renunciado a él espontáneamente. Nosotros no pertenecíamos a la clase política que provocó el golpe con sus errores; ustedes siguen perteneciendo a esa clase política, a esa casta. Por ello, junto con los veintisiete acusados que hoy comparecen ante el tribunal en Koridallos, tendrían que estar ustedes, señores jueces; ustedes que aplicaban sus leyes y condenaban a quienes se les oponían. Y junto a ustedes deberían estar también los ministros, los subsecretarios y los siervos que se uncieron a los coroneles, los industriales que sostuvieron el régimen con su dinero, los editores y los periodistas que lo apoyaron con su cobardía. Sin contar los falsos resistentes, los falsos revolucionarios que hoy van a declarar ante ese tribunal como partes perjudicadas; a acusar, a recitar el papel de víctimas, ellos que no hicieron nada para combatir la dictadura y solo por precavida astucia no gritaron viva-Papadópoulos. La verdad es que son demasiadas las cosas que no gustan de este proceso, tanto desde un punto de vista formal como moral, y para empezar no gusta que en el momento de instruirlo hayan ustedes ignorado una realidad tan amarga como histórica: la tiranía no cayó por efecto de la Resistencia, sino que cayó sola, sofocada por sus propias infamias; abdicó la noche en que Ioannidis permitió a Ghizikis que volviera a llamar a los políticos defenestrados por el golpe. Eso constituye un tanto en favor de Ioannidis. No olvidemos que mantenía el control de gran parte del ejército y a oficiales en los puestos clave del Estado, y que habría podido negarse a renunciar al mando o exigir del nuevo gobierno una amnistía para sí mismo y para los miembros de la Junta. No olvidemos tampoco que el ministro de Defensa, Averoff, mantuvo a Ioannidis como jefe de la ESA y luego lo retiró honrosamente, dejándole durante meses que cultivara las rosas de su jardín. Si el propio Ioannidis no se hubiera convertido en culpable de traición al unirse a Papadópoulos, podría decirse que tiene perfecto derecho a sentirse traicionado a su vez. Yo, en su lugar, llamaría a Averoff y le preguntaría: "¿A qué juego hemos jugado, Averoff? Primero me dejas como jefe de la policía militar, luego me retiras con honor y me permites cultivar mis rosas y después me arrestas y haces que me procesen con acusaciones que significan el fusilamiento". Le preguntaría también por qué a Ghizikis no se le procesa. Cuando la Junta abdicó, ¿no era él el jefe del Estado? Este proceso no es más que una burla, una estratagema para devolver la virginidad a los viejos amos. En cuanto a las penas capitales que están dictando, que ya han dictado, recordemos esto: en las plazas Loreto a los Mussolini se les cuelga enseguida o no se les cuelga. Si en tiempos de la dictadura el tiranicidio era un deber, en tiempos de democracia el perdón constituye una necesidad. En tiempos de democracia la justicia no se hace cavando tumbas».

Incluso querías hablar con Ioannidis y Papadópoulos. Decías que si fueras capaz de penetrar en la soberbia del primero y de romper el mutismo del segundo, sabrías dónde estaban escondidos los archivos de la ESA, y te procurarías rápidamente las pruebas contra Averoff. Desde luego que acercarse a ellos no era difícil: como los demás acusados, no se sentaban en el banquillo sino en el centro de la sala, apenas protegidos por un cordón de guardias bien dispuestos. Pero este proyecto no contemplaba tu timidez y tu extravagante temor de ofenderlos: apenas entrabas y te sentías embestido por los *flashes* de los fotógrafos, los comentarios de los periodistas y los bisbiseos del público, ya-está-aquí-ha-llegado, te agazapabas tras una columna y no avanzabas ni siquiera cuando la sesión se suspendía. «¿Lo has conseguido?». «No, mañana». «¿Te has decidido?». «No, mañana». Luego, una mañana, apretaste los dientes y te lanzaste en dirección a Papadópoulos. Estabas tan decidido a hablarle, me contaste, que una vez dado el primer paso te sentías casi calmado y podías captarlo todo: el silencio que se produjo de pronto, las palpitaciones de tu corazón, las miradas que te seguían asombradas mientras avanzabas hacia él. También te miraba, por lo demás, con el agua verde del estanque finalmente removida por un soplo de viento, por una especie de sonrisa que no comprendías si expresaba ironía o simpatía y que, en todo caso, era un estímulo, una invitación. Pero en el momento en que te reunías con él y tus ojos encontraban los suyos, evocaste recuerdos lejanos y, sin embargo, precisos: un Lincoln negro que avanza por la carretera de Sunion, dentro del Lincoln negro hay alguien a quien nunca viste, pero a quien debes matar. Por tu mente pasaron pensamientos remotos y, sin embargo, abrasadores: quién sabe qué tipo es al mirarlo a la cara; si miras a un hombre a la cara y te das cuenta de que es un hombre como tú, olvidas lo que representa y matarlo resulta difícil; así que es mejor hacerse la ilusión de que matas un automóvil, ese odioso automóvil que viaja a cien kilómetros por hora, cien kilómetros son cien mil metros, una hora son tres mil seiscientos segundos, cada segundo equivale a veintisiete metros, una décima de segundo equivale a unos tres metros, ¡y cuánto dura una décima de segundo, Dios mío!, ni siquiera un pestañeo; una décima de segundo es el destino, *khilía éna, khilía dío, khilía tría,* mil uno, mil dos, mil tres. Precisamente mientras revivías esto y movías los labios para decir lo que nunca habrías creído poder decir, buenos-días-señor-Papadópoulos, me-gustaría-hablar-con-usted, del recinto público se elevó un grito femenino: «¡Papadópoulos, verdugo! ¡Ioannidis, asesino! ¡A la horca, gusanos asquerosos!». Y, de pronto, tu decisión se desvaneció. Le volviste la espalda y te alejaste, ruborizado.

«¿Por qué, Alekos, por qué?». «Porque me he sentido muy cohibido, muy avergonzado. Bien sabe Dios que yo los insultaba, los amenazaba y los maldecía, pero en aquel tiempo ellos eran los amos y yo estaba encadenado. No se ofende a un hombre encadenado. Nunca. Aunque antes fuera un tirano. Basta, a aquella sala no vuelvo, no pongo más los pies en ella». Y mantuviste la promesa. Incluso te negaste a asistir a la lectura de la sentencia: «Ya oí una vez al juez pronunciar una condena a muerte. Sé lo que significa estar condenado a muerte». Fui yo en tu lugar. Y me sirvió para concluir que, como de costumbre, atando los cabos de lo concreto con las telarañas de lo imaginario, viste cosas que no existían o solo existían en tu fantasía. En primer lugar, nadie corría el riesgo de ser fusilado; hasta los niños sabían que la condena a muerte sería formal, pues una hora más tarde Karamanlis concedería el indulto. Por otra parte, lejos de parecer el escenario de una tragedia, la sala de Koridallos semejaba más bien el *foyer* de un teatro en el último entreacto de una opereta. Los acusados reían, vacuos, intercambiaban muecas de condescendencia y hasta se distraían lanzándome ojeadas de morbosa curiosidad: él-no-ha-venido, ha-venido-ella. En cuanto a Papadópoulos y Ioannidis, ambos ocupados en evitarse, como dos primadonas celosas y henchidas de odio recíproco, no suscitaban en mí ninguna indulgencia: en el primero no lograba ver en absoluto al digno personaje que me describiste, ni en el segundo conseguía imaginar al honrado soldado al que defendiste radical e inesperadamente. Aquel rostro chato no tenía alma, y sí una dureza afín a sí misma. Si acaso, había en él algo de infeliz, de lamentablemente torpe. La torpeza de los militares que se diría han nacido de uniforme, que lo llevan como una segunda piel y que, cuando se lo quitan para vestir ropas civiles, parecen como despojados o vulgares. Era vulgar, con su rostro ceñudo de si-quiero-te-pillo, su chaqueta de cuadritos, demasiado estrecha y corta para sus anchas caderas, y sus pantalones fijados a los tobillos por dos increíbles pinzas de la ropa. Papadópoulos no era vulgar; si acaso tenía el aspecto de un empleaducho sorprendido con las manos en el cajón. Ioannidis, el tremendo Ioannidis, en cambio, sí lo era. No conseguía apartar los ojos de aquellas pinzas, y en un momento dado se percató. Se levantó, cruzó los brazos sobre los riñones y, con paso grave, de autómata, se me acercó. Yo estaba sentada, aislada, bajo el escaño del fiscal general. Allí se paró, pecho fuera y barbilla levantada, en una postura inútilmente hostil, guerrera, y se puso a mirarme con helados ojos celestes. Yo a mi vez lo miré, sosteniendo la estúpida competición del si-tú-no-los-bajas-yo-no-los-bajo, y esto duró un tiempo interminable. Duró hasta que murmuró en su lengua algo que no comprendí, bajó las pupilas y dio media vuelta: pecho fuera, barbilla levantada, brazos cruzados sobre los riñones.

«Cualquiera sabe qué ha dicho». Sonreíste de una manera extraña: «Yo lo sé». «No puedes saberlo, no había nadie escuchando». «Lo sé igualmente». «Ah, ¿sí? Adelante, ¿qué ha dicho?». «Ha dicho: salúdelo de mi parte». Y convencido de eso, me llevaste a cenar con el acostumbrado acompañamiento de faunos y ménades, a fin de catequizarlos sobre la injusticia de aquella condena.

Palabras lanzadas al viento. Naturalmente, no te comprendía nadie. Nadie aprobaba tu toma de posición acerca de los hombres a los que primero querías matar y ahora tratabas con tanta misericordia. Se divierte llevando la contraria, decían, ni él mismo sabe lo que quiere. Y a menudo incluso yo pensaba así aquel verano: nunca como aquel verano experimenté el drama de acompañar por el desierto a un hombre cuya esencia se nos escapa porque es demasiados hombres a la vez, y todos discontinuos, todos ellos envueltos en contradicciones no reducibles a la duplicidad del héroe con un ojo bueno y otro malo, un rostro de muchacho y un rostro de anciano, una mente arraigada en el pasado y otra proyectada al futuro. Como de costumbre, solo tras tu muerte, mientras reconstruía el mosaico de tu personaje, comprendí que cada gesto juzgado como incongruente por mí o por los demás tenía su razón de ser. O sea, que entroncaba en una línea de conducta muy precisa. Tu actitud con relación al proceso contra Theofiloiannacos, Hazizikis y el grupo de los torturadores, por ejemplo. No desaprobabas este proceso; lo distinguías netamente del instruido contra Papadópoulos, Ioannidis y los miembros de la Junta, y no solo porque se basaba en culpas indiscutibles, sino porque servía de ejemplo a los países que practicaban la tortura. Sin embargo, tres veces fuiste citado como testigo y otras tantas adujiste pretextos para no presentarte. «Tengo-fiebre, tengo-un-compromiso, me-encuentro-en-Italia».

«Pero ¡eres el testigo más importante, Alekos, el más esperado!». «Lo sé». «Entonces, ¿cuándo vas?». «No sé». Luego, de improviso, una llamada telefónica: «¿Vienes? Mañana voy». Lo que te decidió fue el rumor de que, a fin de reducir al máximo la publicidad en torno a tu persona y a tu testimonio, el día en que te presentaras el presidente prohibiría el acceso a la sala de los fotógrafos y las cámaras de televisión. «¡Increíble! ¿Quién puede haberle pedido hacer una cosa semejante, Alekos?». «Él». «¿Quién es él?». «Averoff, ¿no? Se trata de un consejo de guerra, y los consejos de guerra dependen del ministro de Defensa». «¿Y qué harás para impedirlo?». «Nada. Así ya me sirve».

Me preguntaba en qué sentido podría servirte, ahora que examinaba el escenario en que ibas a entrar. Un escenario bastante mísero, en el fondo. Contrariamente a la sala de Koridallos, muy vasta y teatral, esta estaba desprovista de cualquier atmósfera: era una salucha larga y estrecha, dividida en su mitad por un pasillo que conducía al micrófono de los testigos y a los escaños de los jueces. A la izquierda del pasillo, según se entraba, el público y los periodistas. A la derecha, los abogados y los acusados. En la primera fila de estos últimos, Theofiloiannacos, reconocible por su maciza corpulencia y su carota picada de viruelas, simiesco. En la segunda, Hazizikis, con su traje azul, su corbata azul, su camisa inmaculada y el rostro semioculto tras las gafas negras. En la tercera, el médico que presenciaba las torturas para que la víctima no muriese: un tipo equívoco, seco, de bocaza viciosa y pupilas trémulas como alas de mariposa. Junto a cada uno de ellos, los demás: alrededor de una treintena. Rostros anónimos e inocuos; expresiones cualesquiera. Raras veces los malos tienen mala catadura. Por lo demás, a mi juicio, ni siquiera Hazizikis la tenía, como tampoco Theofiloiannacos. Si acaso, se intuía que destilaba perfidia su abogada, que era también su esposa: una hermosa rubia de rasgos que reflejaban desprecio, y de sonrisa sarcástica. Todo lo cual restaba dramatismo al proceso, conducido con desgana por el presidente, un hombrecillo calvo y gruñón, ahogado dentro de una gran toga negra. Luego fue pronunciado tu nombre, a lo largo del pasillo, conforme avanzabas, retumbaron tus pasos, y Theofiloiannacos volvió a ser Theofiloiannacos, Hazizikis volvió a ser Hazizikis, la sala se ensanchó y el tedio se transformó en electricidad. Ni siquiera avanzabas; en efecto, caminabas majestuosamente. Y con una flema deseada, inquietante, con una soberbia tan mayestática y provocadora, que la flema y la soberbia de la noche en que te enfrentaste con los tres fascistas del Cadillac negro parecían, en comparación, rapidez y buena disposición. Uno, dos. Uno, dos. Uno, dos. Pero lo que más impresionaba no era el ritmo de tus pasos, sino la manera en que acompañabas aquel ritmo con el resto del cuerpo y, sobre todo, con el brazo derecho, que se alzaba y descendía en perfecta sincronía con la pierna izquierda: como si marcaras el paso al compás cadencioso de un péndulo. Tic, toc. Tic, toc. Tic, toc. En cambio, el otro brazo estaba doblado en ángulo recto sobre el corazón, donde la mano aferraba la pipa. En cuanto a los ojos, firmísimos, apuntaban al presidente como a una presa, ignorando a propósito a Hazizikis y Theofiloiannacos, como si no los hubieras conocido nunca. Llegaste al micrófono. Introdujiste la mano derecha en el bolsillo de la americana, te llevaste la pipa apagada a la boca y: «Debo solicitar de este tribunal...». Vi las máscaras inmóviles de los jueces de uniforme reavivarse de estupor, y el semblante malencarado del presidente ponerse blanco: «¡Usted no solicita nada! ¡Es el tribunal el que solicita! ¡Limítese a decir cuándo y dónde fue detenido! Hechos y no juicios, ¿entendido?». Un relámpago. He aquí por qué la prohibición impuesta a los fotógrafos y a los cámaras de televisión te servía; he aquí por qué entraste de aquel modo, sin dignarte dirigir una mirada a Theofiloiannacos o Hazizikis: tu propósito era provocar la disputa y decir en voz alta lo que habrías querido decir en la sala de Koridallos, o sea, que los verdaderos acusados no eran ya los patanes procesados, sino, al contrario, quienes los procesaban para su propia conveniencia. Bien, pues entonces no quedaba más que contener el aliento y esperar que estallara.

Te quitaste la pipa de la boca y la levantaste a guisa de lanza: «Permanecí detenido desde el 13 de agosto de 1968 hasta el 21 de agosto de 1973, señor presidente, y hablaré de hechos concretos. Solo hechos, señor presidente, y hechos de los que, por lo demás, ya tiene conocimiento este tribunal, porque yo no he necesitado que cambiara el régimen para acusar a quienes se acusa hoy en esta sala. Para ahorrar tiempo, no tendría usted más que leer mis denuncias de hace siete años, obviamente ignoradas por la magistratura al servicio de Papadópoulos. Tales denuncias se encuentran en el expediente que tiene usted ante sus narices. Pero pongo una condición para repetir aquellos hechos: que se dirija usted a mí con cortesía, utilizando mi nombre y apellido, llamándome señor o, mejor, señor diputado, y que explique por qué ha prohibido a los fotógrafos y a los cámaras de televisión asistir a mi declaración. ¿Es su ministro de Defensa, Evangelos Averoff, quien se lo ha impuesto?». «¡Testigo!». Sin hacer caso de este grito, la pipa golpeó el aire por dos veces: «Repito la pregunta, señor presidente. ¿Es su ministro de Defensa, Evangelos Averoff, quien se lo ha impuesto?». «¡Testigo! ¡Soy yo quien hago las preguntas!». «Y yo le responderé cuando usted se justifique». «¡Testigo! ¡Usted olvida dónde está!». «No lo olvido. Estoy en un consejo de guerra para declarar sobre las culpas de unos hombres a los que he combatido durante siete años mientras los magistrados como usted les servían. Estoy en una sala donde se procesa a unos torturadores cuyas víctimas usted condenaba aplicando las leyes de la dictadura. Una sala donde soy tratado con menos respeto que el que me reservaban los magistrados de Papadópoulos». «¡Cállate!». «Me está usted tuteando, señor presidente». «¡Cállate!». «Me está usted volviendo a tutear, como los magistrados de Papadópoulos. Y si me tuteas, pequeño *averofaki,* también yo te tutearé, como a los magistrados de Papadópoulos». Los jueces de uniforme escuchaban cada vez más estupefactos, encogiéndose más a cada frase. Los acusados parecían petrificados, sin más, lo mismo que sus defensores. Los periodistas escribían y escribían, presas de la agitación, y yo me preguntaba cuándo se produciría una tregua. Pero la tregua no llegaba. El altercado continuaba con voces que se superponían, retumbante la tuya, estridente la del otro, en un entrecruzarse de gritos y ladridos. La batalla que programaste y esperabas. «¡Testigo! ¡Quiero oír lo que sucedió después de tu detención! ¡Eso y nada más!». «No antes de que tú hayas explicado, *averofaki,* por qué has prohibido el acceso a los fotógrafos y a la televisión. ¡No antes de que hayas dejado de tutearme!». «¡Yo no me llamo Averofaki! ¿Qué significa Averofaki?». «¡Lo sabes pero que muy bien, *averofaki!* ¡Significa siervo de Averoff!». «Aquí se está insultando al tribunal. ¡Silencio!». «¿Silencio a mí, *averofaki?* No me han reducido al silencio con sus torturas y su pelotón de ejecución, ¿y tú querrías ponerme bozal? ¿¡¿Tú?!?». «Yo no te pongo bozal, ¡yo te interrogo según el procedimiento!». «¡El procedimiento contempla el uso del usted y no del tuteo, *averofaki!*». «¡Los hechos! ¡Quiero los hechos!». «¡Vuélvelos a leer en el expediente, *averofaki!*».

Cedió. Tal vez porque no podía detenerte sin el permiso del Parlamento, o porque el escándalo le habría perjudicado, o porque empezaba a cansarse y a darse cuenta de que nunca se saldría con la suya. Por fin, pues, cedió. Se retrepó en su sillón y, volviéndote a tratar de usted, suplicó: «Le ruego que se calme, señor Panagulis. No se lo tome así y tenga la bondad de decirme lo que le he pedido. Por favor». Y tú aceptaste la rendición y renunciaste a hacerle confesar por qué había prohibido el acceso a los fotógrafos y a la televisión, pues lo que querías decir quedaba dicho, y bajando la pipa y sacando la mano del bolsillo, te pusiste a enumerar los sufrimientos que soportaste entre el 13 de agosto de 1968 y el 21 de agosto de 1973. Pero en tono apagado, aburrido, como si recitaras un papel cuya necesidad no veías, y en menos de treinta minutos. Otros estuvieron hablando cinco y seis horas, ilustrando detalles, descendiendo a minucias y cosas inútiles. Tú, en cambio, condensaste en menos de treinta minutos el calvario de mil ochocientos treinta y dos días y mil ochocientas treinta y dos noches, cuando la esperanza de hablar como ahora hablabas, de acusar ante un tribunal a quienes hoy estaban tras de ti era lo único que te mantenía vivo. Derrochaste en menos de treinta minutos la ocasión anhelada, y no dijiste casi nada de lo que me decías a mí apenas el recuerdo encendía la fiebre y la fiebre llevaba al delirio, y con la cabeza en llamas y las piernas heladas llorabas en mis brazos hasta que mi rostro se convertía en el rostro de Theofiloiannacos o de Hazizikis o del médico que presenciaba las torturas, y si te rogaba cálmate-soy-yo, mírame-soy-yo, me rechazabas gritando basta-no-basta, asesino, asesinos, socorro. Incluso a las torturas más caprichosas aludiste con indiferencia y minimizándolas, como si pertenecieran a un pasado tan remoto que se había perdido en ti toda huella de él, y Theofiloiannacos y Hazizikis y los demás a tu espalda, sentados a pocos metros de ti, se hallaran a millones y millones de millas, anulados en el espacio y en el tiempo. Nombres, apellidos, fechas, informaciones y basta. Fustazos, bastonazos, puñaladas, quemaduras de cigarrillos en los genitales y por todo el cuerpo, falanga, ahogamientos con manta y sin ella, torturas sexuales. Te detuviste en las dos palabras torturas-sexuales. «Por favor, continúe», te invitó el presidente con voz renovada, casi afectuosa. «No, basta ya». «¡¿Basta ya?!». «Sí, señor, no tengo nada más que añadir».

Se produjo un silencio incrédulo. Desde los jueces hasta los acusados, desde los abogados hasta los periodistas, todos parecían petrificados por la sorpresa. ¿Acaso puede esperarse un vaso de agua durante siglos y luego rechazarlo? «Tal vez haya olvidado algo», sugirió el presidente. «Yo no olvido nunca. Pero ahora basta ya, repito». Y de nuevo se hizo el silencio. «¿Alguien desea interrogar al señor testigo?», balbució el presidente. Tras una espera interminable, la invitación fue recogida tan solo por un acusado con uniforme de capitán: «Quisiera que el señor Panagulis dijera cómo me comporté durante los interrogatorios». Acaso esperaba que lo exonerases de alguna responsabilidad, o acaso era verdad que se comportó mejor que los otros y merecía un poco de indulgencia, pero no lo complaciste, y apenas volviendo la cabeza, mirando por encima de Theofiloiannacos y Hazizikis, respondiste, sibilino: «Como ahora». Por tercera vez se hizo el silencio. «¿Nadie más desea interrogar al señor testigo?», repitió el presidente. Y entonces Theofiloiannacos se movió. Fatigosamente, como si le costara un esfuerzo inenarrable, se levantó apoyándose con las manos en la butaca en la que se sentaba su esposa, vestida con toga. En pie parecía muy alto, muy fuerte: anchos hombros de púgil y cuello grueso, de toro, de levantador de pesos. Y, sin embargo, había algo de frágil en él, algo de doloroso o de resignado, que aun sin quererlo inspiraba una gran piedad. La misma que se experimenta ante un elefante muerto, ante un rinoceronte abatido: «Alekos...». Sin dejar de aferrarse al respaldo y rozando la toga de su mujer, que le susurraba algo, encolerizada, posó sus ojos brillantes en tu espalda, se aclaró la garganta y, con voz ronca, penetrada de tristeza, repitió tu nombre: «Alekos...». Más que un nombre, era una plegaria, una conmovedora invitación a que te volvieras, a que le regalaras al menos una brevísima mirada. «Alekos...». Permaneciste inmóvil, sordo. «Debo hacer una declaración, Alekos». «Las declaraciones se hacen al tribunal y no a los testigos», advirtió el presidente. Theofiloiannacos inclinó la cabeza sin apartar la mirada de ti, que, yo lo sabía, la sentías gravitar sobre la espalda con la pesadez de un caparazón de plomo. Pero no te volvías ni te volverías. «Adelante, ¿cuál es su declaración?», insistió el presidente. Theofiloiannacos suspiró largamente. «Esta, señores. Alekos... El honorable. Panagulis no ha contado todo lo que habría podido contar, y lo que ha contado es verdad. Yo le ruego que crea que lo siento, que sentimos haberlo tratado como lo tratamos. Le ruego que crea que lo respeto mucho, que siempre lo he respetado, que incluso entonces lo respetaba, lo respetábamos mucho. Porque...». Aquí su voz se quebró, para reanudarse inmediatamente, pero fuerte y segura. «Porque, señores, ¡él es el único que se nos resistió! ¡El único que nunca cedió!».

No moviste un músculo del rostro ni del cuerpo, no pestañeaste ni manifestaste el menor signo de haber oído. En esa actitud esperaste que el tribunal te diera venia para retirarte, y cuando llegó el momento de marcharte, de desandar el pasillo, te volviste hacia la parte contraria a la de Theofiloiannacos, con objeto de seguir dándole la espalda o mostrarle solo el perfil. Luego, con la misma flema que antes, con la misma cadencia, el brazo izquierdo doblado en ángulo recto sobre el corazón, donde la mano aferraba la pipa, y el brazo derecho oscilando en péndulo para acompañar tu paso, y la cabeza inmóvil, las pupilas fijas, abandonaste la sala. Uno, dos. Uno, dos. Uno, dos.

¿Y Zakarakis? Ahora que la Montaña había comprendido la utilidad de la farsa, los procesos se sucedían en cadena. Concluido uno se abría otro que era la extensión o repetición del primero, del segundo, del tercero, de tal manera que quienes al principio fueron ignorados porque no eran bastante importantes acababan en el banquillo de los acusados. Por esto le llegó el turno a Zakarakis, y yo creía que con él te comportarías de manera distinta. ¿Era posible que hubieras olvidado la carcajada burlona de la noche que te sorprendió con medio cuerpo fuera y medio cuerpo dentro del agujero en la pared? ¿Era posible que hubieras olvidado la sonrisa con que te mostró la tumba con el cipresito, el secuestro de los zapatos, de la pluma y del papel, las palizas y la camisa de fuerza? Era posible. Te bastó volver a ver su jeta obtusa, sus ojillos porcinos, para recordar más bien la promesa que le hiciste cuando descubrió que X no significaba Xania, ni Y Yemen, ni Z Zúrich, y te llevó los bolígrafos rojos y azules para resolver el problema de Fermat: «Escucha, Zakarakis. Eres un gilipollas increíble, pero no tienes la culpa. Y cuando te sientes en el banquillo de los acusados, cuando vaya a declarar contra ti, diré precisamente esto. Que eras un gilipollas increíble, pero que no tenías la culpa». En efecto, más que una declaración, el tuyo fue un discurso de defensa. «Sí, yo debo a Zakarakis lo que sufrí en Boiati. Era él quien me mantenía esposado durante semanas, quien me pegaba y ordenaba que me pegaran, quien me quitaba los libros, los periódicos, las plumas y el papel de escribir, quien me insultaba y me perseguía con crueles desdenes. Pero tampoco yo abundé en ternezas. A sus insultos respondía con injurias, a sus desdenes, con provocaciones. Una vez ordenó raparme al cero y yo le dije: "O todo o nada, Zakarakis. No puedes depilarme la cabeza sin depilarme los sobacos y alrededor de los cojones. Si no me depilas también los sobacos y alrededor de los cojones, reanudo la huelga de hambre". Estaba obsesionado por mis huelgas de hambre, así que cedió al chantaje. Mandó a un soldado a depilarme los sobacos y alrededor de los cojones. Yo lo rechacé: "No, es Zakarakis quien debe enjabonarme, porque es maricón y eso le proporciona placer". Siempre lo trataba de maricón o de bobo. "Eres tan bobo, Zakarakis, que cuando estés muerto tu cráneo servirá de escupidera a los alumnos de las escuelas militares". Así pues, señores jueces, no es el caso de ensañarse, sobre todo porque los Zakarakis se encuentran en todos los regímenes, son carroñas que no cuentan nada. Son tipos que si les dicen que han de gritar viva Papadópoulos, gritan viva Papadópoulos, viva Ioannidis, y gritan viva Ioannidis, viva el rey, y gritan viva el rey. Si Theofiloiannacos hubiera dado un golpe de Estado, él también habría gritado viva Theofiloiannacos. La gente como él es lana del rebaño que bala y va a donde quiere el amo de turno. Gente que obedece y basta, y solo se encuentra a gusto bajo el talón de una autoridad. Las calles y las plazas donde se celebran mítines abundan en tales gentes. ¡Pobre Zakarakis! Si estuviera en el lugar de ustedes, yo solo le condenaría a una semana de reclusión en mi celda a fin de que supiera lo que se experimenta allí dentro». «¡No lo escuchen! —gritaba Zakarakis, desesperadamente—. ¡Yo no soy bobo, yo no soy un simple que no pinta nada! ¡Soy el director, era el director, el jefe! ¡El jefe! Yo asumo mis responsabilidades, ¡quiero ser juzgado por mis responsabilidades!». Pero gracias a tu discurso fue absuelto. Y ni que decir tiene que ahora te comportabas de aquel modo con todos. De repente parecía que no creyeras ya en las cosas que siempre creíste, en los principios que siempre estuvieron en la base de tu moral política: el culto del individuo, el rechazo a absolver a quien fabrica la bala del M16 porque así lo quiere el industrial y luego la dispara porque así lo quiere el general; el desprecio por quienquiera que se refugiara en la cantinela yo-cumplo-órdenes. Esa cantinela la prodigabas en cualquier declaración. «Es verdad que el cabo Fulano de Tal me dio de bastonazos hasta casi matarme, pero cumplía órdenes. Y en Boiati llevaba mensajes a mi madre, ponía a salvo mis poesías». Al final se la regalaste al mismo Theofiloiannacos, con las consecuencias que de ello se derivaron.

Se debatía su recurso, y esta vez el presidente era un hombre recto, en absoluto secuaz del dragón. No opuso ningún veto a los fotógrafos y a los cámaras de la televisión, y te trataba con respeto e incluso con obsequiosidad, sin dirigirte la advertencia de no-emita-opiniones, sin censurarte porque dabas más opiniones que hechos, e incluso dirigiéndose a ti con el tratamiento de señor-diputado. «Diga usted, señor diputado». «Digo, querido presidente, que es preciso distinguir entre las culpas de los soldados y las de los oficiales. Digo que los soldados quedan absueltos porque no pueden negarse a ejecutar las órdenes. Por lo demás, ni siquiera los oficiales pueden negarse a ejecutar las órdenes. ¿Acaso se negaba usted a condenar a los resistentes cuando servía a la Junta y formaba parte de un consejo de guerra?». Frase injusta, insulto gratuito. Y te lo reprochó con gran dignidad: «Se equivoca usted, señor diputado. Yo nunca he servido a la Junta, nunca he formado parte de ningún consejo de guerra, nunca he condenado a ningún resistente». «Ah, ¿no? Entonces, ¿por qué te han otorgado el grado de general, *averofaki?*». Un instante de confusión, y luego un grito: «¡Bravo, Alekos! ¡Felicidades, Alekos!». Fue Theofiloiannacos quien gritó. En efecto, aquel día no presentaba el aspecto de un rinoceronte muerto. Hinchado de malignidad, cargado de iniciativa, se bebía tus palabras como un néctar de los dioses, y cuando se te dio venia para retirarte, se lanzó hacia ti: «¿Puedo presentarte a mi mujer, Alekos?». Con una sonrisa más sarcástica que nunca en sus labios pintados, la rubia te cerraba el paso y te tendía la mano derecha. Un instante de vacilación y acabaste por tomarla: «Tanto gusto». Y antes de que pudieras advertir lo que estaba sucediendo, en lugar de los blandos dedos de ella estaban los duros de Theofiloiannacos: «Querido Alekos, permíteme que también yo te estreche la mano».

«¡Y tú se la has estrechado!». «Se la he estrechado. Le he respondido: bien, no es la primera vez que toco mierda. Y se la he estrechado». «¡Oh, no!». «Oh, sí. Incluso nos hemos abrazado. O, mejor, me ha abrazado él. Me ha dicho: me has repetido tantas veces esta palabra que ya estoy curtido. Y luego me ha abrazado». «¡Oh, no!». «Oh, sí». «Pero ¿qué necesidad había...? No te comprendo, Alekos, ya no te comprendo». «Porque no comprendes a los hombres en lucha. Relee a Sartre». «¡¿Qué tiene que ver Sartre?!». *«Las manos sucias.* Último acto, cuadro quinto, escena tercera. Me la he aprendido de memoria: "¡Cómo aprecias tu pureza, muchacho! ¡Qué miedo tienes de ensuciarte las manos! Bueno, ¡pues mantente puro! ¿Para qué servirá? ¿Y por qué vienes con nosotros? La pureza es una idea de faquires, de monjes. Vosotros, los intelectuales, anarquistas burgueses, halláis así la excusa para no hacer nada. No hacer nada, permanecer inmóviles, pegar los codos al cuerpo, llevar guantes. Yo tengo las manos sucias hasta los codos. Las he hundido en la mierda y en la sangre"». «Pero tus manos han estado siempre limpias, Alekos, ¡siempre!». «Y por eso he perdido siempre». «Alekos, ¿qué estás maquinando?». «Nada que no hubiera ya decidido hace mucho tiempo, por más que ahora me limite a mirar y escuchar. ¡Eh! Se dicen cosas interesantes en esos procesos; suceden cosas interesantes». Y un relámpago pasó por tu ojo malicioso, pero no hubo necesidad de preguntarse por qué, pues resultaba del todo evidente. Como un huracán que se anuncia al ponerse lívido el cielo y con el mugir sofocado del viento, y tras una prolongada incubación se abate sobre la inmovilidad de las cosas anegando, arrancando ramas, derrumbando árboles y levantando tejados, así te preparabas para desencadenarte, para condensar en uno solo tus mil rostros. El rostro de Satanás que, defraudado por Dios, se rebela a su dictadura y, con la ilusión de vencer, escoge convertirse en un demonio. La infernal carrera con el Cadillac negro, tu defensa de Papadópoulos, tu justificación de Ioannidis, tu absolución de Zakarakis y estrecharle la mano a Theofiloiannacos no fueron más que el preludio. Un cielo que se ponía lívido, un mugir sofocado del viento.

Parte quinta

1

Todas las banderas, incluso las más nobles y puras, están sucias de sangre y de mierda. Cuando miras los estandartes gloriosos, expuestos en los museos y en las iglesias, venerados como reliquias ante las que arrodillarse en nombre de los ideales y de los sueños, no te hagas ilusiones: esas manchas parduscas no son trazas de herrumbre, sino residuos de sangre, residuos de mierda, y más a menudo de mierda que de sangre. La mierda de los vencidos, la mierda de los vencedores, la mierda de los buenos, la mierda de los malos, la mierda de los héroes, la mierda del hombre que está hecho de sangre y mierda. Donde está la una, por desgracia, está la otra; la una tiene necesidad de la otra. Naturalmente, depende mucho de la cantidad de sangre vertida, de la mierda salpicada: si la primera supera a la segunda, se cantan himnos y se erigen monumentos; si la segunda supera a la primera, se clama escándalo y se celebran ritos propiciatorios. Pero establecer la proporción resulta imposible, dado que la sangre y la mierda adquieren el mismo color con el tiempo. Además, en apariencia, la mayor parte de las banderas están limpísimas: para conocer la verdad deberíamos interrogar a los muertos aniquilados en nombre de los ideales, los sueños y la paz; a las criaturas injuriadas, ultrajadas y engañadas con el pretexto de hacer el mundo más hermoso, y con tales testimonios elaborar una estadística de las infamias, las barbaries, las inmundicias vendidas como virtud, clemencia y pureza. No existe empresa, en la historia del hombre, que no haya costado un precio en sangre y mierda. En la guerra no disparas claveles, tanto si combates en el bando llamado justo (¿justo para quién?) como si combates en el bando llamado erróneo (¿erróneo para quién?). Disparas balas y bombas, y matas a inocentes. En tiempos de paz sucede lo mismo: cada gran gesto siega víctimas sin piedad, y cuidado con los héroes en lucha con los dragones, cuidado con los poetas en lucha con los molinos de viento: son los peores carniceros porque, entregados al sacrificio, destinados al suplicio, no dudan en imponer el sacrificio y el suplicio a los demás, como si un árbol erradicado estuviera menos erradicado, un tejado levantado estuviera menos levantado, un corazón roto estuviera menos roto porque la finalidad es buena, y el resultado, positivo. Eso es lo que olvidé cuando, materializando temores adormecidos por la espera o la esperanza, el huracán se desencadenó. E, incapaz de captar el verdadero motivo que me desasosegaba, el motivo que comprendí tras tu muerte, me aparté de ti, horrorizada.

Se acercaba el otoño y había regresado a Atenas sin entusiasmo, atraída por una carta, no por un deseo. Los traumas del último viaje me pesaban como una comida indigesta, el nudo de excesos y equívocos a que asistí me atormentaba con mil dudas, y algo se había roto en mí. Demasiado a menudo en aquellos catorce meses de vida en común me había agotado caminando por tu desierto, aliviando tu soledad sin disminuir la mía; demasiado a menudo el personaje al que amaba se había desmenuzado en otros personajes, en ocasiones para recomponerse en un individuo inexplicable e irreconocible. Ya no escribías más poesías, hojeabas libros en lugar de leerlos, salías del paso con eslóganes fáciles en vez de afrontar las discusiones, y ya no te preocupabas del Parlamento, al que aludías en tono distraído o irónico; ya no te interesaba nada más que tu promesa y tu dragón. Solo hablabas de él, de las pruebas que había que reunir contra él, ignorando cualquier otro problema, cualquier otra realidad, y si yo cambiaba de tema, si, en definitiva, decía Averoff no está en el centro del universo, los documentos de la ESA no pueden ser tu único interés, tu única dedicación, te irritabas: «¡No comprendes, no quieres comprender!». Por si ello no bastase, continuaban aquellas noches torpes, termómetro de todo tu descontento, de toda tu desesperación. No encerrado ya en las bulliciosas fronteras del *bouzouki*, el círculo de las ménades en torno a Dionisos se había ensanchado e incluía ahora a criaturas míseras, y envileciéndote con ellas parecías experimentar un placer perverso. Generalmente se trataba de lo que llamabas una-zambullida-y-fuera, reloj en mano para medir la rapidez, pero a veces la zambullida se complicaba para succionarte hacia situaciones odiosas, telarañas de las que no sabías librarte, y todo eso te empequeñecía a mis ojos, incluso me quitaba el deseo de estar contigo. «¿Cuándo vienes?». «No lo sé». «Entonces, voy yo». «No, espera. Debo ir a Londres, a París, a Nueva York». Era como si estar lejos de ti me ayudara a superar la crisis, a proteger un amor que vacilaba. En efecto, a distancia podía mirarte con el filtro de la memoria, descartar defectos y miserias, reencontrar al personaje al que admiraba y que, me repetía defraudada, estaba deshaciéndose. Al principio no te diste cuenta y, desplegando arcaicos orgullos de macho, te dedicaste a acusarme de engaños para mí inconcebibles. Tras estrecharle la mano a Theofiloiannacos y después de la polémica de las manos sucias, sin embargo, comprendiste que no era un rival quien me inducía a evitarte, sino el cansancio, y con el instinto del animal en peligro me mandaste una carta irresistible, firmada por Unamuno y compuesta exclusivamente por frases de Unamuno: «Si tanto lo rehúyo, créeme, es porque lo amo. Huyo de él y, sin embargo, lo busco. Cuando está junto a mí y veo sus ojos y escucho su voz, quisiera cegarlo, dejarlo mudo, pero en cuanto me separo de él, veo aparecer dos llamitas temblorosas que brillan como estrellas perdidas en el fondo de la noche. Son sus ojos, sus palabras purificadas por la ausencia. Su alma está tanto más próxima a mí cuanto más alejado está su cuerpo. Posdata: ¿Cuándo vienes?». Cedí. Corrí, pero acompañada por un mal presentimiento, que al reunirme contigo en el aeropuerto de Atenas no disminuyó, si acaso aumentó como una fiebre cuya causa no se adivina. Y ahora yacíamos abrazados en la cama, y desde hacía unos minutos me mirabas con expresión de querer decir algo. Yo sentía que la causa estaba a punto de revelarse a través de palabras que habría preferido no escuchar.

Comenzó así: «Aquel escorpión. No era un hombre, era un escorpión. No le estrecharé la mano, no, aunque eso sirviera para traer el paraíso a la tierra. Todo tiene un límite, incluso para las manos sucias;

además, ¿cómo se estrecha la mano de un escorpión? Un escorpión no tiene manos, ¡tiene pinzas!». «Pero ¿de quién hablas?». «Hablo de Hazizikis, del señor comandante Nicolaos Hazizikis. Theofiloiannacos era un angelito a su lado porque con Theofiloiannacos podía defenderme o lamentarme, chillar, desmayarme. Theofiloiannacos me pegaba y ya está, me torturaba y ya está. ¡Aquel escorpión, en cambio! Alargaba el aguijón, me lo introducía en el alma y ¡zas! Me inyectaba el veneno». «¡Alekos! ¿Por qué vuelves a pensar en esas cosas, Alekos?». «Y burlarse de mí después de que me condenaran a muerte. "Buenos días, Sócrates. ¿O debo llamarte Demóstenes? ¡No, la comparación con Sócrates me parece más justa!". Sentí deseos de llorar. Y cuanto más me decía a mí mismo no debes llorar, delante de él no, más me inundaban los ojos las lágrimas». «¡Alekos! ¿A qué viene eso ahora, Alekos?». «En un momento dado no conseguí contenerlas. Y fue terrible: llorar como un niño delante de un escorpión. Fue terrible también porque él redobló la ironía: quién-habría-dicho-que-tú-supieras-llorar, y cosas por el estilo. Perdí la cabeza. Le grité: no moriré, Hazizikis, y un día te haré llorar, porque un día terminarás en presidio, y mientras estés en presidio me tiraré a tu mujer, Hazizikis, me la tiraré una y otra vez hasta hacerle orinar sangre, hasta que se le salgan los intestinos, y tú no podrás hacer nada, Hazizikis, salvo llorar como ahora lloro yo». «¡Alekos, te lo ruego!». «Y se echó a reír. Me contestó que no estaba casado». «Alekos, ¿quieres decirme por qué, así, por las buenas, vuelves a pensar en estas cosas?». En todos aquellos meses nunca me hablaste de Hazizikis, nunca. «Porque... ¿Recuerdas cuando te dije que en los procesos ocurrían cosas interesantes?». «Sí». «Pues yo comprendí que la clave estaba ahí. Sus abogados se comportaban con demasiada insolencia. Siempre amenazando con revelaciones, con agitar papeles que luego no enseñaban, que no incorporaban al sumario. Así pues, llevé a cabo una pequeña investigación y llegué a saber que en la cárcel era tratado con particular consideración. Radio, televisión, visitas de parientes y amigos, incluido un tal Kountas, que trabaja para un millonario que financia a los fascistas. Y cada uno de ellos entraba con paquetes de fotocopias que el señor comandante estudiaba, estudiaba... Eran las fotocopias de los archivos de la ESA. Se trata de los documentos que yo quiero». «¡Ah!». «Y se los quitaré». «¿Sabes dónde se los custodian?». «No, pero sé quién los custodia». «¿Quién?». «Su mujer». «Decías que no estaba casado». «No lo estaba, pero hoy lo está. Casado y enamorado. Una hermosa muchacha, al parecer. Mucho más joven que él. La hija de un resistente, imagina. Se conocieron cuando el padre de ella estaba en presidio, y se casaron hace tres o cuatro años». «¿La conoces?». «No, nunca la he visto». «¿Entonces?». «Entonces, muy sencillo: la conoceré». «¿Y si ella no quisiera conocerte?». «Querrá, querrá». «¿Y si no quisiera decirte dónde tiene los documentos?». «Me lo dirá, me lo dirá. Falta una intervención en la escena tercera del quinto cuadro del último acto de la comedia de Sartre: en la mierda y en la sangre, la polla se hunde mejor que las manos». «¡Alekos!». «Lo cual, traducido a términos educados, significa: nada es indigno cuando el final es digno». «¡Alekos!». «Precisamente es eso lo que entiende el personaje de Sartre». «¡Alekos!». «Hum. Me espera un bonito trabajo, sí. Te diré que hay una sola cosa que me preocupa en este trabajo: no disponer de un medio de transporte para trasladarme en caso de necesidad, tener siempre que recurrir a los taxis o a los coches prestados. Ni siquiera tu don Quijote iba a pie. Así, pues, preciso un caballo, quiero decir un vehículo. ¿Me regalas un coche?».

El aeropuerto estaba casi vacío. La mayor parte de los vuelos habían sido cancelados a causa de una huelga que duraba desde el día anterior, y en la sala de embarque solo aguardaban tres árabes envueltos en sus túnicas blancas, cinco o seis occidentales irritados y dos monjas rosario en mano. En el mostrador los empleados trataron de disuadirme, diciendo que tenía poquísimas probabilidades de partir, y que era mejor dejarlo para mañana, pero yo insistí en la necesidad de llegar a Roma aquella noche. Entonces me aconsejaron un vuelo que haría escala en Atenas procedente de Asia, quién sabe a qué hora porque llevaba mucho retraso. No importa, respondí, y, una vez pasado el control de la policía, bajé a la sala de embarque. Me refugié en el bar, donde un estadounidense trató en vano de entablar conversación. ¿También yo aguardaba el jumbo de Bangkok? «*Yes*». Qué aburrimiento, ¿verdad?

«*Yes*». ¿Me molestaba que me hablara? «*Yes*». Tenía necesidad de estar sola, de meditar sin ser estorbada sobre lo que había pasado desde el momento en que dijiste: «¿Me regalas un coche?». No había sucedido nada que te permitiera intuir qué terremoto desencadenaste en mí. Sin responder, permanecí mirando una mancha del techo, una mancha de humedad que pronto se convirtió en una mancha de esperma baboso, y durante unos minutos no fui capaz más que de pensar: parece una mancha de esperma baboso. Porque también eso, había olvidado decirlo, está en las banderas sucias de sangre y de mierda, en los estandartes gloriosos expuestos en los museos y en las iglesias: el esperma de los héroes que luchan por la libertad, por la verdad, por la humanidad y por la justicia. En nombre de aquellos hermosos sueños, de aquellas hermosas palabras, te bajas los pantalones y fuera el esperma. ¿Sabes cuántas criaturas han sido ofendidas, heridas y muertas así? Hay quien ha escrito así la historia. Luego me levanté de pronto, evitando tu mirada, que me interrogaba perpleja, me puse a hablar de cosas que nada tenían que ver con los coches ni con los archivos de la ESA y salí con un pretexto. Durante un par de horas vagué a la buena de Dios por la ciudad, tratando de calmarme, de persuadirme de que esa reacción era excesiva, impropia de una mujer evolucionada: ya mantuvimos la conversación sobre las manos sucias, ya capté tu tormento mientras volvías a contarme la escena de Meleto y Sócrates, y mientras me explicabas de nuevo tu odio por el escorpión. Pero razonar y vagar solo sirvió para indicarme la única elección posible: partir. Era preciso que partiera y que en el ínterin evitara permanecer frente a ti. Para no discutir. Al regresar, encontré en el despacho a dos periodistas, lo cual me sirvió de ayuda, y los invité a comer. Así no nos quedamos solos ni un minuto, y llegó la hora en que debías acudir al Parlamento a fin de participar en un debate sobre no sé qué ley. «¿Me acompañas?». «Lo siento, no puedo». Y los periodistas: «¡Te acompañamos nosotros!». Saliste con ellos diciendo que volveríamos a vernos después de las seis, pues hacia esa hora concluiría el debate. «De acuerdo». «Y esta noche comeremos sin testigos, como te gusta». «De acuerdo». «Y no te retrases». «De acuerdo». «¿Qué te pasa? ¿Algo no va bien?». «No, ¿por qué?». El ascensor bajó rechinando.

A través de los cristales me sonreíste, y solo entonces me replanteé mi actitud y experimenté un impulso de correr detrás de ti, de abrazarte, de sentir tu bigote contra mi mejilla, de confesar me voy, no aguanto más. Pero permanecí inmóvil y apenas pronuncié un adiós muy frío.

Miré el reloj: las cinco. Te imaginé en el Parlamento, intentando seguir el debate sin seguirlo, nervioso, aturdido a causa de mi conducta ambigua, y me subió a la garganta el deseo de llorar. Lo eliminé con un golpe de tos que resonó en el silencio de la sala semidesierta. Una monja se volvió y el estadounidense me lanzó una mirada extraña. Era un hombre muy guapo, alto y esbelto, con el pelo gris y las pupilas azules, con la finura vigorosa que tienen ciertos caballos de raza. Le devolví la mirada pensando que habría sido mucho más difícil si tú hubieras tenido el pelo gris y las pupilas azules, una estatura elevada y esbelta y la finura de un caballo de raza. Paradójicamente, no estaba enamorada de ti. Nunca lo estuve, ni siquiera durante los siete días de felicidad o en el periodo de la casa del bosque, al menos en el sentido que suele darse a este término. Me refiero al deseo físico que obnubila la vista e interrumpe la respiración con solo mirar al ser amado, al escalofrío que te pasma y te derrite con solo rozarle una mano o una mejilla, de tal manera que todo en él se hace único e insustituible, incluso el olor de su aliento, el sudor de su piel, sus mismos defectos, que más que defectos parecen cualidades deliciosas: tienes necesidad de él como del aire, como del agua, como del alimento, y en tal esclavitud mueres de mil muertes, pero siempre para resucitar, para volver a convertirte en su esclavo. Yo conocía estos síntomas, pero en conciencia no podía decirme que en algún momento los hubiera experimentado con respecto a ti. Por ejemplo, tu cuerpo no me atraía, no comprendía a las mujeres que lo consideraban hermoso y se encaprichaban de él, traicionando a sus maridos y humillándose con tal de que te las tirases en cinco minutos contra una pared o en una cama, y poder contar a los demás o a sí mismas que te habían tocado. Desde el primer instante te juzgué feúcho, y continuaba pensando igual: aquellos ojillos pequeños, distintos entre sí en el rasgo y en la colocación, uno más alto y otro más bajo, uno más cerrado y otro más abierto; aquella nariz tan abierta y carnosa, aquella barbilla breve y desdeñosa, aquellas mejillas que se rellenaban apenas engordabas un poco, aquellos cabellos espesos y grasientos que nunca peinabas, aquel cuerpo fornido, de hombros demasiado redondeados, brazos demasiado cortos y manos demasiado rechonchas, con las uñas más arrancadas que cortadas. Aprendiste a arrancártelas en prisión, donde no tenías tijeras, y continuabas haciéndolo pese a mis horrorizadas protestas. ¡Además, me irritaban tantas cosas de ti! Tu manera de comer, por citar una, tan maleducada y tan ávida. Te introducías unos bocados que ni un caballo habría sido capaz de tragarse. Tu manera de bañarte, por citar otra. Para ti bañarte significaba regodearte en el agua como un pato, dormitando en ella horas y horas sin usar el jabón, salir de golpe y meterte mojado en la cama, empapándome por completo, y gritar muy contento ¡tengo-frío, tengo-frío! Y tu vitalismo exagerado, tu sexualidad golosa y rabiosa, que cuando agredía con sus ímpetus felinos despertaba en mí un impulso de fuga. Era preciso controlarse y mentir para que no comprendieras que la participación era un acto cerebral, sostenido por una ternura misteriosa, lacerante y ansiosa, un transporte que nacía no sé de qué, pero desde luego no de los sentidos. No fui a ti atraída por un reclamo de los sentidos. Recordaba bien la angustia que experimenté al oírte caminar arriba y abajo ante el cristal esmerilado de la puerta, dudando en entrar; recordaba bien la frialdad que me pasmó al entrever tus dedos en la manija, y el alivio que experimenté cuando los dedos se retiraron. ¿Era posible que solo se debiera al presentimiento de una tragedia que estaba por producirse? Recordaba igualmente bien la inquietud que me invadía la noche en que regresé para reunirme contigo en el hospital, la secreta turbación ante la idea de que me tocara llenar un vacío de cinco años, sufrir una voracidad largo tiempo insatisfecha. No, ni siquiera con el encanto de la primera noche influyeron los sentidos; habría sido deshonesto decir que tu pasión suscitó la mía, y también después fue así: en los abrazos arrebatados o dulcísimos no era tu cuerpo lo que yo buscaba, sino tu alma, tus pensamientos, tus sentimientos, tus sueños, tus poesías. Y tal vez sea cierto que casi nunca un amor tiene por objeto un cuerpo, sino que a menudo se escoge o se acepta a una persona por el hechizo inexplicable con que nos envuelve, o por lo que representa a nuestros ojos, a nuestras convicciones, a nuestra moral; sin embargo, el vehículo de una relación amorosa sigue siendo el cuerpo, y si este no te seduce, algo más debe seducirte. El carácter, por ejemplo, la manera de vivir o de comportarse. Y con el tiempo descubrí que tampoco tu carácter me gustaba mucho, con sus excesos, sus raptos de ferocidad, sus furias de mala ley y desprovistas de sentido, sus borracheras del primero, segundo y tercer estadio, sus durezas de roca y sus hermetismos de ostra. Cuanto más intentaba yo abrir la ostra para extraer de ella la perla, más se me resistía destilando un líquido negro; cuanto más excavaba en la roca en busca de rubíes y esmeraldas, más guijarros y carbón encontraba. Tu bosque estaba lleno de zarzas y espinas, y apenas cogía una flor, me arañaba y me ensangrentaba. Y qué decir de la arrogancia que parecía permitírtelo todo, de la facilidad con que liquidabas situaciones y problemas, de las contradicciones en que te precipitabas. Todas ellas, taras para mí deplorables. Pero, entonces, ¿por qué tuve aquel impulso de correr detrás de ti, de abrazarte, de sentir tu bigote contra mi mejilla, por qué ahora sentía la necesidad de aclararme la garganta y tragarme las lágrimas?

Miré el reloj de nuevo: las cinco y media. Si el debate hubiera concluido de verdad a las seis, dentro de poco el apartamento de la calle Kolokotroni vibraría con tu timbrazo y apoyarías la nariz en el hierro forjado de la mirilla, en espera de vérmela abrir y anunciar en tono festivo: «¡Soy yo! ¡Soy yo!». Pero la mirilla permanecería cerrada, te respondería el silencio y, de momento, no te darías cuenta. Seguro de que se trataría de una broma, entrarías con tu llave, de puntillas para cogerme por sorpresa, y de puntillas registrarías habitación por habitación: «¿Dónde te has escondido?». Y no me encontrarías. Entonces, defraudado, buscarías una nota que advirtiera estoy-fuera-vuelvo-enseguida, como a menudo hacía, pero ni eso ibas a encontrar. No dejé nada escrito; preferí explicarme borrando toda huella de mí. Después de que el ascensor bajara llevándote a ti y a los periodistas, vacié los cajones de todas mis cosas, el armario de toda mi ropa, y llené dos grandes maletas y una caja y las escondí en el trastero, junto con los objetos más insignificantes, como frascos de perfume casi vacíos, cepillos, horquillas, pinzas, con tanto cuidado que no quedó ni un pelo; por último, introduje lo esencial en una bolsa de viaje, puse las llaves encima de la cama para demostrarte que no iban a servirme más y... Un deseo de vomitar me revolvió el estómago. Sin embargo, no estaba físicamente celosa de ti; no lo estuve nunca, ni siquiera al comienzo, cuando me di cuenta de que encender deseos despertaba tu vanidad, ni tampoco más adelante, cuando tus ritos dionisíacos estallaron y te vi morder la pipa contemplando a la elefanta y al efebo seco que danzaban al son del *bouzouki.* Hablo de los celos que vacían las venas ante la idea de que el ser amado penetre un cuerpo ajeno, los celos que doblan las piernas, quitan el sueño, deshacen el hígado e irritan los pensamientos, los celos que envenenan la inteligencia con interrogantes, sospechas y miedos, y mortifican la dignidad con indagaciones, lamentos e insidias, haciéndote sentir despojado y ridículo, transformándote en policía, inquisidor y carcelero del ser amado. Tal vez por cerebralismo, por coherencia con el principio de que las relaciones amorosas deben reinventarse y, ante todo, deben ser lavadas de las escorias, de los fardos que la larga andadura hace sofocantes, siempre me prohibí a mí misma experimentar semejantes sufrimientos por ti. Saberte deseado incluso me halagaba, verte abierto a las tentaciones me divertía, y en ocasiones ambas cosas llegaban a estimular el gusto de disputarte a una avidez que yo misma fomentaba siendo tu compañera. Solo en los últimos tiempos tus excesos me produjeron dolor, y no por el hecho de saberme sustituida una hora o una noche, sino por el daño que te hacías a ti mismo exponiéndote a murmuraciones, aceptando las costumbres de una sociedad que querías cambiar y adaptándote a las bajezas de una subcultura en la que el culto del falo es un insulto a la inteligencia. Sin embargo, ni aun entonces cedí a la indignación que hace enmudecer y nos impulsa a cerrar la puerta tras de nosotros después de haber dejado las llaves encima de la cama. Entonces, ¿por qué había sucedido hoy?

Por tercera vez miré el reloj: las seis. Una intuición me decía que el debate había concluido de verdad a las seis, y que estabas camino de casa, subiendo en el ascensor, llamando a la puerta, entrando de puntillas para cogerme por sorpresa, y te veía hurgar habitación por habitación, buscar una nota que no estaba, fruncir la frente, abrir los cajones y hallarlos vacíos, darte cuenta de que faltaba todo y, por último, abrir el trastero, advertir las dos maletas y la caja y palidecer, petrificado por la certidumbre. Boca cerrada, mandíbulas apretadas, orificios de la nariz dilatados. ¿Y la mirada? ¿La de un lobo que se dispone a despedazar o la de un perro perseguido a patadas porque se ha hecho pis en la alfombra? La cabeza me dio vueltas, envolviendo en una espiral de niebla al estadounidense de pelo gris, a las monjas del rosario y a los árabes arrebujados en sus túnicas blancas. Me agarré a la mesita y encendí un cigarrillo con manos temblorosas. Tal vez no estaba enamorada de ti o no quería estarlo, tal vez no estaba celosa de ti o no quería estarlo, tal vez acababa de decirme a mí misma un montón de verdades y de mentiras, pero una cosa era cierta: te amaba como nunca amé a nadie en el mundo, como no amaría nunca a nadie. Una vez escribí que el amor no existe, y si existe es una complicación: ¿qué significa amar? Significaba lo que ahora experimentaba al imaginarte petrificado, por Dios, con la mirada de un perro perseguido a patadas porque se ha hecho pis en la alfombra, por Dios. Te amaba, por Dios. Te amaba hasta el punto de no poder soportar la idea de herirte aun estando yo herida, de traicionarte aun siendo traicionada, y, amándote, amaba tus defectos, tus culpas, tus errores, tus mentiras, tus fealdades, tus miserias, tus vulgaridades, tus contradicciones, tu cuerpo de hombros demasiado redondeados, tus brazos demasiado cortos, tus manos demasiado rechonchas, tus uñas arrancadas. Ciertamente el amor no tiene por objeto un cuerpo, pero, aunque estuviéramos separados por un océano, aquel cuerpo me lo llevaba a la cama conmigo, en el recuerdo lo abrazaba como cuando vivíamos en la casa del bosque, en invierno, y de noche hacía frío y nos calentábamos así, mi cabeza contra la tuya, mi vientre contra el tuyo, las piernas entrelazadas. O bien cuando permanecíamos tendidos en la habitación de la calle Kolokotroni en verano, en las tardes sofocantes, y nos rechazábamos riendo, aparta-estás-caliente. Pero siempre había un momento en que tus extraños ojillos, uno más alto y otro más bajo, uno más cerrado y otro más abierto, me embriagaban de dulzura, de tal modo que me inclinaba a besar tus párpados hinchados, almendras carnosas, y a acariciar con la punta del índice tu nariz cómica, tu bigote espinoso, tus labios crispados por tantas arruguitas, labios de viejo, decías, y deslizándote el dedo luego por la barbilla, la mandíbula y la mejilla, me remontaba lentísimamente a las orejas, estas perfectas, bien dibujadas, y tú, feliz, dejabas que al menos te admirase las orejas: «¡Qué orejas! ¡Qué orejas!». Tal vez tu carácter no me gustaba, ni tu modo de comportarte, pero te amaba con un amor más fuerte que el deseo, más ciego que los celos, hasta tal punto implacable e incurable que ya no podía concebir la vida sin ti. Formabas parte de ella como mi respiración, mis manos y mi cerebro, y renunciar a ti era renunciar a mí misma, a mis sueños que eran tus sueños, a tus ilusiones que eran mis ilusiones, a tus esperanzas que eran mis esperanzas, ¡a la vida! Y el amor existía, no era una complicación, era más bien una enfermedad, y de ella podía yo enumerar todos los signos y los fenómenos. Si hablaba de ti con gente que no te conocía o a la que no interesabas, me afanaba en explicar lo extraordinario, genial y grande que eras; si pasaba ante un comercio de corbatas y camisas, me paraba por instinto a buscar la corbata que te gustaría, la camisa que conjuntaría con determinada chaqueta. Si comía en un restaurante, escogía sin darme cuenta los platos que preferías y no los que prefería yo. Si leía el periódico, destacaba la noticia que a ti te habría interesado más, la recortaba y te la enviaba. Si me despertabas en plena noche con un deseo o con una llamada telefónica, me fingía más despierta que un pinzón que canta a la mañana. Arrojé el cigarrillo con rabia. Pero un amor semejante no era siquiera una enfermedad, ¡era un cáncer!

Un cáncer. Como un cáncer que poco a poco invade los órganos con su multiplicación de células, su plasma viscoso de mal, y cuanto más crece, más consciente eres de que ninguna medicina puede extirparlo. ¿Quién lo habría pensado cuando era un granito de arena, un grano de arroz, una voz que grita *egò s'agapó,* un abrazo mientras el viento susurra entre las ramas de olivo? En cambio, ahora no es posible la curación porque se apodera de todos los órganos, de todos los tejidos; te devora hasta el punto de que ya no eres tú misma, sino un amasijo fundido contigo, un único magma que solo puede deshacerse con la muerte, y su muerte sería tu muerte. Así me invadiste y así me estabas devorando, matando. Los enfermos de cáncer comparten una triste característica: en cuanto comprenden que él ha vencido o está a punto de vencer, cesan de oponerle fármacos, bisturíes y la voluntad y se dejan matar sumisamente, sin maldecirlo, sin reprocharle siquiera el martirio que exige. Mi-mal, lo llaman con afectuosa indulgencia, como si fuera un amigo, un amo o una posesión de la que no pueden prescindir, y ese «mi» resuena a veces con un tono suave: el mismo que gorgoteaba en mi voz en cuanto pronunciaba tu nombre. Fíjate hasta qué punto había llegado por no haberte extirpado cuando eras un granito de arena o un grano de arroz, si bien el instinto me advirtió de que cualquiera que entrase en tu esfera perdía la paz para siempre. Y, sin embargo, tuve ocasiones para huir de ti, y habría podido aprovecharlas muchas veces durante el periodo que precedió a la gira al templo de Sunion y a la iniciativa emprendida con las dos pastillas de trilita. Pero siempre las rechacé, y el cáncer siguió su curso para demostrarme que amar significa sufrir, que el único modo de no sufrir es no amar, que en los casos en que no puedes evitar amar estás destinado a sucumbir. En otras palabras, mi problema era insoluble, y mi supervivencia, imposible, y la fuga no me iba a servir para nada. ¿Para nada? Levanté la cabeza. Para algo servía: para salvar mi dignidad. No se puede decir a una persona que nos ama y a la que se ama: me tiraré a la mujer de Fulano, me la tiraré una y otra vez hasta hacerle orinar sangre y hasta que se le salgan los intestinos, y para este trabajo necesito un caballo; ¿me regalas un coche? Y todos tus heroísmos, tus desesperaciones, tus genialidades y tus poesías no bastaron para compensar el disgusto que experimenté al oírte repetir el sobadísimo principio de nada-es-indigno-si-el-fin-es-digno y el gastado discurso sobre la necesidad. La necesidad invocada por los generales que mandan a sus soldados al matadero con tal de apoderarse de un nudo ferroviario o una colina, y después se envía un telegrama: muy señor mío, muy señora mía, lamentamos comunicarle que su hijo ha muerto en acto de guerra. La necesidad alegada por los revolucionarios que disparan tiros de revólver a quien sea, y que destruyen y aniquilan, como los pilotos de los bombarderos, y luego se compone una hermosa marchita sobre los sacrificios que cuesta conquistar la igualdad y abatir a los zares. La necesidad reconocida desde siempre a los hombres en lucha y que, en nombre de la jodidísima lucha, pueden llevar a cabo cualquier perfidia, intercambiarse Briseidas, reducir a la esclavitud a Casandra, inmolar a Ifigenia y abandonar a Ariadna en una isla desierta después de que te haya ayudado a vencer al Minotauro. Romper el corazón de una mujer y desgarrar el vientre de otra son naderías frente a la Historia y la Revolución, ¿no? Basta. Por más que se diga que la serenidad adormece y la felicidad embrutece, pero que el sufrimiento despierta y alienta ideas, lo cierto es que el sufrimiento paraliza, aniquila la inteligencia y mata. Y la verdad es que contigo sufrí demasiado. Salvo pequeños oasis de felicidad y breves alegrías, nuestra unión fue un río de angustias, peligros, locuras y neuropatías: estar contigo era como estar en primera línea. Era una continua lluvia de cohetes, granadas y napalm; un perenne excavar trincheras, salir de patrulla por senderos minados, lanzar ataques, herir y ser heridos, gritar, sollozar, llama al camillero, dame el cargador, comandante, no aguanto más. No se puede permanecer indefinidamente en el frente, vivir siempre de manera dramática. Se termina perdiendo el sentido de la medida.

Las seis y media. El altavoz graznó y una voz blanda anunció que el avión procedente de Bangkok acababa de aterrizar. Bueno, dentro de poco estaríamos embarcados, y aunque se te hubiera ocurrido buscarme aquí, no tendrías tiempo de encontrarme. ¿O tal vez sí? De improviso, el temor se condensó en imágenes que se sucedían con rapidez loca. Veías las llaves en la cama y comprendías. Las agarrabas, salías en busca de un taxi, montabas en él, pedías al chófer que te condujera al aeropuerto, llegabas, entrabas, te presentabas al control de policía exhibiendo el pase de diputado, alcanzabas la escalinata que conduce a la sala de embarque, tomabas la dirección del bar y de la columna tras la cual me había escondido, y cuanto más me negaba a creer en ello, más sentía que estaba sucediendo; incluso me parecía captar el rumor de tu paso pesado, cadencioso, despiadado, uno-dos, uno-dos, uno-dos. De hecho, mantenía la cabeza baja y me preguntaba si no habría sido mejor levantarse y ponerse en fila con los árabes, las monjas y el estadounidense, que estaban ya junto a la salida a la pista, pero no lograba moverme, y ahora el paso resonaba de verdad, cada vez más claro, cada vez más cercano, uno-dos, uno-dos, uno-dos. Se detenía, y bajo mis ojos había un par de zapatos polvorientos que conocía bien porque no los limpiabas nunca; sobre los zapatos había un par de pantalones que conocía no menos bien, mal cortados, sin raya; sobre los pantalones estaba la chaqueta de cuadritos, a la que faltaba el último botón. Turbada y al mismo tiempo decidida a ignorarte, no alcé los ojos de los hilos que quedaban de la sentadura del botón y fingí no haberte visto. Pero como una fanfarria de guerra, las llaves que dejé en la cama tintinearon junto a mi oreja y tu voz se elevó ronca: «¿Qué he hecho?». De pronto levanté la cabeza, en busca de tu mirada. No, no era la de un perro perseguido a patadas, sino la de un lobo a punto de desgarrar. Y los labios del lobo temblaban, extrañamente rojos, y a cada temblor mostraban dientes apretados en una ira tan helada que por un instante me inspiró miedo. «Asquerosa. No necesito para nada tu coche. No quiero tu coche. No me hace falta nada ni nadie. ¡Y levántate cuando te hablo!». Me quedé sentada mirándote. Desde el altavoz, la voz blanda anunciaba la salida del vuelo, y rogaba a los pasajeros que embarcaran. Debía moverme. Pero por nada del mundo habría obedecido, y me habría levantado. Te pusiste pálido. Me apuntaste con el manojo de llaves. «Si te mueves, si coges ese avión, te mato». Entonces me levanté. Recogí la bolsa de viaje y rompí el silencio: «Maldita sea yo y maldito tú conmigo si vuelvo a poner los pies en esta sucia ciudad». Luego te di la espalda y me dirigí a la puerta, y estaba a pocos pasos del grupo de mi vuelo cuando un puñetazo violentísimo me golpeó un pulmón: «Detente». Continué andando, y enseguida el segundo puñetazo llegó, en el mismo pulmón, tan seco y mortal que la respiración me faltó, me incliné hacia atrás y una de las dos monjas murmuró, turbada: «¡Jesús!». En cambio, el estadounidense se ruborizó e hizo el gesto de lanzarse adelante para intervenir. Lo detuve con una seña y te miré bien a la cara. Gotas de sudor te perlaban la frente, la nariz y el bigote, y tus ojos eran dos balsas de consternación. Brillantes, brillantes. Daba la impresión de que estabas a punto de llorar. Así transcurrieron algunos segundos antes de que lograra pronunciar aquella palabra, pero al fin la pronuncié: «Muérete». Y con este augurio te dejé, sin volverme.

Cuando ocho meses más tarde entré en el depósito en busca de tu cuerpo, y mi desgarro era un chillido reprimido e incesante de bestia herida, el recuerdo de haberte deseado la muerte con un latiguillo trivial me destrozó la conciencia hasta aturdirla, y desde aquel momento me dediqué a atormentarme como una gota que cae de un grifo estropeado: «Muérete, muérete, muérete, muérete». Naturalmente, había otras acusaciones, otras condenas con las que me fustigaba, y pronto comprenderás cuáles. Pero el «muérete» las resumía todas, y en él me consumía, me afanaba, me planteaba esta pregunta: ¿por qué exageré de aquel modo aquel día, dejándote y negándote cualquier explicación? ¿Era posible que el cándido anuncio de tu plan y, luego, la ingenua petición del coche me hubieran empujado a una reacción tan desaforada y definitiva? E, incapaz de absolverme, al tiempo que impulsada por la necesidad de hacerlo, me ofrecía respuestas que inmediatamente después negaba. Sí, me sentí ofendida, cedí a la humana necesidad de revolverme, de liberarme de un yugo que se había hecho demasiado pesado, pero ¿no te demostré siempre que estaba abierta a tus ligerezas? ¿Y a quién podías dirigirte sino a mí, que era tu compañera? No, el verdadero motivo de aquella reacción debía haber sido otro, hundido y sepultado en la oscuridad de mi subconsciente. Un miedo, es decir, una superstición que no quería admitir o de la que no me daba cuenta. Debía de haberse disparado algo en mí al escuchar el discurso sobre las necesidades: un muelle que encendió una chispa. Y esta chispa encendió a su vez otras, ocasionando una reacción en cadena idéntica a la de las minas conectadas entre sí y unidas al mismo detonador, de manera que si estalla una estallan todas. Las minas del orgullo herido, de los celos inconfesados, del tedio amordazado, que permanecieron inactivas durante meses y años, sin que un artificiero las desactivase. Luego, una noche, de golpe, estuvo claro: el coche. La palabra «coche». Odiaba los coches, los odié siempre, hasta el punto de que no tenía ninguno, pero el odio se había henchido monstruosamente desde que te conocí, porque desde el principio hubo una pesadilla en nuestra vida: el coche. El coche que nos atacó en Creta, poniéndose junto a nosotros y empujándonos al borde de la carretera para arrojarnos escarpadura abajo. El coche que al regresar de Ischia nos esperó fuera del restaurante para embestir nuestro taxi. El coche que lanzaba bombas contra el Politécnico, el Cadillac negro que para mí se había convertido en el resumen de todos los horrores vividos en el coche a causa de un coche. Sin contar el coche que intentaste hacer saltar por los aires, el Lincoln de Papadópoulos, y bajo el cual intentaste arrojarte al final de la semana de felicidad. En una palabra, la Muerte con aspecto de automóvil, los faros en lugar de las cuencas vacías, el morro en lugar de la calavera, las ruedas en lugar de las garras descarnadas. Y tú me pediste que te regalara la Muerte. Este es el muelle, la primera chispa. Pero ¿por qué me lo pediste a mí, precisamente a mí? No me necesitabas a mí para comprar un coche. Y, sobre todo, ¿por qué necesitabas el coche para conseguir hacerte con los documentos? ¿Qué tenía que ver el coche con los archivos de la ESA y la mujer de Hazizikis y las pruebas relativas a Averoff? Pues sí tenía que ver. Me di perfecta cuenta. De hecho, el héroe de la leyenda nunca afronta el duelo final sin su caballo: el caballo desempeña una función casi religiosa en su último desafío. «Y montó a caballo y fue en busca del infierno». «Y espoleó el caballo y marchó a apoderarse de los papiros del rey». Incluso en los mitos de la antigua Grecia, evidente entramado de tu cultura, aparece siempre el caballo. Porque sin el caballo el héroe no puede penetrar en el reino de los Infiernos: es el objeto encantado, el don indispensable para morir. Y es quien ama al héroe quien le hace ese regalo, quien le entrega ese objeto encantado, ese vehículo de muerte.

Se comprende siempre después, puesto que comprender a tiempo sirve para obstaculizar el destino ya escrito. Y desde luego que no pensaba en todo eso mientras montaba en el avión que me conduciría lejos de ti, ni cuando me sentaba junto al estadounidense que intentó acudir en mi ayuda y que ahora trataba en vano de entablar conversación. Él conocía bien Nueva York, ¿conocía yo Nueva York? Sí, conocía Nueva York. Él vivía en Nueva York, ¿había vivido yo alguna vez en Nueva York? Sí, tenía una casa en Nueva York. *Really?*, ¿en serio? *How nice*, qué simpática coincidencia. Entonces ¿también yo iba a Nueva York? No, yo no iba a Nueva York. Pero sí iba, sin decírselo a nadie, convencida de que era el único lugar donde no podrías encontrarme. La sola idea de volverte a ver, en efecto, se me antojaba aquella tarde una desgracia inexpresable, una amenaza terrorífica.

Es extraordinaria la estratagema que imaginaste para atraparme, para utilizarme como instrumento de tu muerte. Luego me preguntaría, incrédula, cómo pude ser tan estúpida para dejarme embaucar tan bien por ti. Además, conocía como nadie tu astucia, tus artes de comediante capaz de cualquier histrionismo. Por si ello no bastara, haber puesto un océano entre nosotros no me produjo remordimientos: Nueva York afianzaba de día en día mi propósito de arrancarte sin paliativos de mi existencia. Allí trabajaba, me reunía con personas de un mundo que me pertenecía y que te excluía, hablaba una lengua que te era desconocida y a mí me resultaba familiar, y reencontraba costumbres y paisajes en los que siempre me sentí a mis anchas. Por la noche, cuando regresaba a casa y por las ventanas del décimo piso miraba la ciudad centelleante, los hermosos rascacielos y los bellos puentes sobre el East River, todo ello resumía una jornada transcurrida sin el tormento de aquellos nombres, Hazizikis, Theofiloiannacos, Averoff, y no experimentaba añoranza de ti. Ni siquiera por la noche, cuando yacía en mi cómoda cama pensando qué alivio dormir solos, calentados por una manta eléctrica y nada más. Sucedía, sí, que de vez en cuando tu imagen me agredía, evocada por un nombre, por un sonido, por un alimento, por un simple letrero de neón —Alexander, Acrópolis, Olympic, Greek restaurant—, pero me bastaba para rechazarla el recuerdo de aquellos dos puñetazos en el pulmón. Aún me abrasaban, como quemaduras de cigarrillo. Incluso se daba el caso de que la visión del anillo intercambiado por Navidad, ahora quitado del anular izquierdo y metido en un cajón, me provocaba un nudo en la garganta, pero para deshacerlo bastaba un poco de raciocinio: nos encontramos en un desierto donde cada planta es un espejismo y cada ráfaga de viento una ilusión, esto es, en el desierto de las utopías, olvidando preguntarnos quiénes éramos y adónde queríamos ir. Como perros sin collar nos tomamos de las manos, y encaramándonos a las dunas, cayendo, volviéndonos a levantar y encaramándonos de nuevo, nos hicimos compañía vinculados por la equívoca cadena del amor. Pero ahora la cadena se había roto, y convenía estar alerta para no restañarla mediante nudos en la garganta; alerta para no desequilibrarme, no quebrantar mi distanciamiento. Existía una sola posibilidad de que eso sucediera, y radicaba en el riesgo de oír tu voz. Aquella voz que me engatusaba, que se adueñaba de mí como un conjuro. Más que una posibilidad, se trataba de un temor. En efecto, por más que el avión en el que intentaste que no montara fuese directo a Roma, no a Nueva York, no te habría costado mucho descubrir que había ido allí; habría bastado una llamada telefónica. Sin embargo, el temor no duró más que una semana, y a la segunda semana ya no creía que me llamaras. Grave error. Rompía el alba de mi decimoséptimo día de fuga cuando el teléfono sonó: «¡Oye! ¡Soy yo! ¡Soy yo!».

Hay algo de intimidatorio en la sorpresa, de negación de la libertad; algo brutal, sin más. Por buena o mala que sea, siempre constituye una intrusión, una imposición, un dominio. Porque rompe un equilibrio y obliga a quien la recibe a sufrirla, le guste o no, esté preparado o no. Y a ti te gustaban las sorpresas. El asalto inesperado, la improvisación que le deja a uno pasmado, el gesto fuera de programa eran tus especialidades, y yo lo había olvidado. Para bien o para mal, caías a quemarropa sobre los demás como una saeta, como un niño que irrumpe en una habitación estorbando una conversación, un trabajo o un reposo, y yo lo había olvidado. Tú, en cambio, no habías olvidado en absoluto que yo quedaba inerme ante las sorpresas; calculaste bien que si llamabas la primera semana me encontrarías alerta, pero que llamando después me cogerías de sorpresa. «¡Oye! ¡Soy yo! ¡Soy yo!». Aquella voz. Las paredes de la habitación se pusieron a girar con la energía de una centrifugadora: la cama se hundió en un lago de desorientación, y todo se desvaneció de pronto: los hermosos rascacielos, los bellos puentes sobre el East River, la ciudad centelleante, el mundo que me pertenecía y que te excluía. Era inútil, casi grotesca, la delgada barrera de desconfianza que te oponía: «¿Qué quieres? ¿Dónde estás?». «Estoy aquí, ¡en Madrid! ¡Escúchame! ¡Tengo problemas! ¡Necesito ayuda!». «¿En Madrid? ¿Problemas? No te creo». «Debes creerlo, *cataraméne Khristé!* ¡Es verdad, verdad, verdad! ¡Problemas feos, problemas serios! ¿Por qué iba a llamarte si no? ¿Crees que me gusta telefonearte? ¡Escúchame!». «¿Quién te ha dicho que estaba en Nueva York?». «Nadie, ¡lo he imaginado y he probado! No perdamos el tiempo en cháchararas, *cataraméne Khristé!* ¡Tengo los minutos contados, escúchame!». «Vale, escucho». «Es que he venido con pasaporte falso, ¿comprendes? Y he olvidado la cartera con el pasaporte auténtico en el control de policía, ¿entiendes?». «Pero ¡¿qué diablos estás diciendo?!». «Lo que digo, y no me interrumpas, *cataraméne Khristé!,* ¡lo que digo! Y no me di cuenta de que me lo dejaba allí, ¡¿comprendes?! ¡Me he dado cuenta cuando me han llamado por el altavoz y un policía se ha presentado en la sala de espera para el embarque!». «¡Oh, no!». «Oh, sí. ¡Y llevaba mi cartera en la mano! ¿Y yo qué iba a hacer, acaso debía dejársela? Se la cogí, claro, pero ahora, si no son estúpidos, saben que yo me encuentro aquí, ¿entiendes? Mi vuelo ha sido anulado por avería, y hay que esperar otro. Nos han ofrecido regresar a la ciudad, pero yo ¿con qué pasaporte vuelvo? Así, pues, es mejor que me quede aquí». «¡Oh, no!». «Oh, sí. Ahora te digo lo que debes hacer». «¿Yo? Alekos, ¿qué puedo hacer yo desde Nueva York? ¡¿Te das cuenta de que está el Atlántico entre Madrid y Nueva York?!». «¡Me doy cuenta, *cataraméne Khristé,* lo sé, no me importa, déjame hablar, escúchame!». «Bien, escucho». «Sin falta, he dicho sin falta, debes tomar el primer avión hacia Europa que haga escala en Madrid. Yo no me muevo de esta sala de espera a menos que me detengan. Cuento con la confusión. Hay una gran confusión. Durará hasta mañana por la mañana porque están anulando otros vuelos, no he comprendido por qué. La sala de espera sirve también de sala de tránsitos. Tú te apeas y te diriges a la sala de tránsitos. Sin hacerte notar, vienes hacia mí y me das tu tarjeta de embarque. Cuando el avión despegue de nuevo, embarco en tu lugar. Mientras tanto, tú vas a los servicios y no sales hasta que el avión haya partido. Finges haber perdido la tarjeta de embarque y te desesperas un poco. ¿Comprendido?». «Me parece absurdo». «¿¡¿Absurdo?!?». «Sí. ¡Hacerme ir desde Nueva York! ¡¿Por qué no buscar a alguien en Madrid?!». «¡¿A quién, en Madrid, a quién?!». «En Europa, entonces». «¡¿A quién en Europa, a quién?!». «¿Por qué no coges el primer avión que tengas a mano?». «¡Por qué! ¡Por qué! ¡¿Te parece el momento de hacer preguntas, *cataraméne Khristé?!* ¡¿Cuántas veces tengo que repetirte las mismas cosas; es que quieres que me manden a prisión?!». «No, Alekos, ya voy». «¡Enseguida!». «Enseguida». «Si no me encuentras, no te comprometas. Eso significará que me han detenido. Continúa el viaje, vete a Roma, corre a mi embajada y desde allí haz que avisen a Atenas, ¿comprendido?». «Sí, pero ¿qué sentido tiene dirigirme a la embajada en Roma si te detienen en Madrid? ¿No sería mejor que...?». «¡No discutas, *cataraméne Khristé,* no discutas; si te digo que hagas eso es porque hay que hacer eso! ¡No puedo hablar! ¡He hablado demasiado! Si no me encuentras, no te comprometas, ¡continúa hacia Roma! ¡Por favor!». «Bueno, adiós. Ya voy».

Colgué el aparato presa de pensamientos opuestos. Por una parte, me parecía inverosímil, y por otra, más que posible. Supongamos que después del trauma de mi partida hubieras decidido renunciar a apoderarte de los documentos. Por las buenas, como renunciaste a la operación Acrópolis. Esto habría provocado en ti un vacío terrible y te habría alentado tu necesidad de emprender cuanto antes otra empresa. Pero no en Grecia ni en la política de los políticos, sino en una realidad donde lo blanco fuera blanco, y lo negro, negro, y lo rojo, rojo, o sea, en un país aplastado por la dictadura. España. España servía para eso, y tenías allí una cuenta que saldar, una promesa que se remontaba a los días en que los vascos imitaron tu atentado a Papadópoulos, perfeccionándolo, e hicieron saltar por los aires el coche de Carrero Blanco. No te gustó que los vascos triunfaran donde tú fracasaste. Sordo a mis intentos de consolarte, ellos-eran-muchos-y-tú-estabas-solo, ellos-tenían-una-organización-y-tú-no, te encerraste en los celos y: «Era mi plan, era mi plan». Luego dijiste que ya les demostrarías si eras menos valiente que ellos. Así pues, ¿fuiste a Madrid para tomarte el desquite? Pero no: Francisco Franco se estaba muriendo, se preveía un retorno a la democracia, y tu rechazo de la violencia estaba ya demasiado cristalizado, así como tu convicción de que cualquier imbécil era capaz de apretar un gatillo, y que las verdaderas bombas eran las ideas. Pensándolo bien, excluía incluso que hubieras renunciado a la empresa de los documentos: debías de haber ido a España para algo relativo a los archivos de la ESA. Tal vez algunos papeles puestos a salvo en Madrid, o alguna persona huida a esa capital con el aval de Averoff y del KYP. Eso explicaba el detalle del pasaporte falso y tu preocupación por ser descubierto por la policía española: estaba claro que siendo ahora un diputado, un intérprete de la legalidad, no podías permitir que te sorprendieran con las manos en la masa de los antiguos sistemas. Sí, había que ayudarte a salir de aquel aeropuerto. Con un océano de por medio o no, era preciso sacarte de aquella dificultad. Y mientras mi fantasía galopaba arrollando dudas, incertidumbres e incredulidades, busqué un avión con destino a Roma y escala en Madrid. Lo encontré. Preparé a toda prisa la maleta. Volví a ponerme en el anular la alianza de brillantes y a las pocas horas estaba en vuelo: ya voy, don Quijote, ya voy; Sancho Panza es aún tu Sancho Panza, lo será siempre, podrás contar siempre conmigo, aquí estoy, *agapi,* ¡aquí estoy! Solo cuando estuve sobre el Atlántico en mi cerebro adormecido se hizo una débil lucidez: desde luego que era una idea muy extraña obligarme a acudir desde el otro lado de la Tierra por una tarjeta de embarque, o sea, para una tarea que cualquiera habría podido resolver en Madrid ¡en un par de horas! ¿Se trataba de un pretexto para hacerme volver? Eras capaz de todo, incluso de gastarme una broma paradójica. Y la sospecha, habiendo tomado cuerpo, me hizo ruborizar. Pero no pudiendo hacer nada ya, la rechacé y me entregué a un sueño liberador que duró hasta que el avión llegó a Madrid.

No estabas en la sala de tránsitos, y no se veía el menor signo de la confusión a la que aludiste. Había, sin embargo, un movimiento desacostumbrado de policías, y esta circunstancia me puso nerviosa. Pregunté a una azafata si en el transcurso de la noche había sucedido algún incidente. La azafata me escrutó con un brillo extraño en los ojos. ¿Incidente? ¿Qué tipo de incidente? Ella estaba allí para suministrar información acerca de los vuelos y nada más. Sí, comprendía, perdón por mi curiosidad: muchas gracias, adiós. Y proseguí el viaje para llegar a Roma dos horas más tarde. Si era verdad que habías sido detenido, como era lícito deducir del extraño brillo que se encendió en los ojos de la azafata, debía seguir tus instrucciones punto por punto. Una parada breve en el hotel, y luego a tu embajada. Corrí a nuestro hotel, y estaba tan cansada, tan descompuesta, que no hice caso de las palabras del empleado y luego del conserje. Algo así como dobles llaves o paquete llegado. ¿Qué paquete? Yo no esperaba ningún paquete. Mecánicamente subí a la habitación, a la misma que nos daban siempre desde que acabaron los fastos de la *suite.* Entré. Las cortinas estaban cerradas, pero en la penumbra se distinguía una gran cesta de rosas rojas, las que a mí me gustaban, en capullo, y una hermosa canastilla de fruta: manzanas, peras, naranjas, racimos de uva y frutas confitadas. ¿Quién podía haberme enviado semejante obsequio si nadie conocía mi llegada? Fruncí la frente. Y, de pronto, una forma se movió en la cama, y aquella voz se dejó oír: «¿Te ha gustado la sorpresa?».

Ahora que la cesta de rosas había volado contra la pared para caer en una lluvia de pétalos tumefactos; que las manzanas, peras y naranjas yacían esparcidas por la cama junto con un zapato que no consiguió hacer blanco; y que un racimo de uva te coronaba la frente como una guirnalda de Baco; ahora que la mueca irónica que te había torcido los labios cuando tiré las flores y la fruta, había desaparecido para dar paso a una sonrisa seráfica, y mi garganta seca no emitía ya ningún sonido porque el lugar de la ira lo ocupaba una resignada impotencia, podía yo escuchar tus justificaciones. «¡Oigamos!». Te quitaste el racimo de uva de la cabeza y comenzaste a picar de él. «En primer lugar, he estado de verdad en Madrid con un pasaporte falso. Ahí está. Quería reunirme con ciertos españoles de la Resistencia y saber de cierto grupo fascista que opera a la vez en Grecia, España, Alemania e Italia. Un grupo fundado por Otto Skorzeny, el que liberó a Mussolini. Esperaba encontrar el hilo de una madeja que no me convence. En segundo lugar, es verdad que he olvidado la cartera con el pasaporte verdadero y el dinero. Estaba cansado y furioso porque no había descubierto nada y me lo dejé en el mostrador de la policía. Es verdad que llamaron por el altavoz y es verdad, me lo devolvió un policía. En tercer lugar, es verdad que mi vuelo fue anulado y es verdad que te telefoneé desde el aeropuerto mientras esperaba otro vuelo. Estaba allí y me preguntaba qué podría inventar si se percataban del asunto, y se me ocurrió aquella idea. Hasta me pareció bonita, y la utilicé para hacerte volver. En cuarto lugar, si no la hubiera utilizado, no estarías aquí. Y yo te necesito». «¿Para comprar un coche?». «No. Para mucho, mucho más. —Adoptaste un gesto grave—. Pronto los tendré a todos encima: derecha, izquierda y centro, pues esos documentos no van a favorecer a nadie. Al parecer, él no es el único que ha colaborado; entre los traidores hay incluso un cerdo de mi partido. Estaré más solo que nunca, pues, y...». «¿La has conocido?». «He conocido a su amante. ¡Eh! ¡Tiene un amante!». «Y a ella, ¿cuándo la conocerás?». «Pronto, en cuanto regrese a Atenas, pero debo mantenerme alerta, pues de unos diez días a esta parte están sucediendo cosas extrañas. Tengo la impresión, eso es, de ser particularmente observado, de tener a menudo a mi espalda a alguien que sabe lo que estoy haciendo. Fea historia». «¿Y piensas seguir adelante igualmente?». «Desde luego. El problema no es ese; el problema, repito, es que no podré contar con nadie, ni siquiera con el partido, y estaré más solo que nunca».

Y en aquel punto todo mi resentimiento se desvaneció. Recogí las rosas supervivientes de mi furia para disponerlas en un búcaro, y la fruta para devolverla a su canastillo. Luego dije: «Ocupémonos del coche». Y con aquellas tres palabras volví a reencarnar el papel que los dioses habían elegido para mí antes de que nos conociéramos: ser el instrumento de tu destino y, por tanto, cómplice de tu muerte.

2

Como un madero a la deriva, incapaz de oponerse a la corriente del río, ignorante de si el agua lo arrojará a la orilla o lo arrastrará hasta el mar, así iba yo por tu existencia durante aquel otoño. Mi batalla contra el amor, el cáncer, estaba ya perdida. Mi fuga, una salva en lugar de un cañonazo. Y, oprimida por la sensación de haber cometido un error sin remedio, me preguntaba en vano en qué me había equivocado. Comprenderlo, por lo demás, de bien poco me habría servido: el coche se había convertido para ti en una realidad irreversible. Incluso estabas convencido de que la captura de los documentos dependía del hecho de tener o no un coche propio: «¡De ninguna manera puedo servirme de un taxi para apostarme ante la casa de Hazizikis o para seguir a su abogado, Alfantakis! Los taxistas son a menudo informadores de la policía». O bien: «No puedo en absoluto continuar tomando prestados coches ajenos o alquilándolos, y debo trasladarme continuamente, ¡viajar de un extremo a otro de la ciudad!». Si yo no hubiera dicho ocupémonos-del-coche, probablemente no habrías pensado más en ello, pero ahora que te había refrescado la idea, esta te obsesionaba: todas nuestras conversaciones terminaban con las palabras cilindrada, prueba, rodaje, permiso internacional, permiso de circulación, cédula, matriculación, placa de matrícula, derecho de aduana, color. Sobre todo el color. Querías un Fiat 132, y la gama de colores era bastante amplia, pero nunca encontrabas el que te satisfacía: casi a diario surgían discusiones sobre las ventajas e inconvenientes del azul, del gris metalizado, del blanco leche, del rojo hígado, del verde oscuro y del verde manzana. El único punto en el que nos mostrábamos de acuerdo era el rechazo del verde manzana. Yo por superstición, ya que el verde suscitaba en mí recuerdos vinculados a sensaciones angustiosas o desagradables, y tú por la irreductible antipatía hacia Andreas Papandréu, quien durante la campaña electoral escogió el verde como color de su partido. Además, ¿podía acaso obviarse el hecho de que aquel fuera un color nuevo para automóviles, que en Atenas no hubiera todavía Fiat verde manzana y que con el verde manzana podrían seguirte con más facilidad aquellos a quienes sentías sobre tus talones? Mejor un gris o un tabaco o un azul, que, de noche, se confunde en la oscuridad. En una palabra, el tema coche nos absorbía de modo tan exagerado que cuando estábamos juntos no hablábamos de otra cosa, y menos que nunca del drama en el que te estabas debatiendo y que por lo demás yo ignoraba, pues yo no iba a Atenas, consecuente con mi invectiva maldita-sea-yo-y-maldito-tú-conmigo-si-vuelvo-a-poner-los-pies-en-esta-sucia-ciudad. Eras tú quien viajaba a Italia, y si de vez en cuando preguntaba cómo-van-las-cosas-por-allí, divagabas: «En el momento oportuno te hablaré de ello; ahora no quiero pensar». La única vez que hiciste una mención fue la tarde en que volvió a suscitarse el discurso sobre las necesidades. Paseábamos por via Veneto y era la hora en que los pájaros se van a dormir a los árboles que bordean la calle. Llegaban por millares y formaban en el cielo violeta una especie de nube negruzca. Nos detuvimos a mirar. Uno a uno, separándose de la nube como gotas de agua de un grifo, dibujaban una amplia curva y luego se zambullían en un tilo, siempre el mismo. Mientras se lanzaban, piaban triunfal y estridentemente, y eso, unido al continuo batir de alas, producía un ruido ensordecedor y desagradable. Pero lo que más impresionaba no era el ruido, sino la impotencia del tilo, que, alto y vigoroso, aunque clavado a su inmovilidad, parecía sufrir un linchamiento, un martirio. Aquel martirio no acababa nunca, pues la nube jamás disminuía. Inagotable, continuaba chorreando pájaros que se lanzaban sobre el árbol con la avidez de pirañas que dejan a un buey en los huesos. Las ramas hormigueaban hasta tal punto que, bajo el peso excesivo, alguna se torcía y llegaba a romperse. La acera en torno era toda una alfombra de hojas arrancadas. «¡Alekos!». Asentiste con una misteriosa sonrisa: «Estamos ante un ejemplo de perfidia necesaria. Saben que lo hieren, que lo destruyen, pero no pueden evitarlo». «Sí que podrían; hay otros tilos en via Veneto». «Pero a ellos no les sirven los otros, les sirve este. Bien lo sé yo». «¿Qué quieres decir?». «Quiero decir que incluso Ioannidis tiene lo que yo quiero: ¿crees que el exjefe de la ESA no se ha reservado una copia de los archivos de la ESA? Incluso Theofiloiannacos, incluso la mujer de Theofiloiannacos los tiene. Y también su colega Alfantakis. Pero ellos no me los darían nunca. Así pues, debo lanzarme sobre quien me los dé, tengo que devorar hasta los huesos a quien me los dé». «He comprendido; ha empezado el trabajo». «Digamos que va por buen camino». «Alekos, ¿no te sientes incómodo frecuentando a personas a las que antes habrías escupido a la cara?». «¡Eh! Supongo que Bakunin habría preguntado lo mismo el día en que Necháyev le dijo: "En política todo es lícito si es necesario. Aliarse con los bandidos, con los depravados, con los ladrones, seducir y traicionar. En política, cualquiera y, con mayor razón, un enemigo que sirve es un capital que invertir"». Luego cambiaste de conversación y yo no la retomé. Tal vez porque a fuerza de oír las palabras cilindrada, prueba, permiso internacional, permiso de circulación, me convencí de que en aquel periodo fluctuabas en un limbo donde tus sueños tenían las dimensiones de un coche.

Y el coche llegó. Entró en nuestra vida con los fríos del invierno. Alguien te sugirió adquirirlo a precio reducido, ya rodado y matriculado, y nos llamaron de la fábrica para comunicar que tenían dos a precio reducido, casi nuevos, una ocasión perfecta. Único problema, el color: uno era amarillo y el otro verde manzana. Descartando decididamente el verde manzana, te dedicaste a ilustrar las virtudes del amarillo, que en Atenas era el mismo color de los taxis, y-ningún-camuflaje-mejor-que-un-amarillo-que-es-el-amarillo-de-los-taxis, no-te-parece, ¡vamos! Fuimos. Estaba diciéndote que realmente era el color adecuado, pues más que amarillo chillón era un tono avellana, sin estridencias y discreto, cuando oí un grito de alegría y te vi brincar hacia una gran mancha verde que brillaba en la penumbra. Fosforescente, agresiva, más visible gracias a un farol encendido en la noche. «¡Mi Primavera! ¡Mi prado! ¡En mayo florecerán las margaritas en este prado, y las violetas y las verbenas! ¡Lo quiero!». Al cabo de pocos minutos era tuyo. «Y basta de chácharas y supersticiones. Si se ve de lejos, paciencia. Llevémonoslo inmediatamente; dentro de una hora nos vamos. Mira qué hermoso cielo: lo he encargado yo para mi Primavera; he enviado un telegrama a las nubes y les he pedido que desaparezcan cuando conduzca mi Primavera». El resto es una sucesión de imágenes, sonidos y colores que queman la memoria como una herida fresca. Tú firmas los documentos de adquisición, te sientas al volante, arrojas las maletas al portaequipajes, embocas la autopista y es una mañana radiante de sol. A los lados de la autopista los campos de hierba corren a nuestro encuentro veloces para perderse atrás, veloces también, en pasadas de un verde idéntico al verde de tu Primavera, y te pones a cantar: «¡Verde sobre verde! ¡Viva la vida!». Nos dirigimos a la Toscana para pasar la Navidad en la casa en lo alto de la colina, donde habíamos pasado todas nuestras Navidades, pero el recuerdo de la última y de los días que siguieron no se sitúan entre aquellas paredes ni en aquellos bosques, sino dentro de aquel coche verde. No podías alejarte de él. «¡Demos una vueltecita! ¡Vamos a calentar el motor!». Conducías sin meta, nunca te cansabas, y cualquier momento era bueno, así como todo sendero capaz de admitir cuatro ruedas y tu frenesí. Te detenías solo si divisabas una estación de servicio o un comercio donde vendieran muñecas. Las comprabas a puñados: pequeñas, grandes, de trapo o de plástico. Yo no comprendía por qué. «Pero ¿qué te ha dado, Alekos? ¿A quién quieres regalárselas?». «A los niños, a los mayores, a la gente». «¡¿A la gente?! ¿Para jugar?». «Las muñecas no son para jugar, sino para no olvidar a quien nos las regala». Al séptimo día me pediste que te acompañara a Atenas: «¡No querrás borrar Atenas de tu mapa!». Me dejé convencer, y con aquel cargamento absurdo de muñecas, durante horas y horas dentro del coche verde, de nuevo, nos dirigimos a Bríndisi para embarcarnos con él en el barco de Patrás, desembarcar con él a la noche siguiente en Patrás y recorrer en él la carretera que de Patrás conduce a Corinto y de Corinto a Atenas. La misma carretera, esta, que Mikhail Steffas recorrería cuatro meses después en su Peugeot para ir a matarte, ayudado por dos cómplices a bordo de un BMW rojo.

Durante el viaje estuviste alegre y locuaz. En el barco bromeaste, conversaste en tono brioso con los oficiales y con el comandante, y una vez, incluso, bajaste a la bodega a-saludar-al-Primavera-para-que-no-se-sienta-solo, pero en cuanto estuvimos en aquella carretera, una melancolía imprevista te dejó mudo. Conducías extrañamente absorto, con la cabeza inclinada sobre el hombro izquierdo, y de vez en cuando alargabas tu mano para acariciarme la mía, suspirando. «¿Qué ocurre, Alekos, estás cansado?». «No, no». «¿No te encuentras bien?». «Sí, sí». «Entonces, ¿qué sucede?». «No lo sé. Estoy triste». «¿Por qué?». «No lo sé. Tal vez la oscuridad, la carretera». «¿Qué le pasa a la carretera?». «Nada. Es como si... Nada». Seguías de mal humor cuando llegamos a la calle Kolokotroni, y después de haber aparcado a la buena de Dios en la acera, te pusiste a descargar las muñecas, como si el hecho de haber regresado te fastidiara o la posesión del coche verde ahora te preocupase. Junto con el mal humor, manifestabas una especie de resignada dejadez. En efecto, y pese a lo que dijiste en Roma, tengo-la-impresión-de-ser-particularmente-observado, no diste importancia al hecho de que el ascensor no se encontrara en la planta baja, y al entrar en la casa no adoptaste el acostumbrado aire cauteloso. «¡Has cambiado de sistema!». «¡Hum! Total, para lo que sirve. Lo que ha de ser es, y lo que deba ser será». Solo en el estudio recuperaste la vitalidad, y una vez cerradas las cortinas, sacaste de un cajón secreto de la librería una cajita plana, de metal, más o menos del tamaño de una cartera. Luego le insertaste un hilo que terminaba en una especie de botón, hiciste pasar el hilo por la manga izquierda de la chaqueta, introdujiste el botón en el puño de la camisa y te guardaste el curioso instrumento en el bolsillo interior. «Ahora dime si se nota que llevo conmigo una grabadora». «No, pero con quién...». «Tendré que aprender a utilizarla. Es muy delicada, y en cualquier caso ha dado ya sus frutos». «¿Con quién?». Sin responder, volviste al cajón, y de él cogiste una carta escrita con caligrafía culta y clara, fechada el 24 de febrero de 1975. «¿De quién es?». «De Hazizikis. A su mujer. Mañana haré una fotocopia para que la tengas en Italia». «¿Tan importante es?». «Sí». Y me la tradujiste. Decía: «Amor mío, te escribo desde la cárcel para informarte acerca de los hechos de que se me acusa y explicarte que soy víctima de un interés político. Un interés de breve duración, por lo demás, ya que mi detención provocará daños gravísimos a quien la ha ordenado. El cuidado con que me tratan, la deferencia de que me rodean, demuestran que quien ha decidido someterme a proceso conoce las perturbadoras consecuencias que para él se derivarán. Esto ya se comprendía por la cara del fiscal mientras me lo comunicaba, y yo le dije: "Por tu cara blanca se ve que estás cometiendo una equivocación. Mírate al espejo: allí hay un espejo". Hace poco, la televisión ha informado de que algunas unidades del Ática se hallan en estado de alarma, y que algunos oficiales se preparan para alzarse contra el gobierno. Según su estilo, Averoff ha declarado que el porcentaje de testarudos, que así les llama, no alcanza el cinco por ciento. Averoff sabe bien que sus palabras son falsas al cien por cien. Averoff es un liante, y no por casualidad ha abandonado la buena vida por la mala. Siempre hace lo mismo. Después de habernos liado a nosotros, lía al pueblo. Yo puedo asegurar con un amplio margen de certeza que los tenientes coroneles y los coroneles en favor de la insurrección suman más del sesenta por ciento, que entre los capitanes la proporción alcanza el ochenta, y entre los tenientes y suboficiales, el noventa. Así las cosas, resulta obvio que si yo estuviera libre alguien no dormiría tranquilo. Tal es el motivo por el que me han detenido con tanta prisa e irregularidad, aparte del gusto por la venganza que le caracteriza a él y a los sucios políticos como él. Pero espero salir pronto de este aislamiento que intentan imponerme...».

El intento de golpe de Estado del que acusaste a tu dragón en el artículo de once meses atrás. Los vínculos que estableció merced a la llamada «política del puente». Y sus temores de detener a Hazizikis y a los demás exponentes de la Junta. Eso no era más que el principio, el modesto prólogo de quién sabe qué avispero. ¿Cómo conseguiste que te dieran aquella carta? ¿Fue ella quien te la entregó o su amante? Tanto en uno como en otro caso, ¿quién, sino tú, pagaría el precio? Al pensarlo me quedaba sin respiración. Sin preocuparme de las cortinas que querías mantener cerradas, abrí de par en par el balcón y me asomé. Pero eso solo sirvió para aumentar mi inquietud: en la acera de la calle Kolokotroni, tu Primavera, aparcado a la buena de Dios, fosforescente, parecía otro grito de alarma. No, no debiste comprarlo. No debiste desafiar a los dioses volviendo a Atenas. «Alekos...». Te me acercaste, me ceñiste los hombros con ironía afectuosa: «¡Eh! ¡Si vas a sufrir así, no vuelvo a contarte nada!». «Pues hazo, Alekos. A menos que sea indispensable, no vuelvas a contarme nada. No quiero saber nada más».

Resulta difícil precisar si fue esto lo que determinó mi rabioso desinterés por la captura de los documentos, pues, junto con los traumas de aquel día, conviene tener en cuenta las consecuencias de la crisis que estalló con mi fuga a Nueva York. Los grandes amores son también indigestiones que, a intervalos, deben compensarse con el ayuno: no puede uno estar tragando siempre platos de liebres, lucios, faisanes, langostas, perdices, capones, cabritos y terneros rellenos, como en un banquete renacentista, donde los perros ladran, los invitados eructan, los tambores ensordecen y las arpas y los violines acompañan los cantos de los trovadores. Para no sucumbir a tanta abundancia, a tan pantagruélicas comidas, es preciso saltarse algunos platos y recobrar el resuello saliendo del salón. Y desde luego los diecisiete días pasados en Nueva York no me bastaron para recobrar el resuello, para compensar la indigestión, en vista de que el banquete se había reanudado enseguida con el mismo ritmo y el mismo menú. Así, el otoño en que fluctuaba en tu existencia como un madero que va a la deriva, resignada y consciente de haber perdido mi batalla con el cáncer, aquellas consecuencias se revelaron en toda su inevitabilidad, provocando regurgitaciones de cansancio, alimentando gérmenes de nuevas rebeliones y llegando, sin más, al descubrimiento de que amarte restaba tiempo y espacio a cualquier otro empeño. ¿Era posible, me repetía, que todo girase exclusivamente en torno a tus empresas, a tu modo de traducir el sueño? ¿Era posible que desde que nos conocimos incluso mi trabajo hubiera pasado a segundo plano? El descubrimiento me hizo dar de lado los timbres de alarma: la adquisición de las muñecas para-regalara-los-niños-a-los-mayores-a-la-gente-para-que-no-se-olviden-de-mí, la misteriosa tristeza que se apoderó de ti por la carretera entre Corinto y Atenas, el mismo sentimiento de angustia que experimenté al mirar el Primavera aparcado en la calle Kolokotroni, por no hablar del justificado temor que me cortó la respiración cuando me tradujiste la carta de Hazizikis, con sus acusaciones al dragón. Resultado, Sancho Panza nunca estuvo tan alejado de don Quijote como en los dos meses en que materializaste el desafío final. Nunca te preguntaba en qué punto te hallabas, ignoraba con habilidad tus intentos de explicármelo, no leía los papeles que, poco a poco, ibas confiándome. La transcripción original del diálogo grabado durante el encuentro con Fany, la mujer de Hazizikis, por ejemplo. Antes de devolverla a la carpeta roja, apenas le dirigí una ojeada.

Aquí está, en cuatro paginitas de papel de seda, un poco lagunosa a causa de algunas frases incomprensibles por un defecto de la grabadora, pero suficiente para comprender el designio que estabas ejecutando. Lleva la fecha del 16 de enero de 1976, y el Tsatsos de que hablas es el honorable Dimitrios Tsatsos, miembro de tu partido, sobrino del presidente de la República. «Dime, Fany, ¿te casaste con Hazizikis en 1972?». «No, en 1971». «¿Cuando él estaba en la escuela de infantería?». «No, allí estuvo desde septiembre hasta diciembre del setenta y dos». «¿Y cuándo fue a la escuela de guerra?». «En el setenta y tres». «¿También estaba Spanov?». «Era vicecomandante del EAT». «Así pues, cuando estabais en Calcis, ¿Hazizikis era ya comandante del EAT?». «Sí, por la mañana acudía a la escuela de guerra y por la noche, después de las diez, iba al EAT». «He oído decir que por aquel tiempo Theofiloiannacos quería un gobierno compuesto por políticos». «No, no era él quien lo quería, sino Hazizikis». «Dime, Fany: aquel de quien me hablabas hace poco y que en el centro…». «Dimitrios Ramonas». «¿Tiene un aparcamiento de automóviles?». «Sí, aquí cerca. ¿Por qué me lo preguntas?». «Por saberlo. Y Fotakos, ¿sabes si le ayuda solo por razones de amistad?». «Sí, por razones de amistad. Como Potamianos y los demás». «¡Hum! Indagaré sobre él. Háblame de Hazizikis, Fany: ¿cómo estaba la última vez que lo viste en la cárcel? ¿Se limitó a hablar de vuestros asuntos personales?». «Sí, de los demás no dijo nada». «Está claro que ya no confía en ti y que de ciertas cosas ya no volverá a hablarte. Además, quiere aparentar optimismo». «¿Qué quieres decir?». «Tengo la impresión de que está preparando algo de lo que están al corriente los demás encarcelados». «Esto yo... *(incomprensible)*». «¡Ah! ¿Y ves a la mujer de Theofiloiannacos?». «Yo a esa aunque la viera no le hablaría». «Dicen que Alfantakis la corteja». «No lo sabía. Ese anda detrás de todas las mujeres». «Y de Dimitrios Tsatsos ¿qué sabes? ¿Sabes si sus cartas a Hazizikis se encuentran entre los documentos? ¿O han terminado en otro sitio?». «Tsatsos... *(incomprensible)*. Luego están los nombres de Pantelis, de Konstantopoulos». «Fany, antes me decías que estuviste presente el día en que Tsatsos denunció a los estudiantes». «Sí, pero... *(incomprensible)*. ¡Él sí que tiene informes sobre Tsatsos!». «Cuando tú y Hazizikis ibais a cenar con Tsatsos, ¿era él quien os invitaba?». «Sí, con su mujer». «¿Es verdad que su mujer te pedía que llevaras las agujas para hacer calceta?». «Sí, una noche incluso cambiamos la lámpara para que se viera mejor. Fue la noche en que Tsatsos... *(incomprensible)*». «¿Lo decía antes o después de la Junta?». «Después, después». «Entonces, ¡no me niegues que tienes algo en casa, Fany! Aquel primo suyo, Kountas, está aquí, en Atenas, ¿no?». «Sí, pero...». «Escucha, Fany, tú no te verás comprometida, y si alguien prepara un golpe de Estado, no debes protegerlo». «Pero yo...». «Escucha, Fany, en este asunto yo soy categórico. Haré fotocopias, los documentos se quedarán donde están y nadie sabrá que los he conseguido gracias a ti. Si hay algo contra tu marido, te prometo que no lo utilizaré. Después de todo está condenado a treinta y un años; ¿qué más pueden querer de él? Simplemente que se quede en la cárcel cinco o seis años y salga cuando ya no exista peligro de golpe de Estado. El Estado no tiene ni deseo ni interés de mantenerlo preso durante treinta años; no trata de vengarse. Quienes tratan de vengarse son los que, como tú has dicho, afirman que han estado en la Resistencia y, en cambio, se han puesto en ridículo. Solo a ellos les interesa que cierta gente se quede en prisión: están llenos de odio porque se avergüenzan de sí mismos. Debes juzgar este asunto desde todos los puntos de vista, Fany; debes comprender por qué es necesario que yo tenga en mi poder los documentos de los que se deducen sus responsabilidades. No necesariamente documentos que los acusen, sino que demuestren quiénes son los hombres que ocupan y ocuparán altos cargos del Estado. Esos documentos existen y debemos probar que cierta gente no estuvo a la altura de los momentos difíciles y, que puesta a prueba, no salvó siquiera su propia dignidad. Son, como te digo, los que continuarán cultivando el odio contra un grupo de oficiales como tu marido. Oficiales que, en mi opinión, cometieron crímenes contra el país, pero a los que deberemos comprender. Sí, deberemos tener el valor de comprenderlos y de usar la clemencia con ellos a fin de evitar que esta situación continúe». «Pero yo...». «Escucha, muchachita: de verdad creo que puedo mirar esos papeles sin causarte problemas y sin que nadie sepa nunca nada. Y un día de estos, que podría ser el domingo por la mañana... Precisamente el domingo por la mañana tengo una reunión a las once. ¿A qué hora va a la iglesia tu suegra?». «A las nueve o nueve y media». «¿Y a qué hora regresa?». «A las once y media». «¡Hum! ¿Qué más? Dame la dirección exacta. ¿El número 20 cae hacia Patisia o hacia Kifisia?». «Hacia Patisia». «Bien. Lo encontraré. Y te repito que no utilizaré nada que pueda hacer más difícil la posición de Hazizikis. Ahora te acompaño a casa y te dejo, porque a las siete tengo una cita».

No leí siquiera las dos paginitas con la transcripción de un diálogo entre tú y el amante de Fany. No llevaba fecha, pero a todas luces hubo de desarrollarse después del primer encuentro con ella y tras la captura de los papeles que no te satisficieron. Es este: «Pero ¿qué te ha dicho, que no había más documentos allí dentro?». «Ha dicho que... *(incomprensible)*». «En cualquier caso, si es sincera en querer ayudarme, puede venir aquí». «Vendrá mañana si le fijas una cita». «Mañana debo irme, tengo un asunto». «De todas formas, ella puede después de las once de la mañana». «De acuerdo, ahora dime cómo ha reaccionado ante el asunto y qué le has dicho». «Le he dicho lo que me indicaste que le dijera: que llegaron unas diez personas, que todo el barrio estaba ocupado, que cortaron los cables del teléfono, que todos entraron a la vez y que al cabo de pocos minutos llegó el mismo Panagulis y me dijo que no tuviera miedo, porque me protegería si le ayudaba de alguna manera». «Bien, pero hay que aclarar un punto. A las ocho y media, ¿cuánto tiempo ha permanecido ella separada de ti?». «Bajamos juntos y anduvimos hasta la esquina, donde me di cuenta de que había olvidado una cosa y… *(incomprensible)*». «Escucha, muchacho: yo voy a ir al fondo de este asunto aunque me corten las piernas. Así pues, el problema radica en hasta qué punto tú eres sincero. A las ocho y media salieron de la casa una chica y un joven, te digo, y la chica tenía todas las características de Fany, y el joven parecías tú mismo. Llevaban un bolso de viaje. Se dirigieron a la calle Taxiarcas y entraron en una casa. Si el joven eras tú, más vale poner las cartas boca arriba». «Pero yo… *(incomprensible)*». «Y mañana será mejor que le digas a Fany que permanezca atenta, si tiene más documentos en casa. Naturalmente, he tomado mis precauciones, tanto si la casa está vigilada como si el asunto trasciende por negligencia o por una indiscreción. ¿Entendido?». «Sí, pero tengo una duda, Alekos: ¿es posible que él haya dejado tantos documentos allí, en casa?». «Es posible si me dices que Fany ha sacado allí las fotocopias y se las ha dado a Kountas». «Fany no le ha dado fotocopias a Kountas». «Se las ha dado. En cuanto a tus dudas, tú que has ido tanto a su casa, ¿no tuviste ninguna curiosidad de mirar o, al menos, de preguntar?». «Sí, pero ella me decía que no debía interesarme, así que no preguntaba nada. Acudía siempre un montón de gente a aquella casa, pero yo me abstuve de preguntar quién es este y quién es aquel. Yo solo sé que en la Escuela de Guerra él tenía paquetes de esos documentos, y que los ordenaba en carpetas». «¿A qué hora fue ayer ella a visitar a Hazizikis en la cárcel?». «Ayer era jueves y fue a las doce menos diecisiete minutos. Lo sé porque permanecí esperándola en un bar. ¿Por qué me lo preguntas?». «¿Y a qué hora fuiste a su casa?». «Te digo que ayer no fui para nada. Ella me telefoneó hacia mediodía y me dijo: "Iannis, mis padres llegan entre doce y media y una. ¿Qué hago? ¿Voy?". "Sí, ve", repuse. Y ella: "Entonces, acompáñame". Fui a buscarla y… *(incomprensible)*». «Escucha, muchacho: no me digas que el automóvil era el mío. Y no me digas que ciertas cosas no te gustan. ¡Sabes bien que hasta que esta historia no esté aclarada yo conoceré todos tus movimientos!». «Alekos, ¿por qué me hablas así?». «Y añado: esos papeles sobre Averoff… *(incomprensible)*». «¿¡¿Crees de verdad que estaba en el KYP?!? Las autoridades... *(incomprensible)*». «Muchacho, las autoridades no están al corriente. Ya te he dicho que si hubiera sabido que los archivos estaban allí habría mandado al fiscal general. Pero he añadido que, hoy por hoy, ya no conviene armar semejante revuelo. Y tú no me has traído ni un papel de allí». «Pero es Fany quien...». «Si Fany es como tú dices, si de verdad consigue que su marido no la descubra, si de verdad actúa de modo que nadie se percate de nada, y si logra ver en mí a un hermano...».

En cuanto a las cartas de Hazizikis a Fany, cada vez más numerosas después de la que me entregaste en Atenas, incluso custodiarlas me incomodaba, y no conseguía ni tocarlas sin experimentar el desasosiego que provoca una involuntaria piedad. La traducción sumaria que un día me hiciste, riendo, me bastó para concluir que solo la primera contenía noticias de naturaleza política; las demás no eran más que súplicas desgarradoras de un marido enamorado y dispuesto a todo con tal de retener a una mujer que quiere abandonarlo. Ni siquiera comprendía yo por qué las coleccionabas tan escrupulosamente: ¿venganza contra el escorpión que te hizo objeto de torturas contra el alma, que se rio de ti después de tu condena a muerte? ¿Coherencia con el juramento que te hiciste aquella terrible noche? No habría dado crédito a mis oídos si me hubieras dicho que ya no te interesaban ni venganzas ni juramentos, que veías exclusivamente material para tu estrategia en las frases penetradas de desesperación y de impotencia, tesoro-mío-no-te-vayas, nena-mía-no-me-dejes. En una palabra, te servías de las cartas con absoluto distanciamiento, con la heladora frialdad que se deriva del principio nada-es-indigno-cuando-el-fin-es-digno. Las leías para extraer noticias y razonamientos. Primero: si él continuaba rogándole, era porque ella no se decidía al divorcio. Segundo: si ella no se decidía al divorcio, él conservaba la posesión y el control de los documentos que le había confiado. Tercero: para que él perdiera esa posesión y ese control, era preciso que el divorcio se materializara. Por esta razón te convertiste en el gran director de escena de su tragedia, en el gran titiritero que tira de los hilos de sus marionetas para hacerlas bailar a su antojo. Y por eso vas a Corfú en busca de los padres de ella, que, según resulta de las cartas, se muestran favorables al divorcio; y por eso propones abogados y triquiñuelas jurídicas, y sostienes que sería muy cruel mantener a la pobrecilla ligada a un marido que va a estar treinta años en prisión; y por eso manipulas con promesas y proposiciones al amante, encendiendo su ardor, sugiriéndole una fuga al extranjero con ella y con el niño nacido del matrimonio. Y cuando te das cuenta de que aquel es débil, un desgraciado incapaz de oponerse a la influencia que Hazizikis continúa ejerciendo sobre su joven esposa, te precipitas sobre la presa más apetitosa, aconsejándola, cercándola, cortejándola y seduciéndola, hasta que todo residuo de vínculo conyugal queda disuelto, y el propio amante, liquidado, ya no cuenta. Todo ello en el transcurso de los dos meses que yo invertí en recuperarme de la indigestión de liebres, lucios, faisanes, langostas, perdices, capones, cabritos y terneros rellenos. Con relación a los documentos, manifestaba en ese tiempo un desinterés rabioso, eludiendo tus intentos de confiarte y rechazando tus solicitudes de ayuda. «¿Sabes? Tengo que ir a Corfú. ¡Ven conmigo, por favor! Así parecerá que estamos de vacaciones». «¿Corfú? No, no me apetece; no puedo». «Debes echarme una mano; tengo un problema: instalar a tres griegos en Italia. Una pareja y un niño». «¿Quién es esa pareja, quién es ese niño?». «Adivínalo». «¡Ah, no! ¡Ni soñarlo!». «Estoy nervioso, ¿sabes?, no consigo entrar en aquella casa. Supe que ella buscaba una canguro y me forjé ilusiones de que contratara a una ama que yo conozco, pero no lo ha hecho. ¿Y si sacara un molde de cera de la cerradura?». «¡No quiero saberlo!».

La única vez que te presté atención fue cuando me describiste la captura de los primeros paquetes, realizada gracias a la complicidad del joven. Inútil decir que las cosas no estaban como, siguiendo tus órdenes, él le contó a Fany y como en abril contaste tú a la prensa. Nada de barrio ocupado, ni de cables telefónicos cortados, ni de comando de diez personas que irrumpen, precediéndote. Entraste solo, a las nueve de la noche, cuarto piso, puerta a la derecha del ascensor; localizaste solo la habitación, la primera a la izquierda, un comedor, fuiste al mueble preciso, una especie de aparador con estantes, y diste con los paquetes escondidos en el último estante, arriba. Solo tú los robaste en varias etapas, y cada una de esas etapas era una agonía porque al principio creías que en casa no había nadie, pero luego te diste cuenta de que en la habitación del fondo del corredor dormía la anciana madre de Hazizikis. La oíste roncar. Aterrorizado por la idea de que despertara, te pusiste a trabajar a toda prisa, conteniendo la respiración, y te parecía que el recorrido desde la habitación hasta la escalera, de la escalera al coche, del coche a la escalera, de la escalera de nuevo a la habitación, no acababa nunca. Tu corazón latía con sordos cañonazos, tu cuerpo manaba sudor helado y temblabas. Al tercer viaje, el paquete se te cayó al suelo con un gran golpe. La anciana se despertó: «Iannis, ¿eres tú, Iannis?». Te detuviste con el cerebro ardiendo. «Ahora se levanta, pensaste, si se levanta me reconoce, y si me reconoce, ¿qué hago?». «¿Eres tú, Iannis?». ¿Contestar o no? Y si contesto, ¿se dará cuenta de que mi voz no es la de Iannis? Un prolongado suspiro y: «Sí, soy yo». «¡Ah! No hagas ruido, Iannis. Quiero dormir». Luego te sentiste mal por eso, y por la noche tuviste una pesadilla. Soñaste con un pulpo. De todas las criaturas del mar, el pulpo era la que, más que ninguna otra, simbolizaba a tus ojos el mal augurio y la muerte: es imposible huir de un pulpo, decías; adonde quiera que escapes, él te alcanza y te agarra. Y ese pulpo era inmenso, monstruoso, tenía la cabeza tan ancha como una plaza, los tentáculos tan largos como las avenidas de la ciudad y, en efecto, no estaba en el mar, sino dentro de la ciudad. Con las ventosas pegadas a los muros de los edificios, llenaba todos los vacíos, engullendo cualquier cosa que se opusiera a su expansión: automóviles, cuerpos, carretas y autobuses. Y mientras tanto emitía un rugido sordo, rabioso, una especie de invocación que ascendía al cielo y luego volvía a caer como una lluvia formando una palabra que tú no comprendías. Una palabra que procuraba al mismo tiempo alegría y tristeza. «Imagina que se parecía a la palabra vida, *zoí.* O vivo, *zi.* Y, sin embargo, me parecía que estaba muerto». Pero tampoco a ese sueño le di importancia.

Lo cierto es que nunca se da uno cuenta a tiempo de lo que es importante y lo que no lo es. Cuando el ser amado te oprime con sus pretensiones y sus lazos, te sientes robado a ti mismo y te parece que renunciar por él a un trabajo, a un viaje o a una aventura es injusto. Abiertamente o en secreto, incubas mil rencores y sueños de libertad, y anhelas una existencia desprovista de afectos en la que moverte como una gaviota que vuela en medio del polvillo de oro. Qué suplicio inaudito las cadenas con que el ser amado te ata, impidiéndote alzar el vuelo, qué riqueza echada a perder el espacio que se te veda, pues con las mismas cadenas te cierra las puertas. Pero cuando él ya no está, y aquel espacio se abre infinito ante ti, de tal modo que puedes volar a tu placer en medio del polvillo de oro, gaviota sin afectos y sin lazos, experimentas un vacío espantoso. Y el trabajo, el viaje o la aventura que le sacrificaste tan a regañadientes se te aparecen en toda su inutilidad; ya no sabes qué hacer con la libertad reconquistada, como un perro sin dueño, como una oveja sin rebaño, y te envuelves en aquel vacío llorando la esclavitud perdida, y darías el alma por volver atrás, por revivir las pretensiones de tu carcelero. Porque el remordimiento te destroza. El remordimiento es una llaga incurable. En vano tratas de medicarla con atenuantes, justificaciones, si-hubiera-sabido, si-hubiera-adivinado; en vano tratas de ignorarlo afirmando que tú le has faltado tanto como él te ha faltado a ti, así que estamos en paz. De momento, la llaga parece cicatrizar, desvanecerse, pero siempre hay un momento en que un sonido, un olor o un color, la vista de un papel, de un coche verde que pasa, vuelven a abrirla con nuevas sensaciones de culpa, autoacusaciones y el hecho irreversible de que él está muerto y tú estás viva, así que no estamos en paz. No aludo solamente al remordimiento por no haber comprendido que en aquellos documentos estaba escrita tu muerte, sino también al suscitado por no haber comprendido que a tu alrededor todo estaba hundiéndose, para lanzarte de nuevo a la atroz soledad de los años que permaneciste sepultado en Boiati.

La palabra «todo» incluye también la ilusión de que en la política de los políticos había lugar para ti. Los archivos de Hazizikis estaban ya en tus manos y la cruel empresa había terminado de manera cruel cuando te convenciste de que, pese a ello, en la política de los políticos no había lugar para ti y que el error más grave consistió en ingresar en un partido. Un individualista con imaginación y dignidad no puede pertenecer a un partido. Por el simple hecho de que un partido es un partido, o sea, una organización, una camarilla, una mafia, y en el mejor de los casos una secta que no permite a sus adeptos manifestar su propia personalidad, su propia creatividad. Al contrario, se la destruye o, al menos, se la domina. Un partido no necesita individuos con personalidad, creatividad, imaginación ni dignidad: necesita burócratas, funcionarios y siervos. Un partido funciona como una empresa, como una industria donde el director general (el líder) y el consejo de administración (el comité central) ostentas un poder inalcanzable e indivisible. Para ostentarlo precisan solo de mánager obedientes, empleados serviles, *yes-men,* o sea, los hombres que no son hombres, los autómatas que dicen siempre que sí. En una empresa, en una industria, el director general y el consejo de administración no saben qué hacer con las personas inteligentes y provistas de iniciativa, con los hombres y las mujeres que dicen no, y ello por un motivo que supera incluso su arrogancia: en efecto, pensando y actuando, los hombres y las mujeres que dicen no constituyen un elemento molesto y de sabotaje, echan arena en los engranajes de la máquina, se convierten en piedras que rompen los huevos del cesto. En una palabra, la estructura de un partido y de una empresa es la de un ejército donde el soldado obedece al cabo, que, a su vez, obedece al sargento, que, a su vez, obedece al teniente, que, a su vez, obedece al capitán, que, a su vez, obedece al coronel, que, a su vez, obedece al general, que, a su vez, obedece al Estado Mayor, que, a su vez, obedece al ministro de Defensa: curas, monseñores, obispos, arzobispos, cardenales, curia, papa. Ay del iluso que cree aportar una contribución-personal-con-la-discusión-y-el-intercambio-de-puntos-de-vista: termina expulsado o lapidado, como corresponde a quien no es capaz de comprender o finge no comprender que en un partido, en una empresa, solo se permite discutir sobre órdenes ya dadas, sobre opiniones ya decididas. Con tal de que, se sobreentiende, la discusión no ignore los dos sagrados principios: obediencia y fidelidad. Naturalmente, todo esto adquiere contornos distintos según el partido. Es obvio que un partido con una ideología concreta, con una teoría cristalizada, es el más feroz al exigir obediencia y fidelidad, al reprimir la aportación creativa del individuo: cuanto más rigurosa es una iglesia, más rechaza a los protestantes y condena a la hoguera a los herejes. Paradójicamente, sin embargo, los abusos y las infamias que comete semejante iglesia con sus adeptos tienen un sentido, una justificación: la fuerza de su fe, la nobleza al menos aparente de sus programas o de sus propósitos. Yo-te-aplasto-porque-quiero-crear-en-la-Tierra-el-Reino-de-los-Cielos, y porque-lo-quiero-crear-gracias-al-dogma-del-materialismo-histórico. En cambio, un partido que no tiene una teoría ni un modelo ideológico, un partido que no sabe lo que quiere ni cómo lo quiere, no puede alegar en su descargo ni siquiera motivos ideales. En consecuencia, sus abusos e infamias y sus pretensiones de obediencia y fidelidad se imponen en virtud de arribismos personales y de ambiciones privadas. Camarillas dentro de la camarilla, mafias dentro de la mafia, iglesias dentro de la iglesia, con la agravante de una enfermedad que en los partidos sin doctrina es contagiosa como la peste: la corruptibilidad y la corrupción de los *yes-men*. En otras palabras, si el partido doctrinario aplasta con sus principios a quien protesta o desobedece, el partido que no sabe lo que quiere ni cómo lo quiere, rechaza como a un cuerpo extraño a quien no se adecúa a su ausencia de principios, o sea, a sus mentiras, sus hipocresías y sus clientelas.

Pues bien; precisamente ese era el tipo de partido que consideraste capaz de albergar tu imaginación, tu dignidad, tu personalidad y tu creatividad. Y por si ello no bastara, al error se había añadido la monótona y vieja ilusión a la que nos abandonamos por falta de elección y por impotencia todos aquellos que creemos en el espejismo de un mundo que cambia: poder luchar todavía apoyándonos en la barricada que lleva el nombre de Izquierda. En efecto, excluido el breve periodo de la campaña electoral, de los mítines en los que desenmascaraste a los Papandréu, a los directores generales, a los consejos de administración de la izquierda oficial, y excluido aquel viaje a Moscú del que solo los amigos sabían algo, no hiciste gran cosa para recordar que la mierda es idéntica a la derecha, a la izquierda y en el centro. Quiero decir que nunca te esforzaste por conducir la batalla en varios frentes a la vez. Al contrario, optaste por la estrategia de combatir a un enemigo cada vez, y por eso concentraste tus energías contra la derecha exclusivamente, solo contra el dragón. «Ahora tengo que ocuparme de él. Luego, si vivo, me ocuparé de los demás». En suma, habías renunciado a propósito a actuar según tus convicciones y a tener en cuenta que la izquierda es la mejor aliada de la derecha; que en los países donde ostenta el poder representa la roca en la cima de la Montaña, y que en los países donde no lo ostenta sostiene la roca y a los Averoff, imitando su juego o integrándose en su sistema. Los mismos políticos profesionales, los mismos advenedizos, los mismos oportunistas en tiempo de paz; los mismos traidores o los mismos bellacos, a menudo, en tiempo de guerra. Así pues, te comportaste como si el dragón no fuera un dragón de dos cabezas, como si ignorases que es inútil tratar de cortar la primera si no se corta también la segunda, y que solo mediante una doble y simultánea decapitación se logra la desaparición del monstruo y se puede plantar un árbol nuevo. Admitido, se entiende, que un árbol dé buenos frutos, que el espejismo de un mundo que cambia esconda un poco de verdor y un poco de agua. ¿No es cierto con frecuencia que los seres humanos no cambian, que solo cambian los escenarios con que el espejismo nos deslumbra? Desde hace milenios perseguimos el espejismo llorando, muriendo, y al cabo nos encontramos siempre en el mismo punto. Tal vez con un sindicato o un partido más, una ideología o un descubrimiento tecnológico más, para lastrar el equipaje de nuestra perfidia y de nuestra imbecilidad. Para quedarnos donde estábamos cien mil años atrás, con un dragón de dos cabezas. El hecho es que cuando te percataste de que el dragón tenía dos cabezas, era ya demasiado tarde para retroceder y empezar desde el principio la única batalla posible: la que se desarrolla en muchos frentes a la vez. Lo único que había que hacer era volver la espalda a la política de los políticos, a la empresa donde te habías colocado, olvidando que emplea mánager obedientes, empleados serviles y *yes-men,* pero nunca hombres y mujeres que digan que no y echen arena a los engranajes de la máquina. Y lo hiciste. Renunciaste a todo apoyo, recuperaste toda tu independencia. Pero de esta forma te devolviste también a la soledad que te expondría a la lógica conclusión de tu leyenda: ser física y moralmente inmolado por todos, esto es, por mano de mercenarios de una y otra orilla.

Esto maduró o, más bien, se precipitó con las pruebas sobre el colaboracionismo de aquel Dimitrios Tsatsos, diputado, sobrino del presidente de la República, miembro de tu partido, y con el inevitable desinterés que tu partido manifestó ante dichas pruebas. Fany no había mentido la noche en que la interrogaste con la grabadora escondida en la chaqueta y el micrófono disimulado en el puño de la camisa. No bastándole frecuentar la casa e invitar a ambos cónyuges a cenar, Dimitrios Tsatsos llegó a denunciar a estudiantes de la oposición. Que se trataba de él resultaba evidente, por lo demás, gracias a las cartitas a Nicolaos Hazizikis y al jefe de los torturadores de la calle Baboulinas. «¡Querido Nicolaos, el discurso de Papadópoulos durante el almuerzo de la prensa fue maravilloso! Es una verdadera vergüenza que algunos detractores no lo reconozcan». «Estimado señor Dascalopoulos: he sabido que ha sido usted ascendido, y quiero ser el primero en felicitarme por ello. Ascender a un hombre de su cultura y de su espíritu cívico es un caso excepcional en este país de mediocres, y su cargo al frente de la policía constituye una esperanza para el futuro. Suyo, Dimitrios Tsatsos». Así, pues, solicitaste que se convocara el comité directivo del partido y, lanza en ristre, te arrojaste de cabeza al torneo: ¡¿qué asunto era ese, qué clase de gente era esa?! ¡¿Pues no estabas buscando pruebas sobre Averoff, y junto con ellas las encontrabas sobre un miembro de tu partido?! Que fuera expulsado inmediatamente, sin vacilación. «O sale él o salgo yo». Y es entonces cuando intervienen las camarillas dentro de la camarilla, las mafias dentro de la mafia, las iglesias dentro de la iglesia, las clientelas, las mentiras, las hipocresías, los oportunismos: ¡calma, muchacho, calma! No dramaticemos, parémonos a pensar. Despacio, muchacho, despacio, veamos de qué se trata, estudiemos el caso. Expulsar así, poniéndolo de patitas en la calle, a un afiliado que no era un don nadie, sino un tipo importante, diputado, profesor de universidad, sobrino del presidente, ¡qué demonios! Admitiendo que tus acusaciones fueran ciertas, ¿qué es lo que en el fondo había hecho él? Se mostró débil; no es en absoluto obligatorio nacer héroes. Además, ¿qué era esa historia de los archivos secretos de la ESA? ¿Quién te había autorizado a meter las narices en un asunto tan delicado? ¡Cuando se pertenece a un partido no se puede bajo ningún concepto actuar por iniciativa propia sin informar al partido! ¡Disciplina, maldita sea, disciplina! ¿Documentos graves relativos a Averoff? ¡Eh! Estudiémoslos, consideremos los pros y los contras. Podrían beneficiar al partido, pero también podrían perjudicarlo. Los más asquerosos eran los miembros del consejo de administración: los jefes de las capillitas, de las corrientes, de las facciones. Algunos de ellos, por añadidura, aceptaban ayudas financieras de la socialdemocracia alemana. Y Dimitrios Tsatsos era uno de los protegidos de la socialdemocracia alemana. En tiempos de la Junta estuvo en Düsseldorf como huésped de la socialdemocracia alemana: tocarlo significaba arriesgarse a perder las ayudas financieras. Y ya me dirás si entre una persona como Dios manda y un bonito montón de marcos un partido semejante se inclina por la persona como Dios manda.

«¡¿Comprendes lo que me han contestado?! ¡¿Comprendes qué harían ellos con mis documentos?! ¡Los esconderían!». «Alekos, ¿de qué te extrañas? Los partidos actúan siempre así: los documentos los quieren para esconderlos y, llegado el caso, servirse de ellos como coacción. Si-no-me-das-esto-yo-te-saco-a-relucir-que-has-traicionado-que-has-robado-que-eres-maricón. Cualquier partido te habría contestado de la misma manera, incluso un partido más serio que el tuyo. Habrá-que-ver-si-beneficia-al-partido, te habría dicho. Y tu partido...». «Ya no es mi partido. He roto una silla contra la mesa y he dimitido». «¡Ah! ¿Y han aceptado tu dimisión?». «No, la han rechazado. Pero eso no cambia nada. Por lo que a mí respecta, hemos terminado». «Comprendo. ¿Y ahora?». «Ahora seguiré en el Parlamento como independiente de izquierda». «Sin un partido que te respalde. Al contrario, con enemigos dentro del partido que continúa considerándose tu partido». «No me importa». Pero mientras decías esto, en tus ojos se reflejaba una sombra de angustia: sabías muy bien que sin un partido que te respaldara y con enemigos dentro del partido que debería haberte apoyado, todo resultaría doblemente difícil. Por ejemplo, ¿cómo utilizar aquellos papeles por los que tanto habías sufrido y hecho sufrir? ¿Entregarlos a la magistratura para que los ignorase? ¿Regalárselos a una comisión del Parlamento para que echara tierra encima? ¿Publicarlos? Publicarlos, sí. Pero ¿dónde? ¿Qué periódico iba a atreverse? «Hum. Lo sé. Debería tener un periódico de mi exclusiva propiedad. ¿Y si fundara un periódico? Un periodiquito. Un semanario o una revista quincenal que dure tres o cuatro meses, el tiempo necesario para publicar lo que tengo. Tengo mucho, ¿sabes? Y lo que no tengo aún lo tendré pronto. Además de los archivos de la ESA, existen los del KYP, y he descubierto un amigo en el KYP, un oficial demócrata, honrado. El marido de una chica que me ayudó en la época del atentado. Me ha dicho: ¡yo te doy un baúl de documentos! Piensa: papeles sobre el golpe en Chipre ¡y sobre la CIA! ¡Sobre los vínculos entre el KYP y la CIA! ¡Algo distinto de las cartitas de Tsatsos a Descalopoulos y Hazizikis! Si consiguiera demostrar que Averoff sabía lo del golpe en Chipre y que en connivencia con el KYP y la CIA engañó al mismo Ioannidis... El problema radica en transportar ese baúl. No quiero ocasionar problemas a mi amigo el oficial. ¡Él no es ni un esbirro ni una putilla encaprichada, ni mucho menos!». «Alekos...». «Sí, un periódico. En la cubierta, los documentos sobre Averoff: algunos que poseo y otros que encontraré en el baúl...». «Alekos, deja correr lo del baúl. ¿Sabes lo que significa fundar un periódico? ¿Sabes cuánto cuesta? Solo quien tiene poder, un poder financiero o político, puede fundar un periódico. Se necesita mucho dinero para hacer un periódico, mucho». «Me endeudaré». «¿Con quién, Alekos? El que no tiene dinero no puede endeudarse. Las deudas son lujos de ricos. Ninguna papelera te venderá el papel. Ningún periodista escribirá para ti. Ninguna imprenta imprimirá para ti, sabiendo que no tienes dinero». «Lo encontraré». «¿Dónde? ¿Se lo pedirás a los mismos a quienes combates? Debería ayudarte un partido, deberías dirigirte a otro partido...». «¡Yo no volveré a tener un partido! ¡Nunca! ¡Ni siquiera deseo oír la palabra "partido"! ¡Me hace vomitar la palabra "partido"!». Ahora la angustia en tus ojos no era solo una sombra, sino que derramaba lágrimas largas que te bañaban las mejillas y el bigote y que te empapaban la corbata.

Unos días más tarde supe que tu aislamiento indefenso ya había dado sus frutos. En dos ocasiones, unos misteriosos visitantes nocturnos entraron en el apartamento de la calle Kolokotroni, donde, con cierta inconsciencia, guardabas las fotocopias de los archivos. Una vez entraron mientras cenabas en un restaurante fuera de la ciudad, y otra, mientras dormías en la casa con el jardín de naranjos y limoneros, en Glyfada. No encontraron nada porque todo estaba en la habitación cerrada con llave, y no fueron capaces de forzar la cerradura. Pero dejaron la oficina patas arriba y una nota llena de insultos. «¿Cómo piensas defenderte, Alekos?». «De ningún modo, *alitaki*. Lo que debe ser es. Lo que deba ser será. Simplemente, trataré de llevar a buen puerto este asunto». Y fue entonces cuando resucitó plenamente mi amor por ti, y reanudé el alocado banquete de liebres, lucios, faisanes, langostas, perdices, cabritos y terneros rellenos de desesperación. Con las manos enlazadas, lo celebramos durante veintiocho días. Los últimos veintiocho días que los dioses nos concedieron.

3

Sucedió algo extraño. Te dejaste caer en Roma sin avisarme y: «¡He encontrado quien me publique los documentos!». «¿Quién?». «Un diario de la tarde, *Ta Nea*». «¿Cuándo?». «Pronto. Dentro de unas semanas. El periodista de *Ta Nea* ya está trabajando en ello». «¡Alabado sea Dios! Entonces, ¿qué haces aquí, en Italia?». «He venido a escribir el libro». «¿El libro? ¿Qué libro?». Una vez, es cierto, dijiste que te habría gustado escribir un libro sobre el atentado, el proceso y Boiati, pero, más que un proyecto, me pareció un deseo. ¿Era posible que de buenas a primeras, y mientras estabas inmerso hasta el cuello en el asunto de los documentos, hubieras desenterrado la idea? «El libro de que te hablé, ¿no? Después del acuerdo con *Ta Nea* he pensado: publicar los documentos no basta. Es preciso ampliar el tema, explicar por qué un hombre que comenzó con bombas acaba luchando a través del papel. Luego he pensado, maldita sea, ¡hay gente que escribe libros sin tener nada que contar, y yo tengo una historia que contar, una historia formidable, y aún no la he escrito! He cogido la maleta y me he venido aquí para ir a Florencia». «¿A Florencia?». «Claro, para estar tranquilo. No podía ponerme a escribir en la calle Kolokotroni o en Glyfada, ¡solo faltaba! Demasiados problemas, demasiadas distracciones». «Sí, pero...». «¿No me crees capaz? Te equivocas. Mi libro lo tengo bien claro en la cabeza, dividido en capítulos y todo. En el fondo, siempre me he sentido escritor. Hasta sé cómo lo empezaré: con la escena del atentado. Yo, que trato de desenredar el cable enredado, él, que sale de su villa de Lagonissi, el mar, que rompe en las rocas... Y si tengo alguna dificultad, me ayudarás». «Sí, pero...». «¿El tiempo? Ocho meses, me bastan ocho meses. En mayo solicitaré un permiso al Parlamento y en noviembre entregaré el original. Lo importante es que comience enseguida y que nadie me moleste, o sea, que nadie sepa dónde estoy. Si empiezo mañana por la mañana y continúo durante tres semanas o cuatro, puedo tomarme un descanso cuando se publiquen los documentos y...». «¿Mañana por la mañana?». «Sí, mañana nos vamos». «Alekos, mañana por la mañana no puedo. No sabía que ibas a venir y tengo algunos compromisos». «¡No querrás dejarme solo! ¿Y si necesito un consejo, una sugerencia? ¿Te negarías a darme un consejo, a hacerme una sugerencia?». «No, claro que no, pero ¿qué sentido tiene tanta prisa?». «No puedo esperar, me quema. Además, no quiero dejarme ver en Roma, para que no me busquen ni me distraigan. ¡Nadie debe saber que estoy aquí, repito!». No hubo forma de disuadirte. Sin tener en cuenta mis protestas ni mis programas, sosteniendo que la inspiración es lo que manda, que mi presencia te era indispensable y que no podía negártela, me obligaste a partir contigo. «Dile al conserje que nos reserve un vuelo a París, así creerán que nos hemos ido a París».

Una cosa extraña, sí, realmente extraña. Pero no me abandoné a conjeturas o dudas ahora que, encerrado en la casa del bosque, te dedicabas al libro con seriedad y constancia. Viéndote inclinado sobre aquellos folios, cualquiera habría pensado que esa era la única finalidad de tu viaje a Italia, que nada más te empujó a exiliarte entre aquellas cuatro paredes. Por la mañana te despertabas pronto, alineabas sobre la mesa el papel, los bolígrafos, las pipas, el tabaco y el encendedor, luego me pedías que te dejara solo y permanecías allí, redactando con el empeño de un estudiante que prepara los exámenes. Escribías lentamente y con seguridad, con la facilidad de quien obedece a un desahogo más que a una inspiración, nunca pedías los consejos por los que me arrastraste a Florencia, y por la noche se añadían siempre dos o tres páginas cubiertas de una caligrafía precisa, casi desprovista de correcciones. Prueba de que no habías permanecido ocioso, y yo no dejaba de maravillarme. ¿Era por la casa del bosque? Siempre te gustó volver a ella, para reencontrar la atmósfera y los objetos que te devolvían a un pasado de intimidades y ternuras: la mecedora, la lámpara Tiffany, el gran armario de espejo donde los árboles se reflejaban para que los pájaros corrieran a posarse sobre una rama que no existía. Ni siquiera el mal recuerdo de las noches en que nos molestaban con el foco, de la noche en que quisiste enfrentarte a ellos y por impedírtelo perdimos el niño, logró nunca disminuir el encanto que aquel refugio ejercía en ti. Incluso en Atenas echabas de menos el parque de pinos, cipreses y castaños de Indias que rozaban la terraza, ofreciendo castañas para cogerlas o acariciarlas, y setos de laurel, rosaledas y lilas. Pero, entonces, ¿por qué no ibas nunca a dar dos pasos, por qué no te asomabas nunca ni un instante a la ventana, por qué mantenías siempre las persianas cerradas? Siempre, antes de salir, las abría yo de par en par; siempre, al regresar, las encontraba cerradas. Y si bien al principio no le concedí demasiada importancia, al contrario, llegué a la conclusión de que una ventana abierta es una invitación que difícilmente se resiste, de que el heroísmo de escribir mientras el sol nos llama requiere una disciplina de profesional, no de escolar, pronto me alarmé porque advertí otros detalles extraños. Por la noche, también cerrabas las contraventanas y corrías las cortinas con tanto cuidado que no se filtraba al exterior ni un hilo de luz: la única lámpara encendida era la del escritorio. Después, el teléfono. No contestabas nunca al teléfono, tú que dedicabas al teléfono aquel culto, que le profesabas aquella pasión. Si hallándome fuera quería comunicar contigo, no tenía más remedio que volver a casa. «Alekos, te he estado llamando toda la tarde, ¡maldita sea! ¡No has descolgado ni una sola vez!». «¿Y cómo iba yo a saber que eras tú quien llamaba? ¿No quedamos en que nadie debe saber que estoy aquí?». Luego, la historia de la llave. La casa del bosque tenía un defecto: la puerta no se cerraba de golpe, sino con una cerradura de manija tan elemental que, bloqueándola desde el exterior, el que se encontraba dentro quedaba atrapado a menos que dispusiera de una segunda llave. La segunda llave la olvidaste en Atenas, y el día en que hablé de sacar un duplicado te opusiste: «¡No! Con una llave es suficiente. A mí, por lo menos, no me sirve. Guárdala tú y al salir cierra bien». «¿Y si tú quisieras salir?». «No saldré». «¿Y si viniera alguien?». «No debe venir nadie». «Supongamos que, a pesar de ello, viene alguien». «Si viene, no pienso abrir, y así evito malos encuentros». Por último, tu comportamiento a la hora de cenar. Comer en el restaurante siempre fue para ti un placer irrenunciable. Te gustaba del restaurante la elección de platos, el tiempo que mediaba entre plato y plato, los ruidos y la multitud, y de repente, de golpe, eso te fastidiaba: querías cenar en casa. «Prefiero cenar aquí; ¡es tan hermoso permanecer aquí!». «¿No sientes la necesidad de moverte, de ver un poco de gente, de distraerte?». «No». «Bien, mejor así».

Mejor-así. Ya se sabe que nada hay más egoísta que el amor. A veces, con tal de aislarnos con el ser amado, nos avendríamos a cualquier mentira a nosotros mismos, a cualquier ceguera. Se experimenta una alegría casi torpe manteniéndolo en exclusiva para nosotros, y yo ya te compartí durante demasiado tiempo con los demás. Sin estos, hay que decirlo, nunca nos aburríamos: el encuentro de dos soledades también es el encuentro de dos imaginaciones, y nuestra fantasía sabía llenar cada silencio, cada vacío. ¡Cómo se ensanchaba la habitación cuando, por la noche, dejabas de escribir y te entregabas al reposo! Si ponías un disco, se convertía en un local con orquesta. Si encendías el televisor, se transformaba en un teatro, si apartabas la mesa, pasaba a ser una sala de baile. Si colocabas la mesa ante el armario de espejos, teníamos una sala donde dos dobles de nosotros comían, bailaban y reían porque fingías protestar: «¡Gamberros, cretinos!». Había noches en que sentía una especie de gratitud por aquel exilio absurdo y sus causas desconocidas, una secreta esperanza de que durase lo más posible, y había noches en que mi ceguera llegaba a precipitarse en los abismos de la estulticia. Habría bastado llevar la conversación a los archivos, la disputa con tu partido o los misteriosos visitantes nocturnos de la calle Kolokotroni para comprender que estabas desgarrándote en una agonía tan secreta como desesperada: la espera de algo tremendo que tal vez no lograbas identificar con precisión pero que, en todo caso, consistía en la espera de una derrota mortal. El hecho es que ni siquiera tú hablabas nunca de esos temas, y que todo cuanto decías giraba en torno al libro, o sea, al intento extremo de dar cuerpo a algo sólido antes de morir a fin de que lo que sufriste no se perdiera completamente. No hacías más que discutir sobre ello para deshacer los nudos que se cuajaban en tu mente, diseccionar los episodios y a los personajes y problemas a los que era preciso dar relieve sin beneficiar a nadie, sin hacerle el juego a nadie. Por ejemplo, el proceso, que querías presentar como símbolo de todos los procesos que celebran las tiranías de derechas y de izquierdas, valiéndose de falsas confesiones, pruebas inventadas, testigos intimidados, defensores amedrentados, periodistas pusilánimes, de tal manera que al acusado no le queda más que el orgullo de invocar su propia condena. Y los carceleros como Zakarakis, que, sin darse cuenta de que ellos mismos están encarcelados, de que son tan víctimas como sus propias víctimas, resumen toda la estupidez del rebaño que calla u obedece al poder. Y el problema de la violencia opuesta a la violencia, que de momento parece legítima pero que luego descubres que es un error, porque sustituye un abuso por otro abuso y coloca a un nuevo amo en el sitio del viejo. Y el paralelismo de las barricadas ideológicas, que encubren el grotesco fanatismo de los equipos de fútbol y apuntan a la misma explotación del individuo, del hombre. Creías tanto en aquel libro que parecía que hubieras olvidado conmigo a los protagonistas de tu último y gran trabajo. Sin embargo, no los habías olvidado en absoluto.

Al décimo día, el ritmo de tu trabajo cedió. Las tres páginas diarias se convirtieron en dos, si bien mucho más llenas, escritas con caligrafía mucho más pequeña. Luego se transformaron en una, pero todavía más llena y con escritura aún menor. Después, en media, y en este punto lo tiraste casi todo para volver a empezar desde el principio, pero, como de costumbre, sin seguir el desarrollo lógico de la narración. «Hoy he esbozado una escenita que intercalaré dentro de seis o siete capítulos». «¿Por qué?». «Porque sí». «Hoy he tomado apuntes para un diálogo que no sé dónde colocaré». «¿Por qué?». «Porque sí». «¿Quieres que te ayude, Alekos? ¿Quieres que escribamos un poco juntos?». «No, porque escribiendo mucho llegaremos demasiado pronto». «¿Adónde llegaremos demasiado pronto?». «A la página veintitrés». «¡¿Y por qué diablo no quieres llegar a la página veintitrés?!». «Porque... he tenido un sueño». «¡¿Qué sueño?!». «He soñado que escribía un libro. Y en el sueño el libro se interrumpía en la página veintitrés». «No comprendo». «Se interrumpía porque en la página veintitrés me moría». «Pero ¡eso es ridículo!». «¡Eh!». «¿Por eso lo has tirado casi todo y ahora holgazaneas, no sigues adelante?». «¡Eh! Seguir adelante, sigo, pero es inútil; siento que no llegaré nunca más allá de la página veintitrés». «No numeres las páginas, así no te darás cuenta de si llegas a la página veintitrés». «Bien, lo intentaré». Lo intentaste. Pero dos días más tarde, al regresar a casa, en lugar de encontrarte sentado al escritorio, te sorprendí en la cama, con todas las luces encendidas y las ventanas abiertas de par en par. Por el suelo, estrujadas y medio rasgadas en un acceso de ira, estaban las páginas escritas. Las recogí y las conté. Eran veintitrés. «¡Alekos! ¡Despierta, Alekos!». «Estoy despierto». «¿Qué has hecho?». «Lo he terminado». «No lo has terminado, ¡las has numerado!». «Yo no las he numerado, pero no conseguía continuar; entonces las he contado y he descubierto que había llegado a la página veintitrés». «¡Seamos serios! ¿Qué importa eso?». «Importa porque no tengo nada más que decir; ya no queda nada por decir». «Tonterías». Te alargué la última página. «Lee esta, tradúcela». «No». «Te lo ruego». «Te he dicho que no». «¿Por qué no? ¿Te ha salido mal, queda fea?». «No, ha salido muy bien; es hermosa. Es la más hermosa de todas». «Entonces, ¿qué motivo tienes para no leerla?». «El motivo es que me hace sentir..., me hace sentir...». «¿Ves? No lo sabes ni tú mismo. Anda, compláceme». La cogiste suspirando, te acomodaste la almohada bajo los hombros para perder tiempo, para retrasar todo lo posible la náusea que, evidentemente, te producía poner los ojos encima de aquella página. «Vamos, empieza. ¿A qué momento de la historia se refiere?». «Al comienzo. Es todavía el comienzo del interrogatorio, cuando creen que soy Giorgos y me dan patadas para que diga quién me ha proporcionado el explosivo». «Bien. Te escucho». Vacilaste un poco y, al fin, tradujiste.

«Había muchos oficiales. Entraron con el ordenanza, que llevaba el café a Malios y Babalis. No pertenecían a la ESA. Algunos lucían los distintivos de unidades de asalto; otros, los de un regimiento de infantería, y otros más, los de la Marina. Parecían presas de una cólera furiosa. Theofiloiannacos se reía a carcajadas y comentaba: "¿Ves, teniente? El ejército entero está fuera de sí. En caso de que te entregara a cualquier cuartel, te harían pedazos". De pronto, un oficial me escupió encima, y esta fue la señal para empezar el linchamiento. Se arrojaron sobre mí todos a la vez para escupirme, pegarme e insultarme. Muros de uniformes que se adensaban en torno al camastro al que yo permanecía atado. La puerta estaba abierta, y continuaban llegando, cada vez más numerosos, como avispas atraídas por un tarro de miel. Yo en el lugar de la miel. No sé cuántos eran. Tampoco recuerdo cuánto tiempo duró aquello. Pero sí recuerdo que a casi cada golpe respondía yo con una frase de desprecio. Lo hacía mecánicamente, con el pensamiento en otra parte. Más que el muro de uniformes, veía el mar embravecido, el hilo de la mecha enredado en sí mismo y que no se desanuda, las salpicaduras me bañan, el coche de Papadópoulos se aproxima, la explosión, la fuga. Nadar bajo el agua, con la respiración que me abandona y me obliga a volver a la superficie. La carrera por los escollos, hacia la barca que se aleja con los meses, las desilusiones y las fatigas vividos para nada. Nada, a causa de un hilo que se ha enredado, quedándose corto. Un error de cálculo sobre un hilo corto; una fracción de segundo más y el tirano pasa. Vivo. Yo, en cambio, voy preso para terminar aquí, en medio de las avispas, mientras un buitre empuña el revólver, me apunta con él y me grita: "¿Por qué no te han matado todavía, guarro?". Entonces, Theofiloiannacos, visiblemente preocupado por el temor de que dispare, le agarra la mano. En el mismo momento, un tipo se abre paso, se pone a mirarme y me pregunta: "¿Te has arrepentido, al menos?". "No. Solo lamento no haberlo conseguido". Es mi voz la que responde así. Una voz extraña, remota. ¿De dónde viene? ¿De otro mundo? También el oficial educado parece extraño, remoto. ¿De dónde viene? ¿También él procede de otro mundo? Ahora se aleja en silencio, y apenas ha salido, los uniformes vuelven a enfurecerse. Más, cada vez más. Me pegan en las plantas de los pies y en los ojos. Repito: "Solo lamento no haberlo conseguido". Sí, solo lamento no haberlo conseguido. Luego, un golpe terrible. ¿Con qué, por quién? Siento que una fuerza absurda me oprime el estómago, el cuello, el pecho y el corazón, me penetra, como si todas esas partes de mi cuerpo se rompieran a la vez, estallando. Y ya no distingo nada más. Mantengo los ojos cerrados y...».

Era la escena de tu muerte, tal como sobrevendría un mes más tarde, en la calle de Vouliagmeni, cuando los pulmones, el hígado y el corazón estallarían a la vez con el choque y tú cerrarías los ojos para siempre. Balbucí: «Es una escena de muerte». Asentiste: «Lo sé». «¿De verdad ocurre eso durante la paliza?». «Me parece que no. Creo que no». «Entonces, ¿por qué lo has escrito?». «No lo comprendo. En un momento dado, las palabras se han compuesto solas; era como si los dedos se movieran independientemente de mi voluntad. He llegado al final de la página y en ese punto me he dado cuenta de que no podía seguir adelante porque todos mis pensamientos concluían con las cuatro últimas líneas». «Táchalas y continúa». «Imposible». «Te ayudo». «No serviría. También el sueño terminaba ahí». «Pero ¡tú no estás escribiendo un sueño, sino tu historia!». «Tal vez mi historia termine así». Luego te levantaste, encendiste la pipa y saliste a la terraza iluminada por las lámparas, cuya claridad alcanzaba hasta el prado. En este último se dibujó, inconfundible, tu sombra. Se distinguía, incluso, la silueta de tu perfil, con la pipa en la boca: cualquiera habría podido reconocerla. Pero estaba claro que ya no te importaba ser visto o reconocido, porque sabías que el fin no te esperaba allí, sino en otra parte, y en ningún caso habrías podido oponerte a los acontecimientos, al destino. Y el destino es un río que ningún dique represa mientras fluye hacia el mar. No depende de nosotros. Lo único que depende de nosotros es el modo de navegar por él, de combatir sus corrientes para no dejarse transportar como un tronco arrancado. «Paciencia». «Paciencia ¿para qué?». «Lo escribirás tú por mí. Por lo demás, ya hemos hablado de ello». «¡Basta, Alekos!». «Lo escribirás tú por mí, ¡prométetelo!». «¡Basta, Alekos!». «¡Prométetelo!». «Bien, lo prometo». «Bueno. ¿Adónde vamos a cenar esta noche? Quiero ir a un hermoso restaurante lleno de ruido y de gente. Y quiero beber mucho, mucho, mucho vino».

Vaciaste la segunda botella y pediste la tercera. «Lástima. Me habría gustado hacerme viejo y satisfacer esa curiosidad. Además, siempre he pensado que la vejez es la edad más hermosa de todas. La infancia es una edad desdichada. No hacen más que reprocharte y tiranizarte en la infancia. ¡Cuántos golpes recibí de niño! Mi madre tenía siempre la escoba en la mano. Pero por la parte de la escoba: a mí me tocaba el palo. Para huir de ella, una vez me descolgué por la ventana. Hice jirones una sábana, formé una cuerda y me descolgué. Pero cuando llegué a la acera, me la encontré allí esperándome, con la escoba en la mano y por la parte de la escoba. ¡Hum! Nunca he tenido suerte en las evasiones. Mi padre, en cambio, no me pegaba. Nunca. Ni siquiera cuando vivíamos en la casa del cine. En verano el cine funcionaba al aire libre, y desde el balcón del cuarto se veía todo. De modo que invitaba a los niños del barrio y les hacía pagar la entrada. A precio rebajado, ¿eh? El director del cine acabó enterándose y pidió a mi padre que le entregara la cantidad correspondiente. Y mi padre pagó y se abstuvo de pegarme. Mi padre era bueno. Porque era viejo. Los viejos son siempre más indulgentes, mejores. Porque son viejos y están de vuelta. Hacerse viejo es la única manera de estar de vuelta». «Alekos, deja de beber». «También la adolescencia es una edad desdichada. Tal vez de muchacho te pegan menos que de niño porque de muchacho te rebelas. En contrapartida, te hacen objeto de otros abusos que son peores que los bastonazos. Debes llegar a ser esto, te dicen; debes llegar a ser aquello, aunque no tengas ganas de llegar a ser nada porque quieres limitarte a vivir. Y para que llegues a ser esto o aquello te mandan a la escuela, lo que constituye una tremenda infelicidad, porque en la escuela se estudia y uno se enamora. Yo me enamoré a los catorce años. Era una muchachita de mi clase, rubia, y decía que me parecía a James Dean. ¿Sabes quién era James Dean? Uno que murió en un accidente de coche. Me parecía a él de verdad. La misma boca, los mismos ojos, los mismos cabellos y la misma estatura. Pero nunca le contestaba cuando decía que me parecía a James Dean porque no quería darle una cita antes de llevar pantalones largos. Y nunca me ponían pantalones largos. Por fin, cogí los de Giorgos y la llevé en barca y la besé. Al día siguiente me expulsaron de la escuela, no recuerdo por qué. Pero recuerdo el dolor, pues terminé en otra escuela y no volví a ver a la chica. Luego supe que murió. En un accidente de coche, como James Dean. ¡Cuánto se sufre de adolescente! Pienso que de viejo se sufre mucho menos, aunque se muera. Porque de viejo la muerte es algo normal. ¿Me equivoco? Nunca sabré si me equivoco. Para saber si me equivoco debería llegar a viejo, y yo nunca seré viejo. Lástima». «Alekos, deja de beber». Vaciaste la tercera botella y pediste la cuarta. «Pero la edad más desdichada de todas es la juventud, porque en la juventud empiezas a comprender las cosas y te das cuenta de que los hombres no valen nada. A los hombres no les interesan la verdad, la libertad ni la justicia. Son cosas incómodas, y los hombres se hallan cómodos en la mentira, la esclavitud y la injusticia. Se revuelcan en ellas como cerdos. Yo me di cuenta al meterme en política. Es preciso meterse en política para comprender que los hombres no valen nada, que les gustan los charlatanes, los impostores y los dragones. Uno se mete en política lleno de esperanzas, de maravillosas intenciones, diciéndose a sí mismo que la política es un deber, una manera de mejorar a los hombres, y luego se da cuenta de que es todo lo contrario, que nada en el mundo corrompe tanto como la política, nada en el mundo malea tanto. Un día, a los veinte años, fui a ver al político al que más admiraba. Era un gran socialista, y decían que era el único que tenía las manos limpias. Fui a verlo para contarle las porquerías de algunos de sus compañeros, pues creía que las ignoraba. Por el contrario, las conocía muy bien. Se echó a reír y me contestó: "Joven, ¿no irás a creer que se hace política con ideales?". Luego me dijo que me había equivocado de dirección. Aquel día lloré, me emborraché y lloré. Antes no me había emborrachado nunca, pues el vino no me gustaba. Me gustaba la naranjada. Pero aprendí a beber vino a los veinte años, aprendí a emborracharme porque, una vez borracho, se llora mejor. Se soporta mejor el hecho de que los hombres no valgan nada, de que cuanto mejor se los comprende, más difícil resulta amarlos. Yo solo consigo amar a los hombres cuando son niños o cuando son viejos. Me gustan los niños y me gustan los viejos; me habría gustado hacer política solo para los niños y para los viejos. Porque para ellos no la hace nadie. A los políticos no les importan nada los niños ni los viejos: los niños y los viejos ni siquiera van a votar. Y como fui niño, también me habría gustado ser viejo. Un hermoso viejo con bigote blanco y tos. Cuando iban a fusilarme, sentí esa añoranza: no llegar a viejo. Porque no es verdad que hacerse viejo sea una lata. Hacerse viejo es un placer. Y es justo. Todos deberían hacerse viejos, satisfacer esa curiosidad. Camarero, otra botella». «Alekos, deja de beber». Bebías con fría decisión, la que conducía al tercer estadio, y tus pupilas brillaban mucho, tus labios estaban muy rojos y tu voz sonaba muy pastosa. Pero el cerebro permanecía lúcido. «Alekos, te ruego que dejes de beber; vamos a casa». «No, quiero beber». «Debemos irnos. Mira, el restaurante está vacío». «Pero tengo que contarte por qué también la madurez es desdichada, por qué toda la vida es desdichada». «Mañana, me lo contarás mañana». «¡No, ahora! Vamos a otro sitio». «Es tarde, Alekos, muy tarde». «Nunca es tarde para vivir un poco más. Incluso desdichadamente».

Para vivir un poco más, incluso desdichadamente, había un lugar que te gustaba. Era un barecito en el piazzale Michelangelo, adonde íbamos después de cenar cuando vivías en el exilio en Florencia. Fuimos para detenernos en el piazzale, que es una inmensa terraza suspendida sobre la ciudad, entre los árboles y el cielo. De noche, la vista es emocionante. El río se desanuda en una cinta de luz que es la luz de las farolas reflejadas en el agua: cada farola, un centelleo de chispas de oro y plata, y sobre el río, los arcoíris de los puentes. A uno y otro lado, los tejados se extienden en alfombras de tejas rojas, y de ellos se elevan los campanarios y las torres y se hinchan las cúpulas iluminadas por los reflectores contra el cielo negro. Por eso, al llegar, te entretenías, muy contento, en admirar aquel panorama y decías que el cielo había derramado por el suelo las estrellas, y que la belleza solo existe si el cielo la derrama sobre la tierra, donde puede contemplarse sin coger una tortícolis. Esta vez no miraste en absoluto. Te apresuraste a arrastrarme al barecito y: «Dos copas de *ouzo,* grandes y dobles. Mejor dicho, cuatro copas de *ouzo,* grandes y dobles». «Sí, señor». Con irónica obsequiosidad, el camarero alineó las cuatro copas de *ouzo,* excesivamente grandes y excesivamente dobles. Tragaste dos de golpe, mientras en la mesa de al lado alguien se reía, y pronto una lágrima te descendió por la nariz para sumergirse en el bigote. «No llores, Alekos. ¿Por qué lloras?». «Porque me he equivocado en todo. He confiado en los hombres, y me he equivocado en todo. He creído que a los hombres les importaban la verdad, la libertad y la justicia. Me he equivocado en todo. He creído que comprenderían. Me he equivocado en todo. ¿Para qué sirve sufrir, luchar, si la gente no comprende, si a la gente no le importa? Me he equivocado en todo». «Calla, Alekos. ¡Calla!». «No debí salir de mi celda. En cuanto me sacaron de mi celda, debí volver a ella. Volver y volver una y otra vez. Entonces habrían comprendido. Cuando estaba en mi celda, comprendían. Cuando estás en prisión, comprenden. Luego ya no comprenden, a menos que mueras. Para hacerme comprender ahora debería morir». «Calla, Alekos. ¡Calla!». «Un funeral, sería preciso un hermoso funeral. Acudirían de los campos, de las islas, atascarían las carreteras, se encaramarían a los tejados como los cuervos. Y comprenderían. Al menos por un día comprenderían. Y se moverían». «Calla, Alekos. ¡Calla!». «Incluso tú acabarías por comprender. Porque ni siquiera tú comprendes. ¿Lo ves? No me amas y no me comprendes. Para ser comprendido a veces hay que morir. También para ser amado a veces hay que morir». «Calla, Alekos. ¡¿Qué dices?! Te están mirando, te están escuchando». Era verdad que te miraban, era verdad que te escuchaban, y de las mesas contiguas surgían murmullos: «Borracho, está borracho». «¿Y qué? ¿Por qué han de interesarme cuatro imbéciles que mañana contarán que me han visto llorar en un bar? ¿Qué saben ellos de mi llanto, de mi bebida? Tienen demasiados coches. ¿Y sabes para qué les sirven sus coches? Para llevarlos a los partidos de fútbol. ¿Sabes qué harán esos el día de mi funeral? Irán a un partido de fútbol. Y entre gol y gol dirán: ¡adivina quién se ha muerto! Y después del partido de fútbol tal vez vayan a un mitin, al mitin de cualquier chacal que ha metido un gol sin luchar, sin sufrir. Y lo aplaudirán, entusiastas. Para ellos ni siquiera morir sirve. Ellos solo comprenden el juego del fútbol y los coches. Los odio a ellos y sus coches. Me meo en sus coches». Te levantaste, tambaleándote. Arrojaste sobre la mesa un billete para pagar el *ouzo.* Saliste para dirigirte hacia los coches aparcados en la plaza. Te liberaste de mí, que trataba de detenerte, y llegaste a ellos. Luego te desabrochaste los pantalones sin prisa, te sacaste el pene sin prisa, lo empuñaste como el asta de una bandera y, tranquilo y decidido, te dedicaste a inundar de orina los laterales, los capós y las ventanillas de los coches. Yo tiraba de ti, te suplicaba que, por caridad, lo dejaras estar, pero cuanto más tiraba y más suplicaba, más te resistías, y aquel chorro continuaba insistente, impúdico; el chorro de una fuente, como si tu vejiga contuviera una reserva inagotable de agua, y cada gota te liberase de una desesperación que había superado todos los límites, de una obsesión que había olvidado todo control, y mientras lo hacías recitabas tu poesía, aquella acerca de los que no desobedecen nunca, no se comprometen nunca, no se arriesgan nunca. «Vosotros, tumbas que caminan, / insultos vivientes a la vida, / asesinos de vuestro pensamiento, / fantoches con formas humanas. / Vosotros, que tenéis envidia de las bestias, / que ofendéis la idea de la creación, / que buscáis refugio en la ignorancia, / que aceptáis como guía el miedo. / Vosotros, que habéis olvidado el pasado, / que veis el presente con ojos enturbiados, / que no tenéis interés por el futuro, / que respiráis solo para morir. / Vosotros, que solo tenéis manos para aplaudir, / y que mañana aplaudiréis / con más fuerza que nadie, como siempre, / como ayer y como hoy. / Sabed entonces, vosotros, / excusas vivientes de toda tiranía, / que a los tiranos los odio tanto, / tanto como me asqueáis vosotros / y vuestros jodidos automóviles».

Primero tímida y luego nerviosamente, los de la mesa contigua se habían asomado a la puerta del bar y observaban la escena asombrados. Por el rabillo del ojo te dabas perfecta cuenta de ello y de que, si uno se movía, los demás lo seguirían para agredirte en su indignación. Pero eso no servía más que para alimentar tu desprecio, tu perversidad, y mientras el grupo vacilaba, tuviste todo el tiempo de recitar la poesía hasta el final, vaciar la vejiga hasta la última gota, ocultar el pene, abrocharte los pantalones y dar media vuelta sobre los talones. Pasaba un taxi. Lo detuve y te empujé dentro: «¡Vamos, rápido!». En el mismo momento llegó a nosotros un grito: «¡Páralo, atrápalo!». Pero el taxista comprendió que debía salvarte y aceleró, y llegamos en pocos minutos a la casa del bosque. Incluso se ofreció a ayudarte a subir las escaleras en vista de que ahora te tambaleabas como una muñeca de trapo. «¿Quiere que lo ayude? Sin cumplidos, ¿eh? Es siempre un placer echar una mano a quien se mea en los coches de los gilipollas». Pero yo le respondí no, gracias, y te arrastré sola hasta el tercer piso, cada peldaño una montaña, y sola te arrojé sobre la cama, donde te hundiste con un gruñido de beatitud: «Los he lavado bien, ¿hum? Los he bautizado. En el nombre del Padre, del Hijo y del Espíritu Santo». Pero el limbo del olvido, el tercer estadio, se hallaba aún lejos. Eructabas, reías burlonamente y farfullabas confusas protestas sobre los cómplices de los asesinos que matan sin ensuciarse las manos, y luego sobre mí, que no sabía amarte, que nunca supe, porque no te amaba a ti sino a mi idea de ti. Para que comprendiera que tú eras tú y no mi idea de ti, era preciso que murieses, pues una vez muerto te amaría perfectamente: «Vete. No te quiero aquí, vete. Fuera, he dicho fuera». Al fin me exasperé. Resultaba descorazonador verte en aquellas condiciones y se me hacía insoportable hasta la idea de dormir en la misma cama. Cuando comenzaste a roncar, me fui de verdad. A la mañana siguiente, al regresar, encontré la habitación medio destruida.

Parecía que un ciclón hubiera irrumpido por las ventanas para abatirse sobre las cosas, arrancarlas de raíz como árboles, trocearlas, fragmentarlas. La preciosa lámpara Tiffany estaba rota; el escritorio, volcado; la mecedora, patas arriba, y lo mismo las sillas. Un cuadro había caído de la pared y otro se tambaleaba de cualquier manera. Las carpetas rosadas con los documentos estaban esparcidas por doquier. En cuanto a ti, yacías por el suelo, inmóvil, junto al teléfono, con el auricular descolgado. ¿Se había producido una pelea y te habían matado? Creyendo que te habían matado, permanecí mirándote inmóvil hasta que abriste el ojo bueno y despegaste los labios. «Lo siento por la lámpara; se ha caído sola». No respondí. Aunque hubiera querido responder, preguntarte qué había sucedido y por qué, no habría podido: un sollozo reprimido me paralizaba las cuerdas vocales. Con aquel sollozo reprimido devolví a su sitio el teléfono, las sillas y la mecedora y comencé a recoger los cristales rotos, los míseros restos de la Tiffany, de lo que fuera una obra maestra de gracia y armonía. Los arrojé al cubo de la basura. Siempre inmóvil por el suelo, seguías con el ojo bueno mis gestos, y una chispa de interés pareció encenderlo cuando recogí las carpetas rosadas. Te pusiste en pie. El rostro pálido e hinchado, el pelo enmarañado, el traje sobado y manchado de vómito narraban un drama vivido al borde de la locura. «¿Dónde has estado?». «En un hotel. Me dijiste que me fuera. Estabas borracho». «Mejor así. Habría podido hacerte daño también a ti después de esa llamada». «¿Qué llamada?». «He telefoneado a Atenas. La publicación en *Ta Nea* ha sido aplazada. Ellos dicen aplazada». «¿Hasta cuándo?». «Hasta nunca, si no vuelvo. Debo irme». «Creí que deseabas permanecer alejado de Grecia». «En efecto. Pero no tengo elección». «Voy contigo». «No. Me eres útil aquí». «¿Aquí?». «Sí, porque si me sucede algo, tú deberás utilizar esos documentos». «Ni siquiera sé de qué tratan». Enderezaste el escritorio, que continuaba volcado, y: «Lo sabrás dentro de poco».

Estabas sentado ante las carpetas rosadas para decirme finalmente qué contenían, y ahora parecías un hombre inasequible a las emociones, todo raciocinio. Con la cara afeitada, el cabello peinado, la piel distendida por un buen baño, la ropa limpia, parecías un profesor que se dispone a aleccionar a su alumno. ¿O un notario que se dispone a otorgar su propio testamento? Había un matiz de escarnio doloroso en los ojos, pero la voz era firme mientras decías aquí están los malditos papeles por los que trastornaste tantos meses de tu vida y de la mía, y la existencia de otras personas, pérfidas o estúpidas, pero personas. ¿Qué contaban? Nada más que la acostumbrada historia de la roca que cae de la montaña para volver a la cima de la montaña: igual que antes y más sólida que antes. La acostumbrada historia del Poder, el eterno poder que nunca muere, y que cuando parece que cae, no cae; que cuando parece que cambia, no cambia: solo caen sus representantes, no caen más que sus intérpretes, y la cantidad o calidad de la opresión. Siempre ha sido así y será así; la historia de la humanidad es una interminable farsa de los regímenes que son derrotados y continúan como antes: en cada época y en cada país los papeles para demostrarlo serían o serán poco más o menos como estos, sin más diferencias que las fechas, los nombres y el idioma. Sí, también en las democracias sanas y fuertes, suponiendo que exista una democracia sana y fuerte: todas las democracias son débiles y enfermas por el hecho de ser democracias, o sea, sistemas que se basan en el mal menor. Sí, también en los países que han pasado por una revolución: toda revolución contiene en sí los gérmenes de aquello que ha abatido, y con el tiempo manifiesta ser la continuación de lo que ha abatido. De toda revolución nace o renace un imperio. Mira la francesa, el ejemplo que ha envenenado el mundo con sus mentiras Liberté-Égalité-Fraternité. Ríos de sangre y de sueños, mares de atrocidades y de quimeras. ¿Y después? Napoleón Bonaparte y el imperio, privilegios idénticos a los privilegios de antes, perfeccionados si acaso, abusos idénticos a los de antes, sancionados si acaso en un código escrito según los principios de la lógica. Mira la revolución rusa, nuevo ejemplo de nuevos venenos, nuevos ríos de sangre y de sueños, nuevos mares de atrocidades y de quimeras. ¿Y después? Un imperio de pequeños zares iguales que el zar eliminado, privilegios idénticos a los privilegios de antes, abusos idénticos a los de antes, si acaso sancionados por una doctrina formulada según criterios científicos. Ciencia filosófica, matemática, médica: un psiquiatra que te declara loco porque has desobedecido. Allí no solo te destruyen el cuerpo con la cárcel y el pelotón de ejecución, sino que te destruyen el cerebro con amenzoína. Mira Estados Unidos, esos Estados Unidos a los que dieron nacimiento unos desesperados en busca de libertad y de felicidad, que se rebelaron contra Inglaterra porque no querían ser una colonia. ¿Y luego? Inventaron el esclavismo, carne humana vendida a peso como la carne de los bueyes, arrojaron a otros desesperados en busca de libertad y felicidad y por último convirtieron medio planeta en su propia colonia. Mira los países que en Europa llevaron a cabo la Resistencia y que hoy viven bajo los mismos regímenes que abrieron el camino al fascismo y al nazismo: los mismos jefes y las mismas policías. Si para deducirlo no bastaran las pruebas que ves a simple vista, no tendrías más que leer los papeles secretos de sus ministerios. ¿Para qué sufrir, entonces, para qué luchar, para qué arriesgarse a ser embestidos por la ráfaga que surge de la montaña y te lanza al fondo del pozo, entre los peces? ¡Pues porque es el único modo de existir cuando eres un hombre, una mujer, una persona y no una oveja del rebaño! Si un hombre es un hombre y no una oveja del rebaño, hay en él un instinto de supervivencia que lo induce a luchar aunque comprenda que lucha en vano, aunque sepa que va a perder: don Quijote lanzándose contra los molinos de viento sin preocuparse de que está solo; al contrario, orgulloso de estarlo. No tiene importancia que actúe para sí mismo o para la humanidad, creyendo en el pueblo o no creyendo en él; no tiene importancia que su sacrificio dé o no resultado: desde el momento en que lucha y cuando sucumbe físicamente, él es el Pueblo, él es la Humanidad. Y tal vez haya un resultado: radica en el hecho de que se aleje de la manada, de que se niegue a pertenecer al río de lana, de que perturbe el rebaño por una hora o un día. A veces basta con que un hombre o una mujer se aleje del rebaño para que este se disgregue un poco, para que el río de lana interrumpa su fluir a lo largo del sendero trazado por la montaña. Que recordara esto, que utilizara bien aquellos pobres papeles que repetían una regla tan antigua como el mundo, tan vasta como el mundo. Que no los regalara a una u otra barricada, o sea, a los directores de empresa, a los falsos fabricantes de falsas revoluciones, a los oportunistas, esto es, a los revolucionarios del carajo. Que los pusiera en manos de los pobres diablos que se baten solos, libres de esquemas y de doctrinas, de disquisiciones teológicas y de violencias inútiles. Que recogieran tu pequeña verdad buscada y hallada esta vez en un pequeño país que no contaba para nada, que no interesaba a nadie, que no tenía ya nada que ofrecer salvo un montón de islas dispersas en el gran mar azul, sus leyendas superadas, su sabiduría olvidada y sus muertos. «¡Alekos! ¿Por qué me dices estas cosas?». «Porque... Empecemos».

Escogiste una carta fechada el 5 de enero de 1968. «Esta es la prueba que pedí durante meses a Averoff y que Averoff siempre me negó. Es la confirmación de que Giorgos fue vendido a los israelíes a cambio de algunos consejos para matar a otras personas. No afecta al señor ministro de Defensa, o le afecta en la medida en que demuestra su interés por proteger a los oficiales de la Junta, por mantenerlos en los puestos claves para que cometieran sus fechorías, y por proteger, junto con ellos, a un gobierno que en el sesenta y ocho no mantenía relaciones diplomáticas con Grecia. Y que, sin embargo, les vendió a Giorgos por treinta monedas. ¡Hum! La política de los equilibrios mundiales. Para ilustrarla, esta carta es una alhaja». Luego tradujiste: «Al Estado Mayor del Ejército. Urgente. Secreto. Siguiendo las órdenes del primer ministro y ministro de Defensa, Giorgos Papadópoulos, la sección de cincuenta y seis oficiales destinados como consejeros de las secciones especiales israelíes de lucha contra los comandos palestinos partirá en avión especial para Tel Aviv el 13 de enero próximo. Los oficiales están especialmente entrenados en actividades de sabotaje, gracias a las experiencias adquiridas por nuestro ejército en la guerra 1946-1949. También utilizarán la experiencia reunida en este tipo de lucha por el ejército israelí, y redactarán un minucioso informe sobre su misión. Al comandante de la sección, coronel Antenor Mpitsakin, se le han dado las instrucciones oportunas a fin de que mantenga el secreto de la misión y de las tareas a él encomendadas durante la permanencia de los oficiales griegos en el ejército israelí. Para evitar protestas por parte de los países árabes y comunistas, así como de la opinión pública en general, se han tomado rigurosas medidas que garantizarán el secreto absoluto. El primer ministro y ministro de Defensa, Giorgos Papadópoulos, ha ordenado asimismo al teniente Antenor Mpitsakin que exprese a los correspondientes servicios secretos israelíes el sincero agradecimiento del gobierno griego por la estrecha colaboración prestada en el caso del teniente Giorgos Panagulis. Le ha encargado asimismo renovar la promesa de que tal colaboración se verá reforzada cada vez más en interés mutuo de ambos países. Firmado: F. Roufogalis, subdirector del KYP».

Me la entregaste con un ligero temblor en las manos, y luego buscaste otros papeles. «Estos, en cambio, le afectan a él. Demuestran que antes aún de fornicar con los coroneles y urdir su política del puente, para tomar en sus manos las riendas del país, Evangelos Tossitsas Averoff fue un grandísimo hijo de perra. No es cierto, en efecto, que en los años cuarenta combatiera a los nazi-fascistas: aquí está, con todos sus timbres y firmas, la denuncia presentada el 29 de agosto de 1944 por un tal Ziki Niksas. De ella resulta que en 1941 el actual ministro de Defensa entró a formar parte de la tristemente célebre Legión Rumana, y empezó a colaborar con las tropas de ocupación italianas. Obra también aquí la denuncia presentada el 23 de septiembre de 1944 por un tal Elías Skiliakos, abogado de Larisa, de la cual resulta que en el mismo periodo Averoff ayudó al invasor tratando de constituir una alianza grecoitaliana con el cónsul Giulio Vianelli y el entonces primer ministro Tsalakoglu. En su feudo de Iannina incluso se encargó de requisar los fusiles para entregárselos a las tropas de ocupación italianas y frenar la Resistencia. Aquí hay, por último, una serie de cartas y denuncias que ilustran otras travesuras de su juventud, o sea, de lo que él llama mi-pasado-de-antifascista. En un momento dado cayó prisionero y fue enviado al campo de Fieramonte, en Italia. Allí se convirtió inmediatamente en huésped de consideración: pollo o pavo en lugar del acostumbrado rancho, una cómoda celda privada de la que entraba y salía a su antojo utilizando el automóvil del director y libertad de acercarse a quien quisiera. ¿Y sabes por qué? Porque era un espía. Le pedían la lista de los prisioneros comunistas y la daba. Luego, de Fieramonte lo trasladaron a Arezzo, y allí ni siquiera entró en el campo: se fue a vivir a un hotel de primera categoría. Era un prisionero realmente especial. Nadie podía recibir de Grecia más de cien liras al mes, pero él recibía mil cada vez, en varios envíos a lo largo del mes. Nadie podía adquirir liras a menos de trescientas o cuatrocientas dracmas, pero él las compraba a ocho dracmas. Como recompensa por sus servicios, los italianos le encargaron mantener relaciones con la embajada suiza y con la Cruz Roja internacional: le correspondía a él distribuir los paquetes o el dinero, y lo hacía beneficiando solo a quien colaboraba. Por último, fue a Roma. Alquiló un apartamento próximo a la plaza Venecia y se estableció junto con un abogado de Samos, Nicolarezos, que era el hombre de confianza de las autoridades italianas en Grecia en el sector del espionaje. Con Nicolarezos logró impedir el regreso a la patria de trescientos prisioneros porque entre ellos se encontraban ciento diez patriotas del grupo Libertad o Muerte. Naturalmente, la magistratura archivó estas denuncias. La-ley-es-igual-para-todos. Pero hallándolas en la ESA, el previsor Hazizikis las apartó. Todo sirve, incluso las bellaquerías, en caso de extorsión. Estamos aún en las bellaquerías, repito, en los pecadillos veniales. Lo gordo viene después, y está contenido en los documentos relativos a su detención en 1973, a raíz del fallido levantamiento de la Marina. Sabiendo que nuestro Averoff estaba metido hasta el cuello, Hazizikis fue a por él y se lo llevó a la ESA. Una vez aquí, no hubo siquiera necesidad de asustarlo, pues enseguida, y por su decisión espontánea, el futuro ministro de Defensa reveló nombres, apellidos, direcciones, fechas de encuentros y responsabilidades de los que la ESA carecía de pruebas; incluso la manera con que la Resistencia estaba organizada en Creta, en Larisa y en el Epiro. La delación está contenida en dos declaraciones escritas de su puño y letra. Aquí están».

Me tradujiste la parte introductoria de la segunda declaración: «El día de mi detención no me encontraba bien, según pudo comprobar el comandante del EAT-ESA. Por la tarde me desmayé en su despacho, donde me socorrieron, y solo gracias a sus cuidados me sentí mejor. Pero mi salud continuó siendo precaria, y escuché con la mente poco clara las preguntas del señor comandante, sus acusaciones y sus solicitudes de aclaraciones. O sea, que no comprendí que el interrogatorio se extendía también al aspecto político de lo sucedido, y que contemplaba la responsabilidad de muchos oficiales de la Marina, y no solo de aquellos con los que estuve en contacto. Así, sobre la base de mi palabra de honor, me limité a negar mi conocimiento de los hechos a que el señor comandante se refería. Pero hoy me siento mejor, gracias en parte a las medicinas que el señor comandante me ha procurado gentilmente, así como a los paseos que su amabilidad me ha permitido efectuar al aire libre. Pienso que ya no estoy ligado a mi palabra de honor, pues otros han hablado y suministrado detalles, de modo que puedo confesar que no por mala fe sino por la brevedad de nuestras conversaciones no expliqué todos los detalles con la minuciosidad necesaria. Lo hago ahora, convencido de que es mi derecho y mi deber hacia el país y hacia quienes se han visto envueltos en este asunto. Retiro la declaración del día 7 para decir toda la verdad sobre los acontecimientos de los que estoy informado». Tomaste una página al azar para traducir otro fragmento: «Le pregunté entonces qué pensaba hacer si fracasaba. Me respondió que marcharían a un país extranjero y que en él dejarían los barcos, a fin de que los que no hubieran participado de modo directo en la conjura pudieran ser devueltos a Grecia. Los otros barcos, en cambio, permanecerían bajo la protección de un país extranjero. Le hice observar que en semejante circunstancia lo más sensato sería escoger Chipre, y le informé de que Leónidas Papagos acababa de regresar de Italia, donde se había entrevistado con el rey, quien manifestó reservas sobre la empresa. Pasó tiempo antes de que celebráramos otro encuentro, y a mediados de mayo decidí volver a verlo. Envié al señor Foufas a casa de Papadogonas, y este concertó la cita para la mañana del 21 de mayo cerca del lago Maratón. Un motivo por el que deseaba una cita con Papadogonas era que Constantinos Karamanlis había mandado dos mensajes para decirme que le habían hablado del asunto, y que si no se trataba de algo serio era preciso anularlo. El otro motivo era que Papadogonas me reveló los posibles días de la rebelión. Una de estas fechas estaba próxima, y yo temía que estuvieran a punto de cometer un grave error de táctica política. Temía, además, que el secreto trascendiera. En efecto, por cierta frase del industrial Khristos Stratos concluí que él tenía conocimiento de todo. Papadogonas me lo confirmó: él mismo se había reunido con Stratos, quien le prometió ayudas financieras a las familias de los suboficiales que participaran en la rebelión. Stratos estaba al corriente de la fecha elegida: la noche entre el 22 y el 23 de mayo. Pero la señal había sido dada, las operaciones preliminares se habían llevado a cabo, y revocarlas resultaría imposible».

«Toma». Me alargaste el paquete con las dos declaraciones y añadiste una carta: «Incluye esto». Era una carta manuscrita, fechada el 26 de julio de 1973 y dirigida al ilustre señor comandante Nicolaos Hazizikis, comandante del EAT-ESA. La firmaba respetuosamente-Evangelos-Averoff, quien agradecía a Hazizikis su bondad al enviarle siete ejemplares del periódico fascista *Estias*. La tomé, y solo con tocarla reviví la turbación del día en que los ojos del dragón se encontraron con los míos para hurgar en ellos un buen rato, cruelmente; después, sus manos aprisionaron las mías como valvas de un molusco, y un escalofrío sacudió mi cuerpo porque eran unas manos más suaves que las de una muchacha, pero su contacto provocaba una especie de estremecimiento. El mismo que se experimenta al rozar las hojas de ortiga, de momento blandas, pero que mientras estás pensando que son blandas sientes un pinchazo desagradable. Y, sin embargo, no fue el contacto de sus manos lo que me turbó, ni tampoco el timbre de su voz, que a ratos se distorsionaba en estridencias metálicas, ni mucho menos la mirada líquida y resbaladiza de sus ojos redondos y negros como aceitunas sumergidas en aceite: fue su mención de la política-del-puente. Intuiste lo que pensaba: «Sí, estamos llegando a la política-del-puente, estamos llegando. También estamos llegando a la demostración de que no me equivocaba al atacarlo en el Parlamento sobre el problema de los oficiales de la reserva, diciendo que mantenía en esa situación a los oficiales demócratas porque estorbaban en la misma medida que estorbaban Papadópoulos y Ioannidis. Mira esto». Y me mostraste dos hojas de papel con encabezamiento: su nombre impreso arriba, a la izquierda, Evangelos Tossitsas Averoff. El texto estaba escrito a máquina, y se complementaba con una nota manuscrita con su caligrafía. Tradujiste: «Atenas, 21 de enero de 1974. Al general Fedon Ghizikis, presidente de la República. Ciudad. Ilustre señor presidente: Tengo el honor de someter a su consideración la nota adjunta. Si no la firmo y la escribo en tercera persona es porque probablemente usted deseará mostrarla a terceros sin revelar quién se la ha hecho llegar. Sin embargo, no se trata en absoluto de negar mi paternidad, y como verá usted este folio lleva mi nombre. La nota adjunta es un compendio que en la primera parte se limita a líneas generales pero también esenciales. No lo toca ni lo analiza todo. Como esto puede dar la impresión de que yo sostengo una idea preconcebida con respecto al actual gobierno, subrayo que: 1) Es del todo exacto y en muchos aspectos justo y útil el alejamiento de numerosos oficiales de la reserva de los más altos cargos de la administración. 2) El gobierno ha afrontado de forma no ortodoxa, pero de la mejor manera posible, el dramático asunto de nuestra venerable Iglesia. Creo que el intento dará sus frutos. 3) Apruebo la reconstitución del consejo para el nombramiento de los prefectos. 4) Es útil la represión de los abusos, en la medida en que se lleve a cabo sin excepciones y sobre bases objetivas. Reciba usted, señor presidente, la expresión de la estima de su siempre sincero Evangelos Tossitsas Averoff». Seguía una posdata del 1 de febrero de 1974: «Habiendo buscado en vano a un conocido común que quisiera entregar esta carta y las notas adjuntas, se la llevo yo mismo. Es posible que le envíe una copia por correo. Dadas las condiciones en que se la envío, le agradecería encargase a su ayudante de campo de acusar recibo». Bajo la posdata otras tres notas, evidentemente escritas por algún tercero, acaso un ayudante de Ghizikis, sobre la copia enviada por correo: «El general de brigada de guardia en el edificio, con puesto en calle Plankedias, 51-53, se ha negado a dar por recibida la presente. Por ello al día siguiente, 2 de febrero de 1974, el señor Zizis Foufas la ha entregado al señor Spyropoulos, secretario de la presidencia de la República, en calle Stisicorou, 17, a las 9:30 horas». «Lunes 4 de febrero de 1974. A las 8:30 horas, una llamada telefónica del señor Bravacos ha informado a la oficina del señor Athanasakos de que el sobre había sido recibido por el señor presidente». Y la apostilla final: «El señor Bravacos, de la presidencia de la República, ha telefoneado al despacho para confirmar que la carta ha sido recibida por el presidente».

«Toma». Me entregaste la carta a Ghizikis, y una sonrisa divertida te hizo vibrar el bigote. «¡Eh! En el fondo, Averoff es un genio. Un genio provinciano, pero un genio. Si en lugar de nacer en un país pequeño que no cuenta ya nada, hubiera nacido en Rusia, en Estados Unidos o en China, a estas horas decidiría si la tercera guerra mundial debe o no estallar. Si al menos hubiera nacido en un país más céntrico y más rico, de alguna manera terminaría en los libros de historia. Al pobre Averoff le ha ido mal: nacer en la Grecia del siglo XX. En cualquier caso, la prueba de que Averoff es un genio, un genio provinciano, pero un genio, está aquí». Y agitaste las ocho páginas cubiertas de escritura de la Nota Adjunta. «Esto es una pequeña obra maestra. Comienza con vagas alusiones al liberalismo, con cautas protestas sobre los riesgos que corre el gobierno, y luego pasa a la adulación, diciendo que un sentimiento de gozo, de vivo optimismo hacia el porvenir, de sentimientos afectuosos por las fuerzas armadas dominó Grecia el 25 y el 26 de noviembre de 1973, o sea, los días que siguieron a la matanza del Politécnico, cuando Ioannidis desautorizó a Papadópoulos. De la adulación pasa al examen de la situación, y escucha bien, porque la habilidad con que se ofrece como salvador de la patria o, más bien, como hombre del destino, es simplemente diabólica». Buscaste la página dos y tradujiste: «No importa que al frente de las fuerzas armadas haya hombres honrados, cosa de la que quien esto escribe está seguro. El pueblo ve igualmente el propósito de continuar por tiempo indeterminado una oligarquía basada en las fuerzas armadas, y se niega. Así, el mero hecho de ver uniformes le irrita, y muchos que antes vestían el uniforme con orgullo ahora lo exhiben en público con cautela. Esto es triste y peligroso, señor presidente, y a este paso la juventud seguirá a cualquiera que se manifieste contrario al régimen. Y por desgracia sabemos que quien se manifiesta contrario al régimen raras veces tiene pensamientos sanos: en los últimos meses, el partido comunista griego se ha vuelto activo, y su pensamiento anarquista, incoherente y destructor ha empezado a seducir a los jóvenes, que son influenciables y tratan de moverse de forma violenta. Se produce un deslizamiento hacia la izquierda, hacia peligrosísimas formas de anarquía, perniciosa para los jóvenes que mañana deberán dirigir el país. Y en el extranjero el comunismo griego es muy activo, más activo que nunca. Según fuentes extranjeras fiables, solo en Alemania, donde el partido comunista italiano ha fundado dos federaciones de trabajadores, una con sede en Colonia y otra en Stuttgart, hay dos fuertes grupos comunistas griegos: el ESAK y el EESKEI, que colaboran entre sí. En el congreso preliminar de Estocolmo, donde emigrantes de todas las nacionalidades se reunieron el año pasado y donde se decidió celebrar otro congreso en marzo de 1974 en Copenhague, los representantes más combativos fueron los griegos...». En este punto interrumpiste la traducción: «Sigue un análisis nebuloso de la realidad económica, y después viene lo mejor. Porque lo que Averoff propone a Ghizikis para resolver los problemas de los coroneles es, precisamente, lo que sucedió en julio de 1974, cuando todos creyeron que la Junta había caído. Con otras palabras, en estos papeles está la prueba de que la Junta abdicó siguiendo los consejos de Averoff y por el sistema que Averoff deseaba: transfiriendo en apariencia el poder a los políticos pero en realidad manteniéndolo a través de él, que en el momento de hacerse cargo del Ministerio de Defensa se convirtió en el heredero e intérprete del régimen anterior o, al menos, de sus intereses. ¿Me explico? Quiero decir que en enero de 1974 el Poder no sabía ya qué hacer con los coroneles, y lo que le convenía era un relevo de la guardia, por ejemplo una democracia formal cuyos órganos clave estuvieran en manos de la derecha más reaccionaria. Esto solo podía llevarse a cabo a través del retorno de un Karamanlis elegido e impuesto por un Averoff, dueño ya de aquel ejército cuyos oficiales demócratas habían sido depurados. Así pues, me equivoqué al creer que Averoff había ganado la batalla en el último instante engañando a Canellopoulos y Mavros, diciéndoles nos-vemos-luego-voy-a-hacer-pis. El pis lo hizo de verdad y los engañó de verdad, pero lo que sucedió el 23 de julio estaba decidido desde hacía meses. El único punto en el que fracasó Averoff fue en el engaño a los partidos "emparentados". El engaño consistía en un hallazgo al que recurrió la monarquía de 1963 a 1967 para mantener a la derecha en el poder, y funcionaba así: cada partido debía declararse emparentado con otro partido, o sea, con el partido ideológicamente más próximo, y solo los partidos emparentados podían aliarse para participar en un gobierno. Sin embargo, ningún partido quería considerarse emparentado con el comunista, lo que mutilaba a la izquierda obligándola a aliarse siempre con la derecha. Solo Giorgos Papandréu se rebeló, para lo cual constituyó un frente popular en el que la izquierda en su totalidad se unió en contra del centro. Y la derecha respondió con el golpe de Papadópoulos. Pero aun fracasando en el asunto de los partidos emparentados, Averoff sabía vencer. En efecto, sabía que podía contar con Karamanlis, y con la minucia con que este seguiría el plan contenido en la carta a Ghizikis. El plan era el siguiente». Y reanudaste la traducción.

«Primero: el presidente de la República seleccionará a una persona capaz y en condiciones de inspirar confianza. O sea, un oficial antiguo, un viejo político o un tecnócrata. Segundo: el presidente de la República confiará a esa persona el cargo de primer ministro, y el primer ministro se presentará en la televisión anunciando el programa, pero no la formación del gobierno. Tercero: el programa respetará las líneas generales no susceptibles de cambios. Matices y pequeñas variaciones serán examinados con un amplio intercambio de ideas. Estas son las líneas generales: a) El nuevo primer ministro informa de que las fuerzas armadas le han confiado, a través del presidente de la República, la reconstrucción de la legalidad democrática; b) el nuevo primer ministro expresa su homenaje a las fuerzas armadas subrayando que estas proceden del pueblo, respetan al pueblo y siempre defienden la seguridad interna y externa del país; c) el nuevo primer ministro declara que aún no ha querido formar gobierno. (Véase *Top Secret* adjunto)». *Top Secret* adjunto: «*Uno.* No es oportuno que se sepa, pero deberemos ponernos de acuerdo sobre los ministerios de Defensa y de Seguridad Pública a fin de que recaigan en manos de personas respetables, influyentes y que cuenten con la confianza del presidente de la República, así como del primer ministro. *Dos.* Deberá desacreditarse a quien sostenga que las elecciones se celebran bajo el control de las autoridades locales nombradas por la Junta, capaces de ejercer presión psicológica en favor de la propia Junta. *Tres.* Las elecciones locales deben evitarse antes de las generales. No hacerlo así resultaría peligroso por muchas razones, pero sobre todo porque en algunos lugares se correría el riesgo de que se formen ayuntamientos capaces de influir en las elecciones en favor de la izquierda. *Cuatro.* Habrá que convencer a la opinión exterior e interior de que el nuevo régimen lleva a cabo las elecciones honradamente. (Véase texto principal). Solo se podrá excluir la designación de candidatos subversivos. *Cinco.* Los artículos de la ley electoral deberán dejar claro que todo partido vendrá obligado a depositar en el Tribunal Supremo una declaración que contenga sus principios básicos y señale sus partidos emparentados. Solo se considerará que un partido está emparentado con otro si este último acepta una similitud de principios. Los partidos no emparentados con otros no podrán participar en la formación del gobierno ni tampoco apoyarlo. Un diputado no podrá cambiar de partido si el partido que abandona no está emparentado con aquel al que se transfiere. *Seis.* El partido comunista griego podrá ser legalizado tan solo a condición de que aquellas personas que se hallan tras el telón de acero no regresen a Grecia y sean consideradas culpables de haber derramado la sangre de sus hermanos para conquistar el poder. *Siete.* Dado que se trata de un tema delicado, el problema de la monarquía podrá discutirlo una asamblea que proceda a revisar la constitución. Pero ¿cómo resolverlo en vista de que quienes trabajaron activamente en el referéndum que instauró la república no consideran válido dicho referéndum? Por motivos que no conciernen a esta nota, quien esto escribe considera una Asamblea Constituyente la mejor salida al dilema. Pero esto requiere una explicación verbal».

«Toma». El anexo se sumó a los demás folios, y tu voz experimentó una vibración airada: «Hubo tal explicación verbal. La comedia se desarrolló como Averoff había establecido en la copia escrita para Ghizikis: la fachada del poder para Karamanlis, el verdadero poder para sí y el *statu quo* casi intacto. Lo único que no consiguió fue librarse de Ioannidis y de los diversos Hazizikis y Theofiloiannacos sin mandarlos a prisión. Inútil decir que los procesos no se incluían en los acuerdos de las llamadas explicaciones verbales. Y esto se convirtió en su talón de Aquiles; por eso dudaba si detenerlos. Pero encontró la solución al problema. Directa o indirectamente, los convocó uno a uno y les ofreció la fuga al extranjero: u os vais o me veré obligado a deteneros y procesaros. Los más se negaron: unas veces por orgullo y otras porque acariciaban la ilusión de recuperar el poder mediante un golpe de Estado de los gadafistas. Otros, en cambio, aceptaron. Y este papel lo demuestra». Agitaste una carta manuscrita, dirigida a Karamanlis y firmada por un agente fronterizo de Ezvonis. Llevaba el número de expediente 2499, se expidió el 6 de diciembre de 1974 y se recibió el 17. Decía: «Señor presidente: El que suscribe considera necesario llamar su atención sobre los hechos siguientes. Entre el 15 y el 20 de noviembre del año en curso, una mañana, hacia las cinco y media, el vicecomandante del control de pasaportes penetró en su oficina, y ello en contra de las costumbres de acudir a las nueve. El vicecomandante no advirtió de la llegada de un autocar, y cuando este apareció, alrededor de las seis, vimos que iba escoltado por el director del Centro de Policía para Extranjeros de Salónica. El director iba de paisano. Ni siquiera para efectuar el control de divisas nos fue permitido subir al autocar. El conductor del vehículo llevó los pasaportes al oficial encargado, que había de ver a los pasajeros. A continuación, el autocar se apresuró a partir y penetró en territorio yugoslavo. Según informaciones seguras, a bordo iba, entre otros, el exteniente del KYP Mikhail Kourkoulakos, quien viajaba con pasaporte falso. Por favor, señor presidente, considere veraz esta carta y acepte mis respetos». Una sonrisa amarga: «El tal Kourkoulakos está lejos de ser un pez pequeño. También era agente de la CIA en Salónica, y sobre él gravitaba la acusación de haber mandado matar a dos resistentes, Tsaroukas y Khalkidis. Ahora parece que está en Múnich o en alguna otra ciudad alemana, encargado de una organización fascista fundada en 1960 por Otto Skorzeny, el que liberó a Mussolini en el Gran Sasso. Una organización llamada Die Spinne, la

Araña. En griego, *Aracni.* También parece que se reúne a menudo con Panaiotis Khristos, ministro de Instrucción Pública en tiempos de Ioannidis, y con Evanghelos Sdrakas, otro pez gordo de la Junta y amigo de Averoff. Enseñaba en la Universidad de Iannina, la ciudad de Averoff. Supongo que Sdrakas también escapó en aquel autocar. ¡Hum! Buen golpe el del autocar, buen golpe. En cuanto a la Araña, Aracni, Die Spinne, parece que en Europa tiene centros en todas partes: en Alemania, España, Inglaterra, Francia e Italia. Deja que meta mano en el baúl que me ha prometido el oficial del KYP y te enterarás de cosas gordas. Te digo que el próximo dictador de Grecia podría llamarse Averoff, a menos que alguien lo desenmascare a tiempo. Alguien o algo. Un dictador de paisano, de los que duran, a lo Salazar. Sí, es preciso que meta mano en ese baúl. Con tal de que me den tiempo...». Y riendo sarcásticamente, agitaste el último folio. «Aquí está el diamante Koh-i-noor». «¿El... qué?». «El diamante Koh-i-noor, el diamante de los diamantes, la joya de las joyas. Algo que no me deja dormir desde hace algunas semanas, algo que me hace detestar hasta la luz del sol. La prueba de que él espiaba en favor de la Junta. Procede del archivo de Hazizikis, obviamente, del que contenía informes y juicios sobre las personas fichadas por la ESA». Le eché un vistazo y esta vez no fue necesario que tradujeras. Todo estaba espantosamente claro. En la primera columna de la izquierda se alineaban nombres precedidos de un número. En la segunda columna, las calificaciones profesionales. En la tercera, las características ideológicas. En la cuarta, el comentario. Los nombres eran siete, y los números iban del diecisiete al veintitrés. En el lugar vigésimo tercero leí: «Evangelos Averoff - Exdiputado - Partidario de la política del puente entre el gobierno nacional y los expolíticos - Ya colabora bajo la dirección de altos representantes del KYP, con resultados hasta ahora muy positivos».

Hay una misteriosa expresión en el rostro de quienes saben que van a morir; una sombra que se condensa en los ojos y que se transmite a los gestos. La ves, por ejemplo, en los enfermos que abandonan el hospital para apagarse en su propio lecho, o en los soldados que parten para un combate del que no se regresa. De momento, resulta difícil apreciarla, pues, más que verla, se siente: tan solo después de la muerte, en el recuerdo, se te aparece nítida como una fotografía bien hecha, y de pronto comprendes de qué se trataba. Era la nostalgia del futuro que no llegará, la imprevista conciencia de que a falta de futuro hasta el presente es ilusorio, y solo el pasado es existencia. Pues bien; precisamente esta expresión la tenías tú en los ojos el día en que abandonaste para siempre la casa del bosque. Las maletas estaban ya cargadas en el taxi, que esperaba, el tren partiría al cabo de poco, y tú, con la mano derecha metida en el bolsillo del abrigo y la izquierda levantada para sostener la pipa, apretada entre los dientes, con la cabeza inclinada sobre un hombro, te dedicabas a caminar arriba y abajo por la habitación, silencioso y absorto, observando cada objeto con la expresión de quien quiere imprimirlo a fondo en la memoria, conservarlo junto con la nostalgia por un trozo de vida, por los instantes de un tiempo que parecía que iba a durar siempre. Una mecedora, un cenicero, un cuadro que no verías más. Yo me agitaba, impaciente: «¿Qué buscas, Alekos, qué quieres? Anda, ven, se hace tarde. Vamos». Pero no respondías, como si no te importara perder el tren, perder un tiempo que te sobraba porque dentro de poco dispondrías de la eternidad. En un momento dado te sentaste en la cama, con los labios fruncidos en una sonrisa misteriosa, melancólica a causa de una sombra que se proyectaba sobre todo tu rostro, ennegreciendo tus pobladas cejas. Luego te sacaste la pipa de la boca, te acariciaste la mejilla y murmuraste: «Estamos bien aquí. Hemos estado vivos». «Y lo seguiremos estando, Alekos. Anda, vamos». «Sí, vamos». Pero pronunciaste aquellas dos palabras, así lo comprendí un mes después, con el tono del enfermo que sabe que ha llegado al final y responde que sí a quien le dice te-curarás-querido-te-curarás; con el tono del soldado que sabe que va a participar en un combate del que no se regresa y responde que sí a quien le dice saldrás-de-esta-saldrás-de-esta. Por lo demás, aquel día sucedieron otras cosas extrañas, cosas que se repitieron e intensificaron en los días subsiguientes. Vacilaciones, titubeos, aplazamientos: «Dentro de veinticuatro horas quiero estar en Atenas, así que paramos en Roma solo una noche. Ni siquiera voy a abrir las maletas», dijiste en el tren. En cambio, una vez en Roma, las vaciaste enseguida y ni siquiera reservaste el avión. «Alekos, tenemos que reservar el avión». «Mañana». Y al día siguiente: «Pasado mañana». Y a los dos días: «Hay tiempo». Era un continuo aplazar la salida, como si el problema de *Ta Nea* ya no existiera, y cualquier pretexto fuese bueno para no rehacer las maletas y no reservar el avión. El primero fue la llegada de Atenas de un amigo sastre que deseaba poner en marcha un comercio de tejidos entre Italia y Grecia. El segundo fue una invitación a Capri con motivo del cumpleaños de una señora octogenaria, madre de un admirador tuyo. El tercero fue una fiesta en la embajada griega, donde jamás habías puesto los pies. El cuarto, la cita con el editor al que prometiste el libro. Y, naturalmente, el amigo sastre te importaba muy poco, el cumpleaños de la octogenaria menos, la fiesta en la embajada griega absolutamente nada y la cita con el editor carecía de sentido, pues te negabas a continuar escribiendo el libro. Sin embargo, viste al sastre, fuiste a casa de la anciana señora, participaste en la fiesta y te reuniste con el editor, sin aludir nunca a la necesidad de regresar a Atenas, de solicitar la publicación convenida, y distraído, más bien, por una inesperada e inexplicable ligereza. Concluida la desesperante angustia que te bloqueó en la página veintitrés, desaparecida la oscura melancolía que provocó la apocalíptica borrachera y el chorro de orina sobre los coches, desvanecido el solemne dramatismo de la mañana en que me leíste y entregaste los documentos sobre el dragón, parecía que aquellos episodios no hubieran sucedido nunca, que el futuro fuese una larga promesa de la que gozar sin prisa y sin temores, y que ya no te urgía el empeño de revelar la verdad. De la reunión con el editor saliste, incluso, excitado y afirmando que habías cambiado la idea, que te pondrías a escribir de nuevo a partir de la página veintitrés, que en agosto le entregarías la mitad del original, y antes de acabar el año, el libro completo. «¿Sabes qué voy a hacer? En cuanto llegue a Grecia voy a solicitar aquel permiso al Parlamento. Me quedo allí dos semanas, luego te reúnes conmigo y regresamos aquí en el Primavera».

Yo estaba al mismo tiempo contenta e irritada. Por una parte, me complacía verte libre del dolor lúgubre que había semidestruido la casa del bosque, y bendecía aquellos días de tranquilo y merecido reposo. Por otro lado, concluía que si tus problemas no eran tan graves como dijiste, ¿qué capricho o qué histeria te empujó esta vez a martirizarme con tus angustias, tus escenas teatrales y la obsesionante lectura de aburridísimos archivos? Me dejaba llevar por esta duplicidad de sentimientos, ora negándome a seguirte en tus absurdas empresas, ora haciéndome cómplice de tus jugueteos ociosos, pero, en todo caso, sin sospechar ni por un momento que aplazaras el viaje a Atenas porque, de improviso, el instinto de supervivencia superaba la pasión por el desafío. Empecé a intuir que las cosas no iban solo por los derroteros que yo suponía cuando dijiste: «Ya es hora de que acabe con las dilaciones». En efecto, en el mismo instante en que lo dijiste, tu humor cambió y sucedió algo muy extraño. Estábamos a punto de atravesar via Veneto y el semáforo se puso rojo. Me detuve, sabiendo lo mucho que te irritaba verme cruzar en rojo, y de pronto un empujón brutal me lanzó en medio del tráfico: «¡Adelante! ¡¿De qué tienes miedo?! ¡El que no está dispuesto a atravesar con el semáforo en rojo no está dispuesto a morir, y quien no está dispuesto a morir no está dispuesto a vivir!». Luego me abandonaste en la acera opuesta y solo a última hora de la noche regresaste al hotel, con la chaqueta medio rota y las manos desolladas y ensangrentadas, como si la hubieras emprendido a puñetazos con todos los árboles del paseo. Pero no les pegaste a los árboles, sino a un pobre rufián que te ofrecía una prostituta. Lo golpeaste con tal violencia que acudieron los policías y querían detenerte. «Alekos, ¡has vuelto a beber!». «No, ni una gota». «Entonces, ¿por qué lo has hecho, por qué?». «No lo sé, te juro que no lo sé. Se ha apoderado de mí como un deseo de matarlo, una necesidad de descargar la rabia que llevo en el cuerpo». Luego te encerraste al menos una hora en el baño, y cuando, alarmada por tu silencio, fui a ver si te sentías mal, te encontré sumergido en la bañera con los ojos cerrados y los brazos cruzados sobre el pecho: la postura de los cadáveres dentro de la caja. «¡Por Dios! ¿Qué estás haciendo?». «Estoy probando, estoy probando. ¿Sabes? No es verdad que la muerte sea fea. En el fondo, la muerte es una amiga del que está cansado. También es una gran aliada del amor. Ningún amor en el mundo resiste si no interviene la muerte. Si viviera mucho tiempo, acabarías por detestarme. En cambio, como moriré pronto, me amarás para siempre».

Y llegó el último día que pasamos juntos, el día en el que durante meses y años mi memoria hurgó más, en obstinada búsqueda de cualquier detalle, cualquier instante, como si eso sirviera para devolverme una gota de lo que perdí, pero sin lograrlo; al contrario, extraviándose en el estupor impotente que nos invade cuando despertamos de un sueño que no recordamos. Era un sueño importante y, sin embargo, no se recuerda, pues un telón ha descendido sobre demasiados detalles; un velo de tinieblas ha apagado las imágenes y los sonidos y no se puede arrancar, ni siquiera aclarar. En vano tras el eco de un ruido o de un gesto; en vano te haces la ilusión de haberlo captado: en el mismo instante en que te parece que lo agarras con la mano, se esfuma y debes resignarte. El propio sueño se ha desvanecido. Eso sucede con el último día que pasamos juntos. En algún pozo de mi subconsciente debe de estar la película de todo lo que hicimos, de todo lo que dijimos, pero el olvido cierra el pozo con una oscuridad más pesada que una losa de mármol. Una oscuridad que va del alba al atardecer. En efecto, el recuerdo de la última noche es clarísimo: se enciende como un fuego de artificio junto con la música de tu hermosa voz, que narra la leyenda de las estrellas absorbidas por los agujeros negros del cosmos. Estamos en tu restaurante preferido, abierto a una placita de la vieja Roma. El saloncito es estrecho, con la techumbre de arquerías, caldeado por una chimenea de leña que arde con llamas violáceas. Las mesas están iluminadas con velas colocadas en botellas verdes, sobre las que la cera se disuelve formando extravagantes relieves, estalactitas blancas. Nos sentamos en un rincón separado por una balaustrada y escondido por una columna. La vela blanquea tu rostro blanco y alarga tu frente, que parece más despejada que nunca. Tu bigote parece más poblado que de costumbre, y en su parte izquierda hay tres hebras grises. Nunca las había yo advertido; antes no estaban: ¿cuándo han encanecido? Incluso el mechón gris de la sien se ha vuelto más gris. Extraño: ¿cuándo se ha vuelto gris? Finjo arrancarlo y te proteges inclinando la cabeza en un gesto cargado de dulzura. Estás dulce esta noche, y tu mirada es suave. «Mañana te vas de verdad», susurro. «Sí». «Me gustaría ir contigo». «No. Me eres útil aquí, ya te lo he dicho. Además, nos veremos pronto; nos volveremos a ver por Pascua. Así traigo el Primavera y le cambiamos el color. Es preciso cambiarle el color. Si alguien quisiera hacerme daño...». Un alfilerazo en el corazón: ¿por la última frase o por la imagen macabra y terrorífica que el coche evoca en mí? Es extraño: desde la víspera de Año Nuevo, hace tres meses, que no he vuelto a verlo y que no te pregunto por él: si funciona bien, si funciona mal, si te sigue gustando. Al contrario, cada vez que has pronunciado su nombre, he cambiado de conversación, como si me quemara oír que me recuerdas su existencia. No he vuelto a Atenas después de aquel viaje en el barco que nos condujo a Patrás. ¿No he vuelto por causa del juramento traicionado o por causa del coche? «Podremos elegir el azul o el gris o el tabaco», estás diciendo. Y se repite el alfilerazo: sí, por causa del coche. No soporto que hables de él. Puedo escuchar tus discursos sobre la muerte; estoy acostumbrada, pues no haces más que hablar de la muerte. Pero no puedo escucharte cuando te refieres al coche. En efecto, eludo el tema, y tú, sin darte cuenta, cambias de conversación. Me cuentas a tu manera, inventándola, la historia de las estrellas que son absorbidas por los agujeros negros del cosmos. Las teorías de los astrónomos no te interesan, dices. ¡Qué condensación nuclear, qué atracción gravitatoria ni qué ocho cuartos! ¿Sabes lo que son los agujeros negros del cosmos? Se trata de auténticos agujeros, desgarrones del infinito, y son agujeros peligrosísimos, del diámetro de una copa. Parece inconcebible que una estrella pueda entrar por allí porque una estrella es inmensa, es un mundo, pero para entrar por allí se encoge. A lo largo de millones y miles de millones de años se adensa y se encoge, hasta adquirir el tamaño de un puño, de un limón, de una piedrecita, y el sortilegio se consuma. Se levanta un gran viento; más que un viento es un torbellino monstruoso que la llama, la invoca, le suplica para atraerla hacia el agujero negro. La estrella no querría. Durante millones y miles de millones de años ha vivido solo para entrar en aquel agujero, para eso se ha adensado y encogido hasta adquirir el tamaño de un puño, de un limón, de una piedrecita, y ahora que el momento se aproxima, no querría. Porque desearía envejecer, apagarse en paz, yendo a la deriva. Espantada, rechaza la invitación, se opone con toda su voluntad, con toda la fuerza de su peso, que es enorme, concentrado y enorme. Escapa. Se aleja con giros amplísimos, hasta los bordes del universo, se esconde tras las estrellas a las que el viento no llama; se defiende, se niega como si ignorase el destino que le aguarda desde que nació, o bien le faltara valor. Pero el viento es irresistible, capaz de vencer el peso más desmesurado y la voluntad más terca, de modo que la fuga de la estrella cada vez se torna más débil, sus evoluciones son cada vez más estrechas, tendiendo más hacia la dirección del agujero. En un momento dado, el espacio exterminado se reduce a un vórtice angosto y profundo, un remolino dentro del cual el infinito se desliza junto con el silencio, silencio que rueda y se envuelve en sí mismo para coagularse en torno a un misterio, y de repente aquel agujero se convierte en una galería sin luz, sin salida. O tal vez existe salida, pero tan remota que ni siquiera se entrevé. Y la estrella, exhausta, resignada, vencida, se deja tragar: cae de cabeza en la negrura, en el misterio que la conducirá quién sabe dónde. Al otro lado, dime: ¿qué hay?

Tus ojos brillan ansiosos a la claridad de la vela, y tu voz palpita: «Al otro lado, ¿qué hay?». El alfilerazo me hiere de nuevo y experimento un escalofrío. Sin embargo, esta vez no has hablado del automóvil; te has limitado a interpretar poéticamente una teoría científica para extraer de ella una leyenda, y desde luego que no eres tú la estrella que escapa. «Es una leyenda magnífica», balbuceo. «No, es una realidad terrible», respondes. «Depende de cómo se entienda, Alekos». «Solo hay un modo de entenderla: los agujeros negros son la Muerte». «Si los agujeros negros fueran la Muerte, cualquier estrella caería dentro. En cambio, succionan unas estrellas sí y otras no. ¿Por qué?». «Porque no todas las estrellas son castigadas. Los agujeros negros succionan aquellas a las que se castiga». «¿Por qué se las castiga?». «Por haber buscado mundos distintos, donde cada cual es cada cual y donde existen la justicia, la libertad y la felicidad». «No es un delito buscar mundos distintos donde cada cual es cada cual y donde existen la justicia, la libertad y la felicidad». «No, pero es un lujo que la dictadura de Dios no puede permitir, y tampoco la Montaña. Dios quiere hacernos creer que el suyo es el único universo posible, y la Montaña quiere hacernos creer que el suyo es el único sistema posible. Y quien se rebela termina en un agujero negro». «Hablas como si creyeras en Dios». «Es que creo. No sé qué es, pero creo en él. Y le perdono porque no tiene elección y, por tanto, no tiene culpa. Son los hombres los que tienen elección y, por tanto, tienen culpa». Sonrío: «Una vez conocí a alguien que dijo todo lo contrario. Los hombres son inocentes, me dijo, porque son hombres». «¿Quién era?». «Un prisionero vietcong». «Entonces, nunca estuvo ante un pelotón de ejecución. Cuando estaban a punto de fusilarme, perdoné incluso a Dios. Y cuando muera lo perdonaré de nuevo». Ya no logro sonreír. Te das cuenta y me acaricias una mano: «No te lo tomes en serio». Luego, con tu acostumbrado gesto, llamas a la florista, que ha entrado con un cesto de rosas, las tomas todas y me las arrojas al regazo. Salimos olvidándonos de las estrellas que mueren y me tomas el pelo porque el gran ramo de rosas me estorba. Vamos a pie por callejuelas de muros renegridos, y aquí el recuerdo se compone de sonidos amortiguados, imágenes dispersas y sensaciones que duran un pestañeo. Nuestros pasos resuenan en el adoquinado, pasa un perro meneando el rabo y tu pulgar me cosquillea la cavidad de la mano, mientras susurras: «Pero la vida es bella. Es bella incluso cuando es fea. Y ella no lo sabe». Ella es una prostituta que pasea aburrida. «Dame una rosa». Te la doy y se la tiendes, con el resultado de que recibes insultos: «¡Ah, tonto! ¿Eres tonto?». Caminando, hemos llegado a via Veneto, bajo el árbol donde la tarde del automóvil los pájaros se zambullían a centenares. También hoy se han zambullido, y amontonados como frutos silvestres, duermen en las ramas. «¿Y Necháyev?». «Está tratando de huir del viento». «¿Y Satanás?». «Satanás está en el paraíso». Entramos en el hotel, y en el ascensor te diviertes pulsando todos los botones: «¡Piloto el avión que nos lleva al Paraíso!». En el pasillo me robas todo el ramo de rosas y pones una rosa en la manija de cada puerta. En la habitación te aplacas. Te desnudas con penosa lentitud, te tiendes en la cama, cruzas los brazos bajo la nuca y permaneces inmóvil mirando al techo. «Pero al otro lado, ¿qué hay?». «¡Basta, Alekos, basta!». «Responde: al otro lado, ¿qué hay?». Respondo: «Si las estrellas tragadas buscan mundos mejores, al otro lado debería haber un mundo mejor». «No, está la nada. El castigo extremo para quien busca mundos mejores es la nada. Pero tal vez no sea un castigo, sino un premio. Se esfuerza uno tanto en buscar lo que no existe que al final siente la necesidad de reposar en la nada». Luego un guiño: «¿Jugamos?». Y presa de una desenfrenada alegría, me echas encima las piernas diciendo que no eres una estrella, sino un cometa, y que esas piernas son la cola del cometa, y como la luz del cometa es deslumbrante no hace falta tener la lámpara encendida. La apagas y nos amamos como nos amamos una lejana noche de agosto en la habitación de butacas rojas y raídas y bandejas de pistachos en las mesitas, mientras el viento cantaba entre las ramas de olivo. Los mismos gestos, las mismas sensaciones. De un pasado que los años no han corroído, vuelven los abrazos armoniosos, las caricias de seda, el gozo de ahogarnos juntos en un río de dulzura que deslumbra, una y otra vez, una y otra vez, como si tuviera que durar siempre, repetirse hasta la vejez. Mi vejez, tu vejez. En cambio, solo durará esta noche. «No me olvides. No me olvides nunca. ¡No debes olvidarme!», farfulla una voz que no reconozco, ronca y acongojante, mientras tu cuerpo envuelve el mío. Mucho tiempo después, cuando nuestra tragedia haya concluido incluso en el desgarramiento que parecía incurable, y en su lugar haya una cicatriz que duele aunque no la toques, y una soledad distinta y peor, entonces me formularé preguntas inútiles y absurdas: por qué la vejez no llega para todos, y qué es la muerte, especialmente la muerte que sobreviene antes de la vejez, y por qué estabas tan enamorado de la muerte; espantado, sí, pero enamorado, seducido, hasta el punto de volverme celosa, como si ella fuera una persona, una mujer. El recuerdo de la última noche me agredirá con la fuerza de una revelación. No cabe duda, sabías. Tenías la certeza matemática de que el torbellino había comenzado y que el agujero negro estaba a punto de tragarte.

Abandonamos el hotel a las tres de la tarde, y tu avión salía a las cuatro. El taxi era destartalado, avanzaba con una lentitud exasperante, y tú azuzabas al conductor: «Acelere un poco, se lo ruego; va a hacerme perder el vuelo». Pero el conductor respondía groseramente: «Más no puedo. ¡Haber salido más temprano!». De pronto, hallándonos en la periferia de la ciudad, el motor empezó a toser y luego se paró. «Se ha acabado la gasolina». «¡¿Que se ha acabado la gasolina?! ¿Acepta una carrera hasta el aeropuerto sin llevar gasolina?». Intervine para evitar un altercado: «Mire, hay una estación de servicio aquí, al lado; trate de llegar». Entre gruñidos y blasfemias, golpes de embrague y airados acelerones, llegamos y llenamos el depósito. Pero inútilmente. «Continúa sin funcionar. Está roto». «¡¿Roto?!». Te miré, temiendo un estallido de cólera: agotados los ruegos y las recomendaciones, seguiste la escena en silencio, y eso acostumbraba a preludiar estallidos de cólera. Pero no; de improviso te quedaste allí quieto, como si el asunto no te concerniese: ¿es que no habías comprendido? «Alekos, dice que está roto». «Mejor». «¿Mejor? ¿No quieres irte?». «¡Hum!». «Dímelo, ¡porque si quieres irte hay que hacer algo!». «¡Hum!». Cada vez más grosero, el conductor interrumpió la discusión: «¡Tanto si se va como si no, yo no puedo tenerlos aquí! Ahora llamo otro taxi por teléfono». «Como quiera». Quería. Fue, telefoneó y regresó: «No encuentro, no hay. Qué, ¿le paro uno en la calle?». «Como quiera». Quería. Resoplando, se plantó en medio de la calle, pero no pasaba ningún taxi, y eran casi las tres y media. «Alekos, volvamos al hotel. Ya te irás mañana». «Tal vez tengas razón». Pero precisamente mientras así hablabas y yo experimentaba un alivio desproporcionado, un contento exagerado, no tanto porque ibas a quedarte una noche más sino porque había algo que no marchaba en aquel viaje, pasó un taxi vacío. Nuestro chófer lo bloqueó, tranquilizado, trasladó las maletas, tranquilizado, y nos abrió la portezuela diciendo rápido, que él tiene el motor en su sitio, él corre. Reanudamos el camino hacia el aeropuerto cuando eran ya las tres y cuarenta. «Alekos... ¿debo explicarle que faltan pocos minutos?». «No, ¿para qué quieres forzar las cosas, el destino? Lo que debe ser es, y lo que deba ser será. Si está escrito que coja ese avión, lo cogeré aunque llegue después de las cuatro. Si está escrito que no lo coja, no lo cogeré aunque llegue a tiempo». Luego me abrazaste los hombros, serio: «Te gustaría que estuviéramos juntos otro día, lo sé. También a mí me gustaría, pero un día más o menos, un mes más o menos, ¿qué cambia? Hemos tenido mucho nosotros dos, y con otro día u otro mes no íbamos a tener lo que no hemos tenido». «¡¿Por qué dices eso?!». «Porque has sido una buena compañera. La única compañera posible».

Llegamos al aeropuerto a las cuatro en punto. El vuelo estaba cerrado, y el avión, a punto de despegar. Pero un empleado de la compañía te reconoció y dispuso que te esperasen. Así, apresurado y excitado, tomó el equipaje, te entregó la tarjeta de embarque y te empujó hacia el control de pasaportes: deprisa, corra, deprisa. Tú lo seguías sin prisa, demorándote a cada paso, como si ahora quisieras forzar el destino, la ley de lo-que-debe-ser-es, lo-que-deberá-ser-será, o como si ahora te repugnara regresar a Atenas, y ante la puerta de cristales al otro lado de la cual no se admite más que a los pasajeros, incluso te detuviste a juguetear con el *koboloi.* «Entonces, adiós», dije, y te alargué la mano. En público no nos abrazábamos nunca. Me la apretaste entre las tuyas largo rato, evitando mi mirada. «Adiós, *alitaki*». El empleado estaba impaciente: deprisa, corra, deprisa. Asentiste y te dirigiste al control de pasaportes, y luego pasaste el de la policía. Continuaste algunos metros sin volverte, y llegaste casi a la puerta de embarque. Aquí, de pronto, con la decisión de quien obedece a un impulso que no se puede contener, retrocediste. «¡¿Qué hace, dónde va?!», gritó el empleado. Dos policías saltaron y trataron de bloquearte. «¡No se puede!». Los apartaste sin mirarlos, sin escucharlos, altivo, llegaste al umbral de la puerta de cristales y te me acercaste. Me estrechaste en un abrazo prolongado, intenso y silencioso. Me besaste en la boca, la frente y las sienes. Me tomaste el rostro entre las manos: «Sí, una buena compañera. La única compañera posible». Luego, cada vez más altivo y flemático, volviste a pasar entre los policías estupefactos y el empleado aturdido. La última imagen que tengo de ti es un bigote que destaca, negro, en una palidez de mármol y dos ojos brillantes, fijos, desconcertantes, que me miran de lejos, penetrando en los míos. Nunca volví a verte vivo.

Parte sexta

1

La muerte es una ladrona que nunca se presenta por sorpresa; eso es lo que he tratado de decirte hasta ahora. La muerte se anuncia siempre con una especie de perfume, de percepciones impalpables, de ruidos silenciosos. La muerte se siente llegar. Incluso mientras me abrazabas en el aeropuerto sabía que no volvería a verte vivo. Por lo demás, ya la habías cortejado demasiadas veces con tus desafíos, cantado en tus poesías, invocado con tus angustias, como para no reconocerla, olerla, convencerte de que estaba a punto de llegar. Pero, y aquí está el meollo de la cuestión, las otras veces la rechazaste o la esquivaste un instante antes de que te atrapara. En cambio, después de aquel abrazo, fuiste a su encuentro como un enamorado impaciente, ansioso de dejarse arrebatar por ella. ¿Por cálculo, por cansancio de vivir, por cansancio de perder? Las tres cosas a la vez. El cálculo nace del cansancio de vivir, el cansancio de vivir nace del cansancio de perder: la noche en que destruiste la casa del bosque comprendiste bien que cada etapa de tu leyenda se había resuelto en una derrota. Bastaba que volvieras atrás para concluir que la maldición del fracaso afectaba a tu vida con la inexorabilidad de un tumor. Bastaba que desanduvieras el camino de aquellos ocho años para comprender que tu única victoria había consistido en no rendirte ante nada ni nadie, en no ceder ni en los momentos de incomodidad o de duda. El atentado a Papadópoulos fracasó, y el calvario de la detención, el proceso y la condena no conmovieron a Grecia.

Las fugas de la cárcel no tuvieron éxito, y para volver a ver el sol tuviste que sufrir la clemencia del tirano. La operación Acrópolis no pasó de una fantasía, y tus viajes clandestinos a Atenas no sirvieron más que para hacerte sufrir. La esperanza de organizar una resistencia armada naufragó. El regreso a la aldea constituyó una vergüenza. Tu elección para ingresar en la política de los políticos, un error. La campaña electoral, un desastre. Tu actividad como diputado, un fracaso. Y también tu esfuerzo por integrarte en un partido, y la pretensión de arrojar de él a los hombres indignos. Y el intento de escribir un libro. En cuanto a tu gran intuición de que las ideologías no funcionan porque toda ideología se convierte en doctrina y toda doctrina choca con la realidad de la vida, con la incatalogabilidad de la vida, o en cuanto a tu gran descubrimiento de que los esquemas derecha e izquierda carecen de significado, que si acaso son equivalentes porque ambos se sustentan en una coartada falsa, y ambos están destinados a converger en el Poder que aplasta, no fuiste capaz ni de formular esos principios en términos de pensamiento ni de sostenerlos rigurosamente con los hechos. Ora condensándolos en poéticas consignas, ora neutralizándolos con tu caída en el sucio reclamo de las barricadas opuestas, o sea, al alinearte con los embusteros que se ponen calzoncillos con la palabra «Pueblo», pero que por pueblo entienden la muchedumbre que los aplaude, relegaste aquella intuición y aquel descubrimiento al frigorífico de las ideas esbozadas o de las empresas imposibles. Solo a través de tu caso personal, demasiado único, dijiste que todo ser humano es una entidad no generalizable y no reducible al concepto de masa. Que, por tanto, la salvación debe buscarse en el individuo que hace la revolución dentro de sí mismo.

En suma, de cualquier cosa que hubieras emprendido, te encontrabas con un puñado de arena en la mano. Todo te fue mal, todo: como dinamitero, como conspirador, como tribuno y como pensador, como político y como líder. Incluso como líder, en vista de que nunca acudieron a escucharte más que unos pocos gregarios subyugados por tu fascinación, pero no atraídos por tu mensaje, y en vista de que solo unas pocas personas te siguieron aquella tarde de la manifestación, arrastradas por un gesto no comprendido. Nunca tuviste un discípulo, un verdadero cómplice en el que apoyarte. El único interlocutor que permaneció junto a ti en el desierto de aquellos años fui yo, pero basaba el vínculo en los equívocos cimientos del amor. Además, así me lo reprochaste, no te amaba por lo que eras sino por lo que yo quería que fueses y no eras: Nguyen Van Sam, Huyn Thi An, Chato, Julio, Marighela y el padre Tito de Alencar Lima, los esquemas de mi paso vivido sobre esquemas, de manera que, a cada ruptura de esquema, escapaba defraudada aduciendo pretextos, oponiendo rebeliones e incluso faltando cuando debería haber estado más cerca de ti. La soledad continuaba siendo tu auténtica compañera. De acuerdo, el destino de don Quijote es este, el destino de los héroes, de los poetas. Pero llega siempre el día en que un hombre, por muy héroe y poeta que sea, no aguanta más viajar solo por el desierto. Llega siempre el momento en que se cansa de vivir porque se cansa de perder, y truncado por la náusea se dice a sí mismo es-preciso-que-venza-al-menos-una-vez, y al decirlo piensa en la muerte (ahora tras él con su perfume, próxima), como si se tratara de un triunfo en el juego de naipes. Un as en la manga, un premio. Envejecer ¿para qué? Continuar el esfuerzo que lleva el nombre de existencia, ¿para qué? ¿Para sufrir las mismas derrotas, o sea, para repetirse, o bien para adecuarse y marchitarse en la grisácea renuncia de la normalidad? «Ya no es un anarquista loco, un inquieto, un rebelde; ha entrado en razón, ha crecido». «Me parece que lo reconozco; ¿no es él quien puso la bomba y robó los archivos de la ESA?». Muriendo, en cambio, darías un sentido a tus sacrificios, a tus sufrimientos, a tus fracasos. Por fin la gente te escucharía y te comprendería. Aunque fuese expresándose mal, con flores, banderas y gritos, su-holocausto, su-ejemplo, estaría contigo, demostraría que el rebaño puede no serlo, que las doctrinas se resquebrajan contra la iniciativa individual, contra la desobediencia individual, contra el valor individual, porque cada cual es cada cual con tal de que lo desee, porque la salvación radica en el individuo que hace la revolución dentro de sí mismo. Tal vez la Montaña temblara un poco, tal vez la roca se tambaleara en su cima. No hay héroe vivo que valga lo que un héroe muerto; hasta los antiguos lo decían. Por lo demás, los héroes del mito no se consumen nunca en los achaques de la vejez, nunca se apagan a causa de una enfermedad en la cama de un hospital: se van en la flor de la juventud, de forma violenta, y casi siempre el último acto de su aventura es prácticamente un suicidio ejecutado a través de quien lo mata. Morir para no morir, dejarse matar para vencer al menos una vez, tal es el horrible y genial cálculo que hiciste, mezclando abnegación y soberbia, altruismo y egoísmo, tu ojo bueno y tu ojo malo, aceptando sin rodeos tu cita en Samarcanda, entregándote a la Muerte en un abrazo suicida.

En el transcurso de un mes maduró el cálculo horrible y genial. El mes de abril. ¿Conscientemente o no? La línea que separa lo consciente de lo inconsciente es muy sutil. De regreso en Atenas, según llegué a saber, aparecías falto de toda vivacidad, abatido por una misteriosa abulia. Pasabas gran parte del tiempo en el despacho, donde tu secretaria te sorprendía siempre con la mirada empañada, la boca apretada y los brazos cruzados sentado con el aspecto de quien está acosado por un pensamiento obsesivo. No apartabas la vista ni siquiera cuando sonaba el teléfono o ella te hablaba; debía acercársete y tirarte de una manga para que respondieras con un sobresalto: «¿Quién es, qué ocurre?». Cuando el chico del bar de abajo entraba con el café caliente, no reparabas en él ni en la tacita que colocaba en la mesa, y luego, al advertirla, la examinabas sorprendido: ¿cómo había llegado allí, quién la había llevado? A veces te levantabas despacio, suspirando, y te ponías a caminar por las habitaciones. Con las manos en los bolsillos, la espalda encorvada, la cabeza gacha, tres pasos adelante y tres atrás, como en Boiati. Si los pasos te conducían al escritorio de la secretaria, te parabas a mirarla sin verla, y eran tan vidriosos tus ojos que ella se asustaba: «¡Señor Panagulis! ¿Se encuentra usted mal, señor Panagulis?». Te encontrabas mal. Se lo decías a todos. Te dolía el estómago, te dolían las piernas, no dormías. «He tomado una dosis doble de somníferos y no me ha servido para nada». O bien: «He echado un sueñecito a las cinco, y a las siete ya estaba despierto». O bien: «No me tengo en pie y me arde el esófago. No consigo tragar». Comías poquísimo, y nunca antes de la noche. De pronto, dejaste de beber, y asegurabas que el olor del vino te desagradaba. Calmabas la sed con naranjadas, y tus cenas ya no eran alegres banquetes destinados a acabar en la ebriedad, sino más bien pretextos para alimentarte un poco y permanecer brevemente en compañía de alguien. Un amigo de paso, un cortesano insistente o una ménade ansiosa. Pero también con ellos te mostrabas taciturno, distraído, como si tu mente estuviera a miles de millas o envuelta en una niebla que protegía un secreto. Y, detalle escalofriante, hacia tu Primavera manifestabas ahora una forma de odio inexplicable. Dabas portazos, conducías mal a propósito, te divertías haciendo rascar las marchas, refrotabas los neumáticos contra los bordillos, aparcabas mal para exponer el coche al tráfico y a los choques de los otros automóviles, y lo ensuciabas con voluptuosidad. Por fuera estaba siempre polvoriento, salpicado, y por dentro era un depósito de papeles, ceniza, colillas, periódicos y desperdicios de todas clases. Además, se lo prestabas a cualquiera que te lo pidiese, manifestando una indiferencia absoluta si te lo devolvían con rayas o abolladuras nuevas; era como si se hubiera convertido en el símbolo de tu alma, que se estaba rompiendo en pedazos.

Yo no lo sabía, ni siquiera sospechaba que tu alma estuviera rompiéndose en pedazos. Te creía sereno porque habías convencido a *Ta Nea* de que se dejara de dilaciones y publicara los documentos aquel mismo mes. En los diez primeros días de abril, la única vez que me preocupé fue cuando llamaste para decirme que otra vez habían entrado en tu casa y que de nuevo habían intentado robarte los documentos. «Hola, soy yo, soy yo. Adivina qué ha pasado. Esta noche, al regresar, he encontrado a uno en casa». «¡¿A uno en casa?!». «Sí, lo he sorprendido mientras intentaba forzar la puerta de la habitación». «¿¡¿Y qué has hecho?!?». «He saltado encima de él y lo he machacado a patadas. Luego lo he inmovilizado, lo he hecho prisionero y lo he encerrado en un sótano. Lo estoy interrogando». «¿Y quién es, quién lo ha mandado?». «Eso es lo que intento descubrir; por ahora solo puedo decirte que se llama Erodotu». «Tal vez no sea más que un ladrón, Alekos». «No, es algo más que un ladrón. Sabía que las fotocopias están en la habitación». «Pero ¡¿cómo?! ¿Sigues teniéndolas allí? ¿Aún no las has depositado en un lugar seguro?». «¿Y dónde quieres que las tenga? ¿En la villa de Averoff?». «Escúchame, Alekos...». «Nada de sermones, adiós». Más que preocupada, me quedé perpleja: ¿era acaso concebible que continuaras guardando tu tesoro en aquella casa, en aquella habitación, a merced de cualquiera? ¿Y no resultaba extraño que del alarmante episodio hablaras casi con ligereza, adivina-qué-ha-pasado, esta-noche-he-encontrado-a-uno-en-casa, lo-he-hecho-prisionero-y-lo-he-encerrado-en-un-sótano? Por el tono de la voz, daba la impresión de que el asunto te divertía. ¿O me equivocaba? Para cerciorarme, esperé unas horas y te llamé. Pero la voz, en esta ocasión, traicionaba una desconsoladora resignación: «Sí, soy yo. ¿Qué me cuentas?». «Yo nada, Alekos. ¡Eres tú quien tiene algo que contarme!». «¿Sobre qué?». «¿Cómo que sobre qué? Sobre aquel Erodotu que encerraste en un sótano. ¿Ha hablado?». «Ah, sí, ha hablado». «¿Y quién lo mandaba?». «Uf, por teléfono no conviene discutir sobre eso. En cualquier caso, alguien que no cuenta; no es importante». «¡¿Que no es importante?! Un desconocido entra en tu casa de noche, lo sorprendes mientras está forzando la puerta de la habitación, me telefoneas para que lo sepa y luego no-es-importante». «No lo es porque no cambia nada. En cuanto a él, se trata de un desgraciado; lamento, incluso, haberle pegado. Pobrecillo, todo él es un morado». «¿Y no lo entregas a la policía?». «No». «¿No vas a informar a los periódicos?». «No». «Alekos, no te comprendo». «¡Eh! A lo mejor me estoy volviendo prudente. La vida es ya tan extenuante que ¿para qué complicarla con inutilidades? Lo he pillado, he sabido lo que quería saber y he decidido que no me importa. Fin». Y con esta frase diste por terminada una conversación a la que antes habrías dedicado ríos de palabras, océanos de furor. Nunca conseguí transmitirte mi convicción de que se trataba de un asunto gravísimo. Al contrario, a mis intentos reaccionaste con una rudeza tan desairada que llegué a la conclusión de que, pese al encanto de los veintiocho días y del abrazo en el aeropuerto, te estabas alejando de mí. «¿Nada nuevo sobre tu prisionero?». «¿Qué prisionero?». «Erodotu, ¿no?». «Olvida a Erodotu, qué importa ahora Erodotu». «Importa, Alekos, importa». «Si importa, es asunto mío». «¿Qué manera de contestar es esa?». «La manera del que está harto. Me has hartado igual que Erodotu. Adiós, no puedo escucharte. ¡Y no me telefonees por cualquier tontería! ¡Si supieras los problemas que tengo!».

Los tenías. Para empezar, el partido. Después de que tu dimisión fuera rechazada, llegaste con el partido a una especie de armisticio.

Pero en los días siguientes salieron a flote otras pruebas sobre el colaboracionismo de Tsatsos y la guerra se reanudó, agravada por el hecho de que aquel habría propuesto descaradamente desposeerte de la presidencia del grupo juvenil y para salirse con la suya se apoyó en la corriente que los socialdemócratas alemanes financiaban a cambio de una política ultramoderada y neutral. Al esfuerzo de combatir se añadía, pues, el despecho por verte atacado precisamente por aquella camarilla de profesionales de la política sin ideales, de *yes-men* sin escrúpulos. Luego estaban los problemas con *Ta Nea,* los obstáculos que no habías previsto. Uno se refería a la publicidad que la radio y la televisión se negaban a aceptar por temor a comprometerse; otro, el orden en que los archivos iban a ser publicados. Tú sostenías, con razón, que los documentos sobre Averoff debían inaugurar la serie porque eran los más graves, y porque en caso contrario él tendría tiempo de acudir a alguna estratagema jurídica. El periodista al que confiaste el trabajo de redacción, Iannis Fazis, en cambio, sostenía que aquellos documentos debían aparecer los últimos porque la espera acrecentaría su valor y su dramatismo. A Fazis, que te gustaba, le apoyaba un director al que detestabas hasta el punto de llamarle señor Malaka, señor Gilipollas, y eso exasperaba tus malos humores, tu inapetencia y tu insomnio. Sin embargo, no eran estos los problemas que determinaban tu desinterés por Erodotu y tu distanciamiento respecto a mí: era la misteriosa abulia en que te refugiabas como un caracol que se agazapa en su concha para dormir sobre sí mismo. En el fondo, eso es lo que sucede a los moribundos en la fase que precede al estado de coma. Hay una fase, antes de que sobrevenga dicho estado, durante la cual se encierran en un aislamiento casi místico, rechazando a personas a las que amaban, ignorando las cosas que les apasionaban, despojándose de los afectos, de las curiosidades, de los deseos y de todo cuanto constituye un puente con la vida. Pero no es la fase decisiva, porque, en el mismo instante en que se creen liberados de todo vínculo o residuo de tentación, prorrumpen en un sollozo rabioso, como una nostalgia de la vida, que es bella aunque sea fea, porque en la vida están el sol, el viento, el verde, el azul, el placer de una comida, de una bebida, de un beso, el gozo que redime de las lágrimas, el bien que redime del mal; está todo, lo contrario de la nada. Al otro lado están la inmovilidad, la oscuridad, la nada. Y entonces vuelve a ellos el ansia de amar, de desear, de luchar. Sobre todo de luchar. Es un ansia oscura, dolorosa y frágil como un cristal. Y brevísima. Pero a un héroe le basta para realizar el esfuerzo final.

El esfuerzo final se inició la semana en que el destino se sirvió de mí una vez más, como rueda del engranaje, como eslabón de la cadena. Era a mediados de abril, y la Pascua se aproximaba con fechas distintas en mi país y en el tuyo —la católica sería el 18, y la ortodoxa, el 25— cuando el teléfono sonó para regalarme la antigua voz festiva: «Hola, soy yo, soy yo, *kalimera,* ¡buenos días, *alitaki!*». «Menos mal. Hoy estás contento. ¿Van bien las cosas?». Sí, respondiste, iban espléndidamente porque habías dimitido del odioso partido por segunda vez y para siempre: con la política de los políticos ya no tenías nada que hacer. «¿En serio?». En serio, y te dolía la garganta por los gritos con que los ensordeciste; te sentías Demóstenes por las cosas que les dijiste. ¡Qué perorata! No. ¡Qué pelea! Y además en el grupo parlamentario, donde oían también los demás. Primero cerraste el pico a Tsatsos arrojándole a los hocicos sus cartitas a Dascalopoulos y sus delaciones a Hazizikis. Luego se lo cerraste a sus compañeros, leyendo una entrevista de Brandt en la que este admitía financiar su capillita. Por último, preguntaste a qué socialismo se refería aquella Unión de Centro que hablaba del socialismo. ¿Al inasible e indefinible de la socialdemocracia alemana? ¿Al charlatán y embustero del demagogo Papandréu? ¿Al totalitario y sectario de los fanáticos que deseaban implantar Camboya en Europa? Y todos socialistas, vive Dios. Aparte del cristianismo, no existía una moneda con más inflación que el socialismo. Tan grandes eran la inflación, la chapuza y el puteo, que todo el oro de Fort Knox no bastaría para devolverle un poco de valor y un poco de autoridad. Y lo más terrible era que, llevándola en la cartera y derrochándola a manos llenas en cualquier estupidez, nadie sabía qué cuerno significaba, salvo que eso estaba escrito en un libro leído por un puñado de eruditos y era suficiente. Y suponiendo que significara lo que tú esperabas, un sueño para avanzar y hacer el mundo un poco más libre, un poco más limpio, ¿era así como querían lograrlo? ¿Vendiéndose por un puñado de marcos, ocultando un saco de mierda porque era sobrino del presidente de la República, tocándote los cojones a ti, que querías denunciar a la sucia derecha, a la derecha de los Averoff? «Después de esto, he partido la silla en la mesa, la mesa se ha roto, he salido dando un portazo y he arrancado la cerradura». «¡Ah!». «Dicen que me expulsarán, porque las dimisiones no cuentan». «¡Ah!». «Y ahora me odian por unanimidad: la derecha, la izquierda, el centro, la extrema derecha, la extrema izquierda y el extremo centro. Un plebiscito». «¡Ah!». «De modo que si esta noche acabo atropellado por un camión o envenenado por un plato de setas, no te preguntes quién me ha matado. Me han matado por unanimidad: la derecha, la izquierda, el centro, la extrema derecha, la extrema izquierda, el extremo centro». «¡Ah!». «Soy feliz». «¡¿Feliz?!». «Sí, porque la vida me gusta. En la vida están el sol, el viento, el verde, el azul, el placer de una comida, de una bebida, de un beso, el gozo que redime de las lágrimas, el bien que redime del mal; está todo, y te amo». «Yo también». «Además, está la radio, que en este momento transmite la publicidad de *Ta Nea:* Alexandros Panagulis-revela-los-archivos-secretos-que-el-gobierno-no-ha-sabido-encontrar». «¡Alekos, esta sí que es una buena noticia! ¡Entonces, te has salido con la tuya! ¿Cuándo comienza la fiesta?». «Dentro de tres días, el domingo. ¡Hum! Lástima que no esté en Atenas el domingo. Voy a Italia el domingo. Llego en el Primavera y me quedo hasta el jueves o el viernes». «Alekos...». «Así permanezco alejado del barullo y cambio el color del Primavera, lo mando pintar de azul. El azul se confunde con la oscuridad, pero, claro, luego le tenemos que cambiar el nombre. O sea que lo llamaremos Otoño». «Alekos...». «Reserva coche cama para Bríndisi. Yo tomo el barco en Patrás, desembarco en Bríndisi, nos encontramos en el puerto y seguimos juntos a Roma y Florencia». «¡Alekos!». «¿Qué pasa? ¿No quieres ir a Bríndisi?». «No, Alekos, nada de Bríndisi. Es que me voy el domingo por la noche o el lunes por la mañana. Me voy a Estados Unidos». «Pero el domingo es Pascua, ¡la Pascua católica! ¡El lunes es lunes de Pascua!». «Sí, Alekos». «Siempre hemos pasado Navidad y Pascua juntos, ¡siempre!». «Sí, Alekos, ¡pero esta vez quedamos en que no íbamos a pasar la Pascua juntos porque yo debía ir a Estados Unidos! ¡Ya lo habíamos hablado, Alekos!».

Lo habíamos hablado, y a menudo. El 18 o el 19 de abril, te dije, iría a Nueva York, y desde allí a Massachusetts para dar una conferencia en un *college*. El tema de la conferencia era el arte del periodismo y la formación de la conciencia política en Europa a través de la prensa. Tras alguna vacilación, fruto del escepticismo, llegué a la conclusión de que se trataba de un buen tema: incluso me sugeriste algunas investigaciones sobre los divulgadores de noticias que, en el siglo XVI, iban de feudo en feudo con sus papiros, que contenían informaciones políticas: «¿No te acuerdas, Alekos?». «Me acuerdo tan bien que me he dicho: llego el domingo 18 y me quedo casi una semana. Tu conferencia es el 26. Te sobra tiempo si te vas el 24 o el 25, o incluso el 23». «No, Alekos, no, porque en los días anteriores tengo muchos compromisos en Nueva York. ¡También de eso hablamos!». «Los compromisos en Nueva York los anulas. Ya ves qué simple». «Imposible, Alekos. ¿Por qué no vienes enseguida en avión? Así estamos juntos hasta el domingo por la noche o el lunes por la mañana y...». «No. Si voy será para quedarme casi una semana. Si voy, voy en el Primavera para cambiarle el color. Y para sacarlo de aquí, para no tener la tentación de utilizarlo durante el barullo». «Bueno, pues tráelo. Nos veremos veinticuatro horas y...». «Veinticuatro horas, no». «Sé razonable, Alekos. Trata de plegarte al menos una vez a mis exigencias, no cojas rabietas». «Eres tú quien coge rabietas». Eres-tú, soy-yo, es-culpa-tuya, es-culpamía: cuando nos deslizábamos hacia semejantes disputas, se desencadenaba nuestro antagonismo, y ninguno de los dos quería ceder. Por fin chillaste que me fuera de una vez a Estados Unidos, a la Luna, al infierno, y que no vendrías, no cambiarías ningún color y mantendrías el Primavera en Atenas. Cortaste la comunicación, dejándome con la imagen de un gran morro verde que corre, con dos inmensos y relucientes ojos amarillos, seguido por otros ojos amarillos. La acostumbrada imagen humanizada, siniestra, de la Muerte con aspecto de automóvil. Entonces empecé a decirme que tal vez podría haber anulado realmente los compromisos en Nueva York, salir seis días después; en una palabra, complacerte. Por la noche volví a llamarte para decirte has-vencido, querido, de-acuerdo, he-cambiado-de-programa. Pero el teléfono sonaba en vano: habías ido a digerir la rabia a un *bouzouki*.

Fuiste con un griego de Zúrich, y este cuenta que parecías desatado, que no hacías más que comprar rosas y gardenias para lanzárselas a la orquesta a fin de que tocara la canción que te obsesionaba dos años antes, la-vida-es-breve, muy-muy-muy-breve, y en un momento dado quisiste agenciarte a dos prostitutas y llevarlas a la calle Kolokotroni. No las llevaste porque el griego de Zúrich te lo impidió: «Estás deshecho, cálmate, ¿quieres morirte?». Y tú: «¡Hum! ¿Sabes qué funeral me harían si muriese ahora? Iría un millón de personas contando por lo bajo. Hasta Papandréu se inclinaría sobre mi ataúd para besarlo, incluso Tsatsos diría que lo siente. Tal vez el único que callase sería Averoff». Pero no estabas borracho. Hablabas de Camus, de Epicuro, de la felicidad que se busca en los placeres, en el vino, en las prostitutas, olvidando que la felicidad existe solo en la ataraxia, o sea, en la ausencia del dolor. Y puesto que la muerte es ausencia de todo, también es ausencia de dolor, o sea, felicidad. «La felicidad de las piedras, dice Camus». Parecías obsesionado por esta cantilena: la felicidad de las piedras. Todas tus conversaciones versaban sobre la felicidad de las piedras.

Pero yo no sabía que ahora deseabas la felicidad de las piedras; nada habría podido inducirme a tal sospecha, y no localizarte me irritó. Al amanecer dejé de llamar y me juré que mantendría el programa americano. No volvimos a hablar hasta el domingo, 18 de abril. A partir de este momento, nuestras llamadas telefónicas se vuelven importantes, piezas indispensables para reconstruir el mosaico de tu último esfuerzo. Un esfuerzo tan cruel y sobrehumano como para ofuscarte la memoria y la mente. «Hola, soy yo, soy yo». «Así que no has venido, ¿eh? Has seguido en tus trece con tu rabieta». «Mejor, *alitaki,* mejor. No imaginas el trabajo que tengo aquí, ni qué preocupaciones. Además, si hubiera ido, habría llevado el Primavera, y el Primavera me hace falta aquí porque ya no duermo en la calle Kolokotroni: duermo en Glyfada. ¿Cómo me las arreglaría para trasladarme dos veces al día entre Atenas y Glyfada sin coche?». «¡Por eso no te localicé la otra noche! Podías habérmelo dicho, ¿no?». «¡Te lo dije!». «¿Cuándo?». «¡Ayer!». «Pero ¡si ayer no hablamos!». «Ah, ya». «En cualquier caso, ¿por qué duermes en Glyfada? ¿Algún otro Erodotu?». «No, una preocupación. ¿Sabes? Ha salido *Ta Nea.* El de hoy es un largo artículo. Toda la primera página trata de mis documentos. Pero el gran día es mañana. La publicación propiamente dicha empieza mañana». «¿Con los documentos sobre Averoff?». «No, por desgracia no. El señor Malaka no ha cedido; está cagado de miedo. Empieza con el diario de Hazizikis». E inmediatamente después, la niebla: «¿Sabes por qué te llamo?». «Para felicitarme la Pascua y para pedirme excusas por haberte mantenido en tus trece con tu rabieta». «No, para decirte que pasaremos juntos la Pascua ortodoxa, ¡el domingo próximo! ¡En París!». «¡¿En París?!». «Sí, el viernes 23 debo ir a París para participar en un congreso de exiliados chilenos y... ¿No te lo dije? Extraño; tenía la impresión de que te lo había dicho. En todo caso he prometido ir, y tú te reúnes conmigo en París. Nos quedamos hasta el lunes o el martes y luego nos vamos a Chipre». «¡¿A Chipre?!». «Sí, tengo que retirar algo que... Por teléfono no puedo explicarme, como puedes imaginar. Asunto de primera calidad». «Alekos...». «¿Te gusta la idea de París y de Chipre? ¿Eh? ¿Te gusta?». «Alekos, mañana me voy a Estados Unidos. ¿Lo has olvidado?». «¡¿A Estados Unidos?!». «Sí, querido, a Estados Unidos. ¿Es que no nos peleamos por eso hace tres días?». «Hum. Ya. Ahora me acuerdo». «¡¿Ahora-te-acuerdas?!». «Sí, lo había olvidado. ¿Y qué vas a hacer en Estados Unidos?». «¡Alekos! ¿Qué te está pasando? La conferencia en el *college* de Massachusetts, ¿has olvidado también esto?». «Hum. Ya. Ahora me acuerdo. Así que no vienes a París conmigo». «¡No, querido, no!». «Y tampoco a Chipre». «No, querido, no». «¡Lástima!». «Alekos, ¿te encuentras bien, Alekos?». «Sí, sí. ¿Cuándo vuelves de Estados Unidos?». «El 4 o el 5 de mayo». «Hum. Ya. Ahora me acuerdo. Entonces nos veremos el 5 de mayo. Me reúno contigo el 5 de mayo. No, serás tú quien se reúna conmigo el 5 de mayo. Nos citamos el 5 de mayo. Queda fijado el día 5 de mayo». Repetías la fecha 5 de mayo como un disco rayado que toca siempre el mismo fragmento, como si retenerla te costara un esfuerzo tremendo, y como si hasta pensar fuera una agonía. Y, sin embargo, en aquellos momentos de mayor tensión, tu cerebro se mostraba más lúcido que un espejo limpio, y para las fechas tenías una memoria fantástica. Por ejemplo, durante la disputa, recordaste muy bien que mi conferencia en Massachusetts era el 26 de abril. Extraño. Extrañísimo, me dije. Y colgué el auricular presa de una desazón que llegaba a superar el aturdimiento.

Me habría turbado mucho menos si hubiera sabido que, al aceptar el inicio de la publicación precisamente con el diario de Hazizikis, traicionaste el compromiso adquirido con Fany: «Si hay algo contra tu marido, te aseguro que no lo utilizaré. Créeme, muchachita, estoy seguro de poder coger los archivos sin causarte problemas y sin que nadie sepa nunca nada...». Pero, además de eso, estaba el hecho de que precisamente por aquellos días entraste en posesión del documento que recibí después de tu muerte: un folio con la signatura 98975. Arriba, a la izquierda, escrito a máquina: «De la central del KYP al ministro de Defensa, Evangelos Averoff. Secreto absoluto. Personal y urgente». Arriba, a la derecha, escrito a mano: «Recibido el 6 de abril de 1976 a las 9:30 horas». En el centro, y también a mano: «Graf. Sr. Ministro 463». Y decía: «Tenemos el honor de informar a usted de que, siguiendo su orden verbal de días pasados, el coronel Constantinos Constantopoulos y otro oficial del cuartel general se reunirán con nuestro grupo de Chipre a fin de recuperar los documentos secretos del EAT-ESA de Atenas que se encuentran en manos de un colaborador del diputado Panagulis. Esta oficina se pone a sus órdenes para informarle de que espera de usted nuevas misiones».

Después de aquel folio y de la elección efectuada por *Ta Nea,* los acontecimientos se precipitaron. Ante todo, con llamadas telefónicas amenazadoras: «Si no entras en razón, Panagulis, te arrepentirás. Si no bajas la cresta, Panagulis, lo pagarás». Luego, con el encarnizamiento de la magistratura, que a través de un juez llamado Iuvelos se oponía a la publicación. Iuvelos, un tipo ambicioso, lleno de iniciativas, ya había dado señales de alarma cuando la radio transmitió publicidad. En efecto, se apresuró a telefonear a *Ta Nea* para saber de qué se trataba, y ni que decir tiene que no te lo tomaste en serio. «Descarto que de verdad quiera obstaculizarnos —le dijiste a Fazis—. Ya verás como se calma». Sin embargo, el domingo 18 de abril, o sea, el día en que apareció el trabajo que anticipaba el diario de Hazizikis, de nuevo llamó para desafiarte. Y lo mismo el lunes 19 y el martes 20. Esta vez, para convocarte en su despacho, junto con Fazis. Y, sin embargo, no había nada de sensacional en aquel diario, nada que supusiera desdoro para ningún miembro del gobierno. Pese al dramatismo con que se presentaba, no hacía más que explicar los sistemas con que a diario el KYP entregaba a la ESA las fichas de las personas especialmente vigiladas. Los propios lectores se sintieron defraudados: «¿Y esto es todo?». En cuanto a las fichas que Fazis y su director escogieron como ejemplo, se referían a personas completamente en paz con su conciencia: resistentes como Mavros y Canellopoulos. La convocatoria del 20 de abril, pues, te llenó de despecho. ¿Por qué se lo tomaba tan en serio Iuvelos? ¿Qué temía? ¿Tal vez ver la ficha con el número veintitrés: «Evangelos Averoff - Exdiputado - Seguidor de la política del puente entre el gobierno y los expolíticos - Ya colabora bajo la dirección de altos representantes del KYP, con resultados hasta ahora muy positivos»? El despecho, sin embargo, se transformó en desdén cuando advertiste que Iuvelos te convocaba para el día siguiente, 21 de abril, aniversario del golpe de Papadópoulos. «¡Iuvelos! ¿Quieres celebrar el 21 de abril, Iuvelos?», fue el grito con que le respondiste. Y que no te esperara, que no aceptabas su invitación. Si quería hablarte, que fuera él a verte, pero con carros de combate, porque ni siquiera le abrirías la puerta, no lo recibirías. Luego pediste a Fazis que hiciese otro tanto. Entonces, el 22 de abril, Iuvelos se dirigió al periódico. Habló con Fazis y con el director, y puso encima de la mesa sus condiciones: que *Ta Nea* suspendiera inmediatamente la publicación y que los archivos fueran entregados. Lo exigía el propio ministro de Defensa, quien, como responsable de la ESA y del KYP, era el único en condiciones de autorizar la difusión de semejantes cartas. Y si *Ta Nea* no obedecía, él se encargaría de firmar la orden de secuestro. Que te informaran. Te informaron de ello y tu réplica fue diamantina: «Decidle a Iuvelos que se puede limpiar el culo con su orden».

Sí, había renacido tu combatividad. Pero ¡a qué precio! Quienes estaban junto a ti dicen que bastaba mirarte para comprender el esfuerzo que te costaba, la tensión que te consumía. Nunca estabas quieto. Ora te quitabas la chaqueta murmurando tengo-calor, ora volvías a ponértela murmurando tengo-frío, ora te aflojabas la corbata, ora te desabrochabas la camisa o te quejabas de dolor de estómago: «Tengo fiebre. Me siento mal. Soy viejo. ¡Ah, qué viejo soy!». También sucedía que señalabas las casas de la calle Kolokotroni diciendo: «¡Hum! De una de aquellas ventanas podrían dispararme perfectamente. ¡Hum!». La idea de que alguien quisiera matarte, en efecto, no te abandonaba ni un segundo. ¿Era esto lo que provocaba los estados de confusión que cegaban tu mente? La noche del miércoles al jueves, cuando te llamé desde Nueva York, en Atenas era ya la mañana del jueves. Parecía que fluctuaras en medio de una niebla: «Ya has llegado. ¡Bien! ¡Buena chica! Yo llego mañana a las dos de la tarde con Olympic. Ve a esperarme al aeropuerto». «¡¿Al aeropuerto, Alekos?! ¡¿A qué aeropuerto?!». «¿Cómo a qué aeropuerto? Al de París, ¿no? Desde allí nos vamos a Chipre y...». «¡Alekos! ¡¿Dónde crees que estoy, Alekos?!». Silencio. Luego, un suspiro que revelaba desorientación: «¿Dónde estás? ¿Desde dónde llamas?». «¡Desde Nueva York, Alekos! ¡Estoy en Nueva York!». «¡Oh, no! Yo creía que estabas en París». «Alekos, ¿qué dices? ¡¿Es que no te llamé también ayer desde Nueva York?!». «¡Hum! ¡Ya! ¡Hum! Pero ¿qué estás haciendo en Nueva York? ¿Por qué estás en Nueva York? ¿No debíamos reunirnos en París, celebrar juntos la Pascua ortodoxa e irnos a Chipre el lunes?». Lloraste. «No, Alekos, no. ¡Has vuelto a olvidarte!». «Ya. He vuelto a olvidarme». «¿Qué te pasa, Alekos?». «Todo. Estoy cansado, estoy muy cansado. Estoy harto, muy harto. No puedo más. Me está cortando las piernas, ¿sabes?, me está cortando las piernas. ¿Sabes qué te digo? Liquidada esta historia, abandono el Parlamento. Y reanudo mis estudios de matemáticas. En lugar de ponerme a escribir el libro, reanudo mis estudios de matemáticas. Escribir libros no sirve para nada. Ni siquiera estar en el Parlamento sirve para nada. Oh, qué dolor de cabeza, qué dolor de cabeza. ¿Has recibido la fotocopia de aquel folio?». «¿Qué fotocopia, qué folio?». «La que te mandé hace dos días a Florencia». «Alekos, si estoy en Nueva York, ¿cómo puedo haber recibido una fotocopia hace dos días en Florencia?». «Exacto. Tienes razón. Ya ves lo cansado que estoy. En cuanto la recibas, guárdala en el banco». «La guardaremos juntos cuando vuelva, Alekos». «Sí, cuando vuelvas. Pero ¿cuándo vuelves?». «El 5 de mayo. Alekos, ¡lo sabes! ¡Hemos hablado de ello cien veces!». «¡Hum! Sí, es verdad. El 5 de mayo. Nos veremos el 5 de mayo. ¿Y los tres números de *Ta Nea,* los has recibido?». «Recibido ¡¿dónde?!». «Ah, volvía a olvidarme; no puedes haberlos recibido porque los he mandado a Florencia. Mejor así. Total, no es nada. Continúan publicando trivialidades; he caído en manos de unos imbéciles. Adiós, mañana hablaremos. Mañana estaré en París, en el hotel Saint-Sulpice. No, en el Saint-Sulpice no, en el Louisiana. ¿En el Saint-Sulpice o en el Louisiana? No recuerdo ni eso, *cataraméne Khristé!* Ese desgraciado de Iuvelos me toca la memoria, además de los cojones».

La orden de Iuvelos se emitió el viernes 23 de abril. «Porque el tribunal militar ha instruido un sumario acerca de los documentos de la ESA, porque un periódico está publicando esos documentos, porque quienes se han apoderado de ellos no los entregan a la magistratura aun habiendo sido invitados a hacerlo a través de las oportunas formalidades legales, porque no ha sido posible requisarlos, porque semejante publicación puede obstaculizar las tareas de la justicia, hemos decidido prohibirla a partir de hoy». El texto llegó a *Ta Nea* mientras volabas hacia París, ignorante de que la amenaza se hubiera cumplido; al contrario, convencido de que no se cumpliría. Durante el viaje, me contó el pasajero que se sentaba junto a ti, un hombre de negocios amigo de Karamanlis, parecías tranquilo. Conversabas equilibrada y amablemente, criticando las intemperancias de los jóvenes, exaltando el buen sentido de los viejos y citando proverbios. Un par de veces citaste el de Mao Zedong: «Cuando señalas con un dedo a la luna, en lugar de mirar a la luna los estúpidos miran el dedo». Que aquel día tu humor no era malo y tu mente no estaba confusa lo confirmaron, además, los dos griegos que te esperaban en Orly, una pareja de tu *entourage* dionisíaco. «Un poco pálido, sí, y tenía ojeras. Un poco decaído porque, dijo, el pasajero que se sentaba a su lado le había hecho charlar demasiado. Pero estaba casi alegre. En la mesa comió con apetito, y se reía hablando de la pareja Iuvelos-Averoff». Por lo demás, estabas lúcido y optimista, incluso cuando me telefoneaste para aclarar que el hotel era el Louisiana y no el Saint-Sulpice: hasta bromeabas sobre tus pasadas pérdidas de memoria. «¡Apuesto a que estás en Nueva York!». En cambio, el sábado fluctuabas de nuevo en medio de la niebla y la apatía. Eran las siete de la tarde en París cuando te llamé desde Nueva York para felicitarte la Pascua, y ni siquiera creía encontrarte. A esa hora, pensaba, estará en el congreso de los exiliados chilenos. No estabas en el congreso, me repuso una voz pastosa a causa del sueño: «Sí, dormía... Duermo». «¿A las siete de la tarde? ¿Y los chilenos?». «Los chilenos están en Chile». «¡Cuánta cordialidad! Felices Pascuas». «Para mí no es Pascua, para mí ya no es nada. Ha emitido la orden, ha suspendido la publicación. Ayer». «Y ahora ¿qué harás?». «No lo sé. Lo decidiré el lunes. Regreso el lunes». «¿Sin ir a Chipre?». «Ya no hace falta». No tenías ganas de hablar, yo no conseguía entablar una conversación, y te negaste a anotar la dirección del *college* donde estaría la noche siguiente. «No voy a llamarte allí. Demasiado complicado. Llámame tú. Y si no puedes llamarme, no te preocupes: nos vemos el 5 de mayo. Sigue en pie la cita para el 5 de mayo». Era lo único que no se precipitaba nunca en las tinieblas del olvido: la fecha del 5 de mayo. «Pero ¿qué tiene que ver el 5 de mayo con la dirección del *college?* El 5 de mayo está lejos, Alekos». «Qué va; está muy cerca. Muy cerca». «De acuerdo, está cerca. Adiós, Alekos, hasta mañana». Pero al día siguiente, cuando volví a llamarte, el conserje del Louisiana dijo que te habías marchado. ¿Marchado? *Oui, Madame, Monsieur est parti.* ¿No había dejado ningún mensaje para mí? *Non, Madame, pas de message pour personne.* Ningún mensaje para nadie. *Monsieur était pressé, très pressé.* El señor tenía prisa, mucha prisa.

2

Nada tan tranquilo e inquietante como el domingo en Nueva York. Parece que el mundo se detenga, que la vida caiga en estado cataléptico el domingo en Nueva York. La gente calla, las calles están desiertas y el único ruido que rompe el silencio es el resbalar sofocado de las ruedas en el asfalto —un coche, un camión— o el murmullo de un helicóptero que sobrevuela la ciudad. ¿Quién ha dicho que se relaje y se repose el domingo en Nueva York? Al contrario, parece un día hecho para pensar, para hacer balance de nuestros errores y de nuestros arrepentimientos, o sea, para atormentarnos. Atrapada en aquel vacío, en aquel silencio apenas roto por roces y murmullos, me laceraba el cerebro con reproches, dudas e interrogantes, y a cada minuto aumentaba la sensación de haber cometido un trágico error poniendo un océano entre nosotros. De acuerdo, la conferencia que debía dar al día siguiente no podía anularse sin cometer un imperdonable desaire; de acuerdo, habías dicho muchas veces que te era útil lejos de Grecia; de acuerdo, mi presencia en Atenas habría sido, probablemente, un estorbo. Pero cada vez que hablábamos parecías tan solo, tan triste, tan confuso... ¿Cómo pude dejarte en un momento así? No nos veíamos desde hacía veinticuatro días. De pronto, veinticuatro meses, veinticuatro años. Nunca estuvimos veinticuatro días sin vernos, nunca. El intervalo más largo fue el de mi fuga: diecisiete días. Y entonces estabas bien, tan bien como un Satanás que se rebela contra la dictadura de Dios, como un Dionisos coronado de placeres y de pámpanos. Pero esta vez: «Para mí no es Pascua, para mí ya no es nada». *«Monsieur est parti. Monsieur était pressé, très pressé»*. ¿Y el folio que mandaste a Florencia? ¿Qué folio era? ¿De qué hablaba, de quién? Y aquel adiós, aquel abrazo en público, aquella frase solemne: «Has sido una buena compañera. La única compañera posible». ¿Por qué hablaste en pasado? ¿Y por qué pensaba yo ahora en aquella despedida como en un adiós definitivo? Tonterías. Melancolías de un domingo en Nueva York. Lo discutiríamos el 5 de mayo. «Nos vemos el 5 de mayo». «Sigue en pie la cita para el 5 de mayo». Todas tus conversaciones concluían con las palabras 5 de mayo. Este 5 de mayo se estaba convirtiendo en una obsesión. Este 5 de mayo estaba empezando a ponerme nerviosa. Como si este 5 de mayo tuviera que suceder algo especial o, más bien, algo malo. A propósito de días, ¿por qué te marchaste de París un día antes? Telefoneé a Atenas y no contestó nadie. Y entonces me rebelé: basta de complejos de culpa, temores y angustias: incluso si me encontraba al otro lado de la Tierra, en un paisaje que no te pertenecía, en una realidad que te excluía, conseguías condicionar mi existencia, determinarla, fagocitarla. ¡Librarse de ti, librarse! Me iría enseguida a Amherst. Hice la maleta, y al cabo de tres horas me hallaba en Amherst, la pequeña ciudad donde estaba el *college*.

Prados bien segados, frescos. Árboles frondosos, verdes. Casas rojas con pórtico de columnillas blancas y techo de pizarra azul. Y ante la ventana de mi habitación, un espléndido melocotonero en flor, una nube rosada que aturde con su perfume. Bienvenida entre nosotros, bienvenida, mira qué tierno es nuestro mundo, qué fácil. Nada de archivos de la ESA, ni diarios de Hazizikis, ni empresas heroicas, ni pasiones. Lo hemos superado todo, incluso el dolor. Nunca tenemos hambre, nunca tenemos frío, las controversias teológicas no nos interesan, y no creemos en el destino, en las supersticiones ni en los presentimientos. Nosotros somos lógicos, racionales. Y también somos amables, acogedores y civilizados, pese a alguna que otra guerra y a algún que otro visado que se niega. Ven, descansa entre nosotros, que te anestesiamos un poco. Un hermoso anfiteatro con butacas de terciopelo, un muro redondo de rostros inmóviles que escuchan. Un altavoz que difunde una voz metálica, una lengua que te elimina finalmente de mis pensamientos. *Good evening, ladies and gentlemen, it's a pleasure to be here, with you.* Buenas tardes, señoras y señores, es un placer estar aquí, con ustedes. *The subject of this lecture will be the art of journalism and, through the press, the formation of the political consciousness in Europe.* El tema de esta conferencia será el arte del periodismo y la formación de la conciencia política de Europa a través de la prensa. ¿Dónde está Atenas? ¿Quién es Sancho Panza? ¿E Ismael? Luego, en el hotel, hay un teléfono junto a mi cama. Bastaría levantar el auricular, componer un prefijo y un número y decirte: «En vista de que he cacareado de *political consciousness,* conciencia política, sin contar con el amor, ¿por qué te has ido de París un día antes?». Levanto el auricular y: «*Hello, may I have a Coke?* ¿Puedo tomar una Coca-Cola?». Qué alivio esta paz henchida de bienestar, acolchada de olvido. *Would you like to stay one day more, two days more?* ¿Desearía usted quedarse un día más, dos días más? *Yes, thank you! Thank you very much.* ¡Sí, gracias! Muchas gracias. Mil gracias. Aplazar los tormentos, suspenderlos. Seguir descansando, alargar veinticuatro horas esta deliciosa narcosis del alma. ¿Es así como se prepara uno para el mal que grita cuando despierta uno de la anestesia? Porque, mientras tanto, al otro lado del océano, la muerte se aproximaba. El irresistible viento que succiona la estrella y la aspira por el remolino, barriendo cualquier residuo de esperanza, de ilusión. Ya no te quedaban más que cinco días de vida.

Lunes 26 de abril, quinto último día. Parecías un pájaro que revolotea por una habitación desprovista de puertas y ventanas, me contó Fazis. Caminabas arriba y abajo, desesperado, enfurecido, en busca de una salida, y esa salida no existía. Al regresar de París, la noche anterior, llamaste a Iuvelos, y un rugido sacudió la calle Kolokotroni: «¡Iuvelos! ¿También tú eres un siervo de Averoff, Iuvelos? ¿También aceptas órdenes del maricón de Averoff, Iuvelos?». Pero Iuvelos respondió fríamente que él solo aceptaba órdenes de la justicia, y la justicia seguiría su curso. Luego llamaste al oficial del KYP. El baúl de documentos sobre Chipre, ¡el baúl! Era preciso sacarlo inmediatamente, ¡no había tiempo que perder! Que te lo mandara lo antes posible. O, mejor, que acudiera enseguida a tu despacho: debías explicarle lo que estaba sucediendo. Presa del pánico, el oficial balbució que no, que ya no era posible, que era demasiado arriesgado exhibirse contigo: Averoff lo sospechaba, se disponía a trasladarlo a un cuartel en la frontera con Turquía. ¡¿Traslado?! ¡¿A un cuartel en la frontera con Turquía?! ¡Así pues, no solo quería cortarte las piernas, sino que también se proponía troncharte los brazos y arrancarte la lengua! Temblando de cólera susurraste al oficial una dirección, la casa de un amigo de confianza: que se reuniera contigo allí. El oficial se reunió contigo, en efecto, y durante horas discutisteis, pero en el momento de separaros no habíais concluido nada. Peor aún: mientras conducías en la oscuridad, por la carretera que va a Glyfada te pareció que te seguían dos automóviles: uno muy claro, casi blanco, y otro rojo. Te «pareció» porque cuando uno aparecía el otro desaparecía, y sin embargo la duda era tan leve que rozaba la certidumbre. Con esta idea entraste en casa de tu madre, e incluso allí el teléfono sonó tres veces: «Si no entras en razón, Panagulis, te arrepentirás». «Si no bajas la cresta, Panagulis, lo pagarás». «Vigilamos todos tus gestos, Panagulis, todos tus movimientos. No te nos escaparás». No te dejaron pegar ojo. Y ahora, agotado por el sueño y la impotencia, pájaro que revolotea por una habitación desprovista de puertas y ventanas, batías en vano las alas contra la pared y el techo de tu despacho de la calle Kolokotroni. ¡Si no hubieras estado tan solo! ¡Si hubieras contado con el apoyo de un partido! ¡Si los partidos hubieran sido algo serio y digno! ¡Si la palabra «izquierda» hubiera tenido un significado! ¡Si en lugar de la política de los políticos, de los politicastros, de los profesionales de la política, de los advenedizos, de los demagogos, de los demiurgos, de los revolucionarios del carajo, hubiera habido hombres de verdad, dispuestos a batirse, a echarte una mano! Si el pueblo hubiera sido pueblo, si tú hubieras podido arengarlo, invocarlo: ¡compañeros, amigos, hermanos, ayuda! ¡Ayuda, por Dios! Y, sin embargo, debía haber una salida: te escapaste de Boiati y también escaparías de aquel berenjenal. Lo mejor sería hablar con Karamanlis para decirle lo que tenías y sabías sobre Averoff, y lo que Averoff tramaba contra ti: servicios secretos, magistratura y medidas disciplinarias que afectaban a tus amigos. Ofrecerías a Karamanlis dos soluciones: o instar a su ministro de Defensa a que te dejara en paz, y a Iuvelos a que revocase la orden, o sufrir un enfrentamiento contigo en el Parlamento, lo que le colocaría en la extrema violencia de encontrarse ante las pruebas de lo que afirmabas. El revoloteo del pájaro enloquecido se aplacó. Te sentaste al escritorio y telefoneaste a Moliviatis, secretario personal y consejero de Karamanlis. Le solicitaste una cita con el primer ministro: motivos gravísimos, dijiste, hacían urgente aquella entrevista. Moliviatis respondió que el señor primer ministro estaba muy ocupado por aquellos días: problemas con Turquía y con la OTAN. Las probabilidades de verlo eran escasas. De todas formas, lo intentaría y te comunicaría algo.

¿Fue Moliviatis quien informó a Averoff? El lunes 26 de abril, Averoff parecía estar muy al corriente de tus intentos de entrevistarte con Karamanlis. Por la tarde se encontraba en Gudi, el campamento militar de Dionysos, con motivo de la ceremonia militar que seguía a la Pascua, y conversaba con un oficial. En un momento dado, este pronunció tu nombre, y fue como prender fuego a una mecha. Desapareció toda la suavidad, toda la untuosidad, y Averoff fue presa de un paroxismo del que nadie lo creía capaz; incluso olvidó que centenares de personas lo estaban mirando y escuchando y, con sus ojillos inyectados en sangre, gritaba: «¡Insolente! ¡Maldito! ¡Lo aplastaré! ¡Lo aplastaré, lo aplastaré! *Exontóso, exontóso, exontóso!*». Lenguas de fuego y rugidos, histéricos coletazos, cabezas cortadas y huesos descarnados: los restos de quienes osaron acercarse al puente que protege el reino, para arrojar una flechita o una piedrecita contra la montaña. ¡De rodillas, bribones, de rodillas todos vosotros, que osáis desafiar a quien manda, a quien cuenta! *Exontóso, exontóso, exontóso!* Lo oyeron todos mientras gritaba aquel verbo. El oficial que involuntariamente provocó la escena se quedó tan cohibido, que, ruborizándose, dijo: «Señor ministro, permítame que le dé la espalda para mostrarme sonriente. De otro modo creerán que a quien quiere usted aplastar es a mí».

Martes, 27 de abril, cuarto último día. Entraste en el despacho lamentándote por haber pasado otra noche infernal: nada de sueño y mucha migraña. No conseguiste dormir porque, mientras conducías hacia

Glyfada, reaparecieron los coches rojo y claro-casi-blanco en la oscuridad, y en la calle Vouliagmeni, a la altura de una gasolinera, el rojo casi te tocó. Un BMW rojo con dos hombres a bordo. ¿Policías encargados de controlar tus desplazamientos o mercenarios pagados para molestarte, tal vez para darte una lección? Antes o después te enfrentarías a ellos para satisfacer tu curiosidad; te convertirías de perseguido en perseguidor y les obligarías a pararse. Ahora no, ahora tenías cosas más importantes de que preocuparte. La cita con Karamanlis, sobre todo. Sonó el teléfono y lo cogiste, ansioso: ¿Moliviatis? No, la acostumbrada voz irónica: «Sabemos siempre dónde vas y dónde estás, Panagulis. Continúa así y verás qué juerga». La secretaria te oyó gritar: «¡Hijo de puta! *Malaka!* ¡Ven aquí, ven a decírmelo a la cara, si te atreves!». Intervino: «¡Cálmese, señor Panagulis! ¿Quién era, señor Panagulis?». «El imbécil de siempre, que cree que me asusta». ¿Y Moliviatis? El teléfono volvió a sonar, y de nuevo lo agarraste, ansioso. No, no era Moliviatis, sino Fazis, que te contaba la escena de Averoff en el campamento Dionysos. «¿Ha dicho precisamente *exontóso,* lo aplastaré?». «Sí. Muchas veces». «¡Eh! ¿Quién lo iba a decir? Me gusta, tiene más hígado de lo que creía. Ahora sí que lo volveré loco. ¡Y tú, Fazis, por fin tendrás cosas que escribir! ¡Una novela, querido, una novela!». Como si el asunto te divirtiera. Pero tras colgar el auricular, miraste el reloj, impaciente. ¿Y Moliviatis? ¿Por qué no llamaba Moliviatis? Unos minutos más y lo llamarías tú. Lo llamaste. Oh, dijo él, pomposo y obsequioso, te le habías adelantado por un instante. Estaba a punto de telefonearte para decirte que ayer calculó bien: la agenda del señor primer ministro rebosaba compromisos. No había una sola pausa en la que poder introducir una cita contigo. ¡Oh, Turquía! ¡Oh, la OTAN! Lamentable. Era preciso esperar. «¡No puedo esperar, señor Moliviatis! ¡No debo esperar! ¡No quiero esperar!». «Pero trate de comprender, señor Panagulis, asuntos de Estado...». «También el mío es un asunto de Estado. Informe de ello, *cataraméne Khristé!*». «Informaré, lo intentaré». ¿De verdad lo intentó? ¿Había probado? Unos meses después de tu muerte, hablé con el hombre de negocios amigo de Karamanlis que viajó contigo a París, le conté el episodio y le pedí que preguntara a Karamanlis por qué no te recibió aquella semana. El hombre de negocios me complació y, cuando volví a verlo, me juró que Karamanlis parecía sincero al responder que nunca supo que tú solicitaste verlo, y con tanta insistencia. Si dijo la verdad no lo sé, pero sé que la negativa fue un golpe mortal para ti. Te inclinaste sobre el escritorio y repetías: «No hay nadie, no tengo a nadie. ¡Estoy solo, solo, solo! No puedo más. No aguanto más».

Esto se ve en la fotografía que aquella noche te hicieron en un restaurante. La fotografía de un hombre que ya se aferra a la vida con los dientes. Las mejillas aparecen tan chupadas que los pómulos emergen más angulosos que la mandíbula. Las ojeras son tan lívidas que parece que te han puesto los ojos morados a puñetazos. La nariz está tan afilada que ni siquiera tiene la misma forma. Ha desaparecido la sotabarba, y el cuello es tan flaco que baila dentro de la camisa. Hablas con dos tipos que te escuchan serios, y por el modo de mover las manos, es evidente que estás dominado por una atroz tensión nerviosa. Los dos han comido, pues sus platos aparecen casi vacíos; tu plato, en cambio, sigue lleno de comida. Tu copa de vino está intacta. No, ya no aguantabas más. Porque hacia cualquier parte que mirases, todos los caminos se te cerraban, y el futuro te echaba encima con la pesadez de una casa que se derrumba.

Miércoles, 28 de abril, antepenúltimo día. No solo Moliviatis no mantuvo su promesa de informar a Karamanlis, con quien querías entrevistarte, sino que ya ni había forma de localizarlo. Bueno, pues trasladarías tu batalla al Parlamento. Tomaste papel y pluma y esbozaste la primera redacción de la superpregunta que ibas a dirigir a Karamanlis. «¿Por qué el primer ministro mantiene en su gobierno y en un puesto de capital importancia como el Ministerio de Defensa al señor Evangelos Tossitsas Averoff, o sea, a un individuo que colaboró con la Junta, que bajo Papadópoulos espió a favor del KYP, que bajo Ioannidis traicionó a la Marina revelando a los interrogadores todos los detalles de la rebelión y que después de la Junta ayudó a los criminales del régimen a expatriarse?». Luego, lo que dirías aproximándote a los escaños donde se sientan los miembros del gobierno, y tendiendo el paquete de folios. «Hago entrega al primer ministro de las pruebas de cuanto he declarado: los archivos del EAT-ESA, que Evangelos Tossitsas Averoff quería recuperar a través de los servicios secretos, y cuya publicación ha suspendido sirviéndose de la magistratura. Aquí están. El Parlamento es testigo». Me lo contaste cuando, despertándome de la narcosis del alma, de la anestesia de Amherst, regresé a Nueva York y te telefoneé. «Estoy escribiendo una cosa importante, muy importante». «¿Qué es?». «Una superpregunta a Karamanlis. Te la leo, escucha». «¡¿Quieres decir que le entregas los documentos?!». «Sí. La semana próxima estalla la bomba. En el Parlamento, esta vez, y verás como arma más ruido que la que le regalé a Papadópoulos hace ocho años». «No se lo cuentes a nadie, Alekos». «Al contrario, a una cosa semejante debe dársele publicidad». Luego me explicaste lo de las amenazas telefónicas y los dos coches que, ya no te cabía duda, te perseguían por la noche. El suplicio de mirar siempre el espejo retrovisor, buscando un coche que unas veces está y otras no, que unas veces es rojo y otras claro-casi-blanco, de tal manera que hay momentos en que te preguntas si ves visiones, otros en que te dices que de eso nada; ora te sientes como un jabalí furioso, ora como una mosca caída en una telaraña. «Todas las noches, Dios mío, todas las noches cuando voy a Glyfada. ¿Sabes? El Primavera se ve incluso en la oscuridad. El maldito verde fosforescente». «Alekos, ¿es absolutamente necesario que todas las noches vayas a Glyfada?». «Es mejor que quedarme en la calle Kolokotroni. Allí encontré a uno forzando la cerradura de la habitación, ¿recuerdas?». «¿Y quién te escolta por la noche, cuando vas a Glyfada?». «Nadie. ¿Quién iba a escoltarme? Yo no soy en absoluto Su Excelencia Papandréu, ¡yo no tengo guardaespaldas!». «Alekos, ¿quién crees que es esta vez?». «¿Quién quieres que sea? Alguien que no me quiere bien». «Alekos, voy a reunirme contigo. Aquí ya lo tengo todo hecho y no me apetece esperar al 5 de mayo». «No, nos vemos el 5 de mayo». «Pero ¡¿por qué la has tomado con el 5 de mayo?!». «Porque lo habíamos fijado, ¿no? Es seguro. Ya verás como el 5 de mayo estaremos juntos». «Pero te noto tan deprimido...». «¡Ah! Qué no daría yo por volver atrás, a mi celda de Boiati».

Aquel hilo de voz. La resignación que desprendía aquel hilo de voz. Porque esto sucedió el miércoles 28 de abril: tu resistencia se desvaneció, tu indestructibilidad se borró y sobrevino la resignación. El esfuerzo final no dura mucho. En un momento dado vuelve el cansancio de vivir, y alma y cuerpo se ven entorpecidos por la resignación que mira atrás: deslices involuntarios son los arrebatos, los gritos, las superpreguntas que no dirigirás a nadie. Lo dice también la poesía que escribiste aquella noche al regresar a la calle Kolokotroni. Pensamientos de un hombre que desde el exilio añora el pasado, que es el único agarradero al que aferrarse para remontarse a los tiempos en que la soledad era una celda sin espacio y sin luz, un deseo enloquecido de hablar con alguien, pero el futuro era una esperanza. Y estaba aquí, en cuatro hojitas de tu bloc de notas. ¡Qué caligrafía tan convulsa y alterada! De verso en verso se hace más convulsa, más alterada, como si sostener la pluma en la mano te costara un esfuerzo terrible. «Como en el pasado iban de un lado a otro / los poetas, / y como recitaban sus verdades, / verdades revestidas de hermosas palabras, / aguadas de narraciones / así iba yo también, de un lado a otro, / a lugares desconocidos, / pero tan bellos como los nuestros, / y quería creer que / no volvía la espalda al mundo. / No viajo, / me hablo a mí mismo / por los bosques, los montes y los valles; / no viajo, / los que corren son los campos, / y mi recuerdo está vinculado a los amigos / que en cualquier lugar / estaban esperando / verme aparecer de improviso; / a los días lejanos en que, / con la sola fuerza de los sueños, / construíamos esperanzas / y el dolor / nos acompañaba siempre a todas partes. / Árboles, montañas y valles viajan, / y yo, / ligado a ellos, que sufrían porque yo sufría, / que lloraban porque yo lloraba, / que invocaban los barrotes porque yo estaba tras los barrotes / solo. / Han transcurrido años, y yo, / sin olvidar el dolor, / pero sin caer en la injusticia de evocarlo, / voy recorriendo los mismos caminos, / caminos que solo conoce quien ha sufrido, / y anhelo con nostalgia mi celda / si pienso que en aquellos días daba algo / que todos comprendían. / Y cuando pienso en lo que sé / que sucede ahora, / ahora más que entonces, / sin que los demás logren comprenderlo, / ni siquiera intuirlo, / digo: / mi fin sobrevendrá del modo que quieren los que tienen el poder».

La encontré cuarenta y ocho horas después en tu almohada, junto con una quinta hoja en la que transcribiste las palabras que Sócrates dice antes de darse muerte: «Ha llegado la hora de partir. Cada uno de nosotros sigue su propio camino: yo a morir, vosotros a vivir. Qué sea mejor, solo el dios lo sabe».

Jueves, 29 de abril, penúltimo día. Entraste en el despacho sin mirar a la cara a nadie y dijiste a la secretaria que no querías que te molestaran: debías hacer una llamada. Era la llamada a Averoff, el intento extremo de impedir el traslado del oficial del KYP. Incluso pediste consejo a un abogado sobre ese extremo, y ambos llegasteis a la misma conclusión: era inútil hacerse eco de las amenazas que Averoff gritara el lunes por la tarde en Gudi; solo serviría para acelerar el traslado. Mejor fingir ignorar el episodio y avenirse a un compromiso; mejor imitar su táctica habitual. El Averoff que vencía siempre no era el del lunes por la tarde; era un señor educado, razonable, maestro en el arte de la hipocresía, y no luchaba nunca con arma blanca sino con los venenos de la inteligencia. Así pues, era preciso hacer exactamente lo mismo. Compusiste el número del ministro de Defensa. Preguntaste por el señor ministro y el señor ministro no se negó: «¡Querido amigo! ¡Distinguido colega! ¡Qué placer escucharle, qué honor!». El sarcasmo vibraba bien claro en la voz meliflua. Pero no te desmoralizaste. Gracias, señor ministro, el señor ministro era realmente amable, y esperabas no molestarle. «Pero ¡qué dice, ilustre amigo! ¡¿Qué puede inducirle a semejante sospecha?! ¿Molestarme?». Sí, molestarle, repetiste. Sobre todo habida cuenta de que le telefoneabas para pedirle un favor, y los favores son siempre una incomodidad. «¡Por favor, querido amigo! ¡Por favor! ¿De qué se trata?». Se trataba de un oficial cuyo destino te preocupaba, dijiste, un oficial del KYP. En efecto, su mujer era una amiga que te había ayudado mucho en el sesenta y ocho, cuando huiste a Chipre. En aquel tiempo, él trabajaba en la embajada de Chipre. «Comprendo, querido amigo, comprendo». Esa señora adoraba su ciudad, no conseguía renunciar a ella, como verdadera ateniense, y se daba la circunstancia de que el señor ministro había ordenado trasladar al oficial del KYP a un pueblo en la frontera con Turquía. «Continúe, querido amigo, continúe». ¿Cuál era, pues, el dilema de la señora? ¿Abandonar Atenas y seguir a su marido al pueblo en la frontera con Turquía o bien permanecer en Atenas y vivir alejada de su marido? Situación cruel, además, porque ambos se amaban mucho. «Está claro, querido amigo, está claro. ¿Y en qué puedo servirle, querido amigo? Dígame». Palideciste. «Se lo estoy diciendo, señor ministro. Le estoy pidiendo que no traslade al oficial». «Y yo le respondo que estoy aquí para complacerle, querido amigo, ilustre colega. Enviaré al oficial a donde desea. ¿Dónde desea que lo envíe, querido amigo, ilustre colega?». El juego del gato y el ratón. Él es el gato y tú el ratón. Un juego que no sabías seguir. También con Hazizikis falló casi siempre porque aguantabas, soportabas, y de pronto estallabas. Por lo demás, que estabas a punto de estallar se advertía en la palidez del rostro y en la turgencia violácea de la cicatriz de la mejilla izquierda. Trataste de dominarte: «Deseo que permanezca donde ha estado siempre y donde está, señor ministro: en su despacho del KYP, en Atenas». Un gañido: «¡Ilustre amigo! ¿Quién se atrevería a negarle un favor? Para mí sus deseos son órdenes. Me temo que Atenas sea imposible, pero dígame a dónde prefiere que sea trasladado y obedeceré». Colocaste el auricular en el escritorio, cerraste los ojos y te obligaste a recuperar el aliento. Un esfuerzo más, Dios mío, un intento. Haz que me salga. Volviste a tomar el auricular: «Tal vez no me he explicado, señor ministro. Le estaba diciendo... En resumen, no quiero que el oficial sea trasladado. A ningún puesto». «¿No quiere, ilustre amigo? ¿No quiere?». «No». «¿Y por qué, haga el favor, por qué, si no soy demasiado indiscreto?». «Porque, como le decía, la mujer de ese oficial...». Y aquí se rompieron los frágiles diques que contenían el océano de tu furor. Se rompieron con un grito que hizo temblar los cristales, en la habitación de al lado todos experimentaron un escalofrío, y la secretaria se santiguó. *«Averofaki!* ¡Pequeño Averoff! *Akúsa, Averofáki, skoulikáki!* ¡Escucha, pequeño Averoff, gusanito! *Den ise t'afendikò tis Hélladas!* ¡No eres el amo de Grecia! ¡Y no lo serás nunca! *Ke den tha ghinis!* ¡Porque yo, yo, yo te lo impediré! ¡Desde mi tumba te lo impediré, desde mi tumba!». Y entonces, también Averoff, olvidando toda prudencia, cedió a la rabia que lo alteró en Gudi. Y repitió las mismas palabras y añadió otras peores, gritando a su vez, gritando: *«Egò tha s'exontóso, Panagulis!* ¡Yo te aplastaré, Panagulis! *Egò tha se katastrépso, Panagulis! Katastrépso!* ¡Te destruiré, Panagulis! ¡Te destruiré!».

Esto lo supe inmediatamente después, cuando volvimos a hablar y reconocí la voz. No era tu voz, tu hermosa voz sensual, gutural, honda; era una especie de piar enrarecido, que parecía venir de una caverna, alejada millones y millones de años luz. Como un eco del recuerdo. En efecto, de vez en cuando desaparecía, dejando vacíos de silencio, y: «¡Oye, Alekos, oye! No te oigo. ¿Me oyes tú a mí?». «Me ha...». «¡Oye, Alekos, oye!». «Destruiré... Aplastaré...». «¡Oye, Alekos, oye! ¡No funciona la línea, maldita sea!». «No, la línea funciona. Soy yo quien ya no funciona». «¿Por qué, Alekos, por qué? ¿Qué te pasa, Alekos? Dime si te encuentras mal. ¿Tienes fiebre?». «No. Sí». «¿Sí o no? Explícate, no me asustes. ¡Me asustas! Y yo aquí, sin poder hacer nada por ti. ¡Oye!». «Sí, me encuentro mal. Muy, muy mal...». «¿Dónde? ¿Por qué?». «Porque estoy muy, muy, triste. Muy, muy, muy preocupado». «Alekos, basta de esa historia, ¡basta! ¡Te estás matando, te están matando! Voy a Atenas, voy enseguida, inmediatamente. Quiero verte, quiero sacarte de ahí, quiero...». «Ven si quieres, pero no puedes hacer nada, *Agápi*. Nada. Nos veremos el primero de mayo, me verás el primero de mayo. Adiós». Y cortaste la comunicación, dejándome aturdida. Primero de mayo. ¿Había entendido bien? ¿Dijiste primero de mayo? Sí, primero de mayo, no cinco de mayo. Ahora ya no recordabas ni siquiera la fecha de nuestra cita, Dios mío. ¿O tal vez habías cambiado de idea y querías que llegara de veras el primero de mayo, esto es, pasado mañana? Tenía que volverte a llamar. No, nada de volverte a llamar. Esas llamadas solo servían para hacerme sufrir, y no quería volver a oír aquella voz que no era tu voz. Iría definitivamente el primero de mayo, eso es. Saldría mañana, eso es. Y lo hice. Embarqué en el preciso momento en que morías. Las seis y cincuenta y ocho del viernes 30 de abril. En Atenas, la una y cincuenta y ocho del sábado primero de mayo. En efecto, a las siete en punto estaba a bordo, y miraba el reloj, sorprendida de la puntualidad de un vuelo que acostumbraba a llevar retraso. Durante el viaje me sentía inquieta, oprimida por un nerviosismo que no alcanzaba a definir. El nerviosismo creció cuando proyectaron una película que apestaba mal agüero: la historia de un poeta loco y valiente, incomprendido por todos e inmerso siempre en aventuras imposibles, con la muerte acechándole, cubierta por un blanco sudario. Seducía al poeta empuñando la guadaña. De vez en cuando, la guadaña llenaba la pantalla y el poeta debía escapar. Para escapar se refugiaba en nuevas empresas, nuevas locuras de las que salía milagrosamente indemne. Pero al final se cansaba de escapar, de negarse a ella, que lo deseaba con tanta insistencia, e iba a su encuentro y se hacía matar. Y él y la muerte se alejaban juntos cantando, danzando en un gran prado verde como el verde de tu Primavera.

La simultaneidad de las acciones solo es en apariencia un misterio cuajado de episodios accidentales y autónomos. De hecho, es un tejido compuesto por episodios necesarios el uno al otro, y rigurosamente vinculados entre sí. Es una máquina bien lubricada. Me convencí de ello cuando reconstruí los acontecimientos que compusieron el último día de tu vida, cuanto coincidió y contribuyó a lubricar la máquina, a entrelazar las vías paralelas de tus acciones y las acciones de Steffas a fin de que el proceso ya irreversible de tu muerte se desarrollara sin errores, retrasos ni tropiezos, y concluyera en un punto preciso, o sea, situado ya en el espacio y en el tiempo. El agujero negro bajo el garaje con la inscripción Texaco, a la una cincuenta y ocho del sábado primero de mayo de mil novecientos setenta y seis.

El último día de tu vida amaneció con cielo gris, plomizo. Durante la semana había hecho un sol de verano, y ni una nube oscureció el azul. Pero el atardecer anterior, de pronto, el horizonte se tornó lívido, iluminado por una luz helada, y se alzó un fuerte viento. El mar se embraveció, rompiendo contra el litoral, y la tempestad se abatió entre Atenas y Corinto. Durante toda la noche, como una pelea de dioses enfurecidos, los relámpagos desgarraron el aire, la lluvia inundó las calles, y solo al amanecer retornó la calma, bajo aquel cielo gris, plomizo, mensajero de desgracias. Te despertaste temprano. Extrañamente, dormiste bien, y cuando tu madre te llevó el café ya estabas en pie, mirando absorto los daños sufridos por las plantas del jardín. La borrasca decapitó las rosas y mutiló los árboles, y naranjas y limones yacían sobre una alfombra de ramas y hojas arrancadas. También había caído el manojo de ajos atado a un muñón de la palmera, para alejar la mala suerte. Al caer, se había deshecho, esparciendo los bulbos sobre el sendero y sobre los terrones cenagosos. Algunos bulbos se habían abierto, y los dientes parecían restos de un collar desgranado: «¡Tus ajos!», exclamaste. Ella se asomó, los vio y lanzó un gruñido horrorizado: nunca se había dado el caso de que el manojo cayera; hasta cuando te condenaron a muerte permaneció colgado. Alarmada, depositó la bandeja con el café y salió corriendo a recoger ajo por ajo, diente por diente, y luego regresó a la casa, preparó otro manojo, más grueso, lo ató con bramante y fue a fijarlo de nuevo en el muñón de la palmera. Lo ató muy bien, pero apenas había vuelto la espalda cuando el nudo se deshizo y el manojo cayó por segunda vez esparciendo otros bulbos y otros dientes: como si el diablo se divirtiera insistiendo en signos de mal agüero. Asomado a la ventana, la mirabas atento, y una sonrisa inexplicable te fruncía los labios. «No lo conseguirás nunca, aunque lo claves», dijiste mientras ella volvía a recoger los bulbos y a atarlos en un manojo, testaruda. Aquella mañana tu voz era límpida, la hermosa voz que yo amaba, y la despejadísima frente estaba desprovista de arrugas. Parecías descansado, fresco. Una misteriosa serenidad había sustituido de improviso a aquella desesperación en la que te habías deshecho hasta pocas horas antes.

Te lavaste y te vestiste bien, con cuidado, como si fueras a una fiesta. Escogiste buena ropa interior, la camisa más bonita y el traje que más te gustaba: chaqueta y pantalón de gabardina color avellana. Con atención meticulosa te afeitaste, te recortaste el bigote y te llenaste los bolsillos con los objetos que siempre llevabas contigo: pipa, puritos, tabaco, plumas, agendas, blocs de notas, tijeritas y recortes de periódicos. En el bolsillo interior escondiste un documento sobre Averoff que dudabas en fotocopiar. Hasta se lo dijiste a uno de tus escuderos: «Es demasiado importante. Fotocopiarlo es arriesgado. Mejor llevarlo encima». Te movías sin prisa, absorto, con la calma propia de quien ha dejado de medir la existencia con las saetas del reloj. Una vez estuviste listo, te pusiste a pasear arriba y abajo por la casa, como si no tuvieras deseos de salir o buscaras algo. ¿Una añoranza, un recuerdo? Arrastrando sus zapatillas, mientras se colocaba horquillas en el pelo enmarañado, tu madre iba detrás de ti, sorprendida: *«Tí théles?* ¿Qué quieres?». *«Típote,* nada. Pensaba. Falta un mes y dos días para mi cumpleaños. Treinta y siete años el 2 de junio. Soy viejo». Por último saliste lanzando una ojeada al manojo de ajos que ahora pendía firmemente del muñón de la palmera. Pero una vez llegado a la cancela, te detuviste, volviste sobre tus pasos y con un gesto seco lo arrancaste y lo arrojaste por el suelo: «¡No hay que ser supersticiosos!». Ella farfullaba todavía, horrorizada e indignada, cuando te sentaste al volante del Primavera y partiste, embocando la calle Vouliagmeni: la calle recorrida miles de veces y de la que conocías cada metro, cada revuelta, cada bache. ¿Te volviste al pasar por delante del garaje con la inscripción Texaco? Conmigo te volvías siempre murmurando que la ausencia de un murete hacía peligrosa la rampa; que aquello era una trampa para romperse la cabeza. Señalabas el cartel situado sobre la rampa, *Kalòn Taxídi,* Buen Viaje, y comentabas: «¡Buen viaje con la cabeza rota!». A las nueve estabas en la calle Kolokotroni y aparcaste el Primavera delante mismo del comercio de maquinaria textil, situado junto a tu portal, con la pared y los cristales en común con el pasillo que conducía al ascensor. La tienda estaba abierta y dentro había ya un cliente: un joven con la cara redonda, salpicada de pecas. Era el mismo que en julio del setenta y cinco se trasladó a Florencia con el nazi griego para permanecer allí una semana: precisamente la semana en que abandonaste Atenas diciendo que ibas a Florencia y, en cambio, fuiste a Chipre. El mismo que en Florencia presumía tanto de sus empresas de kamikaze, de las complicadas maniobras de que era capaz con su Peugeot: cabezazo, coletazo, y el otro automóvil sale despedido como un proyectil. El mismo que durante la Junta trabajó en el taller de Despina Papadópoulos y que viajó mucho a los países donde había que seguir a los opositores en el exilio, pero sobre todo a Canadá, donde participó en carreras de circuito abierto, las terribles pruebas en las que se interviene para destruir a los demás automóviles con maniobras morro-cola y en las que vence quien tiene la mente más fría y el ojo más agudo. Mikhail Steffas, en una palabra. Actualmente socialista papandreísta, empleado en una empresa de confecciones, la Heim Fashion, y propietario de un Peugeot 504 blanco plateado. Y qué casualidad: por aquellos días había estado otras veces en la tienda de maquinaria textil.

Entraste en el despacho y allí te esperaba el abogado. Le contaste la disputa con el dragón y: «Como ves, he seguido tu consejo, pero rebajarse a pactar es imposible. Ya no hay otra elección salvo ir al fondo de esta historia, cueste lo que cueste. El lunes presento la superpregunta a Karamanlis». «Bien poca cosa vas a sacar». «Lo sé. Karamanlis no puede permitirse liquidarlo, y no tengo a nadie que me apoye. A nadie». «¿Entonces?». «Entonces, nada. Hay casos en los que para vencer hay que perder hasta la respiración». «¿Y después de la superpregunta?». «Me iré a Italia unos cuantos días, y de allí, a Chipre». El abogado te observaba con perplejidad: te mostrabas muy sosegado aquella mañana, muy seguro. Incluso al relatar los insultos intercambiados con Averoff. Tu voz no traicionaba el menor apasionamiento. Pero ¿qué pretendías decir con la frase hay-casos-en-los-que-para-vencer-hay-que-perder-hasta-la-respiración? Presa de una sospecha, el abogado llevó la conversación hacia el tema de las llamadas amenazadoras, las persecuciones automovilísticas y lo inoportuno de conducir cada noche solo por calles desiertas para dirigirte a Glyfada. «Pero mira que sois pesados todos —le respondiste—. ¿También a ti te gustaría que viajara con guardaespaldas, que así me pusiera en ridículo?». Luego, levantaste el auricular del teléfono, que estaba sonando, y hablaste con alguien, los labios fruncidos en una mueca de hastío. Qué lata. Una tal Suiulzoglu te invitaba a cenar de parte de su cuñado Victor Nolis, un griego de Melbourne. Conociste al tal Nolis en Roma, en el sesenta y ocho, y unos meses antes había dado señales de vida a través de la tal Suiulzoglu, hermana de su mujer. Ahora se encontraba en Atenas y quería llevarte a cenar con las dos mujeres. «¡Precisamente hoy! Lo último que quisiera hacer es pasar la velada con esos tres atontados». «Ven a cenar conmigo. Paso a recogerte en coche y luego te acompaño a Glyfada; así, por una vez, no andas por ahí solo de noche», sugirió el abogado, llevando la conversación al punto en que la interrumpió la llamada de la Suiulzoglu. «No, gracias. Si no voy con ellos, debo ir a cenar con el director del *Olympia Express;* da lo mismo. Mañana nos vemos». «De acuerdo, nos vemos mañana, pero te lo repito: no andes por ahí de noche, y a Glyfada ve lo menos posible. No me gusta nada esa historia de los dos coches que te siguen en cuanto se hace de noche». «Lo que debe ser es, lo que deba ser será». Os separasteis con estas palabras, y más tarde llamaste a Nolis: que pasara a recogerte hacia las cinco de la tarde, y luego, si conseguías anular la cita con el director del *Olympia Express,* cenarías con él, su mujer y su cuñada. Mientras tanto, Mikhail Steffas abandonó la tienda de maquinaria textil y se dirigió en taxi a Heim Fashion. Utilizaba el taxi porque desde hacía un mes no tenía el Peugeot en Atenas, explicó. Lo tenía en Corinto, delante de la casa de sus padres, porque la matrícula era todavía francesa, y había que matricular el coche en Grecia. Un mes antes, en Atenas, por culpa de la matrícula se expuso a una fortísima multa.

Abandonaste la oficina hacia las dos y media y regresaste a las tres y media para anular el compromiso con el director del *Olympia Express,* y en este punto se inicia el paralelismo de tus acciones y las de Steffas. A las cinco se presentó Nolis y le dijiste que sí, que cenarías con él, pero que lo invitabas tú, en unión de su esposa y su cuñada, a un restaurante de Glyfada. A la misma hora, las cinco, Steffas echó el cierre de Heim Fashion y se dispuso a representar su papel. A las seis te despediste de Nolis, quedando en recogerlo antes de la cena en la calle Alkionis, 8, donde vivía. A la misma hora, a las seis, Steffas fue a ver a Vasilis Iorgopoulos, su amigo y su coartada. A las nueve, la Suiulzoglu te telefoneó diciendo que se le había estropeado el coche: antes de dirigirte a la calle Alkionis, 8, ¿podías pasar por su casa, en la calle Androtzu, 15A? A la misma hora, las nueve, Steffas montó en el autocar de Corinto para ir en busca del Peugeot y trasladarse en él a Atenas. (¿Y la matrícula francesa que había que cambiar? ¿Y el riesgo de sufrir una multa? Se justificó diciendo que Iorgopoulos le propuso pasar el primero de mayo con dos muchachas en Egina y eso le hizo olvidar toda cautela. Pero Egina ¿no es una isla? ¿No se va en barco a Egina? ¿Qué sentido tiene precipitarse de Atenas a Corinto en autocar, tomar allí el Peugeot sin la matrícula en regla, llevarlo a Atenas, embarcarlo, desembarcarlo, volverlo a embarcar, desembarcarlo por segunda vez y devolverlo a Corinto al día siguiente? Ningún sentido, obviamente. Pero ¿quién ha dicho que el Peugeot sirviera realmente para un paseo por Egina con unas chicas? Podría servir para otro fin muy distinto, por ejemplo prestar un servicio, para hacer un favor que requiere mente fría, ojo despierto y habilidad en las maniobras morro-cola; precisamente un pasado de kamikaze adiestrado en las pistas de Canadá, en carreras de circuito abierto, y un coche sólido, más resistente a los choques que cierto automóvil muy-claro-casi-blanco que, en los últimos días, ha demostrado no estar a la altura de la misión). A las nueve y media dejaste la calle Kolokotroni para pasar a recoger a la Suiulzoglu y reuniros con los Nolis. A las diez estabas en la calle Alkionis, en casa de los Nolis, que te entretuvieron el tiempo de tomar un aperitivo, un trago de whisky, que, como no te gustó, permaneció intacto en el vaso. A las diez y cuarto saliste con ellos. Y eran las diez cuando el autocar en el que viajaba Steffas llegó a Corinto, él se apeó y corrió a la plaza donde tenía el Peugeot. A las diez y cuarto llegó a la plaza y se apresuró a montar en el coche. A las diez y veinticinco embocó la autopista que de Corinto conduce a Atenas. A la misma hora aparcaste el Primavera delante de Tsaropoulos, y luego entraste con los Nolis y la Suiulzoglu. Era el mismo restaurante que elegiste para nosotros tres años antes, la noche en que regresé junto a ti y tú escapaste de la clínica muy jovial, renacido, y me regalaste la poesía. Comenzó entonces la semana de felicidad.

Encargaste la cena, excitado. De pronto, la calma con que te movías por la mañana, el sereno equilibrio, la ausencia de pasiones, cedió el paso a una euforia inesperada. En efecto, parecías excitado. Hablabas sin parar, bromeabas, te referías riendo a los archivos, a Averoff, a Tsatsos, a la superpregunta que ibas a formular el lunes a Karamanlis y al terremoto que provocarías al entregar los folios prohibidos por Iuvelos. Incluso hiciste la confidencia de que ibas a escribir un libro que ya habías comenzado, pero que los problemas habían interrumpido. Sin embargo, en el mes de mayo lo reanudarías y lo pensabas terminar antes de fin de año. «Trabajaré en él sin pausa en verano y en otoño. Para ello me trasladaré a Italia, después de pedir permiso al Parlamento. Se trata de un libro que comienza con el atentado a Papadópoulos y concluye con los documentos. Es la historia de un esfuerzo, la historia de un hombre». Prometiste incluso viajar a Australia: «Sí, quiero moverme, conocer el mundo. Una vez terminado el libro, seguro que voy a Australia». Parecía que un futuro interminable se extendiera ante ti, cargado de promesas, éxitos y dicha; parecía que tu atroz designio, tu cálculo inconsciente de morir para vivir estuviera olvidado. Y te brillaban los ojos, te temblaban las manos y te gustaba todo. La compañía de los tres ancianos, la comida y la gente. Las dos señoras te miraban mudas, seducidas, y Nolis te escuchaba fascinado. ¡Qué brío tiene este hombre, qué calor, qué fuego! Ni siquiera tenías necesidad de beber para alimentar aquel fuego: una botella para cuatro. En un momento dado, llevándote la copa a los labios, dijiste que tus relaciones con el vino se habían deteriorado: habías redescubierto las virtudes de la naranjada. «Y no lo siento, porque la oscuridad está llena de insidias, de sombras al acecho. Es preciso tener el cerebro lúcido y los reflejos rápidos». Mientras tanto, Mikhail Steffas conducía blasfemando contra la lluvia que había arreciado entre Corinto y Megara. Esta lluvia le impedía correr como le habría gustado. Pero corría bastante, puesto que a las doce menos diez estaba de regreso en casa de Iorgopoulos, su coartada hasta la una y media. (Resultaba extraño volver a su casa a medianoche, y no menos extraño procurarse testigos al minuto). ¿Y el BMW rojo? También estaba, también, y ni siquiera aguardó al Peugeot de Steffas para ir a tu encuentro. Después de haberte seguido hasta el restaurante, se alejó para esperar la hora justa sin ser advertido, y cometió un error significativo. Era cerca de medianoche cuando un ciudadano aterrorizado se presentó a la policía para denunciar que en la calle Vouliagmeni un BMW rojo lo siguió durante un par de kilómetros y en un momento dado le embistió y lo rozó, con el claro propósito de lanzarlo fuera de la calzada. Él evitó el desastre manteniendo con fuerza el volante y parándose en cuanto le fue posible. No, no fue una casualidad. Podía demostrarlo porque, mientras se quedaba allí a recuperar el aliento y preguntarse el motivo de la agresión, el BMW reapareció y también se paró. Los dos que iban a bordo lo miraron bien y luego manifestaron un gesto de desencanto: como si se hubieran equivocado de persona o se hubieran dado cuenta de que se habían comportado como imbéciles. Como si recordaran que si te habían dejado en Tsaropoulos no podías estar ya en la calle Vouliagmeni. El ciudadano aterrorizado llevaba bigote y tenía un coche verde. No verde manzana, pero en la oscuridad era casi igual al tuyo.

Abandonaste Tsaropoulos poco después de la una de la madrugada, y en el umbral del restaurante se suscitó una pequeña discusión: tú querías acompañar a casa a tus invitados, y ellos insistían en coger un taxi. Dormías en Glyfada y el restaurante estaba en Glyfada, repetían a trío; era absurdo que fueras hasta las calles Alkionis y Androtzu, ambas en barrios alejados, para luego regresar a Glyfada. De todas formas, les obligaste a montar en el Primavera. La primera etapa fue hasta la calle Alkionis, y en una travesía de esta, cuando ya te habías despedido de los Nolis, sucedió algo extraño: un taxi te adelantó y te cerró el paso, frenando en el centro de la calle. También tú frenaste y te apeaste diciendo: «¡Ahora también taxis! Quiero ver de quién se trata». Luego te dirigiste hacia el conductor, y la Suiulzoglu te vio disputar con él durante unos minutos. Pero cuando regresaste, parecías aliviado: «No, no me iba siguiendo. Es de Glyfada, lo conozco». Volviste a poner el coche en marcha y doblaste por la calle Poseidonos. «Lo cierto es que ya sospecho de todos los coches». «¿Por qué?», exclamó la Suiulzoglu. No respondiste. Tal vez ni la oíste. Con los labios apretados y la frente fruncida, mirabas por el espejo retrovisor. De pronto: «Heleni, ¿le apetece darse una vueltecita por un *bouzouki?* El tiempo de beber una naranjada y disfrutar con un poco de música. Hay uno por aquí, a dos pasos, en dirección opuesta». La Suiulzoglu no comprendió y se resistió. No, gracias, era tarde, y a su edad no se va a los *bouzouki* con jóvenes guapos. «Vamos, Heleni». «No, gracias, de verdad». «Paciencia». Con la mirada siempre en el retrovisor, aceleraste para tomar a gran velocidad la Leoforos Sigrou. Una vez ante la fábrica de cerveza, frenaste de golpe y te excusaste de manera precipitada: no estabas acostumbrado a abandonar a las señoras en las aceras por la noche, pero la calle Androtzu no estaba lejos, y el 15A de la calle Androtzu estaba al volver la esquina. ¿Le importaba apearse y continuar a pie? De nuevo la Suiulzoglu no comprendió. Solo después de tu muerte se dio cuenta de que no querías entrar en la calle Androtzu, pequeña y oscura, y que estabas muy impaciente por encontrarte solo. Respondió que no, que no le desagradaba en absoluto, y luego se apeó sin que tú hicieras el gesto de imitarla o de abrirle la portezuela. Con una mano en el volante y otra en el cambio, te disponías a partir cuanto antes. «Gracias, Heleni. Perdóneme, Heleni». «Gracias a usted, Alekos. Pero ¿por qué no se va a dormir a la calle Kolokotroni? Está a dos pasos de aquí, ¿y vale la pena conducir otros veinte minutos hasta Glyfada?». «Mejor dormir cuatro horas en Glyfada que ocho en Kolokotroni». «Entonces, hasta la vista...». «Hasta la vista». Ni siquiera esperaste a que atravesara la calle para ganar la acera opuesta. Partiste inmediatamente. Era la una treinta y cinco, máximo la una cuarenta, según manifestó la Suiulzoglu, quien explicó asimismo que a la una cuarenta y cinco estaba ya en casa: en recorrer los doscientos metros que la separaban de la calle Androtzu, 15A, abrir el portal, llamar el ascensor, subir hasta el tercer piso y entrar en su casa no pudo haber empleado menos de ocho o diez minutos. De acuerdo, pero de noche y con las calles casi desiertas, para ir desde aquel punto de la Leoforos Sigrou hasta el punto en que te mataron, en la calle Vouliagmeni, bastan cinco o seis minutos. A causa del choque, el reloj de tu Primavera se detuvo a la una cincuenta y ocho, hora confirmada por los testigos. Entre el momento en que te despediste de la Suiulzoglu y el momento del choque media un vacío de dieciocho a veintitrés minutos, digamos veinte, que nadie ha sabido o querido explicar. Son los veinte minutos de la lidia que celebraste con tus asesinos.

Aparecieron juntos, exactamente, como si tuvieran una cita concreta. Aparecieron de pronto, mientras torcías en la calle Diakou. Un BMW rojo y un Peugeot gris plateado. Desde luego que no te sorprendiste: que iba a suceder lo comprendiste en la calle Poseidonos, cuando quisiste retroceder y detenerte con la excusa del *bouzouki*. Luego te convenciste en la Leoforos Sigrou, cuando te separaste de la Suiulzoglu. Por lo demás, los testigos que la policía del Poder ignoró o silenció (salvo uno que nunca se plegó, un conductor llamado Mandis Garoufalakis) dijeron a la mañana siguiente que detrás del Fiat verde manzana no solo iba el Peugeot, sino también otro coche rojo herrumbre o granate, tal vez un Jaguar o un BMW. Te encontraste entre los dos como un ratón caído en la trampa, y es posible que, de momento, quisieras escapar. Pero de pronto se manifestó el irresistible impulso de enfrentarte con ellos, de verles la cara, de descubrir quiénes eran; en suma, pelear de la misma forma que peleaste en Creta, en Roma, en Atenas y todas las veces que intentaron atemorizarte, provocarte o matarte con un coche. Reapareció el cansancio de vivir que deriva del cansancio de perder, y con este, la necesidad de vencer al menos después de muerto, el cálculo inconsciente según el cual no hay héroe vivo que valga por un héroe muerto. Y comenzó la corrida, en la cual por momentos se invierten los papeles y el perseguido se transforma en perseguidor y este en aquel. En algunos momentos, otra vez el perseguidor vuelve a perseguir y el perseguido sufre persecución. En qué arena se celebró esta corrida antes que en la calle Vouliagmeni no lo sé, pero, recorriendo de nuevo las calles de tu agonía, llegué a la conclusión de que el trayecto solo pudo ser calle Diakou, calle Anarafseos, calle Loghinou, calle Mousourou, calle Himittou y calle Iliupoleos, o sea, primero en dirección al cementerio y luego en torno al cementerio, porque si desde la Leoforos Sigrou no se entra enseguida en la calle Vouliagmeni tomando una dirección prohibida, hay que seguir por aquellas calles a la fuerza, y todas conducen al cementerio. Una vez en este, no se puede hacer otra cosa que girar en torno a él con el movimiento circular de la estrella atrapada en el torbellino que la succionará dentro del agujero negro. Te veo tenso al volante, pálido, persiguiéndolos mientras te persiguen, atacándolos mientras te atacan, en una alocada sucesión de bandazos, acelerones, frenazos y embestidas. Estas últimas, las colisiones descritas por los peritos, que los magistrados del Poder no tomaron en consideración, presentaban huellas de pintura de un marrón herrumbroso que podría ser rojo o granate. ¿En qué instante experimentaste el inútil impulso de supervivencia, el deslizarse de la estrella que para arrancarse al torbellino se dedica a girar? ¿En qué momento pensaste dirigirte a la calle Vouliagmeni para llegar a la casa del jardín de naranjos y limoneros, único refugio? De pronto, estás huyendo del terrible girar y volviendo por la misma calle por la que llegaste, Anarafseos, para irrumpir en la calle Vouliagmeni, donde los testigos que he mencionado contaron haber visto pasar como una flecha un automóvil verde, otro rojo y un tercero blanco plateado. Cuatro testigos: un taxista que se encontraba doscientos metros más atrás, su pasajero, un segundo taxista que os precedía y un tercero que aguardaba en un cruce. Lo explicaron presentándose espontáneamente a la policía, y al principio esta no les preguntó ni los nombres. Luego, sí se los preguntará, y tres de esas personas modificarán su declaración, olvidando el automóvil rojo. Solo Mandis Garoufalakis insistirá, pero sin ser escuchado, sino disuadido y amenazado. En efecto, con los periodistas que querrán saber más hablará cada vez de peor gana, con la renuencia que es hija del miedo. «Sí, uno rojo y otro blanco... Blanco, no, tabaco... No, gris». Ahora el uno y luego el otro, ahora a la derecha y luego a la izquierda, te adelantaban y te cortaban la calzada; se colocaban delante de ti y debías esquivarlos para adelantarlos a tu vez. Apenas lo habías logrado, repetían la maniobra. Con método, con precisión, con sincronía perfecta. «Pero-yo-no-sé, señores, yo-no-he-visto-nada, por caridad. Yo no quiero historias, tengo mujer y niños, tengo familia, no me metan en un lío. Si no me meten en un lío, si juran no mencionar mi nombre, les digo que el coche verde se encontraba siempre aprisionado entre el rojo y el claro. A bordo del rojo iban dos personas, y en un momento dado el coche rojo hizo lo peor: embistió al verde precisamente en la matrícula. Entonces el coche verde bandeó, se recuperó de milagro y continuó corriendo en dirección a Glyfada. Pero-yo-no-sé-nada, señores, no-he-visto-nada, no-he-hablado, por caridad». Corrían mucho los tres. Ciento diez, ciento veinte, ciento treinta, y a esta velocidad llegaste a la iglesia de San Demetrio. Una vez superada, terminan las casas y la calzada asciende con una leve ondulación. Después de esta, la calle Vouliagmeni se ensancha en una doble calzada separada por un seto. A cincuenta metros, a la derecha, se encuentra el garaje con la inscripción Texaco.

A la altura de San Demetrio, el coche rojo te golpeó en la matrícula. Y después de la ondulación te adelantó por última vez para alejarse y perderse en la oscuridad. Pero mientras te adelantaban para alejarse y perderse en la oscuridad, los dos que iban a bordo del coche rojo ¿utilizaron o no el revólver de gas? Un revólver idéntico al que el juez instructor archivó con tanta ligereza en agosto. Número de serie 159 789, *made in West Germany,* cañón corto, culata gruesa. El cargador contiene cinco proyectiles cilíndricos, cinco cartuchos metálicos con un pequeño orificio del que sale un gas que se evapora sin dejar casi huellas (y si hubo huellas, en el depósito de cadáveres no se preocuparon de buscarlas. No realizaron ningún análisis que sirviera para hallar residuos de alucinógenos, de sustancias volátiles narcóticas). Así pues, insisto: ¿usaron o no ese revólver de gas? Las circunstancias lo permitían, dado que conducías con el cristal izquierdo casi completamente bajado. Y si no lo utilizaron, si aquel juez instructor no se equivocó al archivar con tanta ligereza el revólver con el número de serie 159 789, ¿qué otra cosa te insensibilizó, envolviéndote en un sudario de torpeza y de sueño? ¿Qué otra cosa te nubló la vista y la voluntad? Ibas dando bandazos y derrapabas cuando el Peugeot te alcanzó; ya estabas perdiendo el control de la dirección, de modo que Steffas no tuvo que esforzarse en completar el trabajo. Primero embistió con su guardabarro anterior derecho tu guardabarro posterior izquierdo, luego se pegó al lateral izquierdo y te arrastró unos metros, para separarse con un viraje brusco que te infligió el espolonazo mortal: un coletazo en el guardabarro anterior izquierdo. Tú saliste despedido como un proyectil, mientras, con una maniobra de gran kamikaze, de *killer* adiestrado en los circuitos abiertos de Canadá, giraba casi en ángulo recto para alojarse en la discontinuidad del seto que divide el tráfico en la calle Vouliagmeni. Saliste disparado transversalmente, te subiste a la amplia acera, a la plazoleta adyacente al garaje con la inscripción Texaco, evitaste por unos metros el poste de una farola y, a través del sudario de estupor y sueño, intentaste en vano disminuir la carrera frenando. Tu Primavera ya había despegado. Alto y decidido, volaba inexorable hacia la rampa que desciende al garaje propiamente dicho, hacia la poterna con el cartel Buen Viaje, Kalòn Taxídi, y nada habría podido detenerlo. Tal vez si el vuelo hubiera durado un par de metros más, habría podido salvar el vacío de la rampa y aterrizar de nuevo en el mundo de los vivos: habrías podido salvarte. Pero esto no entraba en los planes de los dioses, de tu destino ya escrito, y pronto perdió altura y bajó el morro en dirección al muro que un instante antes no se veía y que de pronto se vio: te caía encima con loca rapidez, dejaba de ser un muro para convertirse en un estallido, en el fragor de una bomba que hace explosión, en el fin. Y mientras alzabas los brazos en señal de rendición, de victoria y de rendición, mientras las palmas de tus manos tocaban la entrada en la nada, todo sucedió como debía suceder, como tú preveías que iba a suceder en tus cálculos inconscientes, en tus visiones, en las últimas líneas del libro interrumpido en la página veintitrés. «Solo lamento no haberlo conseguido. Es mi voz la que responde así. Una extraña, remota. ¿De dónde viene? ¿De otro mundo? Incluso el oficial educado parece extraño, remoto. ¿De dónde viene? ¿También él procede de otro mundo? Ahora se aleja en silencio, y apenas ha salido, los uniformes vuelven a enfurecerse. Más, cada vez más. Me pegan en las plantas de los pies y en los ojos. Repito: solo lamento no haberlo conseguido. Sí, solo lamento no haberlo conseguido. Luego, un golpe terrible. ¿Con qué, por quién? Siento que una fuerza absurda me oprime el estómago, el cuello, el pecho y el corazón, me penetra, como si todas esas partes de mi cuerpo se rompieran a la vez, estallando. Y ya no distingo nada más. Mantengo los ojos cerrados y...».

El primero en acudir corriendo fue el taxista que llevaba al pasajero, y de momento no vio más que una nube espesísima. En el momento de la colisión se alzó una gran polvareda que lo cubrió todo de oscuridad. El conductor avanzó tambaleándose en medio de la nube, en la oscuridad, y cuando estuvo al borde de la poterna se cubrió el rostro, incrédulo y horrorizado: parecía imposible que un coche tan grande cupiese en un espacio tan pequeño. Pero exactamente igual que una estrella que muere, y que para dejarse tragar por su agujero negro se encoge y se adensa hasta adquirir el tamaño de un puño, de un limón, de una piedrecita, así tu Primavera se comprimió, se contrajo y se encogió hasta convertirse en un pequeño amasijo de hierros retorcidos, planchas arrancadas y cristales hechos añicos. En medio de aquello yacías aún vivo y aparentemente ileso. Abriste los párpados y moviste los labios: «*Ime*... Estoy... *Mou Ekhoun*... Me han...». «Calla, calla, que te sacamos». Y con la ayuda del pasajero te extrajo del amasijo, te arrastró rampa arriba y te depositó en la acera. Una vez ahí, te reconoció y se dio cuenta de que no estabas ileso: la sangre manaba irrefrenable de las heridas, empapando el asfalto. «¡Al hospital, pronto, al hospital!», balbució. «¿Al hospital o al depósito de cadáveres?», comentó el pasajero. Y sin convicción te levantaron por los brazos, que estaban dislocados, y por las piernas, que estaba fracturadas, y te colocaron en el asiento posterior del taxi. Dos pupilas ya ciegas. Dos labios que trataban en vano de moverse para decir algo. El hospital estaba muy lejos, y de todas formas ya no servía de nada. A medio camino moviste por última vez los labios y con claridad invocaste: «*Oh, Théos! Théos mou!* ¡Oh, Dios! ¡Dios mío!». Luego exhalaste un suspiro largo, profundo, y tu corazón estalló.

3

Llegué diecisiete horas más tarde. Ante el depósito de cadáveres se aglomeraba una gran muchedumbre muda. Me empujaron a una enorme estancia pobremente iluminada por una lamparilla que colgaba de un cable: el depósito provisto de cajones frigoríficos. De pronto, el destello de un *flash* me cegó, y una orden seca percutió en el silencio: «¡Fuera los fotógrafos! ¡Fuera todos! ¡Cerrad las ventanas!». Luego, alguien abrió una compuerta, echó un vistazo al interior, volvió a cerrarla y gruñó: «*Né, aftós.* Sí, este». Era la última compuerta, abajo, a la izquierda: al lado había otras dos, y arriba, tres más. Relucientes, lisas, de metal. Parecían las puertas de una caja fuerte. «*Etími?* ¿Está lista?», preguntó una voz. Asentí, y la compuerta se abrió, exhalando una ráfaga helada. Dentro se distinguía un bulto blanco, depositado en una plancha de metal. «*Siguri?* ¿Segura?», preguntó la misma voz. Asentí de nuevo, y la plancha se deslizó hacia mí y se transformó en un lienzo manchado de sangre que envolvía un cuerpo. Tu cuerpo. Se distinguía bien la silueta de la cabeza, de las manos cruzadas sobre el pecho, de los pies. Levantaron el lienzo y te vi. Corrías. Atravesabas la playa y corrías a grandes zancadas de potro feliz, con los pantalones pegados a tus caderas robustas, el jersey tenso sobre tus hombros fuertes, los cabellos flotando leves en negras oleadas de seda. La noche anterior nos habíamos amado por vez primera en una cama, uniendo nuestras dos soledades, y por la tarde nos fuimos a la playa, donde en el verano abrasaba un sol glorioso sobre el azul. Inundado de sol y de azul, gritabas feliz: «*I zoí, i zoí!* ¡La vida, la vida!». Me arrodillé para mirarte, incrédula. Desde la ingle hasta el cuello te habían abierto para robarte el corazón, los pulmones y las vísceras, y luego te recosieron con nudos negros que te afeaban como escarabajos pegados a la piel, en fila, dispuestos a devorarte. Un corte espantoso en el brazo derecho iba desde el codo hasta la muñeca, y una monstruosa hinchazón deformaba el muslo machacado. Tenías fracturado el fémur. En cambio, el rostro permanecía intacto; solo una sombra cerúlea lo hacía palidecer en la sien. Te llamé con timidez y te toqué, vacilante. Rígido en la inmovilidad altiva y desdeñosa de los muertos, rechazabas con soberbia cada palabra y cada gesto de amor: era preciso vencer el temor de ofenderte para acariciar la gélida frente, las gélidas manos, el híspido bigote cubierto de escarcha. Vencí ese temor, con el propósito de darte un poco de calor. Pero era como querer calentar una estatua de mármol. De ti solo quedaba una estatua de mármol con las formas, los rasgos y el recuerdo de lo que fuiste hasta diecisiete horas antes, y un furor impotente se adueñó de mí; una certeza que tenía sabor a odio: no te mataron por azar, no te mataron por equivocación; te mataron para que no estorbaras más. Me levanté. Alguien te recubrió con el lienzo y dio un puntapié a la plancha, que, chirriando, se deslizó otra vez a la oscuridad. La compuerta se cerró de nuevo sobre ti, con otra ráfaga helada, y luego con un golpe.

Fuera era de noche. Arrojándome babeos de curiosidad, la gente decía: «¡No llora!». En la calle Kolokotroni estaba tu poesía: «Mi fin sobrevendrá del modo que quieren los que tienen el poder». Estaban las palabras de Sócrates: «Ha llegado la hora de partir. Cada uno de nosotros sigue su propio camino: yo a morir, vosotros a vivir. Qué sea mejor, solo el dios lo sabe». Estaba el dolor que finalmente estalla en un grito de bestia herida. Estaba mi cansancio de vivir y la promesa que había de mantener. «¡Lo escribirás tú por mí, prométela!». «Lo prometo». Estaba la espera hasta el día 5 de mayo, el fijado para los funerales. «Nos vemos el cinco de mayo, estaremos juntos el cinco de mayo». Estaba la agonía de la mañana, en que volvería al depósito para vestirte, cambiar por segunda vez los anillos y enfrentarme con el pulpo que ruge: *zi, zi, zi*. Mientras, la Montaña continuaba en su sitio, inquebrantable, en tanto los buitres se preparaban para darse un banquete con tu cadáver, ondeando calzoncillos con la palabra «Pueblo», la palabra «Libertad», saludemos al noble compañero, inclinémonos ante el noble adversario. Y en Corinto, Mikhail Steffas se dirigía a su bar preferido para reunirse con sus amigos ante un buen café turco y un plato de pastelillos.

No resultó fácil, tras el espolonazo mortal, virar e introducirse por la discontinuidad del seto adornado con arriates para situarse en el otro lado de la calzada de la calle Vouliagmeni y desde aquí huir en dirección opuesta, esto es, hacia el centro de la ciudad. No fue fácil porque era muy estrecha aquella discontinuidad, que servía para los automóviles procedentes de Glyfada que quisieran invertir el sentido de la marcha. Se hallaba situada frente al garaje con la inscripción Texaco. A los automóviles que circulaban por esta parte la discontinuidad se les presentaba como una curva a contramano, o sea, que solo se podía tomar en dirección prohibida, pisando el extremo acodado del arriate. Pisándolo o bien contorneándolo lentamente, pues, en caso de embocarlo a gran velocidad, ciertamente se corría el riesgo de volcar. Pues bien; pese a que iba a ciento treinta por hora, el Peugeot no volcó. Maniobrando en serpentina, Mikhail Steffas consiguió introducirse en la discontinuidad con la destreza de un esquiador que hurta los palos en una carrera de eslalon; con la precisión de un acróbata que, una vez llevada a cabo la cabriola, se agarra de nuevo al travesaño del trapecio para volver a empezar. Siempre a aquella velocidad, consiguió introducirse entre las dos pilastras que al final de la discontinuidad obstaculizaban el paso, y luego virar por segunda vez para tomar por la calle Olga. O sea, que doble eslalon, doble cabriola. Maniobra circense. ¿O acaso de mercenario habituado a semejantes empresas y dueño de una sangre fría fuera de lo común? La misma sangre fría que demostró en los días y meses siguientes, con la policía, con la prensa y con todos. Pasados tres cruces, en la calle Olga, se apeó para comprobar los daños sufridos por el Peugeot y luego regresó a pie a la calle Vouliagmeni. En lo alto de la ondulación del terreno se detuvo para echar un vistazo y darse cuenta de lo que estaba sucediendo. Sucedía lo que debía suceder. En medio de la gran polvareda se distinguía a dos personas que transportaban un cuerpo inanimado mientras una tercera gritaba: «¡Se muere, está muerto, se muere!». Se distinguía asimismo un taxi y ventanas que se encendían y gente que se asomaba al balcón y preguntaba quién moría, quién estaba muerto. Esto no le afectó en lo más mínimo, y al cabo de dos o tres minutos volvió sobre sus pasos y de nuevo se puso al volante del Peugeot. Su Peugeot se había portado estupendamente: los daños sufridos no eran graves, apenas unas abolladuras en el guardabarro anterior derecho y algún rasguño a lo largo del lateral. Nada le impedía regresar a Corinto. (¿Y el viaje a Egina? ¿Y Iorgopoulos, que lo esperaba por la mañana con dos muchachas? ¿Todo olvidado, todo desechado?). A las tres y media de la madrugada Steffas estaba de nuevo en Corinto. Aparcó en el lugar habitual, luego se fue a la cama y se durmió enseguida. Se despertó a la una del mediodía, almorzó, echó otro sueñecito y ahora se dirigía a su bar preferido, a reunirse con los amigos ante un buen café turco y un plato de pastelillos. Había que dejarse ver a fin de demostrar su presencia en la ciudad.

Llegó al bar hacia las siete y se sentó a una mesita donde ya había algunos amigos: el hijo del alcalde, otro que se llamaba Dimitrios Nikolau y, por casualidad, Khristos Grispos y Notis Panaiotis, los dos estudiantes que lo albergaron en Florencia junto con el nazi Takis. Hola, mira quiénes están aquí. Habéis venido a pasar las vacaciones de Pascua. Sí, y tú, Mikhail, ¿por qué andas escondido? Qué escondido ni qué ocho cuartos: llegué ayer de Atenas en autobús; estoy aquí desde ayer. Charlaron del tiempo, que había mejorado, así que podían ir a la playa al día siguiente. Luego llegó el hermano de Grispos: «Eh, vosotros, ¿habéis oído la radio?». «No. ¿Por qué?». «Han matado a Panagulis». «¿A Panagulis? ¿Lo han matado?». «¡Chicos, han matado a Panagulis!». Steffas, en cambio, calló. «¿Quién lo ha matado, quién?». «No se sabe. Se le echaron encima y sacaron al coche de la calzada. Parece que entre dos: un Mercedes blanco y un Jaguar rojo». «¿Por qué parece?». «Porque hay quien dice que el Jaguar no era un Jaguar y que el Mercedes no era un Mercedes. En todo caso, terminó dentro de un garaje, en la calle Vouliagmeni. Muerto en el acto. O casi. El hígado se le ha roto en diecinueve pedazos, el pulmón derecho se le ha convertido en un pingajo y el corazón le ha estallado como una bomba. ¡Bang!». Steffas continuó callado, quieto, como si la noticia no le interesara. Dos meses después, Grispos y Panaiotis me dijeron que no advirtieron reacción alguna en su rostro y en sus gestos. Parecía del todo indiferente, o sea, normal; si acaso, un poco aburrido. Bostezaba. «¿Han detenido a alguien?». «No, oscuridad completa». «Pero ¿ha sido un accidente o no?». «De accidente nada: lo han dejado seco, te digo». «¿Y qué dicen los periódicos?». «Hoy no hay periódicos. ¿No es hoy primero de mayo?». «Exacto». «Pero ¿quién habrá sido?». «¡Bah!». Y con aquel bah concluyeron la conversación y volvieron a hablar de la excursión a la playa: «Entonces, ¿vamos a la playa mañana?». «Desde luego. Vamos a Loutrakis». «¿Y quién nos lleva?». «Nos lleva Steffas en el Peugeot. A propósito, Mikhail, ¿dónde está el Peugeot?». Steffas salió de su mutismo y su voz era la de siempre: «Está aquí. ¿Dónde queréis que esté? En la plaza, en el aparcamiento». «Entonces, ¿por qué has venido a pie? ¿Se te ha estropeado? ¿Has tenido un accidente?». «Nada de accidente; es por la matrícula. Hace un mes que no lo toco por la matrícula. No veas qué multa me caería sin la matrícula en regla». «¿Y quién piensa en la matrícula en día de fiesta? De aquí a Loutrakis...». «No, no puedo». «¡Vaya!». «He dicho que no puedo». «Bueno, os llevo yo. También tengo coche», se ofreció el hijo del alcalde. «¿Quién viene?». «Yo», dijo Grispos. «Yo también», se sumó Nikolau. «Yo tengo ya un compromiso», objetó Panaiotis. «¿Y tú vienes, Mikhail?». «Claro», asintió Steffas. «Entonces, chicos, nos vemos mañana a las diez». «Sí, a las diez». Y así se hizo. Un paseo alegre, muy agradable, según me contó Grispos. Tanto a la ida como a la vuelta. Steffas estuvo de excelente humor; fue el alma del grupo. Rio, bromeó, charló de coches, de ropa y de mujeres, sobre todo de mujeres. Ni una vez aludió a tu muerte. Tampoco lo hicieron los demás.

Regresó a Atenas hacia las cuatro de la tarde del domingo 2 de mayo y, según sus declaraciones, se fue al cine y después a casa. Pero a quién vio y qué hizo después no se sabe; no se sabe quién lo alentó, le aconsejó o lo obligó a presentarse a la policía veinticuatro horas más tarde. Solo un hecho es seguro: nadie, absolutamente nadie, sospechaba de él. Se buscaba un Mercedes, no un Peugeot. Pero el rumor de que no te habían matado por casualidad ni por equivocación, sino que te habían eliminado a propósito y siguiendo órdenes, cundía como un río que amenazaba desbordarse: era preciso encauzarlo. Y el lunes por la tarde Steffas se presentó a la policía con su abogado, un tal Kaselakis, que en el setenta y tres defendió a un tal Nicos Mundis, acusado de haber dado muerte a una periodista inglesa, Anne Chapman, que estaba realizando una investigación sobre los vínculos entre la Junta y la CIA. En aquel caso, también el asesino se ofreció en bandeja de plata, y en aquel caso también, Kaselakis convenció a los jueces de que no se trataba de un delito político: en efecto, logró demostrar que Nicos Mundis dio muerte a Anne Chapman después de haberla violado, presa de un arrebato. Nada importó que, una vez dictada sentencia, el acusado retirase la confesión repitiendo *balle, balle,* se presentase como culpable porque le habían pagado para ello y tenía necesidad de dinero, o algo por el estilo. Steffas, dijo Kaselakis, se presentaba como simple testigo y por puro amor a la verdad, o sea, para que se dejara de hacer referencia a un delito político. Fue un simple accidente, el típico accidente cuya responsabilidad es absolutamente atribuible a la víctima y que al propio Steffas casi le cuesta la vida. El pobre Steffas circulaba tranquilamente por la calle Vouliagmeni cuando un Fiat verde empezó a dar bandazos y se le echó encima, adelantándole por la derecha. En efecto, el pobre Steffas apenas tuvo tiempo de virar y salvarse, embocando a contramano la discontinua del seto. Luego oyó un estrépito y, volviendo atrás, entrevió una gran polvareda y a dos hombres que transportaban un cuerpo inanimado, pero la verdad es que no pensó que hubiese dejado a su espalda un cadáver. Que el otro estuviera muerto y que el cadáver fuera el de Panagulis no lo supo hasta el lunes por la mañana, al leer los periódicos. No, ni antes ni después del accidente hubo un automóvil rojo; eso eran fantasías de quienes estaban interesados en sostener la tesis del delito político. El único rojo que había allí era él, Mikhail Steffas, antiguo simpatizante comunista y ahora socialista papandreísta. ¿Y era acaso posible que un socialista, un compañero de la izquierda, hubiera querido matar a Panagulis? La policía quedó convencida y, en lugar de detenerlo, le asignó protección. Incluso le permitió convocar una conferencia de prensa en el transcurso de la cual sorprendió por su control, por la seguridad en sí mismo. Ninguna pregunta lograba cohibirlo o, al menos, descomponerlo. Ni siquiera perdió la compostura cuando alguien le recordó que las leyes de la dinámica son universales e inmutables: si Panagulis hubiera embestido en lugar de ser embestido, quien habría terminado fuera de la calzada habría sido Steffas. A este razonamiento opuso dos pupilas imperturbables, frías, y respondió que allá ellos si pensaban eso: dinámica o no dinámica, él nada tenía que reprocharse. Que razonaran, maldita sea, que utilizaran las meninges: si tuviera algo que reprocharse, ¿se habría presentado a la policía, sí o no? Ni siquiera pestañeó cuando alguien le replicó que sí tenía algo que reprocharse: no se había preocupado de socorrer al moribundo que había dejado a su espalda. ¿Por qué no lo socorrió? «Porque al herido ya lo habían metido en un taxi, y no se me necesitaba para nada». ¿Y por qué se fue a Corinto en lugar de seguir al taxi o quedarse en la ciudad? «Porque fui presa de una especie de pánico y de un comprensible deseo de regresar a Corinto. Sencillo, ¿no?». Y al día siguiente, ¿no tenía que ir a Egina? «Está claro que ya no tenía ganas de ir a Egina, que no me importaba ya nada Egina». Y en cuanto al automóvil rojo ¿por qué se preocupaba tanto de desmentir la presencia de un automóvil rojo sin tener en cuenta que algunos testigos lo vieron? «Porque yo no lo vi y porque, como ya he dicho, me irrita esta historia del delito político, del delito organizado». Un momento: si su inocencia era tan absoluta, y si él era socialista, un socialista papandreísta, un compañero de la izquierda, ¿por qué le molestaba tanto escuchar que se había tratado de un delito político, de un delito organizado? ¿Por qué, con tal de desmentirlo, se había entregado? Pregunta lógica, justa y peligrosa. Pero también en este caso supo salir airoso sin descomponerse; al contrario, oponiendo una expresión cargada de aburrimiento. «Yo no estoy aquí para que ustedes me procesen, y olvidan que yo no me he entregado: me he presentado como testigo. En realidad, ni siquiera estoy detenido». Y más adelante: «Siempre soy muy consciente de lo que digo y lo que hago». Incluso cuando aparecieron aquellos detalles sospechosos, como su empleo en el taller de Despina Papadópoulos, sus habilidades de piloto, sus hazañas deportivas en Canadá, continuó repitiendo: «Ya verán como salgo de esta. Siempre soy muy consciente de lo que digo y lo que hago».

Lo sabía. Vaya si lo sabía. De hecho, la magistratura del Poder no tuvo para nada en cuenta el examen pericial de los expertos italianos, del que se deducía inequívocamente que fuiste golpeado por el Peugeot mediante una maniobra morro-cola y que además otro coche te embistió dos veces, dejando huellas de pintura marrón herrumbre o rojo oscuro. No tuvo para nada en cuenta el pasado de Steffas y el detalle de que hubiera estado en la tienda de maquinaria textil de la calle Kolokotroni la mañana del viernes 30 de abril. No tuvo para nada en cuenta el hecho de que en julio del setenta y cinco hubiera viajado con el nazi Takis a Florencia y que permaneciera allí con aires de buscar algo o a alguien a quien no encontraba. No tuvo para nada en cuenta la declaración que durante once horas consecutivas hice al juez instructor refiriéndole lo que oí a Khristos Grispos y Notis Panaiotis enumerando las amenazas y los tormentos que sufriste por espacio de tres años, los intentos de raptarte o matarte con un coche en Creta, Roma y Atenas, lo que me dijiste en tus últimas llamadas telefónicas, los documentos que conseguiste en los últimos días y cuyo contenido me reservaba para revelar ante un tribunal. No tuvo en cuenta para nada, e incluso liquidó con notable rapidez, la historia de cierto exprocesado llamado Giorgos Leonardos, de Salónica, según la cual la noche del 16 al 17 de abril, en la plaza Omonia, de Atenas, se reunieron cuatro miembros del grupo fascista Aracni, la Araña; el mismo del que me hablaste tras la lectura de los documentos y antes de sacar la joya de las joyas, el diamante Koh-i-noor. Se reunieron y decidieron dar una lección a Panagulis para que bajara la cresta y cerrara el pico, dijo Leonardos. En realidad, debía tratarse solo de una lección, pero las cosas, por desgracia, se fueron de las manos. Dicho esto, dio fechas, nombres y detalles concretos, y entre los nombres figuraban el de Vasilis Kaselas, médico, extremista de derecha, agente de la CIA en Salónica, y el de Antonios Mikhalopoulos, otro exprocesado de Salónica, en otro tiempo implicado en el asesinato del diputado comunista Lambrakis y propietario de un BMW rojo. En su declaración al juez instructor, Leonardos dijo muchas cosas. Incluso subrayó que unos días después de tu muerte Kaselas se trasladó a Londres, por entonces refugio de muchos fascistas. Llegó a entregar uno de los revólveres de gas que los gorilas de la Aracni utilizaban para aturdir a sus víctimas. Precisamente el revólver *made in West Germany,* número de serie 158 789. Pero Kaselas y Mikhalopoulos alegaron que aquello era una calumnia, afirmaron que Leonardos era un exhibicionista, un loco y un notorio difamador, condenado por calumnia, y él se asustó. Lo retiró todo. ¿O lo obligaron a retirar todo? Sin embargo, algunos periodistas ya habían comprendido que, después de todo, ni estaba tan loco ni era tan difamador: la Aracni existía de verdad, y era cierto que Kaselas había ido a Londres, pasando por Múnich, donde se reunió con Sdrakas, el exministro huido por la frontera de Ezvonis con Kourkoulakos. Otros periodistas se enteraron de que Mikhalopoulos sí tenía un BMW rojo. Fueron a verlo a Salónica y le preguntaron dónde estaba el BMW rojo. Él repuso que lo había vendido. Entonces le preguntaron a quién se lo había vendido, y él contestó que, bueno, en realidad no lo había vendido, sino regalado. Le preguntaron a quién se lo había regalado y él contestó que, bueno, a una institución de monjas. Le preguntaron a qué institución de monjas y él contestó que, bueno, no se acordaba: ¡dejadme en paz, bastardos, dejadme ya en paz! No, la magistratura —la magistratura del Poder— no tuvo para nada en cuenta todo eso. Ni siquiera lo tuvo para nada en cuenta la llamada «izquierda», esa inefable izquierda que nunca escucha a quien la impugna, la denuncia o la critica y que para renovarse solo sabe parir pistoleros a lo John Wayne: los revolucionarios del carajo. Y así, con la hipótesis del accidente de coche, solo Steffas fue juzgado y condenado. En primera instancia, a tres años por homicidio imprudente. Después de recurrir, a cinco mil dracmas de multa por denegación del deber de socorro. Cinco mil dracmas que no le costó esfuerzo pagar, pues en aquel lapso se había convertido en copropietario del establecimiento Heim Fashion y había hecho fortuna. Cinco mil miserables dracmas.

Mientras tanto, sucedían otras cosas divertidas. El juez Iuvelos se convertía en el apóstol del valor, la democracia y la libertad divulgando los archivos que no afectaban al dragón o a los compinches del dragón, sin mencionar para nada la memoria que él remitió a Ghizikis ni tampoco la ficha con el número veintitrés. El dragón continuaba siendo ministro de Defensa, sin que nadie le molestara ni le pudiera molestar, intocable. Tu partido reconstruía su virginidad expulsando a Tsatsos, o sea, respondiendo *post mortem* a tu solicitud. Papandréu adoptaba tu cadáver como se adopta a un huerfanito indefenso y lo enarbolaba como un pingajo en los mítines. Tus amigos y compañeros terminaban en bloque junto a él a cambio de un hermoso escañito en el Parlamento. Los fascistas pegaban a Fazis con furia salvaje, rompiéndole el cráneo y la memoria. También yo era amenazada con cartas y llamadas telefónicas, publica-tu-libro-y-verás. El pueblo volvía a aceptar eso, volvía a sufrir eso, ciego, sordo y mudo de nuevo, otra vez plegado a la obediencia, a la conveniencia o a la impotencia. Nadie osaba decir asesinos todos, derecha, izquierda y centro, lo habéis matado entre todos, asesinos asquerosos que vivís con las coartadas del Orden, la Ley, la Moderación, el Equilibrio, la Justicia y la Libertad. La ballena del mal, Moby Dick, se alejaba indemne y las aguas se aplacaban, suaves, blandas, olvidadas del torbellino de tu voz naufragada. El Poder había vencido una vez más. El eterno Poder que no muere nunca, que solo cae para resurgir, igual a sí mismo, distinto solo en el color. Pero tú comprendiste bien que aquello acabaría así, y si alguna vez tuviste alguna duda, esta se desvaneció en el instante en que advertiste la respiración profunda que te succionaba desde la otra parte del túnel, hacia el pozo donde son puntualmente arrojados los que quisieran cambiar el mundo, abatir la Montaña, dar voz y dignidad al rebaño que bala dentro de su río de lana. Los desobedientes. Los solitarios incomprendidos. Los poetas. Los héroes de las leyendas insensatas, sin las cuales la vida carecería de sentido, pese a que batirse sabiendo que se va a perder es pura locura. Sin embargo, un día, ese día que cuenta, que rescata, que llega tal vez cuando ya no se espera, y cuando llega deja en el aire una semilla microscópica de la que nacerá una flor, lo comprendió también el rebaño, que bala dentro de su río de lana. Ya no es rebaño ese día, sino pulpo que obstruye y ruge *zi, zi, zi!* Alekos, *zi, zi, zi!* ¡Alekos vive, vive, vive! Por eso sonreías tan misteriosamente ahora que te metían en la fosa donde el Gran Sacerdote, cubierto de oros y collares, zafiros, esmeraldas y rubíes, símbolo de todo poder presente, pasado y futuro, rodaba grotesco, rompiendo el cristal, aplastando la estatua de mármol, creyendo que esta era lo único que quedaba de un sueño, de un hombre.